湖北省高速公路工程建设资料及工程档案编制管理实施细则

湖北交通投资集团有限公司
湖北省交通建设监理协会
湖北交投高速公路发展有限公司
湖北高路公路工程监理咨询有限公司

组织编写

人民交通出版社股份有限公司

北京

内 容 提 要

本细则为规范高速公路建设工程项目文件材料收集、整理、立卷、归档等档案管理工作，使相关工作做到标准化、规范化、程序化和日常化，确保建设项目档案文件材料质量符合要求，更好地为工程项目建成后的管理、维护和改(扩)建服务等编制而成。主要包括总则，档案管理体系的建立，档案文件材料的收集，档案文件材料的分类整理与组卷，档案文件材料汇总、验收与移交，档案信息化建设和利用，竣工文件的检查和奖惩，附则与附录。

本细则适用于公路建设工程各参建单位进行日常内业档案资料的形成和收集，竣工文件材料编制、收集、整理、移交、归档管理工作，各建设单位可根据项目特点依据本细则相关规定细化档案文件材料的立卷归档管理工作，湖北交通投资集团有限公司投资的其他项目可参照执行。

图书在版编目(CIP)数据

湖北省高速公路工程建设资料及工程档案编制管理实施细则 / 湖北交通投资集团有限公司等组织编写. — 北京：人民交通出版社股份有限公司，2024.1
 ISBN 978-7-114-18997-5

Ⅰ.①湖… Ⅱ.①湖… Ⅲ.①高速公路—道路工程—工程档案—编制—湖北 Ⅳ.①U415②G275.3

中国国家版本馆 CIP 数据核字(2023)第 216606 号

Hubei Sheng Gaosu Gonglu Gongcheng Jianshe Ziliao ji Gongcheng Dang'an Bianzhi Guanli Shishi Xize

书　　名：	湖北省高速公路工程建设资料及工程档案编制管理实施细则
著　作　者：	湖北交通投资集团有限公司
	湖北省交通建设监理协会
	湖北交投高速公路发展有限公司
	湖北高路公路工程监理咨询有限公司
责任编辑：	郭晓旭
责任校对：	孙国靖　宋佳时　卢　弦
责任印制：	刘高彤
出版发行：	人民交通出版社股份有限公司
地　　址：	(100011)北京市朝阳区安定门外外馆斜街 3 号
网　　址：	http://www.ccpcl.com.cn
销售电话：	(010)59757973
总 经 销：	人民交通出版社股份有限公司发行部
经　　销：	各地新华书店
印　　刷：	北京建宏印刷有限公司
开　　本：	880×1230　1/16
印　　张：	68.25
字　　数：	1328 千
版　　次：	2024 年 1 月　第 1 版
印　　次：	2024 年 1 月　第 1 次印刷
书　　号：	ISBN 978-7-114-18997-5
定　　价：	188.00 元

(有印刷、装订质量问题的图书，由本公司负责调换)

编 委 会

主　　任：张世飚　章征春

副 主 任：李长民　付克俭

主　　编：方贻立　陈吉明　董勇刚　张建功　田　生

副 主 编：刘晓波　王祥寿　叶再军　周祖华　徐　畅　曹　琦
　　　　　李修坤　李彦堂　张艳平　李志夫　刘小清　钱　瑞
　　　　　邓志威　毛　峰　丁洁岚　罗锦鹏

编写人员：明　宏　杨　超　程　龙　刘　朋　程　诚　唐　玥
　　　　　尹　福　陈　静　李梦琦　朱锡超　吴开富　罗浩天
　　　　　叶红英　戴　源　鲁佩娴　程娟娟　吴学伟　廖亚利
　　　　　周　俊　何汉玲　雷江涛　刘　显　鲁国兵　赵廷奎
　　　　　廖婷婷　潘刘刚　吴志勇　王金甲

前 言

国家的经济繁荣发展和交通的快速发展，是一个相互作用的过程。便利的交通设施给经济带来了巨大的发展机遇，特别是高速公路的快速发展。高速公路建设是一个看似简单实则复杂的过程，涉及多个领域，是一项巨大的工程，其中高速公路档案管理工作对于高速公路的发展有一定的促进作用。

在高速公路的建设中，工程的施工建设，道路的扩建和维修、养护等工作，都需要档案相关数据支持。档案管理工作为高速公路的快速发展提供了数据支持和保障，是保障高速公路安全运行和发展的基础。

加大高速公路工程档案管理，对于整个工程项目建设具有十分重要的意义。工程项目的档案资料是静态资料，但是整个管理过程却是动态化的，所以需要建立更加完善的档案。针对工程档案进行管理时，需要由专门的工作人员进行跟进，以此来保证管理效果，尽量减少工作人员的流动性，保证档案资料的完整。档案管理中涉及的内容非常广泛，包含施工材料的合格证明、检测报告、机械设备的使用状况、建设日志等。这些内容能够更加真实地反映工程项目建设的总体过程，对于质量管理具有十分重要的意义。

高速公路工程档案管理贯穿于高速公路工程项目管理的各个阶段，并可为高速公路管理提供一定的方向，同时在档案管理过程中搜集了较多的工程资料信息，可确保各个建设环节的合理和高效，从而有效地提高高速公路工程建设质量。随着时代发展，高速公路建设的效率和速度也相应加快，越来越多的高速公路交错复杂，很大程度上造成了高速公路工程档案管理的难度。

高速公路工程建设项目耗费的资源多、持续的时间长，信息记录过程复杂，需要进行全程跟踪，并经常性地进行信息资料对比。高速公路工程档案管理细则可以有效地指导高速公路建设的档案资料管理工作，将复杂且烦琐的档案管理进行系统化的分类，针对不同阶段或环节的内容进行具体记录和信息收集，使各类记录材料具有一定的衔接性，从而形成一整套的工程档案资料。

2013年,湖北省交通运输厅组织编写了《湖北省高速公路建设标准化指南(档案管理)》和《湖北省高速公路建设项目文件材料收集整理归档实施指南》。目前《公路工程质量检验评定标准》(JTG 2182)、《公路工程施工监理规范》(JTG G10)等相关规范均已更新,之前的档案管理要求已不能满足当前工程建设的需要,《湖北省高速公路工程建设资料及工程档案编制管理实施细则》(简称"本细则")很好地完善了高速公路建设工程档案资料管理的要求,填补了湖北省档案管理方面的空缺,具有较好的实践指导意义。

鉴于作者水平有限,书中难免有疏漏或不妥之处,敬请读者批评指正。

作 者

2022年10月

目 录

1 总则 ·· 1
   1.1 目的及意义 ·· 1
   1.2 编制依据 ·· 1
   1.3 适用范围 ·· 2
2 档案管理体系的建立 ··· 4
   2.1 组织机构 ·· 4
   2.2 人员要求 ·· 4
   2.3 档案室的建设 ·· 5
   2.4 各方的职责 ·· 7
   2.5 档案管理工作的措施与制度 ··· 10
3 档案文件材料的收集 ·· 13
   3.1 一般规定 ·· 13
   3.2 文件材料收集要求 ·· 13
   3.3 文件材料形成过程中需注意的事项 ·· 22
   3.4 文件材料的分类及收集责任分工 ··· 25
   3.5 建设过程文件材料收集 ··· 26
4 档案文件材料的分类整理与组卷 ··· 34
   4.1 组卷一般规定 ··· 34
   4.2 文件材料分类与编号 ·· 34
   4.3 文件材料组卷要点 ·· 35
   4.4 案卷的整理 ·· 43
   4.5 竣工图的编制 ··· 46
   4.6 工程声像(数字化)资料的整理与组卷 ·· 48
   4.7 卷内文件材料系统化排列 ·· 50
   4.8 表格样式 ·· 50
5 档案文件材料汇总、验收与移交 ··· 51
   5.1 一般规定 ·· 51
   5.2 档案文件的审查 ··· 51

5.3	档案文件的移交	52
5.4	工程档案汇总与排列	53
5.5	项目档案总目录的编制	54
5.6	项目档案验收	54

6 档案信息化建设和利用 ... 56

7 竣工文件的检查和奖惩 ... 57

8 附则 ... 58

附录1	工程单元划分及工程质量检验评定	59
附录2	湖北省高速公路单位、分部、分项工程划分一览表	69
附录3	单位、分部、分项工程划分示例	79
附录4	文件材料预立卷目录(示例)	85
附录5	湖北省高速公路建设项目文件材料收集归档清单	91
附录6	分项工程质量保证资料清单	100
附录7	案卷编目式样	167
附录8	竣工图编目式样	176
附录9	案卷目录式样	184
附录10	卷内目录实例	189
附录11	档案整理其他用表	197
附录12	施工、监理、试验表格填写说明	200
附录13	公路工程质量评定表	202
附录14	公路工程施工用表	208
附录15	公路工程监理用表	620
附录16	公路工程试验用表	856

1 总 则

1.1 目的及意义

为规范湖北交通投资集团有限公司高速公路建设工程项目文件材料收集、整理、立卷、归档等档案管理工作，使相关工作做到标准化、规范化、程序化和日常化，确保建设项目档案文件材料质量符合要求，更好地为工程项目建成后的管理、维护和改（扩）建服务，制定《湖北省高速公路工程建设资料及工程档案编制管理实施细则》（简称"本细则"）。

本细则所称档案文件材料是指高速公路建设工程自项目立项审批（核准）至竣工验收全过程产生，反映项目质量、安全、技术、进度、环保、水保管理和投资控制基本情况，对建成后工程管理、维护、改建和扩建具有保存和查考价值的各种文字、图表、声像等形式与载体的历史记录，经系统整理并归档的文件材料。

档案文件材料是项目建设时期科技水平、社会发展程度和项目管理状况的体现，也是建设项目工程质量的真实写照；它既是工程建设的原始记载，又是今后查找利用的重要依据。根据本细则形成的档案文件材料既可检索施工各环节是否规范完整，复现建设执行过程是否到位，又是工程项目执行和评价的证明文件。

文件材料的档案整理工作贯穿工程项目的全过程，档案的专项验收是项目竣工验收的必备条件，建设项目所有参建单位必须高度重视项目文件材料的形成、收集、整理、立卷、归档及档案安全等档案管理工作。

1.2 编制依据

(1)《中华人民共和国档案法》(中华人民共和国主席令第四十七号)；

(2)《中华人民共和国电子签名法》(中华人民共和国主席令第十八号)；

(3)《中华人民共和国档案法实施办法》(中华人民共和国国务院令第676号)；

(4)《科学技术档案案卷构成的一般要求》(GB/T 11822—2008)；

(5)《电子文件归档与电子档案管理规范》(GB/T 18894—2016)；

(6)《照片档案管理规范》(GB/T 11821—2002)；

(7)《技术制图 标题栏》(GB/T 10609.1—2008)；

(8)《技术制图 明细栏》(GB/T 10609.2—2009)；

(9)《技术制图 复制图的折叠方法》(GB/T 10609.3—2009);

(10)技术制图 对缩微复制原件的要求》(GB/T 10609.4—2009);

(11)《CAD电子文件光盘存储、归档与档案管理要求 第一部分:电子文件归档与档案管理》(GB/T 17678.1—1999);

(12)《CAD电子文件光盘存储、归档与档案管理要求 第二部分:光盘信息组织结构》(GB/T 17678.2—1999);

(13)《全宗卷规范》(DA/T 12—2012);

(14)《档号编制规则》(DA/T 13—2022);

(15)《全宗指南编制规范》(DA/T 14—2012);

(16)《归档文件整理规则》(DA/T 22—2015);

(17)《建设项目档案管理规范》(DA/T 28—2018);

(18)《纸质档案数字化规范》(DA/T 31—2017);

(19)《数码照片归档与管理规范》(DA/T 50—2014);

(20)《档案数字化光盘标识规范》(DA/T 52—2014)

(21)《公路工程施工监理规范》(JTG G10—2016);

(22)《公路工程质量检验评定标准 第一册 土建工程》(JTG F80/1—2017);

(23)《公路工程质量检验评定标准 第二册 机电工程》(JTG 2182—2020);

(24)《公路水运试验检测数据报告编制导则》(JT/T 828—2019);

(25)《公路工程竣(交)工验收办法》(交通部令2004年第3号);

(26)《公路工程竣(交)工验收办法实施细则》(交公路发〔2010〕65号);

(27)《交通档案管理办法》(交办发〔2005〕431号);

(28)《公路建设项目文件材料立卷归档管理办法》(交办发〔2010〕382号);

(29)《交通运输部办公厅关于公路工程验收执行新版公路工程质量检验评定标准有关事宜的通知》(交办公路〔2018〕136号);

(30)《关于印发湖北省交通建设项目文件材料立卷归档管理办法》(鄂办发〔2005〕450号);

(31)《湖北省高速公路建设标准化指南 第十一分册:档案管理》;

(32)《湖北省高速公路建设项目文件材料收集整理归档实施指南》;

(33)国家及相关行业颁布的其他有关档案管理方面的现行标准、规范、办法等管理文件。

1.3 适用范围

本细则适用于湖北交通投资集团有限公司高速公路建设工程各参建单位进行日常内

业档案资料的形成和收集,竣工文件材料编制、收集、整理、移交、归档管理工作。

各建设单位可根据项目特点,依据本细则相关规定细化档案文件材料的立卷归档管理工作,湖北交通投资集团有限公司投资的其他项目可参照执行。

本细则中的工程结算文件、审计文件、特殊载体文件、文书文件等专业性较强的文件,还应按相关主管部门的有关规定组卷。

除了本细则特有的规定外,房建工程内业资料应符合《建设工程文件归档规范》(GB/T 50328—2014)、《建筑工程资料管理规程》(JGJ/T 185—2009)、《湖北省建筑工程施工统一用表(2009年版)》的规定。

2 档案管理体系的建立

2.1 组织机构

湖北交通投资集团有限公司高速公路建设工程档案管理工作按照统一领导、责任到人、分级管理的原则，做到提前介入、中间检查、最后验收，并将项目文件材料立卷归档工作纳入项目建设计划和管理程序，纳入合同管理及监理工作内容，纳入相关人员的岗位职责。各建设单位应成立本项目档案管理工作领导小组，领导本项目档案整理工作，并依法对本项目文件材料收集、整理、立卷、编制和归档工作进行管理，负责落实竣工文件管理责任制，统筹规划、组织协调、监督指导，同时接受交通运输部档案馆、湖北省档案局、湖北省交通运输厅档案行政管理部门及湖北交通投资集团有限公司的监督和指导。

根据交通运输部《公路建设项目文件材料立卷归档管理办法》（交办发〔2010〕382号）文件"谁形成、谁负责"的有关要求，各建设单位应在项目正式开工后三个月内建立本项目档案管理工作体系，建立档案管理制度，制定档案管理办法，提供档案管理所需的经费、设备和场地等条件。建设单位应成立档案工作领导机构及组建档案室，配备具有相关专业技术能力的档案管理人员。档案工作领导小组由建设单位负责档案工作的分管领导任组长，代表建设单位落实高速公路建设项目档案管理工作；成员由建设单位各相关部门负责人组成。领导小组下设办公室，办公室主任由建设单位档案主管部门负责人兼任，领导本项目档案管理组对项目档案进行管理。

各参建单位在开工一个月内应成立建设项目档案工作管理机构，明确项目档案管理工作领导小组，明确档案工作各级人员的职责和要求，明确本单位档案工作分管领导，要有专人负责，配备具有相关工程专业知识、责任心强、能够适应本项目文件材料立卷归档工作需要的专、兼职档案管理人员，并保持其稳定性，认真做好项目文件材料的立卷归档和移交工作。

2.2 人员要求

2.2.1 建设单位档案工作专班人员配备

档案室设1名专职档案管理员，综合办公室、计划合同部、工程技术部、质量管理部、安全管理部、环水保部、征迁协调部、财务管理部等职能部门各设1名兼职档案管理员。

专职档案管理员应具有本科以上学历,从事公路工程建设工作三年以上,熟悉档案管理工作及公路工程施工工艺/工序要求等专业知识。兼职档案管理员应具有大专以上学历,从事公路工程建设工作三年以上,了解档案管理工作。

2.2.2 总监办档案工作专班人员配备

档案室设1名专职档案管理员,综合办公室、计划合同部、工程技术部、质量管理部、安全管理部、环水保部、中心试验室及驻地监理组等职能部门各设1名兼职档案管理员。

专职档案管理员应具有大专以上学历,从事公路工程建设工作三年以上,熟悉档案管理工作及公路工程施工工艺/工序要求等专业知识。兼职档案管理员应具有大专以上学历,从事公路工程建设工作三年以上,了解档案管理工作。

2.2.3 驻地办档案工作专班人员配备

根据建设规模,档案室设1名及以上专职资料管理员,综合办公室、计划合同部、工程技术部、质量管理部、安全管理部、环水保部、工地试验室以及驻地监理组等职能部门各设1名兼职档案管理员。

专职资料管理员应具有大专以上学历,从事公路工程建设工作三年以上,熟悉档案管理工作,熟悉公路工程施工工艺及工序要求等专业知识,具有一定的组织协调能力。兼职档案管理员应具有大专以上学历,从事公路工程建设工作三年以上,了解档案管理工作。

2.2.4 施工单位档案工作专班人员配备

根据建设规模,档案室设2名及以上专职资料管理员,综合办公室、计划合同部、工程技术部、质量管理部、安全管理部、环水保部、设备物资部、财务管理部、工地试验室等部门各设1名兼职档案管理员。

专职资料管理员应具有大专以上学历,从事公路工程建设工作三年以上,熟悉档案管理工作,熟悉公路工程施工工艺及工序要求等专业知识,具有一定的组织协调能力。兼职档案管理员应具有大专以上学历,从事公路工程建设工作三年以上,了解档案管理工作,熟悉公路工程施工工艺及相关工序。

2.3 档案室的建设

2.3.1 设置原则

(1)档案室应单独设置,与各职能办公室分开。

(2)档案室面积要求满足档案管理需要,并有一定预留空间。

(3)档案室应进行专人、专室、专柜(盒)、专机的"四专"管理。

(4)档案室要达到"八防"要求,即防火、防盗、防光、防潮、防尘、防高温、防有害气体、防有害生物(虫、霉、鼠等)。

2.3.2 档案室选址基本要求

(1)平房作档案室的,位置应在办公室附近,要高于周围地势。

(2)楼房作档案室的,一般不要安排在顶楼和楼两侧。档案室要远离卫生间、洗漱间、热水房等。

(3)档案库房承重:楼房作档案室的,楼板承重必须达到档案库楼面均布活荷载,即为$5kN/m^2$;采用密集架式的,不应小于$12kN/m^2$。

(4)各单位档案室选址应在各自办公区域内,确保通信畅通,满足信息化管理要求,且远离易燃、易爆区。

2.3.3 硬件设施要求

1)一般要求

(1)配备温湿度计、空调、去湿机、消毒灭菌机、灭火器、吸尘器、火警报警器和防盗装置等设施设备。

(2)档案室内人工照明宜选用白炽灯作为光源,照度不超过100lx。

(3)配备计算机、扫描仪、彩色打印机、复印机等办公设备。

(4)配备数量充足的档案柜(金属)、盒等档案装具。

2)建设单位档案室硬件设施要求

(1)档案室面积不得小于$150m^2$(可根据建设规模和档案数量适当调整面积)。

(2)配置档案密集架。

(3)配置保存声像档案的防磁柜。

(4)配备经档案管理部门认定的档案管理软件,对档案实行数字化管理,应配置专用计算机,由专人操作、维护且配置保护电源,并与单位办公自动化系统连接。

3)总监办档案室硬件设施要求

档案室面积不得小于$80m^2$(可根据建设规模和档案数量适当调整面积)。

4)驻地办档案室硬件设施要求

档案室面积不得小于$50m^2$(可根据建设规模和档案数量适当调整面积)。

5)施工单位档案室硬件设施要求

档案室面积不得小于$50m^2$(可根据建设规模和档案数量适当调整面积)。

2.3.4 文明管理要求

1）标识标牌及图表

（1）档案室门口设置名称牌，尺寸为180mm×100mm。

（2）在档案室内的醒目位置，悬挂档案管理、利用、保密、鉴定、销毁、统计等制度和档案管理员岗位职责以及档案室组织机构图。图表尺寸为600mm×900mm。

（3）灭火器处设置指示标志（尺寸为400mm×300mm）及操作规程牌（尺寸为600mm×900mm）。

2）其他注意事项

档案室人员办公区域与档案库房应分开。

2.4 各方的职责

2.4.1 建设单位的职责

（1）建设单位负责本项目文件材料的收集、整理、立卷、编制和归档工作的统一领导、统一组织、统一管理，并将档案管理工作纳入日常化管理。

（2）制定本项目文件材料立卷归档的管理制度，对各参建单位（建设单位、监理单位、设计单位、施工单位、检测单位）必须组卷归档的文件材料及有关问题作出明确规定。

（3）明确建设项目文件材料编制与收集、整理、立卷、归档管理负责人，配备建设单位工程档案专职管理人员，按湖北省高速公路建设标准化要求建立档案室，做好建设单位各部门形成的项目文件材料的收集、整理、立卷、编制、归档工作。

（4）负责各参建单位文件材料收集、整理、立卷、编制、归档的组织、协调和监督、检查、指导及考核等管理职责，为项目工程档案工作提供有利条件和环境。

（5）对施工文件、监理文件进行前期介入，及时组织施工、监理单位对工序资料表格进行统一，保证其规范性，避免后期因为表格不规范而造成大面积返工现象，并进行过程检查和分期把关验收，及时对相关人员给予指导、培训，对发现的各类问题予以整改落实。

（6）对项目档案管理组、施工、监理等参建单位档案管理人员进行管理，确保档案管理人员的稳定性。

（7）负责组织专家和相关专业技术人员对施工单位、监理单位及设计单位形成的档案资料进行交工验收，接收参建各方移交的经验收合格的竣工档案文件资料并汇总编目，完成整个项目的档案工作。

（8）提出项目档案自检报告和档案专项验收申请，组织本项目专项档案验收工作。

2.4.2 项目档案管理组(由建设单位委托专业机构承担)职责

(1)根据建设单位授权,做好本项目从筹划到工程竣工验收各环节中形成的应归档保存的文字、图纸、计算材料、声像材料等文件资料的收集、整理及归档的组织、协调和监督、指导等管理工作。

(2)代表建设单位组织档案交、竣工文件编制,负责提供符合要求的本项目档案资料,参与本项目档案专项验收。

(3)协助各施工单位进场后对照施工图进行单位、分部、分项工程划分(编制要求详见附录1~附录3),并参与审核。要求划分应科学、合理,便于指导公路建设项目施工质量管理、工程计量支付及项目文件材料的立卷归档。

(4)定期按国家档案资料立卷归档要求指导施工单位、监理单位的竣(交)工资料的归档,并对施工单位、监理单位的档案管理人员进行培训,参与建设单位组织的各项评比。

(5)负责本项目施工单位、监理单位、建设单位工程档案文件材料检查、汇总、整理、排列及目录编制。

(6)负责组织将已经系统化整理的项目档案连同案卷目录(含电子版目录)和案卷编制说明移交建设单位,并按规定办理移交手续。

(7)完成档案管理的其他工作。

(8)接受建设单位的领导和监督,协助建设单位完成档案管理方面的相关工作。

2.4.3 施工单位的职责

(1)明确本项目档案工作分管领导,按照"谁形成,谁负责"的原则,落实文件材料领导人负责制,按有关规定建立档案室,配置档案专柜,配备具有相关工程专业知识、能够适应项目文件材料立卷归档工作需要的专职、兼职档案资料管理人员,并保持其稳定性。

(2)建立施工文件材料与施工同步收集、同步整理、同步归档有效的管理机制,按照项目文件的形成、收集、整理、立卷、编制、归档的要求,及时完成施工文件资料的收集、整理、归档、报送及保护工作,确保项目竣工文件材料的收集、整理归档工作与工程建设同步,以及项目竣工文件材料的准确、完整、系统和安全。

(3)建立施工文件资料的收集、整理、归档台账,定期向监理单位、建设单位及本项目档案管理组报告。

(4)接受行业主管部门、建设单位及监理单位档案管理部门等的监督检查。

(5)工程交工前,向监理单位、建设单位及档案管理组提出项目档案自检报告和档案专项验收申请,经验收合格后,将档案文件材料送交本项目档案管理组进行统一汇总归档。

2.4.4 监理单位的职责

(1)明确本项目档案管理工作分管领导,按照"谁形成,谁负责"的原则,落实项目文件材料管理领导人负责制,按相关规定建立临时档案室,配置档案专柜,配备具有相关工程专业知识、能够适应本项目文件材料立卷归档工作需要的专职、兼职档案资料管理人员,并保持其稳定性。

(2)按照项目文件的形成、编制、收集、整理、立卷、归档的要求,负责监理工作文件材料的编制、收集、整理、立卷、归档、保护和档案信息报送工作,确保项目监理工作文件材料的收集、整理、归档工作与工程建设同步,保证项目监理工作文件材料的准确、完整、系统和安全。

(3)落实监理单位的监管职责,积极协调项目建设单位、施工单位各方的关系,加强对施工单位的施工文件资料收集、整理、归档工作管理、指导、监督和检查,确保施工文件资料与施工同步收集、同步整理、同步归档;及时、全面审查施工单位上报的文件材料,对已签认文件资料的准确性、真实性和完整性负责,及时闭合和完善监理与施工单位之间交叉的文件材料;定期或不定期向建设单位、项目档案管理组报送施工单位施工文件材料的收集、整理、归档、编制工作的评价报告。

(4)接受行业主管单位档案管理部门、建设单位、项目档案管理组等的监督检查,建立监理文件资料收集、整理、归档台账。

(5)施工单位工程交工验收前,审查施工单位施工文件材料的质量和档案自检报告,并配合项目档案管理组组织的档案文件材料的验收工作。

(6)向本项目档案管理组提出监理工作档案自检报告和档案专项验收申请,经验收合格后,将档案文件材料送交档案管理组进行统一汇总编目。

2.4.5 设计单位的职责

(1)根据勘察设计合同要求,按设计进度及时提供签署完备、盖章清晰的图纸及文件材料(CAD 和 PDF 两种形式的电子版)报建设单位,在项目的设计(含变更设计)全部完成后,设计单位需向建设单位移交一份由项目设计技术负责人签署的设计及修改变更文件材料目录,详细列出该项目全部的技术文件、设计变更文件、图纸勘误表目录台账,确保勘察设计文件齐全完整。

(2)为保证施工单位顺利编制竣工图,设计单位须提供可编辑的电子版设计图,以便施工单位制作竣工图。

(3)做好施工服务期间设计变更往来文件、变更设计图纸等文件材料的收集、整理工作。

(4)及时审核签认终孔确认单,及时完成变更。

2.4.6 检测单位的职责

(1)按时做好与试验检测相关文件材料(含声像档案)的收集、整理和组卷工作,确保试验检测档案及时、齐全、真实、准确。

(2)建立试验文件材料与施工同步收集、同步整理、同步归档有效的管理机制,按照项目文件的形成、收集、整理、立卷、编制、归档的要求,及时完成试验文件资料的收集、整理、归档、报送及保护工作,确保项目竣工文件材料的收集、整理、归档工作与工程建设同步,以及项目竣工文件材料的准确、完整、系统和安全。

(3)试验检测单位形成的文件材料必须集中由专人统一管理,严禁分散由个人保存。

(4)根据本细则,结合实际情况制定本单位的档案管理制度,对本单位档案工作负全责。

(5)统一试验室的试验检测用表、填写规范。

(6)负责对工地试验室的竣工文件内在质量、文件填写真实性把关。

(7)对工地试验室各类文件编制情况进行定期和不定期的监督、检查、指导。

2.5 档案管理工作的措施与制度

2.5.1 建立"五同步"档案管理机制

将公路工程建设项目工程档案文件材料的编制、收集、整理、归档工作纳入工程建设管理程序,纳入招投标制度,纳入工程建设目标管理和考核范围内,建立与工程建设同步形成、同步收集、同步整理、同步立卷、同步归档管理机制,保证建设项目文件材料的形成、收集、立卷、归档的及时、准确、完整、系统和安全。

2.5.2 建立档案管理与合同相关的制约制度

一是建设单位将档案文件材料收集、整理、立卷、归档工作纳入工程合同管理,各参建单位应将文件材料立卷、归档工作提升到诚信履约的高度,同时将档案管理工作的违约处理列入合同条款,规定项目交工验收结束后,施工、监理单位应在三个月期限内,向建设单位提交符合要求的全部归档文件材料,否则,建设单位将依据合同追究相关单位的违约责任。二是将工程建设项目档案工作纳入工程计量支付的必备条件,建立与工程计量支付相关的制约制度,凡申请计量支付的工程,其工程文件资料必须收集完整齐全,并且内容真实、准确、完整,达到文件资料归档要求,否则不予计量,不予支付。

2.5.3　建立健全项目档案管理领导人责任制

建立建设项目"三落实"档案管理机制。一是落实公路工程建设项目工程档案文件材料编制、收集、整理、归档领导人责任制。二是按照"谁形成,谁负责"和不得委托他人的原则,落实建设单位应有一位领导负责项目档案工作,各参建单位应至少有一名分管领导负责管理工程档案的编制、收集、整理、归档工作。三是按相关规定落实临时档案室,配置档案专柜,落实档案管理人员,配备具有相关工程专业知识、能够适应项目文件材料立卷归档工作需要的专职档案管理人员,并保持其稳定性。

2.5.4　建立档案工作的检查制度

建设单位、项目档案管理组、监理单位、施工单位等具有工程管理职能各部门,要每月至少一次对各施工、监理等参建单位档案收集整理情况进行专项检查、现场指导。凡档案工作进度滞后、编制质量不符合要求的,立即督促整改,明确整改内容,规定时间及要求,必要时下发整改通知书;对档案工作进度严重滞后的,进行通报批评。

发挥工程监理的监管职责,将项目文件材料收集、立卷、归档工作纳入监理工作内容,建立项目档案工作监督考核体系。监理单位负责本项目施工单位的日常档案工作管理、监督、检查、指导、考核各施工单位竣工文件的收集、整理、编制、归档工作,并将监督、检查、考核、验收结果每月上报给本项目建设档案工作领导小组办公室。

同时,施工单位应负责本单位形成的施工文件材料收集归档工作,并配备专人负责对本合同段的竣工文件收集、整理、归档工作进行监督、检查、指导、考核和验收,及时上报项目监理单位及项目档案管理组,确保项目文件材料的收集、立卷、归档的及时、准确、完整、系统和安全。

2.5.5　建立档案首卷验收制度

建设单位制定档案首卷验收实施管理办法。首卷验收由建设单位负责组织,验收小组由建设单位(项目档案管理组)、监理单位、施工单位组成,成员不少于5人,依据验收标准对施工单位竣工文件首卷进行验收。

(1)自检。参建单位按照建设单位印发的《项目档案管理办法》《项目档案编制实施细则》等文件,对首卷竣工文件形成质量进行自检,经施工单位档案分管领导审核,确认合格后施工单位报监理单位初审;监理、检测单位自检合格后直接报建设单位申请验收。

(2)初审。监理单位负责所辖标段首卷(样板)验收的初审。在收到施工单位验收申请后5天内,对施工单位竣工文件首卷进行现场检查。初审合格的首卷及时递交至建设单位申请验收;初审不合格的,要求限期整改后申请。

(3)验收。建设单位根据监理单位、检测单位及施工单位递交的验收申请,组织验收小组成员对竣工文件首卷进行验收并签认。

(4)验收过程中无法统一验收意见的,由建设单位组织讨论并统一验收意见。

(5)需首卷验收的工程有:路基填筑、涵洞工程、挡土墙、排水沟、浆砌护坡(预应力锚索、框架梁等);桥梁下构及上构、桥面系及附属工程;隧道开挖、初期支护(钢筋网、锚杆、钢支撑、混凝土喷射等)、二次衬砌、边仰坡防护、仰拱及路面;基层、面层;标志、标牌、标线;声屏障。交通安全工程:波形护栏、混凝土护栏;绿化工程;房建工程。

2.5.6 建立档案预立卷制度

建设单位、监理单位、施工单位应制定预立卷制度。高速公路建设周期长、工程门类多,相应的文件材料内容繁杂,为了将项目建设过程中各个阶段形成的施工文件和监理文件完整、及时地收集、整理出来,防止工程档案的流失与失真,根据《公路建设项目文件材料立卷归档管理办法》(交办法〔2010〕382号)的规定,各建设项目应根据项目实际情况对文件材料执行预立卷管理。

建设单位负责文件材料预立卷工作的组织和管理,各有关单位应按照收集、归档责任分工,建立健全项目文件材料收集、归档制度和预立卷制度,根据本项目建设程序的不同阶段和文件材料产生过程,按照公路工程立卷归档要求,分别做好预立卷工作。

各单位专职档案(资料)管理员负责本单位所有档案资料(文件材料)的预立卷工作。

建设单位对施工、监理单位等参建单位预立卷工作应纳入检查重点和考评指标。

项目建设时期(含交工验收阶段)施工、监理单位要形成的文件材料预立卷目录参考示例参见本细则附录4:预立卷目录示例。

3 档案文件材料的收集

3.1 一般规定

(1)公路建设项目的文件材料,是指自立项审批(核准)至竣工验收全过程产生的,反映项目合同、质量、进度、费用、安全和环水保管理基本情况,对建成后工程管理、维护、改建和扩建具有保存、查考价值的各种形式和载体的历史记录。

(2)建设单位、监理单位、施工单位按照"统一领导、责任到人、分级管理"的原则,及时收集各自职责范围内的文件材料。

(3)工序资料的填写应采用本细则附录中的列表,如需调整的,由各项目总监办进行统一修订。

(4)建设单位、监理单位、施工单位的文件材料应由各单位档案室集中统一管理,不得由承办部门和个人分散保存。

①专职档案资料管理员负责本单位所有档案资料(文件材料)的收集、登记和归档工作。

②兼职档案员负责把本部门形成的文件材料按本细则规定的办法进行收集,检查文件材料填写、签认是否完整和准确,当文件材料具备移交条件时,及时向专职档案资料管理员移交,协助专职档案资料管理员做好文件材料的登记和归档工作。

③兼职档案员向专职资料管理员移交资料的过程中应做好文件材料交接的登记,签认手续齐全。

(5)电子文件与纸质文件进行同步收集、归档。建设项目收集、归档范围内重要的批复文件、施工图文件、竣(交)工验收文件、工程声像资料等均应制作成电子文件存档,保存至电子存储设备中。电子文件及纸质文件数字化的形成和保存应符合《电子文件归档与电子档案管理规范》(GB/T 18894—2016)、《CAD电子文件光盘存储、归档与档案管理要求 第一部分:电子文件归档与档案管理》(GB/T 17678.1—1999)和《纸质档案数字化规范》(DA/T 31—2017)的要求。

3.2 文件材料收集要求

3.2.1 文件材料收集总体要求

文件材料收集工作总体要求是在保证归档文件材料内在质量的基础上,重视提高外在品质。所谓内在质量,是指文件材料的内容要原始、及时、准确、真实、完整、规范和美观;外在品质则是文件材料收集及时,文件材料内容表现形式美观。

(1)原始。公路工程文件材料是公路工程建设过程中直接形成的原始记录,不应是编造或回忆记录。原始记录不能等同于原件记录,收集过程中应注意文件材料的原始性,同时要求收集的所有文件材料应为原件或至少应有一套完整的原件。有以下特殊情况的可收集复印件:

①项目立项审批等文件,原件保存在项目主管单位的,建设单位可将复印件归档保存,并注明原件存放处;

②供货商提供的原材料及产品质量保证文件为复印件的,须在复印件上加盖销售单位公章并注明原件存放处后归档保存;

③热敏纸传真件,需复印保存,复印件应清晰;

④同一份档案资料需要提供给多个部门的。

(2)及时。按照公路工程项目建设程序不同阶段文件材料的自然形成规律,对每项工作完成或每一道工序完工后所形成的文件材料,责任单位应做到及时收集、及时整理、及时归档。

①按照与施工同步收集整理归档的原则,各文件材料收集责任单位应及时收集各自形成的文件材料。合同书、协议书、上级指示、上级批准文件、往来函件、会议纪要、变更令、停工令、复工令、工作指令、进度计划、月报、开工报告、施工工序记录材料、索赔、事故处理等文件应及时收集整理并检查,特别是施工工序记录材料,在本工序完工后下道工序开工前,工序记录材料必须归档,分项工程完工后,三天内要及时完成评定及相关评定资料的收集和归档工作,按要求分别存入相应的预立卷中。

②施工单位及时编制文件材料收集台账和卷内目录(临时),文件材料收集台账以电子文件的方式报送监理单位、建设单位档案管理组,以便核对与查阅。

(3)准确。准确是指试验数据的记录、计算过程、计算结果准确,控制的技术指标、检测频率符合公路工程相关技术规范、规程等的要求。

监理工程师在审查施工单位的资料准确性时,要确保归档的项目文件资料与施工对象和建设过程相一致,文件材料与工程实际相符、图物相符,工程部位标注清楚;同一个项目的文件材料相互之间在内容上应当协调一致;文字说明与图表、成果报告与试验记录、评定文件与原始文件应保持衔接一致。

(4)真实。真实是指要求文件材料真实可靠。

①数据真实,特别是文件材料试验检测原始基础数据要真实,应能真实地反映工程建设的实际过程,和实际情况相符,没有涂改和编造痕迹。

②若需清稿,须将勘测及测量基础资料、施工原始记录与清稿后的记录文件一并归档保存,保持文件资料原始性;签名和日期不得涂改。按规定需要签字的文件材料签字齐全,按规定需要盖单位公章的文件资料盖章齐全,文件资料真实有效。

③严禁伪造、捏造数据,严禁闭门造车、"回忆录式"编写资料,监理工程师应对施工单位的资料真实性进行审查。

(5)完整。收集文件资料应齐全完整、不缺项、不缺份、不缺张、无遗漏,该闭合的资料要闭合,如停工令—整改报告—复工令等资料一定要闭合。

①要保证整个项目的各类文件齐全完整,不能缺项。

②要保证单项文件材料的完整,各份文件应齐全,不能缺份、缺张。

③要保证单份文件材料的完整,正文和附件要齐全,表格内部填写完整,签字手续要完备,包括评语、签名和日期等。

④要保证应闭合的文件资料一定要闭合,批复与请示闭合;监督机构、建设单位、监理下达的整改指令与整改后的文件材料必须是一套完整的闭合资料。

(6)规范。规范是指表格填写规范、术语规范、字迹规范,文件材料分类、科目编排科学、合理,符合规范要求。

(7)美观。要求字迹工整、文字清晰、幅面整洁,符合档案存档规定。

3.2.2 文件材料质量要求

(1)名称填写规范:包括建设项目、工程部位名称、合同号、参建单位名称要统一、规范。

(2)术语规范:包括外观描述、试验结论用语、自检用语、评定用语填写规范。

(3)其他规范性要求。

①书写要规范。书写工整,字迹端正、耐久,线条清晰,书面要整洁,竣工文件材料中凡是需用手写、绘制的地方,必须做到字迹清晰可辨,应使用不易褪色书写工具书写。如原始记录、签名等文件材料,应使用不易褪色的蓝黑墨水、黑墨水笔书写,严禁使用圆珠笔、铅笔、红墨水笔、纯蓝墨水笔等易褪色的书写工具书写。

②修改要规范。原始记录资料不得随意更改,如测量资料、试验资料、检测资料等,如果必须更改,不能涂改,只能杠改,即用斜线划去,在旁边书写正确文字,并在旁边签名。

③签名要规范。

a.所有的签名栏应由本人亲自手签,并签全名,不能打印或采用图章。特殊情况需要代签,代签人应持有应签人的委托书,在签字处盖上应签人的签名章(用红色印泥),并在盖章处右侧签上代签人的姓名。不允许直接代签应签字人的姓名;表格中的签名应签在表格规定的位置上,关键签名不能由一个人重复签署,如计算与复核不能是同一人签名。

b. 文件材料签字应注意签字人的签字权限,严禁越权签字。

c. 开工申请批复单、变更申请批复单、中间交工证书这三个文件上的盖章单位应为施工单位和监理单位等,需要单位盖章的资料应加盖红色图章。

d. 各工地试验室产生的试验检测报告均需加盖工地试验室图章。

④纸张纸质优良,规格统一。

a. 文件材料用纸均采用 A3、A4 两种尺寸。竣工图及与其合订在一起的文字材料、表格一律使用 A3 纸,图纸允许加长,但不能加宽,如桥梁布置图可以加长,但不能加宽;其他文件材料统一使用 A4 纸(除上级红头文件),小于 A4 纸规格的出厂证明、产品合格证等要使用白乳胶粘贴在 A4 纸上,严禁使用固体胶及胶水等;书写材料应符合耐久性要求。严禁使用热敏纸、复写纸等不耐久的材料,确需保存的,需保存复印件;当使用 A3 纸时,则需折叠成 A4 纸大小。

b. 归档文字材料上的批语、签注意见写在文件装订线上的,应予以粘贴补宽,对纸张规格大小差别较大的文件应适当补贴或折叠。

⑤归档文件字体、字号、单位应统一、规范,符合档案归档相关规定要求。

a. 各类总结、报告、正式文件严格按国家公文管理办法执行,并参照如下规定:验收或鉴定证书、各类总结、工程概况、编制说明等非工地现场填报的文字材料或图表均需打印,字体以印刷体为宜。各种特殊字符用国标宋体,文件标题名用 2 号方正小标宋体;文件编号用 3 号仿宋体,文件内容、说明及其标点符号用 3 号仿宋体,行距为单倍行距。抄送单位用 4 号仿宋体。

b. 竣工图所有文字均采用宋体,宽高比一般取 0.65。字高采用以下高度或类似字号:尺寸标注数字字高为 2.5mm(特殊情况可放宽至 3mm);竣工图图名字高为 4mm;"竣工说明:"字高为 4mm,"竣工说明:"的内容字高为 3.5mm;图框标题栏内,单位名称和竣工图名字高为 5mm(一排装不下,必须用两排时,字高为 4mm),其他图框各栏字高为 4mm。

c. 高速公路工程建设三大主体(建设单位、监理单位、施工单位)各自负责的文字材料或图表使用激光打印机打印,不允许使用喷墨打印机和针式打印机。计算机印制的文字材料和图纸应采用激光打印机打印,表格式样应铅印或用计算机激光打印。

(4)各种工程建设用表使用和填写规范。

①正确选用工序用表。

②表格填写规范。

a. 对于原始记录,一律要求手工填写(具有自动打印功能设备的除外),但对于汇总、专项报告和事先预知的数据和文字可以打印,但结论/意见及签署/签名必须手签。

b. 表头的填写必须完整统一。

c. 表格如果有附件,必须详细注明附件名称和数量等。

d. 表格中工程名称的填写统一规范,如果分左、右幅,必须注明左幅或右幅。

e. 自检意见、监理意见应明确,签署手续完备,字迹清晰,复印清楚。

f. 表格中的技术指标控制值,应符合有关设计、规范的要求。

g. 表格中的意见、结论填写用语必须严谨规范,描述准确。

h. 表格中的时间填写应符合实际,不能前后矛盾。

i. 存在逻辑关系的表格应该闭合(特别是检验时间和签认时间的前后一致性),如果出现验收不合格的记录表或质检表,须附上其再次验收合格的对应表格。

3.2.3 声像资料收集要求

1)总体要求

在整个工程建设过程,从原貌、施工到竣工验收等一系列活动中,用照片、录像等形式现场采集的有保存价值的工程声像素材以及后期整理成果均属声像资料收集范围。已实行计算机辅助项目管理的,电子文件与纸质文件同步归档;如无条件形成电子文件的,对利用率高的文件材料,可采取图像扫描或缩微方式,进行档案复制。声像资料具体收集要求如下:

(1)工程声像资料应与工程进展同步产生,做到随时拍摄、随时按要求整理,避免丢失与损坏、避免事后补拍(摄)。

(2)参建单位应建立电子文档,并做好各类台账数据资料的复制、登记与保管工作。

(3)工程照片必须是原版、原件,且不得磨损、划伤、有污渍。数码照片应保存至移动存储设备中,同时还须冲印出6in(15.2cm×10.2cm)纸质照片,与说明用统一的相册归档;数码照片应当使用不低于1000万像素的数码相机拍摄,图像格式为JPEG格式,未加修饰剪裁。照片文件资料的整理应符合《照片档案管理规范》(GB/T 11821—2002)的要求。

(4)工程录像档案资料应当主题明确、图像稳定、画面清晰、声音清楚、色彩真实。影像文件收集时应按MPEG2方式压缩。

(5)工程照片收集时,桩号、部位、内容等相关信息应齐全。施工单位、监理单位、建设单位在形成照片时,应注重不同层面、不同角度的照片,如对于工程部位,既要有总体照片,也要有局部照片,既有正面照,又有侧面照;特别对于隐蔽工程,照片要能保证当时现场情况复现,一般要求同一工程部位照片不能少于2张。隐蔽工程照片收集项目见表3-1。

隐蔽工程照片收集项目一览表

表 3-1

单位工程	分部工程	分项工程	隐蔽工程照片收集项目	备注
路基工程	土石方工程	土、石方填筑	试验段、基底处理、填前压实	
		软基处理	基底处理、处理过程、完工后检验	各1张
	涵洞、通道	基础及下部结构	基底检验、钢筋加工及安装	各1张
		台背回填	基底检验、分层压实	压实每侧台背各2张
	砌筑防护工程	挡土墙	基底检验、钢筋加工及安装、墙背填土	各1张
		抗滑桩	成孔检验、钢筋加工及安装	各1张
		锚喷防护	锚杆、拉杆检验、预应力张拉及压浆	各1张
		锥护坡、导流工程	基底检验	
	大型、组合式挡土墙	基础	基底检验	
		墙背回填区填筑	分层压实	3张（每2m高一张）
		构件预制	钢筋加工及安装	
		筋带、锚杆、拉杆	筋带、锚杆、拉杆检验	
桥梁工程	基础及下部结构	桩基、地下连续墙	钢筋笼连接孔深、孔径、沉淀层厚度检验	
		扩大基础	基底检验、钢筋加工及安装	各1张
		承台、沉井	钢筋加工及安装、沉井灌注及首盘混凝土	各1张
		台背回填	回填前基底检验与台阶开挖、分层回填压实与检测	每侧台背各3张
	上部结构预制与安装	主要构件预制、其他构件预制	钢筋加工及安装、预应力管道安装、预埋件安装	各1张
	上部结构现场浇筑	现浇箱梁、墩顶现浇连续段	钢筋及预应力筋安装	各1张
			预应力张拉及压浆	
	钢构件制造	桁架梁、钢板梁、钢箱梁	组装、焊接	各1张
	总体、桥面系和附属工程	桥面铺装	下承层清理及钢筋安装	
		伸缩缝安装	槽口（含预埋件）、钢筋连接	
		搭板	下承层清理及钢筋安装	
隧道工程	明洞	明洞浇筑	基底检验、钢筋加工及安装	各1张
		明洞回填	分层碾压压实度	
	洞口工程	洞门和翼墙的浇(砌)筑	基底检验、钢筋加工及安装	各1张
	洞身衬砌	初期支护	锚杆、钢筋网、钢支撑检验	各1张
		仰拱、混凝土衬砌	基底检验、钢筋加工及安装	各1张
	辅助施工措施	超前锚杆、超前钢管	超前锚杆、超前钢管检验	各1张
	隧道排水工程	防水层	纵向排水管安装、横向排水管安装、止水带及止水条安装、防水板安装等	
路面工程	基层	水稳基层	试验段（摊铺、碾压、试验检测）	各1张
	面层	沥青面层	试验段（摊铺、碾压、试验检测）	各1张
		混凝土面层	试验段（钢筋加工及安装、混凝土浇筑）	各1张

续上表

单位工程	分部工程	分项工程	隐蔽工程照片收集项目	备注
交通工程	交通安全设施	混凝土护栏	钢筋加工及安装、首段混凝土浇筑	各1张
	机电工程	监控、通信、收费、配电、隧道机电设施的主要分项工程	首件施工	各2张
附属设施	服务区	建筑工程的地基与基础、主体结构	基底检验、钢筋加工与安装	各1张
	收费站			

注：1. 编制依据：《公路工程施工监理规范》(JTG G10—2016)第5.2.5、5.2.6条相关规定，"隐蔽工程"一词是指"完工无法检验的关键工序，也包括旁站项目"；"关键工序"的规定见监理计划第5.2.9条，依据为《湖北省公路工程监理规范》(DB42/T 851—2012)附录G。

2. 数量规定：对隐蔽工程验收项中分开检查的项目应附单独照片。表中备注栏照片数量是指每分项工程应附最少数量，未规定的按1张计。

(6) 录音档案电子文件格式应统一转换为MP3格式。

(7) 电子文件及纸质文件数字化形成和保存应符合《电子文件归档与电子档案管理规范》(GB/T 18994—2016)和《纸质档案数字化规范》(DA/T 31—2017)的要求。

2) 照片档案整理

照片档案的整理应符合《照片档案管理规范》(GB/T 11821—2002)的要求。

数码照片冲印出6in(15.2cm×10.2cm)纸质照片整理归档。凡归档的照片应以组为单位(时间跨度短、同一主题为一组)，每组照片(6~10张)应具备事由、时间、地点、人物、背景、摄影者六要素，并保存至电子存储设备中。

建设单位、监理单位、施工单位在建设过程中，有不同的职责，因此，各单位照片的要求与重点是不同的，具体如下：

(1) 建设单位——主要是从管理角度进行拍摄，照片应反映项目建设过程中各类生产、安全、进度管理(如开工典礼、各类专项审批会议现场等)的情况。

(2) 监理单位——主要是从质量监督角度进行拍摄，照片应反映现场各类抽检、试验、检查的情况。

(3) 施工单位——主要是从施工工艺角度进行拍摄，要求如下：

①每类型分项有一组照片，并以分项工程名字作为照片目录名称；

②每张照片上有对应部位的标识，可用小白板在旁示意出来；

③每组照片应有7~10张，为了便于挑选，应在拍摄过程中多拍些照片；

④重要工艺(如预应力张拉、现浇、挂篮、拱肋安装等)应有15张照片；

⑤一般按每道工序一张(含施工、检查)照片。

声像档案原则上采用数码相机拍摄的照片，把所拍摄的照片冲印出6in(15.2cm×10.2cm)纸质照片后放入照片档案夹(照片档案盒活页夹，图3-1)归档。其中六要素需要填写在随照片档案夹附送的标签纸上(图3-2)。同时,把数码照片存储在电子设备中,照片电子文件与归档的文件打印的内容要求相一致。

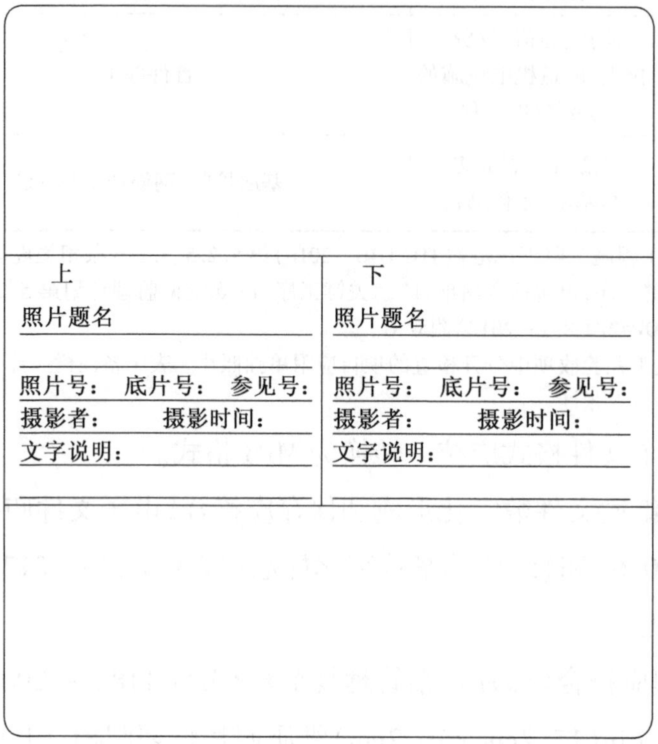

图3-1　照片档案盒活页夹

上 照片题名：	下 照片题名：
照片号：　底片号：　参见号：	照片号：　底片号：　参见号：
摄影者：　摄影时间：	摄影者：　摄影时间：
文字说明：	文字说明：

图3-2　标签纸

每册照片档案盒内材料排序:卷内目录—照片总说明—分组说明—第1组照片及标签(六要素)—第2~n组照片及标签(六要素)—备考表。

卷内目录:应为每张照片单独题名,并形成目录。

照片总说明:根据照片分组说明编写照片总说明,重点说明包含照片的总张数、组数,每组的照片张数及每组照片反映的内容等情况。

分组说明:一般以与反映内容有密切联系的一组照片为单位进行分组,分组说明反映该组照片的内容。分组说明放在该组照片的前面,即空出一张照片的位置放置分组说明。

照片及标签:填写照片号、事由、时间、地点、人物、背景、摄影者七要素。

照片号:照片的流水编号。

事由:照片所反映事件、事物的情由,照片所反映的主要人物的姓名、单位和身份、位置(对主要人物的描述在"事由"栏填不完的,可在照片下面做说明)。

时间:拍摄照片的具体日期(由阿拉伯数字表示,如2021.06.06)。

地点:被拍摄物所在的具体地点。

人物:照片所反映的主要人物的姓名、单位和身份,例如:湖北交投集团董事长×××(前排左2)。

背景:对揭示照片主题具有一定作用的背景。

摄影者:照片的拍摄人。

施工单位、监理单位在移交照片档案前,应根据分说明编制照片的总说明。总说明可以介绍整个项目或单项工程设计、竣工、管理情况,如果照片中有施工工艺的改进、质量问题的处理等,还应重点介绍相关内容。项目竣工后将照片档案移交一份给建设单位。

3.2.4　来往文件及函件的处理程序及收集要求

1)来往文件及函件的处理程序

(1)在来文(函)中属来文单位普发性质只需阅知不需回复的,待相关人员阅毕后处理程序结束,并在《来文(函)登记表》中备注"普发",将这部分来文(函)留存兼职档案员(综合办公室)手中,也可移交项目档案管理组做备查处理,不入预立卷体系文件。

(2)有针对性需回复的来文(函),应按要求以本单位的发文(函)予以回复,兼职档案员(综合办公室)按发文(函)流水号登记台账《发文(函)登记本》,将对应的来文(函)作为发文(函)的附件处理,并在《来文(函)登记本》中备注该来文(函)的去向。

(3)兼职档案员在处理程序全部结束后,将发文(函)移交档案室专职档案员,专职档案员按质量、安全、进度、费用类别分别收集、入预立卷,登记相对应的《预立卷内目录》。

(4)有针对性不需回复的来文(函),会成为相应文件材料的附件,如总监办下发的变更文件,会成为施工单位《变更申请单》及《变更令》附件,兼职档案员按来文(函)处理程序结束后,在《来文(函)登记本》中备注该来文(函)的去向。

2)文件及函件的收集要求

为避免文件材料在收集过程中的遗漏和重复,所有普发性文件、函件、通知等资料一般由发文单位收集,收文单位可不再重复收集。针对性文件、函件、通知等资料由收文单位收集,发文单位可不再重复收集。需要整改回复的文件,如通报、监理指令、整改回复文件由发文和收文单位共同收集。请示、批复等文件,由请示单位收集。

3.3　文件材料形成过程中需注意的事项

1）检测资料填写不实的问题

（1）检测方法填写不实。某些项目不能如实填写检测方法,如路基压实度检测方法栏目不填写灌砂、环刀等具体操作方法,而是机械照抄规范中的"密度法",不能反映真实的检测情况。

（2）检测数据无关联性。如质检表格中墩柱顶面高程数据和水准测量记录表中数据不吻合;底基层顶面高程和基层顶面高程相差数米。

（3）检测频率和相关标准不匹配,检测数据过多或过少。

2）工程行为先天不足引发的资料问题

（1）灌砂法测压实度时,用酒精燃烧代替烘箱测含水率,且分取的土样占粒料总质量的比例过低,不符合规范要求,试验结论的可信度也不高,属于不合格资料。用无核密度仪测压实度前未按规定与灌砂法（沥青面层与芯样压实度对比）进行对比试验,未按规定求出两者之间的相关关系并确定修正系数,或虽有修正数据而不予落实。用燃烧炉测沥青混合料油石比前,未按规定与抽提法进行对比试验。因钢筋保护层厚度及复合桥面水泥混凝土铺装层厚度、平整度合格率低而编造资料数据。

（2）不重视测定路基上路床回弹弯沉的标准车,后轴重、轮胎气压及单轮传压面当量圆直径的测量,相关资料栏目的数据只能编造或直接填标准值。水准测量资料不注意测量的闭合和计算闭合差。

（3）三期工程（如交通安全设施、交通机电工程）往往不能严格遵守施工监理程序,相关现场检测资料,砂石、水泥、钢材等原材料试验资料,水泥混凝土抗压强度资料,不能及时和真实产生。有的合同段甚至忽视开工报告,绘出名不副实的竣工图纸。

（4）受条件限制,部分项目的试验检测,施工单位未及时委托符合资质要求的单位完成（简称"外委试验"）,如桥梁工程的预应力钢绞线、锚具组件、伸缩装置、外掺剂、橡胶支座试验检测,路面工程的沥青、面层石料,沥青混合料车辙、冻融劈裂试验检测,交通安全设施的标线涂料、标志牌、隔离栅、护栏钢材试验检测,排水设施的聚氯乙烯（PVC）管试验检测,交通机电类工程硅芯管、玻璃钢电缆管箱、镀锌分歧钢管试验检测等,导致档案汇总时无相应检测资料。外委试验资料容易出现的主要问题是施工单位没有送检（或频率不足）,或未将外委试验报告妥善保管而丢失。

（5）部分施工单位对原材料、商品购件的出厂资料审查不严,不是缺合法的产品证明,就是缺有效力的质量检测资料,这样的出厂资料不具说服力,不具备归档价值。

（6）应定期检验标定的与"量"有关的仪器、设备（如预应力张拉中的千斤顶和油压表、试验室的压力设备等),不按要求标定,既影响测试结论的可靠性,又缺少相关标定资料,不能组卷归档。

(7)若监管不到位,则各类原材料(主要是矿料、水泥、钢材和沥青)、水泥混凝土试件(水泥砂浆试件)和沥青混合料的试验频率往往达不到规定要求,某些质量指标(如基层混合料的塑性指数、钢筋的冷弯)甚至不做试验测定。各类试验路段(路基、路面基层和面层)产生的相关参数与正式施工的数据脱节,形成"两张皮",经不起分析,经不住追溯,容易忽视相应的调整说明文件材料。

(8)有些工程变更附件容易忽视——对应的、能体现规范运作的支撑资料;忽视变更前后的图纸应同时参与组卷的重要性;有些工程竣工数量(实际结算数量)与竣工图相关数据和几何尺寸不相符,与工程量结算清单不一致;预制梁板编号因安装就位被打乱,势必影响今后相关资料的查阅。

3)工程缺陷资料整改和收集问题

项目执行过程中,会存在各种质量问题和缺陷,包括建设单位、质量监督机构、监理单位、施工单位检查过程中发现的各类质量安全缺陷。缺陷出现后应及时进行整改,有些工作人员不重视保存相关过程整改资料的闭合与收集,对工程项目而言失去了有保存考查价值的追溯性资料。

缺陷的整改资料有:①缺陷来源资料,包括质量监督机构、建设单位针对缺陷下达的文件、通报,监理单位下达的指令、函件,施工单位自检后发出的通知、处理单等及各级机构缺陷的检查记录;②缺陷处理方案资料,包括针对缺陷组织的论证、施工单位自身或委托外单位确定的处理方案及方案的评审资料;③缺陷处理资料,包括缺陷处置过程的相关施工、处理记录、图片、声像资料等;④缺陷处理结果,包括缺陷处理整改后达到设计要求的认可证明文件、缺陷整改后复查报告等。

4)容易忽视的原始资料问题

(1)记录施工过程的文件材料主要是各类专用表格,这些表格组成的案卷每页资料都具有相对的独立性。资料形成过程中,施工单位部分工作人员不重视每页资料必须满足内容真实、填写规范、项目完整、计算(用词)准确的基本要求,由此产生的资料问题往往在整理组卷时才被发现。

(2)各类工艺试验(含路基、路面试验路段)、标准试验(含混合料配合比、各种标准击实试验)报告容易漏掉监理的审批意见。

(3)防护、排水、砌筑工程中容易漏掉经监理认可的开窗检查资料。

(4)沥青面层施工中,不重视"三个打印"(沥青混合料拌和楼每盘拌和结果自动打印、马歇尔试验及燃烧炉测油石比试验结果自动打印)重要资料的收集入卷。

（5）桥梁支座垫石与橡胶支座底面、梁板与橡胶支座顶面密贴情况和聚四氟乙烯板滑动支座与梁板整体受力情况的检查资料容易被忽视。

（6）梁板湿接缝（含封端）凿毛和钢筋检查资料，桥面泄水管安装效果资料，梁板安装中有关部位缝隙尺寸检查资料，各部位钢筋焊接所用焊条规格型号、直螺纹套筒规格资料等容易被忽视。

（7）试验资料存在数据修约不规范，试验结论不准确、不具体、针对性不强的问题。

（8）开工报告中的施工工艺、质量保证措施、环境保护措施、安全管理措施存在照抄其他工地的相关内容、未结合本项目工程实际予以取舍和完善的通病。施工组织设计中的相关参数与试验段数据不一致、与项目建设单位的规定不一致也是容易出现的错误。

（9）缺少填写工程表格之前的原始记录或者原始记录丢失。

5）内业资料容易出现的通病

（1）技术交底资料的通病：第三级交底没有按照工序实施；接受交底的人员岗位、工种不明确；不能反映应该接受交底的人员是否都接受了交底，交底现场没有留下照片，或虽有照片但是没有拍摄日期和时间；没有检验交底效果的考核资料；没有交底执行情况的检查资料。

（2）监理指令文件的通病：应该下发指令文件的，监理工程师用函件下发；指令和回复都存在用语含糊不清的问题；缺少证明已经整改闭合的相关资料和照片（含缺陷情况和整改过程的照片，相关照片应该有准确的文字说明）支撑；没有防止此类问题反复出现的相关措施；没有完全整改到位的指令，监理工程师签认"已经整改"。

（3）数据填写过程中的通病：部分检测项目检测数据不填写实测数据，填写偏差值或直接填结论"合格"；结构尺寸等检测项目检测数据高度一致，如检测10个数据，10个数据无变化或均跟设计值高度一致；部分检测数据和现场情况存在不吻合，如压实度检测资料，试坑粒料质量和实际理论质量存在较大差别等。

6）环保、房建及机电工程内业资料容易出的问题

（1）因房建工程内业资料还应符合《建设工程文件归档整理规范》（GB/T 50328—2014）、《建筑工程资料管理规程》（JGJ/T 185—2009）、《湖北省建筑工程施工统一用表（2009年版）》的规定，且房建工程有单独的专项验收，因此，建设单位对房建工程的监管常常存在不足，导致资料缺项、漏项，不能有效复现建设执行过程是否到位。

（2）机电工程包括收费、监控、通信、供电等内容，因专业性较强，目前湖北省还未形成一套完整质量控制记录表格，施工过程中资料形成往往存在先天不足，加之过程中建设单位、质量监督机构、监理的监管重视程度不够，工程质量评定体系、内业资料预立卷体系存在不足，影响工程项目专项验收和竣工验收。

（3）一期施工单位往往忽略自身范围内环保绿化工程资料的收集,如边坡植草、弃土场的绿化资料未及时形成和收集。

3.4 文件材料的分类及收集责任分工

3.4.1 文件材料的分类

公路工程建设项目文件材料按照立项、准备、施工及验收四个阶段文件材料的自然形成规律和成套性的特征进行分类。施工单位和监理单位独立抽检文件材料按单位工程、分部工程、分项工程、施工工序整理组卷。

项目建设过程中形成的党政工团、精神文明、人事机构等文件,如与本项目无关联,无须纳入项目建设档案内容,可将其作为文书档案另行整理归档。

本细则将高速公路建设项目档案分为十大类。

第一类:前期准备类。

这部分文件是项目前期立项审批文件。

第二类:设计类。

这部分文件材料主要是项目初步设计、施工图设计两阶段勘察设计文件资料、设计变更文件及批准文件,勘察设计基础材料。

第三类:工程管理类。

这部分文件材料主要是项目建设单位在项目建设工程中,从征地拆迁、工程招标投标,到项目竣工验收全过程形成的工程管理(工程项目质量、安全、环保、水保、进度、费用控制管理)、技术管理等文件及材料。

第四类:施工类。

这部分文件材料主要是各标段施工单位在合同期内施工过程中形成的工程管理、质量控制、进度控制、投资控制、合同管理、安全及文明施工等文件材料及缺陷责任期文件资料。

第五类:监理类。

这部分文件材料主要是监理机构在工程监理服务过程中所形成的文件材料,包括监理管理、质量、安全、技术、环保、水保、进度、投资控制文件材料,监理独立抽检材料和原材料平行试验等材料。

第六类:竣(交)工类。

这部分文件材料主要是工程交、竣工过程中形成的文件材料,包括项目竣工验收文件交工验收文件、各参建单位总结报告、工程项目决算和审计文件、竣工图表等文件材料。

第七类：科研类。

这部分文件主要是工程项目建设过程中科研和"四新"（新材料、新技术、新工艺、新设备）推广应用文件材料。

第八类：工程声像类。

这部分文件材料主要包括照片、录音、录像、图形、多媒体、文本电子文件及其他特殊载体文件。

第九类：财务类。

这部分文件资料主要有财务管理制度及财务管理性文件、财务报表、财务凭证、会计账簿等。

第十类：设备类（项目若无此项，可略）。

这部分文件包括设备购置管理办法、设备购置申请及批准文件、设备出厂合格证及验收文件、设备使用管理办法等。

3.4.2 文件材料的收集责任分工

按照《关于印发公路工程竣（交）工验收办法实施细则的通知》（交公路发〔2010〕65号）和《关于印发公路建设项目文件材料立卷归档管理办法的通知》（交办发〔2010〕382号）规定的内容，并结合工程建设项目的实际情况，建设单位、监理单位、施工单位应按照统一领导、责任到人、分级管理的原则，及时收集各自职责范围内的文件材料，文件材料收集归档范围及责任分工具体见本细则附录5：湖北省高速公路建设项目文件材料收集归档清单。

3.5 建设过程文件材料收集

3.5.1 建设单位文件材料的收集

1）建设单位文件材料收集内容

前期准备阶段文件、设计文件、工程管理文件由建设单位负责收集，收集的具体文件内容详见本细则附录5：湖北省高速公路建设项目文件材料收集归档清单。

2）建设单位文件材料的收集流程

（1）前期准备阶段文件。综合办公室应在施工许可手续办理后一个月内将前期准备阶段文件移交项目档案管理组。

（2）设计文件。技术管理部门应在施工许可办理手续后一个月内将工程地质勘察、水文、气象、初步设计文件及其审批文件、施工图设计文件及其审批文件移交项目档案管理组,同步移交图纸电子版;技术管理部门负责建设过程中设计变更文件及批准文件、设计中重大技术问题往来文件、会议纪要等文件的收集并及时移交档案项目组。

(3)工程管理文件。

①招投标及合同文件材料。合同管理部门应在招投标工作完成后一个月内向项目档案管理组移交招标文件及批准文件、资格预审文件、投标文件、评标文件、技术文件及补充文件、中标公告、中标通知书、合同书、协议书等文件(要求为正本文件)。

②工程质量责任登记表。建设单位负责《工程质量责任登记表》的填写,并根据总监办提交的《工程质量责任登记表》和勘察、设计、施工、监理、试验检测单位提交的《工程质量责任登记表》进行汇总。施工许可手续办理后一个月内由工程质量管理部门移交项目档案管理组。

③征地拆迁资料。征迁协调部门应在开工后一个月内向项目档案管理组移交征地拆迁资料,同时做好施工过程中相关拆迁资料的收集和移交工作。

④施工许可文件。综合办公室应在施工许可手续办理后一个月内向项目档案管理组移交施工许可批准文件、质量监督申请书及质量监督通知书。

⑤建设单位在工程建设期间所发生的与工程建设相关文件。建设单位在工程建设期间所发生的与工程建设相关的管理性文件,包括建设过程中形成的工程质量、进度控制、费用控制等文件,应由综合办公室按类别、年度、流水号进行收集,并在文件发出后一天内移交项目档案管理组。

⑥安全管理类文件。建设单位安全管理文件由安全部门负责收集和移交,安全保证体系在施工许可手续办理后一周内完成移交;安全管理文件在文件发出后的一天内完成移交;安全检查、通报、整改闭合资料在资料闭合后三天内完成移交;安全事故处理资料在事故处理完一周内完成移交。

⑦环境及文物保护类文件。在相应文件形成后三天内由环水保管理部门移交项目档案管理组。

(4)交工验收文件。

建设单位负责组织交工验收,交工验收小组负责收集交工验收阶段所有文件与报告,并在交工验收结束后一周内移交项目档案管理组。

(5)竣工验收文件。

竣工验收由行业主管单位负责,建设单位应成立竣工验收小组配合和收集公路工程竣工验收产生的文件,包括公路工程竣工验收鉴定书、公路工程参建单位工作综合评价一览表、公路工程竣工验收评价表、竣工验收委员会各专业检查组意见、竣工验收申请报告、工程单项验收文件、各参建单位总结报告、接管养护单位项目使用情况报告、缺陷责任期相关文件,在竣工验收后一周内移交项目档案管理组。

(6)科学研究类文件。

综合办公室负责收集相应的科研资料,并及时移交项目档案管理组。

(7)工程声像资料。

建设单位各部门拍摄的照片和声像资料分阶段交由综合办公室进行技术处理,处理完后移交项目档案管理组。

(8)财务类文件。

①计量支付文件及附件。财务部门向各施工单位支付各期计量款时,应收集计量支付文件原件,并以标段为单位,按时间顺序做好组卷工作,待各施工单位、监理单位结算完成后移交项目档案管理组。

②财务支付文件,包括财务支付报表、账簿、凭证、银行对账单、会计电算化数据备份资料、项目审计文件、工程决算文件、财务决算文件、其他融资和借贷文件,由建设单位财务部门做好日常收集工作,待建设项目竣工验收、项目财务决算结束后及时移交项目档案管理组。

(9)设备类文件(是指项目履行过程中采购的大宗设备,如试验检测设备等,不包括日常办公用采购的设备设施)。

合同管理部门及时收集相应的设备采购合同、管理性文件、使用维护中形成的文件等,在设备安装、调试及试运行结束后一周内移交项目档案管理组。

项目档案管理组及时完成相应归档文件的整理、组卷和归档等工作。

3.5.2 施工单位文件材料的收集

1)施工文件材料收集内容

施工单位的工程管理、施工准备、施工质量控制、施工安全、环保及文明施工、进度控制、工程合同管理、施工原始记录、线外工程、工程声像资料、竣工图、缺陷责任期等文件由施工单位负责收集,具体内容详见本细则附录5:湖北省高速公路建设项目文件材料收集归档清单。

2)施工文件材料的收集

(1)相关单位的往来文件。相关单位的往来文件在项目部相关部门处理完后三天内,由综合办公室移交档案室。

(2)项目部内部管理文件在文件发出后一天内由综合办公室移交档案室。

(3)会议纪要由综合办公室在纪要形成后的三天内移交档案室。

(4)项目部通用函件。申请类函件在相关单位回复后,连同回复意见在三天内移交档案室;管理类函件在发函后一天内移交档案室;回复类函件在文件处理完并回复后一天内移交档案室。

(5)图纸会审纪要、施工图设计反馈表及批复,在设计批复后三天内由工程技术部移交档案室。

(6)原始地面线复核记录在监理复核确认后三天内,由工程技术部移交档案室。

(7)开工前交接桩记录、控制点的复测、施工控制点加密工程定位(水准点、基准点、导线点)测量、复核记录等,在监理单位复核确认后三天内,由工程技术部移交档案室。

(8)技术交底文件一般应在项目部、工区、作业队进行三级技术交底,接受交底人签字后三天内由工程技术部移交档案室。

(9)质量保证体系文件在监理单位审批后三天内由综合办公室移交档案室。

(10)专项施工方案在监理审批后三天内,由工程技术部移交档案室。

(11)合同段、单位、分部、分项工程的开工申请在监理单位批复后三天内,由质量管理部移交档案室。

(12)监理指令及回复、停(复)工指令及回复,在相应指令回复完后三天内由综合办公室移交档案室。

(13)工程质量事故及处理情况报告,补救后达到要求的认可证明文件、施工中遇到的非正常情况记录、处理方案、施工工艺、质量检测记录及观察记录、对工程质量影响分析等文件,在相应事故处理完后一周内由质量管理部移交档案室。

(14)合同段、单位、分部工程评定完后三天内,相关评定资料由质量管理部移交档案室。

(15)桥梁荷载试验报告和监测监控资料,由合同的甲方单位进行收集,施工单位预留相应档号。

(16)工地试验室的试验检测能力核验申报资料,在核验审批文件收到后三天内一并由工地试验室移交档案室。原材料、半成品、成品、混合料、标准试验、工艺试验连同批复文件,在批复后三天内移交档案室。现场试验检测资料,比如路基压实度、弯沉、平整度、水泥混凝土抗压强度等资料,在质量管理部采集完数据后三天内移交档案室,并附在相关工序资料中作为支撑资料存档。

(17)工地试验室施工过程中下发的管理文件(含内部管理办法、母体单位检查、人员变更等),在文件发出后一天内由工地试验室移交档案室。

(18)配合比设计报告、外委试验报告、桩基检测报告,在报告形成后三天内由工地试验室移交档案室。

(19)各种原材料、半成品、成品、混凝土预制件出场检验报告及合格证,由试验室收集后与相应的试验检测报告一并收集存档。

（20）试验检测月报在下月开始的一周内由试验室移交档案室。

（21）施工工序资料。质检人员应在该工序施工当天填写完整的表格，监理单位签认后三天内由质量管理部收集移交档案室。移交前必须将检测数据录入该分项工程质量检验评定表。分项工程的评定资料在监理单位签认后三天内，由质量管理部移交档案室。

（22）安全保证体系文件、桥隧工程风险评估报告、危险源调查、分析、评价、分级资料、安全专项技术方案，在监理审批后三天内由安全管理部门移交档案室。

（23）安全技术交底文件一般应在项目部、工区、作业队进行三级技术交底，接受交底人签字后三天内，由安全管理部门交档案室。

（24）特种设备登记、使用台账及维修保养记录由专职安全员负责收集，检验合格证在检定完后一周内移交档案室。作业人员和项目管理人员的安全教育培训记录、各级安全检查、整改台账、应急救援预案及演练记录、安全日志等文件由专职安全工程师负责及时收集并移交档案室。

（25）安全事故的调查处理文件，在事故处理完后一周内由安全管理部门移交档案室。

（26）环境保护及文明施工的有关文件，在文件形成后三天内由环水保管理部门移交档案室。

（27）进度控制文件及工程合同管理文件，在文件形成后三天内移交档案室。

（28）施工原始记录由相关部门分月及时移交档案室。

（29）线外工程以每处为单元验收合格后，将相关资料于一周内由合同管理部移交档案室。

（30）工程声像资料（含重大活动、重大事故处理、隐蔽工程、关键工序、桥梁等结构物重点部位施工），在拍摄部门拍摄完成后分阶段移交办公室进行技术处理，处理完后移交档案室。

（31）竣工图表的收集。竣工图在工程交工前绘制完成，并编制设计变更文件与竣工图档号对照一览表，项目部的工程技术部在分项工程完工后一周内绘制完成该分项工程《工程竣工图》，并移交档案室。

（32）缺陷责任期资料。合同段通过交工验收，建设单位下发《合同段交工验收证书》后，开始收集缺陷责任期资料。缺陷责任期资料包括剩余工程计划、剩余工程完工工序资料、缺陷责任及修复费用清单、缺陷责任期终止证书。

3.5.3 总监办文件材料收集

1）总监办文件材料收集内容

总监办管理文件、工程质量控制文件、施工安全和环境保护监理文件、工程进度计划管理文件、工程合同管理文件、监理月报、监理日志、巡视记录、工程声像资料由总监办负责收集,具体内容详见本细则附录5:湖北省高速公路建设项目文件材料收集归档清单。

2)总监办文件收集流程

(1)相关单位来文及回复的收集。在来文回复后及时由综合办公室移交档案室。

(2)总监办文件的收集。总监办正式文件由各部门起草,综合办公室统一发文。无须相关单位回复的文件,在发文后及时由综合办公室将纸质文件收集后移交档案室;须相关单位回复的文件,由相关部门在文件闭合后及时移交档案室。

(3)总监办通用函件的收集。总监办通用函件由各部门起草,由综合办公室统一下发。无须闭合的通用函件在下发后及时移交档案室;须闭合的通用函件由起草部门负责督办回复,在函件闭合后及时移交档案室。

(4)总监办工地会议纪要的收集。会议纪要发出后由相关部门及时移交档案室。

(5)开工令、停(复)工指令及监理指令的收集。文件在发出后或闭合后及时由相关部门移交档案室。

(6)中心试验室文件的收集。中心试验室的试验检测能力核验报告、管理文件、重要工程材料和混合料配合比批复意见、各种标准试验的平行复核试验及批复意见、各类工艺试验总结报告的批复意见、试验抽检资料在头文件形成后,及时由中心试验室移交档案室。外委试验及监控、监测文件由中心试验室及时收集并移交。

(7)质量缺陷检查及整改闭合文件。质量监督机构及总监办发现的质量缺陷,在整改闭合及复查完成后,及时由质量管理部门将相应文件移交档案室。

(8)质量保证体系、安全保证体系、环保体系由综合办公室在向建设单位报备后及时移交档案室。

(9)安全隐患整改通知书的收集。在安全管理部门收到相应的整改闭合资料及复查完成后,及时移交档案室。

(10)安全生产事故相关处理文件的收集。在事故处理完后,由安全管理部门将相应的事故调查、事故分析、事故处理、照片等资料一并收集,再及时移交档案室。

(11)环水保监理文件的收集。原地面的恢复情况、弃土场的防护及绿化情况等环水保文件在分段(处)验收后,及时由环水保部门移交档案室。

(12)工程进度计划管理文件的收集。在文件形成后及时由合同计量部移交档案室。

(13)工程合同管理文件的收集。在文件形成后及时由合同计量部移交档案室。其中,工程变更令及其相关附件在变更令签发后,及时由合同计量部移交档案室。

(14)工程声像资料的收集。总监办各部门拍摄的照片和声像资料分阶段交综合办公室进行技术处理,处理完后移交档案室。

（15）档案室应及时完成相应归档文件的整理、组卷和归档工作。

3.5.4 驻地办文件材料收集

1）驻地办文件材料收集内容

驻地办管理文件、工程质量控制文件、施工安全和环境保护监理文件、工程进度计划管理文件、工程合同管理文件、监理月报、监理日志、巡视记录、旁站记录、线外工程资料、工程声像资料由驻地办负责收集，具体内容详见本细则附录5：湖北省高速公路建设项目文件材料收集归档清单。

2）驻地办文件的收集流程

（1）相关单位来文及回复的收集。相关单位针对本驻地办的来文及回复在驻地办相关部门处理完后，及时由综合办公室移交档案室。

（2）驻地办文件的收集。驻地办文件不分类别按流水号进行排列，无须相关单位回复的文件，在发文后及时由综合办公室将纸质文件移交档案室；须相关单位回复的文件，由综合办公室在文件闭合后及时移交档案室。

（3）驻地办通用函件的收集。驻地办通用函件不分类别按流水号进行排列，无须闭合的通用函件在下发后及时由综合办公室移交档案室；须闭合的通用函件在函件闭合后及时由综合办公室移交档案室。

（4）驻地办工地会议纪要的收集。会议纪要发出后，及时由综合办公室移交档案室。

（5）停（复）工指令及监理指令的收集。文件发出后或闭合后，及时由综合办公室移交档案室。

（6）基准点、基准线及原始地面线在复核完后及时由工程技术部移交档案室。

（7）驻地办工地试验室文件的收集。工地试验室的试验检测能力核验、管理文件、配合比批复、各种标准试验的平行复核试验、各类工艺试验的批复、原材料试验、现场抽检资料、试验检测月报在文件形成后及时由试验室移交档案室。外委试验及桩基检测报告及时收集并移交档案室。现场试验抽检资料，比如路基压实度、平整度、水泥混凝土抗压强度等资料，由工地试验室完成报告后及时移交档案室。

（8）监理现场抽检资料的收集。各工序的现场抽检资料在结果出来后，及时由质量管理部移交档案室。移交之前，必须将检测数据录入该分项工程质量检验评定表。

（9）质量保证体系、安全保证体系、环水保体系文件在向总监办报备后及时由质量管理部、安全管理部、环水保部移交档案室。

（10）安全隐患整改通知书的收集。安全管理部收到相应的整改闭合资料后，及时移交档案室。

(11)环水保监理文件的收集。原地面的恢复情况、弃土场的防护及绿化情况等环保文件在分段(处)验收后,及时由环水保管理部移交档案室。

(12)工程进度计划管理文件的收集。文件形成后及时由合同管理部移交档案室。

(13)工程合同管理文件的收集。文件形成后及时由合同管理部移交档案室。

(14)监理月报的收集。监理月报在每月末完成编制后,及时由综合办公室移交档案室。监理日志以季度为编制单位,在每季度编制完后及时由综合办公室移交档案室。巡视记录以季度为单位,每季度完后及时由各专业监理工程师移交档案室。旁站记录在工程完工后由各旁站监理人员移交档案室。

(15)工程声像资料的收集。驻地办各部门拍摄的照片和声像资料分阶段交综合办公室进行技术处理,处理完后移交档案室。

(16)档案室应及时完成相应归档文件的整理、组卷和归档工作。

4 档案文件材料的分类整理与组卷

4.1 组卷一般规定

(1)公路工程文件材料归档前均需分类整理和组卷。组卷应遵循公路工程文件材料的自然形成规律和成套性的原则,保持卷内文件的有机联络,分类科学,便于查找利用。

(2)管理性文件按问题、时间、发文单位、重要程度或保管期限排列;项目技术文件材料按管理、依据、施工记录、试验检测、评定、证明顺序排列。

①设备文件材料按依据性、设备开箱验收、随机图样、设备安装调试和设备运行维修等材料排列;

②竣工图按里程、专业、图号排列;

③卷内文件材料一般文字材料在前,图样在后。

(3)案卷内文件材料排列应文字在前,图样在后;译文在前,原文在后;批复在前,请示在后;正件在前,附件在后;印件在前,定(草)稿在后。

(4)案卷内不应有重份文件,卷内不应有重页文件,但卷与卷之间相互有关联的文件,在归档过程中允许有一定数量的重复。如:跨分项工程的施工放样记录表和检测试验报告等。

(5)单个组卷单元文件材料较多时,可以组成多个案卷;组卷单元文件材料较少时,可以几个组卷单元组成一个案卷。

(6)案卷厚度一般不超过50mm,最多可达100mm,一般以30~40mm厚为宜。

4.2 文件材料分类与编号

(1)分类编号以建设项目(××高速公路)为单位。编号采用汉语拼音字母与阿拉伯数字相结合的方法。项目文件最多分为三级。一级类目为建设项目形成的十大类:前期准备阶段类、设计类、工程管理类、施工类、监理类、竣工类、科研类、声像类、财务类、设备类,分别用1、2、3、4、5、6、7、8、9、10表示;二、三级类目为一级类目的细化;案卷顺序号不编虚位,从"1"开始编写(即不编为"001");类级符号"·"置于分类代号的中间;在类目后加"—"其后数字为案卷流水号。

(2)分类编号示例如图4-1所示。

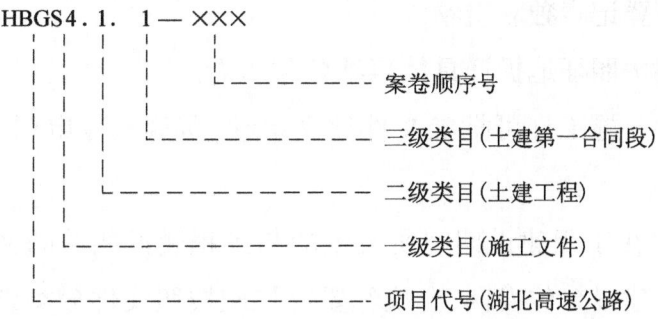

图 4-1 分类编号示例

注：编号"HBGS"在××高速公路建设中改成"××GS"。

（3）一级类目见表 4-1。

一级类目 表 4-1

编号	类目
HBGS 1	前期准备阶段文件
HBGS 2	设计类文件
HBGS 3	工程管理类文件
HBGS 4	施工类文件
HBGS 5	监理类文件
HBGS 6	竣（交）工类文件
HBGS 7	科研类文件
HBGS 8	声像类文件
HBGS 9	财务类文件
HBGS 10	设备类文件

二、三级类目参照本细则附录5：湖北高速公路建设项目文件材料收集归档清单中的文件分类与分级。

4.3 文件材料组卷要点

4.3.1 建设单位文件材料组卷要点

（1）前期准备阶段文件分类进行组卷，卷内文件按照批复、请示、相关审批及专家评审文件材料的顺序依次排列。

（2）设计类文件按照设计的不同阶段和专业分别整理组卷，并按照批复、请示、相关审查及专家评审文件材料的顺序依次排列。

（3）工程管理文件。

①招投标及合同文件材料按照招投标内容分别整理组卷，卷内文件按照招标文件、投标文件、评标文件、中标通知书、工程合同顺序依次排列。

②工程质量责任登记表独立组卷。

③征地拆迁资料按照征地拆迁具体事项分类组卷。

④施工许可文件。施工许可批准文件独立组卷;质量监督申请书及质量监督通知书独立组卷。

⑤对于建设单位在工程建设期间所发生的与工程建设相关的文件,相关单位来文及回复、建设单位文件、建设单位发函、会议纪要等均应按照文件分类别整理组卷,卷内文件按文件编号(流水号)顺序排列。

⑥安全管理类文件。按安全保证体系、安全管理文件、安全检查、通报及整改闭合资料、安全应急预案、安全生产事故等分别独立组卷,卷内文件按时间先后顺序排列。

⑦环境及文物保护类文件独立组卷。

(4)交工验收类文件独立组卷。

(5)竣工验收类文件独立组卷。

(6)科研类文件分项目独立组卷。

(7)工程声像资料分内容独立组卷。

(8)财务类文件。计量支付文件与附件以合同段为单位整理组卷,其他类财务文件分内容按相关财务规定组卷。

(9)设备类文件分设备独立组卷。

4.3.2 施工文件组卷要点

(1)工程管理文件组卷要点。

①合同段施工总结独立组卷。

②相关单位往来文件根据来文的类型和时间发生的先后顺序进行组卷。

③内部管理文件分类型按时间发生的先后顺序组卷。

④合同段开工申请及批准文件(含施工组织设计)独立组卷。

⑤会议纪要(工地例会会议纪要、项目安全、质量、环保、施工进度等会议纪要)分类型按时间发生的先后顺序组卷。

⑥项目部通用函件分类型按时间发生的先后顺序组卷。

(2)施工准备文件组卷要点。

①图纸会审纪要、施工图设计反馈表及批复独立组卷。

②原始地面线复核记录需独立组卷外,还应编入相应工序资料中。

③开工前的交接桩记录、控制点的复测、施工控制点加密工程定位(水准点、基准点、导线点)测量、复核记录独立组卷。

④技术交底按路基、桥梁、隧道、交安、机电等施工类别分别组卷。

（3）施工质量控制文件组卷要点。

①质量保证体系文件独立组卷。

②专项施工方案按路基、桥梁、隧道、交安、机电等施工类别分别组卷。

③单位、分部、分项开工申请及批复文件以单位工程为单元进行组卷。

④监理指令及回复、停（复）工指令及回复分类别进行组卷，卷内文件按指令发生时间的先后顺序进行排列。

⑤工程质量事故及处理情况报告、补救后达到要求的认可证明文件独立组卷，卷内文件按时间的先后顺序进行排列。

⑥合同段、单位、分部工程质量评定文件独立组卷。

⑦桥梁荷载试验报告独立组卷。

⑧监测监控文件分类别进行组卷。

⑨施工中遇到的非正常情况、处理方案及对工程质量影响分析独立组卷。

（4）工地试验资料组卷要点。

①试验检测能力核验资料独立组卷。

②工地试验管理文件独立组卷，卷内文件按发生的时间先后顺序排列。

③配合比设计（混凝土、砂浆、路面结构层等配合比试验）分类别进行组卷，卷内文件按批复的时间顺序排列。

④外委试验报告分类别进行组卷，卷内文件按送检时间先后顺序排列。

⑤桩基检测报告以单位工程为单元成册合并组卷。

⑥各种原材料、半成品、成品、混凝土预制件合格证及试验记录、外购产品（材料）、设备说明书、合格证及检验报告、质量鉴定报告等分材料类别进行组卷，卷内文件按时间顺序排列。

⑦标准及工艺试验分类别进行组卷。

⑧现场检测，如混凝土强度、锚杆拉拔、地基承载力、压实度、配料单等并入工序检测资料组卷。

⑨试验检测月报分年度进行组卷。

（5）施工工序检测资料组卷要点。

①卷内文件排列一般格式为：中间交工证书→分项工程检验评定表→施工放样资料→工序流程检查表（含交验单、检验表及施工原始记录）。

②施工工序检测资料原则上以分部或分项工程为单元组卷，工序检查表的排列顺序见本细则附录6：分项工程质量保证资料清单。

③路基工程组卷要点。

a. 路基土石方以分项工程为单元组卷,卷内文件放置顺序为:中间交工证书→分项工程检验评定表→上路床检查汇总表→清表→填前碾压→第一层→第二层→第三层……

b. 排水工程以分项工程为单元组卷。

c. 小桥及符合小桥标准的通道、人行天桥、渡槽以分部工程为单元组卷。

d. 涵洞(拱涵、盖板涵、箱涵、圆管涵、倒虹吸等)以分部工程为单元组卷。

e. 砌筑防护工程按分项工程为单元组卷。

f. 大型挡土墙、组合式挡土墙以分部工程为单元组卷。

④路面工程组卷要点。

a. 路面工程以单位工程内分部路段的铺筑层为组卷单元。路面基层需逐层(底基层、下基层、上基层)评定;只须对上面层评定(厚度为上面层和总厚度两个子评定项目),中、下面层应有检验资料但无须评定。路肩石和路缘石安装按分部路段组卷。

b. 中央分隔带纵向盲沟、纵向PVC排水管、集水井、路面横向排水管、路面弯道超高段纵向排水沟等项资料,以合同段为单元组卷。视资料量多少,可将上述各项资料集中组卷,也可以按不同项目分类组卷。路缘石、路肩石预制施工资料以预制场为组卷单元。

c. 收费岛和附属区场平资料以合同段为单元组卷(不需要评定资料)。

⑤桥梁工程组卷要点。

a. 小桥以每座为组卷单元,一座小桥组成一本完整的案卷。

b. 大、中型桥梁按基础及下部结构、支座安装、梁板预制和安装、结构连续现浇段、桥面水泥混凝土铺装、伸缩缝、桥头搭板、桥梁总体、防撞护栏等类别组卷。基础及下部结构以分部工程为组卷单元;梁板预制和安装以跨为组卷单元,受资料量限制,一般不超过两跨,连续箱梁以联为组卷单元;桥面铺装按联和幅别组卷;伸缩缝资料可以单位工程为组卷单元;防撞护栏以联和幅别为组卷单元。中桥由于资料量相对较少,可以将桥面铺装、防撞护栏、桥头搭板、桥梁总体等资料集中组卷,大、中桥梁的锥坡列入相应桥面系、附属工程及桥梁总体分部组卷。

⑥隧道工程组卷要点。

a. 隧道总体及明洞工程以每座隧道为单元,左右幅独立组卷。

b. 洞口工程以每座隧道为单元,左右幅独立组卷。

c. 洞身开挖,分幅以分项工程为单元组卷。

d. 洞身衬砌施工资料,分幅以分项工程为单元组卷。

e. 防排水施工资料,分幅以分项工程为单元组卷。

f. 隧道路面工程,分幅以分项工程为单元组卷。

g.辅助施工措施,分幅以分项工程为单元组卷。

h.隧道装饰工程,分幅以分项工程为单元组卷。

i.人行横洞、车行横洞以分部工程为单元组卷。

j.斜井(竖井)以分部工程为单元组卷,消防设施预埋件资料归入隧道相关二次衬砌组卷。

⑦声屏障、绿化工程组卷要点。

a.声屏障以合同段为单元组卷,分部工程评定表、水泥混凝土及砂浆抗压强度汇总表排列在前,每处声屏障归档资料包括分项质量评定、施工工序、现场检测、试验等资料。

b.中央分隔带绿化,路侧绿化,互通式立交绿化,服务区绿化,取、弃土场绿化等以分部工程为单元组卷,分部质量评定、绿化验收资料在前,各分项工程按桩号、施工段落依次排列,其组卷资料为分项质量评定、施工工序和中间环节检验、检测等资料。边坡绿化不需要评定,但是要检验资料,检验资料归入对应的骨架防护资料中。

⑧交通安全设施按标志、标线、突起路标、防护栏、轮廓标、防眩设施、隔离栅、防落网等分部工程分别组卷,在资料量合适的前提下,数个分部可合并组成一本案卷,在卷内目录中列出相应条目即可。交通安全设施的原材料试验资料宜分别集中组卷,在卷内目录中区分原材料类别和适用范围。

⑨交通机电工程的主要施工项目有信号手孔、电力手孔、人孔、分歧人孔、预埋分歧镀锌钢管、硅芯管铺设等项目,这些项目的相关资料以合同段为单元组卷;如果资料量较大,也可以按项目组成不同的卷册。机电设备安装及调试按照"检验评定标准"的内容收集、整理与组卷。交通机电工程的原材料试验资料宜分别集中组卷,在卷内目录中区分原材料类别和适用范围。

(6)施工安全、环保及文明施工组卷要点。

①有关安全生产的管理文件分年度组卷,卷内文件按时间顺序排列。

②安全保证体系文件独立组卷。

③桥隧工程风险评估报告以单位工程为单元组卷。

④危险源调查、分析、评价、分级资料以单位工程为单元组卷。

⑤安全专项技术方案按路基、桥梁、隧道、交安、机电等施工类别分别组卷。

⑥安全技术交底按路基、桥梁、隧道、交安、机电等施工类别分别组卷。

⑦特种作业人员台账及证件、一般作业人员台账独立组卷。

⑧特种设备登记、使用台账及有关检验合格证、维修保养记录独立组卷。

⑨作业人员和项目管理人员的安全教育培训记录独立组卷,卷内文件按发生的时间先后顺序排列。

⑩各级安全检查、整改台账及检查通知、整改回复、安全问题处罚、复查等记录分时间

段组卷,卷内文件按时间发生的先后顺序排列。

⑪安全日志分时间段组卷,卷内文件按时间发生的先后顺序排列。

⑫安全生产费用管理台账及使用计划、使用记录和有关证明材料,独立组卷。

⑬应急救援预案及演练计划或记录独立组卷。

⑭安全事故的调查处理文件以事件为单元组卷。

⑮环境保护的有关文件独立组卷。

⑯文明施工的有关文件独立组卷。

(7)进度控制文件分年度组卷。

(8)工程合同管理文件组卷要点。

①工程及劳务分包、材料供应、保险、外委检测等合同,独立组卷。

②人员变更管理资料独立组卷归档。

③工期及费用管理分时间段组卷。

(9)施工原始记录按时间段分类组卷。

(10)线外工程归入工程变更类,按工程变更的要求分类组卷,施工单位与所在地签订的合同、协议及相关证明文件均参与组卷。

(11)工程声像资料组卷要点。

①建设前原始地形、地貌状况图、照片独立组卷。

②重大活动、重大事故处理以事件为单元组卷。

③隐蔽工程、关键工序、桥梁等结构物重点部位施工,以单位工程为单元组卷。

(12)工程变更文件以合同段为单位,按照变更文件编号依次汇总整理组卷。围绕一个变更令搜集全套变更文件,包含变更意向、变更依据、变更前后的图纸(在设计图纸图名处注明变更前与变更后)、必要的试验、计算和影像资料等,变更文件的所有资料必须是原件。每卷变更文件内散放一份本合同段工程变更一览表。

(13)竣工图组卷方法参照施工图成册方法,并应按照专业结合图号依次进行排列。

(14)缺陷责任期相关文件由建设单位统一收集整理,独立组卷。

4.3.3 总监办文件材料组卷要点

(1)总监办监理计划独立组卷。卷内文件按照批复、审查意见、文件正文的顺序依次排列。

(2)本项目适用的规范、规程和标准的目录清单,技术规范的补充文件、修改文件和有关细则等独立组卷。卷内文件按国家、部、省(自治区、直辖市)、主管部门结合时间顺序依次排列。

（3）相关单位来文及回复的文件按时间段分开组卷，卷内文件按时间顺序依次排列。

（4）总监办文件按照文件类别分合同、质量、安全、进度、环保、绿化、协调、财务等分别组卷，卷内文件按文件流水号依次排列。

（5）总监办通用函件按时间段分开组卷，卷内文件按文件流水号依次排列。

（6）总监办工地会议纪要。第一次工地会议纪要以各合同段合并组卷。施工期的监理例会会议纪要分年度组卷。监理专题会议纪要以纪要性质分类组卷。

（7）开工令及停（复）工指令、监理指令。合同段开工令独立组卷。施工过程中的停（复）工指令独立组卷。总监办监理指令分时间段组卷，卷内文件按指令流水号顺序排列。

（8）中心试验室能力核验资料、管理文件、重要工程材料和混合料配合比批复意见、各种标准试验的平行复核试验及批复意见、各类工艺试验总结报告的批复意见、试验抽检资料、外委试验检测和专项监测监控文件独立组卷。试验检测月报按时间段组卷。

（9）外委试验检测和专项监测监控文件按检测和监控内容分类独立组卷。

（10）质量缺陷检查及整改回复文件按质量监督机构过程检查、交工验收检查、总监办巡查的类别分类组卷，卷内文件按时间顺序依次排列，检查文件在前、整改闭合文件在后。

（11）质量保证体系、安全保证体系、环水保体系等体系文件独立组卷。

（12）监理指令及隐患整改闭合资料以合同段为单元组卷。

（13）安全监理日志、安全监理巡视记录、安全监理月报均以时间段为单元组卷，卷内文件按时间先后顺序排列。

（14）安全生产事故处理文件独立组卷，卷内文件按时间先后顺序排列。

（15）环保监理文件以时间段为单元分类别组卷。

（16）工程进度计划管理文件以合同段为单元组卷。工程合同管理文件以合同段为单元分类别组卷。

（17）监理月报、机构监理日志、巡视记录以时间段为单元组卷，卷内文件按时间先后顺序排列。

（18）声像资料分内容独立组卷。

4.3.4 驻地办监理文件组卷要点

（1）驻地办管理文件的组卷方法。

①监理实施细则独立组卷。

②相关单位来文及回复的文件分时间段组卷，卷内文件按时间顺序依次排列。

③驻地办工作总结报告独立组卷。

④驻地办文件分时间段组卷，卷内文件按时间顺序排列。

⑤驻地办通用函件以时间段为单元分类组卷,卷内文件按时间顺序排列。

⑥监理工地会议纪要以时间段为单元组卷,卷内文件按时间顺序排列。

⑦监理专题会议记录或纪要分时间段组卷,卷内文件按会议的时间(年度月份)前后的顺序排列。

⑧停(复)工指令、监理指令及整改闭合以合同段为单元组卷,卷内文件按发件编号(流水号)顺序排列。

(2)工程质量控制文件的组卷方法。

①基准点、基准线及原始地面线的复核资料独立组卷。

②驻地办工地试验室文件。

a. 驻地办工地试验室检测能力核验资料及资质的批复独立组卷。

b. 管理文件独立组卷。

c. 混合料配合比批复、各种标准试验的平行复核试验及批复、各类工艺试验的批复、外委试验、原材料试验以合同段为单元分类组卷。

d. 桩基检测报告以合同段为单元组卷。

e. 工地试验室现场抽检资料归入各分项工程抽检评定资料中,不单独组卷。

f. 试验检测月报以时间段为单元组卷。

③合同段、单位、分部工程质量评定文件。

合同段、单位、分部工程质量评定资料以施工合同段为单元组卷,卷内文件按照下列顺序排列:合同段评定汇总表,路基单位、分部评定汇总表,桥梁单位、分部评定汇总表,隧道单位、分部评定汇总表……

④工序抽检资料。

工序抽检资料以分项工程为单元组卷。

(3)施工安全和环境保护的组卷方法。

①安全保证体系独立组卷。

②安全监理指令及隐患检查整改闭合资料以合同段为单元组卷,卷内文件按指令流水号排列。

③安全监理日志、安全监理巡视记录、安全监理月报以时间段为单元组卷。

④环境保护监理文件独立组卷。

(4)工程进度计划管理文件组卷方法。

进度计划管理文件以时间段为单元组卷。

(5)工程合同管理文件组卷方法。

工程合同管理文件以合同段为单元分类别组卷。

(6) 其他文件组卷方法。

监理月报以期为单元归档,监理日志以本为单元归档,巡视记录以巡视主体为单位进行组卷,旁站记录、监理日记以个人为单位进行组卷归档。

(7) 线外工程组卷方法。

线外工程分类别组卷。

(8) 工程声像资料组卷方法。

重大活动、重大事故处理声像资料以事件为单元组卷。隐蔽工程、关键工序、桥梁等结构物重点部位声像资料以单位工程为单元组卷。

4.4 案卷的整理

4.4.1 案卷

案卷由案卷卷盒、内封面、卷内目录、卷内文件材料及备考表(封底)组成,其样表见本细则附录7~附录11。

4.4.2 案卷外封面

案卷外封面由下列项目组成(见本细则附录7中附图7-1:案卷外封面式样):

(1) 档号。填写档案的项目代号、分类号和案卷流水号。

(2) 案卷题名。应简明、准确地揭示卷内文件的内容。

(3) 立卷单位。立卷单位是指案卷形成单位(如施工单位填写的资料案卷形成单位为施工单位,监理单位填写的资料案卷形成单位为监理单位,其他案卷形成单位应该为建设单位)。

(4) 起止日期。起止日期是指案卷内文件材料的起止日期。

(5) 保管期限。应填写组卷时依照有关规定划定的保管期限。

(6) 密级。依据保密规定填写卷内文件的最高密级。

4.4.3 案卷卷脊

案卷卷脊由下列项目组成(见本细则附录7中附图7-2:案卷卷脊式样):

(1) 案卷卷脊印制在卷盒侧面。

(2) 案卷卷脊的案卷题名、保管期限、档号与案卷封面相同。

(3) 案卷卷脊需填写案卷题名和档号;案卷封面及脊背的案卷题名档号,暂用铅笔填写,移交后由项目档案管理组统一正式填写。

4.4.4 案卷内封面

案卷内封面由案卷题名、立卷单位、起止日期、保管期限、密级及档号构成。档号由分类号和案卷号组成,是反映档案排列顺序的一组代码。由成册(两册及以上)文件材料组成的案卷,不需要另做内封面,散放一份卷内目录即可;如果只有一册成册文件材料,不需要散放的卷内目录。具体样式见本细则附录7中附图7-3:施工文件内封面式样。

4.4.5 卷内目录

卷内目录由下列项目组成(见本细则附录7中附图7-5:卷内目录式样):

(1)序号。应用阿拉伯数字从1起依次标注卷内文件的顺序,一个文件一个号。

(2)文件编号。文件编号是指文件、函件的编号,有文件编号的需填写文件号,没有文件号的施工检测等方面的资料。可不填写文件编号。

(3)责任者。应填写文件形成者或第一责任者。施工文件和监理文件的责任者是相应施工单位和监理单位,可填写各单位简称。

(4)文件材料题名。应填写文件材料标题的全称,没有标题或标题不能说明文件材料内容的,应自拟标题,并加[ ]符号;案卷内每份独立成件及单独办理报验和批准手续形成的文件材料,均应逐件填写文件标题。

(5)日期:文件材料形成后的最终批复日期。

(6)页次。填写每份文件首页上标注的页号,最后一份文件标注起止号。属已装订成册的文件材料,在卷内文件目录页次栏中填写册数,并在册数后以"/"连接注明累计总页数。

(7)备注:文件材料需注明的情况。

卷内目录放在首页与卷内文件一起装订,但不编写页码,卷内目录需纸质目录及电子目录各一份,卷内目录行数以15行为准,字体为宋体,字号为小5号。

4.4.6 卷内备考表

卷内备考表由下列项目组成(见本细则附录7中附图7-6:卷内备考表式样,备考表不打页码):

(1)说明。应简明、准确地揭示卷内文件的内容(如:本案卷共有图标、文字材料×××页),内容齐全、完整。

(2)立卷人。应有立卷责任者签名。

(3)立卷日期。应填写完成立卷的时间。

(4)检查人。应由案卷质量审核者签名。

(5)检查时间。应填写案卷质量审核的时间。

4.4.7 案卷各部分的排列

案卷是由互相联系的若干文件材料组成的一种档案保管单位,由案卷卷盒、内封面、卷内目录、卷内文件材料及备考表(封底)组成,其格式均应符合《科学技术档案案卷构成的一般要求》(GB/T 11822—2008),排列顺序为:案卷内封面→卷内目录→文件材料→备考表(封底)。

4.4.8 卷盒的外表面规格

卷盒的外表面规格为 310mm×220mm,卷盒厚度分别为 10mm、20mm、30mm、40mm、50mm,卷皮采用优质牛皮纸板双裱压制。卷内目录、文件材料规格为:A4 号纸(297mm×210mm),采用 70g 以上复印纸制作。卷内备考表、案卷封面由 A4 无酸牛皮纸制作。

4.4.9 案卷页码的编写

系统化排列的卷内文件材料、双面书写的文件材料,在其正面右下角、背面左下角;用阿拉伯数字逐页用铅笔进行编码(建议先用铅笔编码),也可用编打页码。单面书写的文件材料,在其正面右下角,用阿拉伯数字逐页用铅笔进行编码(建议先用铅笔编码),也可用编打页码。已装订成册的文件材料,如自成一卷的,不需要重新编写页号;如与其他文件材料组成一卷的,该册文件材料排列在其他文件材料之后,并将其作为一份文件编写册号,不需要重新编写页号,各卷之间不连编页号。

4.4.10 项目档案装订

项目档案除蓝图及成册文件材料外,一律按照三孔一线方式装订,采用棉线装订(孔距 8cm,装订线距纸边 1.25cm,孔径 3mm,最左侧的文字记录距纸边距 2.50cm)。竖向表格装订线在表左边,横向表格装订线在表头,装订时文件材料靠装订线边和下边取齐。

(1)装订前,应去除塑胶、塑封、塑膜、胶圈、金属物等易老化腐蚀纸张的封面或装订材料(见本细则附录 7 中附图 7-10:科技档案案卷三孔一线装订尺寸图示)。

(2)装订时靠左边和下边取齐,表头置上或置左,在左侧装订。

(3)必须重视案卷装订效果,即牢固、平顺和整洁,从装订质量和经济角度考虑,一般情况下,每本案卷以不超过 400 页为宜。不允许出现文件内容被切除,卷内文件方位颠倒、页次不顺或折叠资料被钉死不能翻阅等错误,装订线压住文件内容的必须粘贴补宽。

(4)不装订的图纸和成册文件材料,每份需加盖档号章,档号章内容应与该份文件材料所属案卷的档号及在本案卷卷内目录中的顺序号相吻合。

(5)卷内材料排列为:案卷封面→卷内目录→文件材料→备考表。

4.4.11 案卷目录

案卷目录由下列项目组成(见本细则附录 7 中附图 7-7:案卷目录式样):

(1)案卷号:应填写登录案卷的流水顺序号。

(2)案卷题名:应能准确反映本案卷的基本内容,包括公路建设项目名称(由各项目建设单位进行统一)+起讫里程+分项(分部、单位)工程名称+文件材料名称。如所属桥梁、隧道等工程项目,还应同时标明结构、部位的名称。施工文件题名编写的基本原则是能迅速知道所要查阅的资料在哪一卷,题名既要准确反映文件的基本内容,又要文字简练(题名不得少于15个字且不多于50个字),文理表述易懂而不费解,不得用专用代号代替文字表述,不同档号的题名不得完全相同,也不能简单地用(一)、(二)区别,篇幅虽少但内容重要的文件材料应包含在题名中。组卷合理的卷册,其题名宜采用规范性句组,分类举例如下:

K××+123~K××+340　路基土石方上路床检测和施工资料;

K××+570~K××+850　段面内共三道圆管涵施工检测资料;

K××+865.9　××中桥0号台基础及下构施工检测资料;

K××+227.3　×××大桥第25、26跨T梁预制、安装资料;

K××+123~K21+123　沥青路面下基层施工检测资料;

K××+123~397　段面路基土石方施工和检测资料;

K××+363~K××+123　沥青混凝土下面层施工检测资料;

K××+727.0　×××大桥左幅1~60跨湿接缝施工检测资料;

ZK××+920~ZK××+899　鸡口山隧道左洞监控量测资料;

K××+827~K××+123　田家窝隧道机电设备装置测试记录。

(3)总页数:应填写壹卷内全部文件的总页数,并与备考表中总页数对应。

(4)保管期限:应填写组卷时依照有关规定划定的保管期限。

(5)备注:可根据实际填写需注明的情况。

4.4.12 案卷流水号

项目案卷成形后移交给建设单位时,用铅笔在卷脊编写案卷流水号。

4.5 竣工图的编制

4.5.1 竣工图绘制

竣工图应包含总体竣工说明、路线平纵面图(1:50000),以及路基工程、路面工程、桥梁工程、涵洞工程、隧道工程、路线交叉工程、交通安全设施、机电工程、绿化环保工程、房建工程竣工图(1:2000)等,全面反映竣工路线、路基工程、路面工程、桥梁工程、隧道工程、涵洞工程、防护工程、互通式立交工程、交通安全设施、环保工程、机电工程设施及附属区房建工程的实际造型和特征,且桩号连续。同时附新旧桩号对照表、路基段落及各类构造物一览表。竣工图按 A3 号纸(420mm×297mm)大小装订。

所有竣工图不论与原设计图有无变化,均应用 AutoCAD2000 及以上版本重新绘制,激光打印机打印;对有变更设计的,应在竣工图编制说明及相应的每张图纸内说明设计变更批复文号及工程变更令号。竣工图均按 A3 号纸(420mm×297mm)大小装订,对某些大的或结构复杂的结构物图纸,应先绘制 A1 图纸,然后再缩小到 A3 图纸上。图例、图幅、比例尺、字体及字号原则上应与原设计图保持一致,竣工图日期为该工程竣工时的日期。竣工图不得引用通用图或标准用图,以提高竣工图的可用性。竣工图移交时必须附带电子版。竣工图应逐张加盖竣工图章,竣工图章用红色印泥盖在竣工图右下方、竣工图标之上空白处。竣工图应一式三份交建设单位归档。

应重视竣工图线条文字的清晰和卷面整洁。竣工图中的数字标注、文字说明必须是肯定用语,如设计地基承载力不小于 350kPa,在竣工图中应该是实际测量的地基承载力 510kPa;设计图的沉降缝设置间距 4~6m,在竣工图中应该是肯定的 5m 或者 6m。

4.5.2 竣工图绘制标准

(1)竣工图中计量单位一律用英文符号,注释文中计量单位一律用中文。

(2)竣工图字体用 FSDBF、FSDB,英文宽高比为 1,中文宽高比为 0.7。

(3)竣工图中局部图和表格的标题文字采用 5mm 字高,表格内文字采用 4mm 字高,表格中数字采用 3mm 字高。

(4)竣工图中尺寸标注采用 3mm 字高。

(5)图注、备注文字采用 4mm 字高,数字采用 3mm 字高,页数号和图号采用 4.5mm 字高。

(6)图框中签署字高规定:单位名为 6mm 字高,工程名称和图名单行时采用 6mm 字高,双行时采用 5mm 字高。

(7)图中断面编号采用 1、2、3……阿拉伯数字或 A、B、C……英文大写字母,字高 5mm。

(8)Ⅰ级钢筋符号用 ϕ,Ⅱ级钢筋符号用 Φ,混凝土强度等级符号用 C 表示(如 C30)。

(9)各种线形的宽度规定。图框内边线:0.6mm 实线;图框签署格线:0.35mm 实线;构造物轮廓线:0.35mm 实线;钢筋图轮廓线:0.2mm 实线;钢束轮廓线:0.2mm 实线;钢筋图钢筋线:0.35mm 实线;钢束图钢束线:0.35mm 实线;图中各部分标题下划线:上线 0.6mm 实线、下线 0.2mm 实线;尺寸线:0.2mm 实线;文字线:实线 0.2mm,虚线 0.2mm;点划线:0.2mm;阴影线:0.2mm 实线。

(10)其余参照《道路工程制图标准》(GB 50162—1992)执行。

4.5.3 竣工图编号

竣工图编号原则上与设计图相同,变更增加的图编号在原同类设计图后顺延,但编号须由"S"变为"竣",以示区别。

4.5.4 编制总说明及编制说明

竣工图应编写"编制总说明",每册竣工图均应编写"编制说明"。编制说明位于目录后,其内容包括:主要建设内容、工程项目简要概述、完成工程量、执行的规范标准、主要施工方案、采用的新技术新工艺新材料、特殊问题的处理、施工图的版本、桥涵工程一览表,交桩记录、控制点复测资料、新旧桩号对照表,总里程及断链桩号一览表、平面、高程控制点一览表,变更情况以及修改完善情况、完工时间等。在编制说明中必须有一大点说明本册变更设计情况,如本册无变更设计可写"本册无变更设计";如本册有变更设计,应填写"本册变更设计一览表",见表4-2。

本册变更设计一览表   表4-2

序号	原设计工程情况	变更后工程情况	变更依据	备注

注:变更依据必须注明变更令编号,备注说明变更令所在的案卷题名。

4.5.5 工程竣工数量表

每一单位工程均应编制工程竣工数量表,其内容与施工实际情况一致,准确反映工程设计数量、竣工数量、变更增减及工程变更所对应的变更令号。

4.5.6 签名

各类图表内签名必须由相应的人员按要求签名。

以上图表包括竣工图外封面(附图8-1)、竣工图内封面(附图8-2)、竣工图目录(附图8-3)、竣工图图框式样(附图8-4)、竣工图章(附图8-5),竣工图图纸的第一册变更案卷扉页散放一份本案卷涉及的"设计变更文件与竣工图档号对照一览表"(附表8-1)、工程变更一览表(附表8-2)(应散放在工程变更文件前)、竣工图清单式样(附表8-3)。

4.6 工程声像(数字化)资料的整理与组卷

4.6.1 声像资料的归档范围

(1)上级领导视察公路工程项目的录音、录像及照片。
(2)省、市及行业主管部门视察、检查公路工程项目时录音、录像及照片。

(3)反映公路工程建设项目的重大活动,如招投标仪式、开工典礼、通车典礼等形式的录音、录像及照片。

(4)记录公路工程建设项目重大事故、自然灾害及异常现象的录音、录像及照片。

(5)工地会议、生产调度会、工程关键工序、质量检测与验收、试验检测、缺陷工程整改和隐蔽工程照片。

(6)新材料、新工艺、新技术和科研活动的相关照片。

(7)与工程变更密切相关的照片资料。

(8)交工验收和竣工验收的相关活动。

(9)其他需要拍摄归档的照片。

4.6.2 照片档案的整理与组卷

(1)对反映同一内容的若干张照片,应选择其主要照片归档。主要照片应具有主题鲜明、影像清晰、画面完整、视角不同且未加修饰剪裁等特点。

(2)电子照片、纸质照片、说明应齐全。存档时,电子照片应存储在电子设备中,并与纸质照片分开存档保存。

(3)照片一般由拍摄单位保存,纸质照片应装在符合《照片档案管理规范》(GB/T 11821—2002)要求的相册中统一归档,相册由建设单位统一采购。

(4)照片应有题名,题名不宜超过50个字。

(5)照片文字说明:文字说明的内容应具有事由(反映事件、事物的情由)、时间(事件发生或事物变化产生的时间或拍摄时间)、地点(被拍摄物所在的具体地点或部位)、人物(照片上主要人物的姓名、单位和身份)、背景(对揭示照片主题具有一定作用的背景或参照物)、摄影者(照片的拍摄单位和拍摄人)等要素;要求文字简练,一般不超过200个字。上级领导检查工作的照片,还应注明本单位陪同领导的人名、职务以及在照片中的位置。文字说明应打印。

(6)纸质照片和电子照片的编号:纸质照片和电子照片编号应相同,以每张照片为单位,从1开始编写,写在正面右上角。

(7)组卷:综合类照片按其反映的事件类别及时间段组卷,施工单位工程类照片以单位工程为单元组卷,监理单位工程类照片视数量多少以单个施工合同段的一个或多个单位工程合并组卷。

(8)案卷题名:一本相册拟写一个案卷题名,写在封面上。案卷题名应概括本册内全部照片的基本主题。

4.7 卷内文件材料系统化排列

(1)综合性文件先按问题或重要程度排列,再按时间顺序排列,即:批复在前,请示在后;结论性文件在前,依据性文件在后;正件在前,附件在后;正稿在前,底稿在后;转发文件在前,被转发文件在后;译文文件在前,原件在后。例如,转发上级文件时,转发文件放在前面,上级的原文件放在转发文件后面。

立项审批文件材料按基本建设程序的顺序排列。每项审批文件按照批复、请示、相关审查及专家评审文件材料的顺序依次排列。

(2)施工、监理文件综合性文件在前,原始记录文件在后(按单位、分部分项工程划分顺序排列)。

(3)施工原始记录和监理独立抽检文件材料以单位、分部、分项工程划分为单元,根据施工工序及文件材料的自然形成规律,按评定、施工记录、试验检测、成品质检、总体质检的顺序排列(监理文件的评定单独组卷)。

(4)设备文件材料按依据性、设备开箱验收、随机图样、设备安装调试和设备运行维修等材料排列。

(5)竣工图表按里程、专业、图号排列。

(6)图文混合文件材料,一般文字材料在前,图样在后。

(7)系统化排列的卷内文件材料、双面书写的文件材料,在其正面右下角、背面左下角用阿拉伯数字逐页编写页号;单面书写的文件材料,在其正面右下角,用阿拉伯数字逐页编写页号。已装订成册的文件材料,如自成一卷的,不需要重新编写页号;如与其他文件材料组成一卷的,该册文件材料排列在其他文件材料之后,并将其作为一份文件编写册号,不需要重新编写页号。各卷之间不连编页号。

4.8 表格样式

(1)质量评定、抽检记录表格等依据本细则附录12~附录15中建设用表的样表格式进行填写。

(2)试验检测表格依据本细则附录16中建设用表的样表格式进行填写。本细则附录16的试验检测表格为项目工地试验室用表,当文件中的表格与全国公路水运试验检测平台中的表格样式不一致时,以平台中的表格样式为准。

5 档案文件材料汇总、验收与移交

5.1 一般规定

(1)建设单位负责督促各施工单位、监理单位等在工程完工后,将经整理、编目后所形成的项目档案文件连同案卷目录(含电子版目录)和案卷编制说明,经建设单位和监理单位检查合格后,移交本项目档案室(项目档案管理组)归档,并按规定办理移交手续。

(2)移交项目档案套数由建设单位根据实际需要确定,并在合同中明确,无明确规定的,档案只需一套(原件)。施工单位竣工档案若无故不交,或不按期移交建设单位的,除按酌情扣结算金相应比例外,暂停工程计量,暂缓发放工程交工证书,并将此情况记入单位评价意见中,仍责成其按规定交出归档文件。

(3)建设单位为项目档案专项验收的责任主体,负责组织项目工程档案专项验收工作,其中由交通运输部批准建设的工程项目应报请交通运输部档案馆组织验收,由湖北省批准建设的工程项目应报请湖北省档案局组织验收。

(4)涉及项目立项、批复及前期工作的档案文件材料,不论在湖北交通投资集团还是地方相关部门,建设单位应负责组织、协调,确保档案收集完整。

5.2 档案文件的审查

(1)交工验收后,总监办负责对驻地办已经系统化整理的档案进行初步审查,驻地办负责对施工单位已经系统化整理的档案进行初步审查;采用一级监理机构的项目,由总监办直接负责对施工单位档案进行审查,建设单位负责对监理单位和施工单位提交的系统化整理的项目档案进行审查。

(2)审查内容:是否完成本细则附录5湖北省高速公路建设项目文件材料收集归档清单相关文件的收集、整理及归档工作。对不符合要求的,不得签发"公路工程交工验收证书"。

(3)审查合格后,各单位档案文件可以移交建设单位档案室(项目档案管理组)。

(4)施工单位、监理单位和建设单位各部门的档案文件经档案室(项目档案管理组)按有关档案管理要求进行验收,验收达不到要求的,建设单位档案室(项目档案管理组)有权不接收,须重新整理、补充、完善。

5.3 档案文件的移交

5.3.1 各单位档案文件移交条件

(1)归档文件必须完整、成套、系统。应记述和反映建设项目的规划、设计、施工及竣(交)工验收全过程,真实记录和准确反映项目建设过程和竣(交)工时的情况,图物相符、技术数据可靠、签字手续完备,文件质量应符合规定要求。

(2)竣工文件按要求装订成册。

(3)两套竣工图装订齐全,一套电子版竣工图完整。

(4)竣工文件移交原件一套、完整的电子版目录一套。

(5)竣工文件移交要有案卷编制说明。案卷编制说明内容包括本合同段项目建设内容、档案整理执行的标准、项目档案整理情况及案卷数量、竣工图编制质量及其他需要说明的问题。

(6)施工单位的竣工文件,经监理单位审查,确认合格。

符合以上条件的施工单位,可申请办理施工文件材料移交手续。

5.3.2 竣工文件的移交程序

1)施工单位竣工文件的移交

(1)施工单位向监理单位递交"竣工文件移交申请",附移交清册,由监理单位审查。

(2)监理单位审查合格向建设单位档案管理组提出"竣工文件档案移交申请报告"。

(3)建设单位档案管理组接到监理单位"竣工文件档案移交申请报告"后,组织相关部门和项目监督部门进行审查验收,并形成档案移交审查验收意见。

(4)经建设单位项目档案管理组审查验收合格的竣工文件档案,方可施工合同段办理移交手续。交接双方在竣工文件移交清册上签字盖章。

2)监理单位竣工档案的移交

(1)监理文件档案经自检确认合格后,由监理单位向建设单位档案管理组提出"监理竣工文件档案移交申请报告";设二级监理机构的项目,由驻地办向总监办提出相关申请。

(2)总监办审查合格后向建设单位档案管理组提出"监理竣工文件档案移交申请报告",并附监理竣工文件档案移交清册。

(3)建设单位项目档案管理组接到监理单位"竣工文件档案移交申请报告"后,组织相关部门、总监办相关人员和项目监督部门进行审查验收,并形成档案移交审查验收意见。

(4)经建设单位项目档案管理组审查验收合格的竣工文件档案,方可办理移交手续。交接双方在竣工文件移交清册上签字盖章。

3)建设单位各部门、总监办及设计单位竣工文件档案的移交

(1)建设单位各部门、总监办及设计单位竣工文件档案在交工验收前,必须向建设单位档案室移交经系统整理、符合编制要求的全部文件材料。

(2)建设单位各部门、总监办及设计单位在各自职责范围内的竣工文件必须完整、齐全、规范、系统;移交前要经自检确认合格后,向建设单位档案室(档案管理项目组)提出"部门竣工文件移交申请报告",并附竣工文件移交清册。

(3)建设单位项目档案管理组接到部门"竣工文件移交申请报告"后,组织相关部门和项目监督部门进行审查验收,并形成档案移交审查验收意见。

(4)经建设单位项目档案管理组审查验收合格的竣工文件,方可办理移交手续。交接双方在竣工文件移交清册上签字盖章。

5.3.3 项目档案材料的移交

(1)交工验后三个月内,施工单位、监理单位向建设单位项目档案管理组移交符合要求的归档案卷,同时报送案卷目录两份和案卷编制说明一份。

(2)案卷目录参照本细则附录的案卷目录格式,根据实际情况编写。案卷编制说明内容应包括本合同段项目建设内容、档案整理执行的标准、项目档案整理情况及案卷数量、竣工图编制及其他需要说明的问题,同时还需报送工程竣工图清单。

5.4 工程档案汇总与排列

5.4.1 工程档案检查

施工单位、监理单位和建设单位的竣工文件档案移交项目档案管理组后,项目档案管理组须进一步进行检查,检查工作的主要内容如下:

(1)检查案卷封面的颜色,同一公路建设项目的案卷封面的颜色应统一一致。

(2)检查案卷封面、脊背用铅笔标注的案卷题名和档号,其须准确反映卷内文件基本内容,并统一印刷成标准目录。

(3)检查卷内目录内容和卷内文件资料的一致性。

5.4.2 工程档案的排列

项目档案管理组负责对接收的全部项目档案进行系统化整理排列,系统化整理排列原则如下:

(1)应以一个工程项目的全部档案为单位,按照分类方案,对不同的类别分别进行排列。

(2)按照立项、设计、施工准备、施工、竣工等不同阶段的顺序依次对全部案卷进行系统整理排列,其中施工阶段形成的案卷,依据线路前进方向,先按建设单位、监理单位、施工单位进行分类。监理单位以驻地监理办公室为单元,施工单位以施工合同段为单元,再按照路基、路面、桥梁、隧道、交安设施、环保绿化、机电、房建及收费设施的顺序分别进行排列。排列方法应统一,保持前后一致,不得任意改动。

(3)按规定要求顺序排列上架归档。

5.4.3 工程档案分类目录编制

(1)工程档案分类目录,是用以揭示工程档案内容、提供工程档案存放线索,以利查找工程档案的工具,施工单位、监理单位和建设单位竣工文件档案负责的各部门,在本单位工程档案移交前,须将本单位形成的工程档案以卷(册)为单位,并编写建设项目档案归档目录,随本单位案卷一并交项目档案管理组。

(2)项目档案管理组收到各单位移交的工程档案和工程档案分类目录后,在入库进柜之前负责对全部项目归档后的工程档案汇总,并编写全部工程项目工程档案分类总目录。

(3)工程档案分类总目录编制好后,应将其装订成册(一般一式三份)。装订时,要根据分类实际情况和目录页数来装订,可以一类装订一本,也可以将相邻的几个类装订成一本。为了便于管理和查找,每本分类目录应编制顺序号并编制目录索引。

5.5 项目档案总目录的编制

项目档案管理组负责对经系统化整理和排列的所有案卷汇总编制案卷总目录(含电子版)及项目档案整理情况说明。说明内容包括项目立项审批及初步设计审批情况、建设规模及主要建设内容、项目档案整理执行的标准、项目档案整理情况及案卷数量、项目档案运用计算机管理情况及其他需要说明的情况。

5.6 项目档案验收

(1)项目档案管理组档案工作整理完成后,向建设单位提出项目档案自检报告和档案预验收申请,建设单位组织相关部门和人员对档案进行预验收,对预验收发现的问题,由项目档案管理组负责组织落实。

(2)档案预验收完成后,在项目竣工验收前,建设单位负责组织相关单位对档案进行专项验收并办理相关手续,项目档案管理组应配合本项目档案专项验收工作。

（3）在本项目通过竣工验收三个月内,项目档案管理组按照有关规定向建设单位或运营单位办理归档文件材料移交手续,编写建设项目竣工文件归档接收签证单(详见本细则附录11:档案整理其他用表),明确档案移交的内容、案卷数、图纸张数等,并进行仔细清点,签字手续要完备。

6 档案信息化建设和利用

（1）档案信息化以促进、完善项目信息化和提升档案管理现代化水平为目标，坚持技术与管理并重、与项目建设信息化协调和同步的原则。

（2）档案管理系统软、硬件的配置，应满足项目建设的实际需要和信息化建设的发展需要，具备收集整编、数据管理、检索浏览、借阅管理、统计汇总、权限设置、安全保密、系统维护等基本功能，并能辅助实体档案管理及根据需求增扩其他相应功能。

（3）档案管理系统应采取严谨、可靠、可行的技术与管理措施，与互联网和其他公众网络物理隔离。

（4）档案管理系统应有信息导出或导入接口，可与各类信息系统之间衔接，可接收和兼容各信息系统产生的电子文件，可导出成套易于识读的电子文件。

（5）项目建设各类信息系统所形成的电子文件的元数据、背景信息以及生成非通用电子文件格式的软件等，应与电子文件一并归档。

（6）电子文件数据格式应易于识读和迁移。文件形成者要确保归档电子文件具备真实性、可靠性、完整性和可用性。电子文件一般不加密，必须加密归档的电子文件应与其解密软件和说明文件一同归档。

（7）电子档案参照纸质档案的分类方案进行整理。电子档案应存储到脱机载体上，并设置为禁止写操作状态。

（8）档案信息著录应规范，以确保同一检索点条目前后一致，提高检索和利用效率。

（9）做好档案、档案信息管理系统及电子数据的各种备份工作，确保档案安全。

（10）各建设单位应积极运用档案信息化软件，由项目建设单位组织，各参建单位参与，在项目建设过程中，做好档案的扫描、上传等工作，提前筹备做好项目档案信息化工作。

7 竣工文件的检查和奖惩

(1)项目建设单位结合项目实际情况制订档案编制、管理总体计划,定期或不定期邀请上级业务主管部门进行检查和指导。

(2)项目监理单位应负责对施工单位竣工文件形成、收集和整理归档工作进行监督、检查,在交工验收前向项目建设单位提交项目档案质量审核意见。

(3)项目建设单位拟定项目档案管理考核评比办法和奖惩办法,实行月度检查,进行月度评比、季度考核。

(4)湖北交通投资集团有限公司定于每年12月为项目内业资料检查月,由分管领导主持,邀请有关单位和组织相关部门检查编制情况,并结合年度月检情况进行考评。

(5)参建单位不能按合同约定完成预立卷、不能按约定时间移交档案,或收集整编过程中出现重大失误的,由项目建设公司依据合同约定,结合奖惩办法给予处罚。

(6)项目档案专项验收达到优秀的,项目建设单位根据相关条例,结合绩效考核办法给予奖励。

8 附　则

(1) 本细则解释权属湖北交通投资集团有限公司。

(2) 本细则未涉及的内容,按照国家档案管理部门、交通运输部、湖北省档案局、湖北省交通运输厅有关规定执行。

(3) 本细则自颁布之日生效,请各建设单位遵照执行。

附录1 工程单元划分及工程质量检验评定

1 一般规定

（1）建设项目工程质量检验评定按《公路工程质量检验评定标准 第一册 土建工程》（JTG F80/1—2017）、《公路工程质量检验评定标准 第二册 机电工程》（JTG 2182—2020）、《交通运输部办公厅关于公路工程验收执行新版公路工程质量检验评定标准有关事宜的通知》（交办公路〔2018〕136号）、《公路工程竣（交）工验收办法》（交通部令2004年第3号）和《关于印发公路工程竣（交）工验收办法实施细则的通知》（交公路发〔2010〕65号）的规定进行。

（2）单位、分部、分项工程划分严格遵循《公路工程质量检验评定标准 第一册 土建工程》（JTG F80/1—2017）、《公路工程质量检验评定标准 第二册 机电工程》（JTG 2182—2020）中附录A的要求。

（3）在施工准备阶段各施工单位进场后，应对照施工图进行单位、分部、分项工程划分。

（4）工程项目划分由施工单位提出，监理机构审查、修订，总监办审定批准。

（5）施工单位、监理单位应按相同的工程项目进行单位、分部、分项工程的划分，划分应科学、合理，便于指导公路建设项目工程质量的监控和管理、工程计量支付、竣（交）工验收及项目文件的立卷归档管理。

（6）施工单位、监理单位应按相同的工程项目划分进行工程质量的检验评定工作。

2 单位、分部、分项工程划分

1）路基工程

小桥及符合小桥标准的通道、人行天桥、渡槽、大型挡土墙、组合挡土墙按座或处划分分部工程，涵洞、砌筑防护工程按路段划分分部工程，并列出了各自所含的具体分项工程名称，便于及时对工程质量进行评定。排水工程应根据其数量、工程特点以及施工程序划分。

2）桥梁工程

桥梁按照桥长或跨径进行分类，上部结构和下部结构分部工程划分规定桥跨范围，以力求分部工程规模相近。

3）互通式立体交叉工程

去除原来的互通式立体交叉工程，在各自的路基和桥涵部分评定。

4）隧道工程

《公路工程质量检验评定标准 第一册 土建工程》(JTG F80/1—2017)中对分部工程进行了重新划分,将总体与装饰装修合并,明洞并入洞口工程,洞身衬砌包括支护(超前支护和初期支护)和二次衬砌。鉴于目前特长隧道数量增多,将辅助通道增列为分部工程。此外,明确了单位工程和分部工程的划分。

5）交通工程

将交通工程分为交通安全设施和交通机电工程,作为两个独立的单位工程。对交通安全设施分部工程的路段长度进行了调整。

6）声屏障工程

声屏障和绿化工程分别作为单位工程进行评定。

7）附属设施

房屋建筑工程也纳入作为单位工程,应按其相应的专业工程质量检验评定标准进行评定。

如有评定规范附录未列出但又无法列入其他单位工程的分项工程,可放到本单位工程另设的分部工程中。

3 工程质量检验评定

3.1 一般规定

3.1.1 公路工程质量检验评定应按分项工程、分部工程、单位工程逐级进行,并应符合下列规定:

(1)在合同段中,具有独立施工条件和结构功能的工程为单位工程。

(2)在单位工程中,按路段长度、结构部位及施工特点等划分的工程为分部工程。

(3)在分部工程中,根据施工工序、工艺或材料等划分的工程为分项工程。

3.1.2 单位工程、分部工程和分项工程应在施工准备阶段按《公路工程质量检验评定标准 第一册 土建工程》(JTG F80/1—2017)附录A进行划分。

3.1.3 公路工程质量检验评定应符合下列规定:

(1)分项工程完工后,应根据《公路工程质量检验评定标准 第一册 土建工程》(JTG F80/1—2017)进行检验,对工程质量进行评定。隐蔽工程在隐蔽前应检查合格。

(2)分部工程、单位工程完工后,应汇总评定所属分项工程、分部工程质量资料,检查外观质量,对工程质量进行评定。

3.2 工程质量检验规定

3.2.1 分项工程应按基本要求、实测项目、外观质量和质量保证资料等检验项目分别检查。

3.2.2 分项工程质量应在所使用的原材料、半成品、成品及施工控制要点等符合基本要求的规定、无外观质量限制缺陷且质量保证资料真实齐全时,方可进行检验评定。

3.2.3 基本要求检查应符合下列规定:

(1)分项工程应对所列基本要求逐项检查,经检查不符合规定时,不得进行工程质量的检验评定。

(2)分项工程所用的各种原材料的品种、规格、质量及混合料配合比和半成品、成品应符合有关技术标准规定并满足设计要求。

(3)分部工程、单位工程完工后,应汇总评定所属分项工程、分部工程质量资料,检查外观质量,对工程质量进行评定。

3.2.4 实测项目检验应符合下列规定:

(1)对检查项目按规定的检查方法和频率进行随机抽样检验并计算合格率。

(2)《公路工程质量检验评定标准 第一册 土建工程》(JTG F80/1—2017)的检查方法为标准方法,采用其他高效检测方法应经比对确认。

(3)《公路工程质量检验评定标准 第一册 土建工程》(JTG F80/1—2017)中以路段长度规定的检查频率为双车道路段的最低检查频率,对多车道应按车道数与双车道之比相应增加检查数量。

(4)应按以下公式计算检查项目合格率:

$$检查项目合格率(\%) = \frac{合格的点(组)数}{该检查项目的全部检查点(组)数} \times 100 \quad (附1\text{-}1)$$

3.2.5 检查项目合格判定应符合下列规定:

(1)关键项目的合格率应不低于95%(机电工程为100%),否则,该检查项目为不合格。

(2)一般项目的合格率应不低于80%,否则,该检查项目为不合格。

(3)有规定极值的检查项目,任一单个检测值不应突破规定极值,否则该检查项目为不合格。

(4)采用《公路工程质量检验评定标准 第一册 土建工程》(JTG F80/1—2017)附录B~附录S所列方法进行检验评定的检查项目,不满足要求时,该检查项目为不合格。

3.2.6 外观质量应进行全面检查,并满足规定要求,否则,该检验项目为不合格。

3.2.7 工程应有真实、准确、齐全、完整的施工原始记录、试验检测数据、质量检验结果等质量保证资料。质量保证资料应包括下列内容:

(1)所用原材料、半成品和成品质量检验结果。

(2)材料配合比、拌和加工控制检验和试验数据。

(3)地基处理、隐蔽工程施工记录和桥梁、隧道施工监控资料。

(4)质量控制指标的试验记录和质量检验汇总图表。

(5)施工过程中遇到的非正常情况记录及其对工程质量影响分析评价资料。

(6)施工过程中如发生质量事故,经处理补救后达到设计要求的认可证明文件等。

3.2.8 检验项目评为不合格的,应进行整修或返工处理,直至合格。

3.3 工程质量评定规定

3.3.1 工程质量等级应分为合格与不合格。

3.3.2 分项工程、分部工程、单位工程质量评定应有符合《公路工程质量检验评定标准 第一册 土建工程》(JTG F80/1—2017)附录K规定的资料。

3.3.3 分项工程质量评定合格应符合下列规定:

(1)检验记录应完整。

(2)实测项目应合格。

(3)外观质量应满足要求。

3.3.4 分部工程质量评定合格应符合下列规定:

(1)评定资料应完整。

(2)所含分项工程及实测项目应合格。

(3)外观质量应满足要求。

3.3.5 单位工程质量评定合格应符合下列规定:

(1)评定资料应完整。

(2)所含分部工程应合格。

(3)外观质量应满足要求。

3.3.6 评定为不合格的分项工程、分部工程,经返工、加固、补强或调测,满足设计要求后,可重新进行检验评定。

3.3.7 所含单位工程合格,该合同段评定为合格;所含合同段合格,该建设项目评定为合格。

3.4 工程质量评定流程

施工单位应按《公路工程质量检验评定标准 第一册 土建工程》(JTG F80/1—2017)、《公路工程质量检验评定标准 第二册 机电工程》(JTG 2182—2020)及相关施工技术规范的规定要求,产生真实、完整的自检资料,对工程质量进行检验评定(附图1-1)。

监理机构按规定要求对工程质量进行独立抽检,对施工单位检评资料进行签认,并独立对工程质量进行检验评定。

建设单位根据对工程质量的检查及平时掌握的情况,对监理机构所提交的工程质量评分及等级进行审定,作为交工验收时工程质量的最终结论。

对工程质量检验评定,施工单位以分项工程为基础单元,监理单位以分部工程为基础单元。

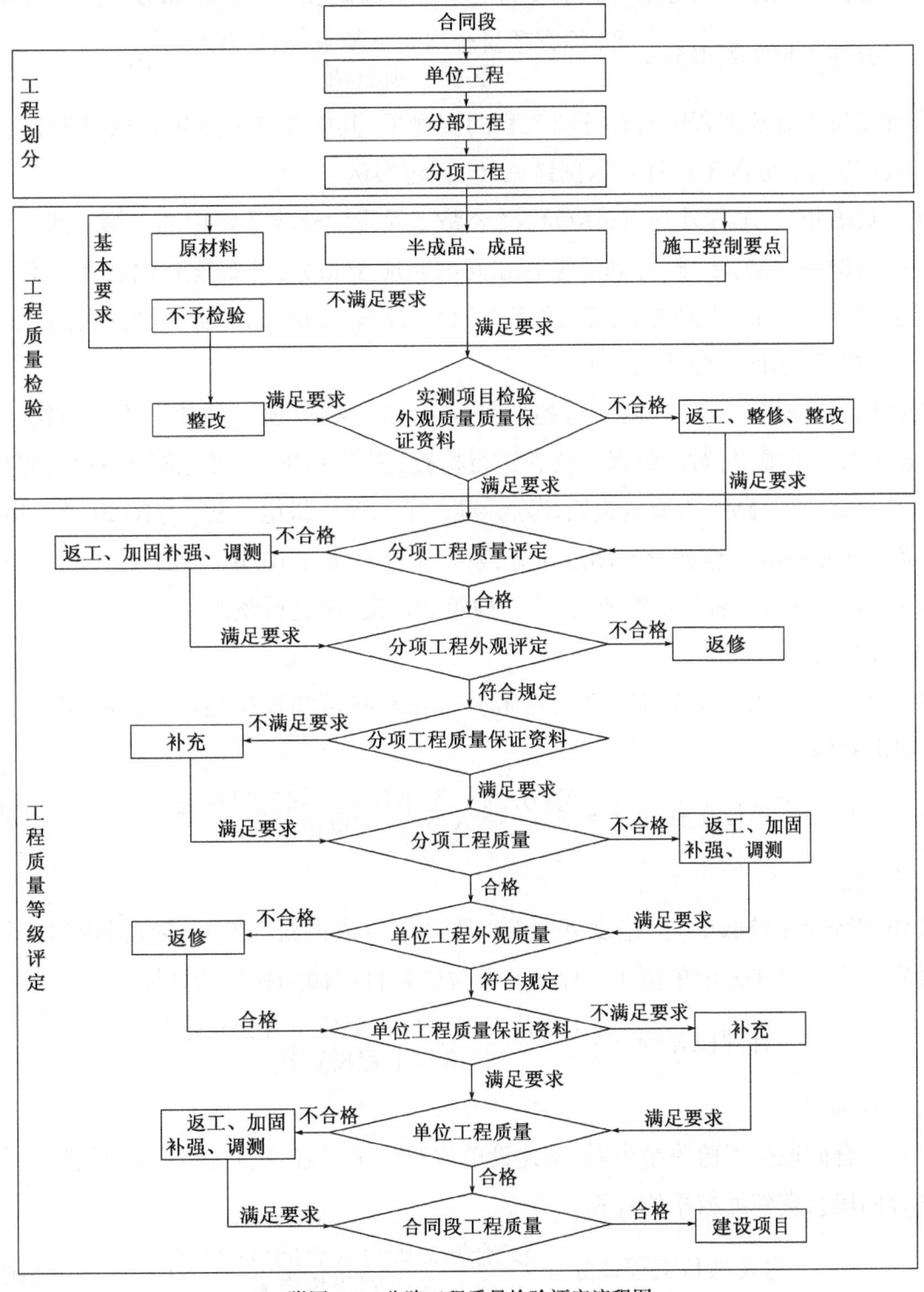

附图 1-1 公路工程质量检验评定流程图

3.5 工程项目质量评定方法

1）分部工程

采用以检查项目合格率为基础、加权平均计算的评分法，满分为100分，存在外观缺陷或资料不全等问题时应予扣分。

$$分部工程评分 = 分部工程实测得分 - 外观缺陷扣分 - 资料扣分 \qquad (附1\text{-}2)$$

$$分部工程实测得分 = \frac{\Sigma(检查项目合格率 \times 检查项目权值)}{\Sigma 检查项权值} \times 100 \qquad (附1\text{-}3)$$

检查项目为分部工程中所有分项工程的实测项，其中关键检查项目权值为2，一般检查项目权值为1。分部工程计算示例详见"6）评定实例"。

外观缺陷扣分：工程外观质量应符合《公路工程质量检验评定标准　第二册　机电工程》（JTG 2182—2020）要求，外观质量存在问题时应予扣分，外观检查内容及扣分标准参照《公路工程竣（交）工验收办法实施细则》（交公路发〔2010〕65号）所附《公路工程质量鉴定办法》执行，累计扣分不超过15分。

资料扣分：按照《公路工程质量检验评定标准　第二册　机电工程》（JTG 2182—2020）第3.2.7条规定，对质量保证资料进行检查，资料不符合真实、准确、齐全、完整的要求时应予扣分。《公路工程质量检验评定标准　第二册　机电工程》（JTG 2182—2020）第3.2.7条中每项内容对应扣分不超过3分，累计扣分不超过10分。施工资料和图表残缺，缺乏最基本的数据，或有伪造涂改的，不予检验和评定，应进行整改。

2）单位工程

单位工程评分由相应分部工程评分和分部工程权值加权平均计算，各分部工程权值见"6）评定实例"。

$$单位工程评分 = \frac{\Sigma(分部工程评分 \times 分部工程权值)}{\Sigma 分部工程权值} \qquad (附1\text{-}4)$$

3）合同段

公路工程交工验收时，由建设单位组织监理单位依据新标准对各合同段的工程质量进行评定。合同段评分由单位工程评分和单位工程投资额加权平均计算。

$$合同段评分 = \frac{\Sigma(单位工程评分 \times 单位工程投资额)}{\Sigma 单位工程投资额} \qquad (附1\text{-}5)$$

4）工程项目

工程各合同段交工验收结束后，由建设单位对整个工程项目进行质量评定，按合同段评分和合同段投资额加权平均计算。

$$建设项目工程评分 = \frac{\Sigma(合同段评分 \times 合同段投资额)}{\Sigma 合同段投资额} \qquad (附1\text{-}6)$$

5）评定用表及得分汇总体系

工程质量检验评定表格[摘录自《公路工程质量检验评定标准　第二册　机电工程》（JTG F80/1—2020）]包括：建设项目质量检验评定表、合同段质量检验评定表、单位工程质量检验评定表、分部工程汇总表、(子)分部工程质量检验评定表、分项工程质量检验评定表。

6）评定实例

分部工程 A1 中包含的分项工程、实测项目及合格率等相关信息见附表 1-1。

分部工程 A1 基本信息　　　　　　　　　　　　　附表 1-1

分部工程	分项工程	实测项目	合格率	权值
A1	B1	C1△	d_1%	2
		C2	d_2%	1
		C3	d_3%	1
	B2	C4△	d_4%	2
		C5	d_5%	1
	B3	C6△	d_6%	2
…	…	…	…	…
…	…	…	…	…

注：△-关键检查项目。

分部工程 A1 的实测得分为：

$$A1\ \text{实测得分} = \frac{d_1 \times 2 + d_2 \times 1 + d_3 \times 1 + d_4 \times 2 + d_5 \times 1 + d_6 \times 2 + \cdots}{2 + 1 + 2 + 1 + 2 + 1 + \cdots} \times 100$$

（附 1-7）

以某高速公路项目中路面分部工程为例（附表 1-2 ~ 附表 1-4）：

某高速公路项目路面分部工程权值　　　　　　　附表 1-2

分部工程	分项工程	序号	实测项目	实测合格率	权值
K0+000~K1+000 路面工程	沥青混凝土面层	1	压实度	100%	2
		2	厚度	95%	2
		3	宽度	90%	1
		4	矿料级配	100%	2
		5	沥青含量	100%	2
	水稳基层	6	压实度	100%	2
		7	厚度	100%	2
		8	强度	100%	2

则该分部工程实测得分为：

$$\frac{100\% \times 2 + 95\% \times 2 + 90\% \times 1 + 100\% \times 2 + 100\% \times 2 + 100\% \times 2 + 100\% \times 2 + 100\% \times 2}{2+2+1+2+2+2+2+2} \times 100 = 98.67$$

一般公路建设项目分部工程权值　　　　　　　　　　　　　　　　　　附表 1-3

单位工程	分部工程	权值
路基工程 （每 10km 或每标段）	路基土石方工程（1~3km 路段）①	2
	排水工程（1~3km 路段）①	1
	小桥及符合小桥标准的通道	2
	人行天桥、渡槽（每座）	1
	涵洞、通道（1~3km 路段）①	1
	防护支挡工程（1~3km 路段）①	1
	大型挡土墙、组合挡土墙（每处）	2
路面工程（每 10km 或每标段）	路面工程（1~3km 路段）①	2
桥梁工程② （每座或每合同段）	基础及下部结构（1~3 墩台）③	2
	上部结构预制和安装（1~3 跨）③	2
	上部结构现场浇筑（1~3 跨）③	2
	桥面系、附属工程及桥梁总体	1
	防护工程	1
	引道工程	1
隧道工程④ （每座或每合同段）	总体及装饰装修（每座或每合同段）	1
	洞口工程（每个洞口）	1
	洞身开挖（100 延米）	2
	洞身衬砌（100 延米）	2
	防排水（100 延米）	1
	路面（1~3km 路段）①	2
	辅助通道⑤（100 延米）	1
绿化工程 （每合同段）	分隔带绿地、边坡绿地、护坡道绿地、碎落台绿地、平台绿地（每 2km 路段）	1
	互通式立交区与环岛绿地、管理养护设施区绿地、服务设施区绿地及取、弃土场绿地（每处）	1
声屏障工程（每合同段）	声屏障工程（每处）	1
交通安全设施 （每 20km 或每标段）	标志、标线、突起路标、轮廓标（5~10km 路段）	1
	护栏（5~10km 路段）①	2
	防眩设施、隔离栅、防落网（5~10km 路段）①	1
	里程碑和百米桩（5km 路段）	1
	避险车道（每处）	1
交通机电工程	其分部、分项工程划分见《公路工程质量检验评定标准　第二册　机电部分》（JTG 2182—2020）	
附属设施	管理中心、服务区、房屋建筑、收费站、养护工区等设施,按其专业工程质量检验评定标准评定	

注：①按路段长度划分的分部工程,高速公路、一级公路宜取低值,二级及二级以下公路可取高值。
②分幅桥梁按照单幅划分,特大斜拉桥和悬索桥按照附表 1-4 进行划分,其他斜拉桥和悬索桥可作为一个单位工程参照附表 1-4 进行划分。
③按单孔跨径确定的特大桥取 1,其余根据规模取 2 或 3。
④每座双洞隧道每单洞作为一个单位工程；划分为多个合同段的同一座特长隧道、长隧道,每个合同段划分为一个单位工程。
⑤辅助通道包括竖井、斜井、平行导坑、横通道、风道、地下风机房等。

斜拉桥、悬索桥分部工程权值　　　　　　附表1-4

单位工程	分部工程	权值
塔及辅助、过渡墩(每个)	塔基础	2
	塔承台	2
	索塔	2
	辅助墩	1
	过渡墩	1
锚碇(每个)	锚碇基础	2
	锚体	2
上部钢结构制作与防护	主缆	2
	索鞍	2
	索夹	1
	吊索	1
	加劲梁	2
上部结构浇筑与安装	加劲梁浇筑	2
	安装	2
桥面系、附属工程及桥梁总体	桥面系	1
	附属工程及桥梁总体	1

3.6 工程质量评定资料编制与归档

1）单独组卷部分

施工合同段组卷,组卷内容按以下顺序排列:

(1)合同段质量检验评定表;

(2)单位、分部、分项工程数量统计表;

(3)合同段工程质量评分汇总表;

(4)单位工程质量检验评定表;

(5)分部工程汇总表;

(6)(子)分部工程质量检验评定表。

各单位工程所包含的分部工程汇总表、(子)分部工程质量检验评定表分别排列在相应的单位工程质量检验评定表之后。

2）不单独组卷部分

不单独组卷部分归入"工序资料"卷内。

分项工程质量检验评定表归入相应的工序资料中。

3.7 特殊说明

此评定方法为《交通运输部办公厅关于公路工程验收执行新版公路工程质量检验评

定标准有关事宜的通知》(交办公路〔2018〕136号)文件规定的评定办法,因《公路工程质量检验评定标准　第一册　土建工程》(JTG F80/1—2017)的评定方法为合格率制,而《公路工程竣(交)工验收办法》仍采用评分制,故交通运输部发布《交通运输部办公厅关于公路工程验收执行新版公路工程质量检验评定标准有关事宜的通知》(交办公路〔2018〕136号)文件规定了此评定办法,如新版竣(交)工验收办法出台后,则应以新办法意见或交通运输部新下发的意见为主,开展评定工作。

附录2 湖北省高速公路单位、分部、分项工程划分一览表

湖北省高速公路单位、分部、分项工程划分一览表　　　附表2-1

单位工程	分部工程	分项工程	备注
路基工程 (每10km或每标段或大标段每施工分部或工区)	路基土石方工程 (1~3km路段)①	土方路基	(1)土方路基、石方路基分项工程按自然段落划分； (2)分部工程按里程桩号划分，尽可能按施工工区(作业单元)划分
		填石路基	
		软土地基处置	
		土工合成材料处置层	
	排水工程 (1~3km路段)①	管节预制	清淤工程不评定
		混凝土排水管施工	
		检查(雨水)井砌筑	
		土沟	
		浆砌排水沟	
		盲沟	
		跌水	
		急流槽	
		水簸箕	
		排水泵站沉井、沉淀池	
	小桥及符合小桥标准的通道，人行天桥，渡槽 (每座)	钢筋加工及安装	
		砌体	
		混凝土扩大基础	
		钻孔灌注桩	
		混凝土墩、台	
		墩、台身安装	
		台背填土	
		就地浇筑梁、板	
		预制安装梁、板	
		就地浇筑拱圈	
		混凝土桥面板桥面防水层	
		支座垫石和挡块	
		支座安装	
		伸缩装置安装	
		栏杆安装	
		混凝土护栏	

续上表

单位工程	分部工程	分项工程	备注
路基工程 （每10km或每标段或大标段每施工分部或工区）	小桥及符合小桥标准的通道,人行天桥,渡槽（每座）	桥头搭板	
		砌体坡面护坡	
		混凝土构件表面防护	
		桥梁总体	
	涵洞、通道 （1~3km路段）①	钢筋加工及安装	
		涵台	
		管节预制	
		混凝土涵管安装	
		波形钢管涵安装	
		盖板制作	
		盖板安装	
		箱涵浇筑	
		拱涵浇(砌)筑	
		倒虹吸竖井、集水井砌筑	
		一字墙和八字墙	
		涵洞填土	
		顶进施工的涵洞	
		砌体坡面防护	
		涵洞总体	
	防护支挡工程 （1~3km路段）①	砌体挡土墙	
		墙背填土	
		边坡锚固防护	
		土钉支护	
		砌体坡面防护	
		石笼防护	
		导流工程	
	大型挡土墙、组合挡土墙（每处）	钢筋加工及安装	
		砌体挡土墙	
		悬臂式挡土墙	
		扶壁式挡土墙	
		锚杆、锚定板和加筋挡土墙	
		墙背填土	
路面工程 （每10km或每标段或大标段每施工分部或工区）	路面工程 （1~3km路段）①	垫层	
		底基层	
		基层	

附录2 湖北省高速公路单位、分部、分项工程划分一览表

续上表

单位工程	分部工程	分项工程	备注
路面工程 （每10km或每标段或大标段每施工分部或工区）	路面工程 （1~3km路段）[①]	面层	
		路缘石	
		路肩	
桥梁工程[②] （每座或每合同段）	基础及下部结构 （1~3墩台）[③]	钢筋加工及安装	
		预应力筋加工和张拉	
		预应力管道压浆	
		混凝土扩大基础	
		钻孔灌注桩	
		挖孔桩	
		沉入桩	
		灌注桩桩底压浆	
		地下连续墙	
		沉井	
		沉井、钢围堰的混凝土封底	
		承台等大体积混凝土结构	
		砌体	
		混凝土墩、台	
		墩台身安装	
		支座垫石和挡块	
		拱桥组合桥台	
		台背填土	
	上部结构预制和安装 （1~3跨）[③]	钢筋加工及安装	
		预应力筋加工和张拉	
		预应力管道压浆	
		预制安装梁、板	
		悬臂施工梁	
		顶推施工梁	
		转体施工梁	
		拱圈节段预制	
		拱的安装	
		转体施工拱	
		中下承式拱吊杆和柔性系杆	
		刚性系杆	
		钢梁制作	
		钢梁安装	
		钢梁防护	

续上表

单位工程	分部工程	分项工程	备注
桥梁工程② （每座或每合同段）	上部结构现场浇筑 （1~3跨）③	钢筋加工及安装	
		预应力筋加工和张拉	
		预应力管道压浆	
		就地浇筑梁、板	
		悬臂施工梁	
		就地浇筑拱圈	
		劲性骨架混凝土拱	
		钢管混凝土拱	
		中下承式拱吊杆和柔性系杆	
		刚性系杆	
	桥面系、附属工程 及桥梁总体	钢筋加工及安装	
		混凝土桥面板桥面防水层	
		钢桥面板上防水黏结层	
		混凝土桥面板桥面铺装	
		钢桥面板上沥青混凝土铺装	
		支座安装	
		伸缩装置安装	
		人行道铺设	
		栏杆安装	
		混凝土护栏	
		钢桥上钢护栏安装	
		桥头搭板	
		混凝土小型构件预制	
		砌体坡面护坡	
		混凝土构件表面防护	
		桥梁总体	
	防护工程	砌体坡面护坡	
		护岸④	
		导流工程	
	引道工程	路基工程、路面工程的分项工程	
隧道工程⑤ （每座或每合同段）	总体及装饰装修 （每座或每合同段）	隧道总体	
		装饰装修工程	
	洞口工程 （每个洞口）	洞口边仰坡防护、洞门和翼墙的浇（砌）筑、截水沟、洞口排水沟、明洞浇筑、明洞防水层、明洞回填	
	洞身开挖（100延米）	洞身开挖	

附录2 湖北省高速公路单位、分部、分项工程划分一览表

续上表

单位工程	分部工程	分项工程	备注
隧道工程[5]（每座或每合同段）	洞身衬砌(100延米)	喷射混凝土、锚杆、钢筋网、钢架、仰拱、仰拱回填、衬砌钢筋、混凝土衬砌、超前锚杆、超前小导管、管棚	
	防排水(200延米)	防水层、止水带、排水	
	路面(1~3km路段)[1]	基层、面层	
	辅助通道[6](100延米)	洞身开挖、喷射混凝土、锚杆、钢架、仰拱、仰拱回填、衬砌钢筋、混凝土衬砌、超前锚杆、超前小导管、管棚、防水层、止水带、排水	
绿化工程（每合同段）	分隔带绿地,边坡绿地,护坡道绿地,碎落台绿地,平台绿地（每2km路段）；互通式主体交叉区与环岛绿地,管理养护设施区绿地,服务设施区绿地,取、弃土场绿地（每处）	绿地整理	
		树木栽植	
		草坪、草本地被及花卉种植	
		喷播绿化	
声屏障工程（每合同段）	声屏障工程（每处）	砌块体声屏障	
		金属结构声屏障	
		复合结构声屏障	
交通安全设施（每20km或每标段）	标志、标线、突起路标、轮廓标（5~10km路段）[1]	标志	
		标线	
		突起路标	
		轮廓标	
	护栏（5~10km路段）[1]	波形梁护栏	
		缆索护栏	
		混凝土护栏	
		中央分隔带开口护栏	
	防眩设施、隔离栅、防落物网（5~10km路段）[1]	防眩板	
		防眩网	
		隔离栅	
		防落物网	
	里程碑和百里桩（5km路段）	里程碑	
		百里桩	
	避险车道（每处）	避险车道	
机电工程	监控设施	车辆检测器	
		气象检测器	
		闭路电视监控系统	

续上表

单位工程	分部工程	分项工程	备注
机电工程	监控设施	可变信息标志	
		道路视频交通事件检测系统	
		交通情况调查设施	
		监控(分)中心设备及软件	
		大屏幕显示系统	
		监控系统计算机网络	
	通信设施	通信管道工程	
		通信光缆、电缆线路工程	
		同步数字体系(SDH)光纤传输系统	
		IP网络系统	
		波分复用(WDM)光纤传输系统	
		固定电话交换系统	
		通信电源系统	
	收费设施	入口混合车道设备及软件	
		出口混合车道设备及软件	
		电子不停车收费(ETC)专用车道设备及软件	
		ETC门架系统	
		收费站设备及软件	
		收费分中心设备及软件	
		联网收费管理中心(收费中心)设备及软件	
		集成电路卡(IC卡)发卡编码系统	
		内部有线对讲及紧急报警系统	
		超限检测系统	
		闭路电视监视系统	
		收费站区光缆、电缆线路工程	
		收费系统计算机网络	
	供配电设施	中压配电设备	
		中压设备电力电缆	
		中心(站)内低压配电设备	
		低压设备电力电缆	
		风/光供电系统	
		电动汽车充电系统	
		电力监控系统	

附录2 湖北省高速公路单位、分部、分项工程划分一览表

续上表

单位工程	分部工程	分项工程	备注
机电工程	照明设施	路段照明设施	
		收费广场照明设施	
		服务区照明设施	
		收费天棚照明设施	
	隧道机电设施	车辆检测器	
		闭路电视监视系统	
		紧急电话与有线广播系统	
		环境检测设备	
		手动火灾报警系统	
		自动火灾报警系统	
		电光标志	
		发光诱导设施	
		可变信息标志	
		隧道视频交通事件检测系统	
		射流风机	
		轴流风机	
		照明设施	
		消防设施	
		本地控制器	
		隧道管理站设备及软件	
		隧道管理站计算机网络	
		供配电设施	
附属设施	管理中心、服务区、房屋建筑、收费站、养护工区	按其专业工程质量检验评定标准进行评定	

注：①按路段长度划分的分部工程,高速公路、一级公路宜取低值,二级及二级以下公路可取大值。
②分幅桥梁按照单幅划分,特大斜拉桥和悬索桥按照附表2-2进行划分,其他斜拉桥和悬索桥可作为一个单位工程,参照附表2-2进行划分。
③按单孔跨径确定的特大桥取1,其余根据规模取2或3。
④护岸可参照挡土墙进行划分。
⑤双洞隧道每单洞作为一个单位工程。
⑥辅助通道包括竖井、斜井、平行导坑、横通道、风道、地下风机房等。

特大斜拉桥和特大悬索桥工程划分　　　　　　　　附表2-2

单位工程	分部工程	分项工程	备注
塔及辅助、过渡墩（每个）	塔基础	钢筋加工及安装	
		混凝土扩大基础	
		钻孔灌注桩	
		灌注桩桩底压浆	
		沉井	
		沉井、钢围堰的混凝土封底	
	塔承台	钢筋加工及安装	
		双壁钢围堰	
		沉井、钢围堰的混凝土封底	
		承台等大体积混凝土结构	
	索塔	钢筋加工及安装	
		预应力筋加工和张拉	
		预应力管道压浆	
		混凝土索塔	
		索塔钢锚箱节段制作	
		索塔钢锚箱节段安装、支座垫石和挡块	
	辅助墩过渡墩	钢筋加工及安装	
		预应力筋加工和张拉	
		预应力管道压浆	
		钻孔灌注桩	
		灌注桩桩底压浆	
		承台等大体积混凝土结构	
		沉井、钢围堰的混凝土封底	
		混凝土墩、台	
		墩台身安装、支座垫石和挡块	
锚碇（每个）	锚碇基础	钢筋加工及安装	
		混凝土扩大基础	
		钻孔灌注桩	
		灌注桩桩底压浆	
		地下连续墙	
		沉井	
		沉井、钢围堰的混凝土封底	

附录2　湖北省高速公路单位、分部、分项工程划分一览表

续上表

单位工程	分部工程	分项工程	备注
锚碇（每个）	锚体	钢筋加工及安装	
		锚碇锚固系统制作	
		锚碇锚固系统安装	
		锚碇混凝土块体	
		预应力锚索的张拉的压浆	
		隧道锚的洞身开挖	
		隧道锚的混凝土锚赛体	
上部钢结构制作与防护	主缆	索股和锚头的制作与防护	
		主缆防护	
	索鞍	索鞍制作	
		索鞍防护	
	索夹	索夹制作	
		索夹防护	
	吊索	吊索和锚头制作与防护	
	加劲梁	钢梁制作	
		钢梁防护	
		自锚式悬索桥主缆索股的锚固系统制作	
上部结构浇筑与安装	加劲梁浇筑	混凝土斜拉桥主墩上梁段的浇筑	
		混凝土斜拉桥梁的悬臂施工	
		组合梁斜拉桥的混凝土板	
	安装	索鞍安装	
		主缆架设	
		索夹和吊索安装	
		悬索桥钢加劲梁安装	
		自锚式悬索桥主缆索股的锚固系统安装	
		自锚式悬索桥吊索张拉和体系转换	
		钢斜拉桥钢箱梁段的拼装、组合梁斜拉桥工字梁段的悬臂拼装	
		混凝土斜拉桥梁的悬臂施工	
桥面系、附属工程及桥梁总体	桥面系	钢筋加工及安装	
		混凝土桥面板桥面防水层或钢桥面板上防水黏结层	
		混凝土桥面板桥面铺装或钢桥面板上沥青混凝土铺装	

续上表

单位工程	分部工程	分项工程	备注
桥面系、附属工程及桥梁总体	附属工程及桥梁总体	支座安装	
		伸缩装置安装	
		人行道铺设	
		栏杆安装	
		混凝土护栏	
		钢桥上钢护栏安装	
		混凝土构件表面防护	
		桥头搭板	
		桥梁总体	

附录3 单位、分部、分项工程划分示例

单位、分部、分项工程划分示例(路基工程)　　　　附表3-1

单位工程	分部工程	分项工程	备注
ZK15+980(YK15+990)~ZK25+840(YK25+840) 路基工程	ZK15+980(YK15+990)~ZK17+860(YK17+875) 路基土石方工程	ZK15+980~ZK16+228　土石方路基	
		YK15+990~YK16+251　土石方路基	
		ZK16+568.5~ZK17+229　土石方路基	
		YK16+527.5~ZYK17+227　土石方路基	
		……	
		YK16+240.0~YK16+254.0　土工格栅	
		YK16+770.0~YK16+790.0　土工格栅	
		YK16+820.0~YK16+840.0　土工格栅	
		YK16+940.0~YK16+960.0　土工格栅	
	……	……	
	K25+000~K26+000 盖板暗涵、通道	K25+540　盖板暗涵钢筋加工及安装	
		K25+540　盖板暗涵混凝土浇筑	
		K25+540　盖板暗涵盖板预制	
		K25+540　盖板暗涵盖板安装	
		K25+540　盖板暗涵跌井	
		K25+540　盖板暗涵八字墙	
		K25+540　盖板暗涵墙背填土	
		K25+540　盖板暗涵涵洞总体	
	……	……	
	ZK23+284(YK23+342)~ZK25+840(YK25+840) 路基防护支挡工程	K24+759.0~K24+850.0 右侧填方拱形骨架护坡	
		K24+729.0~K24+820.0 左侧挖方方格形骨架防护	
ZK15+980(YK15+990)~ZK25+840(YK25+840) 路基工程	ZK23+284(YK23+342)~ZK25+840(YK25+840) 路基防护支挡工程	K25+560.0~K25+690.0 右侧挖方方格形骨架防护	
		K25+690.0~K25+840.0 右侧填方拱形骨架护坡	
	……	……	
	ZK23+395.0~ZK23+593.0 左侧16m填土仰斜式路堤墙	挡土墙	
		墙背回填	
		总体	

单位、分部、分项工程划分示例(桥梁工程)   附表3-2

单位工程	分部工程	分项工程	备注
×××大桥左幅 (K××+×××~ K××+×××)	基础及下部结构 (0~2号墩台)	0号台台帽钢筋加工及安装	
		0号台桥台台身钢筋加工及安装	
		0号台挡块钢筋加工及安装	
		0号台支座垫石钢筋加工及安装	
		1-1号挖孔桩钢筋加工及安装	
		1-2号挖孔桩钢筋加工及安装	
		1号墩桩系梁钢筋加工及安装	
		1-1号墩柱钢筋加工及安装	
		1-2号墩柱钢筋加工及安装	
		1号墩盖梁钢筋加工及安装	
		1号墩挡块钢筋加工及安装	
		1号墩支座垫石钢筋加工及安装	
		0号台扩大基础	
		1-1号挖孔桩	
		1-2号挖孔桩	
		0号台台帽	
		0号台桥台台身	
		1-1号墩柱	
		1-2号墩柱	
		1号墩桩系梁	
		1号墩盖梁	
		0号台支座垫石	
		1号墩支座垫石	
		0号台挡块	
		1号墩挡块	
		0号台台背回填	
	……	……	
	上部结构预制和安装 (第1~3跨)	1-1号T梁预制钢筋加工及安装	
		1-2号T梁预制钢筋加工及安装	
		1-3号T梁预制钢筋加工及安装	
		1-4号T梁预制钢筋加工及安装	
		1-5号T梁预制钢筋加工及安装	
		1-1号T梁预制预应力筋加工和张拉	
		1-2号T梁预制预应力筋加工和张拉	

续上表

单位工程	分部工程	分项工程	备注
×××大桥左幅 (K××+×××~ K××+×××)	上部结构预制和安装 （第1~3跨）	1-3号T梁预制预应力筋加工和张拉	
		1-4号T梁预制预应力筋加工和张拉	
		1-5号T梁预制预应力筋加工和张拉	
		1-1号T梁预制预应力管道压浆	
		1-2号T梁预制预应力管道压浆	
		1-3号T梁预制预应力管道压浆	
		1-4号T梁预制预应力管道压浆	
		1-5号T梁预制预应力管道压浆	
		1-1号T梁预制	
		1-2号T梁预制	
		1-3号T梁预制	
		1-4号T梁预制	
		1-5号T梁预制	
		第1跨T梁安装	
	……	……	
	上部结构现场浇筑 （第1~3跨）	1号墩墩顶现浇段钢筋加工及安装	
		2号墩墩顶现浇段钢筋加工及安装	
		3号墩墩顶现浇段钢筋加工及安装	
		1号墩墩顶现浇段预应力筋加工和张拉	
		2号墩墩顶现浇段预应力筋加工和张拉	
		3号墩墩顶现浇段预应力筋加工和张拉	
		1号墩墩顶现浇段预应力管道压浆	
		2号墩墩顶现浇段预应力管道压浆	
		3号墩墩顶现浇段预应力管道压浆	
		1号墩墩顶现浇段	
		2号墩墩顶现浇段	
		3号墩墩顶现浇段	
	……	……	
	桥面系、附属工程 及桥梁总体	第1联桥面铺装钢筋加工及安装	
		0号台桥头搭板钢筋加工及安装	
		5号台桥头搭板钢筋加工及安装	
		第1联护栏钢筋加工及安装	
		第1联桥面防水层	
		第1联桥面铺装	
		0号台支座安装	

续上表

单位工程	分部工程	分项工程	备注
×××大桥左幅 （K××+×××～ K××+×××）	桥面系、附属工程及桥梁总体	1号墩支座安装	
		3号墩支座安装	
		4号墩支座安装	
		5号台支座安装	
		0号台伸缩装置安装	
		5号台伸缩装置安装	
		第1联护栏	
		0号台桥头搭板	
		5号台桥头搭板	
		桥梁总体	
	防护工程	5号台锥坡	

单位、分部、分项工程划分示例（隧道工程）　　　　　　　　　附表3-3

单位工程	分部工程	分项工程	备注
×××隧道 ZK29+747～ZK30+743	总体及装饰装修	左幅隧道总体	
		装饰装修工程	
	进口洞口工程	进口洞口开挖	
		进口洞口边仰坡防护	
		进口洞门浇筑	
		进口截水沟	
		进口洞口排水沟	
		进口明洞浇筑	
		进口明洞防水层	
		进口明洞回填	
	……	……	
	洞身开挖 ZK29+867～ZK29+960	ZK29+867～ZK29+895（S5a） 洞身开挖	
		ZK29+895～ZK29+940（S5b） 洞身开挖	
		ZK29+940～ZK29+960（S4b） 洞身开挖	
	洞身开挖 ZK29+960～ZK30+060	ZK29+960～ZK30+090（S4c） 洞身开挖	
		ZK30+090～ZK30+030（S5b） 洞身开挖	
		ZK30+030～ZK30+060（S4b） 洞身开挖	
	……	……	
	洞身衬砌 ZK30+060～ZK30+160	ZK30+060～ZK30+090（S3） 喷射混凝土	
		ZK30+060～ZK30+090（S3） 锚杆	
		ZK30+060～ZK30+090（S3） 钢筋网	
		ZK30+060～ZK30+090（S3） 仰拱	

续上表

单位工程	分部工程	分项工程	备注
×××隧道 ZK29+747~ZK30+743	洞身衬砌 ZK30+060~ZK30+160	ZK30+060~ZK30+090（S3） 仰拱回填	
		ZK30+060~ZK30+090（S3） 衬砌钢筋	
		ZK30+060~ZK30+090（S3） 混凝土衬砌	
		ZK30+090~ZK30+160（SJ3） 喷射混凝土	
		ZK30+090~ZK30+160（SJ3） 锚杆	
		ZK30+090~ZK30+160（SJ3） 钢筋网	
		ZK30+090~ZK30+160（SJ3） 仰拱	
		ZK30+090~ZK30+160（SJ3） 仰拱回填	
		ZK30+090~ZK30+160（SJ3） 衬砌钢筋	
		ZK30+090~ZK30+160（SJ3） 混凝土衬砌	
	防排水 ZK29+747~ZK29+847	ZK29+747~ZK29+947 防水层	
		ZK29+747~ZK29+947 止水带	
	……	……	
	辅助通道1号人行横洞 ZK29+996~YK29+986	ZK29+996~YK29+986 洞身开挖	
		ZK29+996~YK29+986（SR-Ⅳ） 喷射混凝土	
		ZK29+996~YK29+986（SR-Ⅳ） 锚杆	
		ZK29+996~YK29+986（SR-Ⅳ） 钢筋网	
		ZK29+996~YK29+986（SR-Ⅳ） 衬砌钢筋	
		ZK29+996~YK29+986（SR-Ⅳ） 混凝土衬砌	
		ZK29+996~YK29+986（SR-Ⅳ） 防水层	
		ZK29+996~YK29+986（SR-Ⅳ） 止水带	

单位、分部、分项工程划分示例（交通安全设施与声屏障工程）　　附表3-4

单位工程	分部工程	分项工程	备注
声屏障工程	声屏障 K33+480~K33+560	砌块体声屏障	
	声屏障 K11+405~K11+435	金属结构声屏障	
	声屏障 K17+920~K18+150	复合结构声屏障	
交通安全设施	标志、标线、突起路标、轮廓标 K17+068~K22+823	标志	
		标线	
		突起路标	
		轮廓标	
	……	……	
	护栏 K4+800~K9+674	波形梁护栏	
		缆索护栏	
		混凝土护栏	
		中央分隔带开口护栏	
	……	……	

续上表

单位工程	分部工程	分项工程	备注
交通安全设施	防眩设施、隔离栅、防落物网 K0+000~K4+800	防眩网	
		隔离栅	
		防落物网	
	……	……	
	里程牌和百米桩 K0+000~K5+000	里程牌	
		百米桩	
	……	……	

附录4　文件材料预立卷目录（示例）

××高速公路施工文件

预 立 卷 目 录（**预立卷范围**）

土建一期第××合同段

（起止桩号K×××+×××~K×××+×××）

编制单位：
编制日期：

附图4-1　土建工程预立卷目录示意图

注：本预立卷目录引用已建成高速公路事例部分内容，案卷题名未全部列出，施工单位使用时仅供参考。

预立卷目录（土建工程）　　　　　　　　　　　　　附表 4-1

编制单位：　　　　　　　　　　　　　　　　　　　共　页　第　页

档号	案卷题名	保管期限	备注
1	总体开工报告、施工组织设计及复测成果		
2	路基填筑试验段总结及监理批复		
3	路基土石方工程开工报告		
4	砌筑防护、排水、绿化工程开工报告		
5	K××+×××~K××+×××涵洞、暗通道开工报告		
6	K××+×××涵洞工程(含台背)开工申请批复及附件		
7	桥梁上部结构、支座、伸缩缝,台背回填与锥坡开工报告		
8	封江口水库 3 号桥开工报告		
9	×标项目部通用函件(001-×××)		
10	技术交底和作业指导书		
11	施工图设计情况反馈表及批复		
12	监理指令及回复,非正常情况记录及对工程质量影响分析		
13	×××年度施工月计划		
14	K××+×××~K××+×××上路床检验评定,土工合成材料资料		
15	K××+×××~K××+×××路基土石方施工检验资料		
16	K××+×××~K××+×××路基土石方施工检验资料		
17	……		
18	K××+×××~K××+×××粉喷桩施工检验资料		
19	K××+×××~K××+×××边沟施工检验资料		
20	K××+×××~K××+×××排水沟、连接段施工检验资料		

××高速公路施工文件

预立卷目录(**预立卷范围**)

路面工程第×合同段

(起止桩号K×××+×××~K×××+×××)

编制单位：

编制日期：

附图4-2　路面工程预立卷目录示意图

注：本预立卷目录引用已建成高速公路事例部分内容，案卷题名未全部列出，施工单位使用时仅供参考。

预立卷目录（路面工程） 附表4-2

编制单位： 共 页 第 页

档号	案卷题名	保管期限	备注
1	合同段总体开工报告及施工组织设计		
2	路面工程第×合同段基层、面层开工报告		
3	路面工程搭板、埋板、下封层、桥面防水开工报告		
4	路面中央带、路缘石、路肩等附属工程开工报告		
5	第×合同段路面各结构层试铺报告		
6	第×合同段沥青混凝土面层、透层、封层试铺总结		
7	第×合同段路面基层试铺总结		
8	第×合同段沥青混凝土面层配合比及批复		
9	第×合同段路面基层、封层配合比及批复		
10	第×合同段水泥混凝土配合比及批复		
11	评定汇总及单位、分部工程检验评定		
12	路面工程第×合同段监理指令及回复		
13	技术交底、施工图设计情况反馈表及批复		
14	路面工程第×合同段工程施工进度计划		
15	路面工程第×合同段施工图设计情况反馈表		
16	K××+×××～K××+××× 路面底基层检评检测资料		
17	K××+×××～K××+××× 路面下基层检评检测资料		
18	K××+×××～K××+××× 路面上基层检评检测资料		
19	K××+×××～K××+××× 透层检测资料		
20	K××+×××～K××+××× 同步碎石检测资料		

××高速公路监理文件

预立卷目录(预立卷范围)

第　　　驻地办

(起止桩号K×××+×××~K×××+×××)

监理单位：

编制日期：

附图4-3　监理文件预立卷目录示意图

注：本预立卷目录引用已建成高速公路事例部分内容，案卷题名未全部列出，仅供参考。

预立卷目录　　　　　　　　　　　　　　　　　　　　　　　附表 4-3

编制单位：　　　　　　　　　　　　　　　　　　　　　　　共　页　第　页

档号	案卷题名	保管期限	备注
1	监理合同段施工监理规划、施工监理实施细则		
2	监理合同段监理工作总结及监理规程		
3	监理合同段质量保证体系及规章制度		
4	监理合同段安全保证体系、环保细则		
5	监理合同段监理例会和工地例会会议纪要		
6	监理合同段安全学习和学习会议纪要		
7	×标段、×标段、路面×标段工地例会会议纪要		
8	×标段、×标段工地例会会议纪要		
9	监理合同段监理汇报材料		
10	监理合同段劳动竞赛方案和总结		
11	监理合同段××××—××××年发文		
12	监理合同段 JK-003-O-××××～××××号函件		
13	×标段、×标段、交安×标段监理指令和暂停工令		
14	×标段、绿化×标段监理指令和暂停工令		
15	×标段、×标段、路面×标段监理指令和暂停工令		
16	监理合同段××××年×月—××××年×月安全监理文件		
17	监理合同段安全监理检查资料		
18	监理合同段第一期至第七期监理月报		
19	监理合同段第八期至第十四期监理月报		
20	监理合同段第一期至第二十九期安全月报		

附录5 湖北省高速公路建设项目文件材料收集归档清单

建设项目文件材料收集归档清单　　　　附表 5-1

档号		序号	归档文件	收集单位	收集部门
前期准备类文件					
HBGS1		一	项目建议书及批准文件	建设单位	综合办公室
		二	工程可行性研究报告及批复	建设单位	综合办公室
		三	环境影响评价及批准文件、水土保持批准文件	建设单位	综合办公室
		四	文物调查、保护等文件	建设单位	综合办公室
		五	压覆矿产、水文、防洪、地震、地质安全评价等文件	建设单位	综合办公室
设计类文件					
HBGS2		一	设计任务书	建设单位	计划合同部、设计单位
		二	工程地质勘察报告等文件	建设单位	计划合同部、设计单位
		三	水文、气象等其他设计基础材料	建设单位	计划合同部、设计单位
		四	初步设计文件及审批文件	建设单位	计划合同部、设计单位
		五	施工图设计文件及审批文件	建设单位	计划合同部、设计单位
		六	设计变更文件及批准文件	建设单位	计划合同部、设计单位
		七	设计中重大技术问题往来文件、会议纪要	建设单位	计划合同部、设计单位
工程管理文件					
HBGS3	HBGS3.1	一	工程招投标及合同文件(招标文件及批准文件、资格预审文件、投标文件、评标文件、技术文件及补充文件、中标公告、中标通知书、合同书、协议书等)	建设单位	计划合同部
		1	路基工程		
		2	路面工程		
		3	交安工程		
		4	环保工程		
		5	机电工程		
		6	房建及附属工程		
		7	勘察设计合同		
		8	监理服务合同		
		9	材料和其他		

续上表

档号		序号	归档文件	收集单位	收集部门
HBGS3	HBGS3.2	二	工程质量责任登记表	建设单位	质量管理部
		1	项目建设质量责任登记汇总表		
		2	项目法人质量责任登记表		
		3	勘察单位质量责任登记表		
		4	设计单位质量责任登记表		
		5	总监理工程师办公室质量责任登记表		
		6	驻地办质量责任登记表		
		7	施工单位质量责任登记表		
		8	工程分包质量责任登记表		
	HBGS3.3	三	征地拆迁资料	建设单位	征迁协调部
		1	建设用地选址意见及红线图		
		2	建设用地申请及批复		
		3	占地图及土地使用证		
		4	征地拆迁实施时间、实施组织方案、主要负责人与征地拆迁方式情况		
		5	征地拆迁批文、合同、协议(含国土、林业、文物、三杆、地方政府、村、企事业单位、个体之间的协议或纪要等)		
		6	供电、供水、通信、排水等协议		
		7	征用土地数量一览表		
		8	拆迁数量一览表		
	HBGS3.4	四	工程准备类文件	建设单位	
		1	施工许可批准文件		综合办公室
		2	质量监督申请书及质量监督通知书		质量管理部
		3	建设前原始地形、地貌状况图、照片		工程技术部
	HBGS3.5	五	建设单位在工程建设期间所发生的与工程建设相关文件	建设单位	综合办公室
		1	上级单位来文及回复		
		2	建设单位文件		
		3	建设单位发函		
		4	建设单位会议纪要		
	HBGS3.6	六	安全管理类文件	建设单位	安全管理部
		1	安全管理制度、职责及安全保证体系		
		2	施工单位"三类人员"、监理单位驻地监理工程师及安全专监资格审查、批复及备案记录		
		3	下发、转发或批复的安全管理文件		
		4	各项安全检查台账、记录、通报和整改闭合资料		
		5	安全生产应急预案		
		6	安全生产事故台账、报表及相关事故处理资料		

附录5 湖北省高速公路建设项目文件材料收集归档清单

续上表

档号		序号	归档文件	收集单位	收集部门
HBGS3.7		七	环境及文物保护类文件	建设单位	环水保部
施工类文件					
HBGS4	HBGS 4.1~N		土建N合同段施工文件（N是指按路基、路面、环保、交安、房建、机电等顺序进行编号）		
		一	工程管理文件		
		1	相关单位来文及回复	施工单位	综合办公室
		2	合同段开工报告、施工组织设计、项目部岗位责任制度		工程技术部、综合办公室
		3	会议纪要		综合办公室
		4	项目部通用函件		综合办公室
		5	建设单位、总监办、驻地办对本项目有针对性函件		综合办公室
		二	施工准备文件		
		1	技术交底、图纸会审纪要	施工单位	工程技术部
		2	施工图设计反馈表及批复		
		3	开工前的交接桩记录、控制点的复测、施工控制点加密工程定位(水准点、基准点、导线点)测量、复核记录		
		三	施工质量控制文件		
		1	工程质量管理文件		
		①	开工申请及批准文件	施工单位	质量管理部
		②	质保体系文件		质量管理部
		③	专项技术方案		工程技术部
		④	监理指令及回复、停(复)工指令及回复、非正常情况记录及对工程质量影响分析		质量管理部
		⑤	合同段、单位、分部工程质量评定及汇总文件		
		⑥	工程质量事故或缺陷处理资料		
		⑦	桥梁荷载试验报告		
		⑧	沉降观测等监测监控资料		
		⑨	施工中遇到的非正常情况及处理方案		
		2	工地试验资料		
		①	试验检测能力核验资料	施工单位	工地试验室
		②	工地试验室管理文件		
		③	配合比设计、配料单		
		④	外委试验报告(桩基检测报告等)		
		⑤	原材料试验及材质证明文件		
		⑥	各种原材料、半成品、成品、混凝土预制件合格证及试验记录	施工单位	
		Ⅰ	产品、设备说明书、合格证及检验报告、质量鉴定报告		
		Ⅱ	标准及工艺试验		
		⑦	检测月报		

续上表

档号	序号		归档文件	收集单位	收集部门
HBGS4	HBGS 4.1~N	3	工序检测资料		
		①	单位、分部、分项工程开工批准文件	施工单位	工程技术部
		②	各工序资料(参照工程质量保证资料清单)		质量管理部、工地试验室
		Ⅰ	土建(路基、桥涵、路面、环保、交安)		
		Ⅱ	机电工程		
		Ⅲ	房建及附属工程		
		Ⅳ	线外工程		
		四	竣工图		
		1	设计变更文件与竣工图档号对照一览表	施工单位	工程技术部
		2	竣工图总说明书		
		3	路基、路面竣工图		
		4	桥梁、涵洞竣工图		
		5	隧道工程竣工图		
		6	路线交叉工程竣工图		
		7	交安工程		
		8	环保工程		
		9	房建工程		
		五	施工安全、廉政建设及文明施工文件		
		1	安全生产的有关管理文件	施工单位	安全管理部
		2	安全保证体系文件		
		3	危险源调查、分析、评价、分级资料		
		4	安全专项技术方案		
		5	安全技术交底		
		6	特种作业人员台账及证件、一般作业人员台账		
		7	特种设备登记、使用台账及有关检验合格证、维修保养记录		
		8	作业人员和项目管理人员的安全教育培训、交底台账及记录		
		9	各级安全检查、整改台账及检查通知、整改回复、安全问题处罚、复查等记录		
		10	安全日志		
		11	安全生产费用管理台账及使用计划、使用记录和有关证明材料		
		12	应急救援预案及演练计划或记录		
		13	安全事故的调查处理文件		
		14	文明施工的有关文件		
		15	廉政建设的有关文件		综合办公室

附录5　湖北省高速公路建设项目文件材料收集归档清单

续上表

档号		序号	归档文件	收集单位	收集部门
HBGS4	HBGS 4.1~N	六	进度控制文件	施工单位	计划合同部
		1	进度计划(文件、图表)、批准文件		
		2	进度执行情况(文件、图表)		
		3	有关进度的往来文件		
		七	工程合同管理文件	施工单位	计划合同部
		八	施工原始记录	施工单位	
		1	施工日志		工程技术部
		2	天气、温度及自然灾害记录		综合办公室
		3	测量原始记录(未汇入施工质量控制文件的部分)		质量管理部
		4	各工序施工原始记录(未汇入施工质量控制文件的部分)		
		5	施工照片、音像资料		质量管理部
		6	其他原始记录		
监理类文件					
总监办文件					
HBGS5	HBGS5.9	一	总监办管理文件	总监办	
		1	监理计划		综合办公室
		2	本项目适用的各类规范、规程和标准的目录清单,技术规范的补充文件、修改文件和有关细则		
		3	相关单位来文及回复		
		4	总监办就质量、进度、费用控制等问题与相关单位的来往的文件		
		①	总监办文件		
		②	总监办通用函件		
		③	各部门通用函件		相关部门
		5	总监办会议记录或纪要		综合办公室
		①	第一次工地会议纪要		
		②	监理例会会议纪要(每月)		
		③	监理专题会议纪要		
		6	开工令、停(复)工指令及监理指令		
		①	开工令(土建、交安、绿化、房建、机电等)		
		②	停(复)工指令及执行情况		相关部门
		③	监理指令及执行情况		
		7	工程变更令		计划合同部
		二	工程质量控制文件		
		1	中心试验室文件	总监办	中心试验室
		①	试验检测能力核验资料		

续上表

档号		序号	归档文件	收集单位	收集部门
HBGS5	HBGS5.9	②	管理文件	总监办	中心试验室
		③	重要工程材料和混合料配合比批复意见		
		④	各种标准试验的平行复核试验及批复意见		
		⑤	各类工艺试验总结报告的批复意见及平行验证基础资料		
		⑥	试验抽检资料		
		⑦	外委试验检测和专项监测监控文件		
		⑧	检测月报		
		2	质量缺陷检查及整改闭合文件		质量管理部
		①	质量监督机构印发的检查情况反馈及整改闭合文件		
		②	总监办巡检过程中质量缺陷整改及闭合文件		
		三	施工安全和环境保护监理文件		
		1	安全监理制度、职责及安全保证体系	总监办	安全管理部
		2	安全监理计划		
		3	危险性较大工程安全专项施工方案审批		
		4	安全监理检查、指令及隐患检查整改闭合资料		
		5	安全监理日志、安全监理巡视记录		
		6	安全生产事故台账及相关事故处理文件		
		7	环保监理文件		环水保部
		四	工程进度计划管理文件		计划合同部
		五	工程合同管理文件		
		六	其他资料		
		1	监理月报	总监办	计划合同部
		2	监理日志		质量管理部
		3	巡视记录		
		七	工程声像资料		综合办公室
		驻地办监理文件			
		土建第一驻地办文件（N是指按土建、绿化、交安、房建、机电等顺序进行编号）			
HBGS5	HBGS 5.1~N	一	驻地办管理文件	驻地办	综合办公室
		1	监理工作实施细则		
		2	相关单位来文及回复		
		3	驻地办就合同、质量、进度、费用控制等问题下达的文件		
		①	驻地办文件		
		②	驻地办通用函件		
		4	驻地办会议记录或纪要		
		①	监理例会会议纪要（每月）		
		②	监理专题会议纪要		

附录5 湖北省高速公路建设项目文件材料收集归档清单

续上表

档号		序号	归档文件	收集单位	收集部门
HBGS5	HBGS 5.1~N	5	开工令、停(复)工指令及监理指令	驻地办	相关部门
		①	开工令		
		②	停(复)工指令及执行情况		
		③	监理指令及闭合情况		
		二	工程质量控制文件		
		1	驻地办工地试验室文件	驻地办	工地试验室
		①	试验检测能力核验资料		
		②	管理函件		
		③	混合料配合比批复意见		
		④	各种标准试验的平行复核试验及批复意见		
		⑤	各类工艺试验总结报告的批复意见		
		⑥	原材料试验		
		⑦	试验抽检资料		
		⑧	外委试验检测和专项监测监控文件(桩基检测)		
		⑨	检测月报		
		2	工序抽检资料		各监理组
		①	工程质量检验评定及评定汇总		
		②	监理现场抽检资料		
		3	施工安全和环境保护监理文件		安全管理部、环水保部
		①	安全监理制度、职责及安全保证体系		
		②	安全监理工作方案及安全监理实施细则		
		③	危险性较大工程安全专项施工方案审批		
		④	安全监理检查、指令及隐患检查整改闭合资料		
		⑤	安全监理日志、安全监理巡视记录、安全监理月报		
		⑥	环保监理文件		
		4	工程合同管理文件		计划合同部
		5	其他资料		
		①	监理月报		质量管理部
		②	监理日志		
		③	巡视记录、旁站记录		各部门、监理组
		④	工程声像资料		综合办公室
竣(交)工文件					
HBGS6	HBGS6.1	一	交工验收文件	建设单位	质量管理部
		1	公路工程交工验收报告(含公路工程交工验收合同段工程质量评分一览表、公路工程交工验收证书)		
		2	交工验收试验检测报告、工程质量缺陷论证处理相关记录及交工验收工程质量检测意见书		
		3	交工验收申请书(土建、交安、绿化)		

97

续上表

档号		序号	归档文件	收集单位	收集部门
HBGS6	HBGS6.2	二	竣工验收文件	建设单位	
		1	公路工程竣工验收鉴定书（含公路工程竣工验收委员会名单、公路工程交接单位代表签名表）		综合办公室
		2	公路工程参建单位工作综合评价一览表		
		①	公路工程建设管理工作综合评价表		
		②	公路工程设计工作综合评价表		
		③	公路工程监理工作综合评价表		
		④	公路工程施工管理工作综合评价表		
		3	公路工程竣工验收评价表		
		①	公路工程竣工验收委员会工程质量评分表		
		②	公路工程竣工验收工程质量评分表及工程质量鉴定书		
		③	公路工程竣工验收建设项目综合评价表		
		④	公路工程合同段工程质量鉴定评分一览表		
		4	竣工验收委员会各专业检查组意见		
		5	竣工验收申请报告		
		6	工程单项验收文件		相关部门
		①	机电工程验收文件		
		②	房建工程验收文件		
		③	环保工程验收文件		
		④	档案验收文件		综合办公室
		⑤	其他验收文件（水土保持、劳动卫生、安全消防、文物保护）		相关部门
		7	各参建单位总结报告		综合办公室
		①	建设单位执行报告		
		②	设计工作报告		
		③	施工总结报告		
		④	监理工作报告		
		⑤	公路工程质量监督报告		
		8	接管养护单位项目使用情况报告		
		9	缺陷责任期相关文件		
		①	缺陷责任期终止证书		
		②	缺陷工程整改情况		
		③	剩余工程量完成情况		
科学研究类文件					
HBGS7		一	科研、课题成果、论文著作和技术鉴定	建设单位	综合办公室
		二	新技术、新工艺应用文件		

附录5 湖北省高速公路建设项目文件材料收集归档清单

续上表

档号		序号	归档文件	收集单位	收集部门
HBGS7		三	任务书、批准书	建设单位	综合办公室
		四	协议、合同委托书		
		五	计划、方案及其他文件		
工程声像资料					
HBGS8	HBGS8.1	一	照片资料	建设单位	综合办公室
		1	建设前原始地形、地貌状况图、照片		
		2	重大活动、重大事故处理		
		3	隐蔽工程、关键工序、桥梁等结构物重点部位施工		
		二	音像资料		
		1	建设前原始地形、地貌状况图、照片		
		2	重大活动、重大事故处理		
		3	隐蔽工程、关键工序、桥梁等结构物重点部位施工		
财务文件					
HBGS9		一	支付报表	建设单位	
		1	计量支付文件		计划合同部、财务管理部
		2	财务支付文件		
		二	项目审计文件		财务管理部
		三	工程决算文件		
		四	财务决算文件		
		五	其他		
设备类文件					
HBGS10		一	设备采购合同	建设单位	计划合同部、综合办公室
		二	管理性文件		
		1	设备、技术、工艺、专利及商检索赔文件	建设单位	计划合同部、综合办公室
		2	现场使用的译文及安装、调整形成的非标准竣工图		
		3	设计变更		
		4	使用维护中形成的文件		
		5	设备开箱时说明（包括中文版）		

附录6 分项工程质量保证资料清单

分项工程质量保证资料清单(路基工程)　　　　　　　　　　　附表6-1

单位工程:路基工程

分部工程	分项工程		表格编号	施工单位填报表格	监理签认表格	监理填写表格(除测量、试验外,其他检验用表均用"抽查记录")	备注
路基土石方工程	土方路基	一		分项工程开工报告			
			1	分项工程开工申请批复单	√		
			①	施工方案及主要工艺申报表	√		
			②	进场设备报验单	√		
			③	原材料与混合料报验单	√		
				1.土工材料标准试验报告		√按合同要求的抽检率抽查	
			④	施工放样报验单	√		
				1.施工放线测量记录表	√		
				2.水准测量记录表			
			⑤	分项工程施工主要人员报验单	√		
		二		清理与掘除			
			1	清理与掘除交验单	√		
		三		填前碾压			
			1	检验申请批复单	√		
			①	压实度检验报告		√	
				1.压实度检验记录表		√,按合同要求的抽检率抽查	
			②	水准测量记录表			
			③	宽度现场检测记录表			
		四		土方填筑			
			1	检验申请批复单	√		
			①	压实度检验报告		√	
				1.压实度检验记录表		√,按合同要求的抽检率抽查	
			②	水准测量记录表			

附录6 分项工程质量保证资料清单

续上表

分部工程	分项工程			表格编号	施工单位填报表格	监理签认表格	监理填写表格(除测量、试验外,其他检验用表均用"抽查记录")	备注
路基土石方工程	土方路基	五			转区检验			
			1		检验申请批复单	√		
				①	压实度检验报告		√	
					1.压实度检验记录表		√,按合同要求的抽检率抽查	
				②	纵断高程横坡度现场检测记录表(附水准测量记录表)			
				③	宽度、中线偏位现场检测记录表			
				④	平整度检测记录表(3m直尺)			
		六			路床交验			
			1		土方路基质量检验表		√按合同要求的抽检率抽查	
				①	路基(路面)压实度试验结果汇总表		√	
				②	宽度、中线偏位现场检测记录表		√	
				③	纵断高程横坡度现场检测记录表(附水准测量记录表)		√	
				④	路基边坡现场检测记录表		√	
				⑤	平整度检测记录表(3m直尺)		√	
				⑥	路基路面回弹弯沉检测记录表		√,按合同要求的抽检率抽查	
				⑦	路基路面弯沉结果汇总表		√,按合同要求的抽检率抽查	
		七			质量评定			
					分项工程质量检验评定表			
		八			中间交工			
					分项工程(中间)交工证书	√		
	石方路基	一			分项工程开工报告			
			1		分项工程开工申请批复单	√		
				①	施工方案及主要工艺申报表	√		
				②	进场设备报验单	√		
				③	原材料与混合料报验单	√		
					1.石料单轴抗压强度试验记录表		√,按合同要求的抽检率抽查	
				④	施工放样报验单	√		
					1.施工放线测量记录表			
					2.水准测量记录表			
				⑤	分项工程施工主要人员报验单	√		

续上表

分部工程	分项工程		表格编号	施工单位填报表格	监理签认表格	监理填写表格(除测量、试验外,其他检验用表均用"抽查记录")	备注
路基土石方工程	石方路基	二		清理与掘除			
			1	清理与掘除交验单	√		
		三		填前碾压(地基为石质无须此项内容)			
			1	清理与掘除交验单	√		
			①	压实度检验报告		√	
				1.压实度检验记录表		√,按合同要求的抽检率抽查	
			②	水准测量记录表			
			③	宽度现场检测记录表			
		四		石方填筑			
			1	检验申请批复单	√		
			①	石方路基填筑压实质量施工记录表			
			②	石方路基沉降差观测记录表		√,按合同要求的抽检率抽查	
			③	水准测量记录表			
		五		路床交验			
			1	石方路基质量检验表		√,按合同要求的抽检率抽查	
			①	石方路基沉降差观测记录表		√,按合同要求的抽检率抽查	
			②	水准测量记录表		√	
			③	宽度、中线偏位现场检测记录表		√	
			④	纵断面高程、横坡现场检测记录表(附水准测量记录表)		√	
			⑤	路基边坡现场检测记录表		√	
			⑥	平整度检测记录表(3m直尺)		√	
			⑦	路基路面回弹弯沉检测记录表		√,按合同要求的抽检率抽查	
			⑧	路基路面弯沉结果汇总表		√,按合同要求的抽检率抽查	
		六		质量评定			
				分项工程质量检验评定表			
		七		中间交工			
				分项工程(中间)交工证书	√		

附录6　分项工程质量保证资料清单

续上表

分部工程	分项工程		表格编号	施工单位填报表格	监理签认表格	监理填写表格(除测量、试验外，其他检验用表均用"抽查记录")	备注
路基土石方工程	软土地基处理	一		分项工程开工报告			
			1	分项工程开工申请批复单	√		
			①	施工方案及主要工艺申报表	√		
			②	进场设备报验单	√		
			③	原材料与混合料报验单	√		
				1.材料出厂质量保证书			
				2.材料自检试验报告		√,按合同要求的抽检率抽查	
			④	施工放样报验单	√		
				1.施工放线测量记录表		√	
				2.水准测量记录表			
			⑤	分项工程施工主要人员报验单	√		
		二		袋装砂井、塑料排水板			需有旁站记录
			1	砂垫层质量检验表		√,按合同要求的抽检率抽查	
			2	袋装砂井、塑料排水板质量检验表		√,按合同要求的抽检率抽查	
				碎石桩(砂桩)			
			1	砂垫层质量检验表		√,按合同要求的抽检率抽查	
			2	碎石桩(砂桩)质量检验表		√,按合同要求的抽检率抽查	
			①	碎石桩施工记录表			
				粉喷桩			
			1	砂垫层质量检验表		√,按合同要求的抽检率抽查	
			2	粉喷桩质量检验表		√,按合同要求的抽检率抽查	
			①	粉喷桩施工记录表			
		注:软基处理需按要求进行沉降观测					
		三		质量评定			
				分项工程质量检验评定表			
		四		中间交工			
				分项工程(中间)交工证书	√		
	土工合成材料处理	一		分项工程开工报告			
			1	分项工程开工申请批复单	√		
			①	施工方案及主要工艺申报表	√		
			②	进场设备报验单	√		
			③	原材料与混合料报验单	√		
				1.材料出厂质量保证书			
				2.材料自检试验报告(外委)			
			④	分项工程施工主要人员报验单	√		

续上表

分部工程	分项工程	表格编号	施工单位填报表格	监理签认表格	监理填写表格（除测量、试验外，其他检验用表均用"抽查记录"）	备注
路基土石方工程	二 土工合成材料处理		加筋工程土工合成材料			
		1	加筋工程土工合成材料质量检验表		√,按合同要求的抽检率抽查	
			隔离工程土工合成材料			
		1	隔离工程土工合成材料质量检验表		√,按合同要求的抽检率抽查	
			过滤排水工程土工合成材料			
		1	过滤排水工程土工合成材料质量检验表		√,按合同要求的抽检率抽查	
			防裂工程土工合成材料			
		1	防裂工程土工合成材料质量检验表		√,按合同要求的抽检率抽查	
	三		质量评定			
			分项工程质量检验评定表			
	四		中间交工			
			分项工程(中间)交工证书	√		
排水工程	一		分项工程开工报告			
		1	分项工程开工申请批复单	√		
		①	施工方案及主要工艺申报表	√		
		②	进场设备报验单	√		
		③	原材料与混合料报验单	√		
			1. 材料出厂质量保证书			
			2. 材料自检试验报告		√,按合同要求的抽检率抽查	
			3. 水泥混凝土(砂浆)配合比试验报告		√,按合同要求的抽检率抽查	
		④	施工放样报验单	√		
			1. 施工放线测量记录表			
			2. 水准测量记录表			
		⑤	分项工程施工主要人员报验单	√		
	二		管节预制			
		1	管节预制质量检验表		√,按合同要求的抽检率抽查	
		①	水泥混凝土抗压强度试验报告		√,按合同要求的抽检率抽查	
			管道基础及管节安装			

附录6 分项工程质量保证资料清单

续上表

分部工程	分项工程		表格编号	施工单位填报表格	监理签认表格	监理填写表格（除测量、试验外，其他检验用表均用"抽查记录"）	备注
排水工程	排水工程	二	1	管道基础及管节安装质量检验表		√，按合同要求的抽检率抽查	
			①	水泥砂浆（混凝土）抗压强度试验报告		√，按合同要求的抽检率抽查	
			②	施工放样测量记录表			
			③	水准测量记录表			
				检测（雨水）井砌筑			
			1	检测（雨水）井砌筑质量检验表		√，按合同要求的抽检率抽查	
			①	水泥砂浆（混凝土）抗压强度试验报告		√，按合同要求的抽检率抽查	
			②	施工放样测量记录表			
			③	水准测量记录表			
				土沟			
			1	土沟质量检验表		√，按合同要求的抽检率抽查	
				浆砌排水沟（跌水、急流槽）			
			1	浆砌排水沟质量检验表		√，按合同要求的抽检率抽查	
			①	水泥砂浆抗压强度试验报告		√，按合同要求的抽检率抽查	
			②	施工放样测量记录表			
			③	水准测量记录表			
				盲沟			
			1	盲沟质量检验表		√，按合同要求的抽检率抽查	
			①	水准测量记录表			
				排水泵站			
			1	排水泵站（沉井）质量检验表		√，按合同要求的抽检率抽查	
			①	水泥砂浆抗压强度试验报告		√，按合同要求的抽检率抽查	
			②	施工放样测量记录表			
			③	水准测量记录表			
		三		质量评定			
			1	分项工程质量检验评定表（管节预制）			
			2	分项工程质量检验评定表（管节基础及管安装）			
			3	分项工程质量检验评定表（检测井砌筑）			

续上表

分部工程	分项工程		表格编号	施工单位填报表格	监理签认表格	监理填写表格(除测量、试验外,其他检验用表均用"抽查记录")	备注
排水工程	排水工程	三	4	分项工程质量检验评定表(浆砌排水沟)			
			5	分项工程质量检验评定表(跌水)			
			6	分项工程质量检验评定表(急流槽)			
			7	分项工程质量检验评定表(排水泵站)			
		四		中间交工			
				分项工程(中间)交工证书	√		
小桥、人行天桥、渡槽				同桥梁工程,只是无预应力部分			
涵洞通道	圆管涵	一		分项工程开工报告			
			1	分项工程开工申请批复单	√		
			①	施工方案及主要工艺申报表	√		
			②	进场设备报验单	√		
			③	原材料与混合料报验单	√		
				1. 材料出厂质量保证书			
				2. 材料自检试验报告		√,按合同要求的抽检率抽查	
				3. 混合料配合比批复单	√	√,按合同要求的抽检率抽查	
			④	施工放样报验单	√		
				1. 施工放线测量记录表			
				2. 水准测量记录表			
			⑤	分项工程施工主要人员报验单	√		
				涵管预制		集中预制可单独打开工报告	
		二		钢筋安装			
			1	钢筋安装质量交验单	√		
			①	钢筋检查记录表		√,按合同要求的抽检率抽查	
				混凝土浇筑			
			2	混凝土浇筑申请批复单	√		
			①	混凝土施工原始记录表			
			3	现场质量检验表		√,按合同要求的抽检率抽查	
			①	水泥混凝土抗压强度试验		√,按合同要求的抽检率抽查	

附录6 分项工程质量保证资料清单

续上表

分部工程	分项工程		表格编号	施工单位填报表格	监理签认表格	监理填写表格(除测量、试验外,其他检验用表均用"抽查记录")	备注
涵洞通道	圆管涵	二		质量评定			
			1	分项工程质量检验评定表(构件预制)			
			2	分项工程质量检验评定表(钢筋)			
		三		基坑开挖			
			1	桥涵基坑质量交验单	√		
			①	地基承载力检验记录表		√,按合同要求的抽检率抽查	
			②	施工放线测量记录表			
			③	水准测量记录表			
				钢筋安装(如有)			
			1	钢筋安装质量交验单	√		
			①	钢筋检查记录表		√,按合同要求的抽检率抽查	
				混凝土浇筑			
			1	混凝土浇筑申请批复单	√		
			①	混凝土施工原始记录表			
			2	明挖(扩大)基础现场质量检验表		√,抽查按合同要求的抽检	
			①	水泥混凝土抗压强度试验		√,按合同要求的抽检率抽查	
			②	施工放线测量记录表			
			③	水准测量记录表			
				管节安装			
			1	管座及管节安装质量检验表		√,按合同要求的抽检率抽查	
				质量评定			
				分项工程质量检验评定表(管座及管节安装)			
		四		台背填土			
			1	检验申请批复单	√		
			2	台背填土质量检验表		√,抽查按合同要求的抽检	
			①	路基(路面)压实度试验结果汇总表		√,抽查按合同要求的抽检	
			②	压实度检验报告		√,抽查按合同要求的抽检	
			③	压实度检验记录表		√,按合同要求的抽检率抽查	
			④	水准测量记录表			
				质量评定			
				分项工程质量检验评定表(台背填土)	√		

续上表

分部工程	分项工程	表格编号		施工单位填报表格	监理签认表格	监理填写表格(除测量、试验外,其他检验用表均用"抽查记录")	备注
涵洞通道	圆管涵	五		八字墙、一字墙			
				混凝土浇筑			
			1	混凝土浇筑申请批复单	√		
			①	混凝土施工原始记录表			
			2	一字墙、八字墙现场质量检验表		√,按合同要求的抽检率抽查	
			①	水泥混凝土抗压强度试验		√,按合同要求的抽检率抽查	
			②	施工放线测量记录表			
			③	水准测量记录表			
				质量评定			
				分项工程质量检验评定表(一字墙、八字墙)			
		六		涵洞总体			
			1	质量检验表(涵洞总体)		√,按合同要求的抽检率抽查	
			①	水准测量记录表			
				质量评定			
				分项工程质量检验评定表(涵洞总体)			
		七		中间交工			
				分项工程(中间)交工证书	√		
	盖板涵、箱涵	一		分项工程开工报告			
			1	分项工程开工申请批复单			
			①	施工方案及主要工艺申报表	√		
			②	进场设备报验单	√		
			③	原材料与混合料报验单	√		
				1.材料出厂质量保证书			
				2.材料自检试验报告		√,按合同要求的抽检率抽查	
				3.混合料配合比批复单	√	√,按合同要求的抽检率抽查	
			④	施工放样报验单	√		
				1.施工放线测量记录表			
				2.水准测量记录表			
			⑤	分项工程施工主要人员报验单	√		
		二		基坑开挖			
			1	桥涵基坑质量交验单	√		

108

附录6 分项工程质量保证资料清单

续上表

分部工程	分项工程		表格编号	施工单位填报表格	监理签认表格	监理填写表格(除测量、试验外,其他检验用表均用"抽查记录")	备注
涵洞通道	盖板涵、箱涵	二	①	地基承载力检验记录表		√,按合同要求的抽检率抽查	
			②	施工放线测量记录表			
			③	水准测量记录表			
				钢筋安装(如有)			
			1	钢筋安装质量交验单	√		
			①	钢筋检查记录表		√,按合同要求的抽检率抽查	
				混凝土浇筑			
			1	混凝土浇筑申请批复单	√		
			①	混凝土施工原始记录表			
			2	明挖(扩大)基础现场质量检验表		√,按合同要求的抽检率抽查	
			①	水泥混凝土抗压强度试验		√,按合同要求的抽检率抽查	
			②	施工放线测量记录表			
			③	水准测量记录表			
		三		涵台			
				钢筋安装(如有)			
			1	钢筋安装质量交验单	√		
			①	钢筋检查记录表		√,按合同要求的抽检率抽查	
				混凝土浇筑			
			1	混凝土浇筑申请批复单	√		
			①	混凝土施工原始记录表			
			2	涵台质量检验表		√,按合同要求的抽检率抽查	
			①	水泥混凝土抗压强度试验		√,按合同要求的抽检率抽查	
			②	施工放线测量记录表			
			③	水准测量记录表			
		四		盖板预制及安装			
				钢筋安装			
			1	钢筋安装质量交验单	√		
			①	钢筋检查记录表		√,按合同要求的抽检率抽查	
				混凝土浇筑			
			1	混凝土浇筑申请批复单	√		
			①	混凝土施工原始记录表			
			2	盖板制作质量检验表		√,按合同要求的抽检率抽查	
			①	水泥混凝土抗压强度试验		√,按合同要求的抽检率抽查	

109

续上表

分部工程	分项工程		表格编号	施工单位填报表格	监理签认表格	监理填写表格(除测量、试验外，其他检验用表均用"抽查记录")	备注
涵洞通道	盖板涵、箱涵	四	②	施工放线测量记录表			
			③	水准测量记录表			
				盖板安装(现浇无此项)			
			1	盖板安装质量检验表		√,按合同要求的抽检率抽查	
		五		台背填土			
			1	检验申请批复单			
			2	台北填土质量检验表		√,按合同要求的抽检率抽查	
			①	路基(路面)压实度试验结果汇总表		√,按合同要求的抽检率抽查	
			②	压实度检验报告		√,按合同要求的抽检率抽查	
			③	压实度检验记录表		√,按合同要求的抽检率抽查	
			④	水准测量记录表			
				质量评定			
				分项工程质量检验评定表(台背填土)			
		六		八字墙、一字墙			
				混凝土浇筑			
			1	混凝土浇筑申请批复单	√		
			①	混凝土施工原始记录表			
			2	一字墙、八字墙现场质量检验表	√	√,按合同要求的抽检率抽查	
			①	水泥混凝土抗压强度试验		√,按合同要求的抽检率抽查	
			②	施工放线测量记录表			
			③	水准测量记录表			
				质量评定			
				分项工程质量检验评定表(一字墙、八字墙)		√	
		七		涵洞总体			
			1	质量检验表(涵洞总体)	√	√,按合同要求的抽检率抽查	
			①	水准测量记录表			
				质量评定			
				分项工程质量检验评定表(涵洞总体)			
		八		中间交工			
				分项工程(中间)交工证书	√		

续上表

分部工程	分项工程	表格编号		施工单位填报表格	监理签认表格	监理填写表格(除测量、试验外,其他检验用表均用"抽查记录")	备注
涵洞通道	倒虹吸			同圆管涵,只是将八字墙、一字墙改为竖井、集水井砌筑			
	通道			符合小桥工程的通道参照小桥工程,只是无伸缩缝安装、混凝土护栏,暗通、暗涵无铺装层;其他同盖板涵			
	拱涵			拱涵参照盖板涵,但拱圈质量检验应填写拱涵浇(砌)筑质量检验表			
砌筑防护工程	挡土墙	一		分项工程开工报告			
			1	分项工程开工申请批复单	√		
			①	施工方案及主要工艺申报表	√		
			②	进场设备报验单	√		
			③	原材料与混合料报验单	√		同桥梁中压浆记录
				1. 材料出厂质量保证书			
				2. 材料自检试验报告		√,按合同要求的抽检率抽查	
				3. 水泥混凝土(砂浆)配合比试验报告批复单		√,按合同要求的抽检率抽查	
			④	施工放样报验单	√		
				1. 施工放线测量记录表	√		
				2. 水准测量记录表	√		
			⑤	分项工程施工主要人员报验单	√		
		二		基坑开挖			
			1	同扩大基础	√		
		三		砌筑挡土墙			
			1	干砌挡土墙质量检验表		√,按合同要求的抽检率抽查	
			①	施工放样测量记录表			
			②	水准测量记录表			
			2	砌体挡土墙质量检验表		√,按合同要求的抽检率抽查	
			①	水泥砂浆抗压强度试验报告		√,按合同要求的抽检率抽查	
			②	施工放样测量记录表			
			③	水准测量记录表			
		四		悬臂式和扶壁式挡土墙			
			1	混凝土浇筑申请批复单	√		
			①	混凝土施工原始记录表			

续上表

分部工程	分项工程	表格编号		施工单位填报表格	监理签认表格	监理填写表格（除测量、试验外，其他检验用表均用"抽查记录"）	备注
砌筑防护工程	挡土墙	2		悬臂式和扶臂式挡土墙质量检验表		√,按合同要求的抽检率抽查	
		四	①	水泥混凝土抗压强度试验报告		√,按合同要求的抽检率抽查	
			②	施工放样测量记录表			
			③	水准测量记录表			
				锚杆、锚碇板、加筋土挡土墙			
				筋带			
		1		筋带质量交验单	√	√,按合同要求的抽检率抽查	
				锚杆、拉杆			
		2		锚杆、拉杆质量交验单	√	√,按合同要求的抽检率抽查	
			①	锚杆抗拔试验记录表		√,按合同要求的抽检率抽查	
				面板预制			
				钢筋安装			
		3		钢筋安装质量交验单	√		
		五	①	钢筋检查记录表		√,按合同要求的抽检率抽查	
				预制面板混凝土浇筑			
		4		混凝土浇筑申请批复单	√		
			①	混凝土施工原始记录表			
		5		面板预制质量检验表		√,按合同要求的抽检率抽查	
			①	水泥混凝土抗压强度试验		√,按合同要求的抽检率抽查	
				面板安装			
		6		面板安装质量检验表		√,按合同要求的抽检率抽查	
			①	水准测量记录表			
				锚杆、锚碇板、加筋土挡土墙总体			
				锚杆、锚碇板、加筋土挡土墙总体质量检验表		√,按合同要求的抽检率抽查	
				墙背填土			
				填筑			
		1		检验申请批复单	√		
		六	①	压实度检验报告		√,按合同要求的抽检率抽查	
				1.压实度检验记录表		√,按合同要求的抽检率抽查	
			②	水准测量记录表			
		2		台背填土质量检验表			
				质量评定			
		七	1	分项工程质量检验评定表（挡墙）			
			2	分项工程质量检验评定表（墙背填土）			

续上表

分部工程	分项工程		表格编号	施工单位填报表格	监理签认表格	监理填写表格(除测量、试验外,其他检验用表均用"抽查记录")	备注
砌筑防护工程	挡土墙	八		中间交工			
				分项工程(中间)交工证书	√		
	抗滑桩	一		开工报告、成孔、钢筋安装同挖钻孔桩			
		二		混凝土浇筑			
			1	混凝土浇筑申请批复单	√		
			2	混凝土浇筑记录表			
			3	抗滑桩质量检验表		√,按合同要求的抽检率抽查	
			①	水泥混凝土抗压强度试验		√,按合同要求的抽检率抽查	
		三		质量评定			
				分项工程质量检验评定表(钢筋加工)			
				分项工程质量检验评定表(抗滑桩)			
		四		中间交工			
				分项工程(中间)交工证书	√		
	锥、护坡	一		开工报告、基坑开挖			
				同挡墙	√		
		二		砌筑			
			1	锥、护坡质量检验表		√,按合同要求的抽检率抽查	
			①	水泥砂浆抗压强度试验		√,按合同要求的抽检率抽查	
			②	水准测量记录表			
		三		质量评定			
				分项工程质量检验评定表			
		四		中间交工			
				分项工程(中间)交工证书	√		
	预应力锚索防护	一		分项工程开工报告			
			1	分项工程开工申请批复单	√		
			①	施工方案及主要工艺申报表	√		
			②	进场设备报验单	√		
			③	原材料与混合料报验单	√		
				1. 材料出厂质量保证书			
				2. 材料自检试验报告		√,抽查按合同要求的抽检率	
				3. 水泥混凝土(砂浆)配合比试验报告批复单		√	
			④	施工放样报验单	√		
				1. 施工放线测量记录表			
				2. 水准测量记录表			
			⑤	分项工程施工主要人员报验单	√		

续上表

分部工程	分项工程	表格编号		施工单位填报表格	监理签认表格	监理填写表格(除测量、试验外,其他检验用表均用"抽查记录")	备注
砌筑防护工程	预应力锚索防护	二	①	钻孔			
			1	预应力锚索钻孔质量交验单	√	√,按合同要求的抽检率抽查	
			①	穿索、压浆			
			2	锚固端灌浆(无黏结锚索孔灌浆一次注满锚固端和自由端)记录	√		
			①	孔道压浆(水泥浆)抗压强度试验		√,按合同要求的抽检率抽查	
				地梁(如有)			
			3	钢筋安装			
			①	钢筋安装质量交验单	√		
				1.钢筋检查记录表		√,按合同要求的抽检率抽查	
				混凝土浇筑			
			4	混凝土浇筑申请批复单	√		
			5	混凝土施工原始记录表			
			6	预应力锚索地梁质量检验表		√,按合同要求的抽检率抽查	
			①	水泥混凝土抗压强度试验		√,按合同要求的抽检率抽查	
				张拉			
			7	预应力张拉记录表	√	保存监理签认的施工资料	
				封孔灌浆、封闭			
			8	预应力锚索质量交验单	√	√,按合同要求的抽检率抽查	
			①	孔道压浆(水泥浆)抗压强度试验		√,按合同要求的抽检率抽查	
				喷锚防护			
				喷锚防护质量交验单	√	√,按合同要求的抽检率抽查	
		三		质量评定			
				分项工程质量检验评定表			
		四		中间交工			
				分项工程(中间)交工证书	√		
	喷锚防护	一	1	分项工程开工报告			
				同预应力锚索防护			
		二		钻孔			
			1	预应力锚索钻孔质量交验单	√	√,按合同要求的抽检率抽查	
				注浆、插锚杆(插锚杆、注浆)			
			1	锚杆、拉杆质量交验单	√	√,按合同要求的抽检率抽查	

续上表

分部工程	分项工程	表格编号	施工单位填报表格	监理签认表格	监理填写表格(除测量、试验外，其他检验用表均用"抽查记录")	备注
砌筑防护工程	喷锚防护	①	锚杆拉拔试验记录表		√,按合同要求的抽检率抽查	
			挂网			
		1	钢筋网质量交验单	√	√,按合同要求的抽检率抽查	
			喷射混凝土			
	二	1	混凝土浇筑申请批复单	√		
		①	混凝土施工原始记录表			
			喷锚防护			
		1	锚喷防护质量检验表		√,按合同要求的抽检率抽查	
		①	水泥混凝土抗压强度试验		√,按合同要求的抽检率抽查	
	三		质量评定			
			分项工程质量检验评定表			
	四		中间交工			
			分项工程(中间)交工证书	√		

分项工程质量保证资料清单(路面工程)   附表6-2

单位工程：路面工程

分部工程	分项工程	表格编号	施工单位填报表格	监理签认表格	监理填写表格(除测量、试验外，其他检验用表均用"抽查记录")	备注
路面工程	底基层、下基层、上基层		分项工程开工报告			
		1	分项工程开工申请批复单	√		
		①	施工方案及主要工艺申报表	√		
		②	进场设备报验单	√		
		③	原材料与混合料报验单	√		
	一		1.材料出厂质量保证书			
			2.材料自检试验报告		√,按合同要求的抽检率抽查	
			3.配合比试验报告批复单	√	√,按合同要求的抽检率抽查	
		④	施工放样报验单	√		
			1.施工放线测量记录表			
			2.水准测量记录表			
		⑤	分项工程施工主要人员报验单	√		
			横向排水			
	二	1	横向排水管现场检测记录表		√,按合同要求的抽检率抽查	
		①	水泥混凝土抗压强度试验		√,按合同要求的抽检率抽查	
			摊铺、碾压			

续上表

分部工程	分项工程	表格编号	施工单位填报表格	监理签认表格	监理填写表格(除测量、试验外,其他检验用表均用"抽查记录")	备注
路面工程	二 底基层、下基层、上基层	1	含水率试验			
		2	水泥或石灰稳定土中水泥或石灰剂量测量试验(EDTA法)			
		3	基层混合料级配试验			
		4	压实度检验报告		√,按合同要求的抽检率抽查	
		①	压实度检验记录表		√,按合同要求的抽检率抽查	
		5	基层钻芯取样试验记录表		√,按合同要求的抽检率抽查	
		6	平整度测定记录表(3m直尺)			
		7	宽度、中线偏位现场检查记录			
		8	路面厚度检查记录		√,按合同要求的抽检率抽查	
		9	纵断面高程、横坡度及中线平面偏位检查记录表			
		①	水准测量记录表			
		10	无机结合料稳定土无侧限抗压强度试验		√,按合同要求的抽检率抽查	
		11	水泥稳定粒料基层及底基层质量检验表		√,按合同要求的抽检率抽查	
		12	路基(路面)压实度试验结果汇总表		√,按合同要求的抽检率抽查	
		13	半刚性基层和底基层材料强度试验结果汇总表		√,按合同要求的抽检率抽查	
		14	路面结构厚度检测结果汇总表		√,按合同要求的抽检率抽查	
	三		质量评定			
		1	分项工程质量检验评定表(底基层)			
		2	分项工程质量检验评定表(下基层)			
		3	分项工程质量检验评定表(上基层)			
	四		中间交工			
		1	分项工程(中间)交工证书	√		

续上表

分部工程	分项工程		表格编号		施工单位填报表格	监理签认表格	监理填写表格(除测量、试验外,其他检验用表均用"抽查记录")	备注
路面工程	下面层、中面层、上面层	一			分项工程开工报告			
			1		工程分项开工申请批复单	√		
				①	施工技术方案报审表	√		
				②	进场设备报验单	√		
				③	施工材料报验单	√		
					1. 材料出厂质量保证书	√		
					2. 材料自检试验报告		√,按合同要求的抽检率抽查	
				④	配合比试验报告(批复)		√,按合同要求的抽检率抽查	
				⑤	施工放样报验单	√		
					1. 施工放线测量记录表			
					2. 水准测量记录表			
		二	1		施工前			
					施工放线测量记录表			
				①	水准测量记录表			
			2		撒布透层油(上基层顶面)			
					透层、黏层、封层交验单	√	√按合同要求的抽检率抽查	
			3		面层(下、中、上)摊铺			
					施工放线测量记录表			
					水准测量记录表			
					沥青拌和楼施工记录表			
					沥青混凝土面层压实度碾压工艺记录表(一)			
					沥青混凝土面层压实度碾压工艺记录表(二)			
					沥青混合料中沥青含量试验记录表		√,按合同要求的抽检率抽查	
					沥青混合料马歇尔稳定度试验记录表		√,按合同要求的抽检率抽查	
					沥青混合料芯样马歇尔试验记录表		√,按合同要求的抽检率抽查	
					沥青混合料理论最大相对密度试验记录表			
					压实沥青混合料试件的密度试验记录表			

续上表

分部工程	分项工程	表格编号	施工单位填报表格	监理签认表格	监理填写表格（除测量、试验外，其他检验用表均用"抽查记录"）	备注
路面工程	下面层、中面层、上面层 二		沥青混合料的矿料级配检验试验记录表		√，按合同要求的抽检率抽查	
		4	面层（现场检测）			
			沥青混凝土面层和沥青碎（砾）石面层质量检验表		√，按合同要求的抽检率抽查	
		①	钻芯法测定沥青路面压实度试验记录表		√，按合同要求的抽检率抽查	
		②	沥青混合料芯样马歇尔试验记录表（选用）		√，选用	
			路面平整度检测报告（平整度仪）			
		③	平整度测定记录表（3m 直尺）（选用）			
		④	沥青路面渗水试验记录表（上面层）			
		⑤	手工铺砂法测定路面构造深度试验记录表（上面层）			
			横向力系数测定车测定路面抗滑值试验记录表/报告（上面层）			
		4 ⑥	路面厚度检查记录		√，按合同要求的抽检率抽查	
		⑦	宽度、中线偏位现场检查记录			
		⑧	纵断面高程、横坡度及中线平面偏位检查记录表			
		⑨	施工放线测量记录表			
			1. 水准测量记录表			
		⑩	路基路面回弹弯沉测定记录表			
			路基（路面）压实度试验结果汇总表	√		
			路面结构厚度检测结果汇总表	√		
			路基（路面）弯沉值检测结果汇总表			
	三		质量评定			
			分项工程质量检验评定表（上面层）			
	四		中间交工			
			分项工程（中间）交工证书	√		

续上表

分部工程	分项工程	表格编号		施工单位填报表格	监理签认表格	监理填写表格(除测量、试验外，其他检验用表均用"抽查记录")	备注
路面工程	沥青混凝土桥面	一		分项工程开工报告			
				同沥青混凝土路面			
		二		防水层			
				桥面防水层质量交验单	√	√,按合同要求的抽检率抽查	
		三		沥青混凝土铺装			
				参照沥青混凝土上、中面层;不同是桥面铺装质量检验表应填写桥面铺装质量检验表,而不是填写沥青混凝土面层和沥青碎(砾)石面层质量检验表			
		四		质量评定			
				分项工程质量检验评定表(按分项工程划分评定)			
		五		中间交工			
				分项工程(中间)交工证书	√		
	水泥混凝土面层	一		分项工程开工报告			
				同沥青混凝土路面			
				施工前			
			1	施工放线测量记录表			
				1.水准测量记录表			
				混凝土浇筑			
			1	拉杆、胀缝板、传力杆及其套帽、滑移端设置交验单	√	√,按合同要求的抽检率抽查	
		二	2	混凝土浇筑申请批复单	√		
			3 ①	混凝土浇筑记录表			
				水泥混凝土面层质量检验表	√	√,按合同要求的抽检率抽查	
			①	水泥混凝土抗折强度试验		√,按合同要求的抽检率抽查	
			②	路面厚度检查记录		√,按合同要求的抽检率抽查	
				路面平整度检测报告(平整度仪)			
			③	平整度测定记录表(3m 直尺)(选用)			
			④	手工铺砂法测定路面构造深度试验记录表(上面层)			
			⑤	宽度、中线偏位现场检查记录			

119

续上表

分部工程	分项工程		表格编号	施工单位填报表格	监理签认表格	监理填写表格（除测量、试验外，其他检验用表均用"抽查记录"）	备注
路面工程	水泥混凝土面层	二	⑥	纵断面高程、横坡度及中线平面偏位检查记录表			
			⑦	水准测量记录表			
				路面结构厚度检测结果汇总表		√	
		三		质量评定			
				分项工程质量检验评定表			
		四		中间交工			
				分项工程（中间）交工证书	√		
	路肩、路缘石	一		分项工程开工报告			
				同基层			
		二		小型构件预制			
			1	混凝土小型构件质量检验表		√，按合同要求的抽检率抽查	
			①	水泥混凝土抗压强度试验		√，按合同要求的抽检率抽查	
		三		铺设			
			1	路缘石铺设质量检验表		√，按合同要求的抽检率抽查	
			①	水泥砂浆抗压强度试验		√，按合同要求的抽检率抽查	
			②	水准测量记录表			
			2	路肩质量检验表		√，按合同要求的抽检率抽查	
			①	水泥砂浆抗压强度试验		√，按合同要求的抽检率抽查	
			②	水准测量记录表			
		四		质量评定			
			1	分项工程质量检验评定表（路肩）			
			2	分项工程质量检验评定表（路缘石）			
		五		中间交工			
				分项工程（中间）交工证书	√		
	路面边缘纵向排水			参照路基排水工程			

分项工程质量保证资料清单(交通安全设施)

附表6-3

单位工程:交通安全设施

分部工程	分项工程		表格编号	施工单位填报表格	监理签认表格	监理填写表格(除测量、试验外,其他检验用表均用"抽查记录")	备注
标志	标志	一		分项工程开工报告			
			1	工程分项开工申请批复单	√		
			①	施工技术方案报审表	√		
			②	进场设备报验单	√		
			③	施工材料报验单	√		
				1.材料出厂质量保证书			
				2.材料自检试验报告		√,按合同要求的抽检率抽查	
			④	配合比试验报告(批复)			
			⑤	施工放样报验单	√		
				1.施工放线测量记录表			
				2.水准测量记录表			
		二		标志基础(单柱式、双柱式、悬臂式、门柱式)			
				同扩大基础			
		三		立柱、标志板安装			
				交通标志安装质量检验表		√,按合同要求的抽检率抽查	
		四		质量评定			
				分项工程质量检验评定表			
		五		中间交工			
				分项工程(中间)交工证书	√		
标线、突起路标	标线、突起路标	一		分项工程开工报告			
			1	工程分项开工申请批复单	√		
			①	施工技术方案报审表	√		
			②	进场设备报验单	√		
			③	施工材料报验单	√		
				1.材料出厂质量保证书			
				2.材料自检试验报告		√,按合同要求的抽检率抽查	
			④	施工放样报验单	√		
				1.施工放线测量记录表			
				2.水准测量记录表			
		二		标线喷涂、突起路标安装			
			1	路面标线质量质量检验表		√,按合同要求的抽检率抽查	
			2	突起路标质量检验表		√,按合同要求的抽检率抽查	

续上表

分部工程	分项工程		表格编号	施工单位填报表格	监理签认表格	监理填写表格（除测量、试验外，其他检验用表均用"抽查记录"）	备注
标线、突起路标	标线、突起路标	三	1	质量评定			
				分项工程质量检验评定表（标线）			
			2	分项工程质量检验评定表（路标）			
		四		中间交工			
				分项工程（中间）交工证书	√		
护栏、轮廓标	波形梁护栏	一		分项工程开工报告			
				同标线			
		二		立柱打入、构件安装			
				波形梁护栏质量检验表		√，按合同要求的抽检率抽查	
		三		质量评定			
				分项工程质量检验评定表			
		四		中间交工			
				分项工程（中间）交工证书	√		
	轮廓标	一		分项工程开工报告			
				同标线			
		二		安装			
				轮廓标质量检验表		√，按合同要求的抽检率抽查	
		三		质量评定			
				分项工程质量检验评定表			
		四		中间交工			
				分项工程（中间）交工证书	√		
	混凝土护栏			同桥梁工程混凝土护栏			
防眩设施	防眩板、网	一		分项工程开工报告			
				同标线			
		二		安装			
				防眩设施质量检验表	√		
		三		质量评定			
				分项工程质量检验评定表			
		四		中间交工			
				分项工程（中间）交工证书	√		

续上表

分部工程	分项工程	表格编号	施工单位填报表格	监理签认表格	监理填写表格(除测量、试验外,其他检验用表均用"抽查记录")	备注
隔离栅、防落网	隔离栅、防落网	一		分项工程开工报告			
			同交通标志	√		
		二	基础浇筑			
			隔离栅和防落网质量检验表	√		
			水泥混凝土抗压强度试验	√		
			安装			
			隔离栅和防落网质量检验表	√		
		三	质量评定			
			分项工程质量检验评定表(隔离栅)			
			分项工程质量检验评定表(防落网)			
		四	中间交工			
			分项工程(中间)交工证书	√		

分项工程质量保证资料清单(环境保护工程)   附表6-4

单位工程:环境保护工程

分部工程	分项工程	表格编号	施工单位填报表格	监理签认表格	监理填写表格(除测量、试验外,其他检验用表均用"抽查记录")	备注
声屏障	声屏障	一	分项工程开工报告			
			同路面			
		二	基础			
			同扩大基础			
			砌块体声屏障			
			砌块声屏障质量检验表		√,按合同要求的抽检率抽查	
			金属结构声屏障			
			金属结构声屏障质量检验表		√,按合同要求的抽检率抽查	
		三	质量评定			
			分项工程质量检验评定表			
		四	中间交工			
			分项工程(中间)交工证书	√		

续上表

分部工程	分项工程	表格编号		施工单位填报表格	监理签认表格	监理填写表格(除测量、试验外，其他检验用表均用"抽查记录")	备注
绿化工程	中央分隔带、路侧、互通、服务区、取弃土场绿化	一		分项工程开工报告			
			1	工程分项开工申请批复单	√		
			①	施工技术方案报审表	√		
			②	进场设备报验单	√		
		二		苗木栽植			
			1	中央分隔带绿化质量检验表		√,按合同要求的抽检率抽查	
			2	路侧绿化质量检验表		√,按合同要求的抽检率抽查	
			3	互通区绿化质量检验表		√,按合同要求的抽检率抽查	
			4	养护管理区、服务区绿化质量检验表		√,按合同要求的抽检率抽查	
			5	取、弃土场绿化质量检验表		√,按合同要求的抽检率抽查	
		三		质量评定			
				分项工程质量检验评定表(按不同分项单独评定)			
		四		中间交工			
				分项工程(中间)交工证书	√		
	其他绿化工程	一		填写绿化现场记录表		√,按合同要求的抽检率抽查	
	生物防护的绿化工程	一		分项工程开工报告			
			1	工程分项开工申请批复单	√		
			①	施工技术方案报审表	√		
			②	进场设备报验单	√		
		二		根据现场实际情况选择填写			
			1	直接喷播草灌现场质量检验表		√,按合同要求的抽检率抽查	
			2	三维网喷播草灌现场质量检验表		√,按合同要求的抽检率抽查	
			3	客土喷播草灌现场质量检验表		√,按合同要求的抽检率抽查	
			4	植生袋喷播草灌现场质量检验表		√,按合同要求的抽检率抽查	
			5	爬壁藤现场质量检验表		√,按合同要求的抽检率抽查	
		三		质量评定			
				分项工程质量检验评定表(按不同分项单独评定)			
		四		中间交工			
				分项工程(中间)交工证书	√		

分项工程质量保证资料清单(隧道工程)

附表6-5

单位工程:隧道工程

分部工程	分项工程		表格编号	施工单位填报表格	监理签认表格	监理填写表格(除测量、试验外,其他检验用表均用"抽查记录")	备注
明洞	明洞浇筑			分项工程开工报告			
		1		分项工程开工申请批复单	√		
			①	施工方案及主要工艺申报表	√		
			②	进场设备报验单	√		
			③	原材料与混合料报验单	√		
				1.材料出厂质量保证书			
		一		2.材料自检试验报告		√,按合同要求的抽检率抽查	
				3.水泥混凝土(砂浆)配合比试验报告批复单	√		
			④	施工放样报验单	√		
				1.施工放线测量记录表			
				2.水准测量记录表			
			⑤	分项工程施工主要人员报验单	√		
		1		矮边墙			
			①	矮边墙基坑开挖			
				1.桥涵基坑质量交验单			
				(1)施工放线测量记录表			
				(2)水准测量记录表			
		二		(3)地基承载力检验记录表(如果需要)		√,按合同要求的抽检率抽查	
			②	钢筋安装			
				1.钢筋安装质量交验单	√		
				(1)钢筋检查记录表		√,按合同要求的抽检率抽查	
			③	矮边墙浇筑			
				1.混凝土浇筑申请批复单	√		
				2.混凝土浇筑记录表			
		2		洞身			
			①	洞身钢筋安装			
				1.钢筋安装质量交验单	√		
				(1)钢筋检查记录表		√,按合同要求的抽检率抽查	
			②	隧道止水带(条)安装			
				1.隧道止水带(条)安装质量检验表		√,按合同要求的抽检率抽查	

续上表

分部工程	分项工程	表格编号		施工单位填报表格	监理签认表格	监理填写表格(除测量、试验外,其他检验用表均用"抽查记录")	备注
明洞	明洞浇筑	二	③	洞身浇筑			
				1.混凝土浇筑申请批复单	√		
				2.混凝土浇筑记录表			
				3.明洞浇筑质量检验表		√,按合同要求的抽检率抽查	
				(1)水泥混凝土抗压强度试验		√,按合同要求的抽检率抽查	
		三		质量评定			
			1	分项工程质量检验评定表			
		四		中间交工			
			1	分项工程(中间)交工证书	√		
	明洞防水层		1	分项工程开工报告			
				分项工程开工申请批复单	√		
		一	①	施工方案及主要工艺申报表	√		
			②	进场设备报验单	√		
			③	原材料与混合料报验单	√		
				1.材料出厂质量保证书			
				2.材料自检试验报告		√,按合同要求的抽检率抽查	
			④	施工放样报验单	√		
				1.施工放线测量记录表			
				2.水准测量记录表			
			⑤	分项工程施工主要人员报验单	√		
		二		安装			
			1	明洞防水层质量检验表		√,按合同要求的抽检率抽查	
		三		质量评定			
			1	分项工程质量检验评定表			
		四		中间交工			
			1	分项工程(中间)交工证书	√		
	明洞回填		1	分项工程开工报告			
				分项工程开工申请批复单	√		
		一	①	施工方案及主要工艺申报表	√		
			②	进场设备报验单	√		
			③	原材料与混合料报验单	√		
				1.材料出厂质量保证书			
				2.材料自检试验报告		√,按合同要求的抽检率抽查	

附录6 分项工程质量保证资料清单

续上表

分部工程	分项工程	表格编号		施工单位填报表格	监理签认表格	监理填写表格(除测量、试验外，其他检验用表均用"抽查记录")	备注
明洞	明洞回填	一		3.水泥混凝土(砂浆)配合比试验报告批复单	√		
			④	施工放样报验单	√		
				1.施工放线测量记录表			
				2.水准测量记录表			
			⑤	分项工程施工主要人员报验单	√		
		二		砌筑			
			1	砂浆抗压强度试验		√,按合同要求的抽检率抽查	
		三		填土			
			1	检验申请批复单	√		
			①	压实度检验报告	√		
				1.压实度检验记录表		√,按合同要求的抽检率抽查	
			②	水准测量记录表			
			2	明洞回填质量检验表			
		四		质量评定			
			1	分项工程质量检验评定表			
		五		中间交工			
			1	分项工程(中间)交工证书	√		
洞口工程	洞口开挖、截水沟、洞口排水沟			分项工程开工报告			
			1	分项工程开工申请批复单	√		
		一	①	施工方案及主要工艺申报表	√		
			②	进场设备报验单	√		
			③	原材料与混合料报验单	√		
				1.材料出厂质量保证书			
				2.材料自检试验报告		√,按合同要求的抽检率抽查	
				3.水泥混凝土(砂浆)配合比试验报告批复单	√		
			④	施工放样报验单	√		
				1.施工放线测量记录表			
				2.水准测量记录表			
			⑤	分项工程施工主要人员报验单	√		
		二	1	截水沟			
			①	浆砌排水沟质量检验表		√,按合同要求的抽检率抽查	

续上表

分部工程	分项工程		表格编号	施工单位填报表格	监理签认表格	监理填写表格(除测量、试验外,其他检验用表均用"抽查记录")	备注
洞口工程	洞口开挖、截水沟、洞口排水沟	二	2	1.水泥砂浆抗压强度报告		√,按合同要求的抽检率抽查	
				2.施工放线测量记录表			
				3.水准测量记录表			
				洞口排水沟			
			①	浆砌排水沟质量检验表		√,按合同要求的抽检率抽查	
		三	1	1.水泥砂浆抗压强度报告		√,按合同要求的抽检率抽查	
				2.施工放线测量记录表			
				3.水准测量记录表			
				洞口开挖			
				洞口开挖交验单	√	√,按合同要求的抽检率抽查	同路基开挖表
		四		质量评定			
			1	分项工程质量检验评定表(截水沟)			
			2	分项工程质量检验评定表(排水沟)			
			3	分项工程质量检验评定表(开挖)			
		五		中间交工			
			1	分项工程(中间)交工证书	√		
	洞口边仰坡防护	一	1	分项工程开工报告			
				分项工程开工申请批复单	√		
			①	施工方案及主要工艺申报表	√		
			②	进场设备报验单	√		
			③	原材料与混合料报验单	√		
				1.材料出厂质量保证书			
				2.材料自检试验报告		√,按合同要求的抽检率抽查	
				3.水泥混凝土(砂浆)配合比试验报告批复单	√		
			④	施工放样报验单	√		
				1.施工放线测量记录表			
				2.水准测量记录表			
			⑤	分项工程施工主要人员报验单	√		

附录6　分项工程质量保证资料清单

续上表

分部工程	分项工程		表格编号	施工单位填报表格	监理签认表格	监理填写表格(除测量、试验外，其他检验用表均用"抽查记录")	备注
洞口工程	二 洞口边仰坡防护	1		钻孔			
			①	预应力锚索钻孔质量交验单	√	√,按合同要求的抽检率抽查	
		2		注浆、插锚杆(插锚杆、注浆)			
			①	锚杆、拉杆质量交验单	√	√,按合同要求的抽检率抽查	
				1.锚杆拉拔试验记录表		√,按合同要求的抽检率抽查	
		3		挂网			
			①	钢筋网质量交验单	√	√,按合同要求的抽检率抽查	
		4		喷射混凝土			
			①	混凝土浇筑申请批复单	√		
			②	混凝土浇筑记录表			
		5		喷锚防护			
			①	锚喷防护质量检验表		√,按合同要求的抽检率抽查	
				1.水泥混凝土抗压强度试验		√,按合同要求的抽检率抽查	
	三			质量评定			
		1		分项工程质量检验评定表			
	四			中间交工			
		1		分项工程(中间)交工证书	√		
	洞门和翼墙的浇筑 一			分项工程开工报告			
				同明洞浇筑			
	二	1		基坑开挖			
				同明洞浇筑			
	三			混凝土洞门和翼墙浇筑			
		1		钢筋安装			
			①	钢筋安装质量交验单	√		
				1.钢筋检查记录表		√,按合同要求的抽检率抽查	
		2		洞门和翼墙的浇筑			
			①	混凝土浇筑申请批复单	√		
			②	混凝土浇筑记录表			
		3		洞门和翼墙砌筑质量检验表		√,按合同要求的抽检率抽查	
			①	水泥混凝土抗压强度试验		√,按合同要求的抽检率抽查	
	四			混凝土洞门和翼墙砌筑			
		1		同路基工程砌筑挡土墙			
	五			质量评定			

续上表

分部工程	分项工程		表格编号	施工单位填报表格	监理签认表格	监理填写表格(除测量、试验外，其他检验用表均用"抽查记录")	备注
洞口工程	洞门和翼墙的浇筑	五	1	分项工程质量检验评定表			
		六		中间交工			
			1	分项工程(中间)交工证书	√		
辅助施工措施	超前锚杆、超前钢管	一		分项工程开工报告			
			1	分项工程开工申请批复单	√		
			①	施工方案及主要工艺申报表	√		
			②	进场设备报验单	√		
			③	原材料与混合料报验单	√		
				1.材料出厂质量保证书			
				2.材料自检试验报告		√,按合同要求的抽检率抽查	
				3.孔道压浆(水泥浆)配合比试验批复单	√		
			④	施工放样报验单	√		
				1.施工放线测量记录表			
				2.水准测量记录表			
			⑤	分项工程施工主要人员报验单	√		
	超前锚杆、钢管、小导管	二		超前锚杆、钢管、小导管			
			1	超前锚杆交验单(根据实际选用)			
			①	超前锚杆交验单	√	√,按合同要求的抽检率抽查	
				1.超前锚杆、钢管施工记录表			
				2.超前锚杆、导管注浆施工记录表			
			2	超前钢管交验单(根据实际用)			
			①	超前钢管交验单	√	√,按合同要求的抽检率抽查	
				1.超前锚杆、钢管施工记录表			
				2.超前锚杆、导管注浆施工记录表			
			3	超前小导管交验单(根据实际选用)			
			①	超前小导管交验单	√	√,按合同要求的抽检率抽查	
				1.小导管支护交验单			
				2.导管注浆施工记录表			
				3.孔道压浆(水泥浆)抗压强度试验		√,按合同要求的抽检率抽查	

附录6 分项工程质量保证资料清单

续上表

分部工程	分项工程		表格编号		施工单位填报表格	监理签认表格	监理填写表格(除测量、试验外，其他检验用表均用"抽查记录")	备注
辅助施工措施	超前锚杆、钢管、小导管	三	1		质量评定			
					分项工程质量检验评定表(根据实际划分的分项工程进行评定)			
		四	2		中间交工			
					分项工程(中间)交工证书	√		
	长管棚	一	1		钢支撑			
				①	钢支撑支护交验单	√	√,按合同要求的抽检率抽查	
		二	2		混凝土浇筑			
				①	混凝土浇筑申请批复单	√		
				②	混凝土浇筑记录表			
		三	3		长管棚质量交验单	√	√,按合同要求的抽检率抽查	
				①	长管棚钢管施工记录表			
				②	长管棚注浆施工记录表			
				③	孔道压浆(水泥浆)抗压强度试验		√,按合同要求的抽检率抽查	
		四			质量评定			
					分项工程质量检验评定表(根据实际划分的分项工程进行评定)	√		
		五			中间交工			
					分项工程(中间)交工证书	√		
					钢支撑支护交验单	√	√,按合同要求的抽检率抽查	
洞身开挖	洞身开挖	一	1		分项工程开工报告			
					分项工程开工申请批复单	√		
				①	施工方案及主要工艺申报表	√		
				②	进场设备报验单	√		
				③	施工放样报验单	√		
					1.施工放线测量记录表			
					2.水准测量记录表			
				④	分项工程施工主要人员报验单	√		
					超前地质预报报告			
					洞身开挖			
		二	1		隧道施工中围岩类别判定记录表			
			2		隧道断面地质素描记录			

续上表

分部工程	分项工程		表格编号		施工单位填报表格	监理签认表格	监理填写表格(除测量、试验外,其他检验用表均用"抽查记录")	备注
洞身开挖	洞身开挖	二	3		激光断面测量资料			
			4		洞身开挖质量检验表		√,按合同要求的抽检率抽查	
				①	隧道成洞净空检查记录表			
				②	水准测量记录表			
		三			质量评定			
			1		分项工程质量检验评定表			
		四			中间交工			
			1		分项工程(中间)交工证书	√		
洞身衬砌、防排水	初期支护	一			分项工程开工报告			
			1		分项工程开工申请批复单	√		
				①	施工方案及主要工艺申报表	√		
				②	进场设备报验单	√		
				③	原材料与混合料报验单	√		
					1. 材料出厂质量保证书			
					2. 材料自检试验报告		√,按合同要求的抽检率抽查	
					3. 水泥混凝土(砂浆)配合比试验报告批复单	√		
				④	施工放样报验单	√		
					1. 施工放线测量记录表			
					2. 水准测量记录表			
				⑤	分项工程施工主要人员报验单	√		
		二			初期支护		(按设计要求类型填写)	
			1		锚杆支护			
					锚杆支护交验单	√	√,按合同要求的抽检率抽查	
				①	锚杆拉拔试验记录表	√		
			2		钢筋网支护			
					钢筋网支护交验单	√	√,按合同要求的抽检率抽查	
			3		钢支撑支护			
					钢拱架(或钢格栅)施工交验单	√	√,按合同要求的抽检率抽查	
					钢支撑支护交验单	√	√,按合同要求的抽检率抽查	
			4		(钢纤维)喷射混凝土支护			
				①	隧道喷射混凝土施工记录表			
				②	隧道洞身喷射混凝土质量检验表		√,按合同要求的抽检率抽查	

附录6 分项工程质量保证资料清单

续上表

分部工程	分项工程		表格编号	施工单位填报表格	监理签认表格	监理填写表格(除测量、试验外，其他检验用表均用"抽查记录")	备注
初期支护	二	③		水泥混凝土抗压强度试验		√,按合同要求的抽检率抽查	
				质量评定			
	三	①		分项工程质量检验评定表(钢筋网支护)			
		②		分项工程质量检验评定表(锚杆支护)			
		③		分项工程质量检验评定表(钢支撑支护)			
		④		分项工程质量检验评定表(喷射混凝土支护)			
	四			中间交工			
		1		分项工程(中间)交工证书	√		
洞身衬砌、防排水	仰拱、混凝土衬砌、防水层、止水带	一	1	分项工程开工报告			
				分项工程开工申请批复单	√		
			①	施工方案及主要工艺申报表	√		
			②	进场设备报验单	√		
			③	原材料与混合料报验单	√		
				1.材料出厂质量保证书			
				2.材料自检试验报告		√,按合同要求的抽检率抽查	
				3.水泥混凝土(砂浆)配合比试验报告批复单	√		
			④	施工放样报验单	√		
				1.施工放线测量记录表			
				2.水准测量记录表			
			⑤	分项工程施工主要人员报验单	√		
		二		监控			
			1	隧道现场监控量测观测报表			
			①	隧道周边收敛量测记录			
			②	隧道拱顶沉降记录			
				结合项目实际情况选测监控量测项目			
		三	1		仰拱			
				①	基础开挖			

续上表

分部工程	分项工程			表格编号	施工单位填报表格	监理签认表格	监理填写表格(除测量、试验外,其他检验用表均用"抽查记录")	备注
洞身衬砌、防排水	仰拱、混凝土衬砌、防水层、止水带	三			同明洞基础开挖			
				②	钢筋加工与安装			
					1.隧道衬砌钢筋交验单	√	√,按合同要求的抽检率抽查	
				③	仰拱混凝土浇筑			
					1.混凝土浇筑申请批复单	√		
					2.混凝土浇筑记录表			
					3.隧道仰拱质量检验表		√,按合同要求的抽检率抽查	
					(1)水准测量记录表			
					(2)水泥混凝土抗压强度试验		√,按合同要求的抽检率抽查	
			2		防排水			
				①	预注浆堵水交验单(如有就填写)	√		
				②	隧道防水层质量检验表		√,按合同要求的抽检率抽查	
					排水管的安装		√,按合同要求的抽检率抽查	
					洞内盲沟工程质量检验表		√,按合同要求的抽检率抽查	
			3		矮边墙			
				①	钢筋安装			
					1.钢筋安装质量交验单	√		
					(1)钢筋检查记录表		√,按合同要求的抽检率抽查	
				②	矮边墙浇筑			
					1.混凝土浇筑申请批复单	√		
					2.混凝土浇筑记录表			
			4		二次衬砌			
				①	钢筋加工与安装			
					1.隧道衬砌钢筋交验单	√	√,按合同要求的抽检率抽查	
					2.隧道预埋构件安装检验表	√	√,按合同要求的抽检率抽查	
				②	二次衬砌混凝土浇筑			
					1.模板台车架设检查记录表			
					(1)水准测量记录表			
					2.止水带(条)安装			
					(1)隧道止水带(条)安装质量检验表		√,按合同要求的抽检率抽查	
					3.混凝土浇筑申请批复单	√		
					4.混凝土浇筑记录表			
					5.隧道模筑混凝土衬砌质量检验表		√,按合同要求的抽检率抽查	

附录6 分项工程质量保证资料清单

续上表

分部工程	分项工程		表格编号		施工单位填报表格	监理签认表格	监理填写表格（除测量、试验外，其他检验用表均用"抽查记录"）	备注
洞身衬砌、防排水	仰拱、混凝土衬砌、防水层、止水带	三			(1)水泥混凝土抗压强度试验		√,按合同要求的抽检率抽查	
					(2)施工放线测量记录表			
					(3)水准测量记录表			
			5		隧道中隔墙、侧墙			联拱隧道
					同桥梁工程中扩大基础、墩台身			
			6		排水沟			
				①	隧道洞内排水工程现场检验表		√,按合同要求的抽检率抽查	
					1.水泥混凝土抗压强度试验（如有）		√,按合同要求的抽检率抽查	
					2.水泥砂浆抗压强度试验（如有）		√,按合同要求的抽检率抽查	
				②	隧道洞内盲沟工程现场检验表		√,按合同要求的抽检率抽查	
			7		电缆沟			
				①	垫层			
					1.混凝土浇筑申请批复单	√		
					2.混凝土施工原始记录表			
					3.水准测量记录表			
				②	侧墙			
					1.混凝土浇筑申请批复单	√		
					2.混凝土施工原始记录表			
					3.水准测量记录表		√,按合同要求的抽检率抽查	
				③	盖板			
					1.钢筋网质量交验单	√	√,按合同要求的抽检率抽查	
					2.混凝土浇筑申请批复单	√		
					3.混凝土施工原始记录表			
					4.混凝土小型构件质量检验表		√,按合同要求的抽检率抽查	
		四			质量评定			
			1		分项工程质量检验评定表(仰拱)			
			2		分项工程质量检验评定表(钢支撑)			
			3		分项工程质量检验评定表(衬砌钢筋)			

续上表

分部工程	分项工程	表格编号		施工单位填报表格	监理签认表格	监理填写表格(除测量、试验外,其他检验用表均用"抽查记录")	备注
洞身衬砌、防排水	仰拱、混凝土衬砌、防水层、止水带	四	4	分项工程质量检验评定表(混凝土衬砌)			
			5	分项工程质量检验评定表(防水层)			
			6	分项工程质量检验评定表(止水带)			
			7	分项工程质量检验评定表(排水沟)			
		五		中间交工			
			1	分项工程(中间)交工证书	√		
隧道路面	基层面层			参照路面工程相关部分			
装修	装修工程	一	1	分项工程开工报告			
				分项工程开工申请批复单	√		
			①	施工方案及主要工艺申报表	√		
			②	进场设备报验单	√		
			③	原材料与混合料报验单	√		
				1.材料出厂质量保证书			
				2.材料自检试验报告		√,按合同要求的抽检率抽查	
				3.水准测量记录表			
			④	分项工程施工主要人员报验单	√		
		二		装修			
			1	装饰工程质量检验表		√,按合同要求的抽检率抽查	
		三		质量评定			
			1	分项工程质量检验评定表			
		四		中间交工			
			1	分项工程(中间)交工证书	√		
横洞、竖井、斜井	横洞、竖井、斜井			参照洞身			
隧道总体	隧道总体	一	1	检验			
				隧道总体质量检验表	√		
			①	施工放线测量记录表			
			②	水准测量记录表			
		二		评定			
			1	分项工程质量检验评定表	√		

分项工程质量保证资料清单(一般桥梁工程) 附表6-6

单位工程:一般桥梁工程

分部工程	分项工程			表格编号	施工单位填报表格	监理签认表格	监理填写表格(除测量、试验外,其他检验用表均用"抽查记录")	备注
基础及下构	扩大基础	一			分项工程开工报告			
			1		分项工程开工申请批复单	√		
				①	施工方案及主要工艺申报表	√		
				②	进场设备报验单	√		
				③	原材料与混合料报验单	√		
					1. 材料出厂质量保证书			
					2. 材料自检试验报告		√,按合同要求的抽检率抽查	
					3. 混合料配合比批复单	√	√,按合同要求的抽检率抽查	
				④	施工放样报验单	√		
					1. 施工放线测量记录表			
					2. 水准测量记录表			
				⑤	分项工程施工主要人员报验单	√		
		二			基坑开挖			
			1		桥涵基坑质量交验单	√		
				①	地基承载力检验记录表		√,按合同要求的抽检率抽查	
				②	水准测量记录表			
				③	施工放线测量记录表			
		三			钢筋安装			
			1	①	钢筋安装质量交验单	√		
				②	钢筋检查记录表		√,按合同要求的抽检率抽查	
		四			混凝土浇筑			
			1		混凝土浇筑申请批复单	√		
				①	混凝土施工原始记录表			
			2		混凝土浇筑记录表			
			3		明挖(扩大)基础现场质量检验表		√,按合同要求的抽检率抽查	
				①	水泥混凝土抗压强度试验		√,按合同要求的抽检率抽查	
				②	水准测量记录表			
				③	施工放线测量记录表			
		五			质量评定			
			1		分项工程质量检验评定表(基础)			
			2		分项工程质量检验评定表(钢筋)			
		六			中间交工			
			1		分项工程(中间)交工证书	√		

续上表

分部工程	分项工程		表格编号	施工单位填报表格	监理签认表格	监理填写表格（除测量、试验外，其他检验用表均用"抽查记录"）	备注
基础及下构	钻孔桩	一		分项工程开工报告			
			1	分项工程开工申请批复单	√		
			①	施工方案及主要工艺申报表	√		
			②	进场设备报验单	√		
			③	原材料与混合料报验单	√		
				1.材料出厂质量保证书			
				2.材料自检试验报告		√，按合同要求的抽检率抽查	
				3.混合料配合比批复单	√		
			④	施工放样报验单	√		
				1.施工放线测量记录表			
				2.水准测量记录表			
			⑤	分项工程施工主要人员报验单	√		
		二		钻孔			
				钻孔记录表			
				成孔			
				成孔交验单	√		
				钢筋安装			
			1	钢筋安装质量交验单	√		
			①	钢筋检查表		√，按合同要求的抽检率抽查	
				混凝土灌注			
			1	混凝土浇筑申请批复单	√		
			①	终孔后灌注混凝土前检查表			
			2	水下混凝土灌筑记录表			
			3	桩基础现场质量检验表		√，按合同要求的抽检率抽查	
			①	水泥混凝土抗压强度试验		√，按合同要求的抽检率抽查	
			②	水准测量记录表			
			③	施工放线测量记录表			
			4	桩基完整性检验报告		√，按合同要求的抽检率抽查	
		三		质量评定			
			1	分项工程质量检验评定表（桩基）			
			2	分项工程质量检验评定表（钢筋）			
		四		中间交工			
			1	分项工程（中间）交工证书	√		

附录6 分项工程质量保证资料清单

续上表

分部工程	分项工程			表格编号	施工单位填报表格	监理签认表格	监理填写表格(除测量、试验外,其他检验用表均用"抽查记录")	备注
基础及下构	挖孔桩	一			分项工程开工报告			
			1		分项工程开工申请批复单	√		
				①	施工方案及主要工艺申报表	√		
				②	进场设备报验单	√		
				③	原材料与混合料报验单	√		
					1.材料出厂质量保证书			
					2.材料自检试验报告		√,按合同要求的抽检率抽查	
					3.混合料配合比批复单		√,按合同要求的抽检率抽查	
				④	施工放样报验单	√		
					1.施工放线测量记录表			
					2.水准测量记录表			
				⑤	分项工程施工主要人员报验单	√		
		二			挖孔			
					挖孔记录表			
					护壁			
					护壁施工记录表			
					成孔			
					成孔交验单	√		
					钢筋安装			
			1		钢筋安装质量交验单	√		
				①	钢筋检查表		√,按合同要求的抽检率抽查	
					混凝土灌注			
			1		混凝土浇筑申请批复单	√		
				①	终孔后灌注混凝土前检查表			
			2		水下混凝土灌筑记录表或混凝土施工原始记录表(根据实际情况选择填写)			
			3		挖孔桩现场质量检验表		√,按合同要求的抽检率抽查	
				①	水泥混凝土抗压强度试验		√,按合同要求的抽检率抽查	
				②	水准测量记录表		√,按合同要求的抽检率抽查	
				③	施工放线测量记录表			
			4		桩基完整性检验报告		√,按合同要求的抽检率抽查	
		三			质量评定			
			1		分项工程质量检验评定表(桩基)			

续上表

分部工程	分项工程	表格编号		施工单位填报表格	监理签认表格	监理填写表格（除测量、试验外，其他检验用表均用"抽查记录"）	备注
基础及下构	挖孔桩	三	2	分项工程质量检验评定表（钢筋）			
		四		中间交工			
				分项工程（中间）交工证书	√		
	地下连续墙	一	1	分项工程开工报告			
				分项工程开工申请批复单	√		
			①	施工方案及主要工艺申报表	√		
			②	进场设备报验单	√		
			③	原材料与混合料报验单	√		
				1.材料出厂质量保证书			
				2.材料自检试验报告		√,按合同要求的抽检率抽查	
				3.混合料配合比批复单	√	√,按合同要求的抽检率抽查	
			④	施工放样报验单	√		
				1.施工放线测量记录表			
				2.水准测量记录表			
			⑤	分项工程施工主要人员报验单	√		
		二		挖槽及钢筋安装			
				参照桩基础			
		三	1	混凝土浇筑			
				混凝土浇筑申请批复单	√		
			①	水下混凝土施工原始记录表			
			2	混凝土浇筑记录表			
			3	地下连续墙质量检验表		√,按合同要求的抽检率抽查	
			①	水泥混凝土抗压强度试验		√,按合同要求的抽检率抽查	
			②	水准测量记录表			
			③	施工放线测量记录表			
		四		质量评定			
			1	分项工程质量检验评定表（地下连续墙）			
			2	分项工程质量检验评定表（钢筋）			
		五		中间交工			
				分项工程（中间）交工证书	√		

附录6 分项工程质量保证资料清单

续上表

分部工程	分项工程		表格编号	施工单位填报表格	监理签认表格	监理填写表格(除测量、试验外,其他检验用表均用"抽查记录")	备注
基础及下构	承台、墩台身、墩台帽、支座垫石、挡块、台背填土	一		分项工程开工报告			
			1	分项工程开工申请批复单	√		
			①	施工方案及主要工艺申报表	√		
			②	进场设备报验单	√		
			③	原材料与混合料报验单	√		
				1.材料出厂质量保证书			
				2.材料自检试验报告		√,按合同要求的抽检率抽查	
				3.混合料配合比批复单	√	√,按合同要求的抽检率抽查	
			④	施工放样报验单	√		
				1.施工放线测量记录表			
				2.水准测量记录表			
			⑤	分项工程施工主要人员报验单	√		
		二		承台(系梁)			
			1	钢筋安装			
			①	钢筋安装质量交验单	√		
				1.钢筋检查记录表		√,按合同要求的抽检率抽查	
			2	混凝土浇筑			
			①	混凝土浇筑申请批复单	√		
			②	混凝土浇筑记录表			
			③	现场质量检验表(若为大体积则采用大体积混凝土结构质量检验表)		√,按合同要求的抽检率抽查	
				1.水泥混凝土抗压强度试验		√,按合同要求的抽检率抽查	
				2.水准测量记录表			
				3.施工放线测量记录表			
				质量评定			
			①	分项工程质量检验评定表(承台、系梁)			
			②	分项工程质量检验评定表(大体积混凝土)			
			③	分项工程质量检验评定表(钢筋)			
				中间交工			
				分项工程(中间)交工证书	√		
		三		墩台身			
			1	钢筋安装			

141

续上表

分部工程	分项工程	表格编号		施工单位填报表格	监理签认表格	监理填写表格(除测量、试验外，其他检验用表均用"抽查记录")	备注
基础及下构	承台、墩台身、墩台帽、支座垫石、挡块、台背填土	三	①	钢筋安装质量交验单	√		
				钢筋检查记录表		√,按合同要求的抽检率抽查	
				劲性骨架加工及安装质量交验单（非钢管拱）(有则需填写)	√		
				钢筋网质量交验单(有则需填写)	√		
			2	混凝土浇筑			
			①	混凝土浇筑申请批复单	√		
			②	混凝土浇筑记录表			
			③	现场质量检验表		√,按合同要求的抽检率抽查	
				1.水泥混凝土抗压强度试验		√,按合同要求的抽检率抽查	
				2.水准测量记录表			
				3.施工放线测量记录表			
			3	质量评定			
			①	分项工程质量检验评定表（墩、台身）			
			②	分项工程质量检验评定表（钢筋）			
			4	中间交工			
			①	分项工程（中间）交工证书	√		
		四		墩台帽			
			1	钢筋安装			
			①	钢筋安装质量交验单	√		
				钢筋检查记录表		√,按合同要求的抽检率抽查	
			2	混凝土浇筑			
			①	混凝土浇筑申请批复单	√		
			②	混凝土浇筑记录表			
			③	现场质量检验表		√,按合同要求的抽检率抽查	
				1.水泥混凝土抗压强度试验		√,按合同要求的抽检率抽查	
				2.水准测量记录表			
				3.施工放线测量记录表			
			3	质量评定			
			①	分项工程质量检验评定表（墩、台帽）			
			②	分项工程质量检验评定表（钢筋）			
			4	中间交工			

附录6 分项工程质量保证资料清单

续上表

分部工程	分项工程		表格编号	施工单位填报表格	监理签认表格	监理填写表格(除测量、试验外，其他检验用表均用"抽查记录")	备注
基础及下构	承台、墩台身、墩台帽、支座垫石、挡块、台背填土	四	①	分项工程(中间)交工证书	√		
				支座垫石、挡块			
			1	钢筋安装			
			①	钢筋安装质量交验单	√		
			②	钢筋检查记录表		√,按合同要求的抽检率抽查	
			2	混凝土浇筑			
		五	①	混凝土浇筑申请批复单	√		
			②	混凝土浇筑记录表			
			③	现场质量检验表(垫石、挡块)		√,按合同要求的抽检率抽查	
				1.水泥混凝土抗压强度试验		√,按合同要求的抽检率抽查	
				2.水准测量记录表			
			3	质量评定			
				分项工程质量检验评定表(钢筋)			
				分项工程质量检验评定表(混凝土浇筑)			
			4	中间交工证			
				分项工程(中间)交工证书	√		
				台背填土			
			1	检验申请批复单	√		
			①	压实度检验报告		√,按合同要求的抽检率抽查	
			②	压实度检验记录表		√,按合同要求的抽检率抽查	
		六	2	台背填土质量检验表		√,按合同要求的抽检率抽查	
				质量评定			
				分项工程质量检验评定表(台背)			
				中间交工			
				分项工程(中间)交工证书	√		
上部结构预制和安装	梁桥上部结构预制和安装	一		分项工程开工报告			
			1	分项工程开工申请批复单	√		
			①	施工方案及主要工艺申报表	√		
			②	进场设备报验单	√		
			③	原材料与混合料报验单	√		
				1.材料出厂质量保证书			
				2.材料自检试验报告		√,按合同要求的抽检率抽查	
				3.混合料配合比批复单	√	√,按合同要求的抽检率抽查	

续上表

分部工程	分项工程	表格编号	施工单位填报表格	监理签认表格	监理填写表格(除测量、试验外,其他检验用表均用"抽查记录")	备注
上部结构预制和安装	梁桥上部结构预制和安装	一	④	分项工程施工主要人员报验单	√	
			⑤	底座检查		
				1.底座检查记录表		
				2.水准测量记录表		
				主要构件预制(普通钢筋混凝土)		
		二	1	钢筋安装		
			①	钢筋安装质量交验单	√	
				1.钢筋检查记录表		√,按合同要求的抽检率抽查
			2	混凝土浇筑		
			①	混凝土浇筑申请批复单	√	
			②	混凝土浇筑记录表		
			③	现场质量检验表		√,按合同要求的抽检率抽查
				1.水泥混凝土抗压强度试验		√,按合同要求的抽检率抽查
			3	质量评定		
			①	分项工程质量检验评定表(构件预制)		
			②	分项工程质量检验评定表(钢筋)		
		三		主要构件预制(先张法预应力)		
			1	钢筋(预应力筋)安装		
			①	交验单(普通钢筋、预应力筋)	√	
				1.钢筋检查记录表		√,按合同要求的抽检率抽查
			2	预应力筋张拉		
			①	预应力张拉记录表(一)	√	保存监理签认的施工资料
			②	钢丝、钢绞线先张法质量交验单	√	保存监理签认的施工资料
			3	混凝土浇筑		
			①	混凝土浇筑申请批复单	√	
			②	混凝土浇筑记录表		
			4	预制梁板		
			①	梁(板)预制质量检验表		√,按合同要求的抽检率抽查
				1.水泥混凝土抗压强度试验		√,按合同要求的抽检率抽查
			5	质量评定		
			①	分项工程质量检验评定表(构件)		
			②	分项工程质量检验评定表(钢筋)		

附录6 分项工程质量保证资料清单

续上表

分部工程	分项工程	表格编号		施工单位填报表格	监理签认表格	监理填写表格(除测量、试验外,其他检验用表均用"抽查记录")	备注
上部结构预制和安装	梁桥上部结构预制和安装	三	③	分项工程质量检验评定表(预应力筋)			
				主要构件预制(后张法预应力)			
		四	1	钢筋(预应力筋)安装			
			①	交验单(普通钢筋、预应力筋)	√		
				1.钢筋检查记录表		√,按合同要求的抽检率抽查	
			2	预应力管道安装			
			①	预应力管道交验单	√	√,按合同要求的抽检率抽查	
			3	混凝土浇筑			
			①	混凝土浇筑申请批复单	√		
			②	混凝土浇筑记录表			
			4	预应力筋张拉			
			①	预应力张拉记录表(一)、(二)	√	保存监理签认的施工资料	
			②	钢丝、钢绞线先张法质量交验单		保存监理签认的施工资料	
			5	管道压浆			
			①	孔道压浆记录表	√	保存监理签认的施工资料	
			6	封端(在简支端)			
			①	封端施工记录表			
			7	预制梁板			
			①	梁(板)预制质量检验表		√,按合同要求的抽检率抽查	
				1.水泥混凝土抗压强度试验(梁体、压浆)		√,按合同要求的抽检率抽查	
			8	质量评定			
			①	分项工程质量检验评定表(构件)			
			②	分项工程质量检验评定表(钢筋)			
			③	分项工程质量检验评定表(预应力筋)			
		五		构件安装			
			1	构件安装			
			①	梁(板)安装质量检验表		√,按合同要求的抽检率抽查	
				1.水准测量记录表			
			2	连续端(含湿接缝)			
			①	交验单(普通钢筋、预应力筋)	√		

续上表

分部工程	分项工程	表格编号		施工单位填报表格	监理签认表格	监理填写表格(除测量、试验外，其他检验用表均用"抽查记录")	备注
上部结构预制和安装	梁桥上部结构预制和安装	五		1.钢筋检查记录表		√,按合同要求的抽检率抽查	
			②	混凝土浇筑申请批复单	√		
			③	混凝土浇筑记录表			
		3		预应力张拉压浆			
			①	预应力张拉记录表(一)、(二)	√	保存监理签认的施工资料	
			②	孔道压浆记录表	√	保存监理签认的施工资料	
				1.孔道压浆抗压强度试验		√,按合同要求的抽检率抽查	
		4		质量评定			
				分项工程质量检验评定表(安装)			
		六	1	悬臂拼装			
				悬臂拼装			
			①	悬臂拼装质量检验表		√,按合同要求的抽检率抽查	
				1.水准测量记录表			资料同就地现浇
				2.合龙段混凝土浇筑		√,按合同要求的抽检率抽查	
				3.水泥混凝土抗压强度试验	√	√,按合同要求的抽检率抽查	
			2	预应力张拉压浆			
			①	预应力张拉记录表(一)、(二)	√	保存监理签认的施工资料	
			②	孔道压浆记录表	√	保存监理签认的施工资料	
				1.孔道压浆抗压强度试验		√,按合同要求的抽检率抽查	
			3	质量评定			
			①	分项工程质量检验评定表(拼装)			
			②	分项工程质量检验评定表(钢筋)			
			③	分项工程质量检验评定表(预应力筋)			
		七		中间交工			
			1	分项工程(中间)交工证书	√		
	拱桥上部构造预制与安装	一	1	分项工程开工报告			
				分项工程开工申请批复单	√		
			①	施工方案及主要工艺申报表	√		
			②	进场设备报验单	√		
			③	原材料与混合料报验单	√		
				1.材料出厂质量保证书			
				2.材料自检试验报告		√,按合同要求的抽检率抽查	

续上表

分部工程	分项工程		表格编号	施工单位填报表格	监理签认表格	监理填写表格(除测量、试验外,其他检验用表均用"抽查记录")	备注
上部结构预制和安装	拱桥上部结构预制与安装	一		3.混合料配合比批复单	√	√,按合同要求的抽检率抽查	
			④	分项工程施工主要人员报验单	√		
		二		拱圈节段预制			
			1	钢筋安装			
			①	钢筋安装质量交验单	√		
				钢筋检查记录表		√,按合同要求的抽检率抽查	
			2	混凝土浇筑			
			①	混凝土浇筑申请批复单	√		
			②	混凝土浇筑记录表			
			③	现场质量检验表		√,按合同要求的抽检率抽查	
				1.水泥混凝土抗压强度试验		√,按合同要求的抽检率抽查	
			3	质量评定			
			①	分项工程质量检验评定表(拱圈、桁架拱杆件)			
			②	分项工程质量检验评定表(钢筋)			
		三	1	悬臂拼装的桁架拱安装			
			①	悬臂拼装的桁架拱安装质量检验表		√,按合同要求的抽检率抽查	
				1.水泥混凝土抗压强度试验		√,按合同要求的抽检率抽查	
				2.施工放线测量记录			
				3.水准测量记录表			
			2	质量评定			
			①	分项工程质量检验评定表(安装)			
		四	1	拱圈的就地浇筑			
				参照拱圈预制		√,按合同要求的抽检率抽查	
		五	1	拱圈的安装			
			①	拱圈安装质量检验表(主拱圈、腹拱)		√,按合同要求的抽检率抽查	
			2	质量评定			
			①	分项工程质量检验评定表(安装)			
		六		吊杆与系杆			
			1	吊杆制作与安装			
			①	吊杆的制作与安装交验单	√	√,按合同要求的抽检率抽查	

续上表

分部工程	分项工程		表格编号		施工单位填报表格	监理签认表格	监理填写表格(除测量、试验外，其他检验用表均用"抽查记录")	备注
上部结构预制和安装	拱桥上部结构预制与安装	六	2		柔性系杆			
				①	改柔性系杆质量检验表	√	√,按合同要求的抽检率抽查	
			3		1.预应力张拉记录表(一)、(二)	√	保存监理签认的施工资料	
					质量评定			
				①	分项工程质量检验评定表(吊杆)			
				②	分项工程质量检验评定表(系杆)			
		七	1		中间交工			
					分项工程(中间)交工证书	√		
	钢梁制作与安装	一	1		分项工程开工报告			
					分项工程开工申请批复单	√		
				①	施工方案及主要工艺申报表	√		
				②	进场设备报验单	√		
				③	原材料与混合料报验单	√		
					1.材料出厂质量保证书			
					2.材料自检试验报告		√,按合同要求的抽检率抽查	
				④	分项工程施工主要人员报验单	√		
		二	1		号料与切割			
					号料与切割质量交验单	√	√,按合同要求的抽检率抽查	
				①	钢材物理化学性能检验表	√	√,按合同要求的抽检率抽查	
		三	1		边缘加工			
					边缘加工质量交验单	√	√,按合同要求的抽检率抽查	
		四	1		制孔			
					制孔质量交验单	√	√,按合同要求的抽检率抽查	
		五	1		组装			
					组装质量交验单	√	√,按合同要求的抽检率抽查	
		六	1		焊接			
					焊接质量交验单	√	√,按合同要求的抽检率抽查	
		七	1		杆件矫正			
					杆件矫正质量交验单(钢板梁、桁架杆件)	√	√,按合同要求的抽检率抽查	
			2		杆件矫正质量交验单(钢箱形梁)	√	√,按合同要求的抽检率抽查	
		八	1		预拼装			
					工厂预拼装质量检验表(钢桁架梁)		√,按合同要求的抽检率抽查	

附录6 分项工程质量保证资料清单

续上表

分部工程	分项工程		表格编号	施工单位填报表格	监理签认表格	监理填写表格(除测量、试验外,其他检验用表均用"抽查记录")	备注
上部结构预制和安装	钢梁制作与安装	八	2	工厂预拼装质量检验表(钢板梁)		√,按合同要求的抽检率抽查	
				喷涂			
		九	1	钢构件喷锌(铝)质量交验单	√	√,按合同要求的抽检率抽查	
			2	钢构件喷漆质量交验单	√	√,按合同要求的抽检率抽查	
				安装			
		十	1	安装钢梁安装检验表		√,按合同要求的抽检率抽查	
				1.施工放线测量记录			
				2.水准测量			
				质量评定			
		十一	1	分项工程质量检验评定表(制造)			
			2	分项工程质量检验评定表(涂装)			
			3	分项工程质量检验评定表(安装)			
		十二		中间交工证			
			1	分项工程(中间)交工证书	√		
上部结构现场浇筑	就地现浇梁、悬臂现浇梁	一	1	分项工程开工报告			
				分项工程开工申请批复单	√		
			①	施工方案及主要工艺申报表	√		
			②	进场设备报验单	√		
			③	原材料与混合料报验单	√		
				1.材料出厂质量保证书			
				2.材料自检试验报告		√,按合同要求的抽检率抽查	
				3.混合料配合比批复单	√	√,按合同要求的抽检率抽查	
			④	分项工程施工主要人员报验单	√		
		二	1	钢筋(预应力筋)安装			
				交验单(普通钢筋、预应力筋)	√		
			①	钢筋检查记录表		√,按合同要求的抽检率抽查	
		三	1	预应力管道安装(如有)			
			①	预应力管道交验单	√	√,按合同要求的抽检率抽查	
		四		混凝土浇筑			
			1	混凝土浇筑申请批复单	√		
			2	混凝土浇筑记录表			
			3	现场质量检验表		√,按合同要求的抽检率抽查	
				1.水泥抗压强度		√,按合同要求的抽检率抽查	
				2.施工放线测量记录			

续上表

分部工程	分项工程	表格编号	施工单位填报表格	监理签认表格	监理填写表格（除测量、试验外，其他检验用表均用"抽查记录"）	备注
就地现浇梁、悬臂现浇梁	四		水准测量记录表			
	五		预应力筋张拉、压浆（如有）			
		1	预应力张拉记录表（一）、（二）	√	保存监理签认的施工资料	
		2	孔道压浆记录表	√	保存监理签认的施工资料	
	六		质量评定			
		1	分项工程质量检验评定表（构件）			
		2	分项工程质量检验评定表（钢筋）			
		3	分项工程质量检验评定表（预应力筋）			
	七		中间交工证			
			分项工程（中间）交工证书	√		
上部结构现场浇筑	一		分项工程开工报告			
		1	分项工程开工申请批复单	√		
		①	施工方案及主要工艺申报表	√		
		②	进场设备报验单	√		
		③	原材料与混合料报验单	√		
			1.材料出厂质量保证书			
			2.材料自检试验报告		√，按合同要求的抽检率抽查	
			3.混合料配合比批复单	√	√，按合同要求的抽检率抽查	
		④	分项工程施工主要人员报验单	√		
劲性骨架拱	二	1	劲性骨架加工			
		①	交验单	√	√，按合同要求的抽检率抽查	
			1.焊缝质量检测报告		√，按合同要求的抽检率抽查	
	三	1	劲性骨架安装			
		①	劲性骨架安装交验单	√	√，按合同要求的抽检率抽查	
			1.施工放线测量记录			
			2.水准测量记录表	√		
			3.焊缝质量检测报告		√，按合同要求的抽检率抽查	
	四	1	劲性骨架混凝土拱混凝土浇筑			
		①	混凝土浇筑申请批复单	√		
			1.混凝土浇筑记录表			
			2.现场质量检验表			
			3.水泥混凝土抗压强度试验		√，按合同要求的抽检率抽查	
	五		质量评定			

附录6 分项工程质量保证资料清单

续上表

分部工程	分项工程		表格编号	施工单位填报表格	监理签认表格	监理填写表格(除测量、试验外，其他检验用表均用"抽查记录")	备注
上部结构现场浇筑	劲性骨架拱	五	1	分项工程质量检验评定表(混凝土浇筑)			
			2	分项工程质量检验评定表(钢筋)			
			3	分项工程质量检验评定表(劲性骨架加工)			
			4	分项工程质量检验评定表(劲性骨架安装)			
		六		中间交工证			
			1	分项工程(中间)交工证书	√		
	钢管混凝土拱钢管制造	一		分项工程开工报告			
			1	分项工程开工申请批复单	√		
			①	施工方案及主要工艺申报表	√		
			②	进场设备报验单	√		
			③	原材料与混合料报验单	√		
				1.材料出厂质量保证书			
				2.材料自检试验报告		√,按合同要求的抽检率抽查	
			④	分项工程施工主要人员报验单	√		
		二	1	号料与切割			
			①	号料与切割质量交验单	√	√,按合同要求的抽检率抽查	
			②	钢材物理化学性能检验表		√,按合同要求的抽检率抽查	
		三	2	边缘加工			
			①	边缘加工质量交验单	√	√,按合同要求的抽检率抽查	
		四	3	卷制与焊接			
			①	焊接质量交验单	√	√,按合同要求的抽检率抽查	
			②	钢管拱肋制作质量检验表		√,按合同要求的抽检率抽查	
		五	4	喷涂			
			①	钢构件喷锌(铝)质量交验单	√	√,按合同要求的抽检率抽查	
			②	钢构件喷漆质量交验单	√	√,按合同要求的抽检率抽查	
		六		质量评定			
			1	分项工程质量检验评定表(拱肋制作)			
			2	分项工程质量检验评定表(涂装)			
		七		中间交工证			
				分项工程(中间)交工证书	√		

151

续上表

分部工程	分项工程			表格编号	施工单位填报表格	监理签认表格	监理填写表格(除测量、试验外,其他检验用表均用"抽查记录")	备注
上部结构现场浇筑	钢管混凝土拱	一	1		分项工程开工报告			
					分项工程开工申请批复单	√		
				①	施工方案及主要工艺申报表	√		
				②	进场设备报验单	√		
				③	原材料与混合料报验单	√		
					1.材料出厂质量保证书			
					2.材料自检试验报告		√,按合同要求的抽检率抽查	
					3.混合料配合比批复单		√,按合同要求的抽检率抽查	
				④	分项工程施工主要人员报验单	√		
		二	1		钢管拱肋安装			
				①	钢管拱肋安装质量检验表	√	√,按合同要求的抽检率抽查	
					1.施工放线测量记录			
					2.水准测量			
					3.焊缝质量检测报告		√,按合同要求的抽检率抽查	
			2		钢管混凝土浇筑			
				①	混凝土浇筑申请批复单	√		
		三			混凝土浇筑记录表			
					钢管拱肋混凝土浇筑现场质量检验表		√,按合同要求的抽检率抽查	
					1.水泥混凝土抗压强度试验		√,按合同要求的抽检率抽查	
					2.施工放线测量记录			
					3.水准测量			
		四			质量评定			
			1		分项工程质量检验评定表(拱肋安装)			
			2		分项工程质量检验评定表(钢管混凝土浇筑)			
		五			中间交工证			
					分项工程(中间)交工证书	√		
总体、桥面系和附属工程	桥面铺装	一	1		分项工程开工报告			
					工程分项开工申请批复单	√		
				①	施工技术方案报审表	√		
				②	进场设备报验单	√		
				③	施工材料报验单	√		

附录6 分项工程质量保证资料清单

续上表

分部工程	分项工程		表格编号	施工单位填报表格	监理签认表格	监理填写表格(除测量、试验外,其他检验用表均用"抽查记录")	备注
总体、桥面系和附属工程	桥面铺装	一		1.材料出厂质量保证书			
				2.材料自检试验报告		√,按合同要求的抽检率抽查	
			④	混凝土配合比批复单		√,按合同要求的抽检率抽查	
			⑤	分项工程施工主要人员报验单	√		
		二	1	铺装层钢筋安装			
			①	钢筋安装质量交验单	√		
				1.钢筋检查记录表		√,按合同要求的抽检率抽查	
			②	钢筋网质量交验单(有则需填写)			
			2	铺装层混凝土浇筑			
			①	混凝土浇筑申请批复单	√		
			②	混凝土浇筑记录表			
			③	复合桥面水泥混凝土铺装质量检验表		√,按合同要求的抽检率抽查	
		三		1.水泥混凝土抗压强度试验		√,按合同要求的抽检率抽查	
				2.施工放线测量记录			
				3.水准测量			
				4.平整度检测记录表(3m直尺)			
				5.纵断高程、横坡度现场检查记录表			
		四		如非复合桥面则填写铺装质量检验表		√,按合同要求的抽检率抽查	
				1.手工铺砂法测定路面构造深度试验记录表			
				空心板增加绞缝的质量资料参照一般混凝土构件			
				质量评定			
			1	分项工程质量检验评定表(钢筋)			
			2	分项工程质量检验评定表(混凝土浇筑)			
		五		中间交工证			
			1	分项工程(中间)交工证书	√		
	混凝土护栏、搭板	一		分项工程开工报告			
			1	工程分项开工申请批复单	√		
			①	施工技术方案报审表	√		

153

续上表

分部工程	分项工程		表格编号	施工单位填报表格	监理签认表格	监理填写表格（除测量、试验外，其他检验用表均用"抽查记录"）	备注
总体、桥面系和附属工程	混凝土护栏、搭板	一	②	进场设备报验单	√		
			③	施工材料报验单	√		
				1. 材料出厂质量保证书			
				2. 材料自检试验报告		√，按合同要求的抽检率抽查	
			④	混凝土配合比批复单		√，按合同要求的抽检率抽查	
			⑤	分项工程施工主要人员报验单	√		
		二		钢筋			
			1	钢筋安装质量交验单	√		
			①	钢筋检查记录表		√，按合同要求的抽检率抽查	
		三		混凝土浇筑			
			1	混凝土浇筑申请批复单	√		
			2	混凝土浇筑记录表			
			3	现场质量检验表		√，按合同要求的抽检率抽查	
				1. 水泥混凝土抗压强度试验		√，按合同要求的抽检率抽查	
				2. 水准测量记录表			
		四		质量评定			
			1	分项工程质量检验评定表（钢筋）			
			2	分项工程质量检验评定表（混凝土浇筑）			
		五		中间交工证			
			1	分项工程（中间）交工证书	√		
	伸缩缝、支座安装	一		分项工程开工报告			
			1	工程分项开工申请批复单	√		
			①	施工技术方案报审表	√		
			②	进场设备报验单	√		
			③	施工材料报验单	√		
				1. 材料出厂质量保证书			
				2. 材料自检试验报告		√，按合同要求的抽检率抽查	
			④	分项工程施工主要人员报验单	√		
				伸缩缝钢筋加工及安装			
				钢筋安装质量交验单			
				钢筋检查记录表			
		二		支座安装、伸缩缝			
			1	质量检验表		√，按合同要求的抽检率抽查	

续上表

分部工程	分项工程	表格编号		施工单位填报表格	监理签认表格	监理填写表格(除测量、试验外,其他检验用表均用"抽查记录")	备注
总体、桥面系和附属工程	伸缩缝、支座安装	二		1. 施工放线测量记录表			
				2. 水准测量记录表			
				伸缩缝浇筑混凝土			
				混凝土浇筑申请批复单	√		
				混凝土施工原始记录表			
		三		质量评定			
			1	分项工程质量检验评定表(钢筋)			
			2	分项工程质量检验评定表(混凝土浇筑)			
		四		中间交工证			
			1	分项工程(中间)交工证书	√		
	总体	十		桥梁总体			
				桥梁总体质量检验表		√,按合同要求的抽检率抽查	
				质量评定			
				桥梁总体质量评定	√		
	防护	十一		防护工程			
				详见路基防护工程			

分项工程质量保证资料清单(塔基础、塔承台)　　　附表6-7

单位工程:塔基础、塔承台

分部工程	分项工程	表格编号		施工单位填报表格	监理签认表格	监理填写表格(除测量、试验外,其他检验用表均用"抽查记录")	备注
塔基础	塔基础	1		参照一般桥梁工程扩大基础、桩基、地下连续墙	√		
塔、承台	双壁钢围堰	1		分项工程开工报告			
				分项工程开工申请批复单	√		
		一	①	施工方案及主要工艺申报表	√		
			②	进场设备报验单	√		
			③	原材料与混合料报验单	√		
				1. 材料出厂质量保证书			
				2. 材料自检试验报告		√,按合同要求的抽检率抽查	
			④	分项工程施工主要人员报验单	√		
		二		双壁钢围堰制作拼装			
			1	双壁钢围堰制作拼装检验表		√,按合同要求的抽检率抽查	

续上表

分部工程	分项工程		表格编号	施工单位填报表格	监理签认表格	监理填写表格（除测量、试验外，其他检验用表均用"抽查记录"）	备注
塔、承台	双壁钢围堰	二	①	焊缝超声检测报告		√，按合同要求的抽检率抽查	
			②	施工放线测量记录表			
		三		质量评定			
				分项工程质量检验评定表（钢围堰拼装）			
		四		中间交工			
				分项工程（中间）交工证书	√		
	封底	一	1	分项工程开工报告			
				分项工程开工申请批复单	√		
			①	施工方案及主要工艺申报表	√		
			②	进场设备报验单	√		
			③	原材料与混合料报验单	√		
				1.材料出厂质量保证书			
				2.材料自检试验报告		√，按合同要求的抽检率抽查	
				3.混合料配合比批复单		√，按合同要求的抽检率抽查	
			④	分项工程施工主要人员报验单	√		
		二	1	混凝土浇筑			
				混凝土浇筑申请批复单	√		
			2	混凝土浇筑记录表			
			3	明挖（扩大）基础现场质量检验表		√，按合同要求的抽检率抽查	
			①	水泥混凝土抗压强度试验		√，按合同要求的抽检率抽查	
			②	水准测量记录表			
			③	施工放线测量记录表			
		三		质量评定			
			①	分项工程质量检验评定表（封底混凝土）			
		四		中间交工			
			①	分项工程（中间）交工证书	√		
	承台	一		参照一般桥梁承台			
索塔	索塔	一		分项工程开工报告			
			1	分项工程开工申请批复单	√		
			①	施工方案及主要工艺申报表	√		
			②	进场设备报验单	√		

续上表

分部工程	分项工程			表格编号	施工单位填报表格	监理签认表格	监理填写表格(除测量、试验外,其他检验用表均用"抽查记录")	备注
索塔	索塔	一		③	原材料与混合料报验单	√		
					1.材料出厂质量保证书			
					2.材料自检试验报告		√,按合同要求的抽检率抽查	
					3.混合料配合比批复单		√,按合同要求的抽检率抽查	
				④	分项工程施工主要人员报验单	√		
		二	1		钢筋(预应力筋)安装			
					交验单(普通钢筋、预应力筋)	√		
				①	钢筋检查记录表		√,抽查按合同要求的抽检率	
		三			混凝土浇筑			
			1		混凝土浇筑申请批复单	√		
			2		混凝土浇筑记录表			
			3		现场质量检验表		√,按合同要求的抽检率抽查	
				①	水泥混凝土抗压强度试验		√,按合同要求的抽检率抽查	
				②	水准测量记录表			
				③	施工放线测量记录表			
					横梁参照桥梁工程混凝土构件			
		四			预应力筋张拉			
			1		若有,参照一般桥梁工程	√		
		五			质量评定			
			1		分项工程质量检验评定表(索塔)			
			2		分项工程质量检验评定表(预应力筋)			
			3		分项工程质量检验评定表(钢筋)			
		六			中间交工			
			1		分项工程(中间)交工证书	√		
辅助墩	参照一般桥梁中基础、墩台身、墩台帽、盖梁							
过渡墩	参照一般桥梁中基础、墩台身、墩台帽、盖梁							

分项工程质量保证资料清单（锚碇基础） 附表6-8

单位工程：锚碇基础

分部工程	分项工程			表格编号	施工单位填报表格	监理签认表格	监理填写表格（除测量、试验外，其他检验用表均用"抽查记录"）	备注
锚碇基础	扩大基础、桩基、地下连续墙同"塔及辅助墩、过渡墩"）							
锚体	锚固体系制作、安装	一			分项工程开工报告			
			1		分项工程开工申请批复单	√		
				①	施工方案及主要工艺申报表	√		
				②	进场设备报验单	√		
				③	原材料与混合料报验单	√		
					1.材料出厂质量保证书			
					2.材料自检试验报告		√,按合同要求的抽检率抽查	
				④	分项工程施工主要人员报验单	√		
		二			锚固体系制作			
			1		预应力锚固体系制作质量检验表		√,抽查按合同要求的抽检率	
			2		刚架锚固体系制作质量检验表		√,抽查按合同要求的抽检率	
		三			锚固体系安装			
			1		预应力锚固体系安装质量检验表		√,抽查按合同要求的抽检率	
			2		刚架锚固体系安装质量检验表		√,抽查按合同要求的抽检率	
				①	施工放线测量记录表			
				②	水准测量记录表			
		四			预应力筋张拉			
					预应力张拉记录表（一）、（二）	√	保存监理签认的施工资料	
		五			管道压浆			
					孔道压浆记录表	√	保存监理签认的施工资料	
		六			质量评定			
			1		分项工程质量检验评定表（制作）			
			2		分项工程质量检验评定表（安装）			
			3		分项工程质量检验评定表（预应力张拉）			
		七			中间交工			
			1		分项工程（中间）交工证书	√		
	锚碇块体	一			分项工程开工报告			
			1		分项工程开工申请批复单	√		
				①	施工方案及主要工艺申报表	√		
				②	进场设备报验单	√		

续上表

分部工程	分项工程	表格编号	施工单位填报表格	监理签认表格	监理填写表格(除测量、试验外,其他检验用表均用"抽查记录")	备注
锚体	锚碇块体	一	③	原材料与混合料报验单	√		
				1.材料出厂质量保证书			
				2.材料自检试验报告		√,按合同要求的抽检率抽查	
				3.混合料配合比批复单		√,按合同要求的抽检率抽查	
			④	分项工程施工主要人员报验单	√		
		二		钢筋安装			
			1	交验单	√		
			①	钢筋检查记录表		√,抽查按合同要求的抽检率	
		三		混凝土浇筑			
			1	混凝土浇筑申请批复单	√		
			2	混凝土浇筑记录表			
			3	现场质量检验表		√,按合同要求的抽检率抽查	
			①	水泥混凝土抗压强度试验		√,按合同要求的抽检率抽查	
			②	水准测量记录表			
			③	施工放线测量记录表			
		四		质量评定			
			1	分项工程质量检验评定表(锚体)			
			2	分项工程质量检验评定表(钢筋)			
		五		中间交工			
			1	分项工程(中间)交工证书	√		

分项工程质量保证资料清单(上部结构制作与防护)　　　　　附表 6-9

单位工程:上部结构制作与防护(钢结构)

分部工程	分项工程	表格编号	施工单位填报表格	监理签认表格	监理填写表格(除测量、试验外,其他检验用表均用"抽查记录")	备注
斜拉索	斜拉索制作制造	一		分项工程开工报告			
			1	分项工程开工申请批复单	√		
			①	施工方案及主要工艺申报表	√		
			②	进场设备报验单	√		
			③	原材料与混合料报验单	√		
				1.材料出厂质量保证书			
				2.材料自检试验报告		√,按合同要求的抽检率抽查	
			④	分项工程施工主要人员报验单	√		
		二		编索			
			1	扭绞编索质量交验单	√	√,按合同要求的抽检率抽查	

159

续上表

分部工程	分项工程	表格编号		施工单位填报表格	监理签认表格	监理填写表格(除测量、试验外,其他检验用表均用"抽查记录")	备注
斜拉索	斜拉索制作制造	三		挤塑			
			1	斜拉索挤塑下料质量交验单	√	√,按合同要求的抽检率抽查	
		四		穿丝镦头			
			1	斜拉索锚具、穿丝镦头质量交验单	√	√,按合同要求的抽检率抽查	
		五		灌锚			
			1	斜拉索灌锚质量检验单	√	√,按合同要求的抽检率抽查	
		六		超张拉			
			1	斜拉索超张拉质量交验单	√	√,按合同要求的抽检率抽查	
		七		斜拉索			
			1	平行钢丝斜拉索制作与防护质量检验表		√,按合同要求的抽检率抽查	
		八		质量评定			
			1	分项工程质量检验评定表(斜拉索制造)			
		九		中间交工			
			1	分项工程(中间)交工证书	√		
主缆(索股)	索股与锚头制作与防护	一		分项工程开工报告			
			1	分项工程开工申请批复单	√		
			①	施工方案及主要工艺申报表	√		
			②	进场设备报验单	√		
			③	原材料与混合料报验单	√		
				1.材料出厂质量保证书			
				2.材料自检试验报告		√,按合同要求的抽检率抽查	
			④	分项工程施工主要人员报验单	√		
		二		斜拉索			
			1	索股制作与防护质量检验表		√,按合同要求的抽检率抽查	
		三		质量评定			
			1	分项工程质量检验评定表(索股制作)			
		四		中间交工			
			1	分项工程(中间)交工证书	√		
索鞍	索鞍制作与防护	一		分项工程开工报告			
			1	分项工程开工申请批复单	√		

续上表

分部工程	分项工程		表格编号	施工单位填报表格	监理签认表格	监理填写表格(除测量、试验外,其他检验用表均用"抽查记录")	备注
索鞍制作与防护	一		①	施工方案及主要工艺申报表	√		
			②	进场设备报验单	√		
			③	原材料与混合料报验单	√		
				1.材料出厂质量保证书			
				2.材料自检试验报告		√,按合同要求的抽检率抽查	
			④	分项工程施工主要人员报验单	√		
	二			铸造			
				钢材物理化学性能检验表		施工监理共同取样见证试验	
				焊接			
		1		焊接质量交验单	√	√,按合同要求的抽检率抽查	
	三			机加工			
		1		主索鞍、散鞍机加工产品质量交验单(一、二、三、四)	√	√,按合同要求的抽检率抽查	
	四			喷涂			
		1		钢构件喷锌(铝)质量交验单	√	√,按合同要求的抽检率抽查	
		2		钢构件喷漆质量交验单	√	√,按合同要求的抽检率抽查	
	五			试拼装			
		1		主索鞍现场试拼装质量交验单	√	√,按合同要求的抽检率抽查	
		2		散索鞍现场试拼装质量交验单	√	√,按合同要求的抽检率抽查	
	六			索鞍			
		1		索鞍现场质量检验表		√,按合同要求的抽检率抽查	
			①	索鞍质量检验表			
	七			质量评定			
				分项工程质量检验评定表(索鞍制作)			
	八			中间交工			
				分项工程(中间)交工证书	√		
索夹制作与防护		1		分项工程开工报告			
				分项工程开工申请批复单	√		
	一		①	施工方案及主要工艺申报表	√		
			②	进场设备报验单	√		
			③	原材料与混合料报验单	√		
				1.材料出厂质量保证书			
				2.材料自检试验报告		√,按合同要求的抽检率抽查	

续上表

分部工程	分项工程			表格编号	施工单位填报表格	监理签认表格	监理填写表格(除测量、试验外,其他检验用表均用"抽查记录")	备注
索夹	索夹制作与防护	一		④	分项工程施工主要人员报验单	√		
		二			铸造			
					钢材物理化学性能检验表		施工监理共同取样见证试验	
		三			焊接			
					焊接质量交验单	√	√,按合同要求的抽检率抽查	
		四			机加工			
					主索鞍、散鞍机加工产品质量交验单(一、二、三、四)	√	√,按合同要求的抽检率抽查	
		五	1		喷涂			
					钢构件喷锌(铝)质量交验单	√	√,按合同要求的抽检率抽查	
			2		钢构件喷漆质量交验单	√	√,按合同要求的抽检率抽查	
		六			索夹			
					索鞍、索夹质量检验表		√,按合同要求的抽检率抽查	
		七			质量评定			
					分项工程质量检验评定表(索夹制作)	√		
		八			中间交工			
					分项工程(中间)交工证书	√		
吊索	吊索和锚头制作与防护	一	1		分项工程开工报告			
					分项工程开工申请批复单	√		
				①	施工方案及主要工艺申报表	√		
				②	进场设备报验单	√		
				③	原材料与混合料报验单	√		
					1.材料出厂质量保证书			
					2.材料自检试验报告		√,按合同要求的抽检率抽查	
				④	分项工程施工主要人员报验单	√		
		二	1		吊索与锚头			
					吊索与锚头制作与防护质量检验表		√,按合同要求的抽检率抽查	
		三	1		质量评定			
					分项工程质量检验评定表(吊索与锚头制作与防护)	√		
		四	1		中间交工			
					分项工程(中间)交工证书	√		

附录6 分项工程质量保证资料清单

续上表

分部工程	分项工程		表格编号	施工单位填报表格	监理签认表格	监理填写表格(除测量、试验外,其他检验用表均用"抽查记录")	备注
加劲梁	加劲梁制作、防护	一		分项工程开工报告			
			1	分项工程开工申请批复单	√		
			①	施工方案及主要工艺申报表	√		
			②	进场设备报验单	√		
			③	原材料与混合料报验单	√		
				1. 材料出厂质量保证书			
				2. 材料自检试验报告		√,按合同要求的抽检率抽查	
			④	分项工程施工主要人员报验单	√		
		二		号料与切割			
			1	号料与切割质量交验单	√	√,按合同要求的抽检率抽查	
			①	钢材物理化学性能检验表		√,按合同要求的抽检率抽查	
		三		边缘加工			
			1	边缘加工质量交验单	√	√,按合同要求的抽检率抽查	
		四		制孔			
			1	制孔质量交验单	√	√,按合同要求的抽检率抽查	
		五		组装			
			1	组装质量交验单	√	√,按合同要求的抽检率抽查	
		六		焊接			
			1	焊接质量交验单	√	√,按合同要求的抽检率抽查	
		七		杆件矫正			
			1	杆件矫正质量交验单(钢板梁、桁架杆件)	√	√,按合同要求的抽检率抽查	
			2	杆件矫正质量交验单(钢箱形梁)	√	√,按合同要求的抽检率抽查	
		八		预拼装			
			1	工厂预拼装质量检验表(钢桁架梁)		√,按合同要求的抽检率抽查	
			2	工厂预拼装质量检验表(钢梁)		√,按合同要求的抽检率抽查	
		九		喷涂			
			1	钢构件喷锌(铝)质量交验单	√	√,按合同要求的抽检率抽查	
			2	钢构件喷漆质量交验单	√	√,按合同要求的抽检率抽查	
		十		质量评定			
			1	分项工程质量检验评定表(制造)			
			2	分项工程质量检验评定表(涂装)			
		十一		中间交工证			
			1	分项工程(中间)交工证书	√		

163

续上表

分部工程	分项工程	表格编号		施工单位填报表格	监理签认表格	监理填写表格（除测量、试验外，其他检验用表均用"抽查记录"）	备注
悬浇	梁段浇筑			分项工程开工报告			
		1		分项工程开工申请批复单	√		
			①	施工方案及主要工艺申报表	√		
			②	进场设备报验单	√		
			③	原材料与混合料报验单	√		
				1. 材料出厂质量保证书			
				2. 材料自检试验报告		√，按合同要求的抽检率抽查	
				3. 混合料配合比批复单	√	√，按合同要求的抽检率抽查	
			④	分项工程施工主要人员报验单	√		
				钢筋（预应力筋）安装			
		1		交验单（普通钢筋、预应力筋）	√		
			①	钢筋检查记录表		√，抽查按合同要求的抽检率	
		1		预应力管道安装			
			①	预应力管道交验单	√	√，抽查按合同要求的抽检率	
				混凝土浇筑			
		1		混凝土浇筑申请批复单	√		
		2		混凝土浇筑记录表			
		3		现场质量检验表		√，按合同要求的抽检率抽查	
			①	水泥混凝土抗压强度试验		√，按合同要求的抽检率抽查	
			②	水准测量记录表			
				预应力筋张拉、压浆			
		1		预应力张拉记录表（一）、（二）	√	保存监理签认的施工资料	
		2		孔道压浆记录表	√	保存监理签认的施工资料	
				质量评定			
		1		分项工程质量检验评定表（构件浇筑）			
		2		分项工程质量检验评定表（钢筋）			
		3		分项工程质量检验评定表（预应力筋）			
				中间交工证			
		1		分项工程（中间）交工证书	√		

附录6 分项工程质量保证资料清单

续上表

分部工程	分项工程	表格编号		施工单位填报表格	监理签认表格	监理填写表格(除测量、试验外,其他检验用表均用"抽查记录")	备注
安装	索鞍、索夹和吊索、加劲梁安装	一	1	分项工程开工报告			
				分项工程开工申请批复单	√		
			①	施工方案及主要工艺申报表	√		
			②	进场设备报验单	√		
			③	分项工程施工主要人员报验单	√		
		二		主缆架设			
			1	索鞍安装质量检验表		√,按合同要求的抽检率抽查	
			2	索夹和吊索安装质量检验表		√,按合同要求的抽检率抽查	
		三		质量评定			
			1	分项工程质量检验评定表(索鞍安装)			
			2	分项工程质量检验评定表(索夹吊索安装)			
		四		中间交工			
				分项工程(中间)交工证书	√		
	主缆架设	一	1	分项工程开工报告			
				分项工程开工申请批复单	√		
			①	施工方案及主要工艺申报表	√		
			②	进场设备报验单	√		
			③	分项工程施工主要人员报验单	√		
		二		主缆架设			
			1	主缆架设质量检验表		√,按合同要求的抽检率抽查	
			①	三角高程测量记录表		√,按合同要求的抽检率抽查	
		三		质量评定			
				分项工程质量检验评定表(主缆架设)			
		四		中间交工			
				分项工程(中间)交工证书	√		
工地防护	工地防护	一	1	分项工程开工报告			
				分项工程开工申请批复单	√		
			①	施工方案及主要工艺申报表	√		
			②	进场设备报验单	√		
			③	原材料与混合料报验单	√		

165

续上表

分部工程	分项工程		表格编号	施工单位填报表格	监理签认表格	监理填写表格（除测量、试验外，其他检验用表均用"抽查记录"）	备注
工地防护	工地防护	一		1.材料出厂质量保证书			
				2.材料自检试验报告		√,按合同要求的抽检率抽查	
			④	分项工程施工主要人员报验单	√		
		二		主缆防护			
				质量检验表		√,按合同要求的抽检率抽查	
				钢加劲梁段防护			
				质量检验表		√,按合同要求的抽检率抽查	
		三		质量评定			
				分项工程质量检验评定表(防护)			
		四		中间交工			
				分项工程(中间)交工证书	√		
桥面系及附属工程参照一般桥梁							

附录7 案卷编目式样

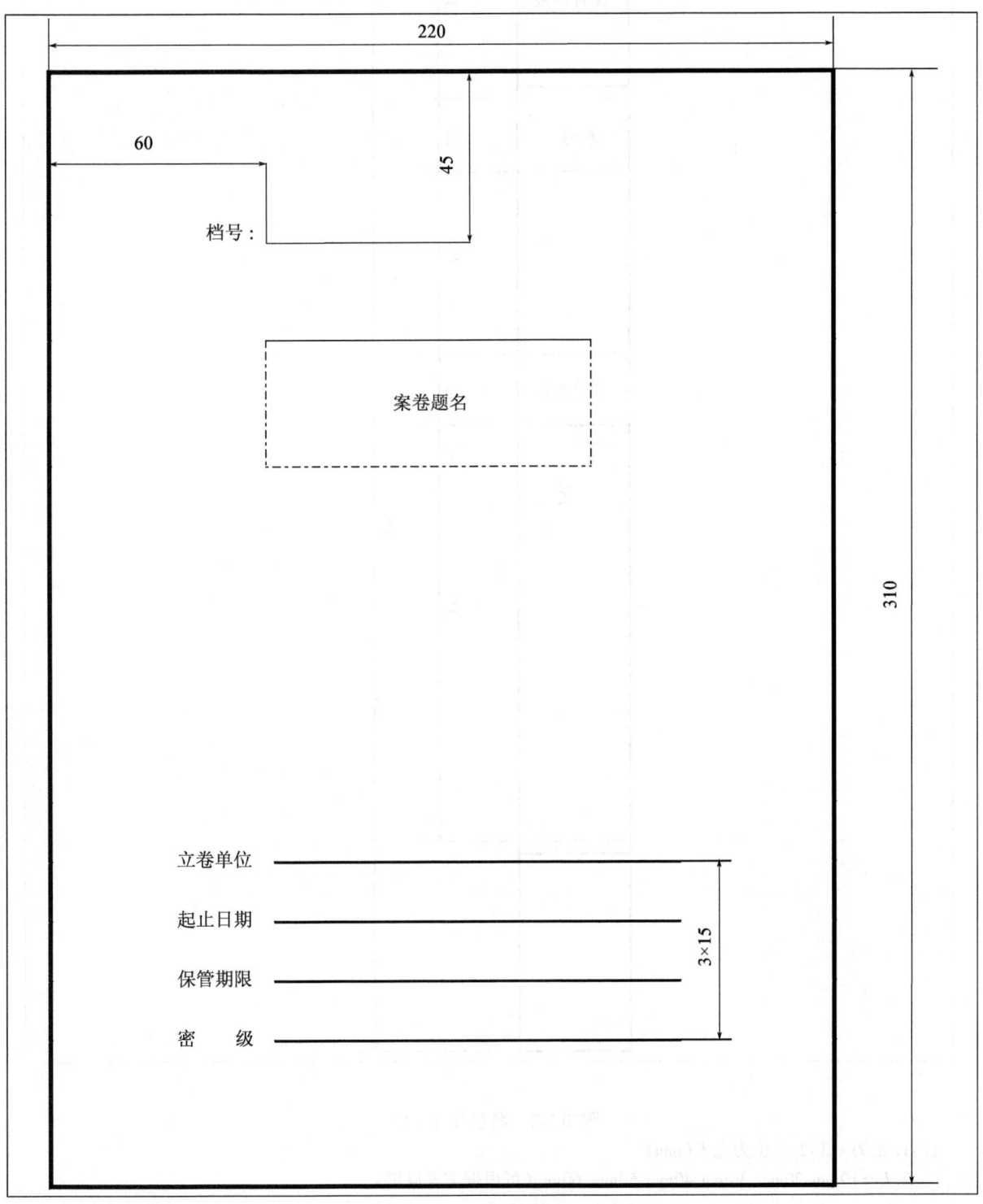

附图 7-1 案卷外封面式样
注：比例为1:2,单位为毫米(mm)。

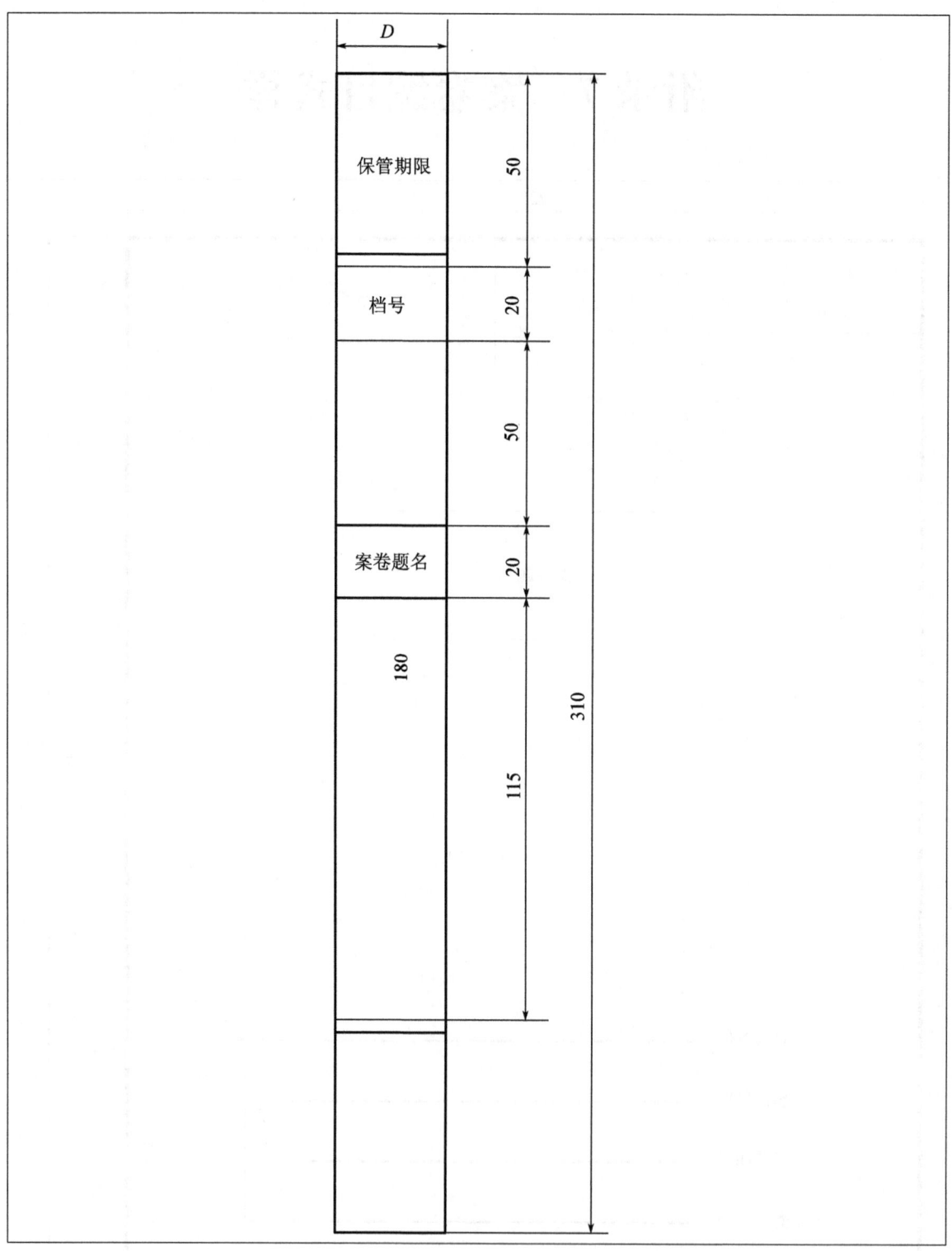

附图 7-2 案卷脊背式样

注:1. 比例为 1:2,单位为毫米(mm)。
    2. D = 10mm、20mm、30mm、40mm、50mm、60mm(可根据需要设定)。

档号：

××高速公路一期工程施工文件
第×合同段

（K××+×××~K××+×××）

案卷题名：_____

_____

立卷单位：_____

起止日期：_____

保管期限：_____

密　　级：_____

附图 7-3　施工文件内封面式样

××高速公路一期工程监理文件
第×监理合同段

(K××+×××~K××+×××)

案卷题名：_____

　　　　　_____

立卷单位：_____

起止日期：_____

保管期限：_____

密　　级：_____

附图 7-4　监理文件内封面式样

卷内目录

档号：

序号	文件编号	责任者	文件题名	日期	页数	备注
10mm	20mm	20mm	70mm	20mm	10mm	20mm
1						
2					2	
3					10	
4					15	
5					12	
6					40	
7					51	
8					60	
9					72/80	

附图7-5　卷内目录式样

注：1. 用纸为A4纸。

2. 页边距：上30mm；下30mm；左25mm，右15mm。

3. 表框：宽×高＝170mm×220mm。

4. 栏高：标题行20mm，其余栏14.5mm。

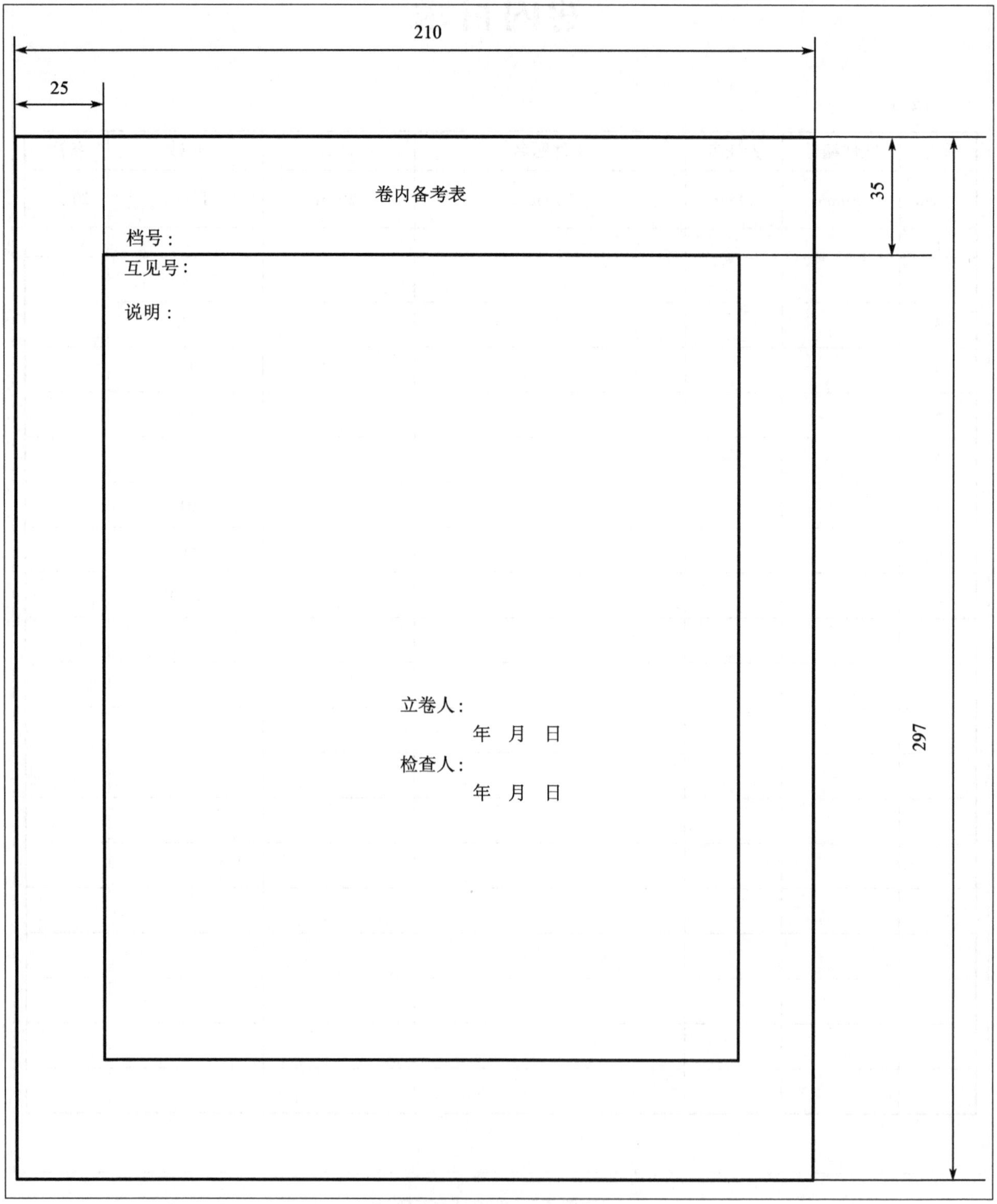
210
25
35
297
卷内备考表
档号:
互见号:
说明:
立卷人:
年 月 日
检查人:
年 月 日

附图 7-6 卷内备考表式样

注:比例为 1:2,单位为毫米(mm)。

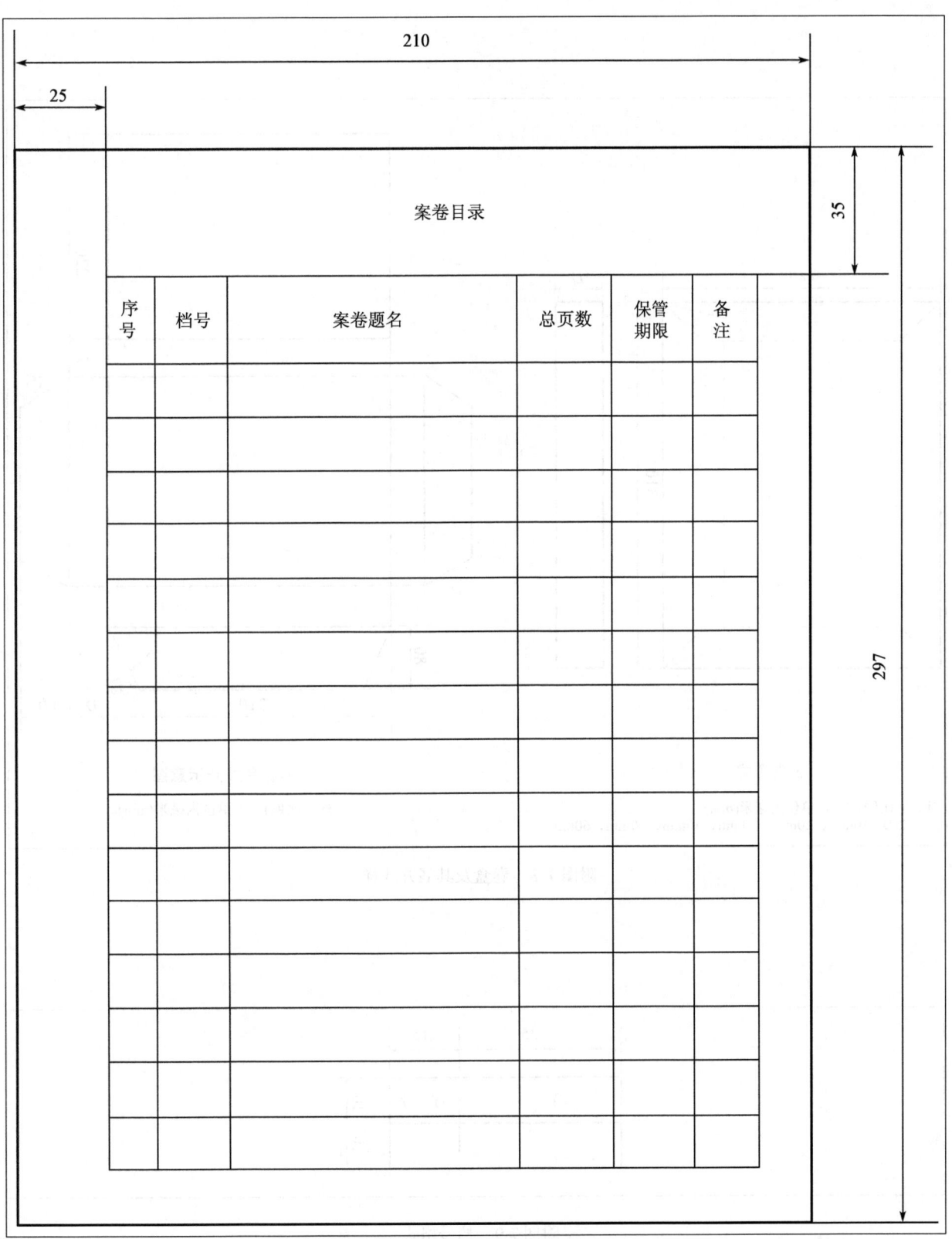

附图7-7 案卷目录式样
注：比例为1∶2，单位为毫米(mm)。

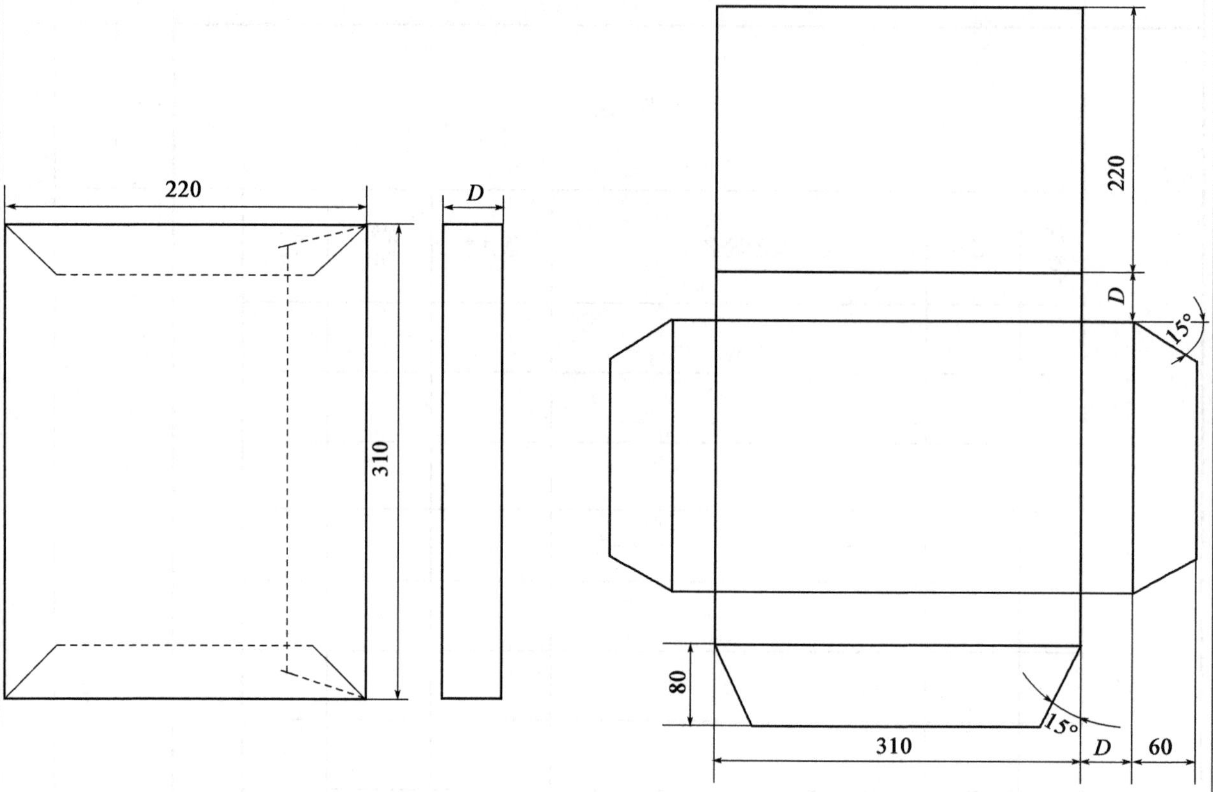

a) 卷盒式样

注：1.比例1:2，单位为毫米(mm)。
2.D =10mm、20mm、30mm、40mm、50mm、60mm。

b) 卷盒展开示意图

注：比例1:4，单位为毫米(mm)。

附图 7-8　卷盒及其展开式样

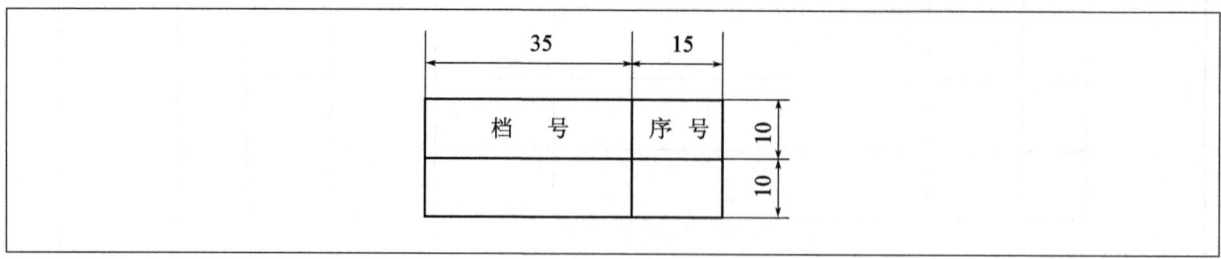

附图 7-9　档号格式
注：比例1:1，单位为毫米(mm)。

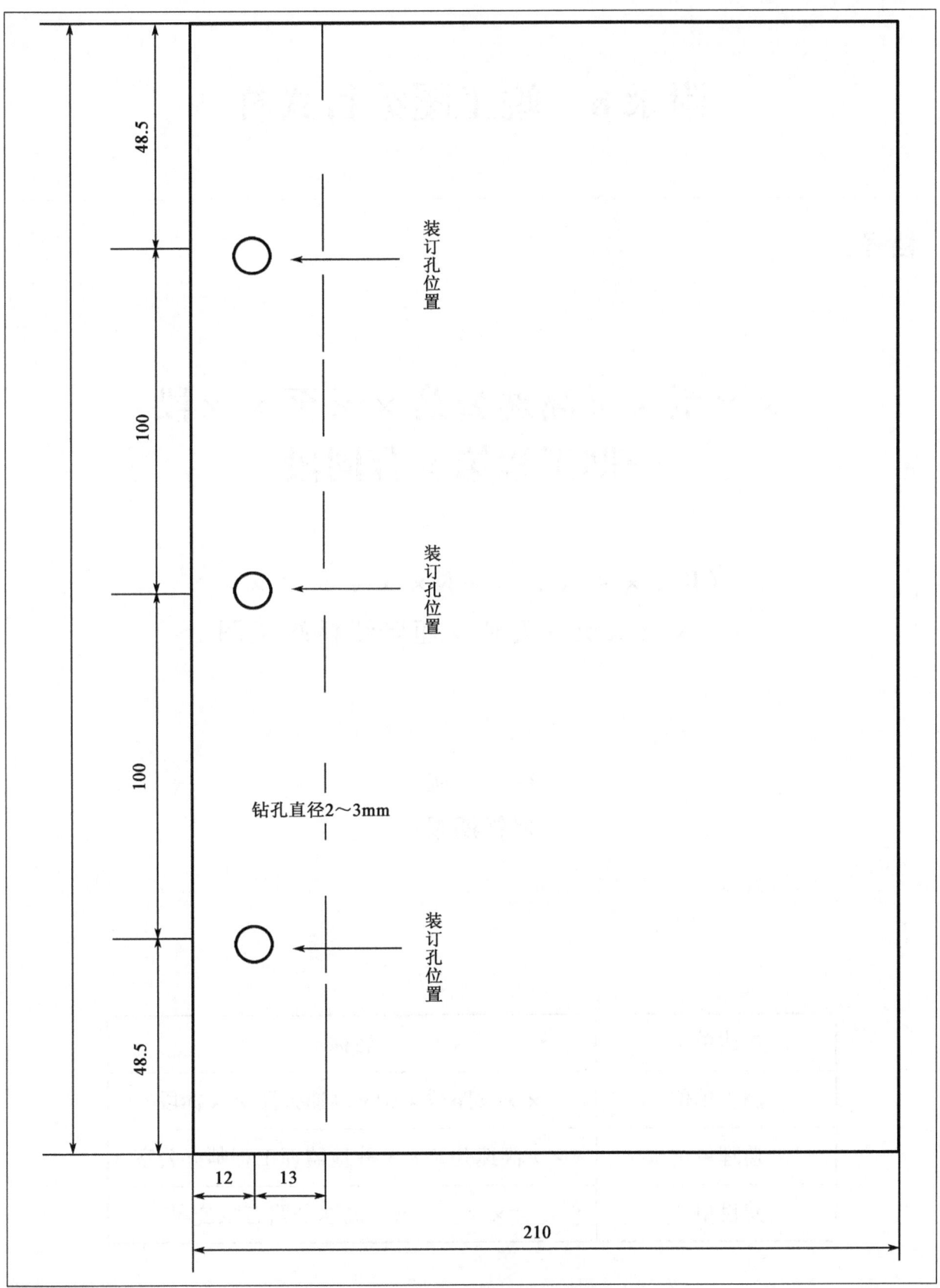

附图 7-10 科技档案案卷三孔一线装订尺寸图示

注：单位为毫米（mm）。

附录 8 竣工图编目式样

档号：

××至××高速公路××至××段
一期工程第×合同段

（K××+×××~K××+×××）
×××××互通×匝跨线桥竣工图

密　　级：

保管期限：

参建单位	名称
施工单位	×××路桥×××高速公路××标段
监理单位	××高速公路××驻地监理工程师办公室
建设单位	×××××××高速公路有限公司

附图 8-1　竣工图外封面

档号：

××至××高速公路××至××段一期工程第×合同段

（K××+×××~K××+×××）
××××××互通×匝跨线桥竣工图

密　　级：

保管期限：

编制单位：××××路桥×××高速公路×标段

编制时间：××××年××月

附图 8-2　竣工图内封面

竣工图目录

序号	图表名称	图表编号	页数	页次	备注	序号	图表名称	图表编号	页数	页次	备注

附图 8-3 竣工图目录

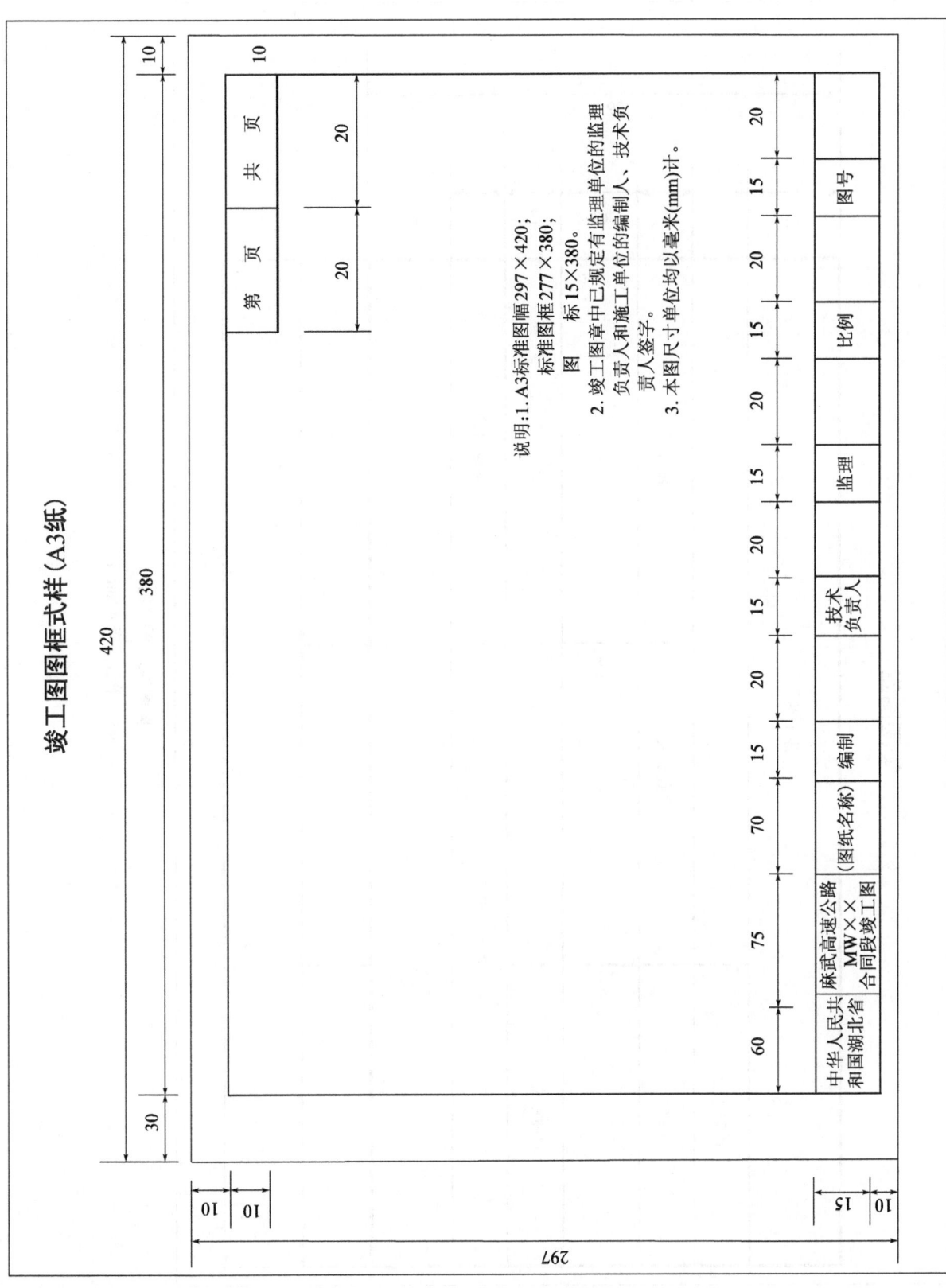

附图8-4 竣工图图框式样

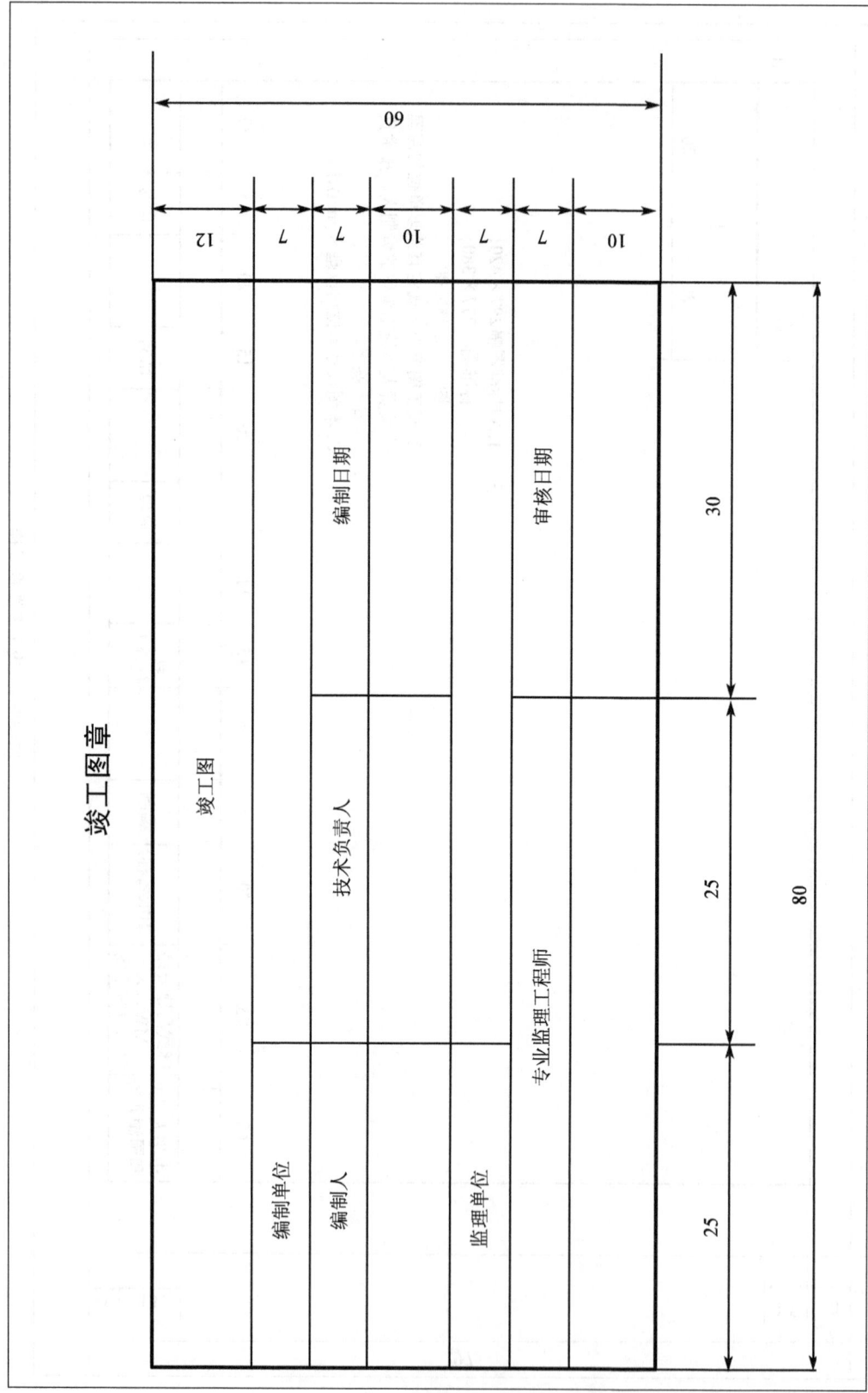

附图8-5 竣工图章

注：单位为毫米(mm)。

附录8 竣工图编目式样

设计变更文件与竣工图档号对照一览表

附表 8-1

第　　页,共　　页

序号	变更内容	变更依据文件号	所在案卷号	对应竣工图号	所在案卷号

施工单位:(项目经理部全称并盖公章)　　　　　　　　　　监理单位:(驻地办全称并盖公章)

附表 8-2

工程变更一览表

序号	变更令号	变更申请单号	申报日期	申报增减金额（元）	监理初审增减金额（元）	变更令批复日期	批复变更增减金额（元）	变更主要内容及理由
1								
2								
3								
4								
5								
6								
7								
8								

附录8 竣工图编目式样

竣工图清单（示例）

附表8-3

项目名称及合同段：
编制单位：
编制日期：　　年　　月　　日

序号	案卷题名	卷内页码	备注
1	总说明书、路线平面、纵面竣工图		一式三份
2	路线横断面竣工图		一式三份
3	路基、路面及排水、砌筑防护工程竣工图		一式三份
4	×××大桥竣工图		一式三份
5	×××大桥竣工图		一式三份
6	×××大桥竣工图		一式三份
7	中桥竣工图		一式三份
8	圆管涵、倒虹吸工程竣工图		一式三份
9	暗通道、盖板涵、拱涵竣工图		一式三份
10	小桥及明通道竣工图		一式三份
11	隧道工程竣工图		一式三份
12	×××互通工程竣工图		一式三份
13	机电土建工程竣工图		一式三份
14	交通安全工程竣工图		一式三份
15	绿化环保工程竣工图		一式三份
…	……		

附录9 案卷目录式样

工程案卷目录(一期土建)　　　　　　　　　　　　　　　　　　　附表9-1

序号	档号	案卷题名	总页数	保管期限	备注
1	HBGS4.1.6-1	××至××高速公路×××段一期土建工程施工总结报告	21		
2	HBGS4.1.6-2	湖北高速公路K××+×××～K××+×××段工程质量评定文件	278		
3	HBGS4.1.6-3	湖北高速公路六标段上级来文、工作指令及回复	134		
4	HBGS4.1.6-4	湖北高速公路×标段项目部×××年度文件	192		
5	HBGS4.1.6-5	湖北高速公路×标段项目部×××年度文件	230		
6	HBGS4.1.6-6	湖北高速公路×标段项目管理办法及会议纪要	186		
7	HBGS4.1.6-7	湖北高速公路K××+×××～K××+×××开工令、实施性施工组织设计及专项施工组织设计	328		
8	HBGS4.1.6-8	湖北高速公路K××+×××～K××+×××交桩和复测文件	135		
9	HBGS4.1.6-9	湖北高速公路K××+×××～K××+×××图纸会审及图纸勘误	26		
10	HBGS4.1.6-10	湖北高速公路K××+×××～K××+×××段路基试验段开工报告及总结报告	107		
11	HBGS4.1.6-11	湖北高速公路K××+×××～K××+×××段工程总体施工技术交底	151		
12	HBGS4.1.6-12	湖北高速公路K××+×××～K××+×××段路基工程施工技术交底	107		
13	HBGS4.1.6-13	湖北高速公路K××+×××～K××+×××段桥梁工程施工技术交底	257		
14	HBGS4.1.6-14	湖北高速公路K××+×××～K××+×××段隧道工程施工技术交底	111		
15	HBGS4.1.6-15	湖北高速公路K××+×××～K××+×××段安全保证体系、安全及文明施工管理制度	104		
16	HBGS4.1.6-16	湖北高速公路K××+×××～K××+×××段安全专项方案	144		
17	HBGS4.1.6-17	湖北高速公路K××+×××～K××+×××段安全技术交底、检查及整改记录	168		
18	HBGS4.1.6-18	湖北高速公路K××+×××～K××+×××试验室临时资质申请及批复	149		
19	HBGS4.1.6-19	湖北高速公路K××+×××～K××+×××特种材料外委检测报告及出厂合格证	345		

工程案卷目录(三期交通安全)

附表 9-2

序号	档号	案卷题名	总页数	保管期限	备注
1	HBGS4.3.4-1	总体开工报告及施工组织设计	74		
2	HBGS4.3.4-2	标志工程开工报告	132		
3	HBGS4.3.4-3	标线、突起路标工程开工报告	82		
4	HBGS4.3.4-4	波形梁护栏、隔离栅、防眩板工程开工报告	204		
5	HBGS4.3.4-5	声屏障、轮廓标及其他附属工程开工报告	107		
6	HBGS4.3.4-6	×××通用函件来文	68		
7	HBGS4.3.4-7	工程施工合同文件	118		
8	HBGS4.3.4-8	质量、安全生产保证体系	55		
9	HBGS4.3.4-9	2020年施工计划	217		
10	HBGS4.3.4-10	单位、分部、分项工程划分及质检评定汇总表	70		
11	HBGS4.3.4-11	K××+×××~K××+×××标志施工检测资料	341		
12	HBGS4.3.4-12	K××+×××~K××+×××标志施工检测资料	294		
13	HBGS4.3.4-13	K××+×××~K××+×××标志施工资料	244		
14	HBGS4.3.4-14	K××+×××~K××+×××连接线标志施工检测资料	317		
15	HBGS4.3.4-15	K××+×××~K××+×××连接线标线、突起路标施工检测资料	183		
16	HBGS4.3.4-16	K××+×××~K××+×××波形护栏施工检测资料	183		
17	HBGS4.3.4-17	K××+×××~K××+×××及连接线波形护栏施工检测资料	217		
18	HBGS4.3.4-18	K××+×××~K××+×××轮廓标施工检测资料	204		

工程案卷目录(环保)　　　　　　　　　　　附表9-3

序号	档号	案卷题名	总页数	保管期限	备注
1	HBGS4.4.7-1	开工报告及实施性施工组织设计	69		
2	HBGS4.4.7-2	分项工程开工报告	173		
3	HBGS4.4.7-3	试验段总结及开工报告	20		
4	HBGS4.4.7-4	工程量清单	19		
5	HBGS4.4.7-5	2020年与相关单位来往函件	71		
6	HBGS4.4.7-6	2019—2020年施工计划及批复	295		
7	HBGS4.4.7-7	单位工程划分一览表及检验评定资料	295		
8	HBGS4.4.7-8	K××+×××～K××+×××中央分隔带绿化施工检测资料	262		
9	HBGS4.4.7-9	K××+×××～K××+×××路侧绿化施工检测资料	305		
10	HBGS4.4.7-10	K××+×××～K××+×××路侧绿化施工检测资料	220		
11	HBGS4.4.7-11	K××+×××～K××+×××路侧绿化施工检测资料	269		
12	HBGS4.4.7-12	K××+×××～K××+×××路侧绿化施工检测资料	186		
13	HBGS4.4.7-13	K××+×××～K××+×××路侧绿化施工检测资料	305		
14	HBGS4.4.7-14	K××+×××～K××+×××路侧绿化施工检测资料	193		
15	HBGS4.4.7-15	K××+×××～K××+×××路侧绿化施工检测资料	174		
16	HBGS4.4.7-16	K××+×××～K××+×××路侧绿化施工检测资料	190		
17	HBGS4.4.7-17	K××+×××～K××+×××附属服务区绿化施工检测资料	76		
18	HBGS4.4.7-18	植物检疫证书和材料检验报告资料	24		
19	HBGS4.4.7-19	本项目负责人施工日志	367		
20	HBGS4.4.7-20	本项目施工总结	69		
21	HBGS4.4.7-21	工程声像资料	25		
22	HBGS4.4.7-22	监理指令及闭合资料	13		

工程案卷目录（机电）

附表9-4

序号	档号	案卷题名	总页数	保管期限	备注
1	HBGS4.5.1-1	机电工程开工报告	264		
2	HBGS4.5.1-2	开工报告、批复及施工组织方案	122		
3	HBGS4.5.1-3	监控系统设备报验资料	272		
4	HBGS4.5.1-4	收费系统设备报验资料	269		
5	HBGS4.5.1-5	通信系统设备报验资料	468		
6	HBGS4.5.1-6	供电照明系统设备报验资料	228		
7	HBGS4.5.1-7	隐蔽工程报验	125		
8	HBGS4.5.1-8	监控系统施工日志	166		
9	HBGS4.5.1-9	收费系统施工日志	166		
10	HBGS4.5.1-10	通信系统施工日志	163		
11	HBGS4.5.1-11	供电与照明系统施工日志	163		
12	HBGS4.5.1-12	项目经理施工日志	163		
13	HBGS4.5.1-13	施工记录	273		
14	HBGS4.5.1-14	收费系统检验评定资料	212		
15	HBGS4.5.1-15	监控系统检验评定资料	56		
16	HBGS4.5.1-16	通信系统检验评定资料	65		
17	HBGS4.5.1-17	供电系统检验评定资料	42		
18	HBGS4.5.1-18	监控系统软件资料	196		
19	HBGS4.5.1-19	收费软件资料	341		
20	HBGS4.5.1-20	监控系统工序质量检验资料	129		
21	HBGS4.5.1-21	收费系统工序质量检验资料	439		

监理文件案卷目录

附表 9-5

序号	档号	案卷题名	总页数	保管期限	备注
1	HBGS5.3.3-1	湖北高速公路第×驻地办监理总结	16		
2	HBGS5.3.3-2	湖北高速公路K××+×××~K××+×××土建第×标段 工程质量评定资料	354		
3	HBGS5.3.3-3	湖北高速公路K××+×××~K××+×××路面第×标段 工程质量评定资料	377		
4	HBGS5.3.3-4	湖北高速公路K××+×××~K××+×××交安第×标段 工程质量评定资料	367		
5	HBGS5.3.3-5	湖北高速公路K××+×××~K××+×××绿化第×标段 工程质量评定资料	82		
6	HBGS5.3.3-6	湖北高速公路K××+×××~K××+×××连接线第×标段 质量评定资料	31		
7	HBGS5.3.3-7	湖北高速公路第×驻地办管理文件(JK-003-×××-0001~JK-003-×××-0152)	367		
8	HBGS5.3.3-8	湖北高速公路第×驻地办机构设置、规章制度等文件	237		
9	HBGS5.3.3-9	湖北高速公路第×驻地办合同管理文件	77		
10	HBGS5.3.3-10	湖北高速公路第×驻地办2019年6月—2021年2月监理月报	374		
11	HBGS5.3.3-11	湖北高速公路第×驻地办监理指令及回复	293		
12	HBGS5.3.3-12	湖北高速公路第×驻地办会议纪要	139		
13	HBGS5.3.3-13	湖北高速公路第×驻地办导线点复测资料	112		
14	HBGS5.3.3-14	湖北高速公路第×驻地办监理安全管理资料	120		
15	HBGS5.3.3-15	湖北高速公路第×驻地办工地试验室资质文件	209		
16	HBGS5.3.3-16	湖北高速公路K××+×××~K××+×××C15、C20、C25、C30混凝土配合比试验复核资料	160		
17	HBGS5.3.3-17	湖北高速公路K××+×××~K××+×××M7.5、M10砂浆 C15、C20、C25、C30、C45、C50混凝土、C50净浆配合比试验复核资料	232		

附录10 卷内目录实例

卷内目录(路基土石方工程)　　　　　　　　　　　附表10-1

序号	文件编号	责任者	文件材料题名	日期	页次	备注
1		××××路桥	K98+203~K101+200石方路基中间交工证书(ZK-018)	20190827	1	
2		××××路桥	K99+563~K99+840分项工程质量检验评定表(ZP-001)	20190827	2	
3		××××路桥	K99+563~K99+840石方路基质量检验表(ZJ-003)	20190826	3	
4		××××路桥	K99+563~K99+840石方路基上路床顶路基回弹弯沉检测报告(S8-005-BG、S8-006-JL)	20190826	4	
5		××××路桥	K99+563~K99+840石方路基上路床顶现场检测记录表(S8-009-JL、S8-008-JL、S8-006-JL、S8-011-JL)	20190823	5	
6		××××路桥	K99+563~K99+840石方路基上路床顶施工放线、水准测量记录表(C-007、C-008)	20190825	11	
7		××××路桥	K99+610~K99+795路基挖方第1级(ZK-012、S8-008-JL、S8-011-JL、C-007、C-008)	20190825	16	
8		××××路桥	K99+610~K99+795路基挖方第2级(ZK-012、S8-008-JL、S8-011-JL、C-007、C-008)	20170408	20	
9		××××路桥	K99+610~K99+795路基挖方第3级(ZK-012、S8-008-JL、S8-011-JL、C-007、C-008)	20170412	26	
10		××××路桥	K95+600~K95+670路基挖方第4级(ZK-012、S8-008-JL、S8-011-JL、C-007、C-008)	20170416	31	
11		××××路桥	ZK99+619.079~ZK99+800段清表(ZK-012、ZJ-001、ZK-004、C-007、C-008)	20170420	36	
12		××××路桥	YK99+610~YK99+795段清表(ZK-012、ZJ-001、ZK-004、C-007、C-008)	20161125	42	
13		××××路桥	K99+610~K99+795段下路堤第1层(ZK-012、C-008、ZJ-005、ZJ-004)	20161125	59	
14		××××路桥	K99+610~K99+795段下路堤第2层(ZK-012、C-008、ZJ-005、ZJ-004)	20161211	76	
15		××××路桥	K99+610~K99+795段下路堤第3层(ZK-012、C-008、ZJ-005、ZJ-004)	20161211	82~86	

卷内目录（桥梁基础及下部构造） 附表10-2

序号	文件编号	责任者	文件材料题名	日期	页次	备注
1		××××路桥	左幅1号墩桩基分项工程质量检验评定汇总表（ZP-003）	20180108	1	
2		××××路桥	左幅1-0号桩基中间交工证书（ZK-018）	20180111	2	
3		××××路桥	左幅1-0号桩基分项工程质量检验评定表（ZP-001）	20171209	3	
4		××××路桥	施工测量放样报验单（ZK-004、C-007、C-008）	20170709	5	
5		××××路桥	挖孔桩成孔交验单（ZJ-103、ZJ-103）	20170821	11	
6		××××路桥	钢筋安装质量交验单（ZJ-078、ZJ-077）	20171209	12	
7		××××路桥	混凝土浇筑申请批复单（ZK-009、ZJ-104、S2-022、ZJ-087、S5-003）	20171211	16	
8		××××路桥	挖孔桩质量检验表（ZJ-105、ZK-004、C-007、C-008、S5-004）	20180108	23	
9		××××路桥	左幅1-1号桩基中间交工证书（ZK-018）	20180111	27	
10		××××路桥	左幅1-1号桩基分项工程质量检验评定表（ZP-001）	20171209	28	
11		××××路桥	施工测量放样报验单（ZK-004、C-007、C-008）	20170709	30	
12		××××路桥	挖孔桩成孔交验单（ZJ-103、ZJ-103）	20170821	36	
13		××××路桥	钢筋安装质量交验单（ZJ-078、ZJ-077）	20171209	37	
14		××××路桥	混凝土浇筑申请批复单（ZK-009、ZJ-104、S2-022、ZJ-087、S5-003）	20171211	41	
15		××××路桥	挖孔桩质量检验表（ZJ-105、ZK-004、C-007、C-008、S5-004）	20180108	48～56	

卷内目录（桥梁上部构造）

附表 10-3

序号	文件编号	责任者	文件材料题名	日期	页次	备注
1		××××路桥	左幅 1-1T 梁预制中间交工证书（ZK-018）	20190730	1	
2		××××路桥	左幅 1-1T 梁预制分项工程质量检验评定表（ZP-003、ZP-001）	20190725	2	
3		××××路桥	左幅 1-1T 梁预制钢筋安装质量交验单（ZJ-077、ZJ-078）	20190627	6	
4		××××路桥	左幅 1-1T 梁预制后张法预应力管道质量交验单（ZJ-083）	20190626	13	
5		××××路桥	左幅 1-1T 梁预制混凝土浇筑申请批复单（ZK-009、S2-022、ZJ-087、S5-003）	20190627	14	
6		××××路桥	左幅 1-1T 梁预制后张法质量检验表（ZJ-088、ZJ-084、ZJ-121、ZJ-123）	20190704	19	
7		××××路桥	左幅 1-1T 梁预制质量检验表（ZJ-124、S5-004、S5-0011）	20190725	23	
8		××××路桥	左幅 1-2T 梁预制中间交工证书（ZK-018）	20190712	26	
9		××××路桥	左幅 1-2T 梁预制分项工程质量检验评定表（ZP-003、ZP-001）	20190707	27	
10		××××路桥	左幅 1-2T 梁预制钢筋安装质量交验单（ZJ-077、ZJ-078）	20190609	31	
11		××××路桥	左幅 1-2T 梁预制后张法预应力管道质量交验单（ZJ-083）	20190608	38	
12		××××路桥	左幅 1-2T 梁预制混凝土浇筑申请批复单（ZK-009、S2-022、ZJ-087、S5-003）	20190609	39	
13		××××路桥	左幅 1-2T 梁预制后张法质量检验表（ZJ-088、ZJ-084、ZJ-121、ZJ-123）	20190617	44	
14		××××路桥	左幅 1-2T 梁预制质量检验表（ZJ-124、S5-004、S5-0011）	20190707	48～56	

卷内目录（桥梁总体、桥面系）　　　　　　　　附表10-4

序号	文件编号	责任者	文件材料题名	日期	页次	备注
1		×××路桥	左幅总体分项工程质量检验评定表（ZP-002）	20191203	1	
2		×××路桥	桥梁总体现场质量检验表（ZJ-076、C-007、C-008）	20191203	2	
3		×××路桥	左幅总体分项工程质量检验评定表（ZP-002）	20191203	6	
4		×××路桥	桥梁总体现场质量检验表（ZJ-076、C-007、C-008）	20191203	7	
5		×××路桥	左幅0号支座安装中间交工证书（ZK-018）	20190629	11	
6		×××路桥	左幅0号支座安装分项工程质量检验评定表（ZP-001）	20190608	12	
7		×××路桥	支座安装质量检验表（ZJ-213、ZK-004、C-007、C-008）	20190608	13	
8		×××路桥	支座安装分项工程质量检验评定汇总表（ZP-003）	20190608	18	
9		×××路桥	左幅1号支座安装中间交工证书（ZK-018）	20190609	19	
10		×××路桥	左幅1号支座安装分项工程质量检验评定表（ZP-001）	20190608	20	
11		×××路桥	支座安装质量检验表（ZJ-213、ZK-004、C-007、C-008）	20190608	21	
12		×××路桥	左幅3号支座安装中间交工证书（ZK-018）	20190609	26	
13		×××路桥	左幅3号支座安装分项工程质量检验评定表（ZP-001）	20190608	27	
14		×××路桥	支座安装质量检验表（ZJ-213、ZK-004、C-007、C-008）	20190608	28	
15		×××路桥	右幅0号支座安装中间交工证书（ZK-018）	20190530	33	
16		×××路桥	右幅0号支座安装分项工程质量检验评定表（ZP-001）	20190522	34	
17		×××路桥	支座安装质量检验表（ZJ-213、ZK-004、C-007、C-008）	20190522	35	
18		×××路桥	右幅3号支座安装中间交工证书（ZK-018）	20190530	40	
19		×××路桥	右幅3号支座安装分项工程质量检验评定表（ZP-001）	20190522	41	

续上表

序号	文件编号	责任者	文件材料题名	日期	页次	备注
20		××××路桥	支座安装质量检验表（ZJ-213、ZK-004、C-007、C-008）	20190522	42	
21		××××路桥	右幅4号支座安装中间交工证书（ZK-018）	20190530	47	
22		××××路桥	右幅4号支座安装分项工程质量检验评定表（ZP-001）	20190527	48	
23		××××路桥	支座安装质量检验表（ZJ-213、ZK-004、C-007、C-008）	20190527	49	
24		××××路桥	桥面铺装分项工程质量检验评定汇总表（ZP-003）	20191102	54	
25		××××路桥	左幅第1联桥面铺装中间交工证书（ZK-018）	20191102	55	
26		××××路桥	左幅第1联桥面铺装分项工程质量检验评定表（ZP-001）	20190926	56	
27		××××路桥	钢筋安装质量交验单（ZJ-078、ZJ-077）	20190926	59	
28		××××路桥	混凝土浇筑申请批复单（ZK-009、S2-022、ZJ-087、S5-003）	20190927	62	
29		××××路桥	复合桥面水泥混凝土铺装质量检验表（ZJ-208、C-007、C-008、S5-004）	20191025	67	
30		××××路桥	施工测量放样报验单（ZK-004、C-007、C-008）	20190930	68~73	

卷内目录(隧道洞身开挖) 附表10-5

序号	文件编号	责任者	文件材料题名	日期	页次	备注
1		×××路桥	ZK96+060~ZK96+080段左线洞身开挖中间交工证书(ZK-018)	20181229	1	
2		×××路桥	ZK96+060~ZK96+080段左线洞身开挖分项工程质量检验评定表(ZP-002)	20181229	2	
3		×××路桥	隧道施工中围岩类别判定记录表(ZJ-237)	20181119	9	
4		×××路桥	隧道地质素描记录(ZJ-236)	20181119	15	
5		×××路桥	施工测量放样报验单(ZK-004、C-007、C-008)	20181119	21	
6		×××路桥	洞身开挖质量检验表(ZJ-238)	20181119	27	
7		×××路桥	洞身开挖断面图	20181119	33~45	

卷内目录（隧道初期支护） 附表10-6

序号	文件编号	责任者	文件材料题名	日期	页次	备注
1		×××路桥	ZK99+154~ZK99+184段左幅钢支撑中间交工证书（ZK-018）	20171210	1	
2		×××路桥	ZK99+154~ZK99+184段左幅钢支撑分项工程质量检验评定表（ZP-002）	20171210	2	
3		×××路桥	ZK99+154~ZK99+184段钢支撑支护交验单（ZJ-247）	20171112	3	
4		×××路桥	ZK99+433~ZK99+483段左幅钢支撑中间交工证书（ZK-018）	20170831	12	
5		×××路桥	ZK99+433~ZK99+483段左幅钢支撑分项工程质量检验评定表（ZP-002）	20170828	13	
6		×××路桥	ZK99+433~ZK99+483段钢支撑支护交验单（ZJ-247）	20170712	14	
7		×××路桥	ZK99+545~ZK99+580段左幅钢支撑中间交工证书（ZK-018）	20170715	24	
8		×××路桥	ZK99+545~ZK99+580段左幅钢支撑分项工程质量检验评定表（ZP-002）	20170701	25	
9		×××路桥	ZK99+545~ZK99+580段钢支撑支护交验单（ZJ-247）	20170526	26	
10		×××路桥	ZK99+184~ZK99+254段左幅格栅拱支护中间交工证书（ZK-018）	20171124	38	
11		×××路桥	ZK99+184~ZK99+254段左幅格栅拱支护分项工程质量检验评定表（ZP-002）	20171125	39	
12		×××路桥	ZK99+184~ZK99+254段钢支撑支护交验单（ZJ-247）	20171016	40	
13		×××路桥	ZK99+254~ZK99+354段左幅格栅拱支护中间交工证书（ZK-018）	20171101	54	
14		×××路桥	ZK99+254~ZK99+354段左幅格栅拱支护分项工程质量检验评定表（ZP-002）	20171029	55	
15		×××路桥	ZK99+254~ZK99+354段钢支撑支护交验单（ZJ-247）	20170830	56~60	

卷内目录（隧道混凝土衬砌） 附表10-7

序号	文件编号	责任者	文件材料题名	日期	页次	备注
1		×××路桥	YK101+121~YK101+223段混凝土衬砌中间交工证书（ZK-018）	20181105	1	
2		×××路桥	YK101+121~YK101+223段混凝土衬砌分项工程质量检验评定汇总表（ZP-003）	20181104	2	
3		×××路桥	YK101+121~YK101+191段混凝土衬砌分项工程质量检验评定表（ZP-001）	20181104	3	
4		×××路桥	YK101+121~YK101+191段混凝土衬砌质量检验表（ZJ-245、C-007、C-008、C-009、S5-004）	20181104	4	
5		×××路桥	YK101+121~YK101+191段混凝土浇筑申请批复（ZK-009、S2-022、ZJ-087、S5-003）	20181104	5	
6		×××路桥	YK101+121~YK101+191段模板台车架设检查记录表（ZJ-246）	20181104	9	
7		×××路桥	YK101+191~YK101+223段混凝土衬砌分项工程质量检验评定表（ZP-001）	20180918	80	
8		×××路桥	YK101+191~YK101+223段混凝土衬砌质量检验表（ZJ-245、C-007、C-008、C-009、S5-004）	20180918	81	
9		×××路桥	YK101+191~YK101+223段混凝土浇筑申请批复（ZK-009、S2-022、ZJ-087、S5-003）	20180918	82	
10		×××路桥	YK101+191~YK101+223段模板台车架设检查记录表（ZJ-246）	20180918	86~90	

附录 11 档案整理其他用表

×× 高速公路建设项目竣工文件归档接收签证单

附表 11-1 共 页

归档案卷目录

保管期限	卷	册	袋	盒	合计
永久					
长期					
短期					
合计					

保管单位

归档单位： 负责人： 经手人：
接收单位： 负责人： 接收人：
交接日期： 年 月 日

单位、分部、分项工程数量统计表

附表 11-2

合同段：　　　　　　　　　施工单位：　　　　　　　　　监理单位：

单位工程名称	单位工程数量	分部工程名称	分部工程数量	分项工程数量	备注

国家法定计量单位及符号一览表

附表 11-3

量的名称	单位名称	单位符号	量的名称	单位名称	单位符号
长度	千米（公里）	km	时间	年	a
	米	m		天（日）	d
	分米	dm		小时	h
	厘米	cm		分	min
	毫米	mm		秒	s
	微米	μm	频率	赫兹	Hz
面积	平方千米	km^2		千赫兹	kHz
	平方米	m^2		兆赫兹	MHz
	平方分米	dm^2	力、重力	牛[顿]	N
	平方厘米	cm^2		千牛[顿]	kN
体积	立方米	m^3	力矩	牛[顿]米	N·m
	立方分米	dm^3		千牛[顿]米	kN·m
	立方厘米	cm^3	应力	帕[斯卡]	Pa
容积	升	L		千帕[斯卡]	kPa
	分升	dL		兆帕[斯卡]	MPa
	厘升	cL	功率	伏安	VA
	毫升	mL	磁场强度	安培每米	A/m
质量	吨	t	光照度	勒[克斯]	lx
	千克（公斤）	kg	照射量	库仑每千克	C/kg
	克	g	光通量	流[明]	lm
	分克	dg	磁通量	韦[伯]	wb
	厘克	cg	电流	安[培]	A
	毫克	mg	电压	伏[特]	V
功、热	焦、耳	J	电容	法[拉]	F
温度	摄氏度	℃	电阻	欧[姆]	Ω
立面角	球面度	sr	电感	亨[利]	H
平面角	弧度	rad			

附录12 施工、监理、试验表格填写说明

1 表格填写总的要求

(1)表格的填写要准确、完整、规范、工整。
(2)除计算机打印部分外,其他部分的填写使用不易褪色的蓝黑墨水、黑墨水笔填写。

2 表格填写的有关说明

1)施工质量检验表

施工质量检验表用于施工单位的现场质量自检填写,有施工原始记录表、检查记录表、交验单、质量检验表四种格式,按照《公路工程质量检验评定标准》(JTG F80/1—2017)的章节顺序排列。

施工原始记录表主要记录施工过程当中的各种施工数据,一般情况下不用监理签名,但需要监理旁站的,应由旁站监理签名,旁站监理签名前应对记录的数据和施工过程情况认真检查,确认属实后予以签认。经旁站监理签名后的施工原始记录表一式两份,施工单位和监理单位各保留一份,数据可以共享。

交验单主要供工序和不方便独立交工的分项工程(如各构件中的钢筋加工及安装)检查使用。交验单主要记录实测数据。施工单位可以根据需要设计通用的检查记录表,用于记录部分交验单和检验表记录不下的检测数据。部分检查记录表需监理认可签名,如桩基地质柱状图现场检查记录表等。

各种自检用表中的分项工程名称和分部工程名称以总监办批准的本合同段内单位、分部、分项工程的划分为准;桩号及部位填写具体的里程桩号、孔(跨)号、墩台号和上、下、左、右等构件的具体部位等,应尽量明确。

2)监理抽检记录表

《公路工程监理用表》(附录15)所有抽检项目(除测量、试验外)均采用此表填写;测量和试验抽检采用统一格式的测量用表和试验用表。

抽检记录表是对抽检过程、抽检结果和处理情况等的记录,监理只针对分项工程中关键项目和结构主要尺寸进行抽检[关键项目是指《公路质量检验评定标准》(JTG F80/1—2017)中涉及结构安全和使用功能的关键实测项目(即在上述标准中标有"△"的实测

项目)]。

监理所有抽检项目(除测量、试验外)均采用此表填写;抽检记录表中检查结果栏填写检查数据;对抽检记录数据较多的实测项目,可将检查数据以附表形式记录。测量、试验等检测记录或报告可作为抽检记录表的附件。

对于所属同一分部工程内的相同分项工程实测项目(关键项目和结构主要尺寸),在同一时间抽检的,可将抽检数据填写在一张抽检记录表中,如预制场钢筋安装抽检可同时抽检多个构件。对同一分项工程实测项目可分开进行抽检,但抽检项目及频率需满足规范要求,不得缺项或检测频率不足。

对分项工程中需要覆盖、完工后无法检测的关键工序[关键工序是指在分项工程中与《公路工程质量检验评定标准》(JTG F80/1—2017)中涉及结构安全和使用功能的关键实测项目(即在上述标准中标有"△"的实测项目)相关的施工工序],包括有关旁站项目,需按照隐蔽工程进行检查验收,填写《隐蔽工程验收记录表》,并附隐蔽工程检查图片。

3 表格类别及数量

本施工监理表格共四类766张,其中:
(1)公路工程质量评定表6张,见附录13;
(2)公路工程施工用表335张,见附录14;
(3)公路工程监理用表217张,见附录15;
(4)公路工程试验用表208张,见附录16。

各项目施工过程中根据工程需要补充部分表格的,由各项目总监办制备,下发执行。

附录 13 公路工程质量评定表

附表 13-1

分项工程质量检验评定表

分项工程名称：　　　　　　　　　　工程部位：(桩号、墩台号、孔号)　　　　　　　　所属建设项目(合同段)：

所属分部工程名称：　　　　　　　　所属单位工程：　　　　　　　　施工单位：　　　　　　　　分项工程编号：

基本要求	1. 2. …													
	项次	检查项目	规定值或允许偏差	实测值或实测偏差值									质量评定	
				1	2	3	4	5	6	7	8	9	10	平均值、代表值	合格率(%)	合格判定
实测项目																
外观质量																
工程质量等级评定														质量保证资料		

检验负责人：　　　　　　　检测：　　　　　　记录：　　　　　　复核：　　　　　　年　月　日

附表13-2

(子)分部工程质量检验评定表

(子)分部工程名称：　　　　　　　　　　　　　　　　工程部位：

所属分部工程：

所属建设项目(合同段)：　　　　　　　　　　　　　　(子)分部工程编号：

施工单位：

分项工程编号	分项工程		备注
	分项工程名称	质量等级	
外观质量			
评定资料			
质量等级			
评定意见			

检验负责人：　　　　　　　　记录：　　　　　　　　复核：　　　　　　　　年　月　日

附表 13-3

分部工程质量检验评定表

分部工程名称：　　　　　　　　　　　　工程部位：
所属单位工程：
所属建设项目（合同段）：　　　　　　　分部工程编号：
施工单位：

分项工程		备注
分项工程编号	分项工程名称 质量等级	
外观质量		
评定资料		
质量等级		
评定意见		

检验负责人：　　　　　　记录：　　　　　　复核：　　　　　年　月　日

单位工程质量检验评定表

附表 13-4

单位工程名称：　　　　　　　　　　　　　　工程地点、桩号：

所属建设项目（合同段）：　　　　　　　　　　单位工程编号：

施工单位：

分部工程编号	分项工程		质量等级	备注
	分部工程名称	分项工程名称		
外观质量				
评定资料				
质量等级				
评定意见				

检验负责人：　　　　　　　记录：　　　　　　　复核：

　　　　　　　　　　　　　　　　　　　　　　　　年　月　日

附表 13-5

标段（合同段）工程质量检验评定表

标段（合同段）工程名称：　　　　　　　　　　　　工程地点、桩号：

所属建设项目：

施工单位：　　　　　　　　　　　　　　　　　　　标段（合同段）工程编号：

单位工程编号	单位工程名称	单位工程		备注
		投资额	质量等级	
质量等级				
评定意见				

检验负责人：　　　　　　　　　计算：　　　　　　　　复核：

年　月　日

附件 13-6

建设项目工程质量检验评定表

建设项目工程名称：　　　　　　　　　　　　　　　　　　　工程地点、桩号：
施工单位：　　　　　　　　　　　　　　　　　　　　　　　　建设项目工程编号：

标段名称	投资额	建设项目工程			标段评分	质量等级	标段评分×投资额
		单位工程数	合格单位工程数	合格率			
合计							
建设项目单位工程合格率					项目质量评分		
项目质量等级							

计算：　　　　　　　　　　　　复核：　　　　　　　　　　　　检验负责人：　　　　　　　　　　　　日期：

附录 14 公路工程施工用表

清理与掘除交验单

附表 14-1

施工单位：　　　　　　　　　　　　　　　　　　　　　　合同号：
监理单位：　　　　　　　　　　　　　　　　　　　　　　编　号：

分项工程名称		所属分部工程		施工时间	
桩号及部位		检测人	记录人	检验时间	
项次	检验项目	计量单位	检验结果		
1	铲除草皮	面积（m²）和厚度（cm）			
2	挖树木	胸径（cm/棵）			
	挖树根	棵			
3	拆除旧路面	旧路面类别面积（m²）、深度（cm）			
4	回填与压实情况				

外观情况：

自检结论：

监理意见：

质检工程师：　　　　　　　　日期：　　　　　　　　专业监理工程师：　　　　　　　　日期：

附表 14-2

土方路基质量检验表

施工单位：
监理单位：

分项工程名称				所属分部工程		合同号：
桩号及部位				检测人	记录人	编 号：
						施工时间
						检验时间

项次	检验项目			设计值	允许偏差	检验结果	检验频率和方法
1△	压实度（%）	上路床	0～0.3m		不小于设计值		按《公路工程质量检验评定标准 第一册 土建工程》(JTG F80/1—2017) 附录 B 检查。密度法：每200m每压实层实测 2 处。
		下路床 轻、中及重交通荷载等级	0.3～0.8m		不小于设计值		
		下路床 特重、极重交通荷载等级	0.3～1.2m		不小于设计值		
		上路堤 轻、中及重交通荷载等级	0.8～1.5m		不小于设计值		
		上路堤 特重、极重交通荷载等级	1.2～1.9m		不小于设计值		
		下路堤 轻、中及重交通荷载等级	>1.5m		不小于设计值		
		下路堤 特重、极重交通荷载等级	>1.9m		不小于设计值		
2△	弯沉（0.01mm）				不大于设计验收弯沉值		按《公路工程质量检验评定标准 第一册 土建工程》(JTG F80/1—2017) 附录 J 检查
3	纵断高程（mm）				+10，-15		水准仪：中线位置每200m测 2 个点
4	中线偏位（mm）				50		全站仪：每200m测 2 个点，弯道加 HY、YH 两点
5	宽度（mm）				满足设计要求		尺量：每200m测量 4 个点
6	平整度（mm）				≤15		3m 直尺：每200m测 2 处×5 尺
7	横坡（%）				±0.3		水准仪：每200m测 2 个断面
8	边坡				满足设计要求		尺量：每200m测量 4 个点

外观情况：

自检结论：

质检工程师：   日期：

附表 14-3

石方路基质量检验表

施工单位：　　　　　　　　　　　　　　　　合同号：
监理单位：　　　　　　　　　　　　　　　　编　号：

分项工程名称		所属分部工程		施工时间	
桩号及部位		检测人	记录人	检验时间	
项次	检验项目	设计值	允许偏差	检验结果	检验频率和方法
1△	压实		孔隙率满足设计要求		密度法：每 200m 每压实层测 1 处
2△	弯沉(0.01mm)		沉降差≤试验路确定的沉降差		精密水准仪：每 50m 测 1 个断面，每个断面测 5 个点
3	纵断高程(mm)		+10，-20		按《公路工程质量检验评定标准》(JTG F80/1—2017) 附录 J 检查 土建工程 第一册
4	中线偏位(mm)		≤50		水准仪：中线位置每 200m 测 2 个点 全站仪：每 200m 测 2 个点，弯道加 HY、YH 两点
5	宽度(mm)		满足设计要求		尺量：每 200m 测量 4 个点
6	平整度(mm)		≤20		3m 直尺：每 200m 测 2 处 × 5 尺
7	横坡(%)		±0.3		水准仪：每 200m 测 2 个断面
8	边坡 坡度		满足设计要求		尺量：每 200m 测量 4 个点
	边坡 平顺度		满足设计要求		

外观情况：

自检结论：

质检工程师：　　　　　　　　　　　　　日期：

附表 14-4

路基填石（土石）层压实质量施工记录表

施工单位：　　　　　　　　　　　　　　　　　　　　　　合同段：
监理单位：　　　　　　　　　　　　　　　　　　　　　　编　号：

工程名称			施工时间	
桩号及部位			检测时间	
质检员			记录人	

项次	检验项目		试验路段确定值	检验结果	检验频率和方法
1	有代表性的最大粒径（cm）				尺量
2	超粒径石料所占比例（%）				目测
3	最大粒径（cm）				尺量
4	摊铺层松铺厚度（cm）				40m一个断面，每断面4处
5	压路机型号				查施工日志
6	碾压速度（km/h）				查施工日志
7	压实遍数				查施工日志
8	压实沉降差（mm）	平均值			40m一个断面，每断面6~9个点
		标准差			
9	填充剂中石料所占比例（%）				查试验报告
10	填充剂中土的塑性指数IP				查试验报告
11	石料为强风化或软质石料的CBR（%）				查试验报告
12	试验路段达到的孔隙率（%）				查试验段总结
13	试验路段达到的最大干密度（g/cm³）				查试验段总结

试验段起止桩号：　　　　　　　　　　　　　　　　　　　试验段施工日期：

监理意见：

监理工程师：　　　　　　　　　　　　　　　　　　　　　日期：

附表14-5

砂垫层质量检验表

施工单位：　　　　　　　　　　　　　　　　　　合同号：
监理单位：　　　　　　　　　　　　　　　　　　编　号：

分项工程名称		所属分部工程		施工时间	
桩号及部位		检测人	记录人	检验时间	
项次	检验项目	设计值	允许偏差	检验结果	检验频率和方法
1	砂垫层厚度（mm）		不小于设计值		尺量：每200m测量2个点，且不少于5个点
2	砂垫层宽度（mm）		不小于设计值		尺量：每200m测量2个点，且不少于5个点
3	反滤层设置		满足设计要求		尺量：每200m测量2个点，且不少于5个点
4	压实度（%）		≥90		密度法：每200m测量2个点，且不少于5个点

外观情况：

自检结论：

质检工程师：　　　　　　　　　　　　　　　　　　日期：

袋装砂井、塑料排水板质量检验表

附表 14-6

施工单位：　　　　　　　　　　　　　　　　　合同号：
监理单位：　　　　　　　　　　　　　　　　　编　号：

分项工程名称		所属分部工程		施工时间	
桩号及部位		检测人	记录人	检验时间	
项次	检验项目	设计值	允许偏差	检验结果	检验频率和方法
1	井(板)间距(mm)		±150		尺量:抽查2%且不少于5个点
2△	井(板)长(mm)		不小于设计值		查施工记录
3	井径(mm)		+10,0		挖验2%且不少于5个点
4	灌砂率(%)		−5		查施工记录

外观情况：

自检结论：

质检工程师：　　　　　　　　　　　　　　　　　日期：

附表 14-7

粒料桩质量检验表

施工单位：　　　　　　　　　　　　　　　　　　　　　　合同号：
监理单位：　　　　　　　　　　　　　　　　　　　　　　编　号：

分项工程名称		所属分部工程		检测人		记录人		施工时间	
桩号及部位								检验时间	
项次	检验项目	设计值	允许偏差		检验结果			检验频率和方法	
1	桩距（mm）		±150					抽查2%且不少于5个点	
2	桩径（mm）		不小于设计值					抽查2%且不少于5个点	
3△	桩长（mm）		不小于设计值					查施工记录并结合重型动力触探	
4	粒料灌入率（%）		不小于设计值					查施工记录	
5	地基承载力（kPa）		满足设计要求					抽查桩数的0.1%且少于3处	

外观情况：

自检结论：

　　　　　　　　　　　　　　　　　　　　质检工程师：　　　　　　　日期：

附表 14-8

粒料桩施工记录表

合同号：
编　号：

施工单位：
监理单位：

分项工程名称										
所属分部工程										
工程部位				设计桩径(m)		灌入材料		碎石	施工/检验时间	
				设计桩长(m)		每米灌入量(m³)			天气	
				设计桩距(m)		每根灌入量(m³)			施工自检或监理抽检	
序号	桩位编号	竖直度(%)	钻井深度(m)	实际桩长(m)	灌入量(m³)	沉管时间(min)	拔管时间(min)	密实电流(A)	桩间距(m)	备注
1										
2										
3										
4										
5										
6										
7										
8										
9										
10										
11										
12										
13										
14										
15										

记录：　　　　　　　　　　复核：　　　　　　　　　　日期：

附表14-9

刚性桩质量检验表

施工单位：　　　　　　　　　　　　　　　　　　　　　　　　　　合同号：
监理单位：　　　　　　　　　　　　　　　　　　　　　　　　　　编　号：

分项工程名称		所属分部工程			施工时间	
桩号及部位		检测人		记录人	检验时间	
项次	检验项目	设计值	允许偏差	检验结果	检验频率和方法	
1△	强度(MPa)		在合格标准内		按《公路工程质量检验评定标准　第一册　土建工程》(JTG F80/1—2017)附录D检查	
2	桩距(mm)		±100		尺量:抽查2%且不少于5个点	
3	桩径(mm)		不小于设计值		尺量:抽查2%且不少于5个点	
4△	桩长(m)		不小于设计值		查施工记录	
5	单桩承载力(kPa)		满足设计要求		抽查桩数的0.1%且不少于3根	

外观情况：

自检结论：

　　　　　　　　　　　　　　　　　　　　　　　质检工程师：　　　　　　　　　　日期：

刚性桩施工记录表

附表 14-10

施工单位：　　　　　　　　　　　　　　　　　　　　　　　　　　　合同号：
监理单位：　　　　　　　　　　　　　　　　　　　　　　　　　　　编　号：

分项工程名称		水泥品种及强度等级			设计孔径（cm）		桩间距（cm）	
所属分部工程		施工起止桩号					停灰面深度（m）	
设计喷粉量（kg/m）		设计桩长			记录人		施工日期	

桩位（排/号）	实际桩长（cm）	复搅时间（h:min）		复搅深度（m）	管道压力范围（MPa）	钻进速度（m/min）	提升速度（m/min）	罐内灰量		实际喷灰量（kg）	实测孔径（m）	孔位偏差（mm）	钻杆倾斜度（%）
		起	止 用时					喷射前（kg）	喷射后（kg）				

自检结论：	监理意见：
质检工程师：　　　　　　　　　日期：	旁站监理：　　　　　　　　　日期：

注：附粉料喷入自动计量装置打印记录。

附表 14-11

软土地基沉降量观测记录表

施工单位：　　　　　　　　　　　　　　　　　　　　　　　　合同号：
监理单位：　　　　　　　　　　　　　　　　　　　　　　　　编　号：

分项工程名称													
桩号及部位													
桩号或观测点	施工时间						观测时间						
	年 月 日			年 月 日			年 月 日			年 月 日			
	观测值(mm)	本期沉降(mm)	累计沉降(mm)	观测值(mm)	本期沉降(mm)	累计沉降(mm)	观测值(mm)	本期沉降(mm)	累计沉降(mm)	观测值(mm)	本期沉降(mm)	累计沉降(mm)	

记录：　　　　　　　　　　　　　　　　　复核：　　　　　　　　　　　　　　　　　日期：

日期：

附表 14-12

软土地基位移观测记录表

施工单位：　　　　　　　　　　　　　　　　　　　　　　　　　　合同号：
监理单位：　　　　　　　　　　　　　　　　　　　　　　　　　　编　号：

分项工程名称						施工时间				
桩号及部位						检验时间				
日期	填土高度 H	右 R	偏差	左 L	偏差	右 L	差值	合计	左 L	差值	合计	备注

备注：

记录：　　　　　　　　　　　　复核：　　　　　　　　　　　　日期：
　　　　　　　　　　　　　　　　　　　　　　　　　　　　　　日期：

附表 14-13

加筋工程土工合成材料质量检验表

施工单位：　　　　　　　　　　　　　　　　　　　合同号：
监理单位：　　　　　　　　　　　　　　　　　　　编　号：

分项工程名称		所属分部工程		施工时间	
桩号及部位		检测人		检验时间	
项次	检验项目	设计值	允许偏差	检验结果	检验频率和方法
1	下承层平整度、拱度		满足设计要求		每200m检查4处
2	搭接宽度(mm)		+50,0		尺量:抽查2%
3	搭接缝错开距离(mm)		满足设计要求		尺量:抽查2%
4	锚固长度(mm)		满足设计要求		尺量:抽查2%
外观情况:					
自检结论:					

记录人：

质检工程师：　　　　　　　　　　　　　　　　　　　日期：

附表 14-14

隔离工程土工合成材料质量检验表

施工单位：
监理单位：
合同号：
编　号：

分项工程名称		所属分部工程			施工时间	
桩号及部位		检测人		记录人	检验时间	
项次	检验项目	设计值	允许偏差	检验结果		检验频率和方法
1	下承层平整度、拱度		满足设计要求			每200m检查4处
2	搭接宽度（mm）		+50, 0			尺量：抽查2%
3	搭接缝错开距离（mm）		满足设计要求			尺量：抽查2%
4	搭接处透水点		不多于1个点			每缝

外观情况：

自检结论：

质检工程师：　　　　　　　　　　　　日期：

附表 14-15

过滤排水工程土工合成材料质量检验表

施工单位：　　　　　　　　　　　　　合同号：
监理单位：　　　　　　　　　　　　　编　号：

分项工程名称		所属分部工程		施工时间	
桩号及部位		检测人	记录人	检验时间	
项次	检验项目	设计值	允许偏差	检验结果	检验频率和方法
1	下承层平整度、拱度		满足设计要求		每 200m 检查 4 处
2	搭接宽度（mm）		+50,0		尺量：抽查 2%
3	搭接缝错开距离（mm）		满足设计要求		尺量：抽查 2%

外观情况：

自检结论：

质检工程师：　　　　　　　　　　　　　日期：

附表 14-16

防裂工程土工合成材料质量检验表

施工单位：　　　　　　　　　　　　　　　　　　　　　　　　　合同号：
监理单位：　　　　　　　　　　　　　　　　　　　　　　　　　编　号：

分项工程名称		所属分部工程		施工时间	
桩号及部位		检测人	记录人	检验时间	
项次	检验项目	设计值	允许偏差	检验结果	检验频率和方法
1	下承层平整度、拱度		满足设计要求		每200m检查4处
2	搭接宽度（mm）		≥50（横向） ≥150（纵向）		尺量：抽查2%
3	黏结力（N）		≥20		抽查2%

外观情况：

自检结论：

质检工程师：　　　　　　　　　　　　　　　　　　　　　　　　　日期：

加固土桩质量检验表

附表14-17

施工单位：　　　　　　　　　　　　　　　　　合同号：
监理单位：　　　　　　　　　　　　　　　　　编　号：

分项工程名称		所属分部工程		施工时间	
桩号及部位		检测人	记录人	检验时间	
项次	检验项目	设计值	允许偏差	检验结果	检验频率和方法
1	桩距（mm）		±100		尺量：抽查2%且不少于5个点
2	桩径（mm）		不小于设计值		尺量：抽查2%且不少于5个点
3△	桩长（mm）		不小于设计值		查施工记录并结合0.2%成桩取芯检查
4	单桩每延米喷粉（浆）量（%）		不小于设计值		查施工记录
5△	强度（MPa）		不小于设计值		取芯法：抽查桩数的0.5%，且不少于3组
6	地基承载力（kPa）		满足设计要求		抽查桩数的0.1%且不少于3处

外观情况：

自检结论：

　　　　　　　　　　　　　　　　　　　　　　　　　质检工程师：　　　　　　　　日期：

附表 14-18

水泥粉煤灰碎石桩质量检验表

施工单位：　　　　　　　　　　　　　　　　　　　　　　合同号：
监理单位：　　　　　　　　　　　　　　　　　　　　　　编　号：

分项工程名称		所属分部工程		施工时间	
桩号及部位		检测人		检验时间	
项次	检验项目	设计值	允许偏差	检验结果	检验频率和方法
1	桩距（mm）		±100		尺量：抽查2%且不少于5个点
2	桩径（mm）		不小于设计值		尺量：抽查2%且不少于5个点
3△	桩长（mm）		不小于设计值		查施工记录并结合取芯检查
4△	强度（MPa）		不小于设计值		取芯法：抽查桩数的0.5%，且不少于3组
5	地基承载力（kPa）		满足设计要求		抽查桩数的0.1%且不少于3处

外观情况：

自检结论：

　　　　　　　　　　　　　　　　　　　　　质检工程师：　　　　　　　　日期：

附表 14-19

管节预制质量检验表

施工单位：　　　　　　　　　　　　　　　　　　　合同号：
监理单位：　　　　　　　　　　　　　　　　　　　编　号：

分项工程名称		所属分部工程		施工时间	
桩号及部位		检测人	记录人	检验时间	
项次	检验项目	设计值	允许偏差	检验结果	检验频率和方法
1△	混凝土强度（MPa）		在合格标准内		按《公路工程质量检验评定标准 第一册 土建工程》（JTG F80/1—2017）附录D检查
2	内径（mm）		不小于设计值		尺量:抽查10%管节,每管节测2个断面,且不少于5个断面
3	壁厚（mm）		-3		尺量:抽查10%管节,每管节测2个断面,且不少于5个断面
4	顺直度		矢度不大于0.2%管节长		抽查10%管节,沿管节拉线量取最大矢高
5	长度（mm）		+5,0		尺量:抽查10%管节,每管节测1个点,且不少于5个点

外观情况：

自检结论：

质检工程师：　　　　　　　　　　　　　　　　　　　日期：

附表 14-20

混凝土排水管安装质量检验表

施工单位：　　　　　　　　　　　　　　　　　　　　合同号：
监理单位：　　　　　　　　　　　　　　　　　　　　编　号：

分项工程名称		所属分部工程		施工时间	
桩号及部位		检测人	记录人	检验时间	
项次	检验项目	设计值	允许偏差	检验结果	检验频率和方法
1△	混凝土抗压强度或砂浆强度（MPa）		在合格标准内		按《公路工程质量检验评定标准 第一册 土建工程》（JTG F80/1—2017）附录D、附录F检查
2	管轴线偏位（mm）		15		全站仪或尺量：每两井间测3处
3	流水面高程（mm）		±10		水准仪，尺量：每两井间进出水口各测1处，中间测1~2处
4	基础厚度（mm）		不小于设计值		尺量：每两井间测3处
5	管座 肩宽（mm）		+10，−5		尺量：每两井间测2处
5	管座 肩高（mm）		±10		尺量：每两井间测2处
6	抹带 宽度		不小于设计值		尺量：按10%抽查
6	抹带 厚度		不小于设计值		尺量：按10%抽查

外观情况：

自检结论：

质检工程师：　　　　　　　　　　　　　　　　　　日期：

附表 14-21

检查(雨水)井砌筑质量检验表

施工单位：　　　　　　　　　　　　　　　　　　　　　合同号：
监理单位：　　　　　　　　　　　　　　　　　　　　　编　号：

分项工程名称		所属分部工程		施工时间	
桩号及部位		检测人	记录人	检验时间	

项次	检验项目	设计值	允许偏差	检验结果	检验频率和方法
1△	砂浆强度(MPa)		在合格标准内		按《公路工程质量检验评定标准 第一册 土建工程》(JTG F80/1—2017)附录F检查
2	中心点位(mm)		50		全站仪:逐井检查
3	圆井直径或方井长、宽(mm)		±20		尺量:逐井检查,每井检查2个点
4	壁厚(mm)		−10,0		尺量:逐井检查,每井检查2个点
5	井底高程(mm)		±20		水准仪:逐井检查
6	井盖与相邻路面高差(mm) 雨水井		0,−4		水准仪、水平尺:逐井检查
	井盖与相邻路面高差(mm) 检查井		+4,0		

外观情况：

自检结论：

质检工程师：　　　　　　　　　　　　　　　　　　　日期：

土沟质量检验表

附表 14-22

施工单位：
监理单位：
合同号：
编　号：

分项工程名称		所属分部工程		施工时间	
桩号及部位		检测人	记录人	检验时间	

项次	检验项目	设计值	允许偏差	检验结果	检验频率和方法
1	沟底高程（mm）		0，-30		水准仪：每 200m 测 4 个点，且不少于 5 个点
2	断面尺寸（mm）		不小于设计值		尺量：每 200m 测 2 个点，且不少于 5 个点
3	边坡坡度（%）		不大于设计值		尺量：每 200m 测 2 个点，且不少于 5 个点
4	边棱直顺度（mm）		50		尺量：20m 拉线，每 200m 测 2 个点，且不少于 5 个点

外观情况：

自检结论：

质检工程师：　　　　　　　　施工工程师：　　　　　　　　日期：

附表 14-23

浆砌水沟质量检验表

施工单位：　　　　　　　　　　　　　　　　　　合同号：
监理单位：　　　　　　　　　　　　　　　　　　编　号：

分项工程名称		所属分部工程		施工时间	
桩号及部位		检测人	记录人	检验时间	
项次	检验项目	设计值	允许偏差	检验结果	检验频率和方法
1△	砂浆强度（MPa）		在合格标准内		按《公路工程质量检验评定标准 第一册 土建工程》（JTG F80/1—2017）附录F检查
2	轴线偏位（mm）		50		全站仪或尺量：每200m测5个点
3	沟内高程（mm）		±15		水准仪：每200m测5个点
4	墙面直顺度（mm）		30		20m拉线：每200m测2个点
5	坡度（%）		满足设计要求		坡度尺：每200m测2个点
6	断面尺寸（mm）		±30		尺量：每200m测2个断面，且不少于5个断面
7	铺砌厚度（mm）		不小于设计值		尺量：每200m测2个点
8	基础垫层宽度、厚度（mm）		不小于设计值		尺量：每200m测2个点

外观情况：

自检结论：

质检工程师：　　　　　　　　　　　　　　　　　日期：

附表 14-24

盲沟质量检验表

施工单位：　　　　　　　　　　　　　　　　　　　合同号：
监理单位：　　　　　　　　　　　　　　　　　　　编　号：

分项工程名称		所属分部工程		施工时间	
桩号及部位		检测人	记录人	检验时间	
项次	检验项目	设计值	允许偏差	检验结果	检验频率和方法
1	沟底高程 (mm)		±15		水准仪：每20m测1个点
2	断面尺寸 (mm)		不小于设计值		尺量：每20m测1个点

外观情况：

自检结论：

　　　　　　　　　　　　　　　　　　　质检工程师：　　　　　　　　日期：

排水泵站沉井质量检验表

附表 14-25

施工单位：
监理单位：

分项工程名称		所属分部工程		合同号：	
桩号及部位		检测人		记录人	施工时间
					检验时间

项次	检验项目	设计值	允许偏差	检验结果	检验频率和方法
1△	混凝土强度（MPa）		在合格标准内		按《公路工程质量检验评定标准 第一册 土建工程》(JTG F80/1—2017)附录D检查
2	轴线平面偏位（mm）		50		全站仪：纵、横向各2个点
3	竖直度（mm）		1%H（H为井深）		铅锤法：纵、横向各2个点
4	几何尺寸（mm）		±50		尺量：长、宽、高各2个点
5	壁厚（mm）		-5,0		尺量：每井测5个点
6	井口高程（mm）		±50		水准仪：测4个点

外观情况：

自检结论：

质检工程师：　　　　　　　日期：

附表 14-26

沉淀池质量检验表

施工单位：　　　　　　　　　　　　　　　　合同号：
监理单位：　　　　　　　　　　　　　　　　编　号：

分项工程名称		所属分部工程		施工时间	
桩号及部位		检测人	记录人	检验时间	
项次	检验项目	设计值	允许偏差	检验结果	检验频率和方法
1△	混凝土强度（MPa）		在合格标准内		按《公路工程质量检验评定标准 第一册 土建工程》(JTG F80/1—2017) 附录D检查
2	轴线平面偏位（mm）		±50		全站仪：纵、横向各2个点
3	几何尺寸（mm）		±50		尺量：长、宽、高、壁厚各2个点
4	底板高程（mm）		±50		水准仪：测2个点

外观情况：

自检结论：

质检工程师：　　　　　　　　　　　　　　　日期：

附表 14-27

浆砌挡土墙质量检验表

施工单位：				合同号：	
监理单位：				编　号：	
分项工程名称		所属分部工程			施工时间
桩号及部位		检测人	记录人		检验时间

项次	检验项目		设计值	允许偏差	检验结果	检验频率和方法
1△	砂浆强度（MPa）			在合格标准内		按《公路工程质量检验评定标准 第一册 土建工程》（JTG F80/1—2017）附录F检查
2	平面位置（mm）			≤50		全站仪：测墙顶外边线，长度不大于30m时测5个点，每增加10m增加1个点
3	墙面坡度（%）			≤0.5		铅锤法：长度不大于30m测5处，每增加10m增加1处
4△	断面尺寸（mm）			≥设计值		尺量：长度不大于50m测1个断面，每增加10m增加1个断面
5	顶面高程（mm）			±20		水准仪：长度不大于30m时测5个点，每增加10m增加1个点
6	表面平整度（mm）	块石		≤20		2m直尺：每20m测3处，每处测竖直、墙长两个方向
		片石		≤30		
		混凝土预制块、料石		≤10		

外观情况：

自检结论：

质检工程师：　　　　　　　　　　　　　　　　　日期：

附表 14-28

干砌挡土墙质量检验表

施工单位：　　　　　　　　　　　　　　　　　　　　　　　　　　合同号：
监理单位：　　　　　　　　　　　　　　　　　　　　　　　　　　编　号：

分项工程名称		所属分部工程		施工时间	
桩号及部位		检测人	记录人	检验时间	
项次	检验项目	设计值	允许偏差	检验结果	检验频率和方法
1	平面位置（mm）		≤50		全站仪：测墙顶外边线，长度不大于30m时测5个点，每增加10m增加1个点
2	墙面坡度（%）		≤0.5		铅锤法：长度不大于30m时测5处，每增加10m增加1处
3△	断面尺寸（mm）		≥设计值		尺量：长度不大于50m时测量10个断面，每增加10m增加1个断面
4	顶面高程（mm）		±50		水准仪：长度不大于30m时测5个点，每增加10m增加1个点
5	表面平整度（mm）		≤50		2m直尺：每20m测3处，每处竖直、墙长两个方向
外观情况：					

自检结论：

质检工程师：　　　　　　　　　　　　　　　　日期：

附表14-29

片石混凝土挡土墙质量检验表

施工单位：　　　　　　　　　　　　　　　　　　　　　　　　合同号：
监理单位：　　　　　　　　　　　　　　　　　　　　　　　　编　号：

分项工程名称		所属分部工程		施工时间	
桩号及部位		检测人	记录人	检验时间	
项次	检验项目	设计值	允许偏差	检验结果	检验频率和方法
1△	混凝土强度（MPa）		在合格标准内		按《公路工程质量检验评定标准　第一册　土建工程》(JTG F80/1—2017)附录D检查
2	平面位置（mm）		≤50		全站仪：测墙顶外边线，长度不大于30m时测5个点，每增加10m增加1个点
3	墙面坡度（%）		≤0.3		铅锤法：长度不大于30m时测5处，每增加10m增加1处
4△	断面尺寸（mm）		≥设计值		尺量：长度不大于50m时测量10个断面，每增加10m增加1个断面
5	顶面高程（mm）		±20		水准仪：长度不大于30m时测5个点，每增加10m增加1个点
6	表面平整度（mm）		≤8		2m直尺：每20m测3处，每处竖直、墙长两个方向

外观情况：

自检结论：

质检工程师：　　　　　　　　　　　　　　　　　　　　　　日期：

附表14-30

悬臂式或扶壁式挡土墙质量检验表

施工单位：　　　　　　　　　　　　　　　　合同号：
监理单位：　　　　　　　　　　　　　　　　编　号：

分项工程名称		所属分部工程		施工时间	
桩号及部位		检测人	记录人	检验时间	
项次	检验项目	设计值	允许偏差	检验结果	检验频率和方法
1△	混凝土强度(MPa)		在合格标准内		按《公路工程质量检验评定标准 第一册 土建工程》(JTG F80/1—2017)附录D检查
2	平面位置(mm)		≤30		全站仪:长度不大于30m时测5点,每增加10m增加1个点
3	墙面坡度(%)		≤0.3		铅锤法:长度不大于30m时测5处,每增加10m增加1处
4△	断面尺寸		≥设计值		尺量:长度不大于50m时测量10个断面及10个扶壁,每增加10m增加1个断面及1个扶壁
5	顶面高程(mm)		±20		水准仪:长度不大于30m时测5点,每增加10m增加1个点
6	表面平整度(mm)		≤8		2m直尺:每20m测3处,每处测竖直、墙长两个方向

外观情况：

自检结论：

　　　　　　　　　　　　　　　　　　　　　质检工程师：　　　　　　　　　日期：

附表 14-31

筋带质量交验单

施工单位：　　　　　　　　　　　　　　　　合同号：
监理单位：　　　　　　　　　　　　　　　　编　号：

分项工程名称		所属分部工程		施工时间	
桩号及部位		检测人		记录人		检验时间	

项次	检查项目	设计值（规定值）	允许偏差	检验结果	检查方法和频率
1	筋带长度（mm）	≥设计值			尺量：每20m测5根（束）
2	筋带与面板连接	满足设计要求			目测：全部
3	筋带与筋带连接	满足设计要求			目测：全部
4	筋带铺设	满足设计要求			目测：全部

外观情况：

自检结论：

　　　　　　　　　　　质检工程师：　　　　　　　　　　　　日期：

监理意见：

　　　　　　　　　　　专业监理工程师：　　　　　　　　　　日期：

附表 14-32

拉杆质量交验单

施工单位：　　　　　　　　　　　　　　　　　　　　　　　　　合同号：
监理单位：　　　　　　　　　　　　　　　　　　　　　　　　　编　号：

分项工程名称		所属分部工程		施工时间	
桩号及部位		检测人	记录人	检验时间	
项次	检查项目	设计值(规定值)	允许偏差	检验结果	检查方法和频率
1△	长度(mm)		≥设计值		尺量：每20m测5根
2	拉杆间距(mm)		±100		尺量：每20m测5根
3	拉杆与面板、锚定板连接		满足设计要求		目测：全部
外观情况：					
自检结论：			监理意见：		
质检工程师：　　　　　　　　　日期：			专业监理工程师：　　　　　　　　　日期：		

附表 14-33

锚杆质量交验单

施工单位：　　　　　　　　　　　　　　　　　　　　　　　　　　　　　合同号：
监理单位：　　　　　　　　　　　　　　　　　　　　　　　　　　　　　编　号：

分项工程名称		所属分部工程		施工时间	
桩号及部位		检测人	记录人	检验时间	
项次	检查项目	设计值(规定值)	允许偏差	检验结果	检查方法和频率
1△	注浆强度(MPa)		在合格标准内		砂浆按《公路工程质量检验评定标准 第一册 土建工程》(JTG F80/1—2017)附录 F 检查,其他按附录 M 检查
2	锚孔孔深(mm)		≥设计值		尺量:抽查 20%
3	锚孔孔径(mm)		满足设计要求		尺量:抽查 20%
4	锚孔轴线倾斜度(%)		2		倾角仪:抽查 20%
5	锚孔间距(mm)		±100		尺量:抽查 20%
6△	锚杆抗拔力(N)		满足设计要求。设计未要求时,抗拔力平均值≥设计值;80%锚杆的抗拔力≥设计值,最小抗拔力≥0.9×设计值		抗拔力试验:检查数量按设计要求,设计未要求时按锚杆数 5%,且不少于 3 根检查
7	锚杆与面板连接		满足设计要求		目测:全部

外观情况：

自检结论：

监理意见：

质检工程师：　　　　　　　　　　日期：　　　　　　　　专业监理工程师：　　　　　　　　　　日期：

附表 14-34

面板预制质量检验表

施工单位：　　　　　　　　　　　　　　　　　　　　　合同号：
监理单位：　　　　　　　　　　　　　　　　　　　　　编　号：

分项工程名称			所属分部工程		施工时间	
桩号及部位			检测人	记录人	检验时间	
项次	检验项目		设计值	允许偏差	检验结果	检验频率和方法
1△	混凝土强度（MPa）			在合格标准内		按《公路工程质量检验评定标准 第一册 土建工程》（JTG F80/1—2017）附录 D 检查
2	边长（mm）	边长小于 1m		±5		尺量：抽查 10%，每板长宽各 1 次
		其他		±0.5%边长		
3	两对角线差（mm）	边长小于 1m		≤10		尺量：抽查 10%，每板测 2 对角线
		其他		≤0.7%最大对角线长		
4△	厚度（mm）			+5，-3		尺量：抽查 10%，每板测 2 处
5	表面平整度（mm）			≤5		2m 直尺：抽查 10%，每板长方向测 1 处
6	预埋件位置（mm）			≤5		尺量：抽查 10%
外观情况：						
自检结论：　　　　　　　　　　　　　　　　质检工程师：　　　　　　　　　　　　日期：						

附表 14-35

面板安装质量检验表

施工单位：　　　　　　　　　　　　　　　　合同号：
监理单位：　　　　　　　　　　　　　　　　编　号：

分项工程名称		所属分部工程		施工时间	
桩号及部位		检测人	记录人	检验时间	
项次	检验项目	设计值	允许偏差	检验结果	检验频率和方法
1	每层面板顶高程（mm）		±10		水准仪：长度不大于30m时测5个点，每增加10m增加1点
2	轴线偏位（mm）		≤10		挂线、尺量：长度不大于30m时测5个点，每增加10m增加1个点
3	面板坡度（%）		+0, -0.5		铅锤法：长度不大于30m时测5处，每增加10m增加1处
4	相邻板面错台（mm）		≤5		尺量：长度不大于30m时测5处，每增加10m增加1处
5	面板缝宽（mm）		≤10		尺量：每30m时测5条，每增加10m增加1条

外观情况：

自检结论：

质检工程师：　　　　　　　　　　　　　　　日期：

附表 14-36

锚杆、锚定板和加筋土挡土墙总体质量检验表

施工单位：　　　　　　　　　　　　　　　　　　　　　　　　　合同号：
监理单位：　　　　　　　　　　　　　　　　　　　　　　　　　编　号：

分项工程名称		所属分部工程		施工时间	
桩号及部位		检测人	记录人	检验时间	
项次	检验项目	设计值	允许偏差	检验结果	检验频率和方法
1	墙顶和肋柱平面位置（mm） 路堤式		+50，-100		全站仪：长度不大于30m时测5个点，每增加10m增加1个点
	路肩式		±50		
2	墙顶和肋柱高程（mm） 路堤式		±50		水准仪：长度不大于30m时测5个点，每增加10m增加1个点
	路肩式		±30		
3	肋柱间距（mm）		±15		尺量：每柱间
4	墙面平整度（mm）		≤15		2m直尺：每20m测3处，每处测竖直、墙长两个方向

外观情况：

自检结论：

　　　　　　　　　　　　　　　　　　　　　　　　　　　质检工程师：　　　　　　　　　日期：

附表 14-37

锚杆、锚定板和加筋土挡土墙墙背填土质量检验表

施工单位：　　　　　　　　　　　　　　　　　　　　　　合同号：
监理单位：　　　　　　　　　　　　　　　　　　　　　　编　号：

分项工程名称		所属分部工程			施工时间	
桩号及部位		检测人		记录人	检验时间	
项次	检验项目	设计值	允许偏差	检验结果	检验频率和方法	
1△	距面板 1m 范围以内压实度（%）		≥90		按《公路工程质量检验评定标准 第一册 土建工程》(JTG F80/1—2017) 附录B 的方法检查，每50m 每压实层测1处，且不得少于1处	
2	反滤层厚度 (mm)		≥设计厚度		尺量：长度不大于50m时测5个点，每增加10m增加1个点	

外观情况：

自检结论：

　　　　　　　　　　　　　　　　　　　　　质检工程师：　　　　　　　　　　日期：

锚杆、锚索质量检验表

附表 14-38

施工单位：　　　　　　　　　　　　　　　　　　　　　　　　　　　　　　　合同号：　　　　　　　施工时间：
监理单位：　　　　　　　　　　　　　　　　　　　　　　　　　　　　　　　编　号：

分项工程名称		所属分部工程				
桩号及部位		检测人		记录人		检验时间

项次	检验项目		设计值	允许偏差	检验结果	检验频率和方法
1△	注浆强度（MPa）			在合格标准内		砂浆按《公路工程质量检验评定标准 第一册 土建工程》（JTG F80/1—2017）附录 F 检查，其他按《公路工程质量检验评定标准 第一册 土建工程》（JTG F80/1—2017）附录 M 检查
2	锚孔深度（mm）			≥设计值		尺量：抽查 20%
3	锚孔孔径（mm）			满足设计要求		尺量：抽查 20%
4	锚孔轴线倾斜（%）			2		倾角仪：抽查 20%
5	锚孔位置（mm）	设置框格梁		±50		尺量：抽查 20%
		其他		±100		
6△	锚杆、锚索抗拔力（N）			满足设计要求。设计未要求时，抗拔力平均值≥设计值；80%锚杆的抗拔力≥设计值；最小抗拔力≥0.9×设计值		抗拔力试验：检查数量按设计要求，设计未要求时按锚杆数 5% 且不少于 3 根检查
7△	张拉力（kN）			满足设计要求		查油压表：逐根（束）检查
8	张拉伸长率（%）			满足设计要求；设计未要求时±6		尺量：逐根（束）检查
9	断丝、滑丝数			每束 1 根，且每断面不超过钢丝总数的 1%		目测：逐根（束）检查

外观情况：

自检结论：

质检工程师：　　　　　　　　　　　　　　　　　　　　　　日期：

附表14-39

砌体坡面防护质量检验表

施工单位：　　　　　　　　　　　　　　　　　　　　　合同号：
监理单位：　　　　　　　　　　　　　　　　　　　　　编　号：

分项工程名称		所属分部工程		施工时间	
桩号及部位		检测人	记录人	检验时间	
项次	检验项目	设计值	允许偏差	检验结果	检验频率和方法
1△	砂浆强度(MPa) 料、块石		在合格标准内		按《公路工程质量检验评定标准 第一册 土建工程》(JTG F80/1—2017)附录F检查
	砂浆强度(MPa) 片石		在合格标准内		
2	顶面高程(mm)		±30		水准仪：长度不大于30m时测5个点，每增加10m增加1个点
3	表面平整度(mm) 料、块石		≤25		2m直尺：除锥坡每50m测3处，每处纵、横向各1尺；锥坡处顺坡测3尺
	表面平整度(mm) 片石		≤35		
4	坡度(%)		≤设计值		坡度尺：长度不大于30m时测5处，每增加10m增加1处
5△	厚度或断面尺寸(mm)		≥设计值		尺量：长度不大于50m时测量10个断面，每增加10m增加1个断面
6	框格间距(mm)		±150		尺量：抽查10%

外观情况：

自检结论：

质检工程师：　　　　　　　　　　　　　　　　　　　日期：

浆砌砌体质量检验表

附表 14-40

施工单位：　　　　　　　　　　　　　　　　　　　　　合同号：
监理单位：　　　　　　　　　　　　　　　　　　　　　　编　号：

分项工程名称			所属分部工程		施工时间	
桩号及部位			检测人	记录人	检验时间	
项次	检验项目		设计值	允许偏差	检验结果	检验频率和方法
1△	砂浆强度(MPa)			在合格标准内		按附录 F 检查
2	顶面高程(mm)	料、块石		±15		水准仪:长度不大于30m时测5个点,每增加10m增加1个点
		片石		±20		
3	坡度(%)	料、块石		≤0.3		铅锤法:长度不大于30m时测5处,每增加10m增加1处
		片石		≤0.5		
4△	断面尺寸(mm)	料石		±20		尺量:长度不大于50m时测量10个断面,每增加10m增加1个断面
		块石		±30		
		片石		±50		
5	表面平整度(mm)	料石		≤15		2m 直尺:每20m测3处,每处测竖直、水平两个方向
		块石		≤25		
		片石		≤35		

外观情况：

自检结论：

质检工程师：　　　　　　　　　　　　　　　　　　　　日期：

附表 14-41

干砌片石质量检验表

施工单位：　　　　　　　　　　　　　　　　　　　　　　　　合同号：
监理单位：　　　　　　　　　　　　　　　　　　　　　　　　编　号：

分项工程名称			所属分部工程		施工时间	
桩号及部位			检测人	记录人	检验时间	
项次	检验项目		设计值	允许偏差	检验结果	检验频率和方法
1	顶面高程（mm）			±30		水准仪：长度不大于30m时测5个点，每增加10m增加1个点
2	断面尺寸（mm）	高度		±100		尺量：长度不大于30m时测量5处，每增加10m增加1处
		厚度		±50		
3	表面平整度（mm）			≤50		2m直尺：每20m测3处，每处测竖直、水平两个方向

外观情况：

自检结论：

质检工程师：　　　　　　　　　　　　　　　　　　　　　日期：

附表 14-42

导流工程质量检验表

施工单位：　　　　　　　　　　　　　　　　　　　　　　　合同号：　　　　　　　　施工时间：
监理单位：　　　　　　　　　　　　　　　　　　　　　　　编　号：　　　　　　　　检验时间：

分项工程名称		所属分部工程			
桩号及部位		检测人		记录人	
项次	检验项目	设计值	允许偏差	检验结果	检验频率和方法
1△	砂浆和混凝土强度（MPa）		在合格标准内		混凝土按《公路工程质量检验评定标准 第一册 土建工程》（JTG F80/1—2017）附录 D 检查，砂浆按《公路工程质量检验评定标准 第一册 土建工程》（JTG F80/1—2017）附录 F 检查
2△	堤（坝）体压实度（%）		满足设计要求		密度法：每压实层测 3 处
3	平面位置偏位（mm）		30		全站仪：按设计控制坐标测
4	长度（mm）		≥设计长度 −100		尺量：测每个
5	断面尺寸（mm）		≥设计值		尺量：测 5 个断面
6	坡度（%）		≤设计值		坡度尺：测 5 处
7	顶面高程（mm）		±30		水准仪：测 5 个点

外观情况：

自检结论：

质检工程师：　　　　　　　　　　　　　　　　　　　　　　　　　　　日期：

附表 14-43

石笼防护质量检验表

施工单位：　　　　　　　　　　　　　　　　　　合同号：
监理单位：　　　　　　　　　　　　　　　　　　编　号：

分项工程名称		所属分部工程		施工时间	
桩号及部位		检测人	记录人	检验时间	
项次	检验项目	设计值	允许偏差	检验结果	检验频率和方法
1	平面位置偏位（mm）		≤300		全站仪：按设计控制坐标测量
2	长度（mm）		≥设计长度-300		尺量：每段测
3	宽度（mm）		≥设计长度-200		尺量或尺量：每段测5处
4	高度（mm）		≥设计值		水准仪或尺量：每段测5处

外观情况：

自检结论：

质检工程师：　　　　　　　　　　　　　　　　　　日期：

坡面结构质量检验表

附表 14-44

施工单位：
监理单位：
合同号：
编　号：

分项工程名称		所属分部工程		施工时间	
桩号及部位		检测人	记录人	检验时间	
项次	检验项目	设计值	允许偏差	检验结果	检验频率和方法
1△	混凝土强度（MPa）		在合格标准内		喷射混凝土按《公路工程质量检验评定标准 第一册 土建工程》（JTG F80/1—2017）附录E检查，其他按《公路工程质量检验评定标准 第一册 土建工程》（JTG F80/1—2017）附录D检查
2	喷层厚度（mm）		平均厚度≥设计厚度；80%测点厚度≥设计厚度；最小厚度≥0.6且大于或等于设计规定最小值		凿孔法或工程雷达法：每50m² 1处，总数不少于5处
3	锚墩尺寸（mm）		+10，-5		尺量：抽查20%，每件测顶底面边长及高度
4	框格梁、地梁、边梁断面尺寸（mm）		≥设计值		尺量：抽查20%，每梁测2个断面
5	框格梁、地梁、边梁平面位置（mm）		±150		尺量：抽查10%
外观情况：					
自检结论：					
			质检工程师：		日期：

附表 14-45

预应力锚索、锚杆地梁质量交验单

施工单位：　　　　　　　　　　　　　　　　　　　　　　　　　合同号：
监理单位：　　　　　　　　　　　　　　　　　　　　　　　　　编　号：

分项工程名称		所属分部工程			
桩号及部位		检测人		记录人	施工时间 检验时间
项次	检查项目	设计值（规定值）	允许偏差	检验结果	检查方法和频率
1	强度（MPa）		在合格标准内		按《公路工程质量检验评定标准 第一册 土建工程》(JTG F80/1—2017)附录 D 检查
2	断面尺寸（mm） 宽度		≥设计值		尺量:抽查 20%,测 2 个断面
2	断面尺寸（mm） 厚度		≥设计值		尺量:抽查 20%,测 2 个断面
3	锚杆拔力（kN）		平均值≥设计值		按设计要求，无要求时按 5%抽查,但不少于 3 根
4	地梁间距（mm）		±150		尺量:抽查 10%
5	整体平整度（mm）		50		20m 拉线检查

外观情况：

自检结论：

　　　　　　　　　　　　　　　　　　　　　　　　监理意见：

质检工程师：　　　　　　　　日期：　　　　　　　专业监理工程师：　　　　　　　日期：

附表14-46

预应力锚索钻孔质量交验单

施工单位：
监理单位：
合同号：
编　号：

分项工程名称			所属分部工程		施工时间	
桩号及部位					检验时间	
	检测人		记录人			
项次	检查项目		设计值（规定值）	允许偏差	检验结果	检查方法和频率
1	平面位置（mm）	设置框格梁		±50		尺量：抽查20%
		其他		±100		
2	锚孔深度（mm）			≥设计值		尺量：抽查20%
3	孔径（mm）			满足设计要求		尺量：抽查20%
4	倾斜度（%）			2		倾角仪：抽查20%

外观情况：

自检结论：

　　　　　　　　　　　　　　　质检工程师：　　　　　　　　　　　　　日期：

监理意见：

　　　　　　　　　　　　　　　专业监理工程师：　　　　　　　　　　　日期：

附表 14-47

土钉支护质量检验表

施工单位：　　　　　　　　　　　　　　　　　　　　　　　合同号：
监理单位：　　　　　　　　　　　　　　　　　　　　　　　编　号：

分项工程名称		所属分部工程			施工时间	
桩号及部位		检测人		记录人	检验时间	
项次	检验项目	设计值	允许偏差	检验结果	检验频率和方法	
1△	注浆强度(MPa)		在合格标准内		砂浆按《公路工程质量检验评定标准 第一册 土建工程》(JTG F80/1—2017)附录 F 检查，其他按《公路工程质量检验评定标准 第一册 土建工程》(JTG F80/1—2017)附录 M 检查	
2	土钉孔深(mm)		+200，-50		尺量：抽查10%	
3	土钉倾角(°)		2		倾角仪：抽查20%	
4	土钉钉距(mm)		±100		尺量：抽查10%	
5	土钉孔径(mm)		+20，-5		尺量：抽查10%	
6△	土钉抗拔力(kN)		抗拔力平均值≥设计值；0.8×抗拔力≥设计值；最小抗拔力≥0.9×设计值		抗拔力试验：土钉总数1%，且不少于3根	

外观情况：

自检结论：

质检工程师：　　　　　　　　　　　　　　　　　　　　日期：

水泥混凝土面层质量检验表

附表 14-48

施工单位：　　　　　　　　　　　　　　　　　　　　　　　　　　　合同号：
监理单位：　　　　　　　　　　　　　　　　　　　　　　　　　　　编　号：

分项工程名称			所属分部工程		施工时间	
桩号及部位			检测人	记录人	检验时间	
项次	检验项目		设计值	允许偏差	检验结果	检验频率和方法
1△	弯拉强度（MPa）			在合格标准内		按《公路工程质量检验评定标准》（JTG F80/1—2017）附录C 第一册 土建工程 检查
2△	板厚度（mm）	代表值		−5		按《公路工程质量检验评定标准》（JTG F80/1—2017）附录H 第一册 土建工程，每200m检查2点
		合格值		−10		
		极值		−15		
3	平整度	标准差 σ（mm）		≤1.32		平整度仪：全线每车道连续检测，每100m计算 σ，IRI
		IRI（m/km）		≤2.2		
		最大间隙 h（mm）		3		3m直尺：每半幅车道每200m测2处×5尺
4	抗滑构造深度（mm）	一般路段		0.7～1.1		铺砂法：每200m测1处
		特殊路段		0.8～1.2		
5	横向力系数 SFC	一般路段		≥50		按《公路工程质量检验评定标准》（JTG F80/1—2017）附录L 第一册 土建工程 检查
		特殊路段		≥55		
6	相邻板高差（mm）			≤2		尺量：胀缝每条测2点，纵、横缝每200m抽查2条，每条测2点

续上表

项次	检验项目	设计值	允许偏差	检验结果	检验频率和方法
7	纵、横缝顺直度（mm）		≤10		纵缝20m拉线尺量；每200m测4处；横缝沿板宽拉线尺量：每200m测4条
8	中线平面偏位（mm）		20		全站仪：每200m测2个点
9	路面宽度（mm）		±20		尺量：每200m测4个点
10	纵断高程（mm）		±10		水准仪：每200m测2个断面
11	横坡（%）		±0.15		水准仪：每200m测2个断面
12	断板率（%）		≤0.2		目测：全部检查，数断面板块数占总块数比例

外观情况：

自检结论：

质检工程师：　　　　　　　　　　　　　　　日期：

附表 14-49

拉杆、胀缝板、传力杆及其套帽、滑移端设置交验单

施工单位：　　　　　　　　　　　　　　　　　　　　　　　　合同号：
监理单位：　　　　　　　　　　　　　　　　　　　　　　　　编　号：

分项工程名称		所属分部工程		施工时间	
桩号及部位		检测人	记录人	检验时间	
项次	检验项目	设计值(规定值)	允许偏差(mm)	检验结果	检验频率和方法
1	传力杆端上下左右偏斜偏差		10		在传力杆两端测量
2	传力杆在板中心		20		以板面为基准测量
3	传力杆沿路面纵向前后偏差		30		以缝中线为准
4	拉杆深度偏差及上下左右偏差		10		以板厚和杆端为基准测量
5	拉杆端及板中上下左右偏差		20		杆两端和板面测量
6	拉杆沿路面纵向前后偏位		30		纵向测量
7	胀缝传力杆套帽长度不小于100mm		10		以封堵帽端起测
8	胀缝传力杆滑移端长度大于1/2杆长		20		以传力杆长度中间起测
9	胀缝板倾斜偏差		20		以板底为准
10	胀缝杆的弯曲和位移偏差		10		以缝中心线为准

外观情况：

自检结论：　　　　　　　　　　　　　　　　　　　　　　　　监理意见：

　　　　　质检工程师：　　　　　　　　日期：　　　　　　　　　　专业监理工程师：　　　　　　　　日期：

沥青混凝土面层和沥青碎(砾)石面层质量检验表

附表 14-50

施工单位：					
监理单位：				合同号：	
分项工程名称		所属分部工程		编 号：	
桩号及部位		检测人		记录人	施工时间
		设计值			检验时间

项次	检验项目		设计值	允许偏差	检验结果	检验方法和频率
1△	压实度（%）			≥试验室标准密度的96%（×98%） ≥最大理论密度的92%（×94%） ≥试验段密度的98%（×99%）		按《公路工程质量检验评定标准 第一册 土建工程》（JTG F80/1—2017）附录B检查，每200m测1个点。核子（无核）密度仪每200m测1处，每处5个点
2	平整度	标准差σ(mm)		≤1.2		平整度仪：全线每车道连续检测，每100m计算标准差σ或IRI
		IRI(m/km)		≤2.0		
		最大间隙h(mm)		—		3m直尺：每200m测2处×5尺
3	弯沉值(0.01mm)			不大于设计验收弯沉值		按《公路工程质量检验评定标准 第一册 土建工程》（JTG F80/1—2017）附录J检查
4	渗水系数(mL/min)	SMA路面		≤120		渗水试验仪：每200m测1处
		其他沥青混凝土路面		≤200		
5	摩擦因数			满足设计要求		摆式仪：每200m测1处 横向力系数测定车：全线连续检测，按《公路工程质量检验评定标准 第一册 土建工程》（JTG F80/1—2017）附录L评定
6	构造深度			满足设计要求		铺砂法：每200m测1处

续上表

项次	检验项目		设计值	代表值 合格值	允许偏差	检验结果	检验方法和频率
7△	厚度(mm)	代表值			总厚度：-5%H 上层面：-10%h		按《公路工程质量检验评定标准 第一册 土建工程》(JTG F80/1—2017)附录H检查，每200m测1个点
		合格值			总厚度：-10%H 上层面：-20%h		
8	中线平面偏位(mm)				20		全站仪：每200m测2个点
9	纵断高程(mm)				±15		水准仪：每200m测2个断面
10	宽度(mm)	有侧石			±20		尺量：每200m测4个断面
		无侧石			不小于设计值		
11	横坡(%)				±0.3		水准仪：每200m测2个断面
12△	矿料级配				满足生产配合比要求		T 0725，每台班1次
13△	沥青含量				满足生产配合比要求		T 0722、T 0721、T 0735，每台班1次
14	马歇尔稳定度				满足生产配合比要求		T 0709，每台班1次

外观情况：

自检结论：

质检工程师：　　　　　　　　　　日期：

附表14-51

透层、黏层、封层质量交验单

施工单位：　　　　　　　　　　　　　　　合同号：
监理单位：　　　　　　　　　　　　　　　编　号：

分项工程名称		所属分部工程			施工时间		天气	
桩号及部位		检测人		记录人	检验时间		施工时最低温度	
沥青类别		下卧层铺筑时间						
项次	检验项目	规定值和允许偏差值		检验结果			检查方法和频率	
1	宽度(cm)						尺量，每100m一个断面	
2	封层厚度(mm)	≥6mm－10%					挖小坑尺量，单幅每公里10处	
3	乳化沥青洒布量(kg/m²)	在规定范围内					每日实际用量与洒布面积之比	
4	有无花白成条状						目测	
5	透层深度(mm)	≥3					挖小坑尺量，单幅每100m一处	
6	4.75mm筛孔通过稀浆封层的合成矿料的砂当量(%)	≥50					首次试验后矿料发生变化时必须再做	

外观情况：

自检结论：

　　　　　　　　　　　　　　　　　　　　　　　　　　监理意见：

质检工程师：　　　　　　　　　　　　　　　　　　　　专业监理工程师：

日期：　　　　　　　　　　　　　　　　　　　　　　　日期：

沥青拌和楼施工记录表

附表 14-52

施工单位：　　　　　　　　　　　　　　　合同号：
监理单位：　　　　　　　　　　　　　　　编　号：

冷料仓比例	1号仓(%)	2号仓(%)	3号仓(%)	4号仓(%)	矿粉(%)	（改）沥青(%)	外加剂(%)
热料仓比例	1号仓(%)	2号仓(%)	3号仓(%)	4号仓(%)	矿粉(%)	（改）沥青(%)	外加剂(%)
所用材料 类型	1号料	2号料	3号料	4号料	矿粉	沥青	外加剂
所用材料 数量							
开盘时间			收盘时间			拌和总质量(t)	
集料含水率(%)	1号料	2号料	3号料	4号料	集料加热时间(s)		集料温度
沥青混合料拌和时间				沥青混合料出料温度(℃)			沥青混合料类型
天气				气温			
意见：							

记录：　　　　　　　　　　　　　　复核：　　　　　　　　　　　　　　日期：

日期：

沥青混凝土面层层压实度碾压工艺记录表

附表 14-53

施工单位：　　　　　　　　　　　　　　合同号：
监理单位：　　　　　　　　　　　　　　编　号：

结构类型			设计厚度			施工日期			天气情况	
沥青种类			面层宽度			摊铺时间			时　分至时　分	
施工路段起止桩号									运料平均距离（km）	
记录人			幅别			复核人				

摊铺情况

下卧层表面温度（℃）		摊铺机	核子仪测初始压实度	初压时压路机与摊铺机距离（m）	梯队摊铺两幅间搭接宽度（cm）	摊铺机自动找平方式
规定	实测	规格型号	实测值			
		台数	修正后			

摊铺时混合料的温度（℃）	摊铺机夯板的振动频率及振幅	用于全幅碾压的压路机型号	摊铺机作业速度（m/min）

碾压速度及温度

压路机组合			混合料碾压时压路机作业次序	初压		复压		终压	
类型名称	规格、功率	台数		速度（km/h）	温度（℃）	速度（km/h）	温度（℃）	速度（km/h）	温度（℃）
				初始压实度检测		碾压速度检测		碾压温度检测	
				检测人	职务	检测人	职务	检测人	职务

预热熨平板温度（℃）				
温度（℃）	检测人	职务	检测时间	温度（℃）

续上表

检测时间	预热熨平板温度（℃）			初始压实度检测			碾压速度检测		碾压温度检测	
	温度（℃）	检测人	职务	时间	检测人	职务	检测人	职务	检测人	职务

当天马歇尔试件成型温度（℃）		两台摊铺机的接缝质量		上下层搭接位置是否错开	
温度（℃）	试验员	接缝是否清晰可见	是与否	错开距离（cm）	

设备调整人员	签名	职务	操作人员	签名	职务

监理工程师：   日期：

注：1. 初压、复压、终压都应在尽可能高的温度下进行，不得在低温状况下作反复碾压。
2. 碾压轮在碾压过程中应保持清洁，严禁刷柴油或柴油水，若采用向碾压轮喷水方式，必须严格控制喷水量且呈雾状，不得漫流。
3. 表中所有签名栏目必须本人手签。
4. 混合料的出厂温度由后场人员记录在施工日志上备查。

沥青贯入式面层(或上拌下贯式面层)质量检验表

附表 14-54

施工单位：　　　　　　　　　　　　合同号：
监理单位：　　　　　　　　　　　　编号：

分项工程名称			所属分部工程		施工时间	
桩号及部位			检测人	记录人	检验时间	
项次	检验项目		设计值	允许偏差	检验结果	检验方法和频率
1	平整度	标准差 σ(mm)		≤3.5		平整度仪：全线每车道连续按每100m计算标准差 σ 或 IRI
		IRI(m/km)		≤5.8		
		最大间隙 h(mm)		≤8		3m直尺：每200m测2处×5尺
2	弯沉值(0.01mm)			不大于设计验收弯沉值		按《公路工程质量检验评定标准　第一册　土建工程》(JTG F80/1—2017)附录J检查
3△	厚度(mm)	代表值		−8%H(H为设计厚度)或−5		按《公路工程质量检验评定标准　第一册　土建工程》(JTG F80/1—2017)附录H检查每200m测2个点
		合格值		−15%H 或 −10		
4	沥青总用量			±0.5%		每台班每层洒布检查1次
5	中线平面偏位(mm)			30		全站仪：每200m测2个点
6	纵断高程(mm)			±20		水准仪：每200m测2个断面
7	宽度(mm)	有侧石		±30		尺量：每200m测4个点
		无侧石		不小于设计值		
8	横坡(%)			±0.5		水准仪：每200m测2个断面
9△	矿料级配			满足生产配合比要求		T 0725，每台班1次
10△	沥青含量(%)			满足生产配合比要求		T 0722，T 0721，T 0735，每台班1次

外观情况：

自检结论：

质检工程师：　　　　　　　　　　　　日期：

附表 14-55

沥青表面处治面层质量检验表

施工单位：　　　　　　　　　　　　　　　　　　　　　　　合同号：
监理单位：　　　　　　　　　　　　　　　　　　　　　　　编　号：

分项工程名称			所属分部工程		施工时间	
桩号及部位			检测人	记录人	检验时间	
项次	检验项目		设计值	允许偏差	检验结果	检验方法和频率
1	平整度	标准差 σ(mm)		≤4.5		平整仪：全线每车道连续按每100m计算标准差 σ 或 IRI
		IRI(m/km)		≤7.5		
		最大间隙 h(mm)		≤10		3m 直尺：每200m测2处×5尺
2	弯沉值(0.01mm)			不大于设计验收弯沉值		按《公路工程质量检验评定标准 第一册 土建工程》(JTG F80/1—2017) 附录J检查
3△	厚度 (mm)	代表值		-5		按《公路工程质量检验评定标准 第一册 土建工程》(JTG F80/1—2017) 附录H检查，每200m每车道测1个点
		合格值		-10		
4	沥青用量(%)			±0.5		每工作日每层洒布检查1次
5	中线平面偏位(mm)			30		全站仪：每200m测2个点
6	纵断高程(mm)			±20		水准仪：每200m测2个点
7	宽度 (mm)	有侧石		±30		尺量：每200m测4个点
		无侧石		不小于设计值		
8	横坡(%)			±0.5		水准仪：每200m测2个断面

外观情况：

自检结论：

质检工程师：　　　　　　　　　　　　　　　　　　　　　　日期：

稳定土基层和底基层质量检验表

附表 14-56

施工单位：　　　　　　　　　　　　　　　　　　　　合同号：
监理单位：　　　　　　　　　　　　　　　　　　　　编　号：

分项工程名称				所属分部工程		施工时间	
桩号及部位			检测人		记录人	检验时间	
项次	检验项目		设计值	允许偏差		检验结果	检验方法和频率
				基层	底基层		
1△	压实度(%)	代表值		—	≥95		按《公路工程质量检验评定标准》(JTG F80/1—2017)附录 B 检查，每200m测2点
		极值		—	≥91		
2	平整度(mm)			—	≤12		3m直尺：每200m测2处×5尺
3	纵断高程(mm)			—	+5，-15		水准仪：每200m测2个断面
4	宽度(mm)			满足设计要求			尺量：每200m测4个断面
5△	厚度(mm)	代表值		—	-10		按《公路工程质量检验评定标准》(JTG F80/1—2017)附录 H检查，每200m测2个点
		合格值		—	-25		
6	横坡(%)			—	±0.3		水准仪：每200m测2个断面
7△	强度(MPa)			满足设计要求			按《公路工程质量检验评定标准》(JTG F80/1—2017)附录 G 检查

外观情况：

自检结论：

质检工程师：　　　　　　　　　　　　　　　　　　日期：

附表14-57

稳定粒料基层和底基层质量检验表

施工单位：　　　　　　　　　　　　　　　　合同号：
监理单位：　　　　　　　　　　　　　　　　编　号：

分项工程名称			所属分部工程		施工时间	
桩号及部位			检测人		检验时间	
				记录人		

项次	检验项目		设计值	允许偏差		检验结果	检验方法和频率
				基层	底基层		
1△	压实度(%)	代表值		≥98	≥96		按《公路工程质量检验评定标准 第一册 土建工程》(JTG F80/1—2017)附录B检查，每200m测2个点
		极值		≥94	≥92		
2	平整度(mm)			≤8	≤12		3m直尺：每200m测2处×5尺
3	纵断高程(mm)			+5，-10	+5，-15		水准仪：每200m测2个断面
4	宽度(mm)			满足设计要求	满足设计要求		尺量：每200m测4个断面
5△	厚度(mm)	代表值		-8	-10		按《公路工程质量检验评定标准 第一册 土建工程》(JTG F80/1—2017)附录H检查，每200m测2个点
		合格值		-10	-25		
6	横坡(%)			±0.3	±0.3		水准仪：每200m测2个断面
7△	强度(MPa)			满足设计要求	满足设计要求		按《公路工程质量检验评定标准 第一册 土建工程》(JTG F80/1—2017)附录G检查

外观情况：

自检结论：

质检工程师：　　　　　　　　　　　　　　日期：

级配碎（砾）石基层和底基层质量检验表

附表 14-58

施工单位：						
监理单位：				合同号：		
分项工程名称			所属分部工程		施工时间	
桩号及部位			检测人	记录人	检验时间	
项次	检验项目	设计值	允许偏差		检验结果	检验方法和频率
			基层	底基层		
1△	压实度（%）	代表值	≥98	≥96		按《公路工程质量检验评定标准》（JTG F80/1—2017）附录B 土建工程 第一册 检查，每200m测2个点
		极值	≥94	≥92		
2	弯沉值（0.01mm）		满足设计要求	满足设计要求		按《公路工程质量检验评定标准》（JTG F80/1—2017）附录J 土建工程 第一册 检查
3	平整度（mm）		≤8	≤12		3m直尺：每200m测2处×5尺
4	纵断高程（mm）		+5，-10	+5，-15		水准仪：每200m测2个断面
5	宽度（mm）		满足设计要求	满足设计要求		尺量：每200m测4个断面
6△	厚度（mm）	代表值	-8	-10		按《公路工程质量检验评定标准》（JTG F80/1—2017）附录H 土建工程 第一册 检查，每200m测2个点
		合格值	-10	-25		
7	横坡（%）		±0.3	±0.3		水准仪：每200m测2个断面

外观情况：

自检结论：

质检工程师：   日期：

附表 14-59

填隙碎石（矿渣）基层和底基层质量检验表

施工单位：　　　　　　　　　　　　　　　　　　　　　　　合同号：　　　　　　　施工时间：
监理单位：　　　　　　　　　　　　　　　　　　　　　　　编　号：　　　　　　　检验时间：

分项工程名称			所属分部工程				
桩号及部位			检测人			记录人	
项次	检验项目		设计值	允许偏差		检验结果	检验方法和频率
				基层	底基层		
1△	固体体积率（%）	代表值		—	≥96		密度法：每200m测2个点
		极值		—	≥80		
2	弯沉值(0.01mm)			满足设计要求	满足设计要求		按《公路工程质量检验评定标准 第一册 土建工程》（JTG F80/1—2017）附录J检查
3	平整度（mm）			—	≤12		3m直尺：每200m测2处×5尺
4	纵断高程（mm）			—	+5，-15		水准仪：每200m测2个点
5	宽度（mm）			满足设计要求	满足设计要求		尺量：每200m测4个断面
6△	厚度（mm）	代表值		—	-10		按《公路工程质量检验评定标准 第一册 土建工程》（JTG F80/1—2017）附录H检查，每200m检查2个断面
		合格值		—	-25		
7	横坡（%）			—	±0.3		水准仪：每200m测2个断面

外观情况：

自检结论：

　　　　　　　　　　　　　　　　　　　　　　　　　　　　　　　　　　　　质检工程师：　　　　　　　日期：

路缘石铺设质量检验表

附表 14-60

施工单位：
监理单位：
合同号：
编　号：

分项工程名称		所属分部工程		施工时间	
桩号及部位		检测人		检验时间	
项次	检验项目	设计值	允许偏差	检验结果	检验方法和频率
1	直顺度（mm）		15		20m 拉线直尺：每 200m 测 4 处
2	预制铺设 相邻两块高差（mm）		3		水平尺：每 200m 测 4 处
	预制铺设 相邻两块缝宽（mm）		±3		尺量：每 200 测 4 处
	现浇 宽度（mm）		±5		尺量：每 200 测 4 处
3	顶面高程（mm）		±10		水准仪：每 200m 测 4 个点

外观情况：

自检结论：

质检工程师：　　　　　　　　　　　　　　　　日期：

附表 14-61

路肩质量检验表

施工单位：　　　　　　　　　　　　　　　　　　　　　　　　合同号：
监理单位：　　　　　　　　　　　　　　　　　　　　　　　　编　号：

分项工程名称			所属分部工程		施工时间	
桩号及部位			检测人	记录人	检验时间	
项次	检验项目		设计值	允许偏差	检验结果	检验方法和频率
1	压实度（%）	土路肩		不小于设计值，设计未规定时不小于90%		按《公路工程质量检验评定标准　第一册　土建工程》(JTG F80/1—2017)附录B检查，每200m测1个点
		硬路肩				
2	平整度(mm)			≤20		3m直尺：每200m测2处×5尺
				≤10		
3	坡度（%）			±1.0		水准仪：每200m测2个断面
4	宽度(mm)			满足设计要求		尺量：每200m测2个点

外观情况：

自检结论：

质检工程师：　　　　　　　　　　　　　　　　　　　　　　　　日期：

附表 14-62

桥梁总体质量检验表

施工单位：　　　　　　　　　　　　　　　　　　　　　　　合同号：　　　　　　施工时间：
监理单位：　　　　　　　　　　　　　　　　　　　　　　　编　号：　　　　　　检验时间：

分项工程名称			所属分部工程		
桩号及部位			检测人	记录人	检验结果
项次	检验项目	设计值	允许偏差		检验频率和方法
1	桥面中线偏位(mm)		≤20		全站仪：每50m时测1点，且不少于5个点
2	桥面宽(mm)	车行道	±10		尺量：每50m测1个断面，且不少于5个断面
		人行道	±10		
3	桥长(mm)		+300, -100		全站仪或尺量：检查中心线处
4	桥面高程(mm)	L<50m (L为跨径)	±30		水准仪：桥面每侧每50m测1个点，且不少于3个点，跨中、桥墩(台)处应布置测点
		L≥50m	±(L/5000+20)		

外观情况：

自检结论：

　　　　　　　　　　　　　　　　　　　　　　　　　　　　质检工程师：　　　　　　　　　日期：

钢筋检查记录表

附表 14-63

施工单位：　　　　　　　　　　　　　　　　　　　　　　　　　　　合同号：
监理单位：　　　　　　　　　　　　　　　　　　　　　　　　　　　编　号：

分项工程名称				施工时间						
桩号及部位				检验时间						
钢筋编号	型号	根数	设计值	实测数据						
检验项目				设计值	实测值	设计值	实测值	设计值	实测值	设计值	实测值
受力钢筋同排间距（mm）											
箍筋、横向水平钢筋、螺旋筋间距（mm）											
检验项目				设计值	实测值	设计值	实测值	设计值	实测值	设计值	实测值
钢筋骨架尺寸(mm)	长										
	宽(高、直径)										
弯起钢筋位置(mm)											
受力钢筋排距(mm)											
保护层厚度(mm)											
预埋件尺寸				符合设计☑不符合设计☐							
受力筋接头	形式			规定长度				实测最小长			
	质量			受拉区最大比例(%)				受压区最大比例(%)			
外观检查											

检验：　　　　　　　　　　　　　　　　　　　　　　　　　　　　　日期：
记录：　　　　　　　　　　　　　　　　　　　　　　　　　　　　　日期：

附表 14-64

钢筋安装质量交验单

施工单位：　　　　　　　　　　　　　　　　　　　　　　　　　合同号：
监理单位：　　　　　　　　　　　　　　　　　　　　　　　　　编　号：

分项工程名称				施工时间			
所属分部工程				检验时间			
桩号及部位			检测人			记录人	

项次	检验项目		规定值或允许偏差	检验结果			检验频率和方法
				检测点数	合格点数	合格率(%)	
1△	受力钢筋间距(mm)	两排以上排距	±5				尺量：长度≤20m时，每构件检查2个断面；长度＞20m时，每构件检查3个断面
		同排 梁、板、拱肋	±10				
		同排 基础、锚碇、墩台、柱	±20				
		灌注桩	±20				
2	箍筋、横向水平钢筋、螺旋筋间距(mm)		±10				尺量：每构件抽测10个间距
3	钢筋骨架尺寸(mm)	长	±10				尺量：按骨架总数30%抽测
		宽、高或直径	±5				
4	弯起钢筋位置(mm)		±20				尺量：每骨架抽检30%
5	保护层厚度(mm)	梁、板、拱肋及拱上建筑	±5				尺量：每构件各立模板面每3m²检查1处，且每侧不少于5处
		基础、锚碇、墩台身、墩柱	±10				

备注：附件见"钢筋检查记录表"（表格编号）

外观情况：

自检结论：　　　　　　　　　　　　　　　　　　　　　　　　监理意见：

质检工程师：　　　　　　　　　　　　　　　　　　　　　　　专业监理工程师：

日期：　　　　　　　　　　　　　　　　　　　　　　　　　　日期：

附表 14-65

钢筋网质量交验单

施工单位：　　　　　　　　　　　　　　　　　　　　　　合同号：
监理单位：　　　　　　　　　　　　　　　　　　　　　　编　号：

分项工程名称			所属分部工程		施工时间	
桩号及部位			检测人	记录人	检验时间	
项次	检验项目		设计值	允许偏差	检验结果	检验频率和方法
1	网的长、宽(mm)			±10		尺量:逐边测
2	网眼尺寸(mm)			±10		尺量:测5个网眼
3	网眼对角线差(mm)			±15		尺量:测5个网眼
4	网的安装位置(mm)	平面内		±20		尺量:测每网片边线中点
		平面外		±5		

外观情况：

自检结论：

监理意见：

　　质检工程师：　　　　　　　　　　日期：　　　　　　　专业监理工程师：　　　　　　　　日期：

附表 14-66

预制桩钢筋安装质量交验单

施工单位：　　　　　　　　　　　　　　　　　　　　　　　　合同号：
监理单位：　　　　　　　　　　　　　　　　　　　　　　　　编　号：

分项工程名称			所属分部工程		施工时间	
桩号及部位			检测人	记录人	检验时间	
项次	检验项目	设计值(规定值)	允许偏差	检验结果	检验频率和方法	
1	主筋间距(mm)		±5		尺量:测3个断面	
2	箍筋、螺旋筋间距(mm)		±10		尺量:测10个间距	
3△	保护层厚度(mm)		±5		尺量:测5个断面,每个断面4处	
4	桩顶钢筋网片位置(mm)		±5		尺量:测网片每边线中点	
5	桩尖纵向钢筋位置(mm)		±5		尺量:测垂直两个方向	

外观情况：

自检结论：

监理意见：

质检工程师：　　　　　　　　　　　　　　　　　　　　　　　　专业监理工程师：
　　　　　　日期：　　　　　　　　　　　　　　　　　　　　　　　　　日期：

钻(挖)孔灌注桩、地下连续墙钢筋安装质量交验单

附表 14-67

施工单位：
监理单位：
合同号：
编　号：

分项工程名称			所属分部工程		施工时间	
桩号及部位			检测人	记录人	检验时间	
项次	检验项目	设计值(规定值)	允许偏差	检验结果	检验频率和方法	
1	主筋间距(mm)		±10		尺量:每段测2个断面	
2	箍筋或螺旋筋间距(mm)		±20		尺量:每段测10个间距	
3	钢筋骨架外径或厚、宽(mm)		±10		尺量:每段测2个断面	
4	钢筋骨架长度(mm)		±100		尺量:每个骨架测2处	
5	钢筋骨架底端高程(mm)		±50		水准仪:测顶端高程,用骨架长度计算	
6△	保护层厚度(mm)		+20,−10		尺量:测每段钢筋骨架外侧定位块3处	

外观情况：

自检结论：

质检工程师：　　　　　　　　　　　　日期：

监理意见：

专业监理工程师：　　　　　　　　　　日期：

钢丝、钢绞线先张法质量交验单

附表 14-68

施工单位：
监理单位：
合同号：
编　号：

分项工程名称			所属分部工程		施工时间	
桩号及部位			检测人	记录人	检验时间	

项次	检验项目		设计值(规定值)	允许偏差	检验结果	检验频率和方法
1	镦头钢丝同束长度相对差 L (mm)	$L>20$m		≤L/5000 及 5 (L 为跨径)		尺量：每加工批测 2 束
		6m≤L≤20m		≤L/3000 及 5		
		$L<6$m		≤2		
2△	张拉应力(MPa)			满足设计要求		查油压表读数；每根(束)检查
3△	张拉伸长率(%)			满足设计要求，设计未要求时 ±6		尺量：每根(束)检查
4	同一构件内断丝根数不超过钢丝总数的百分数(%)			≤1%		目测：每根(束)检查
5	预应力筋张拉后在横断面上的坐标(mm)			±5		尺量：测 2 个断面
6	无黏结段长度(mm)			±10		尺量：每根(束)检查

外观情况：

自检结论：

质检工程师：　　　　　　　　　　　　　　日期：

监理意见：

专业监理工程师：　　　　　　　　　　　　日期：

后张法预应力管道质量交验单

附表 14-69

施工单位：　　　　　　　　　　　　　　　　　　　　　　　合同号：
监理单位：　　　　　　　　　　　　　　　　　　　　　　　编　号：

工程名称			施工时间																
桩号及部位			检验时间																
检测位置		管道编号	左端面		1/4截面		1/2截面		3/4截面		右端面		左弯起点		左弯止点		右弯起点		右弯止点		任抽点	
			设计值	实测值	设计值	实测值	设计值	实测值	设计值	实测值	设计值	实测值	设计值	实测值	设计值	实测值	设计值	实测值	设计值	实测值	设计值	实测值
管道坐标 (mm)	梁长方向	规定值和允许偏差 ±30																				
	梁高方向	规定值和允许偏差 ±10																				
管道坐标 (mm)	同排	规定值和允许偏差 ±10																				
	上下层	规定值和允许偏差 ±10																				
管道材料及本身的质量												管道固定方式及可靠性										
管道线性圆滑情况												锚垫板与孔道垂直情况										
自检结论																						
监理意见																						

质检检工程师：　　　　　　　　　　　　　　　　　　日期：

专业监理工程师：　　　　　　　　　　　　　　　　　日期：

附表 14-70

预应力张拉记录表（一）

施工单位：　　　　　　　　　　　　　　　　合同号：
监理单位：　　　　　　　　　　　　　　　　编　号：

工程名称		构件名称		施工时间		构件混凝土设计强度 MPa	
桩号		构件编号		张拉检验时间		张拉时试件强度 MPa	
张拉断面（A面）	千斤顶编号	张拉断面（B面）	千斤顶编号	张拉参数	u	张拉部位及直弯束示意图	
	油表编号		油表编号		K	① ②	
	标定日期		标定日期		EP		N1
							N2

此梁（板）为　　　跨　梁（板）：　单侧伸长量计算式：　封锚情况描述：

钢束编号	张拉断面编号	股数	记录项目	张拉阶段					力筋回缩量	单侧伸长量(mm)	总伸长量(mm)	理论伸长量(mm)	允许偏差值(mm)	张拉伸长率(%)	滑断丝情况	处理情况
				$10\%\delta_k$	$20\%\delta_k$	...	$100\%\delta_k$	超张拉	回油至约$10\%\delta_k$							
			油表读数													
			伸长量(mm)													
			油表读数													
			伸长量(mm)													
			油表读数													
			伸长量(mm)													
			油表读数													
			伸长量(mm)													

自检结论：　　　　　　　　　　　　　　　　监理意见：

质检工程师：　　　　　　　　　　　　　　　旁站监理：

日期：　　　　　　　　　　　　　　　　　　日期：

附表 14-71

预应力张拉记录表（二）

施工单位：　　　　　　　　　　　　　　　　　　　　　　　　合同号：
监理单位：　　　　　　　　　　　　　　　　　　　　　　　　编　号：

工程名称		张拉部位		构件施工时间		钢束示意图
构件编号		张拉时混凝土强度		张拉时间		
钢束规格		张拉端锚固型式	千斤顶编号	锚固端锚固型式		
			油压表编号	挤压机型号		
钢束强度（MPa）			标定日期	磨擦系数		
设计控制应力（MPa）		计算伸长值（mm）		件设计长度（m）		

钢束编号	记录项目	张拉阶段				伸长量（mm）	张拉伸长率（%）	滑、断丝情况	备注
		10%δ_k	20%δ_k	…	100%δ_k	力筋回缩 锚塞回缩			
	油表读数（MPa）								
	回缩读数（mm）								
	回缩读数（mm）								
	回缩读数（mm）								
	回缩读数（mm）								
	回缩读数（mm）								
	回缩读数（mm）								
	回缩读数（mm）								

自检结论：

监理意见：

质检工程师：　　　　　　　日期：　　　　　　　　旁站监理：　　　　　　　日期：

附表 14-72

混凝土施工原始记录表

施工单位：　　　　　　　　　　　　　　　　合同号：
监理单位：　　　　　　　　　　　　　　　　编　号：

分项工程名称				所属分部工程		
桩号及部位				记录人		
施工日期	年　月　日	施工时间	开始	小时　分	结束	小时　分
施工气温（℃）	最高		最低			
混凝土标号		拌和方式				
运输方式		振捣方式				
水泥品种标号及厂家		水泥用量（kg/m³）				
施工配合比（每盘）（kg）		设计水灰比				
外加剂	名称及代号			掺入量（%）		
每次实测坍落度平均值（mm）				N 次试验平均值		
留取混凝土试件组数				编号		
施工间断记录						
机具设备名称及数量						
备注						

自检结论：

质检工程师：　　　　　　　　　　　　　　　　日期：

附表14-73

后张法质量检验表

施工单位：　　　　　　　　　　　　　　　　　　　　　　　　　　　　合同号：
监理单位：　　　　　　　　　　　　　　　　　　　　　　　　　　　　编　号：

分项工程名称			所属分部工程		施工时间	
桩号及部位			检测人	记录人	检验时间	
项次	检验项目		设计值	允许偏差	检验结果	检验频率和方法
1	管道坐标(mm)	梁长方向		±30		尺量:每构建抽查30%的管道。每个曲线段测3个点,直线段每10m测1个点,锚固点及连接点全部测
1	管道坐标(mm)	梁宽方向		±10		尺量:每构建抽查30%的管道。每个曲线段测3个点,直线段每10m测1个点,锚固点及连接点全部测
1	管道坐标(mm)	梁高方向		±10		尺量:每构建抽查30%的管道。每个曲线段测3个点,直线段每10m测1个点,锚固点及连接点全部测
2	管道间距(mm)	同排		±10		尺量:每构件抽查30%的管道,测2个断面
2	管道间距(mm)	上下层		±10		尺量:每构件抽查30%的管道,测2个断面
3△	张拉应力(MPa)			满足设计要求		查油压表读数;每根(束)检查
4△	张拉伸长量(%)			满足设计要求,设计未要求时±6%		尺量:每根(束)检查
5	断丝滑丝数			每束1根,且每断面总数不超过钢丝总数的1%		目测:每根(束)检查

外观情况：

自检结论：

　　　　　　　　　　　　　　　　　　　　　　　　　　　　　　　　　质检工程师：　　　　　　　　　　　　　　日期：

附表 14-74

预应力管道压浆及封锚质量检验表

施工单位：　　　　　　　　　　　　　　　　　　　　　　　　合同号：
监理单位：　　　　　　　　　　　　　　　　　　　　　　　　编　号：

分项工程名称		所属分部工程		施工时间	
桩号及部位		检测人	记录人	检验时间	
项次	检验项目	设计值	允许偏差	检验结果	检验频率和方法
1△	浆体强度（MPa）		在合格标准内		按《公路工程质量检验评定标准 第一册 土建工程》（JTG F80/1—2017）附录 M 检查
2△	压浆压力值（MPa）		满足施工技术规范规定		查油压表读数：每管道检查
3	稳压时间（s）		满足施工技术规范规定		计时器：每管道检查

外观情况：

自检结论：

　　　　　　　　　　　　　　　　　　　质检工程师：　　　　　　　　　　　　　　日期：

附表 14-75

预应力孔道压浆记录表（一）

施工单位：　　　　　　　　　　　　　　　　　　　　合同号：
监理单位：　　　　　　　　　　　　　　　　　　　　编　号：

分项工程名称			张拉日期和时间		年 月 日 h	
桩号及部位			压浆施工日期			
构件结构名称			构件编号及长度（m）			
水泥名称及标号			掺减水剂量		掺膨胀剂量	水温
水灰比			全构件压浆水泥用量		压浆温度	泌水率
钢束编号	压浆方向	起止时间	气温	压力（MPa）	冒浆情况	水泥浆拌制至压入孔道延续时间（h min）
			水泥浆流动度		稳压情况	
					压力（MPa）	停留时间（min）
非正常情况记载						
顶腹板底版示意图：			监理意见：			

记录人：　　　　　　　　复核人：　　　　　　　　旁站监理：

日期：　　　　　　　　　日期：　　　　　　　　　日期：

预应力孔道压浆记录表（二）

施工单位：　　　　　　　　　　　　　　　　　　　　　　　　　合同号：　　　　　　　　　　　　　　　　　　附表 14-76
监理单位：　　　　　　　　　　　　　　　　　　　　　　　　　编　号：

工程名称		压浆日期	年　月　日	张拉日期	年　月　日
桩号及部位		施工部位		构件结构		构件编号及长度（m）	
水泥名称及标号		气温		掺减水剂量		掺膨胀剂量		水温	
水灰比		水泥浆流动度		构件压浆水泥用量		压浆温度		泌水率	

钢束编号	压浆方向	第一次压浆						第二次压浆						两次压浆间隔时间 h
		起止时间	压力（MPa）	通过	冒浆情况	其中稳压停留时间（min）	水泥浆拌制时间（h min）	起止时间	压力方向	压力（MPa）	通过	冒浆情况	水泥浆拌制时间（h min）	

非正常情况记载：

顶腹板底板示意图：

监理意见：

记录人：　　　　　　　　　　　　　　　　　日期：　　　　　　　　　　　　　　　旁站监理：

复核人：　　　　　　　　　　　　　　　　　日期：　　　　　　　　　　　　　　　日期：

附表 14-77

预应力孔道真空吸浆记录表

施工单位：　　　　　　　　　　　　　　　　　　　　　　　　　　　　　合同号：
监理单位：　　　　　　　　　　　　　　　　　　　　　　　　　　　　　编　号：

工程名称						
桩号及部位			压浆日期	年 月 日	张拉日期	年 月 日
水泥名称及标号		气温		掺塑化剂量	掺膨胀剂量	水温
水灰比		水泥浆流动度		全构件压浆水泥用量	压浆温度	泌水率
浆体初凝时间（h）				浆体体积变化率（%）		施工部位
管道编号	吸浆压力（MPa）	起止时间	吸浆情况描述	压浆压力（MPa）	起止时间	压浆情况描述
管道示意图：			非正常情况记载			
监理意见：						

记录：　　　　　　　　　　　复核：　　　　　　　　　　　旁站监理：　　　　　　　　　　　日期：

日期：

附表 14-78

预应力混凝土封端施工记录表

施工单位：　　　　　　　　　　　　　　　　　　　　合同号：
监理单位：　　　　　　　　　　　　　　　　　　　　编　号：

分项工程名称		所属分部工程		构件编号	
桩号及部位		检测人		记录人	
端头					
封端日期		年 月 日		年 月 日	
端头钢筋	数量				
	位置				
	保护层				
支模尺寸偏差情况					
蜂窝、麻面、空洞、掉角等质量缺陷及处理情况记录					

结论：

质检工程师：　　　　　　　　　　　　　　　　　　　　日期：

附表 14-79

基础砌体质量检验表

施工单位：　　　　　　　　　　　　　　　　　　　　　　　　　　　　　合同号：
监理单位：　　　　　　　　　　　　　　　　　　　　　　　　　　　　　编　号：

分项工程名称			所属分部工程		施工时间	
桩号及部位			检测人	记录人	检验时间	
项次	检验项目		设计值	允许偏差	检验结果	检验频率和方法
1△	砂浆强度(MPa)			在合格标准内		按《公路工程质量检验评定标准　第一册　土建工程》(JTG F80/1—2017)附录F检查
2	轴线偏位(mm)			≤25		全站仪:纵、横向各测2点
3	平面尺寸(mm)			±50		尺量:长度、宽度各测3处
4	顶面高程(mm)			±30		水准仪:测5处
5	基底高程(mm)	土质		±50		水准仪:测5处
		石质		+50，−200		

外观情况：

自检结论：

质检工程师：　　　　　　　　　　　　　　　　　　　　　　　　　　　　　日期：

附表 14-80

墩、台身砌体质量检验表

施工单位：　　　　　　　　　　　　　　　　　　　　　　　　合同号：
监理单位：　　　　　　　　　　　　　　　　　　　　　　　　合同编号：

分项工程名称			所属分部工程		施工时间	
桩号及部位			检测人	记录人	检验时间	
项次	检验项目		设计值	允许偏差	检验结果	检验频率和方法
1△	砂浆强度（MPa）			在合格标准内		按《公路工程质量检验评定标准 第一册 土建工程》（JTG F80/1—2017）附录F检查
2	轴线偏位（mm）			≤20		全站仪：纵、横向各测2个点
3	墩台长、宽（mm）	料石		+20，-10		尺量：测3个断面
		块石		+30，-10		
		片石		+40，-10		
4	竖直度或坡度（%）	料、块石		≤0.3		铅锤法：沿两轴线位置共4处
		片石		≤0.5		
5△	墩、台顶面高程（mm）			±10		水准仪：测5处
6	侧面平整度（mm）	料石		≤10		2m直尺：每20m²测1处，且不少于3处，每处测竖直、水平两个方向
		块石		≤20		
		片石		≤30		

外观情况：

自检结论：

质检工程师：　　　　　　　　　　　　　　　　　　　　　　日期：

附表 14-81

拱圈砌体质量检验表

施工单位：　　　　　　　　　　　　　　　　　　　　　　　　　　　　　　合同号：
监理单位：　　　　　　　　　　　　　　　　　　　　　　　　　　　　　　编　号：

分项工程名称			所属分部工程		施工时间	
桩号及部位			检测人	记录人	检验时间	
项次	检验项目		设计值	允许偏差	检验结果	检验频率和方法
1△	砂浆强度（MPa）			在合格标准内		按《公路工程质量检验评定标准 第一册 土建工程》（JTG F80/1—2017）附录F检查
2	砌体外侧平面偏位（mm）	无镶面	向外	≤30		全站仪：测拱脚、拱顶、1/4跨、3/4跨处 两侧
			向内	≤10		
		有镶面	向外	≤20		
			向内	≤10		
3△	拱圈厚度（mm）			+30，0		尺量：测拱脚、拱顶、1/4跨、3/4跨处 两侧
4	相邻镶面石砌块、混凝土预制块 表层错位（mm）	料石、混凝土预制块		≤3		拉线用尺量：测5处
		块石		≤5		
5△	内弧线偏离设计弧线（mm）	L≤30m（L为跨径）		±20		水准仪：测拱脚、拱顶1/4跨、3/4跨处 两侧
		L>30m		±L/1500		
		1/4跨、3/4跨处极值		允许偏差的2倍目反向		

外观情况：

自检结论：

质检工程师：　　　　　　　　　　　　　　　　　　　　　　　　　　　　　日期：

附表 14-82

侧墙砌体质量检验表

施工单位：　　　　　　　　　　　　　　　　合同号：　　　　　　　　　施工时间：
监理单位：　　　　　　　　　　　　　　　　编　号：　　　　　　　　　检验时间：

分项工程名称			所属分部工程			
桩号及部位			检测人	记录人		
项次	检验项目		设计值	允许偏差	检验结果	检验频率和方法
1△	砂浆强度（MPa）			在合格标准内		按《公路工程质量检验评定标准　第一册　土建工程》（JTG F80/1—2017）附录 F 检查
2	外侧平面偏位（mm）	无镶面	向外	≤30		全站仪:测 5 处
			向内	≤10		
		有镶面	向外	≤20		
			向内	≤10		
3△	宽度（mm）			+40，-10		尺量:测 5 处
4	顶面高程（mm）			±10		水准仪:测 5 点
5	竖直度或坡度（%）	片石砌体		≤0.5		铅锤法:测 5 处
		块石、粗粒石、混凝土块镶面		≤0.3		
6	平整度（mm）	料石		≤10		2m 直尺：每 20m² 测 1 处，且不少于 3 处，每处测竖直、水平两个方向
		块石		≤20		
		片石		≤30		

外观情况：

自检结论：

质检工程师：　　　　　　　　　　　　　　　　　　　　　　　　　　　日期：

附录14 公路工程施工用表

附表 14-83

基坑质量交验单

施工单位：　　　　　　　　　　　　　　　　　　　　　　　　　合同号：
监理单位：　　　　　　　　　　　　　　　　　　　　　　　　　编　号：

分项工程名称		所属分部工程				
桩号及部位		检测人		施工时间		
				检验时间		
基底地质情况	设计			记录人		
	实际					
基底高程（m）	设计		地基承载力（MPa）	设计		
	实际			实际		
基坑平面尺寸（m）	设计					
	实际					
基坑平面示意图						
自检结论：						
				质检工程师：		日期：
监理意见：						
				监理工程师：		日期：

附表 14-84

地基处理交验单

施工单位： 合同号：
监理单位： 编　号：

工程名称					施工时间		
桩号及部位					检验时间		
记录人					复核人		
处理方法							
回填材料结构名称和外掺剂含量							
处理范围	长度		宽度			厚度	
分层厚度(cm)	松铺			压实			
底面高程偏差(mm)	允许值	左前	左后	右前	右后		
密实度或强度	项目	处理后密实度或强度					合格率(%)
	第一层						
	第二层						
	第三层						
	第四层						
	第五层						
顶面高程偏差(mm)	允许值	左前	左后	右前	右后		
备注							

自检意见：

质检工程师：　　　　　　　　　　　　　日期：

监理意见：

监理工程师：　　　　　　　　　　　　　日期：

附表 14-85

混凝土扩大基础质量检验表

施工单位：　　　　　　　　　　　　　　　　　　　　　　　　　　　合同号：
监理单位：　　　　　　　　　　　　　　　　　　　　　　　　　　　编　号：

工程名称		所属分部工程		施工时间	
分项工程名称					
桩号及部位		检测人		记录人		检验时间	

项次	检验项目	允许偏差	设计值	检验结果	检验频率和方法
1△	混凝土强度(MPa)	在合格标准内			按《公路工程质量检验评定标准　第一册　土建工程》(JTG F80/1—2017)附录 D 检查
2	平面尺寸(mm)	±50			尺量：长度、宽度各测 3 处
3	基础底面高程(mm) 土质	+50，-200			水准仪：测 5 处
	石质				
4	基础顶面高程(mm)	±30			水准仪：测 5 处
5	轴线偏位(mm)	≤25			全站仪：纵、横向各测 2 个点

外观情况：

自检结论：

　　　　　　　　　　　　　　　　　　　　　　　　　质检工程师：　　　　　　　　　　日期：

附表 14-86

钻孔记录表

施工单位：　　　　　　　　　　　　　　　　　　　合同号：
监理单位：　　　　　　　　　　　　　　　　　　　编　号：

分项工程名称		桩编号		开钻日期	年 月 日
桩号及部位		墩（台）号		桩径（cm）	
护筒长度（m）		护筒顶高程（m）		护筒埋置深度（m）	钻头形式和直径（m）	钻头重量（kg）
上班交接时进尺（m）		本班进尺（m）		累计进尺（m）	由 月 日 时 分 至 月 日 时 分

起止时间			共计	冲程（m）	冲击次数（次/min）	钻进深度（m） 本次 累计	检孔深度（m）	孔底深度（m）	孔内水位（m）	地质情况	泥浆密度	备注
h	min	h	min	h									

时间统计	纯钻时间	辅助生产时间（h）						非生产时间（h）				合计
		工作项目	验孔	检查钻具	接换钢丝绳	投石	投土	小计	孔内事故	机械内事故	待料	停电	小计

记录员：　　　　　　　　　　质检员：　　　　　　　　　　日期：

附表 14-87

钻孔桩成孔交验单

施工单位：　　　　　　　　　　　　　　　　　　　　　合同号：
监理单位：　　　　　　　　　　　　　　　　　　　　　编　号：

分项工程名称		所属分部工程		施工时间	
桩号及部位		检测人	记录人	检验时间	
项次	检验项目	设计值（规定值）	允许偏差	检验结果	检验频率和方法
1	倾斜度（%）		1%桩长，且不大于500		用测壁（斜）仪或钻杆垂线法：每桩检查
2	钻孔底高程（mm）		不小于设计值		测绳量：每桩测量
3	钻孔深度（mm）		不小于设计值		探孔器：每桩测量
4	钻孔直径（mm）		不小于设计值		
5	护筒顶高程（mm）				
6	地质情况				
自检结论：					
监理意见：					

质检工程师：　　　　　　　　　　　　　　　　　　　　监理工程师：

日期：　　　　　　　　　　　　　　　　　　　　　　　日期：

钻孔桩终孔后灌注混凝土前检查记录表

附表 14-88

施工单位：　　　　　　　　　　　　　　　　　　　　　　　合同号：
监理单位：　　　　　　　　　　　　　　　　　　　　　　　编　号：

工程名称		施工时间	
桩号及部位		检验时间	
护筒顶高程(m)		护筒长度(m)	
设计直径(m)		终孔直径(m)	孔位偏差(mm)	
设计孔底高程(m)		终孔孔底高程(m)		
清孔后孔底高程(m)		灌注前孔底高程(m)		
灌注前沉浆密度		含砂率(%)		沉淀层厚度(cm)	
钻孔中出现的问题及处理	
钢筋骨架	主筋根数(根)		主筋长度(m)	
	骨架总长(m)		骨架底面高程(m)	
	骨架每节长度(m)		焊接方法及搭接长度	
备注	
自检意见	质检工程师：　　　　　　　　　　日期：
监理意见	监理工程师：　　　　　　　　　　日期：

水下混凝土灌注记录表

附表 14-89

施工单位：　　　　　　　　　　　　　　　　　　　　　合同号：
监理单位：　　　　　　　　　　　　　　　　　　　　　编　号：

分项工程名称				
桩号及部位				
墩（台）号		桩位编号		桩径（m）
设计孔底高程（m）				灌注前孔底高程（m）
护筒顶高程（m）				钢筋骨架底面高程（m）
混凝土标号		水泥标号		水灰比
坍落度（mm）				
计算混凝土数量（m³）				每盘混凝土数量（m³）
应灌混凝土厚度（m）				实灌混凝土数量（m³）
碎石含水率（%）				设计配合比
施工配合比				砂含水率（%）
				总盘数

时间	总孔深（m）①	基准面到混凝土顶面高程（m）②	混凝土浇筑厚度（m）③=①-②	导管总长（m）④	基准面至导管顶面高度（m）⑤	导管埋深（m）⑥=④-(②+⑤)	重要记录

自检结论：

质检员：	日期：	监理意见：	旁站监理：	日期：

钻孔灌注桩质量检验表

附表 14-90

施工单位：				合同号：	
监理单位：				编 号：	

分项工程名称		所属分部工程		施工时间	
桩号及部位		检测人	记录人	检验时间	

项次	检验项目		设计值 允许偏差	检验结果	检验频率和方法
1△	混凝土强度（MPa）		在合格标准内		按《公路工程质量检验评定标准 第一册 土建工程》(JTG F80/1—2017)附录D检查
2	桩位(mm)	群桩	≤100		全站仪：每桩测中心坐标
		排架桩	≤50		
3△	孔深(mm)		≥设计值		测绳：每桩测量
4	桩径(mm)		≥设计值		探孔器或超声波成孔检测仪：每桩测量
5	钻孔倾斜度(mm)		≤1%S（S为桩长），且≤500		钻杆垂绳法或超声波成孔检测仪：每桩测量
6	沉淀厚度(mm)		满足设计要求		沉淀盒或测锤仪：每桩测量
7△	桩身完整性		每桩均满足设计要求；设计未要求时，每桩不低于Ⅱ类		满足设计要求，设计未要求时，采用低应变反射波法或超声波透射法：每桩检测

外观情况：

自检结论：

质检工程师：　　　　　　　　　　　　　　日期：

附表 14-91

挖孔记录表

施工单位：　　　　　　　　　　　　　　　　　　　　　　　合同号：
监理单位：　　　　　　　　　　　　　　　　　　　　　　　编　号：

分项工程名称		开挖日期		年 月 日
桩号及部位		桩编号	设计桩径(mm)	设计桩底高程(mm)
支护长度(m)	支护顶高程(mm)	每次支护深度(m)	支护形式	

施工时间					工作项目	挖进深度(m)		检孔深度(m)	孔底高程(m)	孔内水位(m)	地质情况	备注
起止时间				共计		本次	累计					
d	h	d	h	h								
年 月 日 时至年 月 日												

记录员：　　　　　　　　　　　　　日期：　　　　　　　　　　　　　　质检员：　　　　　　　　　　　　日期：

附表14-92

挖孔桩护壁检查记录表

施工单位：　　　　　　　　　　　　　　　　　　　　　　　合同号：
监理单位：　　　　　　　　　　　　　　　　　　　　　　　编　号：

分项工程名称			所属分部工程			
桩号及部位			检测人	记录人	施工时间	
项次	检查项目	设计值（规定值）	允许偏差	检验结果	检验时间	
1	混凝土强度（MPa）		在合格标准内		检验方法和频率	
2	内径（mm）	长		不少于设计		
		宽				
3	护壁厚度（mm）		+40，-10			
外观情况：						

自检结论：

质检工程师：　　　　　　　　　　　　　　　　　　　　　　　日期：

附表14-93

挖孔桩成孔交验单

施工单位：　　　　　　　　　　　　　　　　　　　　　　合同号：
监理单位：　　　　　　　　　　　　　　　　　　　　　　编　号：

分项工程名称		所属分部工程		施工时间	
桩号及部位		检测人	记录人	检验时间	
项次	检验项目	设计值(规定值)	允许偏差	检验结果	检验频率和方法
1	倾斜度		0.5%桩长，且不大于200		用测壁(斜)仪或钻杆垂线法：每桩检查
2	挖孔底高程(mm)				水准仪测量顶面高程反算：每桩测量
3	挖孔深度(mm)		不小于设计值		测绳量：每桩测量
4	挖孔直径(mm)		不小于设计值		探孔器：每桩测量
5	孔口顶面高程(mm)				水准仪测量：每桩测量
6	地质情况				目测：每桩测量
结论：　　　　　　　　　　　　　　　　　　　　　　　　　　　　　　　　　质检工程师：　　　　　　　　　　　　日期：					
监理意见：　　　　　　　　　　　　　　　　　　　　　　　　　　　　　　　监理工程师：　　　　　　　　　　　　日期：					

挖孔桩终孔后灌注混凝土前检查记录表

附表 14-94

施工单位：　　　　　　　　　　　　　　　　　　　　　合同号：
监理单位：　　　　　　　　　　　　　　　　　　　　　　编　号：

分项工程名称		施工时间	
桩号及部位		检验时间	
孔口顶面高程（mm）		支护长度（m）	
设计直径（mm）		终孔直径（mm）	
设计孔底高程（mm）		终孔孔底高程（mm）	
清孔后孔底高程（mm）		灌注前孔底高程（mm）	
灌注前水位（mm）		孔底清渣情况	
挖孔中出现的问题及处理			
钢筋骨架	主筋根数（根）		主筋长度（mm）
	骨架总长（mm）		骨架底面高程（mm）
	骨架每节长度（m）		焊接方法及搭接长度（mm）
			孔位偏差（mm）
自检意见			
备注			

质检工程师：　　　　　　　　　　　　　　　　　　　　　日期：

附表 14-95

挖孔桩质量检验表

施工单位：　　　　　　　　　　　　　　　　　　　　　　　　　　　　　合同号：
监理单位：　　　　　　　　　　　　　　　　　　　　　　　　　　　　　编　号：

分项工程名称			所属分部工程		施工时间	
桩号及部位			检测人	记录人	检验时间	
项次	检验项目		设计值	允许偏差	检验结果	检验频率和方法
1△	混凝土强度(MPa)	群桩		在合格标准内		按《公路工程质量检验评定标准 第一册 土建工程》(JTG F80/1—2017)附录D检查
		排架桩				
2	桩位(mm)	群桩		≤100		全站仪：每桩测中心坐标
		排架桩		≤50		
3△	孔深(mm)			≥设计值		测绳量：每桩测量
4	孔径或边长(mm)			≥设计值		井径仪：每桩测量
5	孔的倾斜度(mm)			≤0.5%S(S为桩长)，且不大于200		铅锤法：每桩测量
6△	桩身完整性			每桩均满足设计要求；设计未要求时，每桩不低于Ⅱ类		满足设计要求；设计未要求时，采用低应变反射法或超声波透射法：每桩检测

外观情况：

自检结论：

　　　　　　　　　　　　　　　　　　　　　　　　　　　　质检工程师：　　　　　　　　　　　　日期：

附表 14-96

混凝土桩预制质量检验表

施工单位：　　　　　　　　　　　　　　　　　　　合同号：
监理单位：　　　　　　　　　　　　　　　　　　　编　号：

分项工程名称		所属分部工程		施工时间	
桩号及部位		检测人		记录人	检验时间

项次	检验项目		设计值	允许偏差	检验结果	检验频率和方法
1△	混凝土强度（MPa）			在合格标准内		按《公路工程质量检验评定标准》（JTG F80/1—2017）附录 D 第一册 土建工程 检查
2	长度（mm）			±50		尺量：每桩测量
3	横断面（mm）	桩径或边长		±5		尺量：抽查 10% 的桩，每桩测 3 个断面
		空心中心与桩中心偏差		≤5		
4	桩尖与桩的纵轴线偏差（mm）			≤10		尺量：抽查 10% 的桩，每桩检查
5	桩纵轴线弯曲矢高（mm）			≤0.1%S（S 为桩长），且 ≤20		沿桩长拉线量，取最大矢高，抽查 10% 的桩
6	桩顶面与桩纵轴线倾斜偏差（mm）			≤1%D（D 为桩径或边长），且 ≤3		角尺：抽查 10% 的桩，各测 2 个垂直方向
7	接桩的接头平面与桩轴线垂直度			≤0.5%		角尺：抽查 20% 的桩，各测 2 个垂直方向

外观情况：

自检结论：

质检工程师：　　　　　　　　　　　　　　　　　　　日期：

钢管桩制作质量检验表

附表 14-97

施工单位：　　　　　　　　　　　　　　　　合同号：
监理单位：　　　　　　　　　　　　　　　　编　号：

分项工程名称		所属分部工程		施工时间	
桩号及部位		检测人	记录人	检验时间	

项次	检验项目		设计值	允许偏差	检验结果	检验频率和方法
1	长度（mm）			+300,0		尺量：每桩测量
2	桩纵轴线弯曲矢高（mm）			≤0.1%S（S为桩长），且≤30		沿桩长拉线量，取最大矢高，抽查10%的桩，每桩测量
3	管节外形尺寸（mm）	管端椭圆度		±0.5%D（D为桩径或边长），且≤±5		尺量：抽查10%的桩。每桩测3个断面
		周长		±0.5%L（L为壁厚），且≤±10		
4△	接头尺寸	管径差（mm）	≤700	≤2		尺量：抽查10%的桩，每个接头测量
			>700	≤3		
		对接板高差δ（mm）	δ≤10	≤1		
			10<δ≤200	≤2		
			δ>20	≤δ/10,且≤3		
5	焊缝尺寸（mm）			满足设计要求		量规：抽查10%的桩，检查全部焊缝
6△	焊缝探伤					超声法：抽查10%的桩；满足设计要求，抽查10%的桩，每桩检查20%焊缝，且不少于3条。射线法：满足设计要求，抽查10%的桩，每桩检查2%焊缝，且不少于1条

外观情况：

自检结论：

质检工程师：　　　　　　　　　　　　　　　日期：

附表 14-98

沉桩质量检验表

施工单位：
监理单位：
合同号：
编　号：

分项工程名称					检测人		记录人		施工时间
桩号及部位			所属分部工程						检验时间
项次	检验项目			设计值	允许偏差		检验结果	检验频率和方法	
1	桩位(mm)	群桩		中间桩	≤D/2 且 ≤250			全站仪：抽查 20% 的桩，测桩中心坐标	
				外缘桩	≤D/4 且 ≤150				
		排架桩		顺桥方向	≤40				
				垂直桥轴方向	≤50				
2△	桩头高程(mm)				≤设计值			水准仪测桩顶面高程后反算，每桩测量	
3△	贯入度(mm)				≤设计值			与控制贯入度比较，每桩测量	
4	倾斜度(°)	直桩			≤1			铅锤法：每桩测量	
		斜桩			≤15% tanθ (θ为斜桩轴线与重线的夹角)				

外观情况：

自检结论：

质检工程师：　　　　　　　　　　　　　　日期：

地下连续墙质量检验表

附表 14-99

施工单位：　　　　　　　　　　　　　　　　　　　　合同号：
监理单位：　　　　　　　　　　　　　　　　　　　　编　号：

分项工程名称		所属分部工程		施工时间	
桩号及部位		检测人	记录人	检验时间	
项次	检验项目	设计值	允许偏差	检验结果	检验频率和方法
1△	混凝土强度（MPa）		在合格标准内		按《公路工程质量检验评定标准 第一册 土建工程》（JTG F80/1—2017）附录D检查
2	轴线位置（mm）		≤30		全站仪：每槽段纵、横向各测2点
3	倾斜度（mm）		≤0.5%H（H为墙高）		超声法测槽仪或测槽机监测系统铅锤法：每槽段测量
4	沉淀厚度（mm）		满足设计要求		沉淀盒或测渣仪：每槽段测量
5	槽深（mm）		≥设计值		测绳或超声波测槽仪：每槽段测量
6	槽宽（mm）		≥设计值		矩形测规或超声波测槽仪：每槽段测量

外观情况：

自检结论：

　　　　　　　　　　　　　　　　　　　　　　　　　　　　　质检工程师：　　　　　　　日期：

附表 14-100

沉井质量检验表

施工单位：　　　　　　　　　　　　　　　　　所属分部工程：　　　　　　　　　　　合同号：　　　　　　施工时间：
监理单位：　　　　　　　　　　　　　　　　　　　　　　　　　　　　　　　　　　　　编　号：　　　　　　检验时间：
分项工程名称：　　　　　　　　　　　　　　　检测人：　　　　　　　　　　记录人：
桩号及部位：

项次	检验项目			设计值	允许偏差	检验结果	检验频率和方法
1△	混凝土强度（MPa）				在合格标准内		按《公路工程质量检验评定标准 第一册 土建工程》(JTG F80/1—2017) 附录 D 检查
2	沉井平面尺寸（mm）	长、宽			$B \leq 24m$ 时，±0.5%B，$B > 24m$ 时 ±120		尺量：每节段沿测顶面
		半径			$B \leq 12m$ 时，±0.5%R，$R > 12m$ 时 ±60		
		非圆形沉井对角线线差			对角线长度的±1%，最大±180		
3	井壁厚度（mm）	混凝土			+40，-30		尺量：每节段沿边线测 8 处
		钢壳和钢筋混凝土			±15		
4	顶面高程（mm）				±30		水准仪：测 5 处
5	沉井刃脚高程（mm）				满足设计要求		尺量：沿沉井高度 5 处，以顶面高程反算
6△	中心偏位（纵横向）(mm)	一般			≤H/100		全站仪：测沉井每节段顶面边线与两轴线交点
		浮式			≤H/100 + 250		
7	竖直度（mm）				≤H/100		铅锤法：测两轴线位置共 4 处

外观情况：

自检结论：

质检工程师：　　　　　　　　　　　　　　　　　　　　　　　　日期：

双壁钢围堰质量检验表

附表 14-101

施工单位：						
监理单位：						

分项工程名称		所属分部工程		合同号：		施工时间
桩号及部位		检测人		记录人	编 号：	检验时间

项次	检验项目		设计值	允许偏差	检验结果	检验频率和方法
1	顶面轴线偏位 (mm)			≤80		全站仪：纵横轴线两端共测 4 个点
2	围堰平面尺寸 (mm)	半径		±D/500，互相垂直的直径差＜20		尺量：每节段测顶面
		长,宽		±30,对角线差＜20		
3	高度 (mm)			±10		尺量：每节测 5 处
4	对接错边 (mm)			≤2		尺量：每节间测
5	焊缝尺寸 (mm)			满足设计要求		量规：抽查 20% 的焊缝，且不少于 3 条，每条焊缝检查 3 处
6△	焊缝探伤					超声法：满足设计要求；抽查 10% 的桩，每桩检查 20% 的焊缝，且不少于 3 条
7	顶面高程 (mm)			±30		水准仪：测 5 处
8	竖直度 (mm)			≤h/100		铅锤法：沿两轴线位置共 4 处

外观情况：

自检结论：

质检工程师：　　　　　　　　　　　　　　　　日期：

附表 14-102

沉井、钢围堰封底混凝土质量检验表

施工单位：　　　　　　　　　　　　　　　　　　　　　　　　合同号：
监理单位：　　　　　　　　　　　　　　　　　　　　　　　　编　号：

分项工程名称		所属分部工程		施工时间	
桩号及部位		检测人	记录人	检验时间	
项次	检验项目	设计值	允许偏差	检验结果	检验频率和方法
1△	混凝土强度（MPa）		在合格标准内		按《公路工程质量检验评定标准 第一册 土建工程》(JTG F80/1—2017) 附录 D 检查
2	基底高度（mm）		0，－200		测绳和水准仪：测 5 处
3	顶面高度（mm）		±50		水准仪：测 5 处

外观情况：

自检结论：

质检工程师：　　　　　　　　　　　　　　　　　　　　　　　　日期：

附表 14-103

承台等大体积混凝土质量检验表

施工单位：　　　　　　　　　　　　　　　　　　　　　　合同号：
监理单位：　　　　　　　　　　　　　　　　　　　　　　编　号：

分项工程名称			所属分部工程		施工时间	
桩号及部位			检测人	记录人	检验时间	
项次	检验项目		设计值	允许偏差	检验结果	检验频率和方法
1△	混凝土强度（MPa）	$B<30$m		在合格标准内		按《公路工程质量检验评定标准 第一册 土建工程》（JTG F80/1—2017）附录D检查
		$B\geqslant 30$m		$\pm B/1000$		
2	平面尺寸（mm）			± 30		尺量：测2个断面
3	结构高度（mm）			± 30		尺量：测5处
4	顶面高程（mm）			± 20		水准仪：测5处
5	轴线偏位（mm）			$\leqslant 15$		全站仪：纵、横向各测2个点
6	平整度（mm）			$\leqslant 8$		2m直尺：每侧面每20m²测1处，且不少于3处，每处测竖直、水平两个方向

外观情况：

自检结论：

　　　　　　　　　　　　　　　　　　　　　　　　　　　质检工程师：　　　　　　　　　　　日期：

附表 14-104

灌注桩桩底压浆质量检验表

施工单位：　　　　　　　　　　　　　　　　　　　　合同号：
监理单位：　　　　　　　　　　　　　　　　　　　　编　号：

分项工程名称		所属分部工程		施工时间	
桩号及部位		检测人		检验时间	
项次	检查项目	设计值	规定值或允许偏差	检验结果	检查方法和频率
1△	浆体强度（MPa）		在合格标准内		按《公路工程质量检验评定标准 第一册 土建工程》（JTG F80/1—2017）附录M 检查
2	压浆终止压力值（MPa）		满足压浆方案要求		查压表度数：全部管路
3△	压浆量（L）		满足压浆方案要求		标定容器法或流量传感器，每桩测量
4	稳压时间（min）		≥5		计时器：全部管路

外观情况：

自检结论：

　　　　　　　　　　　　　　　　　　　　　　　　　　　　　质检工程师：　　　　　　　　　日期：

现浇墩、台身质量检验表

附表 14-105

施工单位：　　　　　　　　　　　　　　　　　　合同号：
监理单位：　　　　　　　　　　　　　　　　　　编　号：

分项工程名称			所属分部工程		施工时间	
桩号及部位			检测人	记录人	检验时间	

项次	检查项目		设计值	规定值或允许偏差	检验结果	检查方法和频率
1△	混凝土强度(MPa)			在合格标准内		按《公路工程质量检验评定标准 第一册 土建工程》(JTG F80/1—2017)附录D检查
2	断面尺寸(mm)			±20		尺量：每施工节段测1个断面，不分段施工的测2个断面
3	全高竖直度(mm)	H≤5m		≤5		全站仪或垂线法：纵、横向各测2处
		5m<H≤60m		≤H/1000,且≤20		全站仪：纵、横向各测2处
		H>60m		≤H/3000,且≤30		水准仪：测3处
4	顶面高程(mm)			±10		
5△	轴线偏位(mm)	H≤60m		10,且相对前一节段≤8		全站仪：每施工节段测顶面边线与两轴线交点
		H>60m		≤15,且相对前一节段≤8		
6	节段间错台(mm)			≤5		尺量：每测面每节侧面
7	平整度(mm)			≤8		2m直尺：每测面每20m²测1处，每处测竖直、水平两个方向
8	预埋件位置(mm)			满足设计要求，设计未要求时≤5		尺量：每件测

外观情况：

自检结论：

质检工程师：　　　　　　　　　　　　　　　　日期：

现浇墩、台帽或盖梁质量检验表

附表 14-106

施工单位：			合同号：		
监理单位：			编 号：		
分项工程名称		所属分部工程		施工时间	
桩号及部位		检测人	记录人	检验时间	
项次	检查项目	设计值	规定值或允许偏差	检验结果	检查方法和频率
1△	混凝土强度（MPa）		在合格标准内		按《公路工程质量检验评定标准 第一册 土建工程》(JTG F80/1—2017)附录D检查
2	断面尺寸（mm）		±20		尺量：测3个断面
3	轴线偏位（mm）		≤10		全站仪：纵、横向各测2个点
4	顶面高程（mm）		±10		水准仪：测5个点
5	支座垫石预留位置（mm）		≤10		尺量：每个检查
6	平整度（mm）		≤5		2m直尺：顺盖梁长度方向每侧面测3处

外观情况：

自检结论：

质检工程师：   日期：

附表 14-107

预制墩身质量检验表

施工单位：　　　　　　　　　　　　　　　　　　　　　　　　　　　合同号：
监理单位：　　　　　　　　　　　　　　　　　　　　　　　　　　　编　号：

分项工程名称			所属分部工程		施工时间	
桩号及部位			检测人	记录人	检验时间	
项次	检查项目		设计值	规定值或允许偏差	检验结果	检查方法和频率
1△	混凝土强度（MPa）			在合格标准内		按《公路工程质量检验评定标准 第一册 土建工程》（JTG F80/1—2017）附录D检查
2	断面尺寸（mm）	外轮廓		±15		尺量：测 2 个断面
		壁厚		±10		
3	高度（mm）			±10		尺量：测中心线处
4	平整度（mm）			≤5		2m 直尺：每侧测 1 处，每处竖直、水平 2 个面
5	支座垫石预留锚孔位置（mm）			≤10		尺量：每个检查
6	墩顶预埋件位置（mm）			≤5		尺量：每个测量

外观情况：

自检结论：

　　　　　　　　　　　　　　　　　　　　　　　质检工程师：　　　　　　　　　日期：

附表 14-108

墩、台身安装质量检验表

施工单位：　　　　　　　　　　　　所属分部工程：　　　　　　　　　　　合同号：　　　　　　　施工时间：
监理单位：　　　　　　　　　　　　　　　　　　　　　　　　　　　　　　　合同编号：　　　　　　检验时间：
分项工程名称：　　　　　　　　　　检测人：　　　　　　　　　记录人：
桩号及部位：

项次	检查项目		规定值或允许偏差	检验结果	检查方法和频率
1△	轴线偏位(mm)	H≤60m	≤10,且相对前一节段≤8		全站仪：每施工节段测顶面边线与两轴线交点
		H>60m	≤15,且相对前一节段≤8		
2	顶面高程(mm)		±10		水准仪：测5处
3	全高竖直度(mm)	H≤5m	≤5		全站仪：纵、横各测2处
		5m<H≤60m	≤H/1000,且≤20		
		H>60m	≤H/3000,且≤30		
4	节段间错台(mm)		≤3		尺量：测每节每侧面
5△	混接头混凝土强度(MPa)		在合格标准内		按《公路工程质量检验评定标准 第一册 土建工程》(JTG F80/1—2017)附录D检查

外观情况：

自检结论：

质检工程师：　　　　　　　　　　　　　　　　　　　日期：

附表 14-109

拱桥组合桥台质量检验表

施工单位：　　　　　　　　　　　　　　　　　　　　　合同号：
监理单位：　　　　　　　　　　　　　　　　　　　　　编　号：

分项工程名称		所属分部工程		施工时间	
桩号及部位		检测人	记录人	检验时间	
项次	检查项目	设计值	规定值或允许偏差	检验结果	检查方法和频率
1	架设拱圈前，台后沉降完成量（mm）		≥设计值的85%		水准仪：每台测量台后上、下游两侧填土后至架设拱圈前高程推算
2	台身后倾率		≤1/250		铅锤法：每台检查上、下游的沉降缝两侧分离值后推算
3 △	架设拱圈前，后台填土完成量（m³）		≥90%		按填土状况推算
4 △	拱建成后桥台水平位移（mm）		≤设计允许值		全站仪：每台检查两侧预埋点
外观情况：					
自检结论：					

质检工程师：　　　　　　　　　　　　　　　　　　　　日期：

台背填土质量检验表

附表 14-110

施工单位：
监理单位：
合同号：
合同编号：
施工时间：
检验时间：

分项工程名称		所属分部工程			
桩号及部位		检测人		记录人	
项次	检查项目	设计值	规定值或允许偏差	检验结果	检查方法和频率
1△	压实度（%）		≥96		按《公路工程质量检验评定标准 第一册 土建工程》(JTG F80/1—2017) 附录B的方法检查，每桥台每压实层测2处
2	填土长度(mm)		≥设计值		尺量：每桥台测顶、底面两侧

外观情况：

自检结论：

质检工程师：　　　　　　　　　　　　　　　　　日期：

台背填土施工记录表

附表 14-111

施工单位：
监理单位：
合同号：
编　号：

桥涵名及桩号		施工日期		年 月 日
记录人		检测人		
台位及层位		检验时间		h min
桥台类型		检验结果		h

项次	检测项目	规定值和允许偏差	检验结果	检验频率和方法
1	回填材料			目测
2	粒径 (cm)	不大于 3cm		尺量 3 处
3	碾压机具			现场核实
4	碾压遍数	不少于　遍		现场控制
5	压实度 (%)			每 50m² 一点且不少于 3 个点/侧，砂法
6	沉降差 (mm)			每侧不少于 3 个点/侧，尺量
7	松铺厚度 (cm)			宽、高各 3 个点/侧，尺量
8	台阶尺寸 (cm)	≥		用尺量 3 个点/侧
9	回填范围	长度 (m)	≥		用尺量 3 个点/侧
		宽度 (m)			
回填后结构物有无位移、裂缝等破坏情况				

结论：

质检工程师：　　　　　　　　　　　　　　　　　日期：

注：台背填土须分层分侧填表（每层每侧一张）。

附表 14-112

就地浇筑梁、板质量检验表

施工单位：　　　　　　　　　　　　　　　　　　　　　　合同号：
监理单位：　　　　　　　　　　　　　　　　　　　　　　编　号：

分项工程名称			所属分部工程		施工时间	
桩号及部位			检测人	记录人	检验时间	
项次	检查项目		设计值	规定值或允许偏差	检验结果	检查方法和频率
1△	混凝土强度（MPa）			在合格标准内		按《公路工程质量检验评定标准 第一册 土建工程》（JTG F80/1—2017）附录 D 检查
2	轴线偏位（mm）			≤10		全站仪：跨测 5 处
3	梁、板顶面高程（mm）			±10		水准仪：每跨测 5 处，跨中、桥墩（台）处应布置测点
4△	断面尺寸（mm）	高度		+5，-10		尺量：每跨测 3 个断面
		顶宽		±30		
		箱梁底宽		±20		
		顶、底、腹板或梁肋厚		+10，0		
5	长度（mm）			+5，-10		尺量：每梁测顶面中线处
6	与相邻梁段间错台（mm）			≤5		尺量：测底面、侧面
7	横坡（%）			±0.15		水准仪：每跨测 3 处
8	平整度（mm）			≤8		2 m 直尺：沿梁长方向每侧面每 10 m 梁长测 1 处×2 尺

外观情况：

自检结论：　　　　　　　　　　　　　　　　　　　质检工程师：　　　　　　　　　　日期：

附表 14-113

梁、板或梁段预制质量检验表

施工单位：　　　　　　　　　　　　　　　　　　　　　　　　　　　合同号：
监理单位：　　　　　　　　　　　　　　　　　　　　　　　　　　　编　号：

分项工程名称				所属分部工程		施工时间	
桩号及部位				检测人	记录人	检验时间	
项次	检查项目			设计值	规定值或允许偏差	检验结果	检查方法和频率
1△	混凝土强度(MPa)				在合格标准内		按《公路工程质量检验评定标准 第一册 土建工程》(JTG F80/1—2017)附录D检查
2	梁长度(mm)	总长度			+5，−10		尺量：每梁顶面中线、底面两侧
		梁段长度			0，−2		
3△	断面尺寸	宽度	箱梁	顶宽	±20(±5)		尺量：每梁测3个断面，板和梁段测2个断面
				底宽	±10(+5,0)		
			其他梁、板	干接缝(梁翼缘、板)	±10(±3)		
				湿接缝(梁翼缘、梁肋)	±20		
		高度	箱梁		0，−5		
			其他梁、板		±5		
		顶板、底板、腹板及梁肋厚			+5,0		
4	平整度(mm)				≤5		2m直尺：沿梁长方向每侧面每10m梁长测1处1处×2尺
5	横系梁及预埋件位置(mm)				≤5		尺量：每件
6	横坡(%)				±0.15		水准仪：每梁测3个断面，板和梁段测2个断面
7	斜拉索锚固	锚点坐标(mm)			±5		角度仪：检查每锚垫板与水平面里面的夹角，各测3处
		锚面角度(°)			0.5		

外观情况：

自检结论：

　　　　　　　　　　　　　　　　　　　　　　质检工程师：　　　　　　　　　　日期：

梁、板安装质量检验表

附表 14-114

施工单位：
监理单位：
合同号：
编　号：

分项工程名称			所属分部工程		施工时间	
桩号及部位			检测人	记录人	检验时间	
项次	检查项目		设计值	规定值或允许偏差	检验结果	检查方法和频率
1	支撑中心偏位（mm）	梁		≤5		尺量：每跨测6个支撑处，不足6个时全测
		板		≤10		
2	梁、板顶面高程（mm）			±10		水准仪：每跨测5处，跨中、桥墩（台）处应布置测点
3	相邻梁、板顶面高差（mm）	L≤40m		≤10		尺量：测每相邻梁、板间差最大处
		L>40m		≤15		

外观情况：

自检结论：

质检工程师：　　　　　　　　　　　　　　　　　　　　　日期：

逐跨拼装梁安装质量检验表

附表 14-115

施工单位：　　　　　　　　　　　　　　　　　　　　　　　　　　　　合同号：
监理单位：　　　　　　　　　　　　　　　　　　　　　　　　　　　　编　号：

分项工程名称			所属分部工程		施工时间	
桩号及部位			检测人	记录人	检验时间	
项次	检查项目		设计值	规定值或允许偏差	检验结果	检查方法和频率
1	轴线偏位（mm）			≤5		全站仪：每跨测 2 处
2	相邻节段间接缝错台（mm）	顶面		≤5		尺量：每条接缝测顶底面和每侧面锚台最大处
		底面、侧面		≤3		
3	节段拼装立缝宽度（mm）			≤3		尺量：每条接缝测 3 处
4	梁长（mm）			+20，-40		尺量：每跨测顶面两侧边线和中线处
5	支撑中心偏位（mm）			≤5		尺量：每支撑中心

外观情况：

自检结论：

质检工程师：　　　　　　　　　　　　　　　　　　　　　　　　　　　日期：

附表 14-116

顶推施工梁质量检验表

施工单位：　　　　　　　　　　　　　　　　　　　合同号：
监理单位：　　　　　　　　　　　　　　　　　　　编　号：

分项工程名称			所属分部工程		施工时间	
桩号及部位		检测人		记录人	检验时间	
项次	检查项目		设计值	规定值或允许偏差	检验结果	检查方法和频率
1	轴线偏位（mm）			≤10		全站仪：每段测 2 处
2△	落梁反力			满足设计要求；设计未要求时，≤1.1倍设计反力		查油压表读数：检查全部
3△	支点高差（mm）	相邻纵向支点		满足设计要求；设计未要求时≤5		水准仪：检查全部
		同墩两侧支点		满足设计要求；设计未要求时≤2		

外观情况：

自检结论：

质检工程师：　　　　　　　　　　　　　　　　　　日期：

附表 14-117

悬臂浇筑梁质量检验表

施工单位：　　　　　　　　　　　　　　　　　　　　　　　　　　　　　　合同号：
监理单位：　　　　　　　　　　　　　　　　　　　　　　　　　　　　　　编　号：

分项工程名称			所属分部工程		施工时间	
桩号及部位			检测人	记录人	检验时间	
项次	检查项目		规定值或允许偏差	设计值	检验结果	检查方法和频率
1△	混凝土强度（MPa）		在合格标准内			按《公路工程质量检验评定标准　第一册　土建工程》(JTG F80/1—2017)附录D检查
2	轴线偏位（mm）	$L \leq 100$m（L为跨径）	≤10			全站仪：每个节段测2处
		$L > 100$m	≤$L/10000$			
3	顶面高程（mm）	$L \leq 100$m	±20			水准仪：每个节段测2处
		$L > 100$m	±$L/5000$			
4△	断面尺寸（mm）	高度	+5, -10			尺量：每个节段测1个断面
		顶宽	±30			
		底宽	±20			
		顶、底、腹板厚	+10, 0			
5	合龙后同跨对称点高程差（mm）	$L \leq 100$m	≤20			水准仪：每跨梁底对称点测6处
		$L > 100$m	≤$L/5000$			
6	顶面横坡（%）		±0.15			水准仪：每节段测2处
7	平整度（mm）		≤8			2m直尺：每节段每侧面测1处，测竖直，水平两个方向
8	相邻梁段间错台（mm）		≤5			尺量：测底面、侧面

外观情况：

自检结论：

　　　　　　　　　　　　　　　　　　　　　　　　　　　　质检工程师：　　　　　　　　　　日期：

附表 14-118

悬臂拼装梁质量检验表

施工单位：　　　　　　　　　　　合同号：　　　　　　　　施工时间：
监理单位：　　　　　　　　　　　编　号：　　　　　　　　检验时间：

分项工程名称		所属分部工程			
桩号及部位		检测人		记录人	
项次	检查项目		设计值	规定值或允许偏差	检验结果	检查方法和频率
1△	合龙段混凝土强度（MPa）			在合格标准内		按《公路工程质量检验评定标准 第一册 土建工程》（JTG F80/1—2017）附录 D 检查
2	轴线偏位（mm）	$L \leq 100\mathrm{m}$（L 为跨径）		≤10		全站仪：每节段测 2 处
		$L > 100\mathrm{m}$		≤$L/10000$		
3	顶面高程（mm）	$L \leq 100\mathrm{m}$		±20		水准仪：每节段测 2 处
		$L > 100\mathrm{m}$		±$L/5000$		
4	合龙后同跨对称点高程差（mm）	$L \leq 100\mathrm{m}$		≤20		水准仪：每跨梁底对称点测 6 处
		$L > 100\mathrm{m}$		≤$L/5000$		
5	相邻梁段间错台（mm）			≤3		尺量：测底面、侧面

外观情况：

自检结论：

质检工程师：　　　　　　　　　　　　　　　　　　　　　　　日期：

附表 14-119

转体施工梁质量检验表

施工单位：　　　　　　　　　　　　　　　　　　　　　　合同号：
监理单位：　　　　　　　　　　　　　　　　　　　　　　编　号：

分项工程名称		所属分部工程		施工时间	
桩号及部位		检测人	记录人	检验时间	
项次	检验项目	设计值	规定值或允许偏差	检验结果	检验频率和方法
1△	封闭转盘和合龙段混凝土强度（MPa）		满足设计要求		按《公路工程质量检验评定标准 第一册 土建工程》(JTG F80/1—2017) 附录D检查
2△	轴线偏位（mm）		≤L/10000（L为跨径）		全站仪：测5处
3	梁顶面高程（mm）		±20		水准仪：跨中及梁端断面，每断面测3处
4	同一横断面两侧或相邻上部构件高差（mm）		≤10		水准仪：测5个断面

外观情况：

自检结论：

质检工程师：　　　　　　　　　　　　　　　　　　　　日期：

附表 14-120

预制构件底座现场检查记录表

施工单位：　　　　　　　　　　　　　　　　　　　合同号：
监理单位：　　　　　　　　　　　　　　　　　　　编　号：

分项工程名称					
底座编号			施工时间		
面层材料			检验时间		
基底处理情况	材料	厚度	混凝土基层	标号	厚度(cm)
				压实质量(kg)	
面层平面尺寸(cm)	长		宽		
面层平整度偏差(mm)	横向		纵向		
底座预拱度结构示意图(mm)					
备注					
自检意见：					
				质检工程师：	日期：
监理意见：					
				监理工程师：	日期：

附表 14-121

预制梁模板质量交验单

施工单位：　　　　　　　　　　　　　　　　　　　　　　　　　合同号：
监理单位：　　　　　　　　　　　　　　　　　　　　　　　　　编　号：

梁场及模板号：

项次	检验项目	检测要求	检验结果	检验频率和方法
1	模板尺寸	符合设计要求，允许偏差不大于长度和宽度的1/1000，最大±4.0mm		尺量：每节模板量3处
2	梁体模板厚度	不小于6mm		尺量：每节模板量3处
3	底模厚度	不小于6mm		尺量：每节模板量3处
4	板面平整度	不大于3mm（用2m直尺及塞尺检查）		用2m直尺：每节模板量2处
5	侧模加劲肋间距	翼缘环形钢筋间距的整数倍，不影响翼缘环形钢筋安装		
6	侧模加劲梁宽度	小于翼缘环形钢筋间距，不影响翼缘环形钢筋安装		
7	梳形板厚度	不小于10mm		尺量：每节模板量3处
8	横隔板底模	使用独立的底模，不与侧模连成一体		
9	横坡	翼缘板能根据设计要求调整横坡		
10	相邻模板面的高低差	不大于2mm		尺量：每节模板量2处
11	两块模板之间拼接缝隙	不大于2mm		尺量：每节模板量2处
12	模板接缝错台	不大于1mm		尺量：每节模板量2处
13	芯模（适用于预制箱梁及空心板）	使用整体收缩抽拔式钢内模		
14	预留孔洞	符合设计要求，位置允许偏差±2mm。钻孔应采用机具，严禁用电、气焊灼孔		尺量：全部
15	堵浆措施	使用泡沫填缝剂或高强止浆橡胶棒，严禁使用砂石、砂浆或布条		
16	脱模剂	严禁使用废润滑油		

自检结论：　　　　　　　　　　　　　　　　　　　　　　　　　监理意见：

质检工程师：　　　　　　　　　　　　　　　　　　　　　　　　专业监理工程师：

日期：　　　　　　　　　　　　　　　　　　　　　　　　　　　日期：

就地浇筑拱圈质量检验表

附表 14-122

施工单位：　　　　　　　　　　　　　　　所属分部工程：　　　　　　　　　　　合同号：
监理单位：　　　　　　　　　　　　　　　　　　　　　　　　　　　　　　　　　编　号：

分项工程名称			检测人		记录人		施工时间
桩号及部位							检验时间

项次	检验项目		设计值	允许偏差	检验结果	检验频率和方法
1△	混凝土强度（MPa）			在合格标准内		按《公路工程质量检验评定标准 第一册 土建工程》(JTG F80/1—2017)附录D检查
2	轴线偏位（mm）	板拱		≤10		全站仪：每肋、板拱测 5 处
		肋拱		≤5		
	内弧线偏离设计弧线（mm）	L≤30m（L为跨径）		±L/1500，且不超过±40		水准仪：每肋、板拱脚 L/4 跨、3L/4 跨、拱顶3 处两侧
		L>30m		±5		
3△	断面尺寸（mm）	顶、第、腹板厚		+10，0		尺量：每肋、板拱脚 L/4 跨、3L/4 跨、拱顶测 5 个断面
4△		宽度 板拱		±20		
		高度 肋拱		±10		

外观情况：

自检结论：

质检工程师：　　　　　　　　　　　　　　　　　　　　　　日期：

附表 14-123

拱圈节段预制质量检验表

施工单位：　　　　　　　　　　　　　　　　　　　　　　　　　　合同号：　　　　　　　施工时间：
监理单位：　　　　　　　　　　　　　　　　　　　　　　　　　　编　号：　　　　　　　检验时间：

分项工程名称		所属分部工程			
桩号及部位		检测人		记录人	
项次	检验项目		设计值	允许偏差	检验结果	检验频率和方法
1△	混凝土强度（MPa）			在合格标准内		按《公路工程质量检验评定标准 第一册 土建工程》（JTG F80/1—2017）附录D检查
2	每段拱箱内弧长（mm）			0，-10		尺量：每段测两侧内弧
3△	内弧偏离设计弧线（mm）			±5		样板：检查底面，每段测3处
4△	断面尺寸（mm）	顶、底、腹板厚		+10，0		尺量：检查两端断面
		宽度、高度		+10，-5		
5	平面度（mm）	肋拱		≤5		拉线、尺量：每段检查两侧面
		箱拱		≤10		
6	拱箱接头倾斜（mm）			±5		角尺：每接头测两处
7	预埋件位置（mm）			≤5		尺量：测每处

外观情况：

自检结论：

　　　　　　　　　　　　　　　　　　　　　　　　　　　　　　质检工程师：　　　　　　　　　日期：

附表 14-124

桁架拱杆件预制质量检验表

施工单位：　　　　　　　　　　　　　　　　　　　合同号：
监理单位：　　　　　　　　　　　　　　　　　　　编　号：

分项工程名称		所属分部工程		施工时间	
桩号及部位		检测人	记录人	检验时间	
项次	检验项目	设计值	允许偏差	检验结果	检验频率和方法
1△	混凝土强度（MPa）		在合格标准内		按《公路工程质量检验评定标准 第一册 土建工程》（JTG F80/1—2017）附录D 检查
2△	断面尺寸（mm）		±5		尺量:测 2 个断面
3	杆件长度（mm）		±10		尺量:测顶底面中心线处
4	杆件旁弯（mm）		≤5		拉线、尺量:测每件
5	预埋件位置（mm）		≤5		尺量:测每件

外观情况：

自检结论：

质检工程师：　　　　　　　　　　　　　　　　　　日期：

附表 14-125

主拱圈安装质量检验表

施工单位： 合同号：
监理单位： 编 号：

分项工程名称			所属分部工程		施工时间	
桩号及部位			检测人	记录人	检验时间	
项次	检验项目		设计值	允许偏差	检验结果	检验频率和方法
1△	接头混凝土强度（MPa）			在合格标准内		按《公路工程质量检验评定标准 第一册 土建工程》（JTG F80/1—2017）附录 D 检查
2△	轴线偏位（mm）	L≤60m（L 为跨径）		≤10		全站仪：每肋每跨测 5 处
		L＞60m		≤L/6000，且 ≤40		
	拱圈高程（mm）	L≤60m		±20		水准仪：每肋每跨测 5 处
		L＞60m		±L/3000，且不超过 ±50		
3	对称接头点相对高差（mm）	L≤60m		≤20		水准仪：每肋每跨测每对称接头
		L＞60m		≤L/3000，且 ≤40		
4△	同跨各拱肋相对高差（mm）	L≤60m		≤20		水准仪：测 5 处
5		L＞60m		≤L/3000，且 ≤30		

外观情况：

自检结论：

质检工程师： 日期：

悬臂拼装的桁架拱质量检验表

附表 14-126

施工单位：　　　　　　　　　　　　　　　　合同号：
监理单位：　　　　　　　　　　　　　　　　编　号：

分项工程名称			所属分部工程		施工时间	
桩号及部位			检测人	记录人	检验时间	
项次	检验项目		设计值	允许偏差	检验结果	检验频率和方法
1△	节点混凝土强度(MPa)			在合格标准内		按《公路工程质量检验评定标准 第一册 土建工程》(JTG F80/1—2017) 附录D 检查
2△	轴线偏位(mm)	$L \leq 60m$ (L 为跨径)		≤10		全站仪：每助每跨测5处
		$L > 60m$		$\leq L/6000$, 且≤40		
3	拱圈高程(mm)	$L \leq 60m$		±20		水准仪：每助每跨测5处
		$L > 60m$		$\pm L/3000$, 且不超过±50		
4	相邻拱片高差(mm)			≤20		水准仪：每跨测5处
5△	对称点相对高差(mm)	$L \leq 60m$		≤20		水准仪：每助每跨测对称点5处
		$L > 60m$		$\leq L/3000$, 且≤40		
6	拱片竖向垂直度(mm)			$\leq h/300$, 且≤20		铅锤法：每片测$L/4$跨、$3L/4$跨、拱顶3处

外观情况：

自检结论：

质检工程师：　　　　　　　　　　　　　　　日期：

附表 14-127

腹拱安装质量检验表

施工单位：　　　　　　　　　　　　　　　　　　　　　　　合同号：
监理单位：　　　　　　　　　　　　　　　　　　　　　　　编　号：

分项工程名称		所属分部工程		施工时间	
桩号及部位		检测人		检验时间	
项次	检验项目	设计值	允许偏差	检验结果	检验频率和方法
1	轴线偏位（mm）		≤10		全站仪：拱脚、拱顶共3处
2	起拱线高程（mm）		±20		水准仪：每起拱线测2点
3	相邻块件高差（mm）		≤5		尺量：每相邻块件测2处
外观情况：					
自检结论：					

质检工程师：　　　　　　　　　　　　　　　　　　　　　　日期：

转体施工拱质量检验表

附表 14-128

施工单位：
监理单位：
合同号：
编　号：

分项工程名称		所属分部工程		施工时间	
桩号及部位		检测人		记录人		检验时间	

项次	检验项目	设计值	允许偏差	检验结果	检验频率和方法
1△	封闭转盘和合龙段混凝土强度（MPa）		在合格标准内		按《公路工程质量检验评定标准 第一册 土建工程》(JTG F80/1—2017) 附录D检查
2	轴线偏位（mm）		≤L/6000，且≤30（L为跨径）		全站仪：测5处
3△	跨中拱顶高程（mm）		±20		水准仪：测拱顶两侧及中心线处
4	同一横截面两侧或相邻上部构件高差（mm）		≤10		水准仪：测拱顶两侧及中心线处

外观情况：

自检结论：

质检工程师：　　　　　　　　　　　　　　　　　　日期：

劲性骨架制作质量检验表

附表 14-129

施工单位：
监理单位：
合同号：
编　号：

分项工程名称		所属分部工程		施工时间	
桩号及部位		检测人	记录人	检验时间	
项次	检验项目	设计值	允许偏差	检验结果	检验频率和方法
1	杆件截面尺寸（mm）		不小于设计值		尺量：每件测 2 端
2	骨架高、宽（mm）		±10		尺量：每段测 3 个断面
3△	内弧偏离设计弧线（mm）		≤10		样板：每段测 3 处
4	每段的弧长（mm）		+10，-10		尺量：每段测两侧内弧
5△	焊接探伤		满足设计要求		超声法：检查全部

外观情况：

自检结论：

质检工程师：　　　　　　　　　　　　　　　　　　　　　日期：

附表 14-130

劲性骨架安装质量检验表

施工单位：　　　　　　　　　　　　　　　　　合同号：
监理单位：　　　　　　　　　　　　　　　　　编　号：

分项工程名称		所属分部工程		施工时间	
桩号及部位		检测人		检验时间	
项次	检验项目	设计值	允许偏差	检验结果	检验频率和方法
1	轴线偏位（mm）		≤L/6000，且≤40（L 为跨径）		全站仪：每骨架测 5 处
2	高程（mm）		±L/3000		水准仪：测拱顶、拱脚及各接头点
3△	对称点相对高差（mm）		≤L/3000，且≤40		水准仪：测各接头点
4△	焊接探伤		满足设计要求		超声法：检查全部

外观情况：

自检结论：

记录人：　　　　　　　　　　　　　质检工程师：　　　　　　　　　　　日期：

附表 14-131

劲性骨架拱混凝土浇筑质量检验表

施工单位：　　　　　　　　　　　　　　　　　　　　　　　　　　　合同号：
监理单位：　　　　　　　　　　　　　　　　　　　　　　　　　　　编　号：

分项工程名称		所属分部工程		施工时间	
桩号及部位		检测人	记录人	检验时间	
项次	检验项目	设计值	允许偏差	检验结果	检验频率和方法
1△	混凝土强度（MPa）		在合格标准内		按《公路工程质量检验评定标准　第一册　土建工程》（JTG F80/1—2017）附录D检查
2	轴线偏位（mm） $L \leq 60\text{m}$（L为跨径）		$\leq L/6000$，且 ≤ 40		全站仪：每骨架测5处
	$L > 60\text{m}$		$\pm L/3000$，且不超过 ±50		
3	拱圈高程（mm）				水准仪：测拱脚、L/4跨、3L/4跨、拱顶5处
4△	对称点相对高差（mm）		$\leq L/3000$，且 ≤ 40		水准仪：对称点测8处
5△	断面尺寸（mm）		±10		尺量：测10处

外观情况：

自检结论：

　　　　　　　　　　　　　　　　　　　　　　　　　　　　质检工程师：　　　　　　　　　　日期：

附表 14-132

钢管拱肋节段制作质量检验表

施工单位：　　　　　　　　　所属分部工程：　　　　　　　　　合同号：
监理单位：　　　　　　　　　　　　　　　　　　　　　　　　　编　号：

分项工程名称：　　　　　　　　检测人：　　　　　　记录人：　　　　　施工时间：
桩号及部位：　　　　　　　　　设计值：　　　　　　　　　　　　　　检验时间：

项次	检验项目	允许偏差	检验结果	检验频率和方法
1△	钢管直径（mm）	±D/500，且不超过±5		尺量：每段每管检查3处
2	钢管椭圆度（%）	≤0.2		尺量：每段每管检查3处
3	钢管中距（mm）	±4		尺量：每段检查两端面
4	桁式拱肋断面对角线差（mm）	≤4		拉线、尺量：每段检查两侧面
5	节段平面度（mm）	≤3		样板：每段测3处
6△	内弧偏离设计弧线（mm）	±8		尺量：检查各对接断面
7	对接错边（mm）	≤0.1倍板厚，且≤2		尺量：每段测内弧长两处
8	拱肋内弧长（mm）	0，-10		尺量：每段测内弧长两处
9	焊缝尺寸	满足设计要求		量规：检查全部，每条焊缝检查3处
10△	焊缝探伤			超声法：检查全部。射线法：按设计要求，设计未要求时按5%抽查，且不得少于2条

外观情况：

自检结论：

质检工程师：　　　　　　　　　　　　　　　　日期：

附表 14-133

钢管拱肋安装质量检验表

施工单位：　　　　　　　　　　　　　　　　　　　　　　　　　　　　合同号：
监理单位：　　　　　　　　　　　　　　　　　　　　　　　　　　　　编　号：

分项工程名称		所属分部工程		施工时间	
桩号及部位		检测人	记录人	检验时间	
项次	检验项目	设计值	允许偏差	检验结果	检验频率和方法
1	轴线偏位（mm）		≤$L/6000$，且≤50（L为跨径）		全站仪：测 5 处
2	拱肋高程（mm）		±$L/3000$，且不超过±50		水准仪：测拱脚、$L/4$ 跨、$3L/4$ 跨、拱顶 5 处
3△	对称点相对高差（mm）		≤$L/3000$，且≤40		水准仪：测各接头点
4	拱肋接缝错边（mm）		≤0.2倍壁厚，且≤2		尺量：测每个接缝最大值
5	焊缝尺寸（mm）		满足设计要求		量规：检查全部，每条焊缝检查 3 处
6△	焊缝探伤				超声法：检查全部。射线法：按设计要求，设计未要求时按 2%抽查，且不得少于 1 条
7△	高强螺栓力矩（N·m）		±10%		扭力扳手：检查 5%，且不少于 2 个
外观情况：					
自检结论：					

质检工程师：　　　　　　　　　　　　　　　　　　　　　　　　　　　日期：

附表 14-134

钢管拱肋混凝土浇筑质量检验表

施工单位：　　　　　　　　　　　　　　所属分部工程：　　　　　　　　　　　合同号：　　　　　　　施工时间：
监理单位：　　　　　　　　　　　　　　　　　　　　　　　　　　　　　　　　　编　号：　　　　　　检验时间：

分项工程名称：　　　　　　　　　　　　　检测人：　　　　　　　　　　记录人：

桩号及部位：　　　　　　　　　　　　　　设计值：　　　　　　　　　　　检验结果：

项次	检验项目		允许偏差	检验频率和方法
1△	混凝土强度（MPa）		在合格标准内	按《公路工程质量检验评定标准　第一册　土建工程》（JTG F80/1—2017）附录D检查
2	轴线偏位（mm）	$L \leq 60\mathrm{m}$（L为跨径）	≤10	全站仪：测5处
		$L > 60\mathrm{m}$	≤$L/6000$，且≤50	
3	拱肋高程（mm）		±$L/3000$，且≤50	水准仪：测拱脚，$L/4$跨、$3L/4$跨、拱顶5处
4△	混凝土脱空率（%）		≤1.2	敲击法或超声波法：检查全肋
5△	对称点相对高差（mm）		≤$L/3000$，且≤40	水准仪：检查各接头点

外观情况：

自检结论：

质检工程师：　　　　　　　　　　　　　　　　　　　　　　　　　　　　　　　日期：

吊杆的制作与安装质量检验表

附表 14-135

施工单位：　　　　　　　　　　　　　　　　　　　　　合同号：
监理单位：　　　　　　　　　　　　　　　　　　　　　编　号：

分项工程名称			所属分部工程		施工时间	
桩号及部位			检测人	记录人	检验时间	
项次	检验项目		设计值	允许偏差	检验结果	检验频率和方法
1	吊杆长度(mm)			±L/1000 及 ±10（L 为跨径）		尺量:测每根
2△	吊杆拉力(kN)	允许		满足设计要求，设计未要求时 ±10%		测力仪:测每根吊杆
		极值				
3	吊点位置(mm)			≤10		全站仪:测每个吊点
4	吊点高程(mm)	高程		±10		水准仪:测每个吊点
		两侧高差		≤20		

外观情况：

自检结论：

质检工程师：　　　　　　　　　　　　　　　　　　　　日期：

附表 14-136

柔性系杆质量检验表

施工单位：　　　　　　　　　　　　　　　　　　　　合同号：
监理单位：　　　　　　　　　　　　　　　　　　　　编　号：

分项工程名称		所属分部工程		施工时间	
桩号及部位		检测人	记录人	检验时间	
项次	检验项目	设计值	允许偏差	检验结果	检验频率和方法
1△	张拉应力值(MPa)		满足设计要求		查油压表读数：每根检查
2△	张拉伸长率(%)		满足设计要求，设计未要求时±6		尺量：每根检查

外观情况：

自检结论：

质检工程师：　　　　　　　　　　　　　　　　　　　　日期：

附录14 公路工程施工用表

钢板梁制作质量检验表

附表 14-137

施工单位：　　　　　　　　　　　　　　　　　　　　　　　　　　　合同号：
监理单位：　　　　　　　　　　　　　　　　　　　　　　　　　　　编　号：

分项工程名称			所属分部工程		施工时间	
桩号及部位			检测人	记录人	检验时间	
项次	检验项目		设计值	允许偏差	检验结果	检验频率和方法
1	梁高(mm)	主梁≤2m		±2		钢尺：测两端腹板处高度
		主梁>2m		±4		
		横梁		±1.5		
		纵梁		±1.0		
2	跨度(mm)	全长		±8		钢尺：测两支承中心距离
3	梁长(mm)	纵梁		+0.5, -1.5		钢尺：测中心线处
		横梁		±1.5		
4	纵、横梁旁弯(mm)			≤3		梁立置时在腹板一侧距主焊缝100mm处测四分点测量，两个四分点3处
5	拱度(mm)	主梁	不设预拱度	+3, 0		梁卧置时在下盖板外侧拉线测量：测中部，两个四分点3处
			设预拱度	+10, -3		
		纵梁、横梁腹板		≤4		
		两片主梁拱度差				分别测两片主梁拱度，求差值
6	平面度(mm)	主梁、横梁盖板		≤h/350,且≤8		平尺及塞尺：测3处
		纵、横梁腹板		≤h/500,且≤5		
7	主梁、纵横梁盖板对腹板的垂直度(mm)	有孔部位		盖板宽度≤600时≤0.5，其他≤1.0		角尺及塞尺：测5处
		其余部位		≤1.5		
8	焊缝尺寸			满足设计要求		量规：检查全部；检查全部
9△	焊缝探伤					超声波法：按设计要求，设计无要求时按10%抽查，每条焊缝检查3处；射线法：检查5%，且不少于2个
10△	高强螺栓力矩			±10%		扭矩力手：查5%，且不少于3条

外观情况：

自检结论：　　　　　　　　　　　　　　　　　　　　　　　　　　质检工程师：　　　　　　　　　　日期：

347

附表 14-138

钢桁梁节段制作质量检验表

施工单位：　　　　　　　　　　　　　　　　　　　合同号：
监理单位：　　　　　　　　　　　　　　　　　　　编　号：

分项工程名称		所属分部工程		施工时间	
桩号及部位		检测人	记录人	检验时间	
项次	检验项目	设计值	允许偏差	检验结果	检验频率和方法
1	节段长度（mm）		±2		钢尺：每节段测中心线处
2	节段高度（mm）		±2		钢尺：每节段测 2 处
3	节段宽度（mm）		±3		钢尺：每节段测 2 处
4	对角线长度差（mm）		±3.5		钢尺：测每节段两端
5	桁片平面度（mm）		≤3		拉线测量：测每节段桁片
6	拱度（mm）		±3		拉线测量：测每节段中部
7	焊缝尺寸		满足设计要求		量规法：检查全部，每条焊缝检查 3 处
8△	焊缝探伤				超声法：检查全部。射线法：按设计要求；设计未要求时按 10%抽查，且不少于 3 条
9△	高强螺栓力矩		±10%		扭力扳手：检查 5%，且不少于 2 个

外观情况：

自检结论：

质检工程师：　　　　　　　　　　　　　　　日期：

附表 14-139

梁桥钢箱梁制作质量检验表

施工单位：　　　　　　　　　　　　　　　　　　　　　　　合同号：
监理单位：　　　　　　　　　　　　　　　　　　　　　　　编　号：

分项工程名称		所属分部工程		施工时间	
桩号及部位		检测人	记录人	检验时间	

项次	检验项目		设计值	允许偏差	检验结果	检验频率和方法
1△	梁高(mm)	h≤2m		±2		钢尺：测两端腹板处
		h>2m		±4		
2	跨度(mm)			±8		钢尺：测支承中心距离
3	全长(mm)			±15		钢尺：测中心线处
4△	腹板中心距(mm)			±3		钢尺：测两端两腹板中心距
5	横断面对角线差(mm)			≤4		钢尺：测两端断面
6	旁弯(mm)			3+L/10000（L为跨径）		拉线用尺量：测中部，两个四分点3处
7	拱度(mm)			+10，-5		拉线用尺量：测中部，两个四分点3处跨中
8	腹板平面度(mm)			≤h/350，且≤8		平尺及塞尺：每腹板检查3处
9	扭曲(mm)			每米≤1，且每段≤10		置平平台，四角用平尺。每腹板有三角接触平台，用尺量另一角与平台间隙
10	对接错边			≤2		钢尺：测各对接断面
11	焊缝尺寸			满足设计要求		量规：检查全部，每条焊缝检查3处
12△	焊缝探伤					超声法：检查全部。射线法：按设计要求，设计未要求时按10%抽查，且不少于3条
13△	高强螺栓扭矩			±10%		扭力扳手：检查5%，且不少于2个

外观情况：

自检结论：

质检工程师：　　　　　　　　　　　　　　　　　　　　日期：

附表 14-140

斜拉桥钢箱加劲梁段制作质量检验表

施工单位：
监理单位：
合同号：
编　号：

分项工程名称		所属分部工程		施工时间	
桩号及部位		检测人	记录人	检验时间	
项次	检验项目	设计值	允许偏差	检验结果	检验频率和方法
1△	梁长（mm）		±2		钢尺：测中心线及两侧
2	梁段桥面板四角高差（mm）		≤4		水准仪：测四角
3	风嘴直线度偏差（mm）		≤L/2000,且≤5（L为跨径）		拉线、尺量：测各风嘴边缘
4△	端口尺寸	宽度（mm）		±4		钢尺：测两端
		中心高（mm）		±2		
		边高（mm）		±2		
		横断面对角线偏差（mm）		≤6		
	锚箱	锚点坐标（mm）		±2		全站仪、钢尺：检查每锚垫板，由水平及相互垂直的锚孔中心线与锚垫板边线交点坐标推算
5		锚面角度（°）		≤0.5		角度仪：检查每锚垫板与水平面、立面的夹角，各测3处

续上表

项次	检验项目		设计值	允许偏差	检验结果	检验频率和方法
6△	梁段匹配性	纵桥向中心线偏差(mm)		≤1		钢尺:测每段
		顶底、腹板对接间隙(mm)		+3,-1		钢尺:测各对接断面
		顶底、腹板对接错边(mm)		≤2		钢尺:测各对接断面
7	焊缝尺寸			满足设计要求		量规:检查全部,每条焊缝检查3处
8△	焊缝探伤					超声法:检查全部。射线法:按设计要求,设计未要求时按10%抽查,且不少于3条
9△	高强螺栓力矩			±10%		扭力扳手:检查5%,且不少于2个

外观情况:

自检结论:

质检工程师:　　　　　　　　日期:

附表 14-141

组合梁斜拉桥的工字梁段制作质量检验表

施工单位：　　　　　　　　　　　　　　　　　　　　　　　合同号：
监理单位：　　　　　　　　　　　　　　　　　　　　　　　编　号：

分项工程名称			所属分部工程		施工时间	
桩号及部位			检测人	记录人	检验时间	
项次	检验项目		设计值	允许偏差	检验结果	检验频率和方法
1△	梁高(mm)	主梁		±2		钢尺：每梁段测两端
		横梁		±1.5		
2	梁长(mm)	主梁		±2		钢尺：每梁段测中心线处
		横梁		±1.5		
3	梁宽(mm)	主梁		±1.5		钢尺：每梁段测两端
		横梁		±1.5		
4	梁腹板平面度(mm)	主梁		≤h/350,且≤8		平尺及塞尺：测3处
		横梁		≤h/500,且≤5		
5	锚箱	锚点坐标(mm)		≤0.5		全站仪、钢尺：检查每锚垫板，由水平及相互垂直的锚孔中心线与锚垫板边线交点坐标推算
		斜拉索轴线角度(°)		≤2		角度仪：检查每锚垫板与水平面、立面的夹角，各测3处
6△	梁段盖板、腹板对接错边					钢尺：测各对接断面
7	焊缝尺寸			满足设计要求		量规：检查全部，每条焊缝检查3处
8△	焊缝探伤					超声波法：检查全部。射线法：按设计要求；设计未要求时按10%抽查，且不少于3条
9△	高强螺栓力矩			±10%		扭力扳手：检查5%,且不少于2个

外观情况：

自检结论：

质检工程师：　　　　　　　　　　　　　　　　　　　　　　日期：

附表 14-142

悬索桥钢箱加劲梁段制作质量检验表

施工单位：　　　　　　　　　　　　　　　　　　　　　　　　　　　合同号：
监理单位：　　　　　　　　　　　　　　　　　　　　　　　　　　　编　号：

分项工程名称		所属分部工程		施工时间	
桩号及部位		检测人		记录人	检验时间
项次	检验项目	设计值	允许偏差	检验结果	检验频率和方法
1	梁长(mm)		±2		钢尺：测中心线及两侧
2	梁段桥面板四角高差(mm)		≤4		水准仪：测四角
3	风嘴直线度偏差(mm)		≤h/2000，且≤5		拉线、尺量：测各风嘴边缘
4△	端口尺寸 宽度(mm)		±4		钢尺：测两端
	中心高(mm)		±2		
	边高(mm)		±2		
	横断面对角线差(mm)		≤6		
	吊点中心距桥口中心线及端口基准线距离(mm)		±2		钢尺：测吊点断面
5	吊点位置 同一梁段两侧吊点相对高差(mm)		±5		水准仪：逐对测

续上表

项次	检验项目		设计值	允许偏差	检验结果	检验频率和方法
6△	梁段匹配性	纵桥向中心线偏差(mm)		≤1		钢尺:每段测
		顶、底、腹板对接间隙(mm)		+3,-1		钢尺:测各对接断面
		顶、底、腹板对接错边(mm)		≤2		钢尺:测各对接断面
7	焊缝尺寸			满足设计要求		量规:检查全部,每条焊缝检查3处
8△	焊缝探伤					超声法:检查全部,每条焊缝检查3处。射线法:按设计要求;设计未要求时按10%抽查,且不少于3条
9△	高强螺栓力矩			±10%		扭力扳手:检查5%,且不少于2个

外观情况:

自检结论:

质检工程师:　　　　　　　　　日期:

附表 14-143

钢梁安装质量检验表

施工单位：
监理单位：
合同号：
编　号：

分项工程名称			所属分部工程		施工时间	
桩号及部位			检测人	记录人	检验时间	
项次	检验项目		设计值	允许偏差	检验结果	检验频率和方法
1	轴线偏位(mm)	钢梁纵向轴线		≤10		全站仪：每跨测3处
		两跨相邻端横梁中心相对偏位		≤5		尺量：测各相邻端横梁
2	高程(mm)	墩台处		±10		水准仪：每墩台测3处
		两跨相邻端横梁相对高差		≤5		水准仪、尺量：测各相邻端横梁
3	固定支座处支承中心偏位(mm)	简支梁		≤10		尺量：测每固定支座
		连续梁		≤20		
4	焊缝尺寸			满足设计要求		量规：检查全部，每条焊缝检查3处
5△	焊缝探伤					超声法：检查全部。射线法：按设计要求；设计未要求时按10%抽查，且不少于3条
6△	高强螺栓力矩			±10%		扭力扳手：检查5%，且不少于2个

外观情况：

自检结论：

质检工程师：　　　　　　　　　　　　　　　　　日期：

附表 14-144

钢梁防护涂装质量检验表

施工单位：　　　　　　　　　　　　　　　　　　　　　　　　合同号：
监理单位：　　　　　　　　　　　　　　　　　　　　　　　　编　号：

分项工程名称		所属分部工程		施工时间	
桩号及部位		检测人	记录人	检验时间	

项次	检验项目	设计值	允许偏差	检验结果	检验频率和方法
1△	除锈等级		满足设计要求；设计未要求时,热喷锌或铝 Sa3.0级,无机富锌底漆及其他 Sa2.5级（St3级）		样板对比：全部检查
2△	粗糙度 R_z（μm）		满足设计要求；设计未要求时,热喷锌或铝 60~100,无机富锌底漆 50~80,其他 30~75		按设计要求检查,设计未要求时对比样块：全部检查
3	总干膜厚度（μm）		满足设计要求；设计未要求时,干膜厚度小于设计值的测点数量≤10%,任意测点的干膜厚度≥设计值的 90%		按设计要求检查；设计未要求时用测厚仪检查：抽查 20%且不少于 10点,每 10m² 测 10 个点,且不少于 10 点
4	附着力（MPa）		满足设计要求		按设计要求检查；设计未要求时用拉开法检查：抽检 5%且不少于 5 件,每件测 1 处

外观情况：

自检结论：

　　　　　　　　　　　　　　　　　　　　　　　　质检工程师：　　　　　　　　日期：

附表 14-145

斜拉桥混凝土索塔柱质量检验表

施工单位：　　　　　　　　　　　　　　　　　　　　　　　　　　合同号：
监理单位：　　　　　　　　　　　　　　　　　　　　　　　　　　编　号：

分项工程名称		所属分部工程		施工时间	
桩号及部位		检测人	记录人	检验时间	
项次	检验项目	设计值	允许偏差	检验结果	检验频率和方法
1△	混凝土强度（MPa）		在合格标准内		按《公路工程质量检验评定标准 第一册 土建工程》（JTG F80/1—2017）附录D检查
2△	塔柱轴线偏位（mm）		≤15，且相对前一节段 ≤8		全站仪：测每节段顶面边线与两轴线交点
3	全高竖直度（mm）		≤H/3000，且 ≤30		全站仪：纵、横向各测 2 处
4	外轮廓尺寸（mm）		±20		尺量：每段测 1 个断面
5	壁厚（mm）		±10		尺量：每段顶面测 5 处
6	锚固点高程（mm）		±10		全站仪：测每锚固点
7△	孔道位置（mm）		≤10，且两端同向		尺量：测每孔道
8	预埋件位置（mm）		≤5		尺量：测每件
9	节段间错台（mm）		≤3		尺量：每节段接缝每侧面最大处
10	平整度（mm）		≤8		2m 直尺：检查竖直和水平两个方向，每节段每侧面测 2 处

外观情况：

自检结论：

　　　　　　　　　　　　　　　　　　　　　　　　　　　　　　　质检工程师：　　　　　　　　　　　　日期：

附表 14-146

斜拉桥混凝土索塔横梁质量检验表

施工单位：　　　　　　　　　　　　　　　　合同号：
监理单位：　　　　　　　　　　　　　　　　编　号：

分项工程名称		所属分部工程		施工时间	
桩号及部位		检测人		检验时间	
项次	检验项目	设计值	允许偏差	检验结果	检验频率和方法
1△	混凝土强度（MPa）		在合格标准内		按《公路工程质量检验评定标准 第一册 土建工程》（JTG F80/1—2017）附录D检查
2	轴线偏位（mm）		≤10		全站仪：测5处
3	外轮廓尺寸（mm）		±15		尺量：测2个断面
4	壁厚（mm）		±10		尺量：测2个断面每断面5处
5	顶面高程（mm）		±20		全站仪：测5处
6	平整度（mm）		≤8		2m直尺：检查竖直和水平两个方向，每面测2处
外观情况：					

自检结论：

　　　　　　　　　　　　　　　　质检工程师：　　　　　　　　　　　　　日期：

索塔钢锚梁制作质量检验表

附表 14-147

施工单位：　　　　　　　　　　　　　　　　　　　　　　　合同号：
监理单位：　　　　　　　　　　　　　　　　　　　　　　　编　号：

分项工程名称		所属分部工程		施工时间	
桩号及部位		检测人	记录人	检验时间	
项次	检验项目	允许偏差	设计值	检验结果	检验频率和方法
1	梁长（mm）	±2			钢尺：测两端腹板处
2△	腹板中心距（mm）	±2			钢尺：测两端两腹板中心距
3	横断面对角线差（mm）	≤3			钢尺：测两端断面
4	旁弯（mm）	3			拉线用尺量：测中部，两个四分点3处
5	扭曲（mm）	≤2			置于平台，四角中有三角接触平台，用尺量另一角与平台间隙
6	锚点坐标（mm）	±2			全站仪、钢尺：检查每锚垫板，由水平及相互垂直的锚孔中心线与锚垫板边线交点坐标推算
7	锚面角度（°）	≤0.5			角度仪：检查每锚垫板与水平面、立面的夹角，各测3处
8	焊缝尺寸（mm）	满足设计要求			量规：检查全部，每条焊缝检查3处
9△	焊缝探伤				超声法：检查全部。射线法：按设计要求，设计未要求时按10%抽查，且不少于3条
10△	高强螺栓力矩（N·m）	±10%			扭力扳手：检查5%，且不少于2个

外观情况：

自检结论：

质检工程师：　　　　　　　　　　　　　　　　　　　　　　日期：

索塔钢锚箱节段制作质量检验表

附表 14-148

施工单位：　　　　　　　　　　　　　　　　　　　　　合同号：
监理单位：　　　　　　　　　　　　　　　　　　　　　编　号：

分项工程名称		所属分部工程		施工时间	
桩号及部位		检测人	记录人	检验时间	
项次	检验项目	设计值	允许偏差	检验结果	检验频率和方法
1	节段高度（mm）		±1		钢尺：每节段测中心线处
2	节段断面尺寸（mm） 边长		±2		钢尺：每节段测顶、底面
	对角线差		≤3		
3	节段上、下两端平行度（mm）		≤0.8		平行度测量仪：每节段测 6 处
4	节段端面平面度（mm）		≤0.2		平行度测量仪：每节段端面测 6 处
5	锚点坐标（mm）		±2		全站仪、钢尺：检查每锚垫板，由水平面、立面及相互垂直的锚孔中心线与锚垫板边线交点坐标推算
6	锚面角度（°）		≤0.5		角度仪：检查每锚垫板与水平面、立面的夹角，各测 3 处
7	焊缝尺寸（mm）		满足设计要求		量规：检查全部，每条焊缝检查 3 处
8△	焊缝探伤				超声法：检查全部。射线法：按设计要求，设计未要求时按 10%抽查，且不少于 3 条
9△	螺栓焊接弯曲裂纹		均无裂纹		目测，弯曲 30°后观察焊缝和热影响区：各栓钉群测 1%，且不少于 1 个

外观情况：

自检结论：

　　　　　　　　　　　　　　　　　质检工程师：　　　　　　　　　　　　　　　　　日期：

附表 14-149

索塔钢锚梁安装质量检验表

施工单位：　　　　　　　　　　　　　　　　　　　　　　合同号：
监理单位：　　　　　　　　　　　　　　　　　　　　　　编　号：

分项工程名称		所属分部工程			施工时间	
桩号及部位		检测人		记录人	检验时间	
项次	检验项目	设计值	允许偏差	检验结果		检验频率和方法
1	中心线偏位（mm）		≤5			全站仪：每段纵、横向各测 2 个点
2	顶面高程（mm）		±2n，且不超过±10			全站仪：测 4 角
3△	钢锚梁与支承面的接触率		满足设计要求			塞尺：检查各支承面
4	焊缝尺寸（mm）					量规：检查全部，每条焊缝检查 3 处
5△	焊缝探伤		满足设计要求			超声法：检查全部。 射线法：按设计要求
外观情况：						
自检结论： 　　　　　　　　　　　　　　　　　质检工程师：　　　　　　　　　　　　　　日期：						

索塔钢锚箱节段安装质量检验表

附表 14-150

施工单位：　　　　　　　　　　　　　　　　　　　　　合同号：
监理单位：　　　　　　　　　　　　　　　　　　　　　编　号：

分项工程名称		所属分部工程		施工时间	
桩号及部位		检测人		记录人		检验时间	

项次	检验项目	设计值	允许偏差	检验结果	检验频率和方法
1	中心线偏位（mm）		≤5		全站仪：每段纵、横向各测 2 个点
2	节段顶面高程（mm）		±2n，且不超过±10		全站仪：每段测 4 角
3△	钢锚箱的断面接触率		满足设计要求		塞尺：全断面检查
4△	高强螺栓力矩		±10%		扭力扳手：抽检5%，且不少于2个

外观情况：

自检结论：

质检工程师：　　　　　　　　　　　　　　　　　　　　日期：

附表 14-151

主墩上混凝土梁端浇筑质量检验表

施工单位：　　　　　　　　　　　　　　　　　　合同号：
监理单位：　　　　　　　　　　　　　　　　　　编　号：

分项工程名称		所属分部工程		施工时间	
桩号及部位		检测人	记录人	检验时间	
项次	检验项目	设计值	允许偏差	检验结果	检验频率和方法
1△	混凝土强度（MPa）		在合格标准内		按《公路工程质量检验评定标准 第一册 土建工程》（JTG F80/1—2017）附录D检查
2	轴线偏位（mm）		≤L/10000（L为跨径）		全站仪：测两端及中部
3	顶面高程（mm）		±10		水准仪：测5处
4△	断面尺寸（mm） 高度		+5，-10		尺量：测2个断面
	顶宽		±30		
	底宽或肋间宽		±20		
	顶、底、腹板厚或肋宽		+10,0		
5	横坡坡度（%）		±0.15		水准仪：测3处
6	预埋件位置（mm）		≤5		尺量：测每件
7	平整度（mm）		≤8		2m直尺：检查竖直、水平两个方向，每侧面每10m梁长测1处

外观情况：

自检结论：

　　　　　　　　　　　　　　　　　　　　　　　　　　　　质检工程师：　　　　　　　　日期：

附表 14-152

混凝土斜拉桥的悬臂浇筑质量检验表

施工单位：　　　　　　　　　　　　　　　　　合同号：
监理单位：　　　　　　　　　　　　　　　　　编　号：

分项工程名称			所属分部工程		施工时间	
桩号及部位			检测人	记录人	检验时间	

项次	检验项目		设计值	允许偏差	检验结果	检验频率和方法
1△	混凝土强度（MPa）			在合格标准内		按《公路工程质量检验评定标准 第一册 土建工程》（JTG F80/1—2017）附录 D 检查
2	轴线偏位（mm）	L≤100m（L 为跨径）		≤10		全站仪：每段测 2 处
		L>100m		≤L/10000		
	断面尺寸（mm）	高度		+5，－10		尺量：每段测 1 个断面
3△		顶宽		±30		
		底宽或助间宽		±20		
		顶、底、腹板厚或助宽		+10，0		
4△	索力（kN）	合龙后		满足设计和施工控制要求，且最大偏差≤设计值的 10%		测力仪：测每索
5△	梁锚固点或梁顶高程（mm）	梁段	L≤100m		满足施工控制要求	水准仪或全站仪：测量每个锚固点或每梁段顶面 2 处
			L>100m	±20		
				±L/5000		

续上表

项次	检验项目		设计值	允许偏差	检验结果	检验频率和方法
6	塔顶偏移(mm)			满足施工控制要求		全站仪:测塔顶各边中点
7	横坡度(%)			±0.15		水准仪:每梁段测2处
8	斜拉索锚面	锚点坐标(mm)		±2		全站仪、钢尺:检查每锚垫板,测水平及相互垂直的锚孔中心线与锚垫板边线交点坐标推算
		锚面角度(°)		≤0.5		角度仪:检查每锚垫板与水平面、立面的夹角,各测3处
9	预埋件位置(mm)			≤5		尺量:测每件
10	平整度(mm)			≤8		2m直尺:检查竖直、水平两个方向,每侧每10m梁长测1处
11	相邻梁段间错台(mm)			≤5		尺量:测底面、侧面接缝最大处

外观情况:

自检结论:

质检工程师: 日期:

附表 14-153

混凝土斜拉桥的悬臂拼装质量检验表

施工单位：　　　　　　　　　　　所属分部工程：　　　　　　　　　　　合同号：　　　　　施工时间：
监理单位：　　　　　　　　　　　检测人：　　　　　记录人：　　　　　编　号：　　　　　检验时间：

分项工程名称						
桩号及部位						
项次	检验项目		设计值	允许偏差	检验结果	检验频率和方法
1△	合龙段混凝土强度（MPa）			在合格标准内		按《公路工程质量检验评定标准 第一册 土建工程》（JTG F80/1—2017）附录 D 检查
2	轴线偏位（mm）	L≤100m（L 为跨径）		≤10		全站仪：每段测 2 处
		L>100m		≤L/10000		
3△	索力（kN）	梁段 合龙后		满足设计和施工控制要求，且最大偏差≤10%设计值		测力仪：测每索
4△	梁锚固点或梁顶高程（mm）			满足施工控制要求		水准仪或全站仪：测每个锚固点或每梁段顶面 2 处
5	塔顶偏位（mm）			±L/5000		全站仪：测塔顶各边中点
6	相邻梁段间错台（mm）			≤3		尺量：测底面、侧面接缝最大值

外观情况：

自检结论：

质检工程师：　　　　　　　　　　日期：

附表 14-154

钢斜拉桥钢箱梁段的悬臂拼接质量检验表

施工单位：　　　　　　　　　　　　　　　　　　　　　　　合同号：
监理单位：　　　　　　　　　　　　　　　　　　　　　　　编　号：

分项工程名称			所属分部工程		施工时间	
桩号及部位			检测人	记录人	检验时间	
项次	检验项目		设计值	允许偏差	检验结果	检验频率和方法
1	轴线偏位(mm)	$L≤200m$(L 为跨径)		≤10		全站仪：每段测 2 处
		$L>200m$		$≤L/20000$		
2△	索力(kN)			满足设计和施工控制要求，且最大偏差≤10%设计值		测力仪：测每索
3△	梁锚固点高程或梁顶高程(mm)	梁段 合龙后	$L≤200m$		±20		水准仪：测每个锚固点或梁段顶面 2 处
			$L>200m$		$±L/10000$		
4	塔顶偏位(mm)			满足施工控制及施工控制规定		全站仪：测塔顶各边中点
5	梁顶四角高差(mm)			≤20		水准仪：测四角
6	相邻节段对接错边(mm)			≤2		尺量：测每段接缝最大处
7	焊缝尺寸			满足设计要求		量规：检查全部，每条焊缝检查 3 处
8△	焊缝探伤					超声法：检查全部。射线法：按设计要求，设计未要求时按 10%抽查，且不少于 3 条
9△	高强螺栓力矩			±10%		扭力扳手：检查 5%，且不少于 2 个

外观情况：

自检结论：

质检工程师：　　　　　　　　　　　　　　　　　　　　　　　日期：

附表 14-155

钢斜拉桥钢箱梁段的支架安装质量检验表

施工单位：　　　　　　　　　　　　　　　　　　合同号：　　　　　　　　　施工时间：
监理单位：　　　　　　　　　　　　　　　　　　编　号：　　　　　　　　　检验时间：

分项工程名称		所属分部工程			
桩号及部位		检测人		记录人	
项次	检验项目	设计值	允许偏差	检验结果	检验频率和方法
1	轴线偏位（mm）		≤10		全站仪：每段检查 2 处
2	相邻节段间对接错边（mm）		≤2		尺量：每接缝最大处
3	梁段的纵向位置（mm）		≤10		全站仪：测每段中心
4△	梁顶高程（mm）		±10		水准仪：测梁段两端中点
5	梁顶四角高差（mm）		≤10		水准仪：测四角
6	焊缝尺寸（mm）		满足设计要求		量规：检查全部，每条焊缝检查 3 处
7△	焊缝探伤				超声法：检查全部。射线法：按设计要求；设计未要求时按10%抽查，且不少于3条
8△	高强螺栓扭力矩（N·m）		±10%		扭力扳手：检查5%，且不少于2个

外观情况：

自检结论：

　　　　　　　　　　　　　　　　　　　　　　　　　　质检工程师：　　　　　　　　　日期：

附表 14-156

组合梁斜拉桥钢梁段悬臂拼装质量检验表

施工单位：　　　　　　　　　　　　　　　　　　　　合同号：
监理单位：　　　　　　　　　　　　　　　　　　　　编　号：

分项工程名称			所属分部工程		施工时间	
桩号及部位		检测人		记录人	检验时间	
项次	检验项目		设计值	允许偏差	检验结果	检验频率和方法
1	轴线偏位(mm)	$L\leq200$m（L为跨径）		≤10		全站仪：每段测2处
		$L>200$m		≤$L/20000$		
2	相邻节段同对接错边(mm)			≤2		尺量：每段接缝最大处
3△	索力(kN)			满足设计和施工控制要求		测力仪：测每束索
4△	梁锚固点高程或梁顶高程(mm)	梁段		满足施工控制要求		水准仪：测每个锚固点或梁段顶面2处
		两主梁高差		≤10		
5	塔顶偏位(mm)			满足设计及施工控制规定		全站仪：测塔顶各边中点
6	焊缝尺寸(mm)			满足设计要求		量规：检查全部，每条焊缝检查3处
7△	焊缝探伤					超声法：检查全部。射线法：按设计要求，设计未要求时按10%抽查，且不少于3条
8△	高强螺栓扭力矩(N·m)			±10%		扭力扳手：检查5%，且不少于2个

外观情况：

自检结论：

质检工程师：　　　　　　　　　　　　　　　　日期：

附表 14-157

组合梁斜拉桥混凝土板质量检验表

施工单位：
监理单位：
合同号：
编　号：

分项工程名称			所属分部工程		施工时间	
桩号及部位			检测人		检验时间	
项次	检验项目		设计值	允许偏差	检验结果	检验频率和方法
						按《公路工程质量检验评定标准 第一册 土建工程》(JTG F80/1—2017) 附录 D 检查
1△	混凝土强度 (MPa)			在合格标准内		
2△	混凝土板尺寸 (mm)	厚		+10,0		尺量：每施工段测 2 个断面
		宽		±30		
3	预制板安装偏位 (mm)			±5		尺量：测 30% 预制板
4△	索力 (kN)			满足设计和施工控制要求，且最大偏差≤10%设计值		测力仪：测每索
5△	高程 (mm)	L≤200m (L 为跨径)		±20		水准仪：每 30m 测 1 处，每跨不少于 3 处
		L>200m		±L/10000		
6	横坡坡度 (%)			±0.15		水准仪：每 40m 测 1 个断面，每跨不少于 3 个断面

外观情况：

自检结论：

记录人：　　　　　质检工程师：　　　　　日期：

附表 14-158

悬索桥混凝土塔柱质量检验表

施工单位：　　　　　　　　　　　　　　　　　　　　　　　　　　　　　合同号：
监理单位：　　　　　　　　　　　　　　　　　　　　　　　　　　　　　编　号：

分项工程名称		所属分部工程		施工时间	
桩号及部位		检测人	记录人	检验时间	
项次	检验项目	设计值	允许偏差	检验结果	检验频率和方法
1△	混凝土强度（MPa）		在合格标准内		按《公路工程质量检验评定标准 第一册 土建工程》（JTG F80/1—2017）附录D检查
2△	塔柱轴线偏位（mm）		≤15,且相对前一阶段≤8		全站仪：测每节段顶面边线与两轴线交点
3	全高竖直度（mm）		≤H/3000,且≤30		全站仪：纵、横向各测2处
4	外轮廓尺寸（mm）		±20		尺量：每段测1个断面
5	壁厚（mm）		±10		尺量：每段顶面测5处
6	塔顶格栅顶面高程（mm）		15,0		全站仪：每格栅测四角及中心处
7△	塔顶格栅顶面高程差（mm）		≤2		尺量：测每件
8	预埋件位置（mm）		≤5		尺量：每件
9	节段间错台（mm）		≤3		尺量：每节段接缝每侧面最大处
10	平整度（mm）		≤8		2m直尺：检查竖直和水平两个方向，每节段每侧面2处

自检结论：

外观情况：

质检工程师：　　　　　　　　　　　　　　　　　　　　　　　　　　　日期：

附表 14-159

预应力锚固体系制作质量检验表

施工单位：　　　　　　　　　　　　　　　　　　合同号：
监理单位：　　　　　　　　　　　　　　　　　　编　号：

分项工程名称		所属分部工程		施工时间	
桩号及部位		检测人	记录人	检验时间	

项次	检验项目		允许偏差	设计值	检验结果	检验频率和方法
1	拉杆孔至锚固孔中心距（mm）		±0.5			电子尺：抽查50%，每件测各拉杆孔
2	连接平板	主要孔径（mm）	1.0,0.0			游标卡尺：抽查50%，每件测各孔相互垂直方向
3		孔轴线与顶、底面的垂直度（°）	≤0.3			位置度测量法：抽查50%，每件检查3处
4		顶、底面平行度（mm）	≤0.4			打表法：抽查50%，每件检查3处
5		板厚（mm）	1.0,0.0			游标卡尺：抽查50%，每件测5处
6	连接套筒	轴线与顶、底面的垂直度（°）	≤0.3			跳动检测仪：抽查50%，每件检查3处
7		顶、面底平行度（mm）	≤0.25			端面圆跳动：抽查50%，每件检查3处
8		壁厚（mm）	1.0,0.0			游标卡尺：抽查50%，每件测5处
9	拉杆同轴度（mm）		≤0.1			径向圆跳动：抽查50%，每件检查3处
10△	拉杆、连接平板、连接套筒、螺母探伤		满足设计要求			按设计要求的方法和频率检查，设计未要求时进行100%超声波探伤和10%射线法探伤

外观情况：

自检结论：

　　　　　　　　　　　　　　　　　　　　　　　　质检工程师：　　　　　日期：

附表 14-160

刚架锚固体系制作质量检验表

施工单位：　　　　　　　　　　　　　　　　　　　　　　　合同号：
监理单位：　　　　　　　　　　　　　　　　　　　　　　　编　号：

分项工程名称		所属分部工程		施工时间	
桩号及部位		检测人	记录人	检验时间	
项次	检验项目	设计值	允许偏差	检验结果	检验频率和方法
1	锚杆、锚梁断面尺寸(mm)		±1.5		钢尺：每件测2处
2	杆件长度(mm)		满足设计要求，设计未要求时±3		钢尺：每杆件测中心线
3	锚杆、锚梁连接部位翼板平面度(mm)		≤0.5		钢尺、塞尺：每件测连接面
4	锚杆、锚梁弯曲(mm)		≤3		拉线测量：每件测
5	锚杆、锚梁扭曲(mm)		满足设计要求，设计未要求时≤3		杆件置于平台上，量悬空角与平台间隙：测每件
6	焊缝尺寸(mm)		满足设计要求		量规：检查全部，每条焊缝检查3处
7△	焊缝探伤				超声法：检查全部。射线法：按设计要求；设计未要求时按10%抽查，且不少于3条

外观情况：

自检结论：

　　　　　　　　　　　　　　　　　　　　　质检工程师：　　　　　　　　　日期：

预应力锚固系统安装质量检验表

附表 14-161

施工单位：　　　　　　　　　　　　　　　　　　　　　　　　合同号：
监理单位：　　　　　　　　　　　　　　　　　　　　　　　　编　号：

分项工程名称		所属分部工程		施工时间	
桩号及部位		检测人		检验时间	
项次	检验项目	设计值	允许偏差	检验结果	检验频率和方法
1△	锚面孔道中心坐标偏差（mm）		±10		全站仪：测每孔道
2△	前锚面孔道角度（°）		±0.2		全站仪：测每孔道
3	连接平板轴线偏位（mm）		≤5		全站仪、钢尺：测每个连接平板中心线与板边线交点

外观情况：

自检结论：

记录人：　　　　　　　　　　　质检工程师：　　　　　　　　　　　日期：

附表 14-162

刚架锚固系统安装质量检验表

施工单位：　　　　　　　　　　　　　　　　　　　　　　　　　　　合同号：
监理单位：　　　　　　　　　　　　　　　　　　　　　　　　　　　编　号：

分项工程名称		所属分部工程			施工时间	
桩号及部位		检测人		记录人	检验时间	
项次	检验项目		设计值	允许偏差	检验结果	检验频率和方法
1	刚架中心线偏位（mm）			≤20		全站仪：测前后端
2	安装锚杆之平联高差（mm）			+5，-2		水准仪：测全部
3△	锚杆坐标（mm）	纵		±10		全站仪，钢尺：每根测两端
		横		±5		
		竖直		±5		
4	焊缝尺寸（mm）			满足设计要求		量规：检查全部，每条焊缝检查3处。
5△	焊缝探伤					超声法：检查全部。射线法：按设计要求；设计未要求时按10%抽查，且不少于3条
6△	高强螺栓扭力矩（N·m）			±10%		扭力扳手：检查5%，且不少于2个

外观情况：

自检结论：

质检工程师：　　　　　　　　　　　　　　　　日期：

附表 14-163

锚碇混凝土块体质量检验表

施工单位：　　　　　　　　　　　　　　　　　　合同号：
监理单位：　　　　　　　　　　　　　　　　　　编　号：

分项工程名称			所属分部工程		施工时间	
桩号及部位			检测人	记录人	检验时间	

项次	检验项目		设计值	允许偏差	检验结果	检验频率和方法
1△	混凝土强度（MPa）			在合格标准内		按《公路工程质量检验评定标准 第一册 土建工程》(JTG F80/1—2017)附录D检查
2	轴线偏位（mm）	基础		≤20		全站仪：每个测
		槽口		≤10		
3△	平面尺寸（mm）			±30		尺量：测3处
4	基底高程（mm）	土质		±50		水准仪：测10处
		石质		+50，-200		
5	顶面高程（mm）			±20		水准仪：测10处
6	预埋件位置（mm）			满足设计要求，设计未要求时≤5		尺量：测每件
7	平整度（mm）			≤8		2m直尺：每外露面每10m²测1处，每处测竖直和水平两方向

外观情况：

自检结论：

　　　　　　　　　　　　　　　　　　　　　　质检工程师：　　　　　　　　　日期：

隧道锚的混凝土锚塞体质量检验表

附表14-164

施工单位：　　　　　　　　　　　　　　　　　　　合同号：
监理单位：　　　　　　　　　　　　　　　　　　　编　号：

分项工程名称		所属分部工程		施工时间	
桩号及部位		检测人	记录人	检验时间	
项次	检验项目	允许偏差	检验结果		检验频率和方法
		设计值			
1△	混凝土强度（MPa）	在合格标准内			按《公路工程质量检验评定标准 第一册 土建工程》（JTG F80/1—2017）附录 D 检查
2	前、后锚面中心纵桥向坐标（mm）	±50			全站仪、钢尺：测前后锚面
3	前、后锚面倾角（°）	±0.5			倾角仪：前后锚面各测3处
4	预埋件位置（mm）	满足设计要求，设计未要求时≤5			尺量：测每件
外观情况：					
自检结论：					
				质检工程师：　　　　　　日期：	

附表 14-165

主索鞍制作质量检验表

施工单位：				合同号：	
监理单位：				编号：	

分项工程名称		所属分部工程		施工时间	
桩号及部位		检测人	记录人	检验时间	

项次	检验项目	设计值	允许偏差	检验结果	检验频率和方法
1△	主要平面	平面度		≤0.08mm/1000mm 且≤0.5mm/全平面		平面度测量仪或机床检查：各主要平面测12处，应交叉检测
2△		两平面的平行度（mm/全平面）		≤0.5		平行度测量仪或机床检查：各主要平面测6处
3△		鞍体下平面对中心索槽竖直平面的垂直度（mm/全长）		≤2		跳动测量仪或机床检查：测6处
4		对合竖直平面对鞍体下平面的垂直度（mm/全长）		≤3		跳动测量仪或机床检查：测6处
5	高度	鞍座底面到索槽底的高度（mm）		±2		跳动测量仪或机床检查：测6处
6△	圆弧半径	鞍槽的轮廓圆弧半径（mm）		±2		跳动测量仪或机床检查：测6处
7△	鞍槽内各尺寸	各槽宽度、深度（mm）		±1，累积误差±2		样板：测3个断面
8		各槽与中心索槽的对称度（mm）		≤0.5		跳动测量仪或机床检查：测3个断面
9△		加工后鞍槽底部及侧壁厚度（mm）		±10		机床检查或设置基准面测量：测3个断面
10		各槽曲线立、平面角度（°）		±0.2		角度传感仪或机床检查：测各曲线
11		鞍槽表面粗糙度 R_a（μm）		满足设计要求		粗糙度仪各槽表面测5处

外观情况：

自检结论：

质检工程师： 日期：

附表 14-166

散索鞍制作质量检验表

施工单位：　　　　　　　　　　　　　　　　　　　　　　　合同号：
监理单位：　　　　　　　　　　　　　　　　　　　　　　　编　号：

分项工程名称			所属分部工程		施工时间	
桩号及部位			检测人	记录人	检验时间	
项次		检验项目	设计值	允许偏差	检验结果	检验频率和方法
1△	主要平面	平面度		≤0.08mm/1000mm 且≤0.5mm/全平面		平面度测量仪或机床检查：各主要平面测9处，应交叉检测
2△		两平面的平行(mm/全平面)		≤0.5		平行度测量仪或机床检查：各主要平面测6处
3△		摆轴中心线与索槽中心平面的垂直度(mm/全长)		≤3		跳动测量仪或机床检查：测6处
4	高度	摆轴对合面到索槽底面的高度(mm)		±2		跳动测量仪或机床检查：测3处
5△	圆弧半径	鞍槽的轮廓圆弧半径(mm)		±2		跳动测量仪或机床检查：测3处
6△	鞍槽内各尺寸	各槽宽度、深度(mm)		±1，累积误差±2		样板：测3个断面
7△		各槽与中心索槽的对称度(mm)		≤0.5		跳动测量仪或机床检查：测3个断面
8△		加工后鞍槽底部及侧壁厚度(mm)		±10		机床检查或设置基准面测量：测3个断面
9		各槽曲线立、平面角度(°)		±0.2		角度传感仪或机床检查：测各曲线
10		鞍槽表面粗糙度R_a(μm)		满足设计要求		粗糙度仪：各槽表面测3处

外观情况：

自检结论：

　　　　　　　　　　　　　　　　　　　　　　　　　　　质检工程师：　　　　　　　日期：

附表 14-167

主索鞍安装质量检验表

施工单位：　　　　　　　　　　　　　　　　　　　　　　合同号：
监理单位：　　　　　　　　　　　　　　　　　　　　　　编　号：

分项工程名称			所属分部工程		施工时间	
桩号及部位			检测人	记录人	检验时间	
项次	检验项目	设计值	允许偏差	检验结果	检验频率和方法
1△	最终偏位(mm)	顺桥向		满足设计要求		全站仪、尺量：每鞍测纵、横中心线2点
		横桥向		≤10		
2△	底板高程(mm)			+20,0		全站仪：每鞍测四角
3	底板四角高差(mm)			≤2		
4	高强螺栓扭力矩(N·m)			±10%		扭力扳手：检查5%,且不少于2个

外观情况：

自检结论：

质检工程师：　　　　　　　　　　　　　　　　　　　　　日期：

附表14-168

散索鞍安装质量检验表

施工单位：　　　　　　　　　　　　　　　　　　　　　　　　合同号：
监理单位：　　　　　　　　　　　　　　　　　　　　　　　　编　号：

分项工程名称		所属分部工程		施工时间	
桩号及部位		检测人		检验时间	
			记录人		
项次	检验项目	设计值	允许偏差	检验结果	检验频率和方法
1△	底板轴线纵、横向偏位（mm）		5		全站仪、尺量：每鞍测纵、横中心线2点
2	底板中心高程（mm）		±5		水准仪：测每鞍
3	底板高差（mm）		≤2		水准仪：每鞍测底板四角
4△	散索鞍竖向倾斜角		满足设计要求		全站仪：测每鞍
外观情况：					
自检结论：					

质检工程师：　　　　　　　　　　　　　　　　　　　　日期：

附表 14-169

主缆索股和锚头的制作质量检验表

施工单位：
监理单位：

合同号：
编　号：

分项工程名称		所属分部工程		施工时间	
桩号及部位		检测人		记录人		检验时间	

项次	检验项目	设计值	允许偏差	检验结果	检验频率和方法
1△	索股基准丝长度（mm）		$\pm L_Z/15000$		专用测量平台：测每丝
2△	成品索股长度（mm）		$\pm L_S/10000$		专用测量平台：测每股
3△	热铸锚合金灌铸率（%）		>92		量测体积后计算：每锚检查
4	锚头顶压索股外移量（按规定顶压力，持荷5min，mm）		满足设计要求		百分表：每锚检查
5△	索股轴线与锚头端面垂直度（°）		±0.5		角度仪：每锚测3处两个相互垂直方向

外观情况：

自检结论：

质检工程师：　　　　　　　　　　　　日期：

附表14-170

主缆架设质量检验表

施工单位：　　　　　　　　　　　　　　　　　　　　　　　合同号：
监理单位：　　　　　　　　　　　　　　　　　　　　　　　编　号：

分项工程名称			所属分部工程		施工时间	
桩号及部位			检测人	记录人	检验时间	
项次	检验项目		设计值	允许偏差	检验结果	检验频率和方法
1△	索股高程(mm)	基准 中跨		±L/20000（L为跨径）		全站仪：每索股测跨中
		基准 边跨		±L/10000		
		一般 上、下游高差		≤10		全站仪或专用卡尺：每索股测跨中
		一般 相对于基准索股		+10，-5		
2	锚跨索股力偏差			满足设计要求，设计未要求时±3%		测力仪：测每索股
3	主缆孔隙率(%)			±2		量直径和周长后计算：测索夹处和两索夹间，抽查50%
4	主缆直径不圆度(%)			≤2		卡尺：紧缆后测两索夹间，抽查30%

外观情况：

自检结论：

质检工程师：　　　　　　　　　　　　　　　日期：

附表 14-171

索夹制作质量检验表

施工单位:
监理单位:
合同号:
编 号:

分项工程名称		所属分部工程		施工时间	
桩号及部位		检测人	记录人	检验时间	
项次	检验项目	设计值	允许偏差	检验结果	检验频率和方法
1	索夹内径及长度 (mm)		±2		尺量:每组件测中部、端部断面相互垂直两个方向的内径,长度测 2 处
2△	壁厚 (mm)		+5,0		卡尺:每组件测 10 处
3	圆度 (mm)		≤2		电动轮廓仪或机床检查:每组件检查 5 处
4	平直度 (mm)		≤1		平直度测力仪或激光准直仪:每组件测 5 处
5△	索夹内壁粗糙度 R_a (μm)		满足设计要求,设计未要求时 12.5~25		粗糙度仪
6	耳板	销孔中心偏位 (mm)		±1		卡尺:抽查 50%,每组件测 2 处
		销孔内径 (mm)		+1,0		卡尺:抽查 50%,每组件测 2 处
7	螺孔	螺孔中心偏位 (mm)		±1.5		卡尺:抽查 50%,每组件测 2 处
		螺孔直径 (mm)		±2		卡尺:抽查 50%,每组件测 2 处
	直线度 (mm)		≤L/500(L 为跨径)		直线度测量仪或光纤传感仪:抽查 50%。每组件测 3 处

外观情况:

自检结论:

质检工程师: 日期:

附表 14-172

吊索和锚头制作质量检验表

施工单位：　　　　　　　　　　　　　　　　　　　　　　　　　　合同号：
监理单位：　　　　　　　　　　　　　　　　　　　　　　　　　　编　号：

分项工程名称			所属分部工程		施工时间	
桩号及部位			检测人	记录人	检验时间	
项次	检验项目		设计值	允许偏差	检验结果	检验频率和方法
1	吊索调整后长度（销孔之间）(mm)	≤5m		±1		尺量或专用测量平台：测每索
		>5m		±L/5000（L为跨径），且不超过±30		
2	销轴直径(mm)			0,-0.15		卡尺：测每个端部断面相互垂直两个方向直径
3	叉形耳板销孔中心偏位(mm)			±2		钢尺：检查每叉形耳板两面，由水平孔中心线与孔边交点坐标推算
4△	热涛锚合金灌锌率(%)			>92		量现体积后计算：每个检查
5	锚头顶压后吊索外移量（按规定的顶压力，持荷5min,mm）			满足设计要求		百分表：测每锚
6△	吊索轴线与锚头端面垂直度(°)			≤0.5		角度仪：每锚测3处，每处测两个相互垂直方向

外观情况：

自检结论：

质检工程师：　　　　　　　　　　　　　　　　　　　　　日期：

索夹和吊索安装质量检验表

附表 14-173

施工单位：　　　　　　　　　　　　　合同号：
监理单位：　　　　　　　　　　　　　编　号：

分项工程名称		所属分部工程		施工时间	
桩号及部位		检测人		检验时间	
项次	检验项目	设计值	允许偏差	检验结果	检验频率和方法
1	索夹偏位 顺缆向(mm)		≤10		全站仪和钢尺：测每个
	偏转角(°)		≤0.5		角度仪：测每个
2△	螺杆紧固力(kN)		满足设计要求		张拉压力表读数：检查每个

外观情况：

自检结论：

质检工程师：　　　　　　　　　　　　　日期：

主缆防护质量检验表

附表 14-174

施工单位：
监理单位：
合同号：
编　号：

分项工程名称		所属分部工程		施工时间	
桩号及部位		检测人	记录人	检验时间	

项次	检验项目	设计值	允许偏差	检验结果	检验频率和方法
1	缠丝间距（mm）		≤1		捕板：每两索夹间随机量测 1m 内最大间距处
2△	缠丝张力（kN）		±0.3		标定检测：每盘测 1 次
3△	防护层厚度（μm）		满足设计要求		涂层采用贴片法，密封剂采用切片法：每缆每 100m 测 1 处，每缆每跨不少于 3 处

外观情况：

自检结论：

质检工程师：　　　　　　　　　　　　　　　日期：

附表 14-175

钢加劲梁安装质量检验表

施工单位：　　　　　　　　　　　　　　　　　　　合同号：
监理单位：　　　　　　　　　　　　　　　　　　　编　号：

分项工程名称		所属分部工程		施工时间	
桩号及部位		检测人		检验时间	
		设计值		记录人	检验结果

项次	检验项目	允许偏差	检验频率和方法
1	吊点偏位（mm）	≤30	全站仪：测每吊点
2	同一梁段两侧对称吊点处梁顶高差（mm）	≤20	水准仪：测每吊点处
3△	相邻节段匹配高差（mm）	≤2	尺量：测每段接缝最大处
4	焊缝尺寸	满足设计要求	量规：检查全部，每条焊缝检查2处
5△	焊缝探伤		超声法：检查全部。射线法：按设计要求，设计未要求时按10%抽查，且不少于3条
6△	高强螺栓力矩	±10%	扭力扳手：检查5%，且不少于2个

外观情况：

自检结论：

质检工程师：　　　　　　　　　　　　　　　　　日期：

附表 14-176

自锚式悬索桥主缆索股的锚固系统制作质量检验表

施工单位：　　　　　　　　　　　　　　　　　　　　　　　　合同号：
监理单位：　　　　　　　　　　　　　　　　　　　　　　　　编　号：

分项工程名称		所属分部工程		施工时间	
桩号及部位		检测人	记录人	检验时间	
项次	检验项目	设计值	允许偏差	检验结果	检验频率和方法
1	导管长度（mm）		±5		尺量：测 2 处 抽查 50%
2	锚垫板与导管角度（°）		≤0.5		角度仪：每锚垫板测两轴线方向
外观情况：					
自检结论：					

质检工程师：　　　　　　　　　　　　　　　　　　　日期：

附表 14-177

自锚式悬索桥主缆索股的锚固系统安装质量检验表

施工单位：　　　　　　　　　　　　　　　　合同号：
监理单位：　　　　　　　　　　　　　　　　编　号：

分项工程名称		所属分部工程		施工时间	
桩号及部位		检测人	记录人	检验时间	
项次	检验项目	设计值	允许偏差	检验结果	检验频率和方法
1	预埋导管前端孔道中心坐标（mm）		±5		全站仪：测每孔道
2	预埋导管后端孔道中心坐标（mm）		与前端同向，±5		全站仪：测每孔道

外观情况：

自检结论：

质检工程师：　　　　　　　　　　　　　　　　日期：

附表 14-178

自锚式悬索桥吊索张拉和体系转换质量检验表

施工单位：　　　　　　　　　　　　　　　　　　　　　合同号：
监理单位：　　　　　　　　　　　　　　　　　　　　　　编　号：

分项工程名称		所属分部工程		施工时间	
桩号及部位		检测人	记录人	检验时间	
项次	检验项目	设计值	允许偏差	检验结果	检验频率和方法
1	钢加劲梁高程（mm）		±30		水准仪：测中跨 5 处，每边跨 3 处
2	钢加劲梁横向高差（mm）		≤20		
3△	吊索索力（kN）		满足设计和施工控制规定，未规定时偏差不大于±10%		测力仪：测全部吊索
外观情况：					
自检结论：					

质检工程师：　　　　　　　　　　　　　　　　　　　　　日期：

附表 14-179

防水层质量检验表

施工单位：　　　　　　　　　　　　　　　　　　　　　　　合同号：
监理单位：　　　　　　　　　　　　　　　　　　　　　　　编　号：

分项工程名称			所属分部工程		施工时间	
桩号及部位			检测人		检验时间	
			记录人			

项次	检验项目		设计值	允许偏差	检验结果	检验频率和方法
1△	防水涂层	厚度(mm)		满足设计要求；设计未要求时，平均厚度≥设计厚度，85%检查点的厚度≥设计厚度，最小厚度≥设计厚度的80%		测厚仪：每施工段测10处，每处测3点
		用量(kg/m²)		满足设计要求		按施工段涂敷面积计算
2△	防水层黏结强度(MPa)			在合格标准内		按附录N检查
3	混凝土黏结面含水率			满足设计要求		含水率测定仪：当施工段不大于1000m²时，每施工段测5处，每处测3次，取平均值；超过1000m²时，每增加1000m²增加1处

外观情况：

自检结论：

　　　　　　　　　　　　　　　　　　　　　　　　　　　　　　质检工程师：　　　　　日期：

附表 14-180

水泥混凝土桥面铺装质量检验表

施工单位：　　　　　　　　　　　　　　　　合同号：
监理单位：　　　　　　　　　　　　　　　　编　号：

分项工程名称			所属分部工程		施工时间	
桩号及部位			检测人	记录人	检验时间	
项次	检验项目		设计值	允许偏差	检验结果	检验频率和方法
1△	混凝土强度（MPa）			在合格标准内		按《公路工程质量检验评定标准　第一册　土建工程》（JTG F80/1—2017）附录 D 检查
2	厚度（mm）			+10，-5		水准仪：以同桥面板产生相同抗度变形的点为基准点，测量桥面铺装施工前后相对高差，长度不大于 100m 每车道测 3 处，每增加 100m 每车道增加 2 处
3	平整度	标准差 σ（mm）		≤1.32		平整度仪：全桥每车道连续检测，每 100m 计算标准差 σ、IRI
		IRI（m/km）		≤2.2		
		最大间隙 h（mm）		≤3		3m 直尺：半幅车道板带每 200m 测 2 处 × 5 尺
4	横坡（%）			±0.15		水准仪：长度不大于 200m 时测 5 个断面，每增加 100m 增加 1 个断面
5	抗滑构造深度（mm）			0.7～1.1		铺砂法：长度不大于 200m 时测 5 处，每增加 100m 增加 1 处

外观情况：

自检结论：

　　　　　　　　　　　　　　　　　质检工程师：　　　　　　　日期：

沥青混凝土桥面铺装质量检验表

附表 14-181

施工单位：
监理单位：
合同号：
编　号：

分项工程名称		所属分部工程		施工时间	
桩号及部位		检测人	记录人	检验时间	
项次	检验项目	设计值	允许偏差	检验结果	检验频率和方法
1△	压实度		≥试验室标准密度的96%（×98%）≥最大理论密度的92%（×94%）≥试验段密度的98%（×99%）		按《公路工程质量检验评定标准 第一册 土建工程》（JTG F80/1—2017）附录B检查，长度不大于200m时测5个点，每增加100m增加2个点
2	厚度（mm）		+10，-5		水准仪：以同桥面板产生相同扰度变形的点为基准点，测量桥面铺装施工前后相对高差，长度不大于100m每车道测3处，每增加100m每车道增加2处
3	平整度 标准差σ（mm）		≤1.2		平整度仪：全桥每车道连续检测，每100m计算标准差σ、IRI
	IRI（m/km）		≤2.0		
	最大间隙 h（mm）				3m直尺：半幅车道板带每200m测2×5尺
4	渗水系数（mL/min）		满足设计要求；设计未要求时，SMA铺装≤120，其他≤200		渗水试验仪：长度不大于200m时测5处，每增加100m增加1处
5	横坡坡度（%）		±0.3		水准仪：长度不大于200m时测5个断面，每增加100m增加1个断面
6	抗滑构造深度（mm）		满足设计要求		铺砂法：长度不大于200m时测5处，每增加100m增加1处

外观情况：

自检结论：

质检工程师：　　　　　　日期：

附表 14-182

复合桥面水泥混凝土铺装质量检验表

施工单位：　　　　　　　　　　　　　　　　　　　　　　合同号：
监理单位：　　　　　　　　　　　　　　　　　　　　　　编　号：

分项工程名称		所属分部工程		施工时间	
桩号及部位		检测人	记录人	检验时间	
项次	检验项目	设计值	允许偏差	检验结果	检验频率和方法
1△	混凝土强度（MPa）		在合格标准内		按《公路工程质量检验评定标准 第一册 土建工程》(JTG F80/1—2017)附录 D 检查
2	厚度（mm）		+10，-5		水准仪：以同桥面板产生相同扰度变形的点为基准点，测量桥面铺装施工前后相对高差，长度不大于100m 每车道测 3 处，每增加100m 每车道增加 2 处
3	平整度（mm）		≤5		3m 直尺：半幅车道带每 200m 测 2 处 × 5 尺
4	横坡坡度（%）		±0.15		水准仪：长度不大于 200m 时测 5 个断面，每增加 100m 增加 1 个断面

外观情况：

自检结论：

质检工程师：　　　　　　　　　　　　　　日期：

附表 14-183

钢桥面板上防水黏结层质量检验表

施工单位：　　　　　　　　　　　　　　　　　　　　　　　　　　　合同号：
监理单位：　　　　　　　　　　　　　　　　　　　　　　　　　　　编　号：

分项工程名称		所属分部工程			施工时间	
桩号及部位		检测人		记录人	检验时间	
项次	检验项目	设计值	允许偏差	检验结果		检验频率和方法
1	钢桥面板清洁度		满足设计要求			样板对比：每1000m²检查9处
2	粗糙度 R_z（μm）		满足设计要求，设计未要求时为60～100			按设计要求检查；设计未要求时，用对比样块检查，每1000m²检查9处
3△	防水黏结层 厚度（mm）		满足设计要求；设计未要求时，平均厚度≥设计厚度，85%检查点的厚度≥设计厚度，最小厚度≥设计厚度的80%			按设计要求检查；设计未要求时用测厚仪检查：每1000m²检查10处，每处测3个点
	用量（kg/m²）		满足设计要求			按施工段洒布面积计算
4△	黏结层与钢桥板底漆间结合力（MPa）		≥设计值			按设计要求检查；设计未要求时用拉拔仪检查：每1000m²检查3个点，且每洒布段不少于3个点

外观情况：

自检结论：

质检工程师：　　　　　　　　　　　　　　　　　　　　　　　　　　日期：

附表 14-184

钢桥面板上摊铺式沥青混凝土铺装质量检验表

施工单位：　　　　　　　　　　　　　　　　　　　　　　　合同号：
监理单位：　　　　　　　　　　　　　　　　　　　　　　　编　号：

分项工程名称			所属分部工程		施工时间	
桩号及部位			检测人	记录人	检验时间	

项次	检验项目		设计值	允许偏差	检验结果	检验频率和方法
1△	压实度			满足设计要求		按碾压吨位及遍数检查
2△	厚度(mm)			+5，-2		水准仪：以同桥面板产生相同抗变形的点为基准点，测量桥面铺装施工前后相对高差，或采用工程雷达；长度100m以内每车道测3处，每增加100m每车道增加2处
3	平整度	高速公路 一级公路	标准差 σ(mm)	≤1.2		平整度仪：全桥每车道连续检测，每100m计算标准差 σ 或 IRI
			IRI(m/km)	≤2.0		
		其他公路	标准差 σ(mm)	≤2.5		
			IRI(m/km)	≤4.2		
			最大间隙 h (mm)	≤5		3m 直尺：每200m测2处×5尺
4	横坡坡度(%)			±0.3		水准仪：长度不大于200m时测5个断面，每增加100m增加1个断面
5	渗水系数(mL/min)			≤80		渗水试验仪：长度不大于200m时测5处，每增加100m增加1处
6	摩擦因数			满足设计要求		摆式仪：每200m增加1处横向力系数测定车；超过200m时，每增加100m增加1处横向力系数测定车；全线连续，按《公路工程质量检验评定标准 第一册 土建工程》(JTG F80/1—2017)附录L评定
7	抗滑构造深度(mm)			满足设计要求		铺砂法：长度不大于200m时测5处，每增加100m增加1处

外观情况：

自检结论：

质检工程师：　　　　　　　　　　　　　　　　　　　　　　　日期：　　20　　年　　月　　日

附表 14-185

支座垫石质量检验表

施工单位：　　　　　　　　　　　　　　　　　　　　　　合同号：
监理单位：　　　　　　　　　　　　　　　　　　　　　　编　号：

分项工程名称			所属分部工程		施工时间	
桩号及部位			检测人	记录人	检验时间	
项次	检验项目		设计值	允许偏差	检验结果	检验频率和方法
1△	混凝土强度（MPa）			在合格标准内		按《公路工程质量检验评定标准 第一册 土建工程》（JTG F80/1—2017）附录 D 检查
2	轴线偏位（mm）			≤5		全站仪、尺量：测支座石纵、横方向，抽查 50%
3	断面尺寸（mm）			±5		尺量：测 1 个断面，抽查 50%
4△	顶面高程（mm）	垫石边长≤500mm		≤1		水准仪：测中心及四角
		其他		≤2		
5	预埋件位置（mm）			≤5		尺量：测每件
外观情况：						
自检结论： 　　　　　　　　　　　　　　　　　　　　　　　　　　　　　　　　　质检工程师：　　　　　　　日期：						

398

挡块质量检验表

附表 14-186

施工单位：
监理单位：
合同号：
编　号：

分项工程名称		所属分部工程			施工时间	
桩号及部位		检测人		记录人	检验时间	
项次	检验项目	设计值	允许偏差	检验结果		检验频率和方法
1△	混凝土强度(MPa)		在合格标准内			按《公路工程质量检验评定标准　第一册　土建工程》(JTG F80/1—2017)附录D检查
2	平面位置(mm)		≤5			全站仪：抽查30%，测中心线2端
3	断面尺寸及高度(mm)		±10			尺量：抽查30%。每块测1个断面尺寸，2处高度
4	与梁体间隙(mm)		±5			尺量：抽查30%，每块测两侧各1处

外观情况：

自检结论：

质检工程师：　　　　　　　　　　　　　　　　　　　　日期：

附表 14-187

支座安装质量检验表

施工单位：　　　　　　　　　　　　　　　　　　　　合同号：
监理单位：　　　　　　　　　　　　　　　　　　　　编　号：

分项工程名称		所属分部工程			施工时间	
桩号及部位		检测人		记录人	检验时间	
项次	检验项目		设计值	允许偏差	检验结果	检验频率和方法
1△	支座中心横桥向偏位（mm）			≤2		尺量：测每支座
2	支座中心顺桥向偏位（mm）			≤5		尺量：测每支座
3△	支座高程（mm）			满足设计要求；设计未要求时允许偏差不大于±5		水准仪：测每支座中心线
4	支座四角高差（mm）	承压力 ≤5000kN		≤1		水准仪：测每支座
		承压力 >5000kN		≤2		

外观情况：

自检结论：

质检工程师：　　　　　　　　　　　　　　　日期：

斜拉桥、悬索桥支座安装质量检验表

附表 14-188

施工单位：　　　　　　　　　　　　　　　　　　　　　　　　　合同号：
监理单位：　　　　　　　　　　　　　　　　　　　　　　　　　编　号：

分项工程名称		所属分部工程		施工时间	
桩号及部位		检测人	记录人	检验时间	

项次	检验项目	设计值	允许偏差	检验结果	检验频率和方法
1△	竖向支座的纵、横向偏位（mm）		≤5		全站仪、钢尺：每支座纵、横向各测 2 个点
2△	支座高程（mm）		±10		水准仪：每支座测 5 处
3	竖向支座垫石钢板水平度（mm）		≤2		水平仪、钢尺：每支座测 5 处
4	竖向支座滑板中线与桥轴线平行度（mm）		1/1000 滑板长度		全站仪、钢尺：每支座测滑板中线两侧
5	横向抗风支座竖直度（mm）		≤1		角度仪：每支座测 5 处
6	横向抗风支座与支挡表面平行度（mm）		≤1		卡尺：每支座测 5 处
7	支挡表面与横向抗风支座表面间距（mm）		±2		卡尺：每支座测 5 处

外观情况：

自检结论：

　　　　　　　　　　　　　　　　　　　　　　　　　　　　　　质检工程师：　　　　　　　　日期：

附表 14-189

伸缩装置安装质量检验表

施工单位：　　　　　　　　　　　　　　　　　　　　　　　　　　合同号：
监理单位：　　　　　　　　　　　　　　　　　　　　　　　　　　编　号：

分项工程名称			所属分部工程		施工时间	
桩号及部位			检测人		检验时间	
			记录人			
项次	检验项目		允许偏差	设计值	检验结果	检验频率和方法
1	长度（mm）		满足设计要求			尺量：测每道
2△	缝宽（mm）		满足设计要求			尺量：每道每 2m 测 1 处
3	与桥面高差（mm）		≤2			尺量：伸缩装置两侧各测 5 尺
4	纵坡坡度（%）	一般	±0.5			水准仪：每道测 5 处
		大型	±0.2			
5	横向平整度（mm）		≤3			3m 直尺：每道顺长度方向检查伸缩装置及锚固混凝土各 2 尺
6	焊缝尺寸		满足设计要求，设计未要求，按焊缝质量二级			量规：检查全部，每条焊缝检查 2 处
7△	焊缝探伤					超声法：检查全部

外观情况：

自检结论：

质检工程师：　　　　　　　　　　　　　　　　　　　　　日期：

混凝土小型构件质量检验表

附表 14-190

施工单位：
监理单位：
合同号：
编　号：

分项工程名称		所属分部工程		施工时间	
桩号及部位		检测人		检验时间	
项次	检验项目	设计值	允许偏差	检验结果	检验频率和方法
1△	混凝土强度（MPa）		在合格标准内		按《公路工程质量检验评定标准 第一册 土建工程》（JTG F80/1—2017）附录 D 检查
2	断面尺寸（mm）		±5		尺量：测 2 个断面 抽查构件总数的 30%
3	长度（mm）		+5, -10		尺量：测中线处
外观情况：					
自检结论：					

记录人：　　　　　　质检工程师：　　　　　　日期：

附表 14-191

人行道铺设质量检验表

施工单位：　　　　　　　　　　　　　　　　　　　　　合同号：
监理单位：　　　　　　　　　　　　　　　　　　　　　编　号：

分项工程名称		所属分部工程		施工时间	
桩号及部位		检测人		检验时间	
		检验人		记录人	
项次	检验项目	设计值	允许偏差	检验结果	检验频率和方法
1	人行道边缘平面偏位（mm）		≤5		全站仪，钢尺：每200m测5处
2	纵向高程（mm）		+10，0		水准仪：每200m测5处
3	接缝两侧高差（mm）		≤2		尺量：抽查10%的接缝，测接缝高差最大处
4	横坡坡度（%）		±0.3		水准仪：每200m测5处
5	平整度（mm）		≤5		3m直尺：每200m测5处

外观情况：

自检结论：

质检工程师：　　　　　　　　　　　　　　　日期：

附表 14-192

栏杆安装质量检验表

施工单位：　　　　　　　　　　　　　　　　合同号：
监理单位：　　　　　　　　　　　　　　　　编　号：

分项工程名称		所属分部工程		施工时间	
桩号及部位		检测人	记录人	检验时间	
项次	检验项目	设计值	允许偏差	检验结果	检验频率和方法
1	栏杆平面偏位（mm）		≤4		全站仪、钢尺：每200m测5处
2	扶手高度（mm）		±10		水准仪、尺量：抽查20%
	柱顶高差（mm）		≤4		
3	接缝两侧扶手高差（mm）		≤3		尺量：抽查20%
4	竖杆或柱纵、横向竖直度（mm）		≤4		铅锤法：抽查20%，每处纵横向各测1处

外观情况：

自检结论：

　　　　　　　　　　　　　　　　　　　　　　　　质检工程师：　　　　　　　　日期：

附表 14-193

混凝土护栏浇筑质量检验表

施工单位：　　　　　　　　　　　　　　　　合同号：
监理单位：　　　　　　　　　　　　　　　　编　号：

分项工程名称		所属分部工程		施工时间	
桩号及部位		检测人		检验时间	
项次	检验项目	设计值	允许偏差	检验结果	检验频率和方法
1△	混凝土强度（MPa）		在合格标准内		按《公路工程质量检验评定标准 第一册 土建工程》(JTG F80/1—2017) 附录D检查
2	平面偏位（mm）		≤4		全站仪、钢尺：每道护栏每200m测5处
3△	断面尺寸（mm）		±5		尺量：每道护栏每200m测5处
4	竖直度（mm）		≤4		铅锤法：每道护栏每200m测5处
5	预埋件位置（mm）		≤5		尺量：测每件

外观情况：

自检结论：

　　　　　　　　　　　　　　　　　　　　　　　　　　　质检工程师：　　　　　　　　日期：

记录人

附表 14-194

钢护栏安装质量检验表

施工单位：
监理单位：

合同号：
编 号：

分项工程名称		所属分部工程		施工时间	
桩号及部位		检测人		记录人		检验时间	

项次	检验项目	允许偏差	设计值	检验结果	检验频率和方法
1	平面偏位（mm）	≤4			全站仪、钢尺：每200m测5处
2	立柱中距（mm）	±10			尺量：抽检10%
3	立柱纵、横桥向竖直度（mm）	≤2			铅锤法：抽检10%
4	横梁高度（mm）	±5			尺量：抽检10%
5△	与底座连焊缝探伤	满足设计要求			按设计要求的方法检查，设计未要求时采用超声波法探伤：抽查20%，且不少于3条

外观情况：

自检结论：

质检工程师：   日期：

桥头搭板质量检验表

附表 14-195

施工单位：　　　　　　　　　　　　　　　　合同号：
监理单位：　　　　　　　　　　　　　　　　编　号：

分项工程名称			所属分部工程		施工时间	
桩号及部位			检测人	记录人	检验时间	

项次	检验项目		设计值	允许偏差	检验结果	检验频率和方法
1△	混凝土强度（MPa）			在合格标准内		按《公路工程质量检验评定标准 第一册 土建工程》（JTG F80/1—2017）附录D检查
2	枕梁尺寸（mm）	宽、高		±20		尺量：每梁测 2 个断面
		长		±30		尺量：测每梁中心线处
3	板尺寸（mm）	长、宽		±30		尺量：各测 2 处
		厚		10		尺量：测 4 处
4	顶面高程（mm）			±5		水准仪：测四角及中心附近 5 处

外观情况：

自检结论：

　　　　　　　　　　　　　　　　　　　　　　　　质检工程师：　　　　　　　　日期：

混凝土构件表面防护质量检验表

附表 14-196

施工单位：
监理单位：
合同号：
编　号：

分项工程名称		所属分部工程		施工时间	
桩号及部位		检测人		检验时间	
项次	检验项目	设计值	允许偏差	检验结果	检验频率和方法
1	涂层干膜厚度（μm）		平均厚度≥设计厚度，80%点的厚度≥设计厚度，最小厚度≥设计厚度的80%		测厚仪：每100m²测10个点，7d后检查10个点，且不少于10个点
2△	涂层附着力（MPa）		设计要求满足，设计未要求时≥1.5		附着力测试仪：每1000m²抽检3处，每处测3个点取均值

外观情况：

自检结论：

质检工程师：　　　　　　　　　　　　　　　　日期：

附表 14-197

涵洞总体质量检验表

施工单位：　　　　　　　　　　　　　　　　　合同号：
监理单位：　　　　　　　　　　　　　　　　　编　号：

分项工程名称			所属分部工程		施工时间	
桩号及部位			检测人	记录人	检验时间	
项次	检验项目		设计值	允许偏差	检验结果	检验频率和方法
1	轴线偏位（mm）	明涵		≤20		全站仪：测中心线 5 处
		暗涵		≤50		
2	流水面高程（mm）			±20		水准仪：沿洞口、中点和其他四分点附近 5 处
3	涵底铺砌厚度（mm）			+40，-10		尺量：测 5 处
4	长度（mm）			+100，-50		尺量：测中心线处
5	跨度或内径（mm）	波形钢管涵		±2%D		尺量：每 5m 测 1 处，且不少于 3 处，测相互垂直两个方向
		其他		±30		
6	净高（mm）	明涵		≥设计值 -20		尺量：测洞口及中心共 3 处
		暗涵		≥设计值 -50		

外观情况：

自检结论：

质检工程师：　　　　　　　　　　　　　　　　日期：

涵台质量检验表

附表 14-198

施工单位：
监理单位：
合同号：
编　号：

分项工程名称		所属分部工程			施工时间	
桩号及部位		检测人		记录人	检验时间	
项次	检验项目	设计值	允许偏差	检验结果		检验频率和方法
1△	混凝土或砂浆强度（MPa）		在合格标准内			按《公路工程质量检验评定标准　第一册　土建工程》(JTG F80/1—2017）附录 D 或附录 F 检查
2	断面尺寸（mm） 片石砌体		±20			尺量：测 3 个断面
	断面尺寸（mm） 混凝土		±15			
3	竖直度（mm）		≤0.3H			铅垂法：测 3 个断面
4	顶面高程（mm）		±10			水准仪：测 5 处

外观情况：

自检结论：

质检工程师：　　　　　　　　　　　　　　　　　　日期：

混凝土涵管质量检验表

附表 14-199

施工单位：　　　　　　　　　　　　　　　　　合同号：
监理单位：　　　　　　　　　　　　　　　　　编　号：

分项工程名称		所属分部工程		施工时间	
桩号及部位		检测人		检验时间	
项次	检验项目	设计值	允许偏差	检验结果	检验频率和方法
1△	管座或垫层混凝土强度		在合格标准内		按《公路工程质量检验评定标准 第一册 土建工程》(JTG F80/1—2017) 附录 D 检查
2	管座或垫层宽度、厚度		≥设计值		尺量：测 5 个断面
3	相邻管节底面错台 (mm)	管径≤1m		≤3	尺量：测 5 个接头最大值
		管径＞1m		≤5	

外观情况：

自检结论：

　　　　　　　　　　　　　　　　　　　　　　　　　　　质检工程师：　　　　　日期：

附表 14-200

盖板制作质量检验表

施工单位：　　　　　　　　　　　　　　　　　　　　　　　　合同号：
监理单位：　　　　　　　　　　　　　　　　　　　　　　　　编　号：

分项工程名称			所属分部工程		施工时间	
桩号及部位			检测人	记录人	检验时间	
项次	检验项目		设计值	允许偏差	检验结果	检验频率和方法
1△	混凝土强度（MPa）	明涵		在合格标准内		按《公路工程质量检验评定标准 第一册 土建工程》（JTG F80/1—2017）附录 D 检查
		暗涵		+10,0		
2△	高度（mm）	现浇		≥设计值		尺量：抽查 30% 的板，且不少于 3 块板，每板检查 2 个断面
		预制		±20		
3	宽度（mm）			±10		
4	长度（mm）			+10,-20		尺量：抽查 30% 的板，且不少于 3 块板，每板检查两侧

外观情况：

自检结论：

质检工程师：　　　　　　　　　　　　　　　　　　　　　　日期：

盖板安装质量检验表

附表 14-201

施工单位：　　　　　　　　　　　　　　　　　　　　合同号：
监理单位：　　　　　　　　　　　　　　　　　　　　编　号：

分项工程名称		所属分部工程		施工时间	
桩号及部位		检测人		检验时间	

项次	检验项目	设计值	允许偏差	检验结果	检验频率和方法
1	支承中心偏位(mm)		≤10		尺量：每孔抽查3块板
2	相邻板最大高差(mm)		≤10		尺量：抽查20%，且不少于6块板，测相邻板高差最大处

外观情况：

自检结论：

　　　　　　　　　　　　　　　　　　　　　　　　　　　　　质检工程师：　　　　　　　　　日期：

记录人：

414

附表 14-202

波形钢管涵安装质量检验表

施工单位：
监理单位：
合同号：
编　号：

分项工程名称		所属分部工程		施工时间	
桩号及部位		检测人	记录人	检验时间	
项次	检验项目	设计值	允许偏差	检验结果	检验频率和方法
1	地基压实度		满足设计要求		按《公路工程质量检验评定标准 第一册 土建工程》(JTG F80/1—2017)附录 B 的方法检查，每 5m 检查 3 处
2	管涵内径(mm)		±1%D		尺量：每 5m 测 1 处，且不少于 3 处，测相互垂直两个方向
3	底面高程(mm)		±10		水准仪：测洞口、中点和其他四分点附近 5 处
4△	高强螺栓扭力矩(N·m)		±10%		扭力扳手：检查 5%，且不少于 2 个
5	工地防腐涂层		满足设计要求		按涂刷遍数检查，全部

外观情况：

自检结论：

质检工程师：　　　　　　日期：

附表 14-203

箱涵浇筑质量检验表

施工单位：
监理单位：

合同号：　　　　　　　　　　施工时间：
编　号：　　　　　　　　　　检验时间：

分项工程名称			所属分部工程			
桩号及部位			检测人		记录人	
项次	检验项目		设计值	允许偏差	检验结果	检验频率和方法
1△	混凝土强度(MPa)			在合格标准内		按《公路工程质量检验评定标准》(JTG F80/1—2017)附录D 第一册 土建工程 检查
2	净高，宽(mm)	高度		+5、-10		尺量:测3个断面
		宽度		±30		
3△	顶板厚(mm)	明涵		+10、-20		尺量:测5处
		暗涵		≥设计值		
4	侧墙和底板厚(mm)			≥设计值		尺量:各墙、板测5处
5	平整度(mm)			≤8		2m直尺:每侧面每10m测2处每处测竖直及水平2个方向
外观情况:						

自检结论：

质检工程师：　　　　　　　　　　日期：

附表 14-204

拱涵浇（砌）筑质量检验表

施工单位：
监理单位：
合同号：
编　号：

分项工程名称		所属分部工程		施工时间	
桩号及部位		检测人		检验时间	
项次	检验项目	设计值	允许偏差	检验结果	检验频率和方法
				记录人	按《公路工程质量检验评定标准 第一册 土建工程》(JTG F80/1—2017)附录 D 或附录 F 检查
1△	混凝土或砂浆强度(MPa)		在合格标准内		
2△	拱圈厚度 (mm)	砌体	+50、-20		尺量：测拱脚、1/4 跨、3/4 跨、拱顶 5 处两侧
		混凝土	+30、-15		
3	内弧线偏离设计弧线(mm)		±20		样板：测拱圈 1/4 跨、3/4 跨、拱顶 3 处两侧

外观情况：

自检结论：

质检工程师：　　　　　　　日期：

附表 14-205

倒虹吸竖井、集水井砌筑质量检验表

施工单位：　　　　　　　　　　　　　　　　合同号：
监理单位：　　　　　　　　　　　　　　　　编　号：

分项工程名称			所属分部工程		施工时间	
桩号及部位			检测人	记录人	检验时间	
项次	检验项目		设计值	允许偏差	检验结果	检验频率和方法
1△	砂浆强度（MPa）			在合格标准内		按《公路工程质量检验评定标准　第一册　土建工程》（JTG F80/1—2017）附录 F 检查
2	高程（mm）	井底		±15		水准仪：各测 3 点
		井口		±20		
3	圆井直径或方井边长（mm）			±20		尺量：测 2 个断面，直径测相互垂直两个方向
4	井壁、井底厚（mm）			+20，-5		尺量：测井壁 8 处，井底 3 处
外观情况：						
自检结论：						

质检工程师：　　　　　　　　　　　　　　　　日期：

一字墙和八字墙质量检验表

附表 14-206

施工单位：
监理单位：
合同号：
编　号：

分项工程名称		所属分部工程			施工时间	
桩号及部位		检测人		记录人	检验时间	
项次	检验项目	设计值	允许偏差	检验结果		检验频率和方法
1△	混凝土或砂浆强度（MPa）		在合格标准内			按《公路工程质量检验评定标准 第一册 土建工程》（JTG F80/1—2017）附录 D 或附录 F 检查
2	平面位置（mm）		≤50			全站仪：测墙顶内边线 3 点
3	顶面高程（mm）		±20			水准仪：各测 3 点
4	坡度（%）		≤0.5			铅锤法：长度方向测 3 处
5△	断面尺寸（mm）		≥设计值			尺量：测 2 个断面
外观情况：						
自检结论：						

质检工程师：　　　　　　　　　　　　　日期：

附表 14-207

顶进施工的涵洞质量检验表

施工单位：				所属分部工程：		合同号：	
监理单位：				检测人：		编 号：	
分项工程名称：					记录人	施工时间	
桩号及部位：			设计值	允许偏差	检验结果	检验时间	
项次	检验项目					检验频率和方法	
1	轴线偏位	$L<15\mathrm{m}$（L为跨径） 箱涵		≤100		全站仪：每段测2端	
		管涵		≤50			
		$15\mathrm{m}\leq L\leq 30\mathrm{m}$ 箱涵		≤150			
		管涵		≤100			
		$L>30\mathrm{m}$ 箱涵		≤300			
		管涵		≤200			
2	高程	$L<15\mathrm{m}$ 箱涵		+30，-100		水准仪：每段测涵底5处	
		管涵		±20			
		$15\mathrm{m}\leq L\leq 30\mathrm{m}$ 箱涵		+40，-150			
		管涵		±40			
		$L>30\mathrm{m}$ 箱涵		+50，-200			
		管涵		+50，-100			
3	相邻两节高差(mm)	箱涵		≤30		尺量：每接缝测最大值	
		管涵		≤20			

外观情况：

自检结论：

质检工程师： 日期：

附表 14-208

隧道总体质量检验表

施工单位：　　　　　　　　　　　　　　　　合同号：　　　　　　　施工时间：
监理单位：　　　　　　　　　　　　　　　　编　号：

分项工程名称		所属分部工程			
桩号及部位		检测人		记录人	检验时间
项次	检验项目	设计值	允许偏差	检验结果	检验频率和方法
1	行车道宽度（mm）		±10		尺量或按《公路工程质量检验评定标准 第一册 土建工程》（JTG F80/1—2017）附录Q检查：曲线每20m，直线每40m检查1个断面
2	内轮廓宽度（mm）		不小于设计值		激光测距仪或按《公路工程质量检验评定标准 第一册 土建工程》（JTG F80/1—2017）附录Q检查：曲线每20m，直线每40m检查1个断面，每个断面测拱顶和两侧拱腰共3点
3△	内轮廓高度（mm）		不小于设计值		
4	隧道偏位（mm）		20		全站仪：曲线每20m，直线每40m检查1处
5	边坡或仰坡坡度		不大于设计值		尺量：每洞口检查10处

外观情况：

自检结论：

质检工程师：　　　　　　　　　　　　　　　　　　　　　　日期：

附表 14-209

隧道总体检查记录表

施工单位：　　　　　　　　　　　　　　　　　　　　　　　　　　合同号：
监理单位：　　　　　　　　　　　　　　　　　　　　　　　　　　编　号：

工程名称		检查断面桩号			围岩类别		

净空检查	内拱顶(O点)高程检查	设计(m)	实测(m)	偏差(mm)
	取点示意图			
	点号	设计(m) h / b	实测(m) h / b	偏差(mm)
	1			
	2			
	3			
	4			
	5			
	6			
	7			
	8			

行车道宽度	偏差(mm)	设计(cm)		实测(cm)		

隧道偏位(mm)	允许偏差	实测偏差	路中心线与隧道中心线衔接	允许偏差	实测偏差

边坡坡度			仰坡坡度		
设计	实测	偏差	设计	实测	偏差

检查意见	
外观情况	

施工负责人：　　　　　　　　　　　质检工程师：　　　　　　　　　　　日期：

附表 14-210

明洞浇筑质量检验表

施工单位：　　　　　　　　　　　　　　　　　　　　合同号：
监理单位：　　　　　　　　　　　　　　　　　　　　编　号：

分项工程名称		所属分部工程			施工时间	
桩号及部位		检测人		记录人	检验时间	

项次	检验项目	设计值	允许偏差	检验结果	检验频率和方法
1△	混凝土强度（MPa）		在合格标准内		按《公路工程质量检验评定标准 第一册 土建工程》（JTG F80/1—2017）附录 D 检查
2△	混凝土厚度（mm）		不小于设计值		尺量或按《公路工程质量检验评定标准 第一册 土建工程》（JTG F80/1—2017）附录 R 检查：每 10m 检查 1 个断面，每个断面两侧拱顶、两侧拱腰和两侧边墙共 5 点
3	墙面平整度（mm）		施工缝、变形缝处 20 其他部位 5		2m 直尺：每 10m 每侧连续检查 2 尺，测量最大间隙

外观情况：

自检结论：

质检工程师：　　　　　　　　　　　　　　　　　　　　日期：

附表 14-211

明洞防水层质量检验表

施工单位：　　　　　　　　　　　　　　　　　合同号：
监理单位：　　　　　　　　　　　　　　　　　编　号：

分项工程名称		所属分部工程		施工时间	
桩号及部位		检测人	记录人	检验时间	

项次	检验项目		设计值	允许偏差	检验结果	检验频率和方法
1△	搭接长度（mm）			≥100		尺量：每环搭接测3点
2	卷材向隧道暗洞延伸长度（mm）			≥500		尺量：测3点
3	卷材向基底暗洞延伸长度（mm）			≥500		尺量：测3点
4△	缝宽（mm）	焊接		焊缝宽≥10		尺量：每衬砌台车抽查1环，每环搭接测5点
		粘接		焊缝宽≥50		
5△	焊缝密实性			满足设计要求		按附录S检查，每10m检查1处焊缝

外观情况：

自检结论：

质检工程师：　　　　　　　　　　　　　　　　日期：

附表 14-212

明洞回填质量检验表

施工单位：　　　　　　　　　　　　　　　　　　　　合同号：
监理单位：　　　　　　　　　　　　　　　　　　　　编　号：

分项工程名称		所属分部工程		施工时间	
桩号及部位		检测人	记录人	检验时间	
项次	检验项目	设计值	允许偏差	检验结果	检验频率和方法
1	回填压实		符合设计要求		尺量:厚度及碾压遍数
2	每层回填层厚(mm)		≤300		尺量:每层每侧测 5 点
3	两侧回填高差(mm)		≤500		水准仪:每层每侧测 3 处
4	坡度		满足设计要求		尺量:检查 3 处
5	回填厚度(mm)		不小于设计值		水准仪:拱回填顶面测 5 处

外观情况：

自检结论：

质检工程师：　　　　　　　　　　　　　　　　　　　日期：

附表 14-213

洞身开挖质量检验表

施工单位：　　　　　　　　　　　　　　　　合同号：
监理单位：　　　　　　　　　　　　　　　　编　号：

分项工程名称			所属分部工程		施工时间	
桩号及部位			检测人	记录人	检验时间	

项次	检验项目		设计值	允许偏差	检验结果	检验频率和方法
1△	拱部超挖（mm）	Ⅰ级围岩（硬岩）		平均100，最大200		全站仪或按《公路工程质量检验评定标准 第一册 土建工程》（JTG F80/1—2017）附录Q检查：每20m检查1个断面，每个断面自拱顶起每2m测1点
		Ⅱ、Ⅲ、Ⅳ级围岩（中硬岩、软岩）		平均150，最大250		
		Ⅴ、Ⅵ级围岩（破碎岩、土）		平均100，最大150		
2	边墙超挖（mm）	每侧		+100，0		
		全宽		+200，0		
3	仰拱、隧底超挖（mm）			平均100，最大250		水准仪：每20m检查3处

外观情况：

自检结论：

质检工程师：　　　　　　　　　　　　　　　日期：

隧道成洞净空检查记录表

附表 14-214

施工单位：
监理单位：
合同号：
编　号：

分项工程名称		施工日期	
桩号及部位		检验日期	
岩面检查		围岩类别	
检测人		记录人	

序号	检查部位		允许值	检查频率	K		K		K		K		K	
					设计	实测	设计	实测	设计	实测	设计	实测	设计	实测
1	1点		允许岩石个别突出部分每平方米内不大于$0.1m^2$，侵入断面不大于3cm	每5～10m检查一次										
2	2点													
3	2'点													
4	3点													
5	3'点													
6	4点													
7	4'点													
8	5点													
9	5'点													
10	6点													
11	6'点													
12	边墙底高程	左侧	+0(mm) -100(mm)											
13		右侧	+50(mm) +0(mm)											

附草图（或照片）：

自检意见：

质检工程师：　　　　　　日期：

喷射混凝土质量检验表

附表 14-215

施工单位：
监理单位：
合同号：
编　号：

分项工程名称		所属分部工程			施工时间	
桩号及部位		检测人		记录人	检验时间	

项次	检验项目	设计值	允许偏差	检验结果	检验频率和方法
1△	喷射混凝土强度（MPa）		在合格标准内		按《公路工程质量检验评定标准 第一册 土建工程》（JTG F80/1—2017）附录 E 检查
2	喷层厚度（mm）		平均厚度≥设计厚度；60%的检查点的厚度≥设计厚度；最小厚度≥0.6倍设计厚度		凿孔法：每10m检查1个断面，每个断面从拱顶中线起每3m测1个点按《公路工程质量检验评定标准 第一册 土建工程》（JTG F80/1—2017）附录 R 检查；隧道纵向分别在拱顶、两侧拱腰、两侧边墙连续测试共5条测线，每10m检查1个断面，每个断面测5个点
3△	喷层与围岩接触状况		无空洞，无杂物		看每个断面测5个点

外观情况：

自检结论：

质检工程师：　　　　　　　　　　　　　　　　　日期：

附表 14-216

喷射混凝土支护施工记录表

施工单位：　　　　　　　　　　　　　　　　　　　　合同号：
监理单位：　　　　　　　　　　　　　　　　　　　　编　号：

分项工程名称					桩号及部位			
喷射混凝土配合比（kg/m³）	材料	水泥	砂	石	速凝剂	水灰比		
	设计							
	实测							

水泥品牌及标号：　　　　　　　　速凝剂品牌：

喷射混凝土分层施喷	日期	厚度	工作项目	日期
1			锚杆安设	
2			钢筋网铺设	
3			混凝土养生开始	
4			混凝土养生结束	

断面桩号或部位	喷射混凝土厚度						平均值	喷射质量、外观尺寸检查记录
	1	2	3	4	5	6		

喷射混凝土与岩面黏结力试验记录	

记录人：　　　　　　　　　日期：　　　　　　　　质检工程师：　　　　　　　　监理工程师：　　　　　　　　日期：

附表 14-217

锚杆质量交验单

施工单位：
监理单位：
合同号：
编　号：

分项工程名称		所属分部工程		施工时间	
桩号及部位		记录人		检验时间	
项次	检验项目	设计值（规定值）	允许偏差	检验结果	检验频率和方法
1△	数量（根）		不少于设计值		目测：现场逐根清点
2△	锚杆拔力（kN）		28d拔力平均值≥设计值，最小拔力≥0.9倍设计值		拉拔仪：抽查1%，且不少于3根
3	孔位（mm）		±150		尺量：抽查10%
4	孔深（mm）		±50		尺量：抽查10%
5	孔径（mm）		≥锚杆杆体直径+15		尺量：抽查10%

外观质量：

自检结论：

监理意见：

质检工程师：　　　　　　日期：　　　　　　　　　　　　　监理工程师：　　　　　　日期：

（超前）锚杆、导管钻孔施工记录表

附表 14-218

施工单位：　　　　　　　　　　　　　　　　合同号：
监理单位：　　　　　　　　　　　　　　　　编　号：

分项工程名称				
桩号及部位				
设计钻孔深度				
编号	施工时间	锚杆种类	锚杆长度	钻孔直径	钻孔深度	备注

记录人：　　　　　　　　　　质检工程师：　　　　　　　　　　日期：

附表 14-219

（超前）锚杆、导管注浆施工记录表

施工单位：　　　　　　　　　　　　　　　　　　　　　　　　　合同号：
监理单位：　　　　　　　　　　　　　　　　　　　　　　　　　编　号：

分项工程名称				桩号及部位			
锚杆种类				锚杆长度			
水泥品种及标号				浆液配比			
每根锚杆设计注浆量		水泥		水玻璃			

注浆记录

编号	施工时间	压力(kPa)	冒浆情况	注浆数量		
				水泥	水玻璃	缓凝剂

记录人：　　　　　　　　　　　　　　　质检工程师：　　　　　　　　　　　　　　　日期：

附表 14-220

智能中空锚杆注浆施工记录表

施工单位：　　　　　　　　　　　　　　　　　　　合同号：
监理单位：　　　　　　　　　　　　　　　　　　　编　号：

分项工程名称			所属分部工程			施工时间	
桩号及部位			检测人			记录人	
锚杆抽检位置示意图						打印记录粘贴处	
锚杆编号（桩号-锚杆编号）	注浆压力（MPa）		注浆量（L）		结论		备注
	实际注浆压力	实测孔口注浆压力	理论注浆量	实际注浆量	长度是否达到设计要求	注浆是否达到设计要求	
检查意见							

质检工程师：　　　　　　　　　　　　　　　　　　日期：

附表 14-221

钢筋网质量交验单

施工单位：　　　　　　　　　　　　　　　　合同号：
监理单位：　　　　　　　　　　　　　　　　编　号：

分项工程名称			所属分部工程		施工时间	
桩号及部位			检查人	记录人	检验时间	
项次	检验项目	设计值（规定值）	允许偏差	检验结果		检验频率和方法
1	钢筋网喷射混凝土保护层厚度（mm）		≥20			凿孔法：每10m测5个点
2△	网格尺寸（mm）		±10			尺量：每100m² 检查3个网眼
3	搭接长度（mm）		≥50			尺量：每20m测3个点

外观质量：

自检结论：

监理意见：

质检工程师：　　　　　　　　　　　　　　　　监理工程师：
日期：　　　　　　　　　　　　　　　　　　　　日期：

仰拱质量检验表

附表 14-222

施工单位：
监理单位：
合同号：
编　号：

分项工程名称		所属分部工程		施工时间	
桩号及部位		检查人	记录人	检验时间	

项次	检验项目	设计值（规定值）	允许偏差	检验结果	检验频率和方法
1△	混凝土强度（MPa）		在合格标准内		按《公路工程质量检验评定标准 第一册 土建工程》(JTG F80/1—2017) 附录 D 检查
2△	厚度（mm）		不小于设计值		尺量：每 20m 检查 1 个断面，每个断面测 5 点
3	钢筋保护层厚度（mm）		+10，-5		尺量：每 20m 测 5 个点
4	底面高程（mm）		±15		水准仪：每 20m 测 5 个点

外观情况：

自检结论：

质检工程师：　　　　　　日期：

仰拱回填质量检验表

附表 14-223

施工单位：　　　　　　　　　　　　　　　　合同号：
监理单位：　　　　　　　　　　　　　　　　编　号：

分项工程名称		所属分部工程		施工时间	
桩号及部位		检测人		检验时间	
项次	检验项目	设计值	允许偏差	检验结果	检验频率和方法
1△	混凝土强度（MPa）		在合格标准内		按《公路工程质量检验评定标准 第一册 土建工程》(JTG F80/1—2017)附录 D 检查
2	顶面高程（mm）		±10		水准仪:每 20m 测 5 个点
外观情况：					
自检结论：					

质检工程师：　　　　　　　　　　　　　　　　日期：

附表14-224

混凝土衬砌质量检验表

施工单位：　　　　　　　　　　　　　　　　　　　　　　　合同号：
监理单位：　　　　　　　　　　　　　　　　　　　　　　　编　号：

分项工程名称		所属分部工程		施工时间	
桩号及部位		检测人	记录人	检验时间	
项次	检验项目	设计值	允许偏差	检验结果	检验频率和方法
1△	混凝土强度（MPa）		在合格标准内		按《公路工程质量检验评定标准 第一册 土建工程》（JTG F80/1—2017）附录D检查
2	衬砌厚度（mm）		90%的检查点的厚度≥设计厚度，且最小厚度≥0.5倍设计厚度		尺量：每20m检查1个断面，每个断面测5个点；按《公路工程质量检验评定标准 第一册 土建工程》（JTG F80/1—2017）附录R检查：沿隧道纵向连续测试共5条测线，两侧边墙、两侧拱腰，每20m检查1个断面，每个断面测5个点
3	墙面平整度（mm）		施工缝、变形缝处≤20		2m直尺：每20m每侧连续检查5尺每尺测最大间隙
4	衬砌背部密实状况		施工缝、变形缝处≤20 无空洞，无杂物		按《公路工程质量检验评定标准 第一册 土建工程》（JTG F80/1—2017）附录R检查：沿隧道纵向分别在拱顶、两侧拱腰、两侧边墙连续测试共5条测线

外观情况：

自检结论：

　　　　　　　　　　　　　　　　　　　　　　　　　质检工程师：　　　　　　　日期：

附表14-225

模板台车架设检查记录表

施工单位：　　　　　　　　　　　　　　　　　　　　　　　　合同号：
监理单位：　　　　　　　　　　　　　　　　　　　　　　　　编　号：

分项工程名称		所属分部工程			施工时间	
桩号及部位		检查人	记录人		检验时间	

项次	检验项目	设计值	实测值		检查结果	
					误差	
1	拱顶高程 桩号					
2	设计高程处模板距中心线距离		左：	右：	左：	右：
			左：	右：	左：	右：
3	模板（板缝、平整、脱模剂）固定情况					
4	堵头板安设与固定					
5	橡胶止水带（条）安设					
6	预埋件位置					

检查意见：

质检工程师：　　　　　　　　　　　　　　　　　　　　　　日期：

钢架质量检验表

附表 14-226

施工单位：　　　　　　　　　　　　　　　　　　　　　　　　　合同号：
监理单位：　　　　　　　　　　　　　　　　　　　　　　　　　编　号：

分项工程名称			所属分部工程		施工时间	
桩号及部位			检测人		检验时间	
项次	检验项目		设计值	允许偏差	检验结果	检验频率和方法
1△	榀数（榀）			不少于设计值		目测或按《公路工程质量检验评定标准 第一册 土建工程》（JTG F80/1—2017）附录 R 检查：逐榀检查
2△	间距（mm）			±50		目测或按《公路工程质量检验评定标准 第一册 土建工程》（JTG F80/1—2017）附录 R 检查：逐榀检查
3	喷射混凝土保护层厚度（mm）			外侧保护层≥40；内侧保护层≥20		凿孔法：每20m测5个点
4	倾斜度（°）			±2		铅锤法：逐榀检查
5	拼装偏差（mm）			±3		尺量：逐榀检查
6	安装偏差（mm）	横向		±50		尺和水准仪：逐榀检查
		竖向		不低于设计高程		
7	连接钢筋	数量（根）		不少于设计值		目测：逐榀检查
		间距（mm）		±50		尺量：逐榀检查3处

外观情况：

自检结论：

质检工程师：　　　　　　　　　　　　　　　　　　　　　　　日期：

附表 14-227

隧道衬砌钢筋交验单

施工单位：　　　　　　　　　　　　　　　　　　　　合同号：
监理单位：　　　　　　　　　　　　　　　　　　　　编　号：

分项工程名称			所属分部工程		施工时间	
桩号及部位			检查人	记录人	检验时间	
项次	检验项目	设计值（规定值）	允许偏差	检验结果		检验频率和方法
						尺量或按《公路工程质量检验评定标准 土建工程》(JTG F80/1—2017)附录R检查：每模板测3个点
1△	主筋间距（mm）		±10			尺量：每模板测3个点
2	两层钢筋间距（mm）		±5			尺量：每模板测3个点
3	箍筋间距（mm）		±20			尺量：每模板检查2根
4	钢筋长度（mm）		满足设计要求			
5	钢筋保护层厚度（mm）		−10，+5			尺量：每模板检查3个点

外观质量：

自检结论：

　　　　　　　　　　　　　　　　　　　　　　　　质检工程师：　　　　　　　　　日期：

监理意见：

　　　　　　　　　　　　　　　　　　　　　　　　监理工程师：　　　　　　　　　日期：

附表14-228

防火层质量检验表

施工单位：　　　　　　　　　　　　　　　　　　　　　　　　合同号：
监理单位：　　　　　　　　　　　　　　　　　　　　　　　　编　号：

分项工程名称		所属分部工程		施工时间	
桩号及部位		检测人	记录人	检验时间	
项次	检验项目	设计值	允许偏差	检验结果	检验频率和方法
1△	搭接长度（mm）		≥100		尺量：每5环搭接抽查3处
2△	缝宽（mm） 焊接		焊缝宽≥10		尺量：每5环搭接抽查3处
	缝宽（mm） 粘接		粘缝宽≥50		
3	固定点间距（m）		满足设计要求		尺量：每20m检查3处
4	焊缝密实性		满足设计要求		按《公路工程质量检验评定标准　第一册　土建工程》（JTG F80/1—2017）附录S检查：每20m检查1处焊缝

外观情况：

自检结论：

质检工程师：　　　　　　　　　　　　　　　　日期：

附表 14-229

预注浆堵水交验单

施工单位：　　　　　　　　　　　　　　　　　　　　　　　　　合同号：
监理单位：　　　　　　　　　　　　　　　　　　　　　　　　　编　号：

分项工程名称			所属分部工程		施工时间	
桩号及部位			检查人	记录人	检验时间	
项次	检验项目		设计值（规定值）	允许偏差	检验结果	检验频率和方法
1	孔口间距					
2	注浆孔直径					
3	注浆孔深	孔数				
		平均深度				
		总深度				
4	浆液配合比	水泥浆的水灰比(重量)				
		水玻璃浆液模数				
		水玻璃浆液波美度				
		水泥浆-水玻璃体积比				
5	检查孔					
6	注浆压力					

外观情况：

自检结论：

　　　　　　　　　　　　　　　　　　　　　　　　　　　　　　　监理意见：

质检工程师：　　　　　　　日期：　　　　　　　　　　　　　　　　　监理工程师：　　　　　　　日期：

附表 14-230

止水带质量检验表

施工单位：
监理单位：
合同号：
编　号：

分项工程名称		所属分部工程		施工时间	
桩号及部位		检测人		检验时间	
		检测人	记录人		
项次	检验项目	设计值	允许偏差	检验结果	检验频率和方法
1	纵向偏离（mm）		±50		尺量：每衬砌台车检查1环每环测3个点
2	偏离衬砌中线（mm）		≤30		尺量：每衬砌台车检查1环每环测3个点
3 △	固定点间距（mm）		±50		尺量：每衬砌台车每环止水带检查3个点
外观情况：					
自检结论：					

质检工程师：　　　　　　　　日期：

附表 14-231

排水沟（管）质量检验表

施工单位：　　　　　　　　　　　　　　　　合同号：
监理单位：　　　　　　　　　　　　　　　　编　号：

分项工程名称		所属分部工程		施工时间	
桩号及部位		检测人		检验时间	
项次	检验项目	设计值	允许偏差	检验结果	检验频率和方法
1△	混凝土强度（MPa）		在合格标准内		按《公路工程质量检验评定标准 第一册土建工程》（JTG F80/1—2017）附录 D 检查
2	轴线偏位（mm）		15		全站仪：每 10m 测 1 处
3	断面尺寸或管径（mm）		±10		尺量：每 10m 测 1 处
4△	壁厚（mm）		不小于设计值		尺量：每 10m 测 1 处
5	沟底高程（mm）		±20		水准仪：每 10m 测 1 处
6△	纵坡		满足设计要求		水准仪：每 10m 测 1 处
7	基础厚度（mm）		不小于设计值		尺量：每 10m 测 1 处
外观情况：					
自检结论：					

记录人：　　　　　　　　　　　　　　　　　质检工程师：　　　　　　　　　　日期：

超前锚杆质量交验单

附表 14-232

施工单位：
监理单位：
合同号：
编　号：

分项工程名称		所属分部工程		施工时间	
桩号及部位		检查人	记录人	检验时间	

项次	检验项目	设计值（规定值）	允许偏差	检验结果	检验频率和方法
1	长度（mm）		不小于设计值		尺量：逐根检查
2	数量（根）		不小于设计值		目测：逐根清点
3	孔位（mm）		±50		尺量：每5环抽查5根
4	孔深（mm）		±50		尺量：每5环抽查5根
5	孔径（mm）		≥40		尺量：每5环抽查5根

外观质量：

自检结论：

监理意见：

质检工程师：　　　　日期：
监理工程师：　　　　日期：

附表 14-233

超前小导管质量交验单

施工单位：
监理单位：
合同号：
编　号：

分项工程名称		所属分部工程		施工时间	
桩号及部位		检查人	记录人	检验时间	

项次	检验项目	设计值（规定值）	允许偏差	检验结果	检验频率和方法
1	长度(mm)		不小于设计值		尺量：逐根检查
2	数量(根)		不少于设计值		目测：现场逐根清点
3	孔位(mm)		±50		尺量：每5环抽查5根
4	孔深(mm)		大于钢管长度设计值		尺量：每5环抽查5根

外观质量：

自检结论：

质检工程师：　　　　　　日期：

监理意见：

监理工程师：　　　　　　日期：

附表 14-234

超前锚杆、小导管施工记录表

施工单位:　　　　　　　　　　　　　　　　　　　　　　　　　　　合同号:
监理单位:　　　　　　　　　　　　　　　　　　　　　　　　　　　编　号:

分项工程名称		所属分部工程		施工时间	
桩号及部位		检查人	记录人	围岩类别	

项次	检验项目	设计值(规定值)	允许偏差	检验结果	检验方法和频率
1	锚杆长度(cm)		不小于设计		用尺量 2 处
2	锚杆外插角(°)		±5		垂线检查
3	锚杆环向间距(cm)				用尺量 3 处
4	锚杆纵向间距(cm)				用尺量 3 处
5	搭接长度(cm)				用尺量 3 处
6	ZWⅡ型药卷填塞				现场检查
焊接情况					
其他					

检查意见:

质检工程师:　　　　　　　　　　　　　　　　　　　　　　　　　　日期:

附表 14-235

管棚质量交验单

施工单位：　　　　　　　　　　　　　　　　　　　　　　　　　　　合同号：
监理单位：　　　　　　　　　　　　　　　　　　　　　　　　　　　编　号：

分项工程名称			所属分部工程		施工日期	
桩号及部位			检查人	记录人	检验日期	
项次	检查项目	设计值（规定值）	允许偏差	检查结果		检验频率和方法
1	长度(mm)		不小于设计值			尺量：逐根检查
2	数量(根)		不少于设计值			目测：现场逐根清点
3	孔位(mm)		±50			尺量：每环抽查10根
4	孔深(mm)		大于钢管长度设计值			尺量：每环抽查10根
焊接情况			符合设计			
管节与管节之间的搭接方式						
外观质量：						
自检结论：						
监理意见：						

质检工程师：　　　　　　　　　日期：　　　　　　　　　监理工程师：　　　　　　　　　日期：

附表 14-236

管棚施工记录表

施工单位：　　　　　　　　　　　　　　　　合同号：
监理单位：　　　　　　　　　　　　　　　　编　号：

分项工程名称				施工日期		
桩号及部位		设计孔深		孔径		
钻机型号		连接方式		清孔方式		
钢花管型号		长度		孔号		
钻孔记录						
起止时间		总计时间		钻进深度		备注
h　min	h　min	h	min	本次	累计	
钢花管顶进记录						
起止时间		总计时间		顶进深度		备注
				本次	累计	

记录人：　　　　　　　　　日期：　　　　　　　质检工程师：　　　　　　　日期：

长管棚注浆施工记录表

附表 14-237

施工单位：
监理单位：
合同号：
编　号：

分项工程名称						施工日期	
桩号及部位			孔径（mm）	孔号		设计孔深（m）	气温
水泥名称及标号							
水灰比							
水玻璃掺入量	每孔设计用量（kg）		水玻璃：		缓凝剂：		
	每孔实际用量（kg）		水玻璃：		缓凝剂：		
砂浆	标号		外掺剂	种类			
	施工配合比			掺入量			
	水灰比			种类			
				掺入量			

注浆

起止时间		总计时间	压力 kPa	持压时间	冒浆情况	备注
h　min	h　min	h		min		

填水泥砂浆

起止时间		总计时间	压力 kPa	持压时间	冒浆情况	备注
h　min	h　min	h		min		

记录人：　　　　　　质检工程师：　　　　　　日期：

日期：

洞口开挖交验单

附表 14-238

施工单位：
监理单位：

合同号：
编　号：

分项工程名称			所属分部工程		施工时间	
桩号及部位			检查人	记录人	检验日期	
检验项目		设计值（规定值）	允许偏差	检测结果		检验频率和方法
截水天沟	断面尺寸		符合设计要求			尺量：测 5 个断面
	与边仰坡距离		不小于 5m			尺量：测 3 处
	坡度		不大于设计值			坡度尺：测 5 处
	防护		符合设计要求			
边仰坡	仰坡边脚与端墙帽背水平距离		不小于 1.5m			
	仰坡坡脚低于端墙顶高度		不小于 0.5m			
外观要求		(1) 水沟铺砌，灰缝饱满，不铺砌的水沟，缝隙填塞良好。 (2) 边仰坡坡面平顺，稳定，坡顶无危石，坡面无剥落土石				
外观情况						
自检结论：				监理意见：		
质检工程师：　　　　　日期：				监理工程师：　　　　　日期：		

附表14-239

洞门和翼墙（浇）砌筑质量检表

施工单位：　　　　　　　　　　　　　　　　　　　　　　合同号：
监理单位：　　　　　　　　　　　　　　　　　　　　　　编　号：

分项工程名称			所属分部工程		施工时间	
桩号及部位			检查人	记录人	检验时间	
项次	检验项目	设计值（规定值）	允许偏差	检验结果		检验频率和方法
1	混凝土或砂浆强度（MPa）					
2	平面位置（mm）					
3	顶面高程（mm）					
4	断面尺寸（mm）					
5	竖直度或坡度（%）					
6	底面高程（mm）					
7	表面平整度（mm）					

外观情况：

自检结论：

质检工程师：　　　　　　　　　　　　日期：

附表 14-240

隧道构造物基底交验单

施工单位:　　　　　　　　　　　　　　　　　　　　　　　　　　合同号:
监理单位:　　　　　　　　　　　　　　　　　　　　　　　　　　编　号:

分项工程名称		所属分部工程		施工日期	
桩号及部位		检查人	记录人	检验日期	
项次	检查项目	设计值（规定值）	允许偏差	检查结果	检验频率和方法
1	轴线横向偏位(mm)		25		
2	基底高程(mm)		±50		
3	基底宽度(mm)		±30		
检查内容	（地质岩性、地质构造及风化层、松渣、积水、洞隙等处理情况）				
实际					

外观情况：

自检结论：

监理意见：

质检工程师：　　　　　　日期：　　　　　　　　　　　　　　　　　　　　监理工程师：　　　　　　日期：

附表 14-241

隧道中隔墙、侧墙浇筑质量检查表

施工单位：
监理单位：
合同号：
编 号：

分项工程名称			所属分部工程			施工时间	
桩号及部位			检查人		记录人	检验时间	

项次	检验项目	设计值（规定值）	允许偏差	检验结果	检验频率和方法
1	混凝土强度(MPa)		符合设计		按《公路工程质量检验评定标准 第一册 土建工程》(JTG F80/1—2017)附录D检查
2	衬砌(墙身)厚度(mm)		20		每施工段测2处
3	墙面平整度(mm)		+50, −200		用2m直尺每施工段每侧检查3处
4	墙角底面高程(mm)		3		每施工段测3～5处
5	墙身顶面高程(mm)		±30		每施工段测3处
6	轴线偏位(mm)		<30		

外观情况：

自检结论：

质检工程师：　　　　　　　　　日期：

附表 14-242

隧道预埋构件安装质量检验表

施工单位：
监理单位：

合同号：
编　号：

分项工程名称				施工日期		
序号	埋设桩号、部位	项目	单位	数量		安装质量情况
				设计	实际	
1		灯具接线盒				
2		紧急电话				
3		能见度检测器				
4		一氧化碳检测器				
5		横洞指示标志				
6		车道指示标志				
7		固定摄像机				
8		可变限速标志				
9		车辆检测器				
10		风速风向检测器				
11		消防箱室				
12		灭火器室				
13		阀门室				
14		膨胀节室				
15		配电洞室				
16		泄水孔				
17		透水管盲沟				
18		风机				

自检结论：

质检工程师：　　　　　　　　　日期：

隧道消防工程质量检表

附表 14-243

施工单位：　　　　　　　　　　　　　　　　合同号：
监理单位：　　　　　　　　　　　　　　　　编　号：

分项工程名称		所属分部工程		施工时间	
桩号及部位		检查人		记录人		检验时间	

序号	检验项目	设计值（规定值）	允许偏差	检验结果	检查频率和方法
1	蓄水池（高位水池）				水泥混凝土达到设计强度后，分3次注水试验，每次注水量为水池容量的1/3，间隔时间3h，注水后观察24h
2	洞内压力管道（无缝钢管）				(1) 排气，灌满水浸泡24h； (2) 试验压力0.5MPa，如无渗漏，加压至1.0MPa
3	洞外上下输水管道（铸铁管）				灌水后观察24h

外观情况：

自检结论：

质检工程师：　　　　　　　　　　　　　　　日期：

附表 14-244

装饰工程质量检验表

施工单位：
监理单位：

合同号：
编　号：

分项工程名称		所属分部工程		施工时间	
桩号及部位		检查人	记录人	检验时间	

序号	检验项目	检查内容	设计	检查结果
1	贴面装饰	作业表面清洗干净、凿毛，有渗漏水先处理。瓷片必须浸泡	黏结牢固、整齐，横竖缝通直，面平、美观背后无空洞。不得侵入建筑限界	
2	防火隔热喷涂	作业表面清洗干净、凿毛，有渗漏水先处理。瓷片必须浸泡	黏结牢固、整齐，横竖缝通直，面平、美观背后无空洞。不得侵入建筑限界	
3	各类洞室防护门	开启方便，防火，隔热	门与洞室口严密，并设洞室名称标牌	

外观情况：

自检结论：

质检工程师：　　　　　　　　　　　　　　　　　　　　日期：

附表 14-245

运营通风风机安装质量检验表

施工单位：
监理单位：
合同号：
编　号：

分项工程名称			施工时间		检验人	
桩号及部位			检验时间		记录人	
序号		检验项目	检查内容	检查结果		
1	轴流风机	机座与基础	符合设计			
		地脚螺栓孔布置预留灌注孔眼	符合设计			
		螺浆灌浆及与机座面关系	灌浆密实，与机座面垂直			
		风道内设计防排水设施	严禁渗漏水			
		风机房与风道接头	严禁渗漏水			
		风机安装结果	不得侵入隧道建筑限界			
2	射流风机	风机安装前应进行试运转	符合设计			
		悬吊高、风机向距、风机轴线	符合设计			
		支承风机的结构强度，安装风机前做载荷试验	其强度按 15 倍风机实际静载荷进行试验，安全可靠，再实悬吊风机			
		悬吊风机的地段加强防水措施	严禁渗漏水			

外观情况：

自检结论：

质检工程师：　　　　　　　　　　　　日期：

隧道现场监控量测质量检验表

附表 14-246

施工单位：
监理单位：
合同号：
编　号：

分项工程名称												
	收敛观测								沉降观测			
	开挖日期	埋设日期	初读日期		累计读数	收敛值（mm）	备注	开挖日期	桩号及部位	埋设日期	初读日期	备注
			读数								读数	
	钢尺读数	小表读数（mm）	大表读数（0.01mm）					观测日期		观测值（m）	下沉值（mm）	
观测日期							(1)收敛值指每次观测值与最初读数的差值。 (2)收敛值"+"表示读数大，比初读数大；"-"表示每次观测值比最初读数小					参照设计与施工规范要求做好相应项目现场量测与记录工作

测量：　　　　　　　　施工负责人：　　　　　　　　日期：　　　　　　　　质检工程师：　　　　　　　　日期：

附表 14-247

收敛量测记录（一）

施工单位：　　　　　　　　　　　　　　　　合同号：
监理单位：　　　　　　　　　　　　　　　　编　号：

分项工程名称									施工日期	
桩号及部位									检测日期	
量测断面编号						监控表位名称				
测线编号	量测时间				距洞口距离	观测值				
	年	月	日	时	温度	Ⅰ	Ⅱ	平均值	温度修正值	修正后观测值
					℃	m	mm	mm	mm	m

相对第一次收敛值	相对上次收敛值	间隔时间	收敛速度	说明
mm	mm	h	mm/d	

备注

设计单位反馈意见

测量：　　　　　　　　　质检工程师：　　　　　　　　　设计代表：

日期：　　　　　　　　　日期：　　　　　　　　　　　　日期：

附表 14-248

收敛量测记录（二）

施工单位：　　　　　　　　　　　　　　　　　　　　合同号：
监理单位：　　　　　　　　　　　　　　　　　　　　编　号：

分项工程名称				施工日期				
桩号及部位				检测日期				
断面桩号				收敛计型号				
测点编号	观测日期	温度修正（mm）			测点对数	钢尺孔径读数 A (mm)	百分表读数				$R_{修}$ (mm)	差值 (mm)	总收敛值 (mm)
		℃ t	差℃ 20℃ − t	修正值 R_t	初始读数表读数 $R_{修}$ 平均值 U			1	2	3	平均			

测量：　　　　　　　　　日期：　　　　　　　　　质检工程师：　　　　　　　　　日期：

附表 14-249

收敛量测时间、周边位移关系曲线

施工单位：　　　　　　　　　　　　　　　　　合同号：
监理单位：　　　　　　　　　　　　　　　　　编　号：

隧道名称		检测日期	
桩号及部位		量测表号	

测量：　　　　　　　施工负责人：　　　　　　　质检工程师：　　　　　　　日期：

附表 14-250

隧道开挖地质情况现场记录表

施工单位：　　　　　　　　　　　　　　　　　　　　　　　　　合同号：
监理单位：　　　　　　　　　　　　　　　　　　　　　　　　　编　号：

分项工程名称									
桩号及部位			断面尺寸(m)		高：	宽：			
			拱顶高程(m)						
地层岩性			围岩级别	设计	中线方向				
				施工采用	极硬岩 $R_b>60$MPa	硬质岩 $R_b=30\sim60$MPa	软质岩 $R_b=5\sim30$MPa	极软岩 $R_b\leq5$MPa	取样编号	试验编号
围岩结构特征			饱和极限抗压强度							
	层理产状		表层厚度(m)						
			层面特征						
	节理	产状	间距(m)	长度(m)	缝宽(m)	充填物	性质	与隧道的关系(平面示意图)	
		组次 1							
		2							
		3							
		4							
	断层		破碎带宽度(m)		破碎带特征				
			松弛带厚度(m)		岩体结构类型				
	纵波速度(m/s)								
地下水涌水情况	涌水位置		涌水量 [L/(s·m)]	无水	滴水 (<0.04)	线状 0.04~0.21	股状>0.21	含泥沙情况	煤矿采空区
									位置
									高程(m) 顶板
									底板
									稳定性
									瓦斯情况
									与隧道关系
								侵蚀性类型	取水样编号	试验编号
	侧壁素描图				掌子面素描图			工程措施及有关数据	
左侧壁					右侧壁				

施工负责人：　　　　　　　　　　质检工程师：　　　　　　　　　　日期：

附表 14-251

隧道施工中围岩级别判定记录表

施工单位：					施工日期			合同号：
监理单位：					检验日期			编　号：

分项工程名称							
桩号及部位							
地质岩性			距洞口距离（m）				
地质结构面	地质构造影响程度		轻微	较严重	严重	很严重	评定
	间距（m）	>1.5	0.6~1.5	0.2~0.6	0.06~0.2	<0.06	
	延伸性	极差	差	中等	好	极好	
	粗糙度	明显台阶状	粗糙波纹状	平整光滑	平整光滑有擦痕		
岩体完整状态	张开性（m）	密闭<0.1	部分张开 0.1~0.5	张开 0.5~1.0	无充填张开 >1.0	黏土充填	
	风化程度	未风化	微风化	弱风化	强风化	全风化	
	断层破碎带宽（m）			溶洞状况			
地下水状态	渗水量 [L/(min×10m)]	<10		10~25		25~125	
		干燥或湿润		偶有渗水		经常渗水	
初始应力状态		埋深 $H=M$ 的地质构造应力状态					
围岩级别及长度		Ⅵ	Ⅴ	Ⅳ	Ⅲ	Ⅱ	Ⅰ
	设计（m）						
	实测（m）						

施工负责人：　　　　　　　　施工日期：　　　　　　　质检工程师：　　　　　　　日期：

附表 14-252

隧道洞身开挖情况记录表

施工单位：　　　　　　　　　　　　　　　　　　　　　　　　　合同号：
监理单位：　　　　　　　　　　　　　　　　　　　　　　　　　编　号：

分项工程名称		施工日期		检测日期	
桩号及部位		开挖方法与设备			
调查项目	情况记录				处治结果记录
开挖面的地质条件（岩质、岩体状态等）					
开挖面的涌水（涌水量、涌水压力及排水的水量、水温、混浊度、pH值、水的比值等）					
开挖面后方区段的围岩及支护状态					
地表面、地面建筑物及洞口状况					
气象（气候、气温、气压、降雨量等）、地震等情况					
隧道附近的地表水及地下水情况（指对隧道施工质量有影响的）					
甲烷或其他可燃气体情况					

施工负责人：　　　　　　　　　　　　　　　　　日期：　　　　　　　　　质检工程师：　　　　　　　　　　　　日期：

附表 14-253

隧道断面地质情况记录表

施工单位：
监理单位：
合同号：
编　号：

隧道名称				施工日期	
桩号及部位				地质描述	
开挖情况	围岩级别		检测值(超挖 mm)		施工描述
	设计	实际			
部位					
拱部					
边墙	左				
	右				
隧底					
仰拱					

附：开挖断面草图

施工负责人：　　　　　　　　　日期：　　　　　　　质检工程师：　　　　　　　日期：

附表 14-254

隧道工程施工测量分析报告

施工单位：
监理单位：

合同号：
编　号：

工程名称		施工日期	
桩号及部位		检测日期	
报告内容：			
注：本报告必须附有： （1）控制测量记录； （2）洞内施工测量记录； （3）贯通测量记录及误差调整措施记录； （4）竣工测量记录及永久中线点的设立记录； （5）辅助坑道测量记录			

施工负责人：　　　　　　　　　日期：　　　　　　　质检工程师：　　　　　　　日期：

附表 14-255

隧道洞身开挖测量记录表

施工单位：　　　　　　　　　　　　　　　　　　　　　　　　　　　合同号：
监理单位：　　　　　　　　　　　　　　　　　　　　　　　　　　　编　号：

工程名称		施工日期				检测日期			
桩号及部位		开挖方法与设备							
测点桩号		洞顶高程			宽度			路面基底高程(m)	外观检查
		左	中	右	左侧	右侧	全宽		
	设计								
	实测								
	设计								
	实测								
	设计								
	实测								
	设计								
	实测								
	设计								
	实测								
	设计								
	实测								
合格率									
超欠挖控制描述									

施工负责人：　　　　　　　　　　　　　　　　　　　　　　　　　质检工程师：

日期：　　　　　　　　　　　　　　　　　　　　　　　　　　　　日期：

附录14 公路工程施工用表

锚杆抗拔实验记录表

附表 14-256

项目名称				合同段			
检测单位				施工单位			
监理单位				试验规程			
施工日期				抗拔日期			
序号	直径（mm）	龄期（d）	所在里程	所在位置	仪器读数（MPa）	实测拉力（kN）	平均值（kN）	检验结论
1								
2	φ25							
3	φ25							
4								
5								
6								
说明								

试验： 复核： 日期：

隧道电缆沟检查表

附表 14-257

施工单位：　　　　　　　　　　　　　　　合同号：
监理单位：　　　　　　　　　　　　　　　编　号：

隧道名称：　　　　　　　　　　　　　　　检查日期：

桩号或部位	项目	高程(m)						
		沟底			沟顶			
		设计	实测	高低	设计	实测	高低	
左右侧								
桩号								

桩号或部位	项目	水平宽度						
		中线至沟外缘宽度(cm)			检查道宽度(cm)			
		设计	实测	宽窄	设计	实测	宽窄	
左右侧								
桩号								

钢筋混凝土盖板质量及安装检查：

沟身混凝土质量：

预埋件及预留孔洞：

检查结论：

施工负责人：　　　　　　质检工程师：　　　　　　签名：　　　　　　日期：　年　月　日

日期：

仰拱填充检验记录表

附表 14-258

施工单位：　　　　　　　　　　　　　　　　　　　　　　　　　　　合同号：
监理单位：　　　　　　　　　　　　　　　　　　　　　　　　　　　编　号：

工程名称				施工日期	
桩号及部位				检测日期	
仰拱填充厚度	设计(mm)				
	实测(mm)				
	偏差(mm)				
平整度	实测(mm)				
纵断面高程	设计(mm)				
	实测(mm)				
	偏差(mm)				
横坡	设计(mm)				
	实测(mm)				
	偏差(mm)				
外观情况					
检查结论					

施工负责人：　　　　　　　　日期：　　　　　　　　质检工程师：　　　　　　　　日期：

交通标志质量检验表

附表 14-259

施工单位：　　　　　　　　　　　　　　　　合同号：
监理单位：　　　　　　　　　　　　　　　　编　号：

分项工程名称		所属分部工程		施工时间	
桩号及部位		检查人	记录人	检验时间	

项次	检验项目	设计或规定值	允许偏差	检验结果	检验频率和方法
1△	标志面反光膜逆反射系数[cd/(lx·m²)]		满足设计要求		逆反射系数测试仪测量；每块板每种颜色测3个点
2	标志板下缘至路面净空高度(mm)		+100，0		经纬仪、全站仪或尺量：每块板测2个点
3	柱式标志板、悬臂式和门架式标志立柱的内边缘距土路肩边缘线距离(mm)		≥250		尺量：每处测1个点
4	立柱竖直度(mm/m)		3		垂线法：对角拉线测量最大间隙，每个基础测2个点
5	基础顶面平整度		4		尺量：对角拉线测最大间隙，每个基础测2个点
6	标志基础尺寸		+100，-50		尺量：每个基础长度、宽度各测2个点

外观情况：

自检结论：

质检工程师：　　　　　　　　　　　　　日期：

路面标线质量检验表

附表 14-260

施工单位：
监理单位：

分项工程名称			所属分部工程		合同号：	
桩号及部位			检查人	记录人	施工时间	
					检验时间	
					编 号：	

项次	检验项目			设计或规定值	允许偏差	检验结果	检验频率和方法
1	标线线段长度(mm)	6000			±20		尺量：每1km测3处，每处测3个线段
		4000			±20		
		3000			±15		
		2000			±10		
		1000			±10		
2	标线宽度(mm)				+5,0		尺量：每1km测3处，每处测3个点
3△	标线厚度(干膜,mm)	溶剂型			不小于设计值		标线厚度测量仪或卡尺：每1km测3处，每处测6个点
		热熔型			+0.5,-0.10		
		水性			不小于设计值		
		双组分			不小于设计值		
		预成型标线带			不小于设计值		
		突起型	突起高度		不小于设计值		
			基线厚度		≤30		
4	标线横向偏位(mm)				±45		尺量：每1km测3处，每处测3个线段
5	标线纵向间距(mm)	9000			±30		尺量：每1km测3处，每处测3个线段
		6000			±20		
		4000			±15		
		3000					

续上表

项次	检验项目			设计或规定值	允许偏差		检验结果	检验频率和方法
6△	逆反射亮度系数 RI (mcd·m⁻²·lx⁻¹)	非雨夜反光标线	I级		白色	≥150		标线逆反射测试仪:每1km测3处,每处侧9个点
					黄色	≥100		
			II级		白色	≥250		
					黄色	≥125		
			III级		白色	≥350		
					黄色	≥350		
			IV级		白色	≥450		
					黄色	≥175		
		雨夜反光标线	干燥		白色	≥350		
					黄色	≥200		
			潮湿		白色	≥175		
					黄色	≥100		
			连续降雨		白色	≥75		
					黄色	≥75		
		立面反光标记	干燥		白色	≥400		干湿表面逆反射标线测试仪:每1km测3处,每处测9个点
					黄色	≥350		
			潮湿		白色	≥200		
					黄色	≥175		
			连续降雨		白色	≥100		
					黄色	≥100		

续上表

项次	检验项目		设计或规定值	允许偏差	检验结果	检验频率和方法
7	抗滑值(BPN)	抗滑标线		≥45		摆式摩擦因数测试仪:每1km测3处
		彩色防滑路面		满足设计要求		

外观情况：

自检结论：

质检工程师：　　　　　　　日期：

波形梁钢护栏质量检验表

附表 14-261

施工单位：
监理单位：

分项工程名称		所属分部工程		合同号：	
桩号及部位				编　号：	
检查人		记录人		施工时间	
				检验时间	

项次	检验项目	设计或规定值	允许偏差	检验结果	检验频率和方法
1△	波形梁板基底金属厚度（mm）		符合现行《波形梁钢护栏》（GB/T 31439）标准规定		板厚千分尺、涂层测厚仪；抽查板块数的 5%，且不少于 10 块
2△	立柱基底金属壁厚（mm）		符合现行《波形梁钢护栏》（GB/T 31439）标准规定		千分尺或超声波测厚仪；抽查 2%，且不少于 10 根
3△	横梁中心高度（mm）		±20		尺量：每 1km 每侧测 5 处
4	立柱中距（mm）		±20		尺量：每 1km 每侧测 5 处
5	立柱竖直度（mm/m）		±10		垂线法：每 1km 每侧测 5 处
6	立柱外边缘距土路肩边线距离（mm）		≥250 或不小于设计要求		尺量：每 1km 每侧测 5 处
7	立柱埋置深度（mm）		不小于设计要求		尺量或埋深测量仪测量立柱打入后定尺长度：每 1km 每侧测 5 处
8	螺栓终拧力矩		±10%		扭力扳手：每 1km 每侧测 5 处

外观质量：

自检结论：

质检工程师：　　　　　　　　日期：

附表 14-262

混凝土护栏质量检验表

施工单位：　　　　　　　　　　　　　　　　　　合同号：
监理单位：　　　　　　　　　　　　　　　　　　编　号：

分项工程名称			所属分部工程			施工时间	
桩号及部位			检测人	记录人		检验时间	
项次	检验项目		设计值	允许偏差	检验结果	检验频率和方法	
1	护栏断面尺寸（mm）	高度		±10		尺量：每 1km 每侧测 5 处	
		顶宽		±5			
		底宽		±5			
2	钢筋骨架尺寸（mm）			满足设计要求		过程检查，尺量：每 1km 每侧测 5 处	
3	横向偏位（mm）			±20 或满足设计要求		尺量：每 1km 每侧测 5 处	
4①	基础厚度（mm）			±10% H		过程检查，尺量：每 1km 每侧测 5 处	
5△	护栏混凝土强度（MPa）			满足设计要求		按《公路工程质量检验评定标准 第一册 土建工程》(JTG F80/1—2017) 附录 D 检测	
6	混凝土护栏块件之间的错位（mm）			≤5		尺量：每 1km 每侧测 5 处	
外观情况：							
自检结论：							
					质检工程师：　　　　　　　　　日期：		

附表 14-263

缆索护栏质量检验表

施工单位：　　　　　　　　　　　　　　　　　　合同号：
监理单位：　　　　　　　　　　　　　　　　　　编　号：

分项工程名称		所属分部工程			施工时间	
桩号及部位		检查人		记录人	检验时间	
项次	检验项目	设计或规定值	允许偏差	检验结果	检验频率和方法	
1△	初张力		±5%		张力计：逐根检测	
2	最下一根缆索的高度(mm)		±20		尺量：每1km每侧测5处	
3	立柱中距(mm)		±20		尺量：每1km每侧测5处	
4	立柱竖直度(mm/m)		±10		垂线法：每1km每侧测5处	
5	立柱埋置深度(mm)		不小于设计要求		尺量或埋深测量仪测量立柱打入后定尺长度：每1km每侧测5处	
6	混凝土基础尺寸		满足设计要求		尺量：每个基础长度、宽度各测2个点	

外观情况：

自检结论：

质检工程师：　　　　　　　　　　　　　　　　　　日期：

附表 14-264

突起路标质量检验表

施工单位：　　　　　　　　　　　　　　　　　　　　　　　　　　合同号：
监理单位：　　　　　　　　　　　　　　　　　　　　　　　　　　编　号：

分项工程名称		所属分部工程		施工时间	
桩号及部位		检查人	记录人	检验时间	

项次	检验项目	设计或规定值	允许偏差	检验结果	检验频率和方法
1	安装角度（°）		±5		角尺：抽查10%
2	纵向间距（mm）		±50		尺量：抽查10%
3	横向偏位（mm）		±30		尺量：抽查10%

外观情况：

自检结论：

质检工程师：　　　　　　日期：

附表14-265

轮廓标质量检验表

施工单位：　　　　　　　　　　　　　　　　　　　　合同号：
监理单位：　　　　　　　　　　　　　　　　　　　　编　号：

分项工程名称		所属分部工程		施工时间	
桩号及部位		检查人		检验时间	
项次	检验项目	设计或规定值	允许偏差	检验结果	检验频率和方法
1	安装角度（°）		0，-5		花杆、十字架、卷尺、万能角尺；抽查5%
2	反射器中心高度（mm）		±20		尺量；抽查5%
3	柱式轮廓标竖直度（mm）		±10		垂线法；抽查5%

外观情况：

自检结论：

　　　　　　　　　　　　　　　　　　　　　　　质检工程师：　　　　　　　　日期：

附表 14-266

防眩设施质量检验表

施工单位：
监理单位：
合同号：
编　号：

分项工程名				所属分部工程		施工时间	
桩号及部位				检查人	记录人	检验时间	
项次	检验项目	设计值（规定值）	允许偏差	检验结果			检验频率和方法
1△	安装高度（mm）		±10				尺量：每 1km 测 10 处
2	防眩板设置间距（mm）		±10				尺量：每 1km 测 10 处
3	竖直度（mm/m）		±5				垂线法：每 1km 测 5 处
4	防眩网网孔尺寸		满足设计要求				尺量：每 1km 测 5 处，每处测 3 孔

外观情况：

自检结论：

质检工程师：　　　　　　日期：

附表 14-267

隔离栅和防落网质量检验表

施工单位：　　　　　　　　　　　　　　所属分部工程：　　　　　　　　　　合同号：
监理单位：　　　　　　　　　　　　　　　　　　　　　　　　　　　　　　　编　号：

分项工程名称				检查人		记录人		施工时间	
桩号及部位								检验时间	

项次	检验项目		设计或规定值	允许偏差	检验结果	检验频率和方法
1	高度(mm)			±15		尺量：每 1km 测 5 处
2	刺钢丝的中心垂度(mm)			≤15		尺量：每 1km 测 5 处
3	立柱中距(mm)	焊接网		±30		尺量：每 1km 测 5 处
		钢板网		±30		
		刺钢丝网		±60		
		编织网		±60		
4	立柱竖直度(mm/m)			±10		垂线法：每 1km 测 5 处
5	立柱埋置深度(mm)			不小于设计要求		过程检查，尺量：抽查 2%

外观情况：

自检结论：

　　　　　　　　　　　　　　　　　　　　　　　　　　　质检工程师：　　　　　　　日期：

附表14-268

中央分隔带开口护栏质量检验表

施工单位：　　　　　　　　　　　　　　　　　　　　　合同号：
监理单位：　　　　　　　　　　　　　　　　　　　　　编　号：

分项工程名称				所属分部工程		施工时间	
桩号及部位				检查人	记录人	检验时间	
项次	检验项目	设计或规定值	允许偏差	检验结果		检验频率和方法	
1	高度（mm）		±20			尺量：每处测5个点	
2△	涂层厚度（μm）		满足设计要求			涂层测厚仪：每处测5个点	

外观情况：

自检结论：

质检工程师：　　　　　　　　　　　　　　　　　　　　　日期：

附表 14-269

里程碑和百米桩质量检验表

施工单位：　　　　　　　　　　　　　　　　　　　　　　　合同号：
监理单位：　　　　　　　　　　　　　　　　　　　　　　　编　号：

分项工程名称			所属分部工程		施工时间	
桩号及部位			检测人	记录人	检验时间	
项次	检验项目		设计值	允许偏差	检验结果	检验频率和方法
1	外形尺寸(mm)	高度		±10		尺量：抽查10%
		宽度		±5		
		厚度		±5		
2	字体及尺寸(mm)			满足设计要求		尺量：抽查10%
3	里程碑竖直度(mm/m)			±10		垂线法：抽查10%

外观情况：

自检结论：

质检工程师：　　　　　　　　　　　　　日期：

附表 14-270

避险车道质量检验表

施工单位：　　　　　　　　　　　　　　　　　　　　　　　　　　　合同号：
监理单位：　　　　　　　　　　　　　　　　　　　　　　　　　　　编　号：

分项工程名称		所属分部工程		施工时间	
桩号及部位		检查人	记录人	检验时间	
项次	检验项目	设计或规定值	允许偏差	检验结果	检验频率和方法
1	避险车道宽度(m)		满足设计要求		尺量:每道测5个断面,引道入口处设测点
2△	制动床长度(m)		满足设计要求		尺量:每道测3处
3	制动床集料厚度(m)		满足设计要求		尺量:每道测5处
4	坡度(%)		满足设计要求		水准仪:每道测3处

外观情况：

自检结论：

质检工程师：　　　　　　　　　　　　　　　　　　　　　　　　　日期：

附表 14-271

绿地质量检验表

施工单位：　　　　　　　　　　　　　　　　合同号：
监理单位：　　　　　　　　　　　　　　　　编　号：

分项工程名称			所属分部工程		施工时间	
桩号及部位			检测人		检验时间	
项次	检验项目		设计值	允许偏差	检验结果	检验频率和方法
1	有效土层厚度（mm）	$H \leq 1000$		满足设计要求		环刀或挖样洞，尺量：带状绿地每 1km 测 5 个点；点状绿地每个连续种植单元每 1000m² 测 2 个点，且不少于 3 个点
2	地形相对高程（mm）	$1000 < H \leq 2000$		±50		水准仪测量或尺量：分隔带绿地每 1km 测 5 个点；互通式立体交叉区与环岛、管理养护设施及服务设施区绿地每个连续种植单位每 1000m² 测 2 个点，且不少于 3 个点
		$2000 < H \leq 3000$		±100		
		$3000 < H \leq 5000$		±150		
				±200		

外观情况：

自检结论：

　　　　　　　　　　　　　　　　　　　　　　质检工程师：　　　　　　日期：

附表 14-272

树木栽植质量检验表

施工单位：　　　　　　　　　　　　　　　　　　　　　　　　　　　合同号：
监理单位：　　　　　　　　　　　　　　　　　　　　　　　　　　　编　号：

分项工程名称				所属分部工程		施工时间	
桩号及部位				检测人	记录人	检验时间	
项次	检验项目			设计值	允许偏差	检验结果	检验频率和方法
1	种植穴（槽）直径（mm）				$d+400 \sim d+600$		尺量：抽查全部种植穴（槽）5%，且不少于10个；少于10个时应全部检查
	种植穴（槽）深度（mm）				$(3/4 \sim 4/5)$穴径		
2	苗木数量				满足设计要求		目测或无人机航拍测量：带状绿地每1km检查100m内的苗木；点状绿地每个连续种植单元按苗木数量抽查10%，且不少于10株，少于10株的苗木应全部检查
3△	苗木成活率（%）				≥95		尺量：带状绿地每1km检查100m内的苗木；点状绿地每个连续种植单元按苗木数量抽查10%，且不少于10株，少于10株的苗木应全部检查
4	苗木规格	乔木	胸径（mm）	≤50	-2		
				50~90	-5		
				90~150	-8		
				150~200	-10		
				>200	-20		
			高度（mm）		-200		
			冠径（mm）		-200		
		灌木	高度（mm）	≥1000	-100		
				<1000	-50		
			冠径（mm）	≥1000	-100		
				<1000	-50		
		球类	高度（mm）	≤500	0		
				500~1000	-50		
				1000~2000	-100		
				>2000	-200		

续上表

项次	检验项目		设计值	允许偏差	检验结果	检验频率和方法
4	苗木规格	球类 冠径(mm) ≤500		0		尺量:带状绿地每1km检查100m内的苗木;点状绿地每个连续种植单元按苗木数量抽查10%,且不少于10株少于10株的苗木应全部检查
		500~1000		-50		
		1000~2000		-100		
		>2000		-200		
		藤本 主蔓长(mm) ≥1500		-100		
		主蔓径(mm) ≥10		0		
		棕榈类植物 株高(mm) ≤1000		0		
		1000~2500		-100		
		2500~4000		-200		
		>4000		-300		
		地径(mm) ≤100		-10		
		100~400		-20		
		>400		-30		

外观情况:

自检结论:

质检工程师:　　　　　日期:

附表 14-273

草坪、草本地被及花卉种植质量检验表

施工单位：　　　　　　　　　　　　　　　　　　　　　　合同号：
监理单位：　　　　　　　　　　　　　　　　　　　　　　编　号：

分项工程名称			所属分部工程		施工时间	
桩号及部位			检测人	记录人	检验时间	
项次	检验项目		设计值	允许偏差	检验结果	检验频率和方法
1	草坪、草本地被面积			满足设计要求		尺量或无人机航拍测量；带状绿地每1km检查100m；点状绿地每个连续种植单元全部检查
2△	草坪、草本地被覆盖率（%）	取、弃土场绿地		≥90		目测或无人机航拍测量；带状绿地每1km检查100m；点状绿地每个连续种植单元全部检查
		其他绿地		≥95		
3	花卉数量			满足设计要求		目测或无人机航拍测量；带状绿地每1km检查100m内的花卉数量；点状绿地每个连续种植单元按花卉数量抽查5%，且不少于10株，少于10株的花卉应全部检查
4△	花卉成活率（%）			≥95		

外观情况：

自检结论：

　　　　　　　　　　　　　　　　　　　　　质检工程师：　　　　　　　　　　日期：

附表 14-274

喷播绿化质量检验表

施工单位：			合同号：		
监理单位：			编号：		
分项工程名称		所属分部工程		施工时间	
桩号及部位		检测人	记录人	检验时间	
项次	检验项目	设计值	允许偏差	检验结果	检验频率和方法
1△	草坪、草本地被面积		满足设计要求		尺量或无人机航拍测量：带状绿地每 1km 检查 100m；点状绿地每个连续种植单元全部检查
2	植物群落物种组成		满足设计要求		植物样方法调查：带状绿地每 km 设置 3 个样方（长 2m，宽 2m 或等同于绿地宽度），且不少于 3 个；点状绿地每个连续种植单元设置 3 个样方（长 2m，宽 2m），且不少于 3 个
3	绿地面积		满足设计要求		尺量或无人机航拍测量：带状绿地每 1km 检查 100m；点状绿地每个连续种植单元全部检查
4△	植被盖度（%）		≥95		目测或无人机航拍测量：带状绿地每 1km 检查 100m；点状绿地每个连续种植单元全部检查
外观情况：					
自检结论：					
		质检工程师：		日期：	

三维网喷播草灌质量检验表

附表14-275

施工单位：　　　　　　　　　　　　　　　　　　　合同号：
监理单位：　　　　　　　　　　　　　　　　　　　编　　号：

分项工程名称			施工时间	
所属分部工程		桩号及部位	检验时间	
检查人			记录人	

项次	检验项目	设计或规定值	允许偏差	检验结果	检验频率和方法
1	三维网强度(kN/m)	EM3≥1.5 EM4≥2.2	不允许		室内试验，每批1次
2	三维网层数	填方<5m用EM3，≥5m及挖方用EM4	不允许		每坡每级1次，目测
3	锚钉长度及入土深度(cm)	φ8钢筋，入土30	-1		每坡每级3处，尺量
4	锚钉间距(cm)	方木桩100，锚钉100	+5		每坡每级3处，尺量
5	喷土厚度(cm)	总厚度>10cm，网包以上≥5cm	不允许		每坡每级3处，钢尺量测
6	网内空鼓	填充饱满	不允许		每坡每级3处，手掏目测
7	有机质含量(%)	>3%	不允许低于3%		每段每级3次，有机质比色卡
8	草灌种籽				每段每级1次，目测
9	草灌复盖率(%)	95% 灌木每平方米6株以上	-5%		每坡每级3次，样方查数

外观情况：

自检结论：
(1)工程名称按中央分隔带、互通区、附属区、取(弃)土场、路基边坡(左、右)、路侧(坡顶、碎落台、护坡道、隔离栅内侧平台，分别左右)填写。
(2)草灌种籽填种籽名称、配合比、每种种籽的发芽率。
(3)草灌覆盖率留待后期检验。

质检工程师：　　　　　　　日期：

单层网客土喷播草灌质量检验表

附表 14-276

施工单位：　　　　　　　　　　　　　　　　合同号：
监理单位：　　　　　　　　　　　　　　　　编　号：

分项工程名称				施工时间	
所属分部工程		桩号及部位		检验时间	
检查人			记录人		

项次	检验项目	设计或规定值	允许偏差	检验结果	检验频率和方法
1	锚杆规格(mm)	主锚杆φ18 螺纹钢筋辅；锚杆φ12 螺纹钢筋	不允许		每段坡面每级检验不少于3处，用钢尺或皮尺量测
2	锚杆长度及安装深度(cm)	主锚杆长128,安装深120；辅锚杆长88,安装深80	不允许		
3	锚杆间距(cm)	主、辅锚杆纵、横向100	+5		
4	镀锌铁丝网丝径及孔径(mm)	丝径φ2.6、边长50	-0.1		
5	锚杆安装固定	压浆、C30 水泥砂浆	不允许		
6	客土喷播厚度(cm)	>11	不允许		每段每级3处,用钢尺量测
7	有机质含量	>3%	不允许低于3%		每段每级3次,用有机质比色卡测定
8	客土流失状况		总面积的10%		每段每级1次,目测
9	客土剥离状况		总面积的10%		每段每级1次,目测
10	客土收缩裂缝(mm)	不得出现大于10mm裂缝	出现为不合格		每段每级3次,尺量
11	草灌种籽				每段每级1次,目测
12	草灌覆盖率	95%,灌木每平方米6株以上	-5%		每坡每级3次,样方查数

外观情况：

自检结论：
(1)本表兼用单层网及双层网防护类型。
(2)工程名称按中央分隔带、互通区、附属区、取(弃)土场、路基边坡(左、右)、路侧(坡顶、碎落台、护坡道、隔离栅内侧平台,分别左右)分别填写。
(3)草灌种籽填种籽名称、配合比、每种种籽的发芽率。
(4)草灌覆盖率留待后期检验。

质检工程师：　　　　　　日期：

双层网客土喷播草灌质量检验表

附表14-277

施工单位：　　　　　　　　　　　　　　　　　合同号：
监理单位：　　　　　　　　　　　　　　　　　编　号：

分项工程名称		施工时间	
所属分部工程		桩号及部位		检验时间	
检查人		记录人	

项次	检验项目	设计或规定值	允许偏差	检验结果	检验频率和方法
1	锚杆规格(mm)	主锚杆 φ18 螺纹钢筋；辅锚杆 φ12 螺纹钢筋	不允许		每段坡面每级检验不少于3处，用钢尺或皮尺量测
2	锚杆长度及安装深度(cm)	主锚杆长132,安装深120；辅锚杆长92,安装深80	不允许		
3	锚杆间距(cm)	主、辅锚杆纵、横向100	+5		
4	镀锌铁丝网丝径及孔径(mm)	丝径 φ2.6、边长50	-0.1		
5	锚杆安装固定	压浆、C30 水泥砂浆	不允许		
6	客土喷播厚度(cm)	>15	不允许		每段每级3处,用钢尺量测
7	有机质含量	>3%	不允许低于3%		每段每级3次,用有机质比色卡测定
8	客土流失状况		总面积的10%		每段每级1次,目测
9	客土剥离状况		总面积的10%		每段每级1次,目测
10	客土收缩裂缝(mm)	不得出现大于10mm的裂缝	出现为不合格		每段每级3次,尺量
11	草灌种籽				每段每级1次,目测
12	草灌覆盖率	95%,灌木每平方米6株以上	-5%		每坡每级3次,样方查数

外观情况：

自检结论：
(1) 本表兼用单层网及双层网防护类型。
(2) 工程名称按中央分隔带、互通区、附属区、取(弃)土场、路基边坡(左、右)、路侧(坡顶、碎落台、护坡道、隔离栅内侧平台,分别左右)分别填写。
(3) 草灌种籽填种籽名称、配合比、每种种籽的发芽率。
(4) 草灌覆盖率留待后期检验。

　　　　　　　　　　　　　　　　　　　　　质检工程师：　　　　　　日期：

直接喷播草灌质量检验表　　　　　　　　　　　　　　附表14-278

施工单位：　　　　　　　　　　　　　　　　　　合同号：
监理单位：　　　　　　　　　　　　　　　　　　编　号：

分项工程名称				施工时间	
所属分部工程		桩号及部位		检验时间	
检查人				记录人	

项次	检验项目	设计或规定值	允许偏差	检验结果	检验频率和方法
1	喷土厚度（cm）	10cm	－1cm		每段每级3次,用钢尺量测
2	有机质含量	＞3％	不允许低于3％		每段每级3次,用有机质比色卡测定
3	草灌种籽				每段每级1次,目测
4	草灌覆盖率	95％,灌木每平米6株以上	－5％		每段每级3次,样方查数

外观情况：

自检结论：
(1)本表兼用单层网及双层网防护类型。
(2)工程名称按中央分隔带、互通区、附属区、取(弃)土场、路基边坡(左、右)、路侧(坡顶、碎落台、护坡道、隔离栅内侧平台,分别左右)分别填写。
(3)草灌种籽填种籽名称、配合比、每种种籽的发芽率。
(4)草灌覆盖率留待后期检验。

　　　　　　　　　　　　　　　　　　　　　　　　　质检工程师：　　　　日期：

植生袋喷播草灌质量检验表

附表14-279

施工单位：　　　　　　　　　　　　　　　　合同号：
监理单位：　　　　　　　　　　　　　　　　编　　号：

分项工程名称				施工时间	
所属分部工程		桩号及部位		检验时间	
检查人			记录人		

项次	检验项目	设计或规定值	允许偏差	检验结果	检验频率和方法
1	植生袋强度（kN/m）	≥0.6	不允许		室内试验，每批1次
2	植生袋内空鼓	填充饱满	不允许		每坡每级3次，手掏目测
3	喷土厚度（cm）	≥5	不允许		每坡每级3处，用钢尺量测
4	土壤有机质含量	>3%	不允许低于3%		每段每级3次，用有机质比色卡测定
5	草灌种籽				每段每级1次，目测
6	草灌覆盖率	95% 灌木每平方米6株以上	-5%		每坡每级3次，样方查数

外观情况：

自检结论：
(1)本表兼用单层网及双层网防护类型。
(2)工程名称按中央分隔带、互通区、附属区、取(弃)土场、路基边坡(左、右)、路侧(坡顶、碎落台、护坡道、隔离栅内侧平台，分别左右)分别填写。
(3)草灌种籽填种籽名称、配合比、每种种籽的发芽率。
(4)草灌覆盖率留待后期检验。

质检工程师：　　　　　　　　　日期：

砌块声屏障质量检验表

附表 14-280

施工单位：
监理单位：
合同号：
编号：

分项工程名称		所属分部工程		施工时间	
桩号及部位		检查人		检验时间	

项次	检验项目	设计或规定值	允许偏差	检验结果	检验频率和方法
1△	砂浆强度（MPa）		在合格标准内		按《公路工程质量检验评定标准 第一册 土建工程》(JTG F80/1—2017)附录F检查
2△	顶面高程（mm）		±20		水准仪：抽查标准段数的30%，每段测1个点
3△	墙体厚度（mm）		满足设计要求		直尺：抽查标准段数的30%，每段测1个点
4	基础外露宽度（mm）		±20		尺量：抽查标准段数的30%，每段测1个点
5	墙体竖直度（mm/m）		≤3		直尺、经纬仪：抽查标准段数的30%，每段测1个点
6	顺直度（mm/10m）		≤10		10m拉线：每100m测2处，且不少于5处
7	表面平整度（mm）		≤8		2m直尺：每100m测10尺

记录人	

外观情况：

自检结论：

质检工程师：　　　　　　　　　　　　　　　日期：

附表 14-281

金属结构声屏障质量检验表

施工单位：　　　　　　　　　　　　　　　　　　　　　　合同号：

监理单位：　　　　　　　　　　　　　　　　　　　　　　编　号：

分项工程名称		所属分部工程		施工时间	
桩号及部位		检测人	记录人	检验时间	
项次	检验项目	设计值	允许偏差	检验结果	检验频率和方法
1△	混凝土强度（MPa）		在合格标准内		按《公路工程质量检验评定标准　第一册 土建工程》（JTG F80/1—2017）附录D检查
2△	顶面高程（mm）		±20		水准仪：抽查标准段数的30%，每段测1个点
3	基础外露宽度（mm）		±20		尺量：抽查标准段数的30%，每段测1个点
4	与路肩边线位置偏移（mm）		±20		尺量：抽查标准段数的30%，每段测1个点
5	立柱中距（mm）		≤20		尺量：抽查标准段数的30%，每段测1个点
6	立柱竖直度（mm/m）		≤3		垂线法：抽查标准段数的30%，每段测1个点
7	立柱镀（涂）层层厚度（μm）		不小于规定值		测厚仪：抽查标准段数的20%，每段测1个点
8	屏体表面镀（涂）层厚度（μm）		不小于规定值		测厚仪：抽查标准段数的20%，每段测1个点
9△	屏体背板厚度（mm）		±0.1		游标卡尺：检查屏体总块数的5%
10	表面平整度（mm）		≤8		2m直尺：每100m测10尺
外观情况：					
自检结论：					

质检工程师：　　　　　　　　　　　　　　　　　　　　　　日期：

附表 14-282

声屏障质量检验表

施工单位：　　　　　　　　　　　　　　　　合同号：
监理单位：　　　　　　　　　　　　　　　　编　号：

分项工程名称		所属分部工程		施工时间	
桩号及部位		检测人		记录人		检验时间	

项次	检验项目	设计值	允许偏差	检验结果	检验频率和方法
1△	混凝土强度（MPa）		在合格标准内		按《公路工程质量检验评定标准 第一册 土建工程》(JTG F80/1—2017)附录 D 检查
2△	顶面高程（mm）		±20		水准仪:抽查标准段数的30%，每段测1个点
3△	屏体厚度（mm）		±3		钢卷尺:抽查标准段数的30%，每段测1个点
4△	透明屏体厚度（mm）		±0.2		游标卡尺:抽查标准段数的30%，每段测1个点
5	基础外露宽度（mm）		±20		尺量:抽查标准段数的30%，每段测1个点
6	与路肩边线位置偏移（mm）		±20		尺量:抽查标准段数的30%，每段测1个点
7	立柱中距（mm）		≤10		钢卷尺:抽查标准段数的30%，每段测1个点
8	立柱竖直度（mm/m）		≤3		垂线法:抽查标准段数的30%，每段测1个点
9	金属立柱镀（涂）层厚度（μm）		不小于规定值		测厚仪:抽查标准段数的20%，每段测1个点
10	表面平整度（mm）		≤8		2m直尺:每100m测10尺

外观情况：

自检结论：

质检工程师：　　　　　　　　　　　　　　　　日期：

附录14 公路工程施工用表

车辆检测器质量检验表

附表 14-283

施工单位：
监理单位：

工程名称		施工时间		合同号：
桩号及部位		检验时间		编 号：

项次	检验项目	规定值/允许偏差	检验结果	检验频率和方法
1	基础尺寸	符合设计要求，允许偏差为(-50,+100)mm		长、宽用卷尺测量，埋深查隐蔽工程验收记录或实测
2	机箱、立柱防腐涂层厚度	符合设计要求，无要求时应符合现行《公路交通工程钢构件防腐技术条件》(GB/T 18226)的规定		涂层测厚仪测量
3	立柱竖直度（微波、视频、超声波车辆检测器）	≤5mm/m		全站仪或竖直度测量仪测量
4△	绝缘电阻	强电端子对机壳≥50MΩ		500V绝缘电阻测试仪测量
5△	保护接地电阻	≤4Ω		接地电阻测量仪测量
6△	防雷接地电阻（微波、视频、超声波车辆检测器）	≤10Ω		接地电阻测量仪测量
7△	共用接地电阻	如外场设备的保护接地体和防雷接地体未分开设置，则共用接地电阻≤1Ω		接地电阻测量仪测量
8△	车流量相对误差	线圈、地磁：≤2%；微波、视频、超声波：≤5%		人工计数测量与采集结果比较
9	车速相对误差	≤5%		比较测速仪测量与采集结果，取各检测车辆车速误差绝对值的平均值

499

续上表

项次	检验项目	规定值/允许偏差	检验结果	检验频率和方法
10△	传输性能	24h 观察时间内内失步现象≤1次或 BER≤象≤1次或 BER≤1×10^{-8}；以太网传输丢包率≤0.1%		数据传输测试仪或网络测试仪测量
11△	自检功能	自动检测设备运行状态，故障时实时上传故障信息		功能验证
12△	复原功能	加电后，设备能自动恢复到正常通信状态，并被上位机或控制系统识别，断电或故障前存储数据保持不变		功能验证
13	本地操作与维护功能	能够与便携机连接进行检测和维护		功能验证

外观情况：

自检结论：

质检工程师： 日期：

附表 14-284

气象检测器质量检验表

施工单位：　　　　　　　　　　　　　　　　　　　　合同号：
监理单位：　　　　　　　　　　　　　　　　　　　　编　号：

工程名称		施工时间	
桩号及部位		检验时间	

项次	检验项目	规定值/允许偏差	检验结果	检验频率和方法
1	基础尺寸	符合设计要求，允许偏差为(-50,+100)mm		长、宽用卷尺测量，埋深查隐蔽工程验收记录及实测
2	机箱、立柱防腐涂层厚度	符合设计要求，无要求时符合现行《公路交通工程钢构件防腐技术条件》(GB/T 18226)的规定		涂层测厚仪测量
3	立柱竖直度	≤5mm/m		全站仪或竖直度测量仪测量
4△	绝缘电阻	强电端子对机壳≥50MΩ		500V 绝缘电阻测试仪测量
5△	保护接地电阻	≤4Ω		接地电阻测量仪测量
6△	防雷接地电阻	≤10Ω		接地电阻测量仪测量
7△	共用接地电阻	如外场设备的保护接地体和防雷接地体未分开设置，则共用接地电阻≤1Ω		接地电阻测量仪测量
8△	环境检测性能	8.1 温度检测器测量误差：±1.0°C 8.2 湿度检测器测量误差±5% R.H. 8.3 能见度检测器测量误差：±10%或符合设计要求 8.4 风速检测器测量误差：±5%或符合设计要求		测量与采集结果比较
9△	数据传输性能	24h 观察时间内失步现象≤一次或 BER≤1×10⁻⁸；以太网传输丢包率≤0.1%		数据传输测试仪或网络测试仪测量

501

续上表

项次	检验项目	规定值/允许偏差	检验结果	检验频率和方法
10	降雨检测功能	能检测到降水量		功能验证或查看历史记录
11	路面状况检测功能	能检测路面干燥、潮湿、积水、积雪、结冰等状况		功能验证
12 △	自检功能	自动检测设备运行状态,故障时实时上传故障信息		功能验证
13 △	复原功能	加电后,设备能自动恢复到正常通信状态,并被上位机或控制系统识别,断电或故障前存储数据保持不变		功能验证
14	本地操作与维护功能	能够与便携机连接进行检测和维护		功能验证
外观情况:				
		自检结论:		

质检工程师:　　　　　　　　日期:

附表 14-285

闭路电视监视系统质量检验表

施工单位：
监理单位：
工程名称：
桩号及部位：
合同号：
编　号：
施工时间：
检验时间：

项次	检验项目	规定值/允许偏差	检验结果	检验频率和方法
1	基础尺寸	符合设计要求，允许偏差为（-50，+100）mm		长、宽用卷尺测量，埋深查隐蔽工程验收记录或实测
2	机箱、立柱防腐涂层厚度	符合设计要求，无要求时符合现行《公路交通工程钢构件防腐技术条件》（GB/T 18226）的规定		涂层测厚仪测量
3	立柱竖直度	≤5mm/m		全站仪或竖直度测量仪测量
4△	绝缘电阻	强电端子对机壳≥50mΩ		500V绝缘电阻测试仪测量
5△	保护接地电阻	≤4Ω		接地电阻测量仪测量
6△	防雷接地电阻	≤10Ω		接地电阻测量仪测量
7△	共用接地电阻	如外场设备的保护接地体和防雷接地体未分开设置，则共用接地电阻≤1Ω		接地电阻测量仪测量
8 传输通道指标	8.1 标清模拟复合视频信号 △8.1.1 视频电平	(700+30) mV		信号发生器发送75%彩条信号，用视频测试仪测量或2T正弦平方波和条脉冲信号，用视频测试仪测量
	△8.1.2 同步脉冲幅度	(300+20) mV		信号发生器发送75%彩条信号，用视频测试仪测量或2T正弦平方波和条脉冲信号，用视频测试仪测量

续上表

项次	检验项目		规定值/允许偏差	检验结果	检验频率和方法
8 传输通道指标	8.1 标清模拟复合视频信号	△8.1.3 回波 E	<7%		信号发生器发送2T正弦平方波和条脉冲信号,用视频测试仪测量
		8.1.4 亮度非线性	≤5%		信号发生器发送非调制五阶梯信号,用视频测试仪测量
		8.1.5 色度/亮度增益不等	±5%		信号发生器发送副载波填充的10T信号或副载波填充的条脉冲信号,用视频测试仪测量
		8.1.6 色度/亮度时延差	≤100ns		信号发生器发送副载波填充的10T信号或副载波填充的条脉冲信号,用视频测试仪测量
		8.1.7 微分增益	≤10%		信号发生器发送调制五阶梯信号,用视频测试仪测量
		8.1.8 微分相位	≤10°		信号发生器发送调制五阶梯信号,用视频测试仪测量
		△8.1.9 幅频特性(5.8MHz带宽内)	±2dB		信号发生器发送sinx/x信号,用视频测试仪测量
		△8.1.10 视频信噪比(加权)	≥56dB		信号发生器发送多波群信号,用视频测试仪测量

续上表

项次	检验项目		规定值/允许偏差	检验结果	检验频率和方法
8 传输通道指标	8.2 高清Y、C_E(PE)、C_E(P_E)视频信号	△8.2.1 Y信号输出量化误差	-10%~10%		数字信号发生器发送高清晰度2T脉冲和条幅信号,用数字视频测试仪测量
		△8.2.2 C_E(PE)信号输出量化误差	-10%~10%		数字信号发生器发送高清晰度2T脉冲和条幅信号,用数字视频测试仪测量
		△8.2.3 C_E(PΩ)信号输出量化误差	-10%~10%		数字信号发生器发送高清晰度2T脉冲和条幅信号,用数字视频测试仪测量
		△8.2.4 Y信号幅频特性	30MHz带宽内±3dB		数字信号发生器发送高清晰度多波群信号或sinx/x信号,用数字视频测试仪测量
		8.2.5 Y、C_E(P_O)、CR(PR)信号的非线性失真,%	≤5%		数字信号发生器发送高清晰度五阶梯波信号,用数字视频测试仪测量
		△8.2.6 亮度通道的线性幅响应(Y信号)的K系数	≤3%		数字信号发生器发送高清晰度2T脉冲和条幅信号,用数字视频测试仪测量
		8.2.7 Y/C_E(Y/P)、Y/CR(Y/PR)信号时延差	±10ns		数字信号发生器发送高清晰度彩条信号,用数字视频测试仪测量
		△8.2.8 Y、C_E(P_E)、CR(PR)信号的信噪比(加权)	≥56dB		数字信号发生器发送静默行信号,用数字视频测试仪测量

505

续上表

项次	检验项目		规定值/允许偏差	检验结果	检验频率和方法
8 传输通道指标	8.3 高清 G、B、R 视频信号	△8.3.1 G 信号输出量化误差	-10% ~ 10%		数字信号发生器发送高清晰度2T脉冲和条幅信号,用数字视频测试仪测量
		△8.3.2 B 信号输出量化误差	-10% ~ 10%		数字信号发生器发送高清晰度2T脉冲和条幅信号,用数字视频测试仪测量
		△8.3.3 R 信号输出量化误差	-10% ~ 10%		数字信号发生器发送高清晰度2T脉冲和条幅信号,用数字视频测试仪测量
		△8.3.4 G/B/R 信号幅频特性	30MHz 带宽内 ±3dB		数字信号发生器或多波群信号 sinx/x 信号,用数字视频测试仪测量
		8.3.5 G、B、R 信号的非线性失真	≤5%		数字信号发生器发送高清晰度五阶梯波信号,用数字视频测试仪测量
		8.3.6 亮度通道的线性响应 (G、B、R 信号的 K 系数)	≤3%		数字信号发生器发送高清晰度2T脉冲和条幅信号,用数字视频测试仪测量
		8.3.7 G/B/G/R、B/R 信号时延差	±10ns		数字信号发生器发送高清晰度彩条信号,用数字视频测试仪测量
		△8.3.8 G、B、R 信号的信噪比	≥56dB		数字信号发生器发送静默行信号,用数字视频测试仪测量

续上表

项次	检验项目			规定值/允许偏差	检验结果	检验频率和方法
9 监视器画面指标	9.1 标清模拟复合视频信号	9.1.1	雪花	≥4分		人工(不少于3人)主观评分
		9.1.2	网纹	≥4分		
		9.1.3	黑白滚道	≥4分		
		9.1.4	跳动	≥4分		
	9.2 高清视频信号	9.2.1	失真	≥4分		
		9.2.2	拖尾	≥4分		
		9.2.3	跳帧	≥4分		
		9.2.4	抖动	≥4分		
		9.2.5	马赛克	≥4分		
10△	数据传输性能	10.1	IP网络吞吐率	满足设计文件中编码器最大码流要求,无要求时1518帧长≥99%		以太网性能测试仪测量
		10.2	IP网络传输时延	符合设计要求,无要求时≤10ms		以太网性能测试仪测量
		10.3	IP网络丢包率	不大于70%流量负荷时≤0.1%		以太网性能测试仪测量
11△	云台水平转动角度			水平≥350°		实操检验
12△	云台垂直转动角度			上仰≥15°,下俯≥90°		实操检验
13△	监视内容			监控员能清楚识别车型、车牌等信息		实操检验

续上表

项次	检验项目	规定值/允许偏差	检验结果	检验频率和方法
14	外场摄像机安装稳定性	受大风影响或接受变焦、转动等操控时,画面动作平滑,无抖动		实操检验
15	自动光圈调节	自动调节		实操检验
16	调焦功能	快速自动聚焦		功能验证
17	变倍功能	可对摄像机镜头的放大倍数进行调整		功能验证
18△	切换功能	监控终端可切换系统内任何摄像机		功能验证
19	录像功能	可录像,且录像回放清晰		功能验证
20△	复原功能	加电后,设备能自动恢复到正常通信状态,能与上位机或控制系统连接,并可靠工作		功能验证

外观情况:

自检结论:

质检工程师: 日期:

附表 14-286

可变标志质量检验表

施工单位：　　　　　　　　　　　　　　　　　　　　　　　　　　合同号：
监理单位：　　　　　　　　　　　　　　　　　　　　　　　　　　编　号：

工程名称		施工时间	
桩号及部位		检验时间	
项次	检验项目	规定值/允许偏差	检验结果	检验频率和方法
1	基础尺寸	符合设计要求，无要求时允许偏差为（－50，+100）mm		长、宽用卷尺测量，埋深检查隐蔽工程验收记录或实测
2	机箱、立柱防腐涂层厚度	符合设计要求，无要求时符合现行《公路交通工程钢构件防腐技术条件》（GB/T 18226）的规定		涂层测厚仪测量
3	立柱竖直度	≤5mm/m		全站仪或垂直度测量仪测量
4△	绝缘电阻	强电端子对机壳≥50MΩ		500V 绝缘电阻测试仪测量
5△	保护接地电阻	≤4Ω		接地电阻测量仪测量
6△	防雷接地电阻	≤10Ω		接地电阻测量仪测量
7△	共用接地电阻	如外场设备的保护接地体和防雷接地体未分开设置，则共用接地电阻≤1Ω		接地电阻测量仪测量
8△	视认距离	车辆以最大限速速度行驶时应不小于行车视距		实操检验
9	发光单元色度坐标（x,y）	符合相应产品标准的规定		色度/亮度计测量
10	显示屏平均亮度	亮度符合要求。设计无要求时，外场可变信息标志、隧道内可变限速标志最大亮度≥8000cd/m²，可变信息标志最大亮度≥5000cd/m²，LED车道控制标志、交通信号灯最大亮度≥1500cd/m²		亮度计测量

续上表

项次	检验项目	规定值/允许偏差	检验结果	检验频率和方法
11△	数据传输性能	24h观察时间内失步现象≤1次或BER≤1×10^{-8}；以太网传输丢包率≤0.1%		数据传输测试仪或网络测试仪测量
12△	显示内容	及时、正确地显示监控中心计算机发送的内容		实操检验
13△	亮度调节功能	可变信息标志、可变限速标志能根据环境亮度自动调节显示屏的亮度		功能验证
14△	自检功能	能够向监控中心计算机提供显示内容的确认信息及本机工作状态自检信息		功能验证
15△	复原功能	加电后，设备能自动恢复到正常通信状态，并被上位机或控制系统识别，断电或故障前存储数据保持不变		功能验证
16	本地操作与维护功能	能够与便携机连接进行检测和维护		功能验证
外观情况：				
自检结论：				

质检工程师：　　　　　　　　日期：

附表 14-287

道路视频交通事件检测系统质量检验表

施工单位：
监理单位：

工程名称		施工时间	
桩号及部位		检验时间	

合同号：
编　号：

项次	检验项目	规定值/允许偏差	检验结果	检验频率和方法
1	中心设备接地连接	保护地、防雷地的接地连接可靠连接到接地汇流排上		目测检查，必要时用接地电阻测量仪测量
2	事件检测率	符合设计要求；设计无要求时，有效检测范围内≥90%		白天现场模拟事件进行检验或播放标准事件源视频检验
3	交通参数检测相对误差	符合设计要求；设计无要求时，车流量≤10%，车速≤15%		实操检验，不少于50辆车
4	有效检测范围	符合设计要求；设计无要求时停止事件：≥300m；逆行事件：≥200m；行人事件：≥100m；抛洒物事件：≥100m；机动车驶离事件：≥200m		白天现场模拟事件进行检验或播放标准事件源视频检验
5 △	典型事件检测功能	具备停止、逆行、行人、抛洒物、机动车驶离等事件自动捕获并存储交通事件发生过程的影像，能按要求设置记录时间		功能验证
6	自动录像功能	系统自动捕获并存储交通事件发生过程的影像，能按要求设置记录时间		功能验证
7	自诊断和报警功能	视频信号丢失、系统设备故障、网络通信故障等情况发生时，系统能自诊断，记录并告警		功能验证
8	时钟同步功能	与监控系统或通信系统主时钟同步		与主时钟进行比对

外观情况：

自检结论：

质检工程师：　　　　　　　　　　　　　　　　日期：

交通情况调查设施质量检验表

附表 14-288

施工单位：　　　　　　　　　　　　　　　　　施工时间：　　　　　　　　合同号：
监理单位：　　　　　　　　　　　　　　　　　检验时间：　　　　　　　　编　号：

工程名称				
桩号及部位				
项次	检验项目	规定值/允许偏差	检验结果	检验频率和方法
1	基础尺寸	符合设计要求，允许偏差为（-50，+100）mm		长、宽用卷尺测量，埋深查隐蔽工程验收记录或实测
2	机箱、立柱防腐涂层厚度	符合设计要求；设计无要求时符合现行《公路交通工程钢构件防腐技术条件》(GB/T 18226)的规定		涂层测厚仪测量
3	立柱竖直度(微波、视频、超声波设备)	≤5mm/m		全站仪或竖直度测量仪测量
4△	绝缘电阻	强电端子对机壳≥50MΩ		500V 绝缘电阻测量试仪测量
5△	保护接地电阻	≤4Ω		接地电阻测量仪测量
6△	防雷接地电阻(微波、视频、超声波交通情况调查设施)	≤10Ω		接地电阻测量仪测量
7△	共用接地电阻	如外场设备的保护接地体和防雷接地体未分开设置，则共用接地电阻≤1Ω		接地电阻测量仪测量
8△	机动车分类或分型误差	符合设计要求，设计无要求时≤10%		测量与采集结果比较
9△	车流量相对误差	符合设计要求，设计无要求时≤5%		人工计数测量与采集结果比较
10△	车速相对误差	符合设计要求，设计无要求时≤8%		测速仪测量与采集结果比较

续上表

项次	检验项目	规定值/允许偏差	检验结果	检验频率和方法
11 △	传输性能	24h观察时间内失步现象≤1次或BER≤1×10^{-8}；以太网传输丢包率≤0.1%		数据传输测试仪或网络测试仪测量
12 △	自检功能	自动检测设备运行状态，故障时实时上传故障信息		功能验证
13 △	复原功能	加电后，设备能自动恢复到正常通信状态，并被上位机或控制系统识别，断电或故障前存储数据保持不变		功能验证
14	本地操作与维护功能	能够与便携机连接进行检测和维护		功能验证

外观情况：

自检结论：

质检工程师：　　　　　　　　　　　　　日期：

监控(分)中心设备及软件质量检验表

附表 14-289

施工单位：
监理单位：
工程名称：
桩号及部位：
施工时间：
检验时间：
合同号：
编　号：

项次	检验项目	规定值/允许偏差	检验结果	检验频率和方法
1	监控室内温度	18～28℃		用温湿度计测10个测点，取平均值
2	监控室内湿度	30%～70% R.H.		用温湿度计测10个测点，取平均值
3	监控室内防尘措施	B级(一周内，设备上应无明显尘土)		目测检查
4	监控室内噪声	≤70dB(A)		声级计测量
5	监控室内工作环境照度	5～200lx 可调		照度计测量
6△	绝缘电阻	强电端子对机壳≥50MΩ		查验随工验收记录或用500V绝缘电阻测试仪抽测3台设备
7△	监控中心共用接地电阻	≤1Ω		接地电阻测量仪测量
8	中心设备接地连接	保护地、防雷地的接地连接线可靠连接到接地汇流排上		目测检查，必要时用接地电阻测量仪测量
9	与外场设备的通信轮询周期	符合设计要求		实操检验
10△	与下端设备数据交换	按设定的系统轮询周期，及时、准确地与车辆检测器、气象检测器、可变标志等交换数据		对于检测器，在外场进行人工测试统计，然后与中心按时间段逐一对比，时间不少于30min；对于可变信息标志，在外场与中心对比信息的正确性和实时性

续上表

项次	检验项目	规定值/允许偏差	检验结果	检验频率和方法
11△	图像监视功能	能够监视路段的运行状况		功能验证
12	系统工作状况监视功能	系统外场设备的工作状态在计算机或大屏幕上正确显示		功能验证
13	信息发布功能	指令信息通过系统正确地传送到可变信息标志、交通信号灯、车道控制标志等设备		功能验证
14	统计、查询、打印报表功能	迅速、正确的统计、查询指令、设备状况、系统故障、交通参数等数据，并打印相关报表		功能验证
15△	数据备份、存储功能	具有数据备份、存储功能，并带时间记录		功能验证
16	加电自诊断功能	可循环检测所有监控（分）中心内、外场设备运行状况，正确、及时显示故障位置、类型		功能验证
17	监控系统应急预案	符合设计要求		功能验证

外观情况：

自检结论：

质检工程师：　　　　　　　　　　　　日期：

附表 14-290

大屏幕显示系统质量检验表

施工单位：　　　　　　　　　　　　　　　　　　　　合同号：
监理单位：　　　　　　　　　　　　　　　　　　　　编　号：

工程名称		施工时间	
桩号及部位		检验时间	
项次	检验项目	规定值/允许偏差	检验结果	检验频率和方法
1	拼接缝	符合设计要求，设计无要求时应≤2mm		量具测量
2△	亮度	达到白色平衡时的亮度符合设计要求；设计无要求时，大屏幕投影屏≥150cd/m²，液晶显示屏、LED显示屏≥450cd/m²		亮度计测量
3	亮度不均匀度	达到白色平衡时的亮度不均匀度符合设计要求，无要求时≤10%		亮度计测量
4	显示功能	正确显示切换的图像及其他信息		功能验证
5△	窗口缩放	可对所选择的窗口随意缩放控制		实操检验
6△	多视窗显示	同时显示多个监视断面的窗口		实操检验

外观情况：

自检结论：

质检工程师：　　　　　　　　　　　　　　　　　　日期：

附表 14-291

监控系统计算机网络质量检验表

施工单位：
监理单位：
工程名称：
桩号及部位：
施工时间：
检验时间：
合同号：
编　号：

项次	检验项目	规定值/允许偏差	检验结果	检验频率和方法
1△	接线图	符合现行《综合布线系统工程验收规范》（GB/T 50312）的规定		网络认证测试仪测量
2	长度	符合现行《综合布线系统工程验收规范》（GB/T 50312）的规定		网络认证测试仪测量
3△	回波损耗	符合现行《综合布线系统工程验收规范》（GB/T 50312）的规定		网络认证测试仪测量
4	插入损耗	符合现行《综合布线系统工程验收规范》（GB/T 50312）的规定		网络认证测试仪测量
5△	近端串音	符合现行《综合布线系统工程验收规范》（GB/T 50312）的规定		网络认证测试仪测量
6	近端串音功率和	符合现行《综合布线系统工程验收规范》（GB/T 50312）的规定		网络认证测试仪测量
7	衰减远端串音比	符合现行《综合布线系统工程验收规范》（GB/T 50312）的规定		网络认证测试仪测量
8	衰减远端串音比功率和	符合现行《综合布线系统工程验收规范》（GB/T 50312）的规定		网络认证测试仪测量
9	衰减远端串音比	符合现行《综合布线系统工程验收规范》（GB/T 50312）的规定		网络认证测试仪测量
10	衰减远端串音比功率和	符合现行《综合布线系统工程验收规范》（GB/T 50312）的规定		网络认证测试仪测量
11	环路电阻	符合现行《综合布线系统工程验收规范》（GB/T 50312）的规定		网络认证测试仪测量

续上表

项次	检验项目		规定值/允许偏差	检验结果	检验频率和方法
12	时延		符合现行《综合布线系统工程验收规范》（GB/T 50312）的规定		网络认证测试仪测量
13	时延偏差		符合现行《综合布线系统工程验收规范》（GB/T 50312）的规定		网络认证测试仪测量
14△	以太网系统性能要求	14.1 链路传输速率	符合设计要求，设计无要求时符合 10Mb/s、100Mb/s、1000Mb/s 的规定		以太网性能测试仪测量
		14.2 吞吐率	符合设计要求，设计无要求时 1518 帧长 ≥99%		
		14.3 传输时延	符合设计要求，设计无要求时 ≤10ms		
		14.4 丢包率	不大于 70% 流量负荷时 ≤0.1%		
15△	以太网链路层健康状况	15.1 链路利用率	≤70%		以太网性能测试仪测量
		15.2 错误率及各类错误	≤1%		
		15.3 广播帧及组播帧	≤50fps		
		15.4 冲突（碰撞）率	≤1%		

外观情况：

自检结论：

质检工程师： 日期：

附表 14-292

通信管道工程质量检验表

施工单位：　　　　　　　　　　　　　　　　　　　　　　　合同号：
监理单位：　　　　　　　　　　　　　　　　　　　　　　　编　号：

工程名称		施工时间	
桩号及部位		检验时间	
项次	检验项目	规定值/允许偏差	检验结果	检验频率和方法
1	管道地基	符合设计要求		查隐蔽工程验收记录，必要时剖开测量
2	管道铺设	符合设计要求		查隐蔽工程验收记录，必要时剖开测量
3	回土夯实	符合设计要求		查隐蔽工程验收记录，必要时剖开测量
4	人(手)孔、管道掩埋	符合设计要求		查隐蔽工程验收记录，必要时剖开测量
5	人(手)孔的位置	符合设计要求		量具测量
6	分歧形式及内部尺寸	符合设计要求		目测检查，尺寸用量具测量
7	通信管道的横向位置	符合设计要求		量具测量
8△	主管道管孔试通试验	畅通		查随工验收记录按《公路工程质量检验评定标准 第一册 土建工程》(JTG F80/1—2017)附录D实测
9△	通信管道工程用塑料管孔试通试验	畅通		查施工验收记录或气吹法实测
10	通信管道工程用塑料管(箱)规格尺寸	符合设计要求		查施工验收记录或量具实测
11	管孔封堵	符合设计要求		查随工验收记录或目测检查
外观情况：				
自检结论：				

质检工程师：　　　　　　　　　　　　　　　　　　　　　　　日期：

附表 14-293

通信光缆、电缆线路工程质量检验表

施工单位：　　　　　　　　　　　　　　　　　合同号：
监理单位：　　　　　　　　　　　　　　　　　编　号：

工程名称		施工时间	
桩号及部位		检验时间	

项次	检验项目	规定值/允许偏差	检验结果	检验频率和方法
1	光缆护层绝缘电阻	≥1000MΩ·km		查随工验收记录或用1000V绝缘电阻测试仪测量（仅对直埋光缆）
2△	单模光纤接头损耗平均值	≤0.1dB		光时域反射仪测量
3	单模光纤接头损耗最大值	≤0.18dB		光时域反射仪测量
4△	多模光纤接头损耗平均值	≤0.08dB		光时域反射仪测量
5	多模光纤接头损耗最大值	≤0.14dB		光时域反射仪测量
6△	中继段单模光纤总衰耗	符合设计要求		光时域反射仪或光源、光功率计测量
7△	中继段多模光纤总衰耗	符合设计要求		光时域反射仪或光源、光功率计测量
8△	音频电缆绝缘电阻	≥1000MΩ·km		高阻兆欧表在线对间测量
9	音频电缆串音衰减	符合设计要求		电缆分析仪或串扰分析仪测量
10	音频电缆直流环阻	符合设计要求		电缆分析仪测量
11△	接线图（网线）	符合现行《综合布线系统工程验收规范》（GB/T 50312）的规定		网络认证测试仪测量
12	长度（网线）	符合现行《综合布线系统工程验收规范》（GB/T 50312）的规定		网络认证测试仪测量
13△	回波损耗（网线）	符合现行《综合布线系统工程验收规范》（GB/T 50312）的规定		网络认证测试仪测量

续上表

项次	检验项目	规定值/允许偏差	检验结果	检验频率和方法
14	插入损耗(网线)	符合现行《综合布线系统工程验收规范》(GB/T 50312)的规定		网络认证测试仪测量
15△	近端串音(网线)	符合现行《综合布线系统工程验收规范》(GB/T 50312)的规定		网络认证测试仪测量
16	近端串音功率和(网线)	符合现行《综合布线系统工程验收规范》(GB/T 50312)的规定		网络认证测试仪测量
17	衰减远端串音比(网线)	符合现行《综合布线系统工程验收规范》(GB/T 50312)的规定		网络认证测试仪测量
18	衰减远端串音比功率和(网线)	符合现行《综合布线系统工程验收规范》(GB/T 50312)的规定		网络认证测试仪测量
19	衰减近端串音比(网线)	符合现行《综合布线系统工程验收规范》(GB/T 50312)的规定		网络认证测试仪测量
20	衰减近端串音比功率和(网线)	符合现行《综合布线系统工程验收规范》(GB/T 50312)的规定		网络认证测试仪测量
21	环路电阻(网线)	符合现行《综合布线系统工程验收规范》(GB/T 50312)的规定		网络认证测试仪测量
22	时延(网线)	符合现行《综合布线系统工程验收规范》(GB/T 50312)的规定		网络认证测试仪测量
23	时延偏差(网线)	符合现行《综合布线系统工程验收规范》(GB/T 50312)的规定		网络认证测试仪测量

外观情况:

自检结论:

质检工程师:　　　　　　　　日期:

同步数字体系（SDH）光纤传输系统工程质量检验表

附表 14-294

施工单位：
监理单位：
工程名称：
合同号：
编　号：
桩号及部位：
施工时间：
检验时间：

项次	检验项目	规定值/允许偏差	检验结果	检验频率和方法
1△	系统设备安装连接的可靠性	系统设备安装连接应可靠，经振动试验后系统无告警、无误码		在振动状况（用橡皮榔头适当敲击）下连续观察15min
2	接地连接	保护地、防雷地的接地连接线可靠连接到接地汇流排上		目测检查，必要时用接地电阻测量仪测量
3△	系统接收光功率	$PI > P_R + Mc + Me$		光功率计测量
4△	平均发送光功率	符合设计要求或出厂检验指标参数		光功率计测量
5△	光接收灵敏度	符合设计要求或出厂检验指标参数		光功率计和误码仪测量
6△	误码指标（2M电口）	$BER \leq 1 \times 10^{-11}$		误码仪测量，每块2M电路板抽测3条2M支路，1个支路测试时间24h，其他支路15min，可将多条支路串接起来测试
		$ESR \leq 1.1 \times 10^{-5}$		
		$SESR \leq 5.5 \times 10^{-7}$		
		$BBER \leq 5.5 \times 10^{-8}$		
7	电接口允许比特容差	符合现行《同步数字体系（SDH）光纤传输系统工程设计规范》（YD 5095）的规定		PDH/SDH通信性能分析仪测量
8	输入抖动容限	符合现行《同步数字体系（SDH）光纤传输系统工程设计规范》（YD 5095）的规定		PDH/SDH通信性能分析仪测量
9	输出抖动	符合现行《同步数字体系（SDH）光纤传输系统工程设计规范》（YD 5095）的规定		PDH/SDH通信性能分析仪测量

续上表

项次	检验项目	规定值/允许偏差	检验结果	检验频率和方法
10	2M支路口漂移指标	(1) MTIE≤18μs(24h); (2) 40h滑动≤1次		在传输链路最长或定时链路经过网元最多、通过不同步边界的2M链路上测试
11	管理授权功能	未经授权不能进入网管系统		功能验证
12△	自动保护倒换功能	工作环路故障或大误码时,自动倒换到备用线路		功能验证,测一个环路
13△	远端接入功能	能通过网管添加或删除远端模块		功能验证
14△	配置功能	能对网元部件进行增加或删除,并以图形方式显示当前配置		功能验证
15	网络性能监视功能	能实时采集分析网络误码等性能参数		功能验证
16	激光器自动关断功能	无输入光信号时能自动关断		功能验证,测试备用板的发光口
17△	故障定位功能	发生故障时能显示故障位置		功能验证
18	信号丢失告警(LOS)	产生告警		实操检验
19△	电源故障告警	产生告警		实操检验
20△	帧失步告警(LOF)	产生告警		实操检验
21△	△IS告警	产生告警		实操检验
22△	参考时钟丢失告警	产生告警		实操检验
23	指针丢失告警	产生告警		实操检验
24	远端接收失效(FERF)	产生告警		实操检验

续上表

项次	检验项目	规定值/允许偏差	检验结果	检验频率和方法
25	远端接收误码(FEBE)	产生告警		实操检验
26	电接口复帧丢失(LOM)	产生告警		实操检验
27	信号劣化(BER > 1×10^{-6})	产生告警		实操检验
28	信号大误码(BER > 1×10^{-3})	产生告警		实操检验
29	机盘失效告警	能自动倒换,产生告警		实操检验

外观情况:

自检结论:

质检工程师:　　　　　　　日期:

IP 网络系统质量检验表

附表 14-295

施工单位：
监理单位：
合同号：
编　号：

工程名称			施工时间	
桩号及部位			检验时间	
项次	检验项目	规定值/允许偏差	检验结果	检验频率和方法
1△	系统设备安装连接的可靠性	系统设备安装连接应可靠，经振动试验后系统无告警，无误码		在振动状况（用橡皮榔头适当敲击）下连续观察15min
2	接地连接	保护地、防雷地的接地连接线可靠连接到接地汇流排上		目测检查，必要时用接地电阻测量仪测量
3△	IP网络接口平均发送光功率	符合设计要求，设计无要求时符合： -11.5dBm≤光功率≤-3dBm(1000BASE-LX)， -9.5dBm≤光功率≤-4dBm(1000BASE-SX)		光功率计测量
4△	IP网络接口接收光功率	Pl≥P_R+Mc+Me		光功率计测量
5△	IP网络接口接收灵敏度	符合设计要求，设计无要求时或符合： ≤-19dBm(1000BASE-LX) ≤-17dBm(1000BASE-SX)		光功率计、光衰减器、流量发生器测量
6△	IP网络吞吐率	符合设计要求，设计无要求时1518帧长≥99%		以太网性能测试仪测量
7△	IP网络传输时延	符合设计要求，设计无要求时≤100ms		以太网性能测试仪测量
8△	IP网络丢包率	不大于70%流量负荷时≤0.1%		以太网性能测试仪测量
9	网络性能监视功能	能实时采集分析网络误码等性能参数		功能验证
10△	自动保护倒换功能	工作环路故障大误码时，自动倒换到备用线路		功能验证

续上表

项次	检验项目	规定值/允许偏差	检验结果	检验频率和方法
11	IP网络接口半双工、全双工自动协商	自动协商		流量发生器或IP网络性能分析仪测量
12△	IP网络流量控制功能	网络流量超出端口流量时,具有流量控制功能		流量发生器功能验证
13	IP网络故障告警管理功能	发生故障时网管系统有提示		功能验证
14	IP网络管理授权功能	未经授权不能进入网管系统		功能验证
15	IP网络端口使能或禁止功能	从网管系统能够使能或禁止某端口		功能验证
16	IP网络网管查询和配置功能	从网管系统能够查询和配置相关业务		功能验证
17	IP网络主、备系统处理器切换功能	主系统处理器出现故障时能够自动启用备用系统处理器		功能验证
18△	IP网络故障诊断与定位功能	网管系统能够显示板卡、通信端口的故障位置和信息		功能验证
19△	IP网络VLAN功能	能够按端口划分VLAN		功能验证

外观情况:

自检结论:

质检工程师:　　　　　　　　　　日期:

附录14 公路工程施工用表

波分复用（WDM）光纤传输系统质量检验表

附表14-296

施工单位：　　　　　　　　　　　　　　　　　　　　　施工时间：　　　　　　　　　　合同号：
监理单位：　　　　　　　　　　　　　　　　　　　　　检验时间：　　　　　　　　　　编　号：

工程名称			
桩号及部位			
项次	检验项目	规定值/允许偏差	检验结果	检验频率和方法
1△	系统设备安装连接的可靠性	系统设备安装连接应可靠，经振动试验后系统无告警，无误码		在振动状况（用橡皮榔头适当敲击）下连续观察15min
2	接地连接	保护地、防雷地的接地连接可靠连接到接地汇流排上		目测检查，必要时用接地电阻测量仪测量
3△	线路侧接收、发送参考点中心波长	符合现行《光波分复用系统（WDM）技术要求——16×10Gb/s、32×10Gb/s 部分》（YD/T 1143）的规定		光谱仪测量
4△	线路侧接收、发送参考点中心频率偏移	±12.5GHz		光谱仪测量
5	信号功率	符合设计要求或出厂检验指标		光谱仪测量
6△	光信噪比（OSNR）	>25dB		光谱仪测量
7	噪声	<-21dBm		光谱仪测量
8	-20dB带宽	<0.3nm		光谱仪测量
9	OCh中心波长	符合现行《光波分复用系统（WDM）技术要求——16×10Gb/s、32×10Gb/s 部分》（YD/T 1143）的规定		光谱仪测量
10△	OCh最小边模抑制比	>25dB		光谱仪测量
11	分波器中心波长	符合现行《光波分复用系统（WDM）技术要求——16×10Gb/s、32×10Gb/s 部分》（YD/T 1143）的规定		光谱仪测量

527

续上表

项次	检验项目	规定值/允许偏差	检验结果	检验频率和方法
12△	分波器插入损耗	<10dB		光谱仪测量
13	分波器插入损耗的最大差异	<2dB		光谱仪测量
14△	分波器相邻通道隔离度	>22dB		宽谱光源和光谱仪测量
15	合波器中心波长	符合现行《光波分复用系统（WDM）技术要求——16×10Gb/s，32×10Gb/s 部分》（YD/T 1143）的规定		光谱仪测量
16△	合波器插入损耗	<8dB		光谱仪测量
17	合波器插入损耗的最大差异	<2dB		光谱仪测量
18△	合波器相邻通道隔离度	>22dB		光谱仪测量
19△	MPI-SM—MPI-RM 残余色散	符合现行《光波分复用系统（WDM）技术要求——16×10Gb/s，32×10Gb/s 部分》（YD/T 1143）的规定		宽谱光源和色散分析仪测量
20△	MPI-SM—MPI-RM 偏振模色散	符合现行《光波分复用系统（WDM）技术要求——16×10Gb/s，32×10Gb/s 部分》（YD/T 1143）的规定		宽谱光源和色散分析仪测量
21	网络性能	符合现行《光传送网（OTN）测定方法》（YD/T 2148）的规定		根据业务接口按照本标准第5.3.2条或5.4.2条测试
22△	自动保护倒换功能	工作环路故障或大误码时，自动倒换到备用线路		功能验证，测一个环路

续上表

项次	检验项目	规定值/允许偏差	检验结果	检验频率和方法
23	网管功能	符合现行《光传送网（OTN）测定方法》（YD/T 2148）的规定		功能验证
24	激光器自动关断功能	无输入光信号时能自动关断		功能验证，测试备用板的发光口
25	信号丢失告警（LOS）	产生告警		实操检验
26△	电源故障告警	产生告警		实操检验
27	机盘失效告警	能自动倒换，产生告警		实操检验

外观情况：

自检结论：

质检工程师：　　　　　　　　　　　　　　　日期：

附表 14-297

固定电话交换系统质量检验表

施工单位：
监理单位：
合同号：
编　号：

工程名称		施工时间	
桩号及部位		检验时间	

项次	检验项目	规定值/允许偏差	检验结果	检验频率和方法
1	接地连接	保护地、防雷地的接地连接线可靠连接到接地汇流排上		目测检查，必要时用接地电阻测量仪测量
2△	工作电压	$-57 \sim -40$V		万用表测量
3	局内障碍率	$\leqslant 3.4 \times 10^{-4}$		模拟呼叫器测量
4△	接通率	$\geqslant 99.96\%$		模拟呼叫器测量
5△	软交换IP承载网的丢包率	$\leqslant 0.1\%$		IP网络性能分析仪测量
6	软交换IP承载网的网络抖动	$\leqslant 10$ms		IP网络性能分析仪测量
7	软交换IP承载网的时延	$\leqslant 100$ms		IP网络性能分析仪测量
8	软交换IP承载网的包差错率	$\leqslant 1 \times 10^{-4}$		IP网络性能分析仪测量
9	软交换网内端到端语音服务质量	网络丢包率$\leqslant 0.1\%$时，语音主观评分$\geqslant$4.0，或语音客观评价PSQM（语音质量感知测量）$\leqslant 1.5$或PESQ（语音质量感知评价）$\geqslant 3.3$		主观评分或做IP语音电话测试系统测量
10	管理授权功能	未经授权不能进入管理系统		功能验证
11	系统再启动功能	系统紧急关机后启动或做系统倒换后，系统恢复正常运行		功能验证

续上表

项次	检验项目	规定值/允许偏差	检验结果	检验频率和方法
12△	修改用户号码功能	通过网管修改用户号码后不影响原话机的通信功能		功能验证
13△	修改单个用户级别功能	通过网管修改用户级别后,修改后的用户对应新级别的业务权限		功能验证
14	呼叫限制功能	通过网管对用户的长途呼叫进行限制		功能验证
15	计费功能	能修改费率,并能打印显示费额和通话记录		功能验证
16	话务管理	自动记录话务信息		实操检验
17△	故障诊断、告警	产生告警		功能验证
18	系统交换功能	具备本局呼叫,出入局呼叫、新业务等功能		功能验证
19	多方呼叫控制功能	能修建立一点对多点的快速通话功能		功能验证

外观情况:

自检结论:

质检工程师:　　　　　　　　　日期:

通信电源系统质量检验表

附表 14-298

施工单位：　　　　　　　　　　　　　　　　　　　　　合同号：
监理单位：　　　　　　　　　　　　　　　　　　　　　编　号：

工程名称		施工时间	
桩号及部位		检验时间	

项次	检验项目	规定值/允许偏差	检验结果	检验频率和方法
1	通信电源系统防雷	符合设计要求		实操检验
2	通信电源系统接地	符合设计要求		接地电阻测量仪测量
3	交流电路和直流电路对地、交流电路对直流电路的绝缘电阻	≥2MΩ		500V 绝缘电阻测试仪测量
4△	开关电源的主输出电压	-57.6～-43.2V 或 21.6～28.8V		万用表测量
5	系统杂音电压	直流输出端的电话衡重杂音电压应≤2mV 直流输出端在 0～20MHz 频带内峰-峰值杂音电压≤200mV		杂音计测量 杂音计或示波器测量
6	蓄电池管理功能	能对蓄电池的放电、均充浮充等操作进行切换		电池性能测试仪实测或核查随工验收记录
7△	电源系统报警功能	系统处于不正常状态时，机房内可视、可听报警信息		功能验证
8	远端维护管理功能	可实现远端遥测、遥控和通信的集中管理		功能验证

外观情况：

自检结论：

质检工程师：　　　　　　　　　　　　　　　　　　日期：

入口混合车道设备及软件质量检验表

附表 14-299

施工单位：
监理单位：

工程名称：
桩号及部位：
合同号：
编　号：
施工时间：
检验时间：

项次	检验项目	规定值/允许偏差	检验结果	检验频率和方法
1△	车道设备绝缘电阻	强电端子对机壳 ≥50MΩ		500V 绝缘电阻测试仪测量
2△	车道设备共用接地电阻	≤1Ω		接地电阻测量仪测量
3	天线安装高度	符合设计要求，设计无要求时 ≥5.5m		量具测量
4	天线立柱防腐漆层厚度	符合设计要求，设计无要求时 ≥85μm		涂层测厚仪测量
5	车道信息指示屏的色度和亮度	色度符合现行《高速公路 LED 可变信息标志》(GB/T 23828) 的规定，亮度符合设计要求，设计无要求时 ≥5000cd/m²		色度/亮度计测量
6△	车道信息指示屏控制与显示	切换控制正常，显示信息正确		实操检验
7	收费天棚车道控制标志的色度和亮度	色度符合现行《LED 车道控制标志》(JT/T 597) 的规定，夜间亮度 ≥1000cd/m²		色度/亮度计测量
8△	收费天棚车道通行信号灯控制和显示	可按要求控制，显示正确		实操检验
9△	收费车道通行信号控制和显示	可按要求控制，显示正确		实操检验
10	车道专用费额信息显示屏色度和亮度	色度符合现行《高速公路 LED 可变信息标志》(GB/T 23828) 的规定，亮度符合设计要求，设计无要求时 ≥1500cd/m²		色度/亮度计测量
11△	车道专用费额信息显示屏显示	通过车辆时，能够及时正确显示设定信息		实操检验，观察费额显示屏显示信息

续上表

项次	检验项目	规定值/允许偏差	检验结果	检验频率和方法
12△	闪光报警器	能按设定要求触发，正确响应		实操检验
13	电动栏杆起落时间	符合设计要求，设计无要求时≤1.0s		计时器具测量
14	电动栏杆机壳防腐涂层厚度	符合设计要求，设计无要求时≥76μm		涂层测厚仪测量
15	电动栏杆机功能	能按设定操作流程动作，且具有防砸车和水平回转功能		功能验证
16	环形线圈电感量	符合设计要求，设计无要求时满足环形线圈电感量在50~1000μH之间		电感测量仪测量
17	专用键盘	操作灵活，响应准确		实操检验
18	复合读写器	正确读写通行卡，满足保密要求		实操检验
19△	车道图像抓拍	车辆进入车道时能启动图像抓拍功能，抓拍信息符合设计要求，并能按规定格式存储转发		实操检验
20△	车道摄像机	可对车道设定区域实时录像，图像清晰		实操检验
21	字符叠加	车道摄像机、车道抓拍图像信息叠加清晰、正确		实操检验
22	车牌自动识别功能	对采集的车辆图像进行处理、识别，并保存识别结果，识别结果应包含车牌号、识别时间、车牌颜色等		实操检验
23	车牌识别准确率	≥95%		连续测试24h以上，查验200张以上图片
24△	RSU通信区域	宽度≤3.3m		场强仪测量
25△	车道初始状态	车道信息指示屏显示车道关闭，车道栏杆处于水平关闭状态，收费亭内显示器显示各符合设计要求，并具有防止恶意登录功能		实操检验，登录时输入正确，错误各一次验证恶意登录登录功能

续上表

项次	检验项目	规定值/允许偏差	检验结果	检验频率和方法
26△	车道打开状态	成功登录后能打开车道,系统进入工作状态		实操检验
27	车道软件系统登录与退出	启动车道软件后,电动栏杆可靠登录与退出		实操检验
28	车道设备工作状态监测及故障报警	能监测天线、电动控制栏杆等车道设备的工作状态,设备故障时输出报警提示信息		实操检验
29	记录日志查询	能查询通行车辆交易流程日志信息		实操检验
30△	车道收费数据上传功能	车辆交易数据正确上传至上级收费系统		功能验证
31	时钟同步功能	车道系统时钟与上级收费系统时钟同步一致		与主时钟进行比对
32△	数据传输	车道与上级收费系统间能准确传输收费数据		实操检验
33	车道维修和复位操作处理	维护菜单允许授权维护员进行车道维护和复位操作		实操检验
34	支持双片式车载单元(OBU)、单片式OBU交易	同时支持双片式OBU,单片式OBU交易,并可在OBU[或电子不停车收费(ETC)卡]内写入人口信息		实操检验
35	支持高速公路复合通信(CPC)卡交易	支持CPC卡交易,写入规定的人口信息		实操检验
36	车辆信息采集	自动检测识别通行车辆的车牌、车型等信息,支持人工校核,修正自动识别的车辆信息		实操检验
37	收费参数接收与更新	具备接收、更新收费参数(状态名单、信用黑名单、大件运输车辆名单、省内通行名单减免名单、"两客一危"车辆信息等)功能,并将详情车辆信息写入交易记录中		实操检验

续上表

项次	检验项目	规定值/允许偏差	检验结果	检验频率和方法
38	接收入口称重检测数据	能够接收入口称重检测数据,并按相关规定判定、处置		实操检验
39	承载ETC门架功能	具备接收、更新省联网中心下发的本站收费费率,可在OBU(CPU用户卡)、CPC卡内正确写入入口信息并计费,形成ETC或CPC卡通行记录;储值卡用户余额不足时,能按运营规则处置		实操检验
40	信息自动匹配	ETC交易记录、CPC卡通行记录应与车辆抓拍图片进行自动匹配,并实时上传至收费站系统		实操检验
41	货车超载拦截	根据入口称重检测数据进行判定,具备自动拦截超载车辆功能		实操检验
42	CPC卡电量判定	应具备CPC卡电量判定功能,电量低于8%时不得在车道发放		实操检验
43△	断网复原功能	断开车道控制机与收费站的通信信路,车道工作状态正常,通信链路恢复后数据无丢失		功能验证
44	特情车辆处理	对标签拆卸、标签失效、状态名单、信用黑名单、未通用户卡、卡签不一致等特情车辆,符合设定的处理流程,费额信息显示和特情提示信息与现实情况一致		实操检验
45	ETC车辆交易成功后持CPC卡通行	正常ETC车辆交易成功后,换取CPC卡交易正确,符合规定的处理流程		实操检验
46△	正常ETC客车通行交易流程	客1、客2、客3、客4分别通行(兼具ETC门架功能),交易处理和计费正确,费额信息显示及时正确		实车测试或试查验历史记录

续上表

项次	检验项目	规定值/允许偏差	检验结果	检验频率和方法
47△	正常ETC货车通行交易流程	货1、货2、货3、货4、货5、货6分别通行，交易处理和计费正确（兼具ETC门架功能），费额信息显示屏信息显示及时正确		实车测试或查验历史记录
48△	正常ETC专项作业车通行交易流程	专项1、专项2、专项3、专项4、专项5、专项6分别通行，交易处理和计费正确（兼具ETC门架功能），费额信息显示屏信息显示及时正确		实车测试或查验历史记录
49△	人工半自动收费车道(MTC)客车通行交易流程	客1、客2、客3、客4分别通行，交易处理和计费正确（兼具ETC门架功能），费额信息显示屏信息显示及时正确		实车测试或查验历史记录
50△	MTC货车通行交易流程	货1、货2、货3、货4、货5、货6分别通行，交易处理和计费正确（兼具ETC门架功能），费额信息显示屏信息显示及时正确		实车测试或查验历史记录
51△	MTC专项作业车通行交易流程	专项1、专项2、专项3、专项4、专项5、专项6分别通行，交易处理和计费正确（兼具ETC门架功能），费额信息显示屏信息显示及时正确		实车测试或查验历史记录
52	跟车干扰交易流程	电子标签正常车辆跟电子标签异常或无电子标签车辆进入混合车道，能正确完成交易与放行		实车测试

外观情况：

自检结论：

质检工程师：　　　　　　　　　日期：

附表 14-300

出口混合车道设备及软件质量检验表

施工单位：
监理单位：
工程名称：
桩号及部位：
合同号：
编　号：
施工时间：
检验时间：

项次	检验项目	规定值/允许偏差	检验结果	检验频率和方法
1△	车道设备绝缘电阻	强电端子对机壳＞50MΩ		500V绝缘电阻测试仪测量
2△	车道设备共用接地电阻	≤1Ω		接地电阻测量仪测量
3	天线安装高度	符合设计要求，设计无要求时≥5.5m		量具测量
4	天线立柱防腐涂层厚度	符合设计要求，设计无要求时≥85μm		涂层测厚仪测量
5	车道信息指示屏的色度和亮度	色度符合现行《高速公路LED可变信息标志》(GB/T 23828)的规定，亮度符合设计要求，设计无要求时≥5000cd/m²		色度/亮度计测量
6△	车道信息指示屏控制与显示	切换控制正常，显示信息正确		实操检验
7	收费天棚车道控制标志的色度和亮度	色度符合现行《LED车道控制标志》(JT/T 597)的规定，夜间亮度≥1000cd/m²		色度/亮度计测量
8△	收费天棚车道控制标志控制和显示	可按设计要求控制，显示正确		实操检验
9△	收费车道通行信号灯控制和显示	可按设计要求控制，显示正确		实操检验
10	车道专用费额信息显示屏色度和亮度	色度符合现行《高速公路LED可变信息标志》(GB/T 23828)的规定，亮度符合设计要求，设计无要求时≥1500cd/m²		色度/亮度计测量
11△	车道专用费额信息显示屏信息显示	通过车辆时，能够及时正确显示设定信息		实操检验，观察费额显示屏显示信息

续上表

项次	检验项目	规定值/允许偏差	检验结果	检验频率和方法
12△	闪光报警器	能按设定要求触发，正确响应		实操检验
13	电动栏杆起落时间	符合设计要求，设计无要求时≤1.0s		计时器具测量
14	电动栏杆机壳防腐涂层厚度	符合设计要求，设计无要求时≥76μm		涂层测厚仪测量
15	电动栏杆机功能	能按设定操作流程动作，且具有防砸车和水平回转功能		功能验证
16	环形线圈电感量	符合设计要求，设计无要求时满足环形线圈电感量在50~1000μH之间		电感测量仪测量
17	专用键盘	操作灵活，响应准确		实操检验
18	复合读写器	正确读写通行卡，满足保密要求		实操检验
19△	票据打印机	快速正确打印票据		实操检验
20△	车道图像抓拍	车辆进入车道时能启动图像抓拍功能，抓拍信息符合设计要求，并能按规定格式存储转发		实操检验
21△	车道摄像机	可对车道设定区域实时录像，图像清晰		实操检验
22	字符叠加	车道摄像机、车道抓拍图像信息叠加清晰、正确		实操检验
23	车牌自动识别功能	对采集的车辆图像进行处理、识别，并保存识别结果，识别结果应包含车牌号、识别时间、车牌颜色等		实操检验
24	车牌识别准确率	≥95%		连续测试24h以上，查验200张以上图片

续上表

项次	检验项目	规定值/允许偏差	检验结果	检验频率和方法
25△	RSU通信区域	宽度≤3.3m		场强仪测量
26△	车道初始状态	车道信息指示屏显示车道关闭，车道栏杆处于水平关闭状态，收费亭内显示器显示内容符合设计要求，并具有防止恶意登录功能		实操检验，登录时输入正确、错误各一次验证恶意登录功能
27△	车道打开状态	成功登录后能打开车道，系统进入工作状态		实操检验
28	车道软件系统登录与退出	启动车道软件后，能可靠登录与退出		实操检验
29	车道设备工作状态监测及故障报警	能监测天线、电动栏杆、车道控制标志等车道设备的工作状态，设备故障时输出报警提示信息		实操检验
30	记录日志查询	能查询通行车辆交易流程日志信息		实操检验
31△	车道收费数据上传功能	车辆交易数据正确上传至上级收费系统		功能验证
32	时钟同步功能	车道系统时钟与上级收费系统同步一致		与主时钟进行比对
33△	数据传输	车道与上级收费系统间能准确传输收费数据		实操检验
34	车道维修和复位操作处理	维护菜单允许授权维护员进行车道维护和复位操作		实操检验
35	支持双片式OBU、单片式OBU交易	同时支持双片式OBU、单片式OBU，并可在OBU（或ETC卡）内清除入口信息		实操检验

续上表

项次	检验项目	规定值/允许偏差	检验结果	检验频率和方法
36	支持 CPC 卡交易	支持 CPC 卡交易,清除卡内过站信息和计费信息		实操检验
37	车辆信息采集	自动检测识别通行车辆的车牌、车型等信息,支持人工校核,修正自动识别的车辆信息		实操检验
38	收费参数接收与更新	具备接收、更新收费参数(通行费率、状态名单、信用优化减免名单、大件运输车辆名单、省内通行费优化减免名单、"两客一危"车辆名单等)功能,并将特情车辆信息写入交易记录中		实操检验
39	接收出口称重检测数据	能够接收出口称重检测数据,并按相关规定判定、处置		实操检验
40	承载 ETC 门架功能	具备接收、更新通行费,完成计费、收费并计算费率,过站信息及计费信息,形成通行交易记录入口信息,过站信息及计费信息,形成通行交易记录		实操检验
41	信息自动匹配	ETC 交易记录、CPC 卡通行记录应与车辆抓拍图片进行自动匹配,并实时上传至收费站系统		实操检验
42△	断网复原功能	断开车道控制机与收费站的通信链路,车道工作状态正常,通信链路恢复后数据无丢失		功能验证
43	同时有 OBU、CPC 卡车情处理	按 CPC 卡车辆处置		实操检验

541

续上表

项次	检验项目	规定值/允许偏差	检验结果	检验频率和方法
44	无CPC卡、坏卡车辆处理	按通行车辆车牌号、车型、入口信息计算通行费		实操检验或查看历史记录
45	CPC卡内无入口信息或实际车型、车牌与卡内信息不符车辆处理	按通行车辆车牌号、车型信息计算通行费		实操检验或查看历史记录
46	ETC车辆特情处理	对标签拆卸、未插用户卡、卡签不一致、标签失效、状态名单、信用黑名单等特情的处理流程，符合设定的处理流程，费额信息显示特情提示信息与现实情况一致		实操检验或查看历史记录
47	货车超限超载车辆处理	符合设定的操作流程，具备拦截超限超载车辆功能		实车测试或查验历史记录
48△	正常ETC客车通行交易流程	客1、客2、客3、客4分别通行，扣费正确，费额信息显示及时正确通行费全程通行费金额及相关信息		实车测试或查验历史记录
49△	正常ETC货车通行交易流程	货1、货2、货3、货4、货5、货6分别通行，交易处理和扣费正确，费额信息显示及时正确显示全程通行费金额及相关信息		实车测试或查验历史记录
50△	正常ETC专项作业车通行交易流程	专项1、专项2、专项3、专项4、专项5、专项6分别通行，交易处理和扣费正确，费额显示屏及时正确显示全程通行费金额及相关信息		实车测试或查验历史记录

续上表

项次	检验项目	规定值/允许偏差	检验结果	检验频率和方法
51△	MTC客车通行交易流程	客1、客2、客3、客4分别通行，交易处理和计费正确，费额信息显示屏及时正确显示全程通行费金额及相关信息		实车测试或查验历史记录
52△	MTC货车通行交易流程	货1、货2、货3、货4、货5、货6分别通行，交易处理和计费正确，费额信息显示屏及时正确显示全程通行费金额及相关信息		实车测试或查验历史记录
53△	MTC专项作业车通行交易流程	专项1、专项2、专项3、专项4、专项5、专项6分别通行，交易处理和计费正确，费额信息显示屏及时正确显示全程通行费金额及相关信息		实车测试或查验历史记录
54	跟车干扰交易流程	电子标签正常车辆跟电子标签异常或无电子标签车辆进入出口混合车道，能正确完成交易与放行		实车测试

外观情况：

自检结论：

质检工程师： 日期：

ETC专用车道设备及软件质量检验表

附表 14-301

施工单位：
监理单位：
合同号：
编 号：

工程名称		施工时间	
桩号及部位		检验时间	

项次	检验项目	规定值/允许偏差	检验结果	检验频率和方法
1△	车道设备绝缘电阻	强电端子对机壳≥50MΩ		500V 绝缘电阻测试仪测量
2△	车道设备共用接地电阻	≤1Ω		接地电阻测量仪测量
3	天线安装高度	符合设计要求，设计无要求时≥5.5m		量具测量
4	天线立柱防腐涂层厚度	符合设计要求，设计无要求时≥85μm		涂层测厚仪测量
5	车道信息指示屏的色度和亮度	色度符合现行《高速公路 LED 可变信息标志》(GB/T 23828)的规定，亮度符合设计要求，设计无要求时亮度≥5000cd/m²		色度/亮度计测量
6△	车道信息指示屏控制与显示	切换控制正常，显示信息正确		实操检验
7	收费天棚车道控制标志的色度和亮度	色度符合现行《LED 车道控制标志》(JT/T 597)的规定，夜间亮度≥1000cd/m²		色度/亮度计测量
8△	收费天棚车道控制标志控制和显示	可按设计要求控制，显示正确		实操检验
9△	收费车道通行信号灯控制和显示	可按设计要求控制，显示正确		实操检验
10	车道专用费额信息显示屏色度和亮度	色度符合现行《高速公路 LED 可变信息标志》(GB/T 23828)的规定，亮度符合设计要求，设计无要求时≥1500cd/m²		色度/亮度计测量

续上表

项次	检验项目	规定值/允许偏差	检验结果	检验频率和方法
11△	车道专用费额信息显示屏信息显示	通过车辆时,能够正确显示全程通行费金额或其他设定的信息		实操检验,观察费额显示屏显示信息
12△	闪光报警器	能按设定要求触发,正确响应		实操检验
13	电动栏杆起落时间	符合设计要求,设计无要求时≤1.0s		计时器具测量
14	电动栏杆光防腐涂层厚度	符合设计要求,设计无要求时≥76μm		涂层测厚仪测量
15△	电动栏杆机功能	能按规操作流程动作,且具有防砸车和水平回转功能		实操检验
16	环形线圈电感量	符合设计要求,设计无要求时满足环形线圈电感量在50~1000μH之间		电感测量仪测量
17	专用键盘	操作灵活,响应准确		实操检验
18△	车道图像抓拍	车辆进入车道时能启动图像抓拍功能,抓拍信息符合设计要求,并能按规格式存储转发		实操检验
19△	车道摄像机	可对车道设定区域实时录像,图像清晰		实操检验
20	字符叠加	车道摄像机、车道抓拍图像信息叠加清晰、正确		实操检验
21	车牌自动识别功能	对采集的车辆图像进行处理、识别,并保存识别结果,识别结果应包含车牌号、识别时间、车牌颜色等		实操检验

续上表

项次	检验项目	规定值/允许偏差	检验结果	检验频率和方法
22	车牌识别正确率	≥95%		连续测试24h以上,查验200张以上图片
23△	RSU通信区域	宽度≤3.3m		场强仪测量
24△	车道初始状态	车道信息指示屏显示车道关闭,车道栏杆处于水平关闭状态,收费亭内显示器显示内容符合设计要求,并具有防止恶意登录功能		实操检验,登录时输入正确、错误各一次验证恶意登录功能
25△	车道打开状态	成功登录后能打开车道,系统进入工作状态		实操检验
26	车道软件系统登录与退出	启动车道软件后,能可靠登录与退出		实操检验
27	车道设备工作状态监测及故障报警	能监测天线、电动栏杆、车道控制标志等车道设备的工作状态,设备故障时输出报警提示信息		实操检验
28	记录日志查询	能查询通行车辆交易流程日志信息		实操检验
29△	车道收费数据上传功能	车辆交易数据正确上传至上级收费系统		实操检验
30	时钟同步功能	车道系统时钟与上级收费系统时钟同步一致		与主时钟进行比对
31△	数据传输	车道与上级收费系统间能准确传输收费数据		实操检验
32	车道维修和复位操作处理	维护菜单允许授权维护员进行车道维护和复位操作		实操检验
33	支持双片式OBU、单片式OBU交易	同时支持双片式OBU、单片式OBU交易,并可在OBU(或ETC卡)内写入人口信息		实操检验

续上表

项次	检验项目	规定值/允许偏差	检验结果	检验频率和方法
34	收费参数接收与更新	具备接收、更新收费参数（通行费率、状态名单、信用黑名单、大件运输车辆名单、省内通行费优化减免名单、"两客一危"车辆名单等）功能，并将特情车辆信息写入交易记录中		实操检验
35	承载ETC门架功能	具备接收、更新省联网中心下发的本站收费费率并计算通行费，形成通行费交易记录		实操检验
36△	断网复原功能	断开车道控制机与收费站的通信链路，车道工作状态正常，通信链路恢复后数据无丢失		功能验证
37	特情车辆处理	对标签拆卸、标签失效、状态名单、信用黑名单、未捕用户卡、卡签不一致等特情车辆，符合设定的处理流程，费额信息与现实情况一致，特情提示显示屏信息一致		实操检验或查看日志记录
38	超限超载车辆处理	符合设定的操作流程，具备拦截超限超载车辆功能		实车测试或查验历史记录
39△	正常ETC客车通行交易流程	客1、客2、客3、客4分别通行，交易正确，费额信息显示屏信息显示及时正确		实车测试或查验历史记录
40△	正常ETC货车通行交易流程	货1、货2、货3、货4、货5、货6分别通行，交易正确，费额信息显示屏信息显示及时正确		实车测试或查验历史记录

续上表

项次	检验项目	规定值/允许偏差	检验结果	检验频率和方法
41△	正常ETC专项作业车通行交易流程	专项1、专项2、专项3、专项4、专项5、专项6分别通行,交易正确,费额信息显示屏信息显示及时正确		实车测试或查验历史记录
42	跟车干扰交易流程	电子标签异常车辆跟电子标签正常车辆进入ETC车道,跟车距离≥2m时,能正确完成交易与放行		跟车距离:3m、2m、1m分别测试
		电子标签正常车辆跟电子标签异常车辆进入ETC车道,跟车距离≥2m时,能正确完成交易与放行		

外观情况:

自检结论:

质检工程师:　　　　　　　　　　　　　　　日期:

附表 14-302

ETC 门架系统质量检验表

施工单位：
监理单位：

合同号：
编 号：

工程名称			施工时间	
桩号及部位			检验时间	
项次	检验项目	规定值/允许偏差	检验结果	检验频率和方法
1	基础尺寸	符合设计要求，允许偏差为(-50，+100)mm		长、宽用卷尺测量，埋深查隐蔽工程验收记录或实测
2	机箱、立柱防腐涂层厚度	符合设计要求，设计无要求时符合现行《公路交通工程钢构件防腐技术条件》(GB/T 18226)的规定		涂层测厚仪测量
3△	保护接地电阻	≤4Ω		接地电阻测量仪测量
4△	防雷接地电阻	≤10Ω		接地电阻测量仪测量
5△	共用接地电阻	如外场设备的保护接地和防雷接地体未分开设置，则共用接地电阻≤1Ω		接地电阻测量仪测量
6	设备状态监测功能	可按设计要求对车道控制器、路侧单元(RSU)、车牌识别设备、供电、通信网络等工作状态进行远程监测监控		功能验证
7△	ETC 分段计费	实行 ETC 分段计费，形成 ETC 通行记录		实操检验或查验历史通行记录
8△	CPC 卡分段计费	实行 CPC 卡分段计费，形成 CPC 卡通行记录		实操检验或查验历史通行记录
9	车辆图像抓拍与车牌自动识别	前置、后置摄像机能够对通行车辆进行图像抓拍，抓拍图片清晰完整，并输出车牌自动识别结果		功能验证

续上表

项次	检验项目	规定值/允许偏差	检验结果	检验频率和方法
10	车牌识别正确率	≥95%		在安装该门架的上（下）行断面连续测试24h以上，查验200张以上图片
11△	记录生成、存储、查询	按设计要求生成、存储ETC通行记录、CPC卡通行记录、车辆图像记录以及状态监测记录，并在收费稽核系统中能够查询有关记录		功能验证
12	设备远程控制	对关键设备（天线、车牌识别设备、车道控制器等）允许远程授权登陆，调整更新设备参数，获取ETC门架日志、备份车辆通行记录和图片等，支持系统在线升级		功能验证
13△	主备天线系统切换	具备主、备天线系统联网运行工作能力，当主天线系统运行异常时，应及时自动切换到备用天线系统，确保天线系统不间断工作		实操检验
14	参数管理	应能正确接收上级系统下发的运行参数，更新运行参数后系统能正常运行		功能验证
15	数据存储重传	网络故障时，系统可离线运行，并存储通行记录信息。网络恢复后，自动将存储的车辆通行记录数据上传		功能验证

续上表

项次	检验项目	规定值/允许偏差	检验结果	检验频率和方法
16	通行记录匹配	ETC通行记录、CPC卡通行记录与车辆图像抓拍记录进行自动匹配，匹配结果正确且无重复记录		实操检验或查验历史记录
17△	时钟同步	与北斗授时时钟同步		实操检验
18	数据传输	ETC通行记录、CPC卡通行记录、抓拍的车辆图像等数据正确上传至上级收费系统		实操检验
19	主备通信链路切换	现有收费主通信链路运行异常时，应及时自动切换到备用通信链路		实操检验
20	通信区域	区域应满足车辆通行正确交易的需求		OBU测试
21	RSU工作信号强度	不低于OBU、CPC卡接收灵敏度，或应满足ETC车辆和CPC卡车辆通行时的数据交互要求		在ETC门架系统通信区域内自动采集RSU工作信号，测试RSU工作信号强度
22△	RSU工作频率	信道1:5.830GHz 信道2:5.840GHz		在ETC门架系统通信区域内自动采集RSU工作信号，测试RSU工作频率
23△	RSU占用带宽	≤5MHz		在ETC门架系统通信区域内自动采集RSU工作信号，测试RSU工作占用带宽

续上表

项次	检验项目	规定值/允许偏差	检验结果	检验频率和方法
24	RSU前导码	16位"1"加16位"0"		在ETC门架系统通信区域内自动采集RSU工作信号,测试RSU工作信号前导码
25△	RSU通信流程	符合最新规定的RSU与OBU、RSU与CPC卡的专用短程通信(DSRC);通信流程		在ETC门架系统通信区域内自动采集RSU工作信号,测试RSU工作信号通信流程
26 一体化机柜	26.1 安装条件	具备10U以上19in机架的安装空间		实操检验
	26.2 户外空调	支持柜内温度自动调整,可根据各地区环境温度差异设定柜内温度		实操检验
	26.3 动环监测	可监测烟雾、水浸、温湿度、门禁等状态		实操检验
	26.4 防盗和防破坏	安装防盗锁,柜体无裸露可拆卸部件		实操检验
	26.5 门禁控制	门禁能远程控制,并可对开、关状态进行监测		实操检验
	26.6 柜内照明	照明灯具工作正常		实操检验
	26.7 火灾报警	可探测火灾并报警		实操检验
	26.8 移动发电机接入功能	能在需要时接入移动发电机		实操检验

续上表

项次	检验项目		规定值/允许偏差	检验结果	检验频率和方法
27	供配电设施	27.1 输入输出电压	符合220V、380V等标准电压等级要求,偏差±7%以内		电压表实测
		27.2 远程控制与监测	能远程控制电源输入、输出通断,并对供电情况进行实时监测		功能验证
		27.3 自动报警和保护	过欠压、过流、过载时供电系统能自动报警,并启动保护		功能验证
		27.4 电源冗余运行	主、备电源并机冗余运行,当正常供电或备用电源任一路发生故障时,另一路能够零时间切换为设备供电		功能验证
		27.5 电源切换	主、备电源可进行零时间切换,保证设备工作不间断		功能验证

外观情况:

自检结论:

质检工程师:　　　　　日期:

收费站设备及软件质量检验表

附表 14-303

施工单位：
监理单位：
合同号：
编　号：

工程名称		施工时间	
桩号及部位		检验时间	

项次	检验项目	规定值/允许偏差	检验结果	检验频率和方法
1△	收费站共用接地电阻	≤1Ω		接地电阻测量仪测量
2△	对车道设备的实时监视功能	收费站监视计算机可实时监视、显示车道设备的状态及操作情况		功能验证
3	原始数据查询统计功能	通过专用服务器和收费管理计算机可查询、统计原始数据		功能验证
4△	图像稽查功能	能稽查所有出入口车道通行车辆图像		功能验证
5	报表生成打印功能	能通过收费管理计算机打印各种报表		功能验证
6	费率表查看功能	能通过收费管理计算机查看费率表		功能验证
7	与车道控制机的数据通信功能	专用服务器在不同模式下可和车道控制机实现数据通信		功能验证
8△	数据备份功能	依据所省定的备份策略，对收费数据分重要文件进行备份，并且在系统出现故障时，可根据需要对收费数据或文件进行恢复		功能验证
9	字符叠加功能	在监视器上可观察到叠加的信息		功能验证
10	与收费分中心的数据交换功能	按设计要求与收费分中心交换规定的数据		功能验证

续上表

项次	检验项目	规定值/允许偏差	检验结果	检验频率和方法
11	断网数据上传功能	与收费中心计算机通信故障时，数据可在本地存储，并能在通信恢复后上传至收费中心计算机		功能验证
12△	图像切换功能	监视计算机能切换显示各车道及收费亭内摄像机图像		功能验证
13	查看特殊事件功能	能查看入口、出口车道特殊事件处理明细		功能验证
14	系统恢复功能	系统崩溃或电源故障修复或排除后，重新启动系统，系统能自动恢复至正常工作状态		功能验证或核查历史记录

外观情况：

自检结论：

质检工程师：　　　　　　　　　　日期：

收费分中心设备及软件质量检验表

附表 14-304

施工单位：
监理单位：
合同号：
编　号：

工程名称		施工时间	
桩号及部位		检验时间	
项次	检验项目	规定值/允许偏差	检验结果	检验频率和方法
---	---	---	---	---
1△	收费分中心共用接地电阻	≤1Ω		接地电阻测量仪测量
2△	与收费站的数据传输功能	定时或实时查询、采集各收费站的数据		功能验证
3△	图像稽查功能	能稽查所有出入口车道"有问题"车辆图像		功能验证
4	通行卡管理功能	能进行通行卡发放和调拨管理		功能验证
5	报表统计管理及打印功能	收费分中心计算机能打印报表		功能验证
6	对各站及车道视频录像（CCTV）图像切换及控制功能	能切换、控制各收费站、车道的CCTV图像		功能验证
7△	数据备份功能	依据所指定的备份策略，对收费数据和部分重要文件进行备份，并且在系统出现故障时，能根据需要对收费数据文件进行恢复		功能验证
8	系统恢复功能	系统崩溃或电源故障修复或排除后，重新启动系统，系统能自动恢复至正常工作状态		功能验证或核查历史记录

外观情况：

自检结论：

质检工程师：　　　　　　　　　　　　　　　　　　　日期：

联网收费管理中心（收费中心）设备及软件质量检验表

附表 14-305

施工单位：
监理单位：

工程名称：　　　　　　　　　　　　　　　　　　施工时间：　　　　　　　合同号：
桩号及部位：　　　　　　　　　　　　　　　　　　检验时间：　　　　　　　编　号：

项次	检验项目	规定值/允许偏差	检验结果	检验频率和方法
1△	联网收费管理中心共用接地电阻	≤1Ω		接地电阻测量仪测量
2△	费率表、车型分类参数的设置与变更	能设置、变更费率表、车型分类参数，并下传到收费站		实操检验
3△	时钟同步功能	能对收费系统的时钟进行统一校准		与下级系统时钟进行比对
4	通行卡管理功能	通过授权正确制作通行卡、公务卡、身份卡，并能记录、统计、查询本中心发行卡的信息		功能验证
5	票证管理功能	能完成票证的入库、发放、核销和调拨等管理功能		功能验证或核查记录
6	通行费拆分	能按规定自动或手动完成通行费的正确拆分		实操检验
7△	数据备份功能	依据所指定的备份策略，对收费数据和部分重要文件进行备份，并且在系统出现故障时，能根据需要对收费数据或文件进行恢复		功能验证
8△	参数下发	黑名单、费率等参数下发符合设计要求		实操检验
9△	报表生成及打印	符合设计要求		实操检验

续上表

项次	检验项目	规定值/允许偏差	检验结果	检验频率和方法
10△	通行费清分记账	符合设计要求		实操检验
11△	通行费拆账划拨	符合设计要求		实操检验
12△	通行费结算	符合设计要求		实操检验
13△	黑名单管理	符合设计要求		实操检验
14	基础数据管理	能完成查询、增加、删除、修改现有收费路网的联网收费系统运行参数，无须修改软件源程序代码		实操检验
15	数据传输	能按设计要求实现收费数据的自动接收或手动重传，能与下级收费系统实现数据交换		实操检验
16	系统恢复功能	系统崩溃或电源故障修复或排除后，重新启动系统，系统能自动恢复至正常工作状态		功能验证或查核查历史记录
17	软件性能	系统在正常运行稳定后，能满足设计要求的性能		实操检验或查验软件评测报告

外观情况：

自检结论：

质检工程师：　　　　　　　　　　日期：

附表 14-306

IC 卡发卡编码系统质量检验表

施工单位：
监理单位：

工程名称：　　　　　　　　　　　　　　施工时间：
桩号及部位：　　　　　　　　　　　　　　检验时间
合同号：
编　号：

项次	检验项目	规定值/允许偏差	检验结果	检验频率和方法
1	发卡设备绝缘电阻	强电端子对机壳≥50MΩ		500V绝缘电阻测试仪测量
2	发放身份IC卡	可制作不同类型的身份卡		实操检验
3	发放公务IC卡	可制作公务卡		实操检验
4	发放预付IC卡	可制作预付卡		实操检验
5	预付卡业务查询、统计与打印	路段分中心可为持卡人开设系列查询业务，可打印对账单等		实操检验
6	发放通行IC卡	可制作通行卡		实操检验
7	兼容功能	能适应符合标准的不同生产企业的卡		功能验证
8△	防冲突功能	可同时识别两张卡，识别正确		功能验证
外观情况：				
自检结论：				

质检工程师：　　　　　　　　　　　　　　日期：

附表 14-307

内部有线对讲及紧急报警系统质量检验表

施工单位：　　　　　　　　　　　　　　　　合同号：
监理单位：　　　　　　　　　　　　　　　　编　号：

工程名称		施工时间	
桩号及部位		检验时间	
项次	检验项目	规定值/允许偏差	检验结果	检验频率和方法
1△	主机全呼分机	主机能同时向所有分机广播		实操检验
2△	主机单呼某个分机	主机能呼叫系统内任一个分机		实操检验
3△	分机呼叫主机	分机能呼叫主机		实操检验
4△	分机之间的串音	分机之间不能相互通话		实操检验
5	扬声器音量调节	音量可调		实操检验
6	话音质量	话音清晰,音量适中,无噪声,断字等缺陷		实操检验
7	按钮状态指示灯	主机上有可视信号显示呼叫的分机号码		实操检验,目测主机显示呼叫分机号码是否正确
8	语音电话系统	主机与各分机间能呼叫通话,话音清晰,音量适中,无噪声,断字等缺陷		实操检验
9	语音窃听功能	可实现收费操作过程中的语音录制及侦听		功能验证
10△	手动/脚踏报警功能	按动报警开关可驱动报警器		功能验证
11	报警信号输出功能	触发报警时,闭路电视监视系统可自动切换到相应摄像机图像		功能验证
外观情况：				
自检结论：				

质检工程师：　　　　　　　　　　　　　　　　日期：

超限检测系统质量检验表

附表 14-308

施工单位：　　　　　　　　　　　　　　　施工时间：
监理单位：　　　　　　　　　　　　　　　检验时间
合同号：
编　号：

工程名称				
桩号及部位				
项次	检验项目	规定值/允许偏差	检验结果	检验频率和方法
1△	车道设备绝缘电阻	强电端子对机壳≥50MΩ		500V绝缘电阻测试仪测量
2	接地连接	保护地、防雷地的接地连接可靠连接到接地汇流排上		目测检查，必要时用接地电阻测量仪测量
3△	设备共用接地电阻	≤1Ω		接地电阻测量仪测量
4	电动栏杆机壳防腐涂层厚度	符合设计要求，设计无要求时≥76μm		涂层测厚仪测量
5△	电动栏杆功能	可按设定操作流程动作，且具有防砸车和水平回转功能		功能验证
6	车道尊行信号灯控制和显示	可按设计要求控制，显示正确		实操检验
7△	图像抓拍	车辆进入车道时能启动图像抓拍功能，抓拍信息符合设计要求，并能按规定格式存储转发		功能验证
8	车道摄像机	可对车道设定区域实时录像，图像清晰		实操检验
9	字符叠加	车道抓拍图像信息叠加清晰、正确		实操检验
10	车牌自动识别功能	对采集的图像进行处理、识别，并保存识别结果，识别结果应包含车牌号、识别时间、车牌颜色等		功能验证

561

续上表

项次	检验项目	规定值/允许偏差	检验结果	检验频率和方法
11△	闪光报警器	能按设定要求触发,正确响应		实操检验
12	车辆分离器功能	工作稳定,输出结果正确		功能验证
13	轴型识别器功能	工作稳定,输出结果正确		功能验证
14	线圈电感量	符合设计要求,设计无要求时满足线圈电感量在50~1000μH之间		电感测量仪测量
15△	计重控制处理器功能	能对计重车辆车型分类识别;能将实测单轴数据或整车数据及时传至超限检测系统		功能验证
16△	计重精度	符合设计要求		查验计量检定证书
17	计重校准功能	可设置系统到校准工作模式,并通过仪表面板上的按钮或者厂商提供的设定工具,对计重设备进行校准		功能验证
18	视频监视功能	可对超限检测站区全覆盖监视并录像		功能验证
19	系统登录与退出	启动超限检测系统后,能可靠登录与退出		实操检验
20	信息输出与显示	按设计要求输出与显示车辆载重等信息		实操检验
21	超限信息显示屏色亮度	色度符合现行《高速公路LED可变信息标志》(GB/T 23828)的规定,亮度符合设计要求,设计无要求时取1500cd/m²		色度/亮度计测量
22△	超限报警与处理功能	通过车辆敏检测到超限时,系统可自动报警,并按设计要求启动超限处理程序		功能验证

续上表

项次	检验项目	规定值/允许偏差	检验结果	检验频率和方法
23	数据查询与统计	超限检测管理计算机能查询、统计超限检测数据,并按设计要求输出统计报表		实操检验
24	数据传输	断开超限检测系统与上级系统的通信链路后,系统能正常工作,恢复通信链路后,系统可完整传输检测数据		功能验证
外观情况:				
			自检结论:	

质检工程师:　　　　　　　　　　　　日期:

闭路电视监视系统质量检验表

附表 14-309

施工单位：
监理单位：
合同号：
编　号：

工程名称		施工时间	
桩号及部位		检验时间	

项次	检验项目	规定值/允许偏差	检验结果	检验频率和方法
1	基础尺寸	符合设计要求，允许偏差为（−50，+100）mm		长、宽用卷尺测量，埋深查隐蔽工程验收记录或实测
2	机箱、立柱防腐涂层厚度	符合设计要求，设计无要求时符合现行《公路交通工程钢构件防腐技术条件》(GB/T 18226)的规定		涂层测厚仪测量
3	立柱竖直度	≤5mm/m		全站仪或竖直度测量仪测量
4△	绝缘电阻	强电端子对机壳≥50mΩ		500V绝缘电阻测量仪测量
5△	保护接地电阻	≤4Ω		接地电阻测量仪测量
6△	防雷接地电阻	≤10Ω		接地电阻测量仪测量
7△	共用接地电阻	如外场设备的保护接地和防雷接地体未分开设置，则共用接地电阻≤1Ω		接地电阻测量仪测量
8	8.1 标清模拟复合视频信号 传输通道指标 △8.1.1 视频电平	(700±30)mV		信号发生器发送75%彩条信号，用视频测试仪测量或2T正弦平方波和条脉冲信号，用视频测试仪测量
	△8.1.2 同步脉冲幅度	(300±20)mV		信号发生器发送75%彩条信号，用视频测试仪测量或2T正弦平方波和条脉冲信号，用视频测试仪测量

续上表

项次	检验项目			规定值/允许偏差	检验结果	检验频率和方法
8	传输通道指标	8.1 标清模拟复合视频信号	△8.1.3 回波E	<7%		信号发生器发送2T正弦平方波和条脉冲信号,用视频测试仪测量
			8.1.4 亮度非线性	≤5%		信号发生器发送非调制五阶梯信号,用视频测试仪测量
			8.1.5 色度/亮度增益不等	±5%		信号发生器发送副载波充填的10T信号或副载波充填的条脉冲信号,用视频测试仪测量
			8.1.6 色度/亮度时延差	≤100ns		信号发生器发送副载波充填的10T信号或副载波充填的条脉冲信号,用视频测试仪测量
			8.1.7 微分增益	≤10%		信号发生器发送调制五阶梯信号,用视频测试仪测量
			8.1.8 微分相位	≤10°		信号发生器发送调制五阶梯信号,用视频测试仪测量
			△8.1.9 幅频特性（5.8MHz带宽内）	±2dB		信号发生器发送 $\sin x/x$ 信号,用视频测试仪测量
			△8.1.10 视频信噪比（加权）	≥56dB		信号发生器发送多波群信号,用视频测试仪测量

续上表

项次	检验项目		规定值/允许偏差	检验结果	检验频率和方法
8	8.2 高清视频信号传输通道指标	△8.2.1 Y信号输出量化误差	-10% ~ 10%		数字信号发生器发送高清晰度2T脉冲和条幅信号,用数字视频测试仪测量
		△8.2.2 C_R(P_R)信号输出量化误差	-10% ~ 10%		数字信号发生器发送高清晰度2T脉冲和条幅信号,用数字视频测试仪测量
		△8.2.3 C_B(P_B)信号输出量化误差	-10% ~ 10%		数字信号发生器发送高清晰度2T脉冲和条幅信号,用数字视频测试仪测量
		△8.2.4 Y信号幅频特性	30MHz带宽内±3dB		数字信号发生器发送高清晰度多波群信号或 sinx/x 信号,用数字视频测试仪测量
		8.2.5 Y、C_B(P_B)、C_R(P_R)信号的非线性失真	≤5%		数字信号发生器发送高清晰度五阶梯波信号,用数字视频测试仪测量
		△8.2.6 亮度通道的线性响应(Y信号)的K系数	≤3%		数字信号发生器发送高清晰度2T脉冲和条幅信号,用数字视频测试仪测量
		8.2.7 Y/C_B、Y/C_R[Y/P_B、Y/P_R]信号时延差	±10ns		数字信号发生器发送高清晰度彩条信号,用数字视频测试仪测量
		△8.2.8 Y、C_B(P_B)、C_R(P_R)信号的信噪比(加权)	≥56dB		数字信号发生器发送静默行信号,用数字视频测试仪测量

续上表

项次			检验项目	规定值/允许偏差	检验结果	检验频率和方法
8	传输通道指标	8.3 高清G、B、R视频信号	△8.3.1 G信号输出量化误差	-10%~10%		数字信号发生器发送高清晰度2T脉冲和条幅信号，用数字视频测试仪测量
			△8.3.2 B信号输出量化误差	-10%~10%		数字信号发生器发送高清晰度2T脉冲和条幅信号，用数字视频测试仪测量
			△8.3.3 R信号输出量化误差	-10%~10%		数字信号发生器发送高清晰度2T脉冲和条幅信号，用数字视频测试仪测量
			△8.3.4 G/B/R信号幅频特性	30MHz带宽内±3dB		数字信号发生器发送高清晰度多波群信号或sinx/x信号，用数字视频测试仪测量
			8.3.5 G、B、R信号的非线性失真	≤5%		数字信号发生器发送高清晰度五阶梯波信号，用数字视频测试仪测量
			△8.3.6 亮度通道的线性响应(G、B、R信号的K系数)	≤3%		数字信号发生器发送高清晰度2T脉冲和条幅信号，用数字视频测试仪测量
			8.3.7 G/B、G/R、B/R信号时延差	±10ns		数字信号发生器发送高清晰度彩条信号，用数字视频测试仪测量
			△8.3.8 G、B、R信号的信噪比	≥56dB		数字信号发生器发送静默行信号，用数字视频测试仪测量

续上表

项次	检验项目			规定值/允许偏差	检验结果	检验频率和方法
9	监视器画面指标	9.1 标清模拟复合视频信号	9.1.1 雪花	≥4分		人工（不少于3人）主观评分
			9.1.2 网纹	≥4分		
			9.1.3 黑白滚道	≥4分		
			9.1.4 跳动	≥4分		
		9.2 高清视频信号	9.2.1 失真	≥4分		
			9.2.2 拖尾	≥4分		
			9.2.3 跳帧	≥4分		
			9.2.4 抖动	≥4分		
			9.2.5 马赛克	≥4分		
10△	数据传输性能	10.1 IP网络吞吐率		满足设计文件中编码器最大码流要求，设计无要求时1518帧长≥99%		以太网性能测试仪测量
		10.2 IP网络传输时延		符合设计要求，设计无要求时≤10ms		以太网性能测试仪测量
		10.3 IP网络丢包率		不大于70%流量负荷时≤0.1%		以太网性能测试仪测量
11△	云台水平转动角度			水平：≥350°		实操检验
12△	云台垂直转动角度			上仰≥15°，下俯≥90°		实操检验
13△	监视内容			监控员能清楚识别车型、车牌等信息		实操检验

续上表

项次	检验项目	规定值/允许偏差	检验结果	检验频率和方法
14△	外场摄像机安装稳定性	受大风影响或接受变焦、转动等操控时,画面动作平滑、无抖动		实操检验
15	自动光圈调节	自动调节		实操检验
16	调焦功能	快速自动聚焦		功能验证
17	变倍功能	可对摄像机镜头的放大倍数进行调整		功能验证
18△	切换功能	监控终端可切换系统内任何摄像机		功能验证
19△	录像功能	可录像,且录像回放清晰		功能验证
20	信息叠加功能	加电后,设备能自动恢复到正常通信状态,能与上位机或控制系统连接,并可靠工作		功能验证
21△	复原功能	加电后,设备能自动恢复到正常通信状态,能与上位机或控制系统连接,并可靠工作		功能验证
外观情况:				
自检结论:				

质检工程师: 日期:

附表 14-310

收费站区光缆、电缆线路工程质量检验表

施工单位：　　　　　　　　　　　　　　　　　　　合同号：
监理单位：　　　　　　　　　　　　　　　　　　　编　号：

工程名称				施工时间	
桩号及部位				检验时间	
项次	检验项目	规定值/允许偏差	检验结果		检验频率和方法
1	单模光纤总衰耗	符合设计要求			光时域反射计或光源、光功率计测量
2	多模光纤总衰耗	符合设计要求			光时域反射计或光源、光功率计测量
3△	电力电缆绝缘电阻	≥2MΩ			500V绝缘电阻测试仪测量
4	光缆、电缆埋深	符合设计要求			查隐蔽工程记录，必要时实操检验

外观情况：

自检结论：

质检工程师：　　　　　　　　　　　　　　　　　日期：

附表14-311

收费系统计算机网络质量检验表

合同号：
编　号：

施工单位：
监理单位：

工程名称		施工时间	
桩号及部位		检验时间	
项次	检验项目	规定值/允许偏差	检验结果	检验频率和方法
1△	接线图	符合现行《综合布线系统工程验收规范》（GB/T 50312）的规定		网络认证测试仪测量
2	长度	符合现行《综合布线系统工程验收规范》（GB/T 50312）的规定		网络认证测试仪测量
3△	回波损耗	符合现行《综合布线系统工程验收规范》（GB/T 50312）的规定		网络认证测试仪测量
4	插入损耗	符合现行《综合布线系统工程验收规范》（GB/T 50312）的规定		网络认证测试仪测量
5△	近端串音	符合现行《综合布线系统工程验收规范》（GB/T 50312）的规定		网络认证测试仪测量
6	近端串音功率和	符合现行《综合布线系统工程验收规范》（GB/T 50312）的规定		网络认证测试仪测量
7	衰减远端串音比	符合现行《综合布线系统工程验收规范》（GB/T 50312）的规定		网络认证测试仪测量

续上表

项次	检验项目		规定值 允许偏差	检验结果	检验频率和方法
8	衰减远端串音比功率和		符合现行《综合布线系统工程验收规范》（GB/T 50312）的规定		网络认证测试仪测量
9	衰减近端串音比		符合现行《综合布线系统工程验收规范》（GB/T 50312）的规定		网络认证测试仪测量
10	衰减近端串音比功率和		符合现行《综合布线系统工程验收规范》（GB/T 50312）的规定		网络认证测试仪测量
11	环路电阻		符合现行《综合布线系统工程验收规范》（GB/T 50312）的规定		网络认证测试仪测量
12	时延		符合现行《综合布线系统工程验收规范》（GB/T 50312）的规定		网络认证测试仪测量
13	时延偏差		符合现行《综合布线系统工程验收规范》（GB/T 50312）的规定		网络认证测试仪测量
14△	以太网系统性能要求	14.1 链路传输速率	符合设计要求，设计无要求时符合 10Mb/s、100Mb/s、1000Mb/s 的规定		以太网性能测试仪测量
		14.2 吞吐率	符合设计要求，设计无要求时 1518 帧长 ≥99%		
		14.3 传输时延	符合设计要求，设计无要求时 ≤10ms		
		14.4 丢包率	不大于 70% 流量负荷时 ≤0.1%		

续上表

项次	检验项目		规定值/允许偏差	检验结果	检验频率和方法
15△	以太网链路层健康状况	15.1 链路利用率	≤70%		以太网性能测试仪测量
		15.2 错误率及各类错误	≤1%		
		15.3 广播帧及组播帧	≤50fps		
		15.4 冲突(碰撞)率	≤1%		
16△	网络安全性能		符合设计要求		访谈、文档核查、配置核查、案例验证测试、漏洞扫描测试、渗透性测试等

外观情况：

自检结论：

质检工程师：　　　　　　　　日期：

附表14-312

中压配电设备质量检验表

施工单位：　　　　　　　　　　　　　　　　　　　　　　　合同号：
监理单位：　　　　　　　　　　　　　　　　　　　　　　　编　号：

工程名称			施工时间	
桩号及部位			检验时间	

项次		检验项目	规定值/允许偏差	检验结果	检验频率和方法
1	电力变压器	1.1 绝缘油或SF$_6$气体	符合《电气装置安装工程 电气设备交接试验标准》(GB 50150—2016)中第8.0.3条的规定		符合《电气装置安装工程 电气设备交接试验标准》(GB 50150—2016)中第8.0.3条要求的绝缘油综合测试仪或SF$_6$气体综合测试仪测量
		1.2 绕组连同套管的直流电阻	符合《电气装置安装工程 电气设备交接试验标准》(GB 50150—2016)中第8.0.4条的规定		直流电阻快速测试仪测量
		1.3 分接头电压比	符合《电气装置安装工程 电气设备交接试验标准》(GB 50150—2016)中第8.0.5条的规定		全自动变比组别极性测试仪测量
		1.4 变压器三相接线组别和单相变压器引出线极性	符合《电气装置安装工程 电气设备交接试验标准》(GB 50150—2016)中第8.0.6条的规定		全自动变比组别极性测试仪测量
		1.5 铁芯及夹件的绝缘电阻	符合《电气装置安装工程 电气设备交接试验标准》(GB 50150—2016)中第8.0.7条的规定		直流绝缘电阻测试仪测量
		1.6 非纯瓷套管	符合《电气装置安装工程 电气设备交接试验标准》(GB 50150—2016)中第8.0.8条的规定		交流耐压试验仪、直流绝缘电阻测试仪、绝缘油综合测试仪或SF$_6$气体综合测试仪测量

续上表

项次		检验项目	规定值/允许偏差	检验结果	检验频率和方法
1	电力变压器	1.7 有载调压切换装置的检查和试验	符合《电气装置安装工程 电气设备交接试验标准》(GB 50150—2016)中第8.0.9条的规定		实操检验
		1.8 绕组连同套管的绝缘电阻、吸收比或极化指数	符合《电气装置安装工程 电气设备交接试验标准》(GB 50150—2016)中第8.0.10条的规定		直流绝缘电阻测试仪测量
		1.9 绕组连同套管的交流耐压	符合《电气装置安装工程 电气设备交接试验标准》(GB 50150—2016)中第8.0.13条的规定		交流耐压试验仪测量
		1.10 额定电压下的冲击合闸	符合《电气装置安装工程 电气设备交接试验标准》(GB 50150—2016)中第8.0.15条的规定		冲击电压试验仪测量
		1.11 相位	符合《电气装置安装工程 电气设备交接试验标准》(GB 50150—2016)中第8.0.16条的规定		核相器测量
2	干式电抗器以及消弧线圈	2.1 绕组连同套管的直流电阻	符合《电气装置安装工程 电气设备交接试验标准》(GB 50150—2016)中第9.0.3条的规定		直流电阻快速测试仪测量
		2.2 绕组连同套管的绝缘电阻、吸收比或极化指数	符合《电气装置安装工程 电气设备交接试验标准》(GB 50150—2016)中第9.0.4条的规定		直流绝缘电阻测试仪测量
		2.3 绕组连同套管的交流耐压	符合《电气装置安装工程 电气设备交接试验标准》(GB 50150—2016)中第9.0.6条的规定		交流耐压试验仪测量
		2.4 额定电压下冲击合闸	符合《电气装置安装工程 电气设备交接试验标准》(GB 50150—2016)中第9.0.10条的规定		冲击电压试验仪测量

续上表

项次			检验项目	规定值/允许偏差	检验结果	检验频率和方法
2	电抗器以及消弧线圈	消弧线圈	2.5 绕组连同套管的直流电阻	符合《电气装置安装工程 电气设备交接试验标准》(GB 50150—2016)中第9.0.3条的规定		直流电阻快速测试仪测量
			2.6 绕组连同套管的绝缘电阻、吸收比或极化指数	符合《电气装置安装工程 电气设备交接试验标准》(GB 50150—2016)中第9.0.4条的规定		直流绝缘电阻测试仪测量
			2.7 绕组连同套管的交流耐压	符合《电气装置安装工程 电气设备交接试验标准》(GB 50150—2016)中第9.0.6条的规定		交流耐压试验仪测量
			2.8 与铁心绝缘的各紧固件的绝缘电阻	符合《电气装置安装工程 电气设备交接试验标准》(GB 50150—2016)中第9.0.7条的规定		直流绝缘电阻测试仪测量
		油浸式电抗器	2.9 绕组连同套管的直流电阻	符合《电气装置安装工程 电气设备交接试验标准》(GB 50150—2016)中第9.0.3条的规定		直流电阻快速测试仪测量
			2.10 绕组连同套管的绝缘电阻、吸收比或极化指数	符合《电气装置安装工程 电气设备交接试验标准》(GB 50150—2016)中第9.0.4条的规定		直流绝缘电阻测试仪测量
			2.11 绕组连同套管的交流耐压	符合《电气装置安装工程 电气设备交接试验标准》(GB 50150—2016)中第9.0.6条的规定		交流耐压试验仪测量
			2.12 与铁心绝缘的各紧固件的绝缘电阻	符合《电气装置安装工程 电气设备交接试验标准》(GB 50150—2016)中第9.0.7条的规定		直流绝缘电阻测试仪测量
			2.13 绝缘油	符合《电气装置安装工程 电气设备交接试验标准》(GB 50150—2016)中第9.0.8条的规定		符合《电气装置安装工程 电气设备交接试验标准》(GB 50150—2016)中第9.0.8条要求的绝缘油综合测试仪测量
			2.14 额定电压下冲击合闸	符合《电气装置安装工程 电气设备交接试验标准》(GB 50150—2016)中第9.0.10条的规定		冲击电压试验仪测量

附录14 公路工程施工用表

续上表

项次		检验项目	规定值/允许偏差	检验结果	检验频率和方法
3	互感器对开关高压断路器及负荷开关	3.1 绕组的绝缘电阻	符合《电气装置安装工程 电气设备交接试验标准》(GB 50150—2016)中第10.0.3条的规定		直流绝缘电阻测试仪测量
		3.2 局部放电	符合《电气装置安装工程 电气设备交接试验标准》(GB 50150—2016)中第10.0.5条的规定		局部放电检测设备测量
		3.3 交流耐压	符合《电气装置安装工程 电气设备交接试验标准》(GB 50150—2016)中第10.0.6条的规定		交流耐压试验仪测量
		3.4 绝缘介质性能	符合《电气装置安装工程 电气设备交接试验标准》(GB 50150—2016)中第10.0.7条的规定		符合《电气设备交接试验标准》(GB 50150—2016)中第10.0.7条要求的绝缘油综合测试设备或SF_6气体综合测试仪设备测量
		3.5 绕组的直流电阻	符合《电气装置安装工程 电气设备交接试验标准》(GB 50150—2016)中第10.0.8条的规定		直流电阻快速测试仪测量
		3.6 接线组别和极性	符合《电气装置安装工程 电气设备交接试验标准》(GB 50150—2016)中第10.0.9条的规定		全自动变比组别极性测试仪测量
		3.7 误差	符合《电气装置安装工程 电气设备交接试验标准》(GB 50150—2016)中第10.0.10条的规定		互感器校验仪测量
		3.8 电流互感器的励磁特性曲线	符合《电气装置安装工程 电气设备交接试验标准》(GB 50150—2016)中第10.0.11条的规定		电流互感器励磁特性曲线测试仪测量

续上表

项次		检验项目	规定值/允许偏差	检验结果	检验频率和方法
3	互感器对高压开关及负荷开压断	3.9 电磁式电压互感器的励磁特性	符合《电气装置安装工程 电气设备交接试验标准》(GB 50150—2016)中第10.0.12条的规定		电压互感器励磁特性曲线测试仪测量
		3.10 电容式电压互感器(CVT)	符合《电气装置安装工程 电气设备交接试验标准》(GB 50150—2016)中第10.0.13条的规定		电容式电压互感器测试仪测量
		3.11 密封性能	符合《电气装置安装工程 电气设备交接试验标准》(GB 50150—2016)中第10.0.14条的规定		符合《电气装置安装工程 电气设备交接试验标准》(GB 50150—2016)中第10.0.14条要求的SF_6气体综合测试仪测量设备
4	真空断路器	4.1 绝缘电阻	符合《电气装置安装工程 电气设备交接试验标准》(GB 50150—2016)中第11.0.2条的规定		直流绝缘电阻测试仪测量
		4.2 每相导电回路的电阻	符合《电气装置安装工程 电气设备交接试验标准》(GB 50150—2016)中第11.0.3条的规定		直流电阻快速测试仪测量
		4.3 交流耐压	符合《电气装置安装工程 电气设备交接试验标准》(GB 50150—2016)中第11.0.4条的规定		交流耐压试验仪测量
		4.4 断路器主触头的分、合闸时间,分、合闸的同期性,分、合闸时的弹跳时间	符合《电气装置安装工程 电气设备交接试验标准》(GB 50150—2016)中第11.0.5条的规定		高压开关特性综合测试仪测量
		4.5 分、合闸线圈及合闸接触器线圈的绝缘电阻和直流电阻	符合《电气装置安装工程 电气设备交接试验标准》(GB 50150—2016)中第11.0.6条的规定		直流绝缘电阻测试仪和直流电阻快速测试仪测量
		4.6 断路器操动机构	符合《电气装置安装工程 电气设备交接试验标准》(GB 50150—2016)中第11.0.7条的规定		符合《电气装置安装工程 电气设备交接试验标准》(GB 50150—2016)中第11.0.7条要求的模拟试验

续上表

项次	检验项目		规定值/允许偏差	检验结果	检验频率和方法
5	SF₆断路器	5.1 绝缘电阻	符合《电气装置安装工程 电气设备交接试验标准》(GB 50150—2016) 中第12.0.2条的规定		直流绝缘电阻测试仪测量
		5.2 每相导电回路的电阻	符合《电气装置安装工程 电气设备交接试验标准》(GB 50150—2016) 中第12.0.3条的规定		直流电阻快速测试仪测量
		5.3 交流耐压	符合《电气装置安装工程 电气设备交接试验标准》(GB 50150—2016) 中第12.0.4条的规定		交流耐压试验仪测量
		5.4 断路器均压电容器	符合《电气装置安装工程 电气设备交接试验标准》(GB 50150—2016) 中第12.0.5条的规定		符合《电气装置安装工程 电气设备交接试验标准》(GB 50150—2016) 中第18项的电容器试验
		5.5 断路器的分、合闸时间	符合《电气装置安装工程 电气设备交接试验标准》(GB 50150—2016) 中第12.0.6条的规定		高压开关特性综合测试仪测量
		5.6 断路器的分、合闸速度	符合《电气装置安装工程 电气设备交接试验标准》(GB 50150—2016) 中第12.0.7条的规定		高压开关特性综合测试仪测量
		5.7 断路器主、辅触头分、合闸的同期性及配合时间	符合《电气装置安装工程 电气设备交接试验标准》(GB 50150—2016) 中第12.0.8条的规定		高压开关特性综合测试仪测量
		5.8 断路器合闸电阻的投入时间及电阻值	符合《电气装置安装工程 电气设备交接试验标准》(GB 50150—2016) 中第12.0.9条的规定		高压开关特性综合测试仪测量

续上表

项次		检验项目	规定值/允许偏差	检验结果	检验频率和方法
5	SF₆断路器	5.9 断路器分、合闸线圈绝缘电阻及直流电阻	符合《电气装置安装工程 电气设备交接试验标准》（GB 50150—2016）中第12.0.10条的规定		直流绝缘电阻测试仪和直流电阻快速测试仪测量
		5.10 断路器操动机构	符合《电气装置安装工程 电气设备交接试验标准》（GB 50150—2016）中第12.0.11条的规定		符合《电气装置安装工程 电气设备交接试验标准》（GB 50150—2016）中第12.0.11条要求的模拟试验
		5.11 套管式电流互感器	符合《电气装置安装工程 电气设备交接试验标准》（GB 50150—2016）中第12.0.12条的规定		符合《电气装置安装工程 电气设备交接试验标准》（GB 50150—2016）中第10.0.1条要求的互感器试验
		5.12 断路器内SF₆气体的含水量	符合《电气装置安装工程 电气设备交接试验标准》（GB 50150—2016）中第12.0.13条的规定		符合《电气装置安装工程 电气设备交接试验标准》（GB 50150—2016）中第12.0.13条要求的SF₆气体综合测试设备测量
		5.13 密封性试验	符合《电气装置安装工程 电气设备交接试验标准》（GB 50150—2016）中第12.0.14条的规定		符合《电气装置安装工程 电气设备交接试验标准》（GB 50150—2016）中第12.0.14条要求的SF₆气体综合测试设备测量
		5.14 气体密度继电器、压力表和压力动作阀	符合《电气装置安装工程 电气设备交接试验标准》（GB 50150—2016）中第12.0.15条的规定		实操检验

续上表

项次		检验项目	规定值/允许偏差	检验结果	检验频率和方法
6	SF₆封闭式组合电器	6.1 主回路的导电电阻	符合《电气装置安装工程 电气设备交接试验标准》（GB 50150—2016）中第13.0.2条的规定		直流电阻快速测试仪测量
		6.2 封闭式组合电器内各元件	符合《电气装置安装工程 电气设备交接试验标准》（GB 50150—2016）中第13.0.3条的规定		符合《电气装置安装工程 电气设备交接试验标准》（GB 50150—2016）中第13.0.3条的要求进行试验
		6.3 密封性	符合《电气装置安装工程 电气设备交接试验标准》（GB 50150—2016）中第13.0.4条的规定		符合《电气装置安装工程 电气设备交接试验标准》（GB 50150—2016）中第13.0.4条要求的SF₆气体综合测试设备测量
		6.4 SF₆气体含水量	符合《电气装置安装工程 电气设备交接试验标准》（GB 50150—2016）中第13.0.5条的规定		符合《电气装置安装工程 电气设备交接试验标准》（GB 50150—2016）中第13.0.5条要求的SF₆气体综合测试设备测量
		6.5 交流耐压	符合《电气装置安装工程 电气设备交接试验标准》（GB 50150—2016）中第13.0.6条的规定		交流耐压试验仪测量
		6.6 组合电器的操动	符合《电气装置安装工程 电气设备交接试验标准》（GB 50150—2016）中第13.0.7条的规定		符合《电气装置安装工程 电气设备交接试验标准》（GB 50150—2016）中第13.0.7条要求的条件进行模拟试验
		6.7 气体密度继电器、压力表和压力动作阀	符合《电气装置安装工程 电气设备交接试验标准》（GB 50150—2016）中第13.0.8条的规定		实操检验

581

续上表

项次		检验项目	规定值/允许偏差	检验结果	检验频率和方法
7	隔离开关、负荷开关及高压熔断器	7.1 绝缘电阻	符合《电气装置安装工程 电气设备交接试验标准》(GB 50150—2016)中第14.0.2条的规定		直流绝缘电阻测试仪测量
		7.2 高压限流熔丝管熔丝的直流电阻	符合《电气装置安装工程 电气设备交接试验标准》(GB 50150—2016)中第14.0.3条的规定		直流电阻快速测试仪测量
		7.3 负荷开关导电回路的电阻	符合《电气装置安装工程 电气设备交接试验标准》(GB 50150—2016)中第14.0.4条的规定		直流电阻快速测试仪测量
		7.4 交流耐压	符合《电气装置安装工程 电气设备交接试验标准》(GB 50150—2016)中第14.0.5条的规定		交流耐压试验仪测量
		7.5 操动机构线圈的最低动作电压	符合《电气装置安装工程 电气设备交接试验标准》(GB 50150—2016)中第14.0.6条的规定		符合《电气装置安装工程 电气设备交接试验标准》(GB 50150—2016)中第14.0.6条要求的条件进行模拟试验
		7.6 操动机构	符合《电气装置安装工程 电气设备交接试验标准》(GB 50150—2016)中第14.0.7条的规定		实操检验

续上表

项次		检验项目	规定值/允许偏差	检验结果	检验频率和方法
8	套管	8.1 绝缘电阻	符合《电气装置安装工程 电气设备交接试验标准》(GB 50150—2016) 中第15.0.2条的规定		直流绝缘电阻测试仪测量
		8.2 交流耐压	符合《电气装置安装工程 电气设备交接试验标准》(GB 50150—2016) 中第15.0.4条的规定		交流耐压试验仪测量
		8.3 绝缘油（有机复合绝缘套管除外）	符合《电气装置安装工程 电气设备交接试验标准》(GB 50150—2016) 中第15.0.5条的规定		符合《电气装置安装工程 电气设备交接试验标准》(GB 50150—2016) 中第15.0.5条要求的绝缘油综合测试设备测量
		8.4 SF₆ 套管气体	符合《电气装置安装工程 电气设备交接试验标准》(GB 50150—2016) 中第15.0.6条的规定		符合《电气装置安装工程 电气设备交接试验标准》(GB 50150—2016) 中第15.0.6条要求的SF₆气体综合测试设备测量
9	悬式绝缘子和支柱绝缘子	9.1 绝缘电阻	符合《电气装置安装工程 电气设备交接试验标准》(GB 50150—2016) 中第16.0.2条的规定		直流绝缘电阻测试仪测量
		9.2 交流耐压	符合《电气装置安装工程 电气设备交接试验标准》(GB 50150—2016) 中第16.0.3条的规定		交流耐压试验仪测量

续上表

项次		检验项目	规定值/允许偏差	检验结果	检验频率和方法
10	电容器	10.1 绝缘电阻	符合《电气装置安装工程 电气设备交接试验标准》(GB 50150—2016)中第18.0.2条的规定		直流绝缘电阻测试仪测量
		10.2 耦合电容器、断路器电容器的介质损耗角正切值tanδ及电容值	符合《电气装置安装工程 电气设备交接试验标准》(GB 50150—2016)中第18.0.3条的规定		电容器测试仪测量
		10.3 电容值	符合《电气装置安装工程 电气设备交接试验标准》(GB 50150—2016)中第18.0.4条的规定		局部放电检测设备测量
		10.4 并联电容器交流耐压	符合《电气装置安装工程 电气设备交接试验标准》(GB 50150—2016)中第18.0.5条的规定		交流耐压试验仪测量
		10.5 冲击合闸	符合《电气装置安装工程 电气设备交接试验标准》(GB 50150—2016)中第18.0.6条的规定		冲击电压试验仪测量
11	避雷器	11.1 金属氧化物避雷器及基座绝缘电阻	符合《电气装置安装工程 电气设备交接试验标准》(GB 50150—2016)中第20.0.3条的规定		直流绝缘电阻测试仪测量
		11.2 金属氧化物避雷器的工频参考电压和持续电流	符合《电气装置安装工程 电气设备交接试验标准》(GB 50150—2016)中第20.0.4条的规定		符合《电气装置安装工程 电气设备交接试验标准》(GB 50150—2016)中第20.0.4条要求的条件进行模拟试验

续上表

项次	检验项目		规定值/允许偏差	检验结果	检验频率和方法
11	避雷器	11.3 金属氧化物避雷器直流参考电压和0.75倍直流参考电压下的泄漏电流	符合《电气装置安装工程 电气设备交接试验标准》（GB 50150—2016）中第20.0.5条的规定		符合《电气装置安装工程 电气设备交接试验标准》（GB 50150—2016）中第20.0.5条要求的条件进行模拟试验
		11.4 放电记数器动作情况及监视电流表指示	符合《电气装置安装工程 电气设备交接试验标准》（GB 50150—2016）中第20.0.6条的规定		实操检验
		11.5 工频放电电压	符合《电气装置安装工程 电气设备交接试验标准》（GB 50150—2016）中第20.0.7条的规定		交流耐压试验仪测量
12	二次回路	12.1 绝缘电阻	符合《电气装置安装工程 电气设备交接试验标准》（GB 50150—2016）中第22.0.2条的规定		直流绝缘电阻测试仪测量
		12.2 交流耐压	符合《电气装置安装工程 电气设备交接试验标准》（GB 50150—2016）中第22.0.3条的规定		交流耐压试验仪测量
13	接地装置	13.1 接地网电气完整性	符合《电气装置安装工程 电气设备交接试验标准》（GB 50150—2016）中第25.0.2条的规定		直流电阻快速测试仪和万用表测量
		13.2 接地电阻	符合《电气装置安装工程 电气设备交接试验标准》（GB 50150—2016）中第25.0.3条的规定		接地电阻测试仪测量

续上表

项次	检验项目	规定值/允许偏差	检验结果	检验频率和方法
14	微型计算机综合保护装置的定值	对微型计算机综合保护装置进行试验、对整组项目试验、对联动项目试验。检验是否与设计要求一致		微机继电保护测试仪测量

外观情况：

自检结论：

质检工程师：　　　　　　　　　　　　日期：

附表 14-313

中压设备电力电缆质量检验表

施工单位：
监理单位：

合同号：
编　号：

工程名称：　　　　　　　　　　　　　　　　　　　　施工时间：
桩号及部位：　　　　　　　　　　　　　　　　　　　检验时间：

项次	检验项目		规定值/允许偏差	检验结果	检验频率和方法
1	电力电缆线路	1.1 绝缘电阻	符合《电气装置安装工程 电气设备交接试验标准》（GB 50150—2016）中第17.0.3条的规定		直流绝缘电阻测试仪测量
		1.2 直流耐压试验及泄漏电流	符合《电气装置安装工程 电气设备交接试验标准》（GB 50150—2016）中第17.0.4条的规定		直流耐压试验仪测量
		1.3 交流耐压	符合《电气装置安装工程 电气设备交接试验标准》（GB 50150—2016）中第17.0.5条的规定		交流耐压试验仪测量
		1.4 电缆线路两端的相位	符合《电气装置安装工程 电气设备交接试验标准》（GB 50150—2016）中第17.0.6条的规定		核相器测量
		1.5 交叉互联	符合《电气装置安装工程 电气设备交接试验标准》（GB 50150—2016）中第17.0.8条的规定		按《电气装置安装工程 电气设备交接试验标准》（GB 50150—2016）中附录F的要求进行试验

续上表

项次	检验项目		规定值/允许偏差	检验结果	检验频率和方法
2	1kV以上架空电力电缆	2.1 绝缘子和线路的绝缘电阻	符合《电气装置安装工程 电气设备交接试验标准》(GB 50150—2016)中第24.0.2条的规定		直流绝缘电阻测试仪测量
		2.2 相位	符合《电气装置安装工程 电气设备交接试验标准》(GB 50150—2016)中第24.0.4条的规定		核相器测量
		2.3 冲击合闸	符合《电气装置安装工程 电气设备交接试验标准》(GB 50150—2016)中第24.0.5条的规定		冲击电压试验仪测量
		2.4 杆塔接地电阻	符合《电气装置安装工程 电气设备交接试验标准》(GB 50150—2016)中第24.0.6条的规定		接地电阻测试仪测量

外观情况：

自检结论：

质检工程师：　　　　　　　　　日期：

附表 14-314

中心（站）内低压配电设备质量检验表

施工单位：　　　　　　　　　　　　　　　　　　　　　　施工时间：　　　　　　　合同号：
监理单位：　　　　　　　　　　　　　　　　　　　　　　检验时间：　　　　　　　编　号：

工程名称：
桩号及部位：

项次	检验项目	规定值/允许偏差		检验结果	检验频率和方法
1	设备安装的水平度	≤3mm/m			量具测量
2	设备安装的垂直度	≤3mm/m			竖直度测量仪测量
3	室内设备、列架的绝缘电阻	交流配电箱（柜）	符合设计要求，设计无要求时≥2MΩ		500V绝缘电阻测试仪在设备内布线和地之间测量
		直流配电箱（柜）			
		交流稳压器			
		不间断电源			
4	共用接地电阻	≤1Ω			接地电阻测量仪测量
5	发电机组控制柜绝缘电阻	≥2MΩ			500V绝缘电阻测试仪测量
6	发电机组启动及启动时间	符合设计要求，设计无要求时≤30s			实操检验
7	发电机组相序	与机组输出标志一致			相序指示器测量
8	发电机组输出电压稳定性	符合设计要求			实操检验或核查出厂测试报告
9	自动发电机组自启动转换功能	切断市电供电后，发电机组能自动启动，稳定后送入规定的线路，可手动优先切换			功能验证或核查有效的历史记录
10	发电机组供电切换对机电系统的影响	机电系统所有设备不因受到发电机组电源切换而出现工作异常			实操检验或核查有效的历史记录
11	柴油发电机蓄电池	蓄电池工作正常			实操检验
12	电源室接地装置的施工质量	接地体的材质和尺寸、安装位置及埋深，接地体引入线与接地体的连接以及防腐处理等符合设计要求			核查隐蔽工程验收记录和施工记录

续上表

项次	检验项目	规定值/允许偏差	检验结果	检验频率和方法
13	1kV及以下电压等级配电装置和馈电线路（三级配电系统中的第一级）			
	13.1 绝缘电阻	符合《电气装置安装工程 电气设备交接试验标准》（GB 50150—2016）中第23.0.2条的规定		直流绝缘电阻测试仪测量
	13.2 动力配电装置的交流耐压试验	符合《电气装置安装工程 电气设备交接试验标准》（GB 50150—2016）中第23.0.3条的规定		符合《电气装置安装工程 电气设备交接试验标准》（GB 50150—2016）中第23.0.3条要求的设备进行试验
	13.3 配电装置内不同电源的馈线或馈线两侧的相位	符合《电气装置安装工程 电气设备交接试验标准》（GB 50150—2016）中第23.0.4条的规定		符合《电气装置安装工程 电气设备交接试验标准》（GB 50150—2016）中第23.0.4条要求的设备进行测量
14	低压电器（三级配电系统中的第一级）			
	14.1 低压电器所连接电缆及二次回路电阻	符合《电气装置安装工程 电气设备交接试验标准》（GB 50150—2016）中第26.0.3条的规定		直流绝缘电阻测试仪测量
	14.2 电压线圈动作值校验	符合《电气装置安装工程 电气设备交接试验标准》（GB 50150—2016）中第26.0.4条的规定		实操检验
	14.3 低压电器采用的脱扣器的整定	符合《电气装置安装工程 电气设备交接试验标准》（GB 50150—2016）中第26.0.6条的规定		实操检验
	14.4 低压电器所连接电缆及二次回路的交流耐压	符合《电气装置安装工程 电气设备交接试验标准》（GB 50150—2016）中第26.0.8条的规定		交流耐压试验仪或直流绝缘电阻测试仪测量

续上表

项次	检验项目		规定值/允许偏差	检验结果	检验频率和方法
15	低压配电系统功率因数		≥0.90		功率分析仪或电能质量分析仪测量
16	N线电流		≤三相相电流中相电流最小值的25%		电能质量分析仪测量
17	电能质量	17.1 供电电压偏差	三相供电电压偏差为标称电压的±7%		电能质量分析仪测量10min
		17.2 三相电压不平衡	供电电压负序不平衡测量值的10min方均根值的95%概率值≤2%		电能质量分析仪测量10min
		17.3 电力系统频率偏差	频率偏差限值为±0.2Hz		电能质量分析仪测量
		17.4 公用电网谐波（电网标称电压380V）	电压总谐波畸变率≤5.0%，奇次谐波电压含有率≤4.0%，偶次谐波电压含有率≤2.0%；谐波电流允许值符合现行《电能质量 公用电网谐波》(GB 14549) 中表2"注入公共连接点的谐波电流允许值"的规定		电能质量分析仪测量10min
18	不间断电源（UPS）和紧急电源（EPS）功能及性能	18.1 输出电压	UPS逆变应急输出电压偏差为标称电压的±5%；EPS逆变应急输出电压为标称电压的±10%		电能质量分析仪测量10min
		18.2 输出频率	频率偏差限值为±0.5Hz		电能质量分析仪测量10min
		18.3 总谐波畸变率	UPS输出和EPS逆变应急输出总谐波畸变率≤5%		电能质量分析仪测量每次取1s、3s或10s同间隔内计到的整数同期与整数周期计时时间之比
		18.4 市电与备用电源切换时间	符合设计要求		电能质量分析仪测量10min
		18.5 显示功能	符合设计要求		示波器测量

续上表

项次	检验项目		规定值/允许偏差	检验结果	检验频率和方法
19	参数稳压电源	19.1 输出电压	输出电压偏差为标称电压的±5%		功能验证
		19.2 输出频率	频率偏差限值为±0.5Hz		电能质量分析仪测量10min
		19.3 总谐波畸变率	总谐波畸变率≤5%		电能质量分析仪测量10min

外观情况：

自检结论：

质检工程师：　　　　　　　　　　　　　　　　　　日期：

附表 14-315

低压设备电力电缆质量检验表

施工单位：　　　　　　　　　　　　　　　　　　　　　　　合同号：
监理单位：　　　　　　　　　　　　　　　　　　　　　　　编　号：

工程名称		施工时间	
桩号及部位		检验时间	
项次	检验项目	规定值/允许偏差	检验结果	检验频率和方法
1	配电箱基础尺寸及高程	符合设计要求		卷尺测量
2	电缆埋深或穿管敷设	符合设计要求		核查隐蔽工程记录或实操检验
3	配电箱涂层厚度	符合设计要求，设计无要求时符合现行《公路交通工程钢构件防腐技术条件》(GB/T 1826)的规定		涂层测厚仪测量
4	相线对绝缘护套的绝缘电阻	≥2MΩ(全程)		500V绝缘电阻测试仪测量
5	配线架对配电箱绝缘电阻	≥10MΩ		500V绝缘电阻测试仪测量
6	电源箱、配电箱保护接地电阻	≤4Ω		接地电阻测量仪测量
7△	通风照明设施主干电缆和分支电缆型号规格	符合设计要求		实操检验

外观情况：

自检结论：

质检工程师：　　　　　　　　　　　　　　　　　　　　　　日期：

附表 14-316

风/光供电系统质量检验表

施工单位：　　　　　　　　　　　　　　　　　　　合同号：
监理单位：　　　　　　　　　　　　　　　　　　　编　号：

工程名称		施工时间	
桩号及部位		检验时间	

项次	检验项目	规定值/允许偏差	检验结果	检验频率和方法
1	立柱竖直度	≤5mm/m		全站仪或竖直度测量仪测量
2△	绝缘电阻	交流220V强电端子对地的绝缘电阻≥50MΩ		500V绝缘电阻测试仪测量
3△	保护接地电阻	≤4Ω		接地电阻测量仪测量
4△	防雷接地电阻	≤10Ω		接地电阻测量仪测量
5△	共用接地电阻	如风光供电系统的保护接地体和防雷接地体未分开设置，则共用接地电阻≤1Ω		接地电阻测量仪测量
6	6.1 直流输出电压	符合设计要求		万用表测量
	6.2 交流输出电压	符合设计要求		万用表测量
	6.3 输出电流	符合设计要求		万用表测量
7	监控功能	实时监视供电系统工作状态，采集和存储供电系统运行参数，按照监控中心的命令对供电系统进行控制		功能验证
8	蓄电池管理功能	控制器能对蓄电池进行温度补偿和限流充电，能对蓄电池进行均充和浮充，具备手动或自动转换功能		功能验证

续上表

项次	检验项目	规定值/允许偏差	检验结果	检验频率和方法
9	保护功能	控制器具有短路自动保护功能,防止蓄电池通过太阳能电池组件产生逆电流的保护功能,过、欠电压保护功能		功能验证
10	状态监测功能	能监测蓄电池电压,蓄电池充放电电流,风力发电机组输入电压/电流,光伏方阵输入电压/电流,负荷电流等参数		功能验证
外观情况:			自检结论:	

质检工程师: 　　　　　　　　　　　　　　日期:

附表 14-317

电动汽车充电系统质量检验表

施工单位：　　　　　　　　　　　　　　　　　　　　　　　合同号：
监理单位：　　　　　　　　　　　　　　　　　　　　　　　编　号：

工程名称		施工时间	
桩号及部位		检验时间	

项次	检验项目	规定值/允许偏差	检验结果	检验频率和方法
1	竖直度	≤5mm/m		竖直度测量仪测量
2△	绝缘电阻	≥10MΩ		500V绝缘电阻测试仪测量
3△	保护接地电阻	≤4Ω		接地电阻测量仪测量
4△	防雷接地电阻	≤10Ω		接地电阻测量仪测量
5△	共用接地电阻	如电动汽车充电系统的保护接地体和防雷接地体未分开设置，则共用接地电阻≤1Ω		接地电阻测量仪测量
6	输入、输出电压	符合设计要求		实操检验
7	充电模式	符合现行《电动汽车传导充电系统》（GB/T 18487）的规定		实操检验
8	电动汽车和供电设备之间的连接	符合现行《电动汽车传导充电系统》（GB/T 18487）的规定		实操检验
9	保护功能	系统具备备电、过载和短路保护功能		功能验证

外观情况：

自检结论：

质检工程师：　　　　　　　　　　　　　　　　　　　　　　日期：

附表 14-318

电力监控系统质量检验表

施工单位:
监理单位:

工程名称		施工时间		合同号:
桩号及部位		检验时间		编 号:

项次	检验项目		规定值/允许偏差	检验结果	检验频率和方法
1	通信管理		监视网络上各节点的运行工况,通信故障时产生报警并自动复位		实操检验
2	遥测功能	2.1 10kV 回路遥测功能	能遥测回路三相电压、电流、有功功率、无功功率、功率因数、频率等参数		功能验证
		2.2 低压总开关回路遥测功能	能遥测低压总开关回路三相电压、电流、有功功率、无功功率、功率因数、用电量等参数		
		2.3 变压器遥测功能	能遥测变压器温度、配电柜内温度等参数		
		2.4 馈线遥测功能	能遥测 0.4kV 馈线电流		
		2.5 UPS 和 EPS 遥测功能	能遥测 UPS 和 EPS 的输入电压、输出电压、输入电流、输出电流、输出频率、充电电流、蓄电池电压等参数		
		2.6 发电机遥测功能	能遥测发电机电压、电流和频率等参数		

续上表

项次	检验项目		规定值/允许偏差	检验结果	检验频率和方法
3	遥信功能	3.1 10kV回路遥信功能	能遥信10kV进线、出线开关位置状态与故障报警		功能验证
		3.2 变压器遥信功能	能遥信变压器出线总开关状态、熔丝熔断信号、接地状态、变压器温度、风机启动信号		
		3.3 开关状态、接触器、断路器遥信功能	能遥信0.4kV出线手/自动转换开关状态、接触器、断路器运行状态及故障信号、路器接通信号		
		3.4 无功补偿遥信功能	能遥信无功补偿状态信号及刀熔开关和断路器接通信号		
		3.5 UPS和EPS遥信功能	能遥信UPS和EPS交流/逆变供电、过载、蓄电池故障电压过低、逆变器或变换器故障		
4	遥控功能	4.1 高、低压母线遥控功能	能遥控高、低压母线的分合闸		功能验证
		4.2 无功补偿装置遥控功能	能遥控无功补偿装置投切		
		4.3 照明柜、风机柜遥控功能	能遥控照明柜、风机柜等的分合闸		
		4.4 发电机遥控功能	能遥控市电/发电机供电转换、机组开机、机组关机		
5	配电室环境监控		具备入侵自动报警功能、温、湿度监测功能、烟雾监测功能		实操检验
6	报表管理功能		能查询设计文件要求的各类报表		功能验证

外观情况：

自检结论：

质检工程师：　　　　　　　　日期：

附表 14-319

路段照明设施质量检验表

施工单位：　　　　　　　　　　　　　　　施工时间：　　　　　　　　　合同号：
监理单位：　　　　　　　　　　　　　　　检验时间：　　　　　　　　　编　号：

工程名称			
桩号及部位			
项次	检验项目	规定值/允许偏差	检验结果	检验频率和方法
1	灯杆基础尺寸	符合设计要求，允许偏差为(-50，+100)mm		长、宽用卷尺测量，埋深查隐蔽工程验收记录或实测
2△	灯杆壁厚	符合设计要求		超声波测厚仪测量
3	金属灯杆防腐涂层厚度	符合设计要求，设计无要求时符合现行《公路交通工程钢构件防腐技术条件》(GB/T 18226)的规定		涂层测厚仪测量
4	灯杆垂直度	≤3mm/m		全站仪或垂直度测量仪测量
5△	照明设备控制装置的保护接地电阻	≤4Ω		接地电阻测量仪测量
6△	灯杆防雷接地电阻	≤10Ω		接地电阻测量仪测量
7△	路面平均亮度	符合设计要求，设计无要求时≥2cd/m²		亮度计测量
8△	路面亮度总均匀度	符合设计要求，设计无要求时≥0.4		亮度计测量
9△	路面亮度纵向均匀度	符合设计要求，设计无要求时≥0.7		亮度计测量
10	照明控制方式	具有自动、手动两种控制方式或符合设计要求		实操检验

续上表

项次	检验项目	规定值/允许偏差	检验结果	检验频率和方法
11	高杆灯灯盘升降功能	符合设计要求		功能验证
12	亮度传感器与照明灯具的联动功能	符合设计要求		功能验证
13	定时控制功能	可控		功能验证

外观情况：

自检结论：

质检工程师：　　　　　　　　　　　　　　　　日期：

附表 14-320

收费广场照明设施质量检验表

施工单位：
监理单位：
工程名称：
桩号及部位：
合同号：
编　号：
施工时间：
检验时间：

项次	检验项目	规定值/允许偏差	检验结果	检验频率和方法
1	灯杆基础尺寸	符合设计要求，允许偏差为（-50,+100）mm		长、宽用卷尺测量，埋深查隐蔽工程验收记录或实测
2△	灯杆壁厚	符合设计要求		超声波测厚仪测量
3	金属灯杆防腐涂层厚度	符合设计要求，设计无要求时符合现行《公路交通工程钢构件防腐技术条件》(GB/T 18226)的规定		涂层测厚仪测量
4	灯杆竖直度	≤3mm/m		全站仪或竖直度测量仪测量
5△	照明设备控制装置的接地电阻	≤4Ω		接地电阻测量仪测量
6△	灯杆防雷接地电阻	≤10Ω		接地电阻测量仪测量
7△	收费广场路面平均照度	符合设计要求，设计无要求时≥20lx		照度计测量
8△	收费广场路面照度总均匀度	符合设计要求，设计无要求时≥0.4		照度计测量
9	照明控制方式	具有自动、手动两种控制方式或符合设计要求		实操检验
10	高杆灯灯盘升降功能	符合设计要求		功能验证

续上表

项次	检验项目	规定值/允许偏差	检验结果	检验频率和方法
11	亮度传感器与照明灯具的联动功能	符合设计要求		功能验证
12	定时控制功能	可控		功能验证

外观情况：

自检结论：

质检工程师：　　　　　　　　　　　　　　　日期：

附表 14-321

服务区照明设施质量检验表

施工单位：　　　　　　　　　　　　　　　　　　　　　　　　　合同号：
监理单位：　　　　　　　　　　　　　　　　　　　　　　　　　编　号：

工程名称		施工时间	
桩号及部位		检验时间	
项次	检验项目	规定值/允许偏差	检验结果	检验频率和方法
1	灯杆基础尺寸	符合设计要求，允许偏差为(-50,+100)mm		长、宽用卷尺测量，埋深查隐蔽工程验收记录或实测
2△	灯杆壁厚	符合设计要求		超声波测厚仪测量
3	金属灯杆防腐涂层厚度	符合设计要求，设计无要求时符合现行《公路交通工程钢构件防腐技术条件》(GB/T 18226)的规定		涂层测厚仪测量
4	灯杆竖直度	≤3mm/m		全站仪或竖直度测量仪测量
5△	照明设备控制装置的接地电阻	≤4Ω		接地电阻测量仪测量
6△	灯杆防雷接地电阻	≤10Ω		接地电阻测量仪测量
7	服务区路面平均照度	符合设计要求，设计无要求时≥10lx		照度计测量
8	服务区路面照度总均匀度	符合设计要求，设计无要求时≥0.3		照度计测量
9	照明控制方式	具有自动、手动两种控制方式或符合设计要求		实操检验
10	高杆灯灯盘升降功能	符合设计要求		功能验证

续上表

项次	检验项目	规定值/允许偏差	检验结果	检验频率和方法
11	亮度传感器与照明灯具的联动功能	符合设计要求		功能验证
12	定时控制功能	可控		功能验证

外观情况：

自检结论：

质检工程师：　　　　　　　　　日期：

附表 14-322

收费天棚照明设施质量检验表

施工单位：　　　　　　　　　　　　　　　　　　　　合同号：
监理单位：　　　　　　　　　　　　　　　　　　　　编　号：

工程名称			施工时间	
桩号及部位			检验时间	
项次	检验项目	规定值/允许偏差	检验结果	检验频率和方法
1△	照明设备控制装置的接地电阻	≤4Ω		接地电阻测试仪测量
2△	收费车道路面平均照度	符合设计要求,设计无要求时≥50lx		照度计测量
3△	收费车道路面照度总均匀度	符合设计要求,设计无要求时≥0.6		照度计测量
4△	收费车道路面平均亮度	符合设计要求,设计无要求时≥3.5cd/m²		亮度计测量
5	收费车道路面亮度总均匀度	符合设计要求,设计无要求时≥0.5		亮度计测量
6	收费车道路面亮度纵向均匀度	符合设计要求,设计无要求时≥0.8		亮度计测量
7	显色指数	符合设计要求,设计无要求时≥70		光谱辐射计测量
8	照明控制方式	具有自动、手动两种控制方式或符合设计要求		实操检验
9	定时控制功能	可控		功能验证

外观情况：

自检结论：

质检工程师：　　　　　　　　　　　　　　　　　日期：

附表 14-323

紧急电话与有线广播系统质量检验表

施工单位：
监理单位：
合同号：
合同编号：

工程名称		施工时间	
桩号及部位		检验时间	

项次	检验项目	规定值/允许偏差	检验结果	检验频率和方法
1	接地连接	机箱接地线可靠连接到隧道接地汇流排上		目测检查
2△	隧道共用接地电阻	≤1Ω		接地电阻测量仪测量
3	麦克风距基础平台的高度	符合设计要求		卷尺测量
4△	分机音量	≥90dB(A)		在控制台值班话机持续按"0"键10s，用声级计在扬声器正前方400mm处测量
5△	分机话音质量	话音清晰，无明显断字缺陷		主观评价
6△	呼叫响应性能	响应灵敏		实操检验
7	按键提示	按键提示信息简明易懂		目测
8	噪声抑制	话机通话和广播播放及静态时，要求无嗡嗡声、沙沙声，及振鸣、啸叫等杂音		主观评价
9△	通话呼叫功能	按下通话按键，可呼叫控制台主机		功能验证
10△	地址码显示功能	控制台能显示呼叫位置信息		功能验证
11△	振铃响应	呼叫后，话机有等待信号或提示音		功能验证
12	语音提示功能	控制台可自动提示音		功能验证
13	录音功能	控制台可自动录音		功能验证
14	故障报告功能	中心可自动立即显示故障信息		功能验证

续上表

项次	检验项目	规定值/允许偏差	检验结果	检验频率和方法
15	取消呼叫功能	控制台可取消呼叫		功能验证
16	报告生成、打印功能	系统能自动生成事件、故障、值班记录等报告，并可查询、打印		功能验证
17	定时自检功能	系统能按设定的周期自动检测线路连接、电池、设备的工作状态		功能验证
18△	手动自检功能	系统能手动设置实时检测线路连接、电池、设备的工作状态		功能验证
19	加电自恢复功能	加电后，系统能自动恢复到工作状态		功能验证
20	广播喇叭高度	符合设计要求		卷尺测量
21	广播声压级	≥110dB(A)		在广播喇叭正前方 1m 处，用声级计测量
22	广播音质质量	环境噪声≤90dB 时，话音清晰，隧道中能听清广播内容		主观评价
23△	音区切换功能	具有音区多路切换选择广播功能，可进行单音区、多音区广播		功能验证
24	广播节目源选择功能	监控员能实时广播，也可播放已录制的节目		功能验证
25	音量调节功能	可对广播音量的大小进行调节		功能验证
26	循环广播功能	可对指定的节目循环播放		功能验证

外观情况：

自检结论：

质检工程师：　　　　　　　　日期：

附表 14-324

环境检测设备质量检验表

施工单位：
监理单位：
工程名称：
桩号及部位：
合同号：
编　号：
施工时间：
检验时间：

项次	检验项目	规定值/允许偏差	检验结果	检验频率和方法
1	控制机箱接地连接	机箱接地线可靠连接到隧道接地汇流排上		目测检查
2△	隧道共用接地电阻	≤1Ω		接地电阻测量仪测量
3	3.1　CO传感器测量误差	$\pm 1 \times 10^{-6}$ 或符合设计要求		CO浓度测量仪比对或查阅相关资料
	3.2　烟雾传感器测量误差	$\pm 0.0002 m^{-1}$ 或符合设计要求		能见度测量仪比对或查阅相关资料
	3.3　照度传感器测量误差	±2%或符合设计要求		照度计比对或查阅相关资料
	3.4　风速传感器测量误差	±0.2m/s或符合设计要求		风速仪比对或查阅相关资料
	3.5　风向传感器测量误差	正、反方向正确或符合设计要求		标准方位盘比对或查阅相关资料
4△	数据采集功能	具有采集CO、烟雾、照度、风速、风向等数据的功能		功能验证
5△	数据上传周期	符合设计要求		实操检验
6	与风机、照明等设备的联动功能	符合设计要求		功能验证

外观情况：

自检结论：

质检工程师：　　　　　　　　　　　　　　　　　　　　日期：

附表 14-325

手动火灾报警系统质量检验表

施工单位：
监理单位：

合同号：
编　号：

工程名称			施工时间	
桩号及部位			检验时间	
项次	检验项目	规定值/允许偏差	检验结果	检验频率和方法
1	火灾报警主机接地连接	机箱接地线可靠连接到隧道接地汇流排上		目测检查
2△	隧道共用接地电阻	≤1Ω		接地电阻测量仪测量
3	隧道管理站警报器报警音量	90~120dB(A)或符合设计要求		声级计测量
4	报警信号输出	能将报警器位置信息传送到隧道管理站		实操检验
5△	报警按钮与警报器的联动功能	按下报警按钮后能触发警报器启动		功能验证

外观情况：

自检结论：

质检工程师：　　　　　　　　　　　　　　　　　　　日期：

自动火灾报警系统质量检验表

附表 14-326

施工单位：
监理单位：

工程名称		施工时间		合同号：
桩号及部位		检验时间		编　号：

项次	检验项目	规定值/允许偏差	检验结果	检验频率和方法
1	火灾报警主机接地连接	机箱接地线可靠连接到隧道接地汇流排上		目测检查
2△	隧道共用接地电阻	≤1Ω		接地电阻测量仪测量
3△	火灾探测器自动报警响应时间	≤60s		实操检验（火盆法）
4△	火灾探测器灵敏度	可靠探测火灾，不漏报；并能将探测数据传送到火灾控制器和上端计算机		实操检验
5	故障报警功能	火灾探测器、通信链路断路或火灾报警主机电源断电时，上端计算机能够报警		功能验证

外观情况：

自检结论：

质检工程师：　　　　　　　　　　　　　　　　　　　　　日期：

电光标志质量检验表

附表 14-327

施工单位：
监理单位：

工程名称		施工时间	
桩号及部位		检验时间	

合同号：
编　号：

项次	检验项目	规定值/允许偏差	检验结果	检验频率和方法
1	控制机箱接地连接	机箱接地线可靠连接到隧道接地汇流排上		目测检查
2△	隧道共用接地电阻	≤1Ω		接地电阻测量仪测量
3	电光标志的亮度	疏散指示标志为 5～300cd/m², 其他电光标志的白色部分为 150～300cd/m²		亮度计测量

自检结论：

外观情况：

质检工程师：　　　　　　　　　　　　　　　　　　　日期：

发光诱导设施质量检验表

附表 14-328

施工单位：　　　　　　　　　　　　　　　　　　　合同号：
监理单位：　　　　　　　　　　　　　　　　　　　编　号：

工程名称		施工时间	
桩号及部位		检验时间	
项次	检验项目	规定值/允许偏差	检验结果	检验频率和方法
1△	绝缘电阻	强电端子对机壳≥50MΩ		500V 绝缘电阻测试仪测量
2	控制机箱接地连接	机箱接地线可靠连接到隧道接地汇流排上		目测检查
3△	隧道共用接地电阻	≤1Ω		接地电阻测量仪测量
4△	控制功能	可手动控制诱导设施的启动、停止		功能验证

外观情况：

自检结论：

质检工程师：　　　　　　　　　　　　　　　　　　日期：

隧道视频交通事件检测系统质量检验表

附表 14-329

施工单位：
监理单位：

工程名称： 合同号： 施工时间：
桩号及部位： 编 号： 检验时间：

项次	检验项目	规定值/允许偏差	检验结果	检验频率和方法
1	中心设备接地连接	保护地、防雷地的接地连接线可靠连接到接地汇流排上		目测检查，必要时用接地电阻测量仪测量
2	事件检测率	符合设计要求；设计无要求时，在隧道照明设施正常开启条件下≥90%		现场模拟事件进行测量或播放标准事件源视频测量
3△	典型事件检测功能	具备停止、逆行、行人、抛洒物、烟雾等事件检测功能，系统自动进行检测并输出检测数据，有报警信息提示		功能验证
4	自动录像功能	系统自动抓拍并存储交通事件发生过程的影像，能按要求设定记录时间		功能验证
5	自诊断和报警功能	视频信号丢失、系统设备故障、网络通信故障等情况发生时，系统能自诊断，记录并告警		功能验证
6	时钟同步功能	与监控系统或通信系统主时钟进行同步		与主时钟进行比对

外观情况：

自检结论：

质检工程师： 日期：

附表 14-330

射流风机质量检验表

施工单位：　　　　　　　　　　　　　　　　　合同号：
监理单位：　　　　　　　　　　　　　　　　　编　号：

工程名称		施工时间	
桩号及部位		检验时间	

项次	检验项目	规定值/允许偏差	检验结果	检验频率和方法
1△	净空高度	符合设计要求		经纬仪测量
2△	控制柜防腐涂层厚度	符合设计要求，设计无要求时符合现行《公路交通工程钢构件防腐技术条件》(GB/T 18826)的规定		涂层测厚仪测量
3△	绝缘电阻	强电端子对机壳 ≥50MΩ		500V 绝缘电阻测试仪测量
4	控制机箱接地连接	机箱接地线可靠连接到隧道接地汇流排上		目测检查
5△	隧道共用接地电阻	≤1Ω		接地电阻测量仪测量
6△	风机运转时隧道断面平均风速	符合设计要求		风速仪测量
7	风机全速运转时隧道噪声	符合设计要求		声级计测量
8	响应时间	发送控制命令后至风机启动带动叶轮开始转动时的时间 ≤5s，或符合设计要求		秒表测量
9	方向可控性	能手动、自动控制风机改变送风方向		实操检验
10	运行方式	风机具有手动、自动两种运行方式		实操检验
11	远程控制模式	自动运行方式下，通过标准串口，接收本地控制器或隧道管理站的信息，控制风机启动、停止和送风方向		实操检验

外观情况：

自检结论：

质检工程师：　　　　　　　　　　　　　　　日期：

轴流风机质量检验表

附表 14-331

施工单位：
监理单位：
合同号：
编　号：

工程名称			施工时间	
桩号及部位			检验时间	
项次	检验项目	规定值/允许偏差	检验结果	检验频率和方法
1△	控制柜防腐涂层厚度	符合设计要求，设计无要求时符合现行《公路交通工程钢构件防腐技术条件》(GB/T 18226) 的规定		涂层测厚仪测量
2△	绝缘电阻	强电端子对机壳 ≥50MΩ		500V 绝缘电阻测试仪测量
3	控制机箱接地连接	机箱接地线可靠连接到隧道接地汇流排上		目测检查
4△	隧道共用接地电阻	≤1Ω		接地电阻测量仪测量
5△	风机运转时隧道断面平均风速	符合设计要求		风速仪测量
6	风机机房环境噪声	符合设计要求		声级计测量
7	响应时间	发送控制命令后至风机启动叶轮开始转动时的时间 ≤5s，或符合设计要求		秒表测量
8	风阀启闭功能	符合设计要求		实操检验
9	运行方式	风机具有手动、自动两种运行方式		实操检验
10	远程控制模式	自动运行方式下，通过标准串口，接收本地控制器或隧道管理站的信息，控制风机启动、停止和送、排风方向		实操检验
11	风速调节功能	接收手动、自动控制信号调节通风量		功能验证
12	叶片角度调节和控制功能	风机静止时，叶片角度可以进行调节和控制，能显示叶片的实际角度		功能验证
13	风道开闭功能	风道应设有开关装置，能对风道进行全开、全闭		功能验证

外观情况：

自检结论：

质检工程师：　　　　　　　　　　　　　　　　　　日期：

照明设施质量检验表

附表 14-332

施工单位：
监理单位：

工程名称：　　　　　　　　　　　合同号：
桩号及部位：　　　　　　　　　　编　号：
　　　　　　　　　　　　　　　　施工时间：
　　　　　　　　　　　　　　　　检验时间：

项次	检验项目	规定值/允许偏差	检验结果	检验频率和方法
1△	绝缘电阻	强电端子对机壳≥50MΩ		500V绝缘电阻测试仪测量
2	控制机箱接地连接	机箱接地线可靠连接到隧道接地汇流排上		目测检查
3△	隧道共用接地电阻	≤1Ω		接地电阻测量仪测量
4△	路面平均亮度（入口段、过渡段、中间段、出口段）	符合设计要求		亮度计测量
5△	紧急停车带路面平均亮度	符合设计要求		亮度计测量
6	紧急停车带显色指数	符合设计要求，设计无要求时≥80		光谱辐射计测量
7△	路面亮度总均匀度	符合设计要求，设计无要求时≥0.3		亮度计测量
8	路面亮度纵向均匀度	符合设计要求，设计无要求时≥0.5		亮度计测量
9	照明相关色温	符合设计要求，设计无要求时≤6500K		光谱辐射计测量
10	基本照明折减50%（20%）的情况下，照明显色指数	≥65		亮度计测量
11	路墙亮度比	路面左、右两侧墙面2m高范围内的平均亮度≥路面平均亮度的60%		实操检验
12	灯具开闭可调	各照明回路组的启动时间、间隔可调		实操检验
13△	照明控制方式	具有自动、手动两种控制方式或符合设计要求		实操检验
14△	应急照明	主供电回路断电时，应急照明灯具自能自动开启		功能验证
15	照明灯具调光功能	采用LED灯，无极荧光灯做照明灯具的隧道，具有手动或自动调节灯具发光亮度的功能		

外观情况：

自检结论：

质检工程师：　　　　　　　　　　日期：

附表14-333

消防设施质量检验表

施工单位：
监理单位：
合同号：
编　号：

工程名称			施工时间	
桩号及部位			检验时间	
项次	检验项目	规定值/允许偏差	检验结果	检验频率和方法
1	加压设施气压	符合设计要求		读取气压表数据
2	供水设施水压	符合设计要求		读取水压表数据
3	消防水池的有效容量	符合设计要求		卷尺测量
4	消防水池的水位显示功能	应设置本地水位显示装置，并能将水位信息传送到隧道管理站计算机系统		功能验证
5	消火栓的功能	打开阀门后在规定的时间内达到规定的流量		功能验证
6	水成膜泡沫灭火装置的功能	符合设计要求		功能验证
7	电伴热的功能	符合设计要求		功能验证
8	人行横通道防火门的功能	正常情况为关闭状态，开启方向为疏散方向，能在门两侧开启，且具有自动关闭功能		功能验证
9	车行横通道防火卷帘的功能	能现场和远程控制卷帘的开闭，隧道管理站可监视卷帘的开闭状态		功能验证
10	火灾探测器与自动灭火设施的联动功能	符合设计要求		功能验证，或核查施工记录、历史记录

外观情况：

自检结论：

质检工程师：　　　　　　　　　　　　　　　　　　　　　　　日期：

本地控制器质量检验表

附表 14-334

施工单位：
监理单位：
合同号：
编　号：

工程名称		施工时间	
桩号及部位		检验时间	

项次	检验项目	规定值/允许偏差	检验结果	检验频率和方法
1	安装水平度、竖直度	水平：±3mm/m　竖直：±3mm/m		竖直度测量仪测量
2△	机箱防腐涂层厚度	符合设计要求，设计无要求时符合现行《公路交通工程钢构件防腐技术条件》(GB/T 18226) 的规定		涂层测厚仪测量
3△	绝缘电阻	强电端子对机壳≥50MΩ		500V绝缘电阻测试仪测量
4	机箱接地连接	机箱接地线可靠连接到隧道接地汇流排上		目测检查
5△	隧道共用接地电阻	≤1Ω		接地电阻测量仪测量
6	IP网络吞吐率	符合设计要求，设计无要求时1518帧长≥99%		以太网性能测试仪测量
7	IP网络传输时延	符合设计要求，设计无要求时≤10ms		以太网性能测试仪测量
8	IP网络丢包率	不大于70%流量负荷时≤0.1%		以太网性能测试仪测量
9△	与计算机通信功能	能与隧道管理站计算机正常通信		功能验证
10△	对所辖区域内下端设备控制功能	按设计周期或由隧道管理站控制采集、处理各下端设备的数据		功能验证
11△	本地控制功能	隧道管理站计算机或通信链路故障时，可控制所辖区域内下端设备正常工作		功能验证
12	断电时恢复功能	加电或系统重启动后可自动运行原预设控制方案		功能验证

外观情况：

自检结论：

质检工程师：　　　　　　　　　　　　　　　日期：

隧道管理站设备及软件质量检验表

附表 14-335

施工单位：
监理单位：
合同号：
编　号：

工程名称			施工时间	
桩号及部位			检验时间	
项次	检验项目	规定值/允许偏差	检验结果	检验频率和方法
1△	绝缘电阻	强电端子对机壳≥50MΩ		500V绝缘电阻测试仪测量
2△	系统设备安装连接的可靠性	系统设备安装连接应可靠，经振动试验后系统无告警、错误动作		在振动状况（用橡皮榔头适当敲击）下连续观察15min
3	接地连接	保护地、防雷地的接地连接线可靠连接到接地汇流排上		目测检查，必要时用接地电阻测量仪测量
4△	共用接地电阻	≤1Ω		接地电阻测量仪测量
5	与本地控制器的通信功能	能与本地控制器正常通信		功能验证
6	与监控中心计算机通信功能	数据传输准确		功能验证
7	服务器功能	完成网管、数据备份、资源共享及设计要求的其他功能		功能验证
8	中央管理计算机功能	按设计要求协调和管理其他计算机		功能验证
9	交通控制计算机功能	接收下端下端车辆检测器传送的信息，执行设计制定的控制预案		功能验证
10	通风照明计算机功能	接收下端下端环境检测设备传送的信息，执行设计制定的控制预案		功能验证
11	火灾报警控制计算机功能	接收下端下端火灾报警控制器传送的信息，执行设计制定的控制预案		功能验证
12	图像控制计算机功能	能切换、控制CCTV图像，并在大屏幕上显示		功能验证
13	紧急电话控制台功能	能对下端分机的呼叫进行应答		功能验证
14△	报表统计管理及打印功能	隧道管理站计算机系统可迅速、正确的查询、统计、打印设定的各种报表		功能验证
15	隧道应急预案	符合设计要求		实操检验

外观情况：

自检结论：

质检工程师：　　　　　　　　　　　　　　日期：

附录15　公路工程监理用表

××至××高速公路××段工程项目
抽检记录

附表15-1

监理单位：　　　　　　　　　　　　　　　　编　号：JJ-001-□□□□-□□□-□□□□

施工单位					合同段		
抽检人					抽检时间		
工程部位							
抽检项目			填石路基				
检查结果	项次	检查项目	设计值	规定值或允许偏差		实测值或实测偏差值	合格率（%）	检查方法及频率
				高速公路一级公路	其他公路			
	1△	压实		孔隙率满足设计要求				密度法：每200m每压实层测1处
				沉降差≤试验路确定的沉降差				精密水准仪：每50m测1个断面，每个断面测5点
	2△	弯沉 (0.01mm)		≤设计验收弯沉值				按《公路工程质量检验评定标准　第一册　土建工程》（JTG F80/1—2017）附录J检查
检查结论	□全部检查项合格 □全部检查项不合格 □部分检查项合格,不合格检查项为＿＿＿＿＿＿							
处理意见	同意□/不同意□,进行下道工序							
审核人					审核日期		年　月　日

××至××高速公路××段工程项目
抽检记录

附表 15-2

监理单位： 编　号：JJ-001-□□□□-□□□-□□□□

施工单位						合同段		
抽检人						抽检时间		
工程部位								
抽检项目				土方路基				

检查结果	项次	检查项目		设计值	规定值或允许偏差 高速公路一级公路	实测值或实测偏差值	合格率（%）	检查方法及频率
检查结果	1△	压实度%	上路床	0~0.3m	≥96			按《公路工程质量检验评定标准 第一册 土建工程》(JTG F80/1—2017)附录B检查；密度法：每200m每压实层测2处
			下路床 轻、中及重交通荷载等级	0.3~0.8m	≥96			
			下路床 特重、极重交通荷载等级	0.3~1.2m	≥96			
			上路堤 轻、中及重交通荷载等级	0.8~1.5m	≥94			
			上路堤 特重、极重交通荷载等级	1.2~1.9m	≥94			
			下路堤 轻、中及重交通荷载等级	>1.5m	≥93			
			下路堤 特重、极重交通荷载等级	>1.9m				
	2△	弯沉(0.01mm)			≤设计值			按附录J检查

检查结论	□全部检查项合格 □全部检查项不合格 □部分检查项合格,不合格检查项为＿＿＿＿＿＿
处理意见	同意□/不同意□,进行下道工序
审核人		审核日期	年　月　日

××至××高速公路××段工程项目
抽 检 记 录

附表 15-3

监理单位：　　　　　　　　　　　　　　　编　号：JJ-001-□□□□-□□□-□□□□

施工单位		合同段	
抽检人		抽检时间	
工程部位			
抽检项目	袋装砂井、塑料排水板		

检查结果	项次	检查项目	设计值	规定值或允许偏差	实测值或实测偏差值	合格率（%）	检查方法及频率
	1△	井(板)长		不小于设计值			查施工记录

检查结论	□全部检查项合格 □全部检查项不合格 □部分检查项合格，不合格检查项为_____
处理意见	同意□/不同意□,进行下道工序
审核人		审核日期	年　月　日

××至××高速公路××段工程项目
抽 检 记 录

附表15-4

监理单位：　　　　　　　　　　　　　　　　　编　号：JJ-001-□□□□-□□□-□□□□

施工单位		合同段	
抽检人		抽检时间	
工程部位			
抽检项目	粒料桩		

检查结果	项次	检查项目	设计值	规定值或允许偏差	实测值或实测偏差值	合格率（%）	检查方法及频率
	1△	桩长(m)		≥设计值			查施工记录

检查结论：
☐全部检查项合格
☐全部检查项不合格
☐部分检查项合格，不合格检查项为_____

处理意见	同意☐/不同意☐，进行下道工序		
审核人		审核日期	年　月　日

××至××高速公路××段工程项目
抽 检 记 录

附表 15-5

监理单位： 编　号：JJ-001-□□□□-□□□-□□□□

施工单位							合同段	
抽检人							抽检时间	
工程部位								
抽检项目				加固土桩				
检查结果	项次	检查项目	设计值	规定值或允许偏差	实测值或实测偏差值	合格率（%）	检查方法及频率	
	1△	桩长(m)		≥设计值			查施工记录并结合0.2%，且不少于3根	
	2△	强度(MPa)		满足设计要求			取芯法：抽查桩数的0.5%，且不少于3组	
检查结论	□全部检查项合格 □全部检查项不合格 □部分检查项合格，不合格检查项为_____							
处理意见				同意□/不同意□，进行下道工序				
审核人						审核日期	年　月　日	

××至××高速公路××段工程项目
抽 检 记 录

附表15-6

监理单位：　　　　　　　　　　　　　　　　　　　编　号：JJ-001-□□□□-□□□-□□□□

施工单位						合同段		
抽检人						抽检时间		
工程部位								
抽检项目			水泥粉煤灰碎石桩					
检查结果	项次	检查项目	设计值	规定值或允许偏差	实测值或实测偏差值		合格率（%）	检查方法及频率
	1△	桩长(m)		≥设计值				查施工记录并结合0.2%，且不少于3根
	2△	强度(MPa)		满足设计要求				取芯法：抽查桩数的0.5%，且不少于3组
检查结论	□全部检查项合格 □全部检查项不合格 □部分检查项合格，不合格检查项为_____							
处理意见				同意□/不同意□，进行下道工序				
审核人						审核日期		年　月　日

××至××高速公路××段工程项目
抽 检 记 录

附表15-7

监理单位：　　　　　　　　　　　　　　　编　号：JJ-001-□□□□-□□□-□□□□

施工单位						合同段		
抽检人						抽检时间		
工程部位								
抽检项目				刚性桩				
检查结果	项次	检查项目	设计值	规定值或允许偏差	实测值或实测偏差值	合格率（%）	检查方法及频率	
	1△	混凝土强度（MPa）		在合格标准内			按《公路工程质量检验评定标准 第一册 土建工程》（JTG F80/1—2017）附录D检查	
	2△	桩长(m)		≥设计值			查施工记录	
检查结论	□全部检查项合格 □全部检查项不合格 □部分检查项合格,不合格检查项为_____							
处理意见				同意□/不同意□,进行下道工序				
审核人						审核日期	年　月　日	

××至××高速公路××段工程项目
抽 检 记 录

附表15-8

监理单位：　　　　　　　　　　　　　　　　　　　编　号：JJ-001-□□□□-□□□-□□□□

施工单位					合同段		
抽检人					抽检时间		
工程部位							
抽检项目			一字墙和八字墙				
检查结果	项次	检查项目	设计值	规定值或允许偏差	实测值或实测偏差值	合格率（%）	检查方法及频率
	1△	混凝土或砂浆强度（MPa）		在合格标准内			按《公路工程质量检验评定标准 第一册 土建工程》（JTG F80/1—2017）附录D或附录F检查
	2△	断面尺寸（mm）		≥设计值			尺量：测2个断面
检查结论	□全部检查项合格 □全部检查项不合格 □部分检查项合格，不合格检查项为＿＿＿＿＿＿						
处理意见			同意□/不同意□，进行下道工序				
审核人					审核日期	年　月　日	

××至××高速公路××段工程项目

抽 检 记 录

附表 15-9

监理单位： 编　号：JJ-001-□□□□-□□□-□□□□

施工单位							合同段	
抽检人							抽检时间	
工程部位								
抽检项目	倒虹吸竖井、集水井砌筑							
检查结果		项次	检查项目	设计值	规定值或允许偏差	实测值或实测偏差值	合格率（%）	检查方法及频率
		1△	砂浆强度（mm）		在合格标准内			按《公路工程质量检验评定标准 第一册 土建工程》（JTG F80/1—2017）附录F检查
检查结论	□全部检查项合格 □全部检查项不合格 □部分检查项合格,不合格检查项为_____							
处理意见				同意□/不同意□,进行下道工序				
审核人						审核日期	年　月　日	

××至××高速公路××段工程项目
抽 检 记 录

附表 15-10

监理单位： 　　　　　　　　　　　　　　　　　　　编　号：JJ-001-□□□□-□□□-□□□□

施工单位						合同段		
抽检人						抽检时间		
工程部位								
抽检项目				箱涵浇筑				

检查结果	项次	检查项目		设计值	规定值或允许偏差	实测值或实测偏差值	合格率（%）	检查方法及频率
	1△	混凝土强度（MPa）			在合格标准内			按《公路工程质量检验评定标准 第一册 土建工程》（JTG F80/1—2017）附录D检查
	2△	顶板厚（mm）	明涵		+10,0			尺量：测5处
			暗涵		≥设计值			

检查结论	□全部检查项合格 □全部检查项不合格 □部分检查项合格，不合格检查项为＿＿＿＿＿
处理意见	同意□/不同意□，进行下道工序
审核人		审核日期	年　月　日

××至××高速公路××段工程项目
抽 检 记 录

附表 15-11

监理单位：　　　　　　　　　　　　　　　　　　　编　号：JJ-001-□□□□-□□□-□□□□

施工单位							合同段	
抽检人							抽检时间	
工程部位								
抽检项目	波形钢管涵安装							
检查结果	项次	检查项目	设计值	规定值或允许偏差	实测值或实测偏差值	合格率（%）	检查方法及频率	
	1△	高强螺栓力矩(N·m)		±10%			扭力扳手：检查5%，且不少于2个	
检查结论	□全部检查项合格 □全部检查项不合格 □部分检查项合格，不合格检查项为＿＿＿＿＿＿							
处理意见	同意□/不同意□，进行下道工序							
审核人						审核日期	年　月　日	

××至××高速公路××段工程项目
抽 检 记 录

附表15-12

监理单位：　　　　　　　　　　　　　　　　　　　　　编　号：JJ-001-□□□□-□□□-□□□□

施工单位							合同段	
抽检人							抽检时间	
工程部位								
抽检项目				盖板制作				
检查结果	项次	检查项目		设计值	规定值或允许偏差	实测值或实测偏差值	合格率(%)	检查方法及频率
	1△	混凝土强度(MPa)			在合格标准内			按《公路工程质量检验评定标准 第一册 土建工程》(JTG F80/1—2017)附录D检查
	2△	高度(mm)	明涵		+10,0			尺量：抽查30%的板，且不少于3块板，每板检查2个断面
			暗涵		≥设计值			
检查结论	□全部检查项合格 □全部检查项不合格 □部分检查项合格,不合格检查项为＿＿＿＿＿＿							
处理意见	同意□/不同意□,进行下道工序							
审核人						审核日期	年　月　日	

××至××高速公路××段工程项目
抽 检 记 录

附表15-13

监理单位：　　　　　　　　　　　　　　　编　号：JJ-001-□□□□-□□□-□□□□

施工单位							合同段	
抽检人							抽检时间	
工程部位								
抽检项目				拱涵浇（砌）				
检查结果	项次	检查项目		设计值	规定值或允许偏差	实测值或实测偏差值	合格率（%）	检查方法及频率
	1△	混凝土或砂浆强度（MPa）			在合格标准内			按《公路工程质量检验评定标准 第一册 土建工程》（JTG F80/1—2017）附录D或附录F检查
	2△	拱圈厚度（mm）	砌体		+50，-20			尺量：测拱脚、1/4跨、3/4跨、拱顶5处两侧
			混凝土		+30，-15			
检查结论	□全部检查项合格 □全部检查项不合格 □部分检查项合格，不合格检查项为_____							
处理意见				同意□/不同意□，进行下道工序				
审核人						审核日期	年　月　日	

××至××高速公路××段工程项目
抽 检 记 录

附表 15-14

监理单位：　　　　　　　　　　　　　　　　　编　号：JJ-001-□□□□-□□□-□□□□

施工单位					合同段		
抽检人					抽检时间		
工程部位							
抽检项目	混凝土涵管安装						
检查结果	项次	检查项目	设计值	规定值或允许偏差	实测值或实测偏差值	合格率（%）	检查方法及频率
	1△	管座或垫层混凝土强度（MPa）		在合格标准内			按《公路工程质量检验评定标准 第一册 土建工程》(JTG F80/1—2017)附录D检查
检查结论	□全部检查项合格 □全部检查项不合格 □部分检查项合格，不合格检查项为＿＿＿＿＿＿						
处理意见			同意□/不同意□，进行下道工序				
审核人					审核日期	年　月　日	

××至××高速公路××段工程项目

抽 检 记 录

附表 15-15

监理单位： 编 号：JJ-001-□□□□-□□□-□□□□

施工单位							合同段		
抽检人							抽检时间		
工程部位									
抽检项目					涵台				
检查结果	项次	检查项目		设计值	规定值或允许偏差	实测值或实测偏差值		合格率（%）	检查方法及频率
	1△	混凝土或砂浆强度（MPa）			在合格标准内				按《公路工程质量检验评定标准 第一册 土建工程》（JTG F80/1—2017）附录 D 或附录 F 检查
	2	断面尺寸（mm）	片石砌体		±20				尺量：测 3 个断面
			混凝土		±15				
检查结论	□全部检查项合格 □全部检查项不合格 □部分检查项合格，不合格检查项为_____								
处理意见					同意□/不同意□，进行下道工序				
审核人							审核日期		年 月 日

××至××高速公路××段工程项目
抽 检 记 录

附表 15-16

监理单位：　　　　　　　　　　　　　　　　　　编　号：JJ-001-□□□□-□□□-□□□□

施工单位		合同段	
抽检人		抽检时间	
工程部位			
抽检项目	顶进施工的涵洞		

检查结果	项次	检查项目		设计值	规定值或允许偏差	实测值或实测偏差值	合格率（%）	检查方法及频率
	1△	高程（mm）	$L<15\text{m}$ 箱涵		+30，-100			水准仪：每段测涵底5处
			$L<15\text{m}$ 管涵		±20			
			$15\text{m}\leq L\leq30\text{m}$ 箱涵		+40，-150			
			$15\text{m}\leq L\leq30\text{m}$ 管涵		±40			
			$L>30\text{m}$ 箱涵		+50，-200			
			$L>30\text{m}$ 管涵		+50，-100			

检查结论	□全部检查项合格 □全部检查项不合格 □部分检查项合格，不合格检查项为＿＿＿＿＿＿
处理意见	同意□/不同意□，进行下道工序
审核人		审核日期	年　月　日

××至××高速公路××段工程项目

抽 检 记 录

附表 15-17

监理单位：　　　　　　　　　　　　　　　编　号：JJ-001-□□-□□□□□□□□□-□□

施工单位					合同段		
抽检人					抽检时间		
工程部位							
抽检项目			钢筋加工及安装				
检查结果	项次	检查项目		设计值	规定值或允许偏差	实测值或实测偏差值	合格率（%）	检查方法及频率

检查结果	项次	检查项目		设计值	规定值或允许偏差	实测值或实测偏差值	合格率（%）	检查方法及频率
	1△	受力钢筋间距（mm）	两排以上排距		±5			尺量：长度≤20m时，每构件检查2个断面；长度＞20m时，每构件检查3个断面
			同排 梁、板、拱肋及拱上建筑		±10（±5）			
			同排 基础、锚碇、墩台身、墩柱		±20			
	2△	保护层厚度（mm）	梁、板、拱肋及拱上建筑		±5			尺量：每构件各立模板面每3m²检查1处，且每测面不少于5处
			基础、锚碇、墩台身、墩柱		±10			

检查结论	□全部检查项合格 □全部检查项不合格 □部分检查项合格，不合格检查项为_____
处理意见	同意□/不同意□，进行下道工序
审核人		审核日期	年　月　日

××至××高速公路××段工程项目

抽 检 记 录

附表15-18

监理单位：　　　　　　　　　　　　　　　编　号：JJ-001-□□-□□□□□□□□□□-□□

施工单位					合同段		
抽检人					抽检时间		
工程部位							
抽检项目				预制桩钢筋			
检查结果	项次	检查项目	设计值	规定值或允许偏差	实测值或实测偏差值	合格率（%）	检查方法及频率
	1△	保护层厚度（mm）		±5			尺量：测5个断面，每个断面4处
检查结论	□全部检查项合格 □全部检查项不合格 □部分检查项合格，不合格检查项为＿＿＿＿＿＿						
处理意见			同意□/不同意□，进行下道工序				
审核人					审核日期	年　月　日	

××至××高速公路××段工程项目
抽 检 记 录

附表 15-19

监理单位： 编　号：JJ-001-□□-□□□□□□□□□□-□□

施工单位							合同段	
抽检人							抽检时间	
工程部位								
抽检项目				桩基钢筋加工及安装				
检查结果	项次	检查项目	设计值	规定值或允许偏差	实测值或实测偏差值	合格率（%）	检查方法及频率	
	1△	保护层厚度（mm）		+20，-10			尺量：测每段钢筋骨架外侧定位块处	
检查结论	□全部检查项合格 □全部检查项不合格 □部分检查项合格,不合格检查项为_____							
处理意见				同意□/不同意□,进行下道工序				
审核人						审核日期	年　月　日	

××至××高速公路××段工程项目
抽 检 记 录

附表15-20

监理单位：　　　　　　　　　　　　　编　号：JJ-001-□□-□□□□□□□□□-□□

施工单位						合同段		
抽检人						抽检时间		
工程部位								
抽检项目				预应力后张法				

检查结果	项次	检查项目	设计值	规定值或允许偏差	实测值或实测偏差值	合格率(%)	检查方法及频率
	1△	张拉应力值(MPa)		满足设计要求			查油压表读数；每根(束)检查
	2△	张拉伸长率(%)		满足设计要求，设计未要求时不大于±6%			尺量：每根(束)检查

检查结论	□全部检查项合格 □全部检查项不合格 □部分检查项合格，不合格检查项为_____
处理意见	同意□/不同意□，进行下道工序
审核人	审核日期　　　年　　月　　日

××至××高速公路××段工程项目

抽 检 记 录

附表 15-21

监理单位： 　　　　　　　　　　　　　　编　号：JJ-001-□□-□□□□□□□□□-□□

施工单位						合同段		
抽检人						抽检时间		
工程部位								
抽检项目				预应力先张法				
检查结果	项次	检查项目	设计值	规定值或允许偏差	实测值或实测偏差值		合格率（%）	检查方法及频率
	1△	张拉应力值（MPa）		满足设计要求				查油压表读数；每根（束）检查
	2△	张拉伸长率（%）		满足设计要求，设计未要求时不大于±6%				尺量：每根（束）检查
检查结论	□全部检查项合格 □全部检查项不合格 □部分检查项合格,不合格检查项为＿＿＿＿＿							
处理意见				同意□/不同意□,进行下道工序				
审核人						审核日期		年　月　日

××至××高速公路××段工程项目
抽 检 记 录

附表15-22

监理单位： 编 号：JJ-001-□□-□□□□□□□□□-□□

施工单位							合同段		
抽检人							抽检时间		
工程部位									
抽检项目					孔道压浆				
检查结果	项次	检查项目	设计值	规定值或允许偏差	实测值或实测偏差值	合格率（%）	检查方法及频率		
	1△	浆体强度（MPa）		在合格标准内			按《公路工程质量检验评定标准 第一册 土建工程》（JTG F80/1—2017）附录M检查		
	2△	浆体强度（MPa）		满足施工技术规范规定			查油压表读数：每管道检查		
检查结论	□全部检查项合格 □全部检查项不合格 □部分检查项合格，不合格检查项为_____								
处理意见				同意□/不同意□，进行下道工序					
审核人							审核日期	年 月 日	

××至××高速公路××段工程项目

抽 检 记 录

附表 15-23

监理单位：　　　　　　　　　　　　　　　编　号：JJ-001-□□-□□□□□□□□□-□□

施工单位						合同段		
抽检人						抽检时间		
工程部位								
抽检项目				基础砌体				
检查结果	项次	检查项目	设计值	规定值或允许偏差	实测值或实测偏差值		合格率（%）	检查方法及频率
	1△	砂浆强度（MPa）		在合格标准内				按《公路工程质量检验评定标准 第一册 土建工程》（JTG F80/1—2017）附录F检查
检查结论	□全部检查项合格 □全部检查项不合格 □部分检查项合格,不合格检查项为＿＿＿＿＿＿							
处理意见				同意□/不同意□,进行下道工序				
审核人						审核日期	年　月　日	

××至××高速公路××段工程项目

抽 检 记 录　　　　　　　　　　　附表15-24

监理单位：　　　　　　　　　　　　　编　号：JJ-001-□□-□□□□□□□□□-□□

施工单位		合同段	
抽检人		抽检时间	
工程部位			
抽检项目	墩、台身砌体		

检查结果	项次	检查项目	设计值	规定值或允许偏差	实测值或实测偏差值	合格率（%）	检查方法及频率
	1△	砂浆强度（MPa）		在合格标准内			按《公路工程质量检验评定标准 第一册 土建工程》（JTG F80/1—2017）附录F检查

检查结论	□全部检查项合格 □全部检查项不合格 □部分检查项合格，不合格检查项为＿＿＿＿＿＿
处理意见	同意□/不同意□，进行下道工序
审核人	审核日期　　　　年　　月　　日

××至××高速公路××段工程项目

抽 检 记 录

附表 15-25

监理单位：　　　　　　　　　　　　　编　号：JJ-001-□□-□□□□□□□□-□□

施工单位						合同段	
抽检人						抽检时间	
工程部位							
抽检项目				拱圈砌体			
检查结果	项次	检查项目	设计值	规定值或允许偏差	实测值或实测偏差值	合格率（%）	检查方法及频率
	1△	砂浆强度(MPa)		在合格标准内			按《公路工程质量检验评定标准 第一册 土建工程》(JTG F80/1—2017)附录F检查
	2△	拱圈厚度(mm)		+30,0			尺量:测拱脚、拱顶、1/4跨、3/4跨处两侧
	3△	内弧线偏离设计弧线(mm)	$L\leq30$m	±20			水准仪:测拱脚、拱顶、1/4跨、3/4跨处两侧高程
			$L>30$m	±L/1500			
			1/4跨、3/4跨处极值	允许偏差的2倍且反向			
检查结论	□全部检查项合格 □全部检查项不合格 □部分检查项合格,不合格检查项为_____						
处理意见				同意□/不同意□,进行下道工序			
审核人				审核日期		年　月　日	

××至××高速公路××段工程项目
抽 检 记 录

附表15-26

监理单位：　　　　　　　　　　　　　　　　编　号：JJ-001-□□-□□□□□□□□□-□□

施工单位						合同段		
抽检人						抽检时间		
工程部位								
抽检项目				侧墙砌体				

检查结果	项次	检查项目	设计值	规定值或允许偏差	实测值或实测偏差值	合格率（%）	检查方法及频率
	1△	砂浆强度（MPa）		在合格标准内			按《公路工程质量检验评定标准 第一册 土建工程》（JTG F80/1—2017）附录F检查
	3△	宽度（mm）		+40，-10			尺量：测5处

检查结论	□全部检查项合格 □全部检查项不合格 □部分检查项合格，不合格检查项为_____
处理意见	同意□/不同意□，进行下道工序
审核人	审核日期　　　年　　月　　日

××至××高速公路××段工程项目
抽 检 记 录

附表15-27

监理单位： 编　号：JJ-001-□□-□□□□□□□□□-□□

施工单位							合同段	
抽检人							抽检时间	
工程部位								
抽检项目			混凝土扩大基础					

检查结果	项次	检查项目	设计值	规定值或允许偏差	实测值或实测偏差值	合格率（%）	检查方法及频率
	1△	混凝土强度（MPa）		在合格标准内			按《公路工程质量检验评定标准 第一册 土建工程》（JTG F80/1—2017）附录D检查
	2	平面尺寸（mm）		±50			尺量：长、宽各检查3处

检查结论	□全部检查项合格 □全部检查项不合格 □部分检查项合格，不合格检查项为_____
处理意见	同意□/不同意□，进行下道工序
审核人		审核日期	年　月　日

××至××高速公路××段工程项目
抽 检 记 录

附表 15-28

监理单位：　　　　　　　　　　　　编　号：JJ-001-□□-□□□□□□□□□-□□

施工单位						合同段		
抽检人						抽检时间		
工程部位								
抽检项目				桩基混凝土浇筑				
检查结果	项次	检查项目	设计值	规定值或允许偏差	实测值或实测偏差值	合格率（%）	检查方法及频率	
	1△	混凝土强度（MPa）		在合格标准内			按《公路工程质量检验评定标准 第一册 土建工程》（JTG F80/1—2017）附录D检查	
	2△	孔深（mm）		≥设计值			测绳：每桩测量	
	3△	桩身完整性		每桩均满足设计要求；设计未要求时，每桩不低于Ⅱ类			满足设计要求；设计未要求时，采用低应变反射波法或超声波透射法，每桩检测	
检查结论	□全部检查项合格 □全部检查项不合格 □部分检查项合格，不合格检查项为_____							
处理意见				同意□/不同意□，进行下道工序				
审核人						审核日期	年　月　日	

××至××高速公路××段工程项目
抽 检 记 录

附表15-29

监理单位：　　　　　　　　　　　　　　　　　　　编　号：JJ-001-□□-□□□□□□□□□-□□

施工单位							合同段		
抽检人							抽检时间		
工程部位									
抽检项目				人工挖孔桩基混凝土浇筑					
检查结果	项次	检查项目	设计值	规定值或允许偏差	实测值或实测偏差值		合格率（%）	检查方法及频率	
	1△	混凝土强度（MPa）		在合格标准内				按《公路工程质量检验评定标准 第一册 土建工程》（JTG F80/1—2017）附录D检查	
	2△	孔深（mm）		≥设计值				测绳量：每桩测量	
	3△	桩身完整性		每桩均满足设计要求；设计未要求时，每桩不低于Ⅱ类				满足设计要求；设计未要求时，采用低应变反射波法或超声波透射法，每桩检测	
检查结论	□全部检查项合格 □全部检查项不合格 □部分检查项合格，不合格检查项为＿＿＿＿＿＿								
处理意见				同意□/不同意□，进行下道工序					
审核人						审核日期		年　月　日	

××至××高速公路××段工程项目
抽检记录

附表15-30

监理单位：　　　　　　　　　　　　　　　　编　号：JJ-001-□□-□□□□□□□□□-□□

施工单位		合同段	
抽检人		抽检时间	
工程部位			
抽检项目	混凝土预制桩		

检查结果	项次	检查项目	设计值	规定值或允许偏差	实测值或实测偏差值	合格率（%）	检查方法及频率
	1△	混凝土强度（MPa）		在合格标准内			按《公路工程质量检验评定标准 第一册 土建工程》（JTG F80/1—2017）附录D检查

检查结论	□全部检查项合格 □全部检查项不合格 □部分检查项合格,不合格检查项为＿＿＿＿＿＿
处理意见	同意□/不同意□,进行下道工序
审核人	审核日期　　年　月　日

××至××高速公路××段工程项目

抽检记录

附表 15-31

监理单位：　　　　　　　　　　　　　　　　　编　号：JJ-001-□□-□□□□□□□□□-□□

施工单位							合同段	
抽检人							抽检时间	
工程部位								
抽检项目				钢管桩制作				
检查结果	项次	检查项目		设计值	规定值或允许偏差	实测值或实测偏差值	合格率(%)	检查方法及频率
	1	管节外形尺寸（mm）		管端椭圆度 D	$\pm 0.5\%D$，且 $\leq \pm 5$			尺量：抽查10%的桩，各测3个断面
				周长 L	$\pm 0.5\%L$，且 $\leq \pm 10$			
	2△	接头尺寸（mm）	管径差	≤ 700	≤ 2			尺量：抽查10%的桩，测量每个桩头
				>700	≤ 3			
			对接板高差	$\delta \leq 10$	≤ 1			
				$10 < \delta \leq 20$	≤ 2			
				$\delta > 20$	$\leq \delta/10$，且 ≤ 3			
	3△	焊缝探伤			满足设计要求			超声法：满足设计要求；抽查10%的桩，每桩检查20%的焊缝，且不少于3条。射线法：满足设计要求；抽查10%的桩，每桩检查20%的焊缝，且不少于1条
检查结论	□全部检查项合格 □全部检查项不合格 □部分检查项合格，不合格检查项为_____							
处理意见				同意□/不同意□，进行下道工序				
审核人						审核日期	年　月　日	

××至××高速公路××段工程项目
抽 检 记 录

附表 15-32

监理单位： 编　号：JJ-001-□□-□□□□□□□□□-□□

施工单位					合同段		
抽检人					抽检时间		
工程部位							
抽检项目				沉桩			
检查结果	项次	检查项目	设计值	规定值或允许偏差	实测值或实测偏差值	合格率（%）	检查方法及频率
	1△	桩尖高程（mm）		≤设计值			水准仪测桩顶面高程后反算；测量每个桩
	2△	贯入度（mm）		≤设计值			与控制贯入度比较；测量每个桩
检查结论	□全部检查项合格 □全部检查项不合格 □部分检查项合格，不合格检查项为_____						
处理意见			同意□/不同意□，进行下道工序				
审核人					审核日期		年　月　日

××至××高速公路××段工程项目

抽 检 记 录

附表 15-33

监理单位：　　　　　　　　　　　编　号：JJ-001-□□-□□□□□□□□□-□□

施工单位						合同段		
抽检人						抽检时间		
工程部位								
抽检项目	地下连续墙							
检查结果	项次	检查项目	设计值	规定值或允许偏差	实测值或实测偏差值		合格率（%）	检查方法及频率
	1△	混凝土强度（MPa）		在合格标准内				按《公路工程质量检验评定标准 第一册 土建工程》（JTG F80/1—2017）附录D检查
检查结论	□全部检查项合格 □全部检查项不合格 □部分检查项合格，不合格检查项为＿＿＿＿＿							
处理意见	同意□/不同意□，进行下道工序							
审核人					审核日期		年　月　日	

××至××高速公路××段工程项目

抽 检 记 录　　　　　　　　　　　附表15-34

监理单位：　　　　　　　　　　　　　编　号：JJ-001-□□-□□□□□□□□□-□□

施工单位						合同段		
抽检人						抽检时间		
工程部位								
抽检项目					沉井			
检查结果	项次	检查项目		设计值	规定值或允许偏差	实测值或实测偏差值	合格率（%）	检查方法及频率
	1△	混凝土强度(MPa)			在合格标准内			按《公路工程质量检验评定标准　第一册土建工程》(JTG F80/1—2017)附录D检查
	2	沉井平面尺寸(mm)	长、宽		$\pm 0.5\%B$，$B>24$m 时 ± 120			尺量：每节段沿边线测8处
			半径		$\pm 0.5\%R$，$R>12$m 时 ± 60			
			非圆形沉井对角线差		对角线长度的 $\pm 1\%$，最大 ± 180mm			
	3△	中心偏位 H（纵、横向）(mm)	一般		$\leqslant H/100$			全站仪：测沉井每节段顶面边线与两轴线交点
			浮式		$\leqslant H/100+250$			
检查结论	□全部检查项合格 □全部检查项不合格 □部分检查项合格,不合格检查项为_____							
处理意见					同意□/不同意□，进行下道工序			
审核人						审核日期		年　月　日

××至××高速公路××段工程项目

抽 检 记 录

附表15-35

监理单位：　　　　　　　　　　　　编　号：JJ-001-□□-□□□□□□□□□-□□

施工单位							合同段	
抽检人							抽检时间	
工程部位								
抽检项目				双壁钢围堰				
检查结果	项次	检查项目		设计值	规定值或允许偏差	实测值或实测偏差值	合格率（％）	检查方法及频率
	1	围堰平面尺寸（mm）	半径		$\pm D/500$，互相垂直的直径差<20			尺量：每节段测顶面
			长、宽		± 30，对角线<20			
	2△	焊缝探伤						超声法：满足设计要求；设计未要求时，抽查20％的焊缝，且不少于3条
检查结论	□全部检查项合格 □全部检查项不合格 □部分检查项合格，不合格检查项为＿＿＿＿＿＿							
处理意见				同意□/不同意□，进行下道工序				
审核人						审核日期	年　月　日	

××至××高速公路××段工程项目
抽 检 记 录

附表15-36

监理单位：　　　　　　　　　　　　　　　编　号：JJ-001-□□-□□□□□□□□□□-□□

施工单位		合同段	
抽检人		抽检时间	
工程部位			
抽检项目	沉井、钢围堰封底混凝土		

检查结果	项次	检查项目	设计值	规定值或允许偏差	实测值或实测偏差值	合格率（%）	检查方法及频率
	1△	混凝土强度（MPa）		在合格标准内			按《公路工程质量检验评定标准 第一册 土建工程》（JTG F80/1—2017）附录D检查

检查结论	□全部检查项合格 □全部检查项不合格 □部分检查项合格，不合格检查项为＿＿＿＿＿＿
处理意见	同意□/不同意□，进行下道工序
审核人	审核日期　　年　月　日

××至××高速公路××段工程项目
抽 检 记 录

附表 15-37

监理单位：　　　　　　　　　　　　　　编　号：JJ-001-□□-□□□□□□□□□-□□

施工单位							合同段	
抽检人							抽检时间	
工程部位								
抽检项目				承台等大体积混凝土				
检查结果	项次	检查项目		设计值	规定值或允许偏差	实测值或实测偏差值	合格率（%）	检查方法及频率
	1△	混凝土强度（MPa）			在合格标准内			按《公路工程质量检验评定标准 第一册 土建工程》（JTG F80/1—2017）附录D检查
	2	平面尺寸（mm）	$B<30m$		±30			尺量：测2个断面
			$B≥30m$		±B/1000			
检查结论	□全部检查项合格 □全部检查项不合格 □部分检查项合格,不合格检查项为_____							
处理意见	同意□/不同意□,进行下道工序							
审核人						审核日期	年　月　日	

××至××高速公路××段工程项目

抽 检 记 录   附表15-38

监理单位：　　　　　　　　　　　　　编　号：JJ-001-□□-□□□□□□□□□-□□

施工单位		合同段	
抽检人		抽检时间	
工程部位			
抽检项目	灌注桩桩底压浆		

	项次	检查项目	设计值	规定值或允许偏差	实测值或实测偏差值	合格率（%）	检查方法及频率
检查结果	1△	浆体强度（MPa）		在合格标准内			按《公路工程质量检验评定标准 第一册 土建工程》（JTG F80/1—2017）附录M检查
	2△	压浆量(L)		满足压浆方案要求			标定容器法或流量传感器；每桩测量

检查结论	□全部检查项合格 □全部检查项不合格 □部分检查项合格，不合格检查项为_____
处理意见	同意□/不同意□，进行下道工序
审核人		审核日期	年　月　日

××至××高速公路××段工程项目
抽 检 记 录

附表15-39

监理单位：　　　　　　　　　　　　　　编　号：JJ-001-□□-□□□□□□□□□-□□

施工单位					合同段		
抽检人					抽检时间		
工程部位							
抽检项目				墩、台身混凝土浇筑			
检查结果	项次	检查项目		设计值	规定值或允许偏差	实测值或实测偏差值	合格率（%）	检查方法及频率
	1△	混凝土强度(MPa)			在合格标准内			按《公路工程质量检验评定标准 第一册 土建工程》（JTG F80/1—2017）附录D检查
	2	断面尺寸（mm）			±20			尺量：每施工节段测1个断面，不分段施工的测2个断面
	3△	轴线偏位 H(mm)	H≤60m		≤10，且相对前一节段≤8			全站仪：每施工节段测顶面边线与两轴线交点
			H>60m		≤15，且相对前一节段≤8			
检查结论	□全部检查项合格 □全部检查项不合格 □部分检查项合格,不合格检查项为＿＿＿＿＿＿＿						
处理意见	同意□/不同意□,进行下道工序						
审核人					审核日期	年　月　日	

××至××高速公路××段工程项目
抽 检 记 录

附表 15-40

监理单位：_____   编 号：JJ-001-□□-□□□□□□□□□-□□

施工单位				合同段			
抽检人				抽检时间			
工程部位							
抽检项目	现浇墩、台帽或盖梁						
检查结果	项次	检查项目	设计值	规定值或允许偏差	实测值或实测偏差值	合格率（%）	检查方法及频率
	1△	混凝土强度（MPa）		在合格标准内			按《公路工程质量检验评定标准 第一册 土建工程》（JTG F80/1—2017）附录 D 检查
	2	断面尺寸（mm）		±20			尺量：测 3 个断面
检查结论	□全部检查项合格 □全部检查项不合格 □部分检查项合格，不合格检查项为_____						
处理意见	同意□/不同意□，进行下道工序						
审核人				审核日期	年 月 日		

××至××高速公路××段工程项目

抽 检 记 录

附表15-41

监理单位：　　　　　　　　　　　　　　　编　号：JJ-001-□□-□□□□□□□□□-□□

施工单位					合同段		
抽检人					抽检时间		
工程部位							
抽检项目				预制墩身			
检查结果	项次	检查项目		设计值	规定值或允许偏差	实测值或实测偏差值	合格率（%）	检查方法及频率
	1△	混凝土强度(MPa)			在合格标准内			按《公路工程质量检验评定标准 第一册 土建工程》(JTG F80/1—2017)附录D检查
	2△	断面尺寸(mm)	外轮廓		±15			尺量:测2个断面
			壁厚		±10			
检查结论	□全部检查项合格 □全部检查项不合格 □部分检查项合格,不合格检查项为＿＿＿＿＿＿						
处理意见	同意□/不同意□,进行下道工序						
审核人					审核日期		年　月　日

××至××高速公路××段工程项目

抽 检 记 录 附表15-42

监理单位：　　　　　　　　　　　　　　　编　号：JJ-001-□□-□□□□□□□□□-□□

施工单位						合同段		
抽检人						抽检时间		
工程部位								
抽检项目				墩台身安装				
检查结果	项次	检查项目		设计值	规定值或允许偏差	实测值或实测偏差值	合格率（%）	检查方法及频率
	1△	轴线偏位 H(mm)	$H\leqslant 60$m		≤10,且相对前一节段≤8			全站仪:每施工节段测顶面边线与两轴线交点
			$H>60$m		≤15,且相对前一节段≤8			
	2△	湿接头混凝土强度（MPa）			在合格标准内			按《公路工程质量检验评定标准　第一册　土建工程》(JTG F80/1—2017)附录D检查
检查结论	□全部检查项合格 □全部检查项不合格 □部分检查项合格,不合格检查项为＿＿＿＿＿＿							
处理意见					同意□/不同意□,进行下道工序			
审核人					审核日期		年　月　日	

××至××高速公路××段工程项目

抽 检 记 录

附表15-43

监理单位： 编　号：JJ-001-□□-□□□□□□□□□-□□

施工单位						合同段	
抽检人						抽检时间	
工程部位							
抽检项目				拱桥组合桥台			
检查结果	项次	检查项目	设计值	规定值或允许偏差	实测值或实测偏差值	合格率（%）	检查方法及频率
	1△	架设拱圈前,台后填土完成量(m³)		≥90%			按填土状况推算:每台
	2△	拱建成后桥台水平位移(mm)		≤设计允许值			全站仪:每台检查两侧预埋测点
检查结论	□全部检查项合格 □全部检查项不合格 □部分检查项合格,不合格检查项为＿＿＿＿						
处理意见				同意□/不同意□,进行下道工序			
审核人					审核日期	年　月　日	

××至××高速公路××段工程项目

抽 检 记 录　　　　　　　　　　　　　　　附表15-44

监理单位：　　　　　　　　　　　　　　编　号:JJ-001-□□-□□□□□□□□□□-□□

施工单位						合同段		
抽检人						抽检时间		
工程部位								
抽检项目				台背填土				
检查结果	项次	实测项目	设计值	规定值或允许偏差		实测值或实测偏差值	合格率（％）	检查方法及频率
				高速公路一级公路				
	1△	压实度（％）		≥96				按《公路工程质量检验评定标准 第一册 土建工程》（JTG F80/1—2017）附录B的方法检查,每桥台每压实层测2处
检查结论	□全部检查项合格 □全部检查项不合格 □部分检查项合格,不合格检查项为＿＿＿＿							
处理意见				同意□/不同意□,进行下道工序				
审核人						审核日期	年　月　日	

××至××高速公路××段工程项目
抽 检 记 录

附表15-45

监理单位：　　　　　　　　　　　　　　编　号：JJ-001-□□-□□□□□□□□□-□□

施工单位						合同段	
抽检人						抽检时间	
工程部位							
抽检项目			就地浇筑梁、板				
检查结果	项次	检查项目	设计值	规定值或允许偏差	实测值或实测偏差值	合格率（%）	检查方法及频率
	1△	混凝土强度（MPa）		在合格标准内			按《公路工程质量检验评定标准 第一册 土建工程》（JTG F80/1—2017）附录D检查
	2△	断面尺寸（mm） 高度		+5，-10			尺量：每个节段测3个断面
		顶宽		±30			
		底宽		±20			
		顶、底、腹板或梁肋厚		+10，0			

检查结论	□全部检查项合格 □全部检查项不合格 □部分检查项合格，不合格检查项为_____
处理意见	同意□/不同意□，进行下道工序
审核人		审核日期	年　月　日

××至××高速公路××段工程项目

抽 检 记 录

附表15-46

监理单位：　　　　　　　　　　　　　　编　号：JJ-001-□□-□□□□□□□□□-□□

施工单位					合同段		
抽检人					抽检时间		
工程部位							
抽检项目				梁、板或梁段预制			
检查结果	项次	检查项目		设计值	规定值或允许偏差	实测值或实测偏差值	合格率（%）	检查方法及频率
	1△	混凝土强度(MPa)			在合格标准内			按《公路工程质量检验评定标准　第一册　土建工程》(JTG F80/1—2017)附录D检查
	2△	断面尺寸(mm)	宽度	箱梁	顶宽	±20(±5)			尺量：每梁测3个断面，板和梁段测2个断面
					底宽	±10(+5,0)			
				其他梁、板	干接缝（梁翼缘、板）	±10(±3)			
					湿接缝（梁翼缘、板）	±20			
			高度	箱梁		0,-5			
				其他梁、板		±5			
			顶板、底板、腹板或梁肋厚			+5,0			
检查结论	□全部检查项合格 □全部检查项不合格 □部分检查项合格，不合格检查项为＿＿＿＿＿＿						
处理意见	同意□/不同意□，进行下道工序						
审核人					审核日期		年　月　日

××至××高速公路××段工程项目

抽 检 记 录

附表15-47

监理单位： 编 号：JJ-001-□□-□□□□□□□□□□-□□

施工单位							合同段	
抽检人							抽检时间	
工程部位								
抽检项目				顶推施工梁				
检查结果	项次	检查项目		设计值	规定值或允许偏差	实测值或实测偏差值	合格率（%）	检查方法及频率
	1△	落梁反力			满足设计要求；设计未要求时，≤1.1倍的设计反力			查油压表读数：检查全部
	2△	支点高差（mm）	相邻纵向支点		满足设计要求；设计未要求时≤5			水准仪：检查全部
			同墩两侧支点		满足设计要求；设计未要求时≤2			

检查结论	□全部检查项合格 □全部检查项不合格 □部分检查项合格，不合格检查项为_____
处理意见	同意□/不同意□，进行下道工序
审核人		审核日期	年 月 日

××至××高速公路××段工程项目
抽 检 记 录

附表 15-48

监理单位：　　　　　　　　　　　　　　　　　编　号：JJ-001-□□-□□□□□□□□□-□□

施工单位						合同段		
抽检人						抽检时间		
工程部位								
抽检项目				悬臂浇筑梁				

检查结果	项次	检查项目		设计值	规定值或允许偏差	实测值或实测偏差值	合格率（%）	检查方法及频率
	1△	混凝土强度（MPa）			在合格标准内			按《公路工程质量检验评定标准　第一册　土建工程》（JTG F80/1—2017）附录 D 检查
	2△	断面尺寸（mm）	高度		+5，-10			尺量：每个节段测 1 个断面
			顶宽		±30			
			底宽		±20			
			顶、底、腹板厚		+10,0			

检查结论	□全部检查项合格 □全部检查项不合格 □部分检查项合格，不合格检查项为＿＿＿＿＿＿＿
处理意见	同意□/不同意□，进行下道工序
审核人		审核日期	年　月　日

××至××高速公路××段工程项目

抽 检 记 录

附表15-49

监理单位： 编 号：JJ-001-□□-□□□□□□□□□-□□

施工单位		合同段	
抽检人		抽检时间	
工程部位			
抽检项目	悬臂拼装梁实测		

检查结果	项次	检查项目	设计值	规定值或允许偏差	实测值或实测偏差值	合格率（%）	检查方法及频率
	1△	合龙段混凝土强度(MPa)		在合格标准内			按《公路工程质量检验评定标准 第一册 土建工程》（JTG F80/1—2017）附录D检查

检查结论	□全部检查项合格 □全部检查项不合格 □部分检查项合格,不合格检查项为＿＿＿＿
处理意见	同意□/不同意□,进行下道工序
审核人		审核日期	年 月 日

××至××高速公路××段工程项目
抽 检 记 录

附表15-50

监理单位： 编 号：JJ-001-□□-□□□□□□□□□-□□

施工单位		合同段	
抽检人		抽检时间	
工程部位			
抽检项目	转体施工梁实测项目		

检查结果	项次	检查项目	设计值	规定值或允许偏差	实测值或实测偏差值	合格率（%）	检查方法及频率
	1△	封闭转盘和合龙段混凝土强度（MPa）		在合格标准内			按《公路工程质量检验评定标准 第一册 土建工程》（JTG F80/1—2017）附录D检查
	2△	轴线偏位（mm）		≤L/10000			全站仪:测5处

检查结论	□全部检查项合格 □全部检查项不合格 □部分检查项合格,不合格检查项为_____
处理意见	同意□/不同意□,进行下道工序
审核人		审核日期	年 月 日

××至××高速公路××段工程项目
抽 检 记 录

附表 15-51

监理单位： 编　号：JJ-001-□□-□□□□□□□□□□-□□

施工单位		合同段	
抽检人		抽检时间	
工程部位			
抽检项目	悬索桥混凝土塔柱		

检查结果	项次	检查项目	设计值	规定值或允许偏差	实测值或实测偏差值	合格率（%）	检查方法及频率
	1△	混凝土强度（MPa）		在合格标准内			按《公路工程质量检验评定标准 第一册 土建工程》（JTG F80/1—2017）附录D检查
	2△	塔柱轴线偏位（mm）		≤15，且相对前一节段≤8			全站仪：测每节段顶面边线与两轴线交点
	3△	塔顶格栅顶面高程差（mm）		≤2			

检查结论	□全部检查项合格 □全部检查项不合格 □部分检查项合格，不合格检查项为＿＿＿＿＿＿
处理意见	同意□/不同意□，进行下道工序
审核人		审核日期	年　月　日

××至××高速公路××段工程项目
抽 检 记 录

附表 15-52

监理单位： 　　　　　　　　　　　　　编　号：JJ-001-□□-□□□□□□□□□-□□

施工单位				合同段			
抽检人				抽检时间			
工程部位							
抽检项目	预应力锚固体系制作						

	项次	检查项目	设计值	规定值或允许偏差	实测值或实测偏差值	合格率（%）	检查方法及频率
检查结果	1△	拉杆、连接平板、连接筒、螺母探伤(mm)		满足设计要求			按设计要求的方法和频率检查，设计未要求时，进行100%超声法波探伤和10%射线法探伤

检查结论	□全部检查项合格 □全部检查项不合格 □部分检查项合格,不合格检查项为＿＿＿＿＿
处理意见	同意□/不同意□,进行下道工序
审核人	审核日期　　　年　　月　　日

××至××高速公路××段工程项目

抽 检 记 录

附表 15-53

监理单位：　　　　　　　　　　　　　　　　编　号：JJ-001-□□-□□□□□□□□□□-□□

施工单位						合同段		
抽检人						抽检时间		
工程部位								
抽检项目				刚架锚固体系制作				
检查结果	项次	检查项目	设计值	规定值或允许偏差	实测值或实测偏差值		合格率（%）	检查方法及频率
	1△	焊缝探伤		满足设计要求				超声法:检查全部。射线法:按设计要求;设计未要求时,按10%抽查,且不少于3条
检查结论	□全部检查项合格 □全部检查项不合格 □部分检查项合格,不合格检查项为＿＿＿＿＿＿							
处理意见				同意□/不同意□,进行下道工序				
审核人						审核日期		年　月　日

××至××高速公路××段工程项目
抽 检 记 录

附表15-54

监理单位：　　　　　　　　　　　　　　　　　编　号：JJ-001-□□-□□□□□□□□□-□□

施工单位		合同段	
抽检人		抽检时间	
工程部位			
抽检项目	预应力锚固体系安装		

检查结果	项次	检查项目	设计值	规定值或允许偏差	实测值或实测偏差值	合格率（%）	检查方法及频率
	1△	锚面孔道中心坐标偏差(mm)		±10			全站仪:测每孔道
	2△	前锚面孔道角度(°)		±0.2			全站仪:测每孔道

检查结论	□全部检查项合格 □全部检查项不合格 □部分检查项合格,不合格检查项为＿＿＿＿＿＿
处理意见	同意□/不同意□,进行下道工序
审核人	审核日期　　　年　　月　　日

××至××高速公路××段工程项目

抽 检 记 录

附表 15-55

监理单位：　　　　　　　　　　　　　　　　编　号：JJ-001-□□-□□□□□□□□□-□□

施工单位							合同段	
抽检人							抽检时间	
工程部位								
抽检项目			刚架锚固体系安装					
检查结果	项次	检查项目		设计值	规定值或允许偏差	实测值或实测偏差值	合格率（%）	检查方法及频率
	1△	锚杆坐标（mm）	纵		±10			全站仪、钢尺：每根测两端
			横		±5			
			竖向		±5			
	2△	焊缝探伤			满足设计要求			超声法：检查全部。射线法：按设计要求；设计未要求时，按10%抽查，且不少于3条
	3△	高强螺栓力矩			±10%			扭力扳手：检查5%，且不少于2个
检查结论	□全部检查项合格 □全部检查项不合格 □部分检查项合格，不合格检查项为＿＿＿＿＿＿							
处理意见	同意□/不同意□，进行下道工序							
审核人						审核日期	年　月　日	

××至××高速公路××段工程项目
抽 检 记 录

附表15-56

监理单位：　　　　　　　　　　　　　编　号：JJ-001-□□-□□□□□□□□□-□□

施工单位				合同段		
抽检人				抽检时间		
工程部位						
抽检项目			锚碇混凝土块体			

	项次	检查项目	设计值	规定值或允许偏差	实测值或实测偏差值	合格率（%）	检查方法及频率
检查结果	1△	混凝土强度（MPa）		在合格标准内			按《公路工程质量检验评定标准 第一册 土建工程》（JTG F80/1—2017）附录D检查
	2△	平面尺寸（mm）		±30			尺量：测3处

检查结论	□全部检查项合格 □全部检查项不合格 □部分检查项合格，不合格检查项为＿＿＿＿＿＿
处理意见	同意□/不同意□，进行下道工序
审核人	审核日期　　　　年　　月　　日

××至××高速公路××段工程项目
抽 检 记 录

附表 15-57

监理单位：　　　　　　　　　　　　　　　　编　号：JJ-001-□□-□□□□□□□□□-□□

施工单位							合同段		
抽检人							抽检时间		
工程部位									
抽检项目				隧道锚的混凝土锚塞体					
检查结果	项次	检查项目	设计值	规定值或允许偏差	实测值或实测偏差值		合格率（%）	检查方法及频率	
	1△	混凝土强度（MPa）		在合格范围内				按《公路工程质量检验评定标准 第一册 土建工程》（JTG F80/1—2017）附录 D 检查	
检查结论	□全部检查项合格 □全部检查项不合格 □部分检查项合格,不合格检查项为＿＿＿＿＿＿								
处理意见				同意□/不同意□,进行下道工序					
审核人						审核日期		年　月　日	

××至××高速公路××段工程项目
抽 检 记 录

附表15-58

监理单位：　　　　　　　　　　　　　　　编　号：JJ-001-□□-□□□□□□□□□-□□

施工单位					合同段		
抽检人					抽检时间		
工程部位							
抽检项目			主索鞍制作				

	项次	检查项目		设计值	规定值或允许偏差	实测值或实测偏差值	合格率（%）	检查方法及频率
检查结果	1△	平面度			≤0.08mm/1000mm,且≤0.5mm/全平面			平面度测量仪或机床检查；各主要平面测12处，应交叉检测
	2△	主要平面	两平面的平面度(mm/全平面)		≤0.5			平行度测量仪或机床检查；各主要平面测6处
	3△		鞍体下平面对中心索槽竖直平面的垂直度(mm/全长)		≤2			跳动测量仪或机床检查；测6处
	4△	圆弧半径	鞍槽的轮廓圆弧半径(mm)		±2			跳动测量仪或机床检查；测6处
	5△	鞍槽内各尺寸	各槽宽度、深度(mm)		±1，累计误差±2			样板；测3个断面
	6△		加工后鞍槽底部及侧壁厚度(mm)		±10			机床检查或设置基准面测量；测3个断面

检查结论	□全部检查项合格 □全部检查项不合格 □部分检查项合格，不合格检查项为＿＿＿＿＿＿＿＿
处理意见	同意□/不同意□，进行下道工序
审核人	审核日期　　　年　　月　　日

××至××高速公路××段工程项目
抽 检 记 录

附表 15-59

监理单位：　　　　　　　　　　　编　号：JJ-001-□□-□□□□□□□□□-□□

施工单位							合同段	
抽检人							抽检时间	
工程部位								
抽检项目				散索鞍制作				
检查结果	项次	检查项目		设计值	规定值或允许偏差	实测值或实测偏差值	合格率（%）	检查方法及频率
	1△	主要平面	平面度		≤0.08mm/1000mm,且≤0.5mm/全平面			平面度测量仪或机床检查:各主要平面测9处,应交叉检测
	2△		两平面的平行（mm/全平面）		≤0.5			平行度测量仪或机床检查:各主要平面测6处
	3△		摆轴中心线与索槽中心平面的垂直度(mm/全长)		≤3			跳动测量仪或机床检查:测6处
	4△	圆弧半径	鞍槽的轮廓圆弧半径(mm)		±2			跳动测量仪或机床检查:测3处
	5△	鞍槽内各尺寸	各槽宽度、深度(mm)		±1,累计误差±2			样板:测3个断面
	6△		各槽与中心索槽的对称度（mm）		≤0.5			跳动测量仪或机床检查:测3个断面
	7△		加工后鞍槽底部及侧壁厚度(mm)		±10			机床检查或设置基准面测量:测3个断面
检查结论	□全部检查项合格 □全部检查项不合格 □部分检查项合格,不合格检查项为＿＿＿＿＿＿							
处理意见	同意□/不同意□,进行下道工序							
审核人						审核日期	年　月　日	

××至××高速公路××段工程项目
抽 检 记 录

附表 15-60

监理单位：　　　　　　　　　　　　　　编　号：JJ-001-□□-□□□□□□□□□□-□□

施工单位						合同段		
抽检人						抽检时间		
工程部位								
抽检项目				主索鞍安装				

检查结果	项次	检查项目		设计值	规定值或允许偏差	实测值或实测偏差值	合格率（%）	检查方法及频率
	1△	最终偏位（mm）	顺桥向		满足设计要求			全站仪、尺量：每鞍测纵、横中心线 2 点
			横桥向		≤10			
	2△	底板高程(mm)			+20,0			全站仪：每鞍测 4 角

检查结论	□全部检查项合格 □全部检查项不合格 □部分检查项合格,不合格检查项为＿＿＿＿＿＿＿＿＿
处理意见	同意□/不同意□,进行下道工序
审核人	审核日期　　　年　月　日

××至××高速公路××段工程项目
抽 检 记 录

附表15-61

监理单位： 编 号：JJ-001-□□-□□□□□□□□□-□□

施工单位					合同段		
抽检人					抽检时间		
工程部位							
抽检项目				散索鞍安装			

检查结果	项次	检查项目	设计值	规定值或允许偏差	实测值或实测偏差值	合格率（％）	检查方法及频率
	1△	底板轴线纵、横向偏位(mm)		≤5			全站仪、尺量：每鞍测纵、横中心线2个点
	2△	散索鞍竖向倾斜角		满足设计要求			全站仪：测每鞍

检查结论	□全部检查项合格 □全部检查项不合格 □部分检查项合格,不合格检查项为_____
处理意见	同意□/不同意□,进行下道工序
审核人		审核日期	年 月 日

××至××高速公路××段工程项目
抽 检 记 录

附表 15-62

监理单位：　　　　　　　　　　　　　　编　号：JJ-001-□□-□□□□□□□□□□-□□

施工单位		合同段	
抽检人		抽检时间	
工程部位			
抽检项目	主缆索股和锚头制作		

	项次	检查项目	设计值	规定值或允许偏差	实测值或实测偏差值	合格率（%）	检查方法及频率
检查结果	1△	索股基准丝长度（mm）		±L/15000			专用测量平台：测每丝
	2△	成品索股长度（mm）		±L/10000			用测量平台：测每股
	3△	热铸锚合金灌铸率（%）		>92			测量体积后计算：每锚检查
	4△	索股轴线与锚头端面垂直度（°）		±0.5			角度仪：每锚测3处两个相互垂直方向

检查结论	□全部检查项合格 □全部检查项不合格 □部分检查项合格，不合格检查项为＿＿＿＿＿＿
处理意见	同意□/不同意□，进行下道工序
审核人	审核日期　　年　　月　　日

××至××高速公路××段工程项目
抽 检 记 录

附表15-63

监理单位： 编 号：JJ-001-□□-□□□□□□□□□□-□□

施工单位						合同段		
抽检人						抽检时间		
工程部位								
抽检项目				主缆架设				
检查结果	项次	检查项目		设计值	规定值或允许偏差	实测值或实测偏差值	合格率（%）	检查方法及频率
	1△	索股高程（mm）	基准 中跨		±L/20000			全站仪：每索股测跨中
			基准 边跨		±L/10000			
			基准 上、下游高差		≤10			
			一般 相对于基准索股		+10，-5			全站仪或专用卡尺：每索股测跨中
检查结论	□全部检查项合格 □全部检查项不合格 □部分检查项合格,不合格检查项为＿＿＿＿＿							
处理意见				同意□/不同意□,进行下道工序				
审核人						审核日期	年 月 日	

××至××高速公路××段工程项目
抽 检 记 录

附表 15-64

监理单位：　　　　　　　　　　　　　　　　　　　编　号：JJ-001-□□-□□□□□□□□□□-□□

施工单位						合同段		
抽检人						抽检时间		
工程部位								
抽检项目				索夹制作				
检查结果	项次	检查项目	设计值	规定值或允许偏差	实测值或实测偏差值	合格率（%）	检查方法及频率	
	1△	壁厚（mm）		+5.0			卡尺：每组件测10处	
	2△	索夹内壁粗糙度 Ra（μm）		满足设计要求；设计未要求时为 12.5～25			粗糙度仪：每组件测10处	
检查结论	□全部检查项合格 □全部检查项不合格 □部分检查项合格，不合格检查项为＿＿＿＿＿＿							
处理意见				同意□/不同意□，进行下道工序				
审核人						审核日期	年　月　日	

××至××高速公路××段工程项目

抽 检 记 录

附表 15-65

监理单位： 编　号：JJ-001-□□-□□□□□□□□□-□□

施工单位						合同段	
抽检人						抽检时间	
工程部位							
抽检项目			吊索和锚头制作				

检查结果	项次	检查项目	设计值	规定值或允许偏差	实测值或实测偏差值	合格率（%）	检查方法及频率
	1△	热铸锚合金灌铸率(%)		>92			量测体积后计算:每个检查
	2△	吊索轴线与锚头端面垂直度(°)		≤0.5			角度仪:每锚测3处,每处测两个相互垂直方向

检查结论	□全部检查项合格 □全部检查项不合格 □部分检查项合格,不合格检查项为＿＿＿＿＿＿
处理意见	同意□/不同意□,进行下道工序
审核人		审核日期	年　月　日

××至××高速公路××段工程项目

抽 检 记 录　　　　　　　　　　　　　　附表15-66

监理单位：　　　　　　　　　　　　　　编　号：JJ-001-□□-□□□□□□□□□□-□□

施工单位						合同段		
抽检人						抽检时间		
工程部位								
抽检项目		索夹和吊索安装						
检查结果	项次	检查项目	设计值	规定值或允许偏差	实测值或实测偏差值		合格率（%）	检查方法及频率
	1△	螺杆紧固力（kN）		满足设计要求				张拉压力表度数；检查每个
检查结论	□全部检查项合格 □全部检查项不合格 □部分检查项合格，不合格检查项为_____							
处理意见				同意□/不同意□，进行下道工序				
审核人						审核日期		年　月　日

××至××高速公路××段工程项目
抽 检 记 录　　　　　　　　　附表 15-67

监理单位：　　　　　　　　　　　　　编　号：JJ-001-□□-□□□□□□□□□-□□

施工单位						合同段	
抽检人						抽检时间	
工程部位							
抽检项目	主缆防护						

检查结果	项次	检查项目	设计值	规定值或允许偏差	实测值或实测偏差值	合格率（%）	检查方法及频率
	1△	缠丝张力（kN）		±0.3			标定检测：每盘测 1 次
	2△	防护层厚度（μm）		满足设计要求			涂层采用贴片法，密封剂采用切片法：每缆每 100m 测 1 处，每缆每跨不少于 3 处

检查结论	□全部检查项合格 □全部检查项不合格 □部分检查项合格，不合格检查项为＿＿＿＿＿＿
处理意见	同意□/不同意□，进行下道工序
审核人	审核日期　　　年　月　日

××至××高速公路××段工程项目

抽 检 记 录   附表15-68

监理单位：　　　　　　　　　　　编　号：JJ-001-□□-□□□□□□□□□-□□

施工单位							合同段		
抽检人							抽检时间		
工程部位									
抽检项目				钢加劲梁安装					
检查结果	项次	检查项目	设计值	规定值或允许偏差	实测值或实测偏差值	合格率（%）	检查方法及频率		
	1△	相邻节段匹配高差(mm)		≤2			尺量：测每段接缝最大处		
	2△	焊缝探伤		满足设计要求			超声法：检查全部。射线法：按设计要求；设计未要求时按10%抽查，且不少于3条		
	3△	高强螺栓力矩		±10%			扭力扳手：检查5%，且不少于2个		
检查结论	□全部检查项合格 □全部检查项不合格 □部分检查项合格,不合格检查项为＿＿＿＿＿＿								
处理意见	同意□/不同意□,进行下道工序								
审核人							审核日期	年　月　日	

××至××高速公路××段工程项目
抽 检 记 录

附表15-69

监理单位：　　　　　　　　　　　　　　　编　号：JJ-001-□□-□□□□□□□□□□-□□

施工单位		合同段	
抽检人		抽检时间	
工程部位			
抽检项目	自锚式悬索桥吊索张拉和体系转换		

检查结果	项次	检查项目	设计值	规定值或允许偏差	实测值或实测偏差值	合格率（%）	检查方法及频率
	1△	吊索索力（kN）		满足设计和施工控制规定，未规定时允许偏差不超过±10%			测力仪：测全部吊索

检查结论	□全部检查项合格 □全部检查项不合格 □部分检查项合格，不合格检查项为＿＿＿＿＿＿
处理意见	同意□/不同意□，进行下道工序
审核人	审核日期　　年　月　日

××至××高速公路××段工程项目

抽 检 记 录　　　　　　　　　　　　　　　　　　附表 15-70

监理单位：　　　　　　　　　　　　　　　　　　编　号：JJ-001-□□□□-□□□-□□□□

施工单位						合同段	
抽检人						抽检时间	
工程部位							
抽检项目			就地浇筑拱圈实测项目				
检查结果	项次	检查项目		设计值	规定值或允许偏差	实测值或实测偏差值	合格率（%）	检查方法及频率
	1△	混凝土强度（MPa）			在合格标准内			按《公路工程质量检验评定标准　第一册　土建工程》（JTG F80/1—2017）附录 D 检查
	2△	内弧线偏离设计弧线（mm）	$L \leq 30m$		±20			水准仪：每肋、板测 $L/4$ 跨、$3L/4$ 跨、拱顶 3 处两侧
			$L > 30m$		±$L/1500$，且不超过±40			
	3△	断面尺寸（mm）	高度		±5			尺量：每肋、板拱脚、$L/4$ 跨、$3L/4$ 跨、拱顶测 5 个断面
			顶、底、腹板厚		+10,0			
			宽度	板拱	±20			
				肋拱	±10			
检查结论	□全部检查项合格 □全部检查项不合格 □部分检查项合格,不合格检查项为＿＿＿＿						
处理意见			同意□/不同意□,进行下道工序				
审核人					审核日期		年　月　日

××至××高速公路××段工程项目
抽 检 记 录

附表 15-71

监理单位：　　　　　　　　　　　　　　　　　编　号：JJ-001-□□□□-□□□-□□□□

施工单位					合同段		
抽检人					抽检时间		
工程部位							
抽检项目	桁架拱杆件预制实测项目						
检查结果	项次	检查项目	设计值	规定值或允许偏差	实测值或实测偏差值	合格率（%）	检查方法及频率
	1△	混凝土强度（MPa）		在合格标准内			按《公路工程质量检验评定标准 第一册 土建工程》（JTG F80/1—2017）附录D检查
	2△	断面尺寸（mm）		±5			尺量：测2个断面
检查结论	□全部检查项合格 □全部检查项不合格 □部分检查项合格,不合格检查项为＿＿＿＿＿＿						
处理意见			同意□/不同意□,进行下道工序				
审核人					审核日期	年　月　日	

××至××高速公路××段工程项目
抽 检 记 录 附表15-72

监理单位：　　　　　　　　　　　　　编　号：JJ-001-□□□□-□□□-□□□□

施工单位		合同段	
抽检人		抽检时间	
工程部位			
抽检项目	拱圈节段预制实测项目		

检查结果	项次	检查项目	设计值	规定值或允许偏差	实测值或实测偏差值	合格率（%）	检查方法及频率
	1△	混凝土强度（MPa）		在合格标准内			按《公路工程质量检验评定标准 第一册 土建工程》（JTG F80/1—2017）附录D检查
	2△	内弧线偏离设计弧线(mm)		±5			样板：检查底面，每段测3处
	3△	断面尺寸(mm) 顶、底、腹板厚		+10,0			尺量：检查2端断面
		断面尺寸(mm) 宽度、高度		+10,−5			

检查结论	□全部检查项合格 □全部检查项不合格 □部分检查项合格，不合格检查项为＿＿＿＿＿＿
处理意见	同意□/不同意□，进行下道工序
审核人		审核日期	年　月　日

××至××高速公路××段工程项目

抽 检 记 录

附表15-73

监理单位： 编　号：JJ-001-□□□□-□□□-□□□□

施工单位							合同段	
抽检人							抽检时间	
工程部位								
抽检项目	主拱圈安装实测项目							

检查结果	项次	检查项目		设计值	规定值或允许偏差	实测值或实测偏差值	合格率（%）	检查方法及频率
	1△	接头混凝土强度（MPa）			在合格标准内			按《公路工程质量检验评定标准 第一册 土建工程》（JTG F80/1—2017）附录D检查
	2△	轴线偏位（mm）	$L \leq 60m$		≤10			全站仪：每肋每跨测5处
			$L > 60m$		≤L/6000，且≤40			
	3△	对称接头点相对高差（mm）	允许	$L \leq 60m$	≤20			水准仪：每肋每跨测每对称接头
				$L > 60m$	≤L/3000，且≤40			
			极值		允许偏差的2倍,且反向			

检查结论	□全部检查项合格 □全部检查项不合格 □部分检查项合格,不合格检查项为_____
处理意见	同意□/不同意□,进行下道工序
审核人		审核日期	年　月　日

××至××高速公路××段工程项目
抽 检 记 录

附表15-74

监理单位： 编　号：JJ-001-□□□□-□□□-□□□□

施工单位						合同段		
抽检人						抽检时间		
工程部位								
抽检项目			悬臂拼装的桁架拱实测项目					

	项次	检查项目		设计值	规定值或允许偏差	实测值或实测偏差值	合格率（%）	检查方法及频率
检查结果	1△	节点混凝土强度（MPa）			在合格标准内			按《公路工程质量检验评定标准 第一册 土建工程》（JTG F80/1—2017）附录D检查
	2△	轴线偏位（mm）	$L≤60$m		≤10			全站仪：每肋每跨测5处
			$L>60$m		≤$L/6000$，且≤40			
	3△	对称点相对高差（mm）	允许	$L≤60$m	≤20			水准仪：每肋每跨测每对称点5处
				$L>60$m	≤$L/3000$，且≤40			
			极值		允许偏差的2倍，且反向			

检查结论	□全部检查项合格 □全部检查项不合格 □部分检查项合格，不合格检查项为_____
处理意见	同意□/不同意□，进行下道工序
审核人		审核日期	年　月　日

××至××高速公路××段工程项目

抽 检 记 录

附表 15-75

监理单位：　　　　　　　　　　　　　　　　编　号：JJ-001-□□□□-□□□-□□□□

施工单位							合同段		
抽检人							抽检时间		
工程部位									
抽检项目				转体施工拱实测项目					
检查结果	项次	检查项目	设计值	规定值或允许偏差	实测值或实测偏差值	合格率（%）	检查方法及频率		
	1△	封闭转盘和合龙段混凝土强度（MPa）		在合格标准内			按《公路工程质量检验评定标准 第一册 土建工程》（JTG F80/1—2017）附录D检查		
	2△	跨中拱顶面高程(mm)		±20			水准仪:测拱顶两侧及中心线处		
检查结论	□全部检查项合格 □全部检查项不合格 □部分检查项合格,不合格检查项为_____								
处理意见				同意□/不同意□,进行下道工序					
审核人							审核日期	年　月　日	

××至××高速公路××段工程项目
抽 检 记 录

附表15-76

监理单位： 编 号：JJ-001-□□□□-□□□-□□□□

施工单位					合同段		
抽检人					抽检时间		
工程部位							
抽检项目	劲性骨架制作实测项目						
检查结果	项次	检查项目	设计值	规定值或允许偏差	实测值或实测偏差值	合格率（%）	检查方法及频率
	1△	内弧偏离设计弧线（mm）		≤10			样板：每段测3处
	2△	焊缝探伤		满足设计要求			超声法：检查全部
检查结论	□全部检查项合格 □全部检查项不合格 □部分检查项合格,不合格检查项为＿＿＿＿＿＿						
处理意见	同意□/不同意□,进行下道工序						
审核人					审核日期	年 月 日	

××至××高速公路××段工程项目
抽 检 记 录

附表15-77

监理单位： 编 号：JJ-001-□□□□-□□□-□□□□

施工单位		合同段	
抽检人		抽检时间	
工程部位			
抽检项目	劲性骨架安装实测项目		

检查结果	项次	检查项目		设计值	规定值或允许偏差	实测值或实测偏差值	合格率（%）	检查方法及频率
	1△	对称点相对高差（mm）	允许		≤L/3000，且≤40			水准仪；测各接头点
			极值		允许偏差的2倍,且反向			
	2△	焊缝探伤			满足设计要求			超声法；检查全部

检查结论	□全部检查项合格 □全部检查项不合格 □部分检查项合格,不合格检查项为_____
处理意见	同意□/不同意□,进行下道工序
审核人		审核日期	年 月 日

××至××高速公路××段工程项目
抽 检 记 录

附表15-78

监理单位：　　　　　　　　　　　　　　　　编　号：JJ-001-□□□□-□□□-□□□□

施工单位						合同段		
抽检人						抽检时间		
工程部位								
抽检项目	劲性骨架拱混凝土浇筑实测项目							

检查结果	项次	检查项目		设计值	规定值或允许偏差	实测值或实测偏差值	合格率（%）	检查方法及频率
	1△	混凝土强度（MPa）			在合格标准内			按《公路工程质量检验评定标准 第一册 土建工程》（JTG F80/1—2017）附录D检查
	2△	对称点相对高差（mm）	允许		≤L/3000，且≤40			水准仪：对称点测8处
			极值		允许偏差的2倍，且反向			
	3△	断面尺寸(mm)			±10			尺量：测10处

检查结论	□全部检查项合格 □全部检查项不合格 □部分检查项合格,不合格检查项为_____
处理意见	同意□/不同意□,进行下道工序
审核人	审核日期　　　年　　月　　日

××至××高速公路××段工程项目

抽 检 记 录

附表15-79

监理单位：　　　　　　　　　　　　　　　　　编　号：JJ-001-□□□□-□□□-□□□□

施工单位		合同段	
抽检人		抽检时间	
工程部位			
抽检项目	钢管拱肋节段制作实测项目		

检查结果	项次	检查项目	设计值	规定值或允许偏差	实测值或实测偏差值	合格率（%）	检查方法及频率
	1△	钢管直径D（mm）		±D/500，且不超过±5			尺量：每段每管检查3处
	2△	内弧偏离设计弧度（mm）		±8			样板：每段测3处
	3△	焊缝探伤		满足设计要求			超声法：检查全部。射线法：按设计要求；设计未要求时，按5%抽查，且不得少于2条

检查结论	□全部检查项合格 □全部检查项不合格 □部分检查项合格,不合格检查项为_____
处理意见	同意□/不同意□,进行下道工序
审核人	审核日期　　年　月　日

××至××高速公路××段工程项目
抽 检 记 录

附表 15-80

监理单位： 编　号：JJ-001-□□□□-□□□-□□□□

施工单位					合同段		
抽检人					抽检时间		
工程部位							
抽检项目			钢管拱肋安装实测项目				

检查结果	项次	检查项目		设计值	规定值或允许偏差	实测值或实测偏差值	合格率（%）	检查方法及频率
	1△	对称点相对高差（mm）	允许		≤L/3000，且≤40			水准仪：测各接头点
			极值		允许偏差的2倍，且反向			
	2△	焊缝探伤			满足设计要求			超声法：检查全部。射线法：按设计要求；设计未要求时按2%抽查，且不得少于1条
	3△	高强螺栓力矩（N·m）			±10%			扭力板手：检查5%，且不小于2个

检查结论	□全部检查项合格 □全部检查项不合格 □部分检查项合格，不合格检查项为＿＿＿＿＿＿
处理意见	同意□/不同意□，进行下道工序
审核人	审核日期　　　年　　月　　日

××至××高速公路××段工程项目

抽 检 记 录

附表 15-81

监理单位：　　　　　　　　　　　　　　　　　编　号：JJ-001-□□□□-□□□-□□□□

施工单位						合同段	
抽检人						抽检时间	
工程部位							
抽检项目	钢筋拱肋混凝土浇筑实测项目						
检查结果	项次	检查项目		设计值	规定值或允许偏差	实测值或实测偏差值	合格率（%）	检查方法及频率
	1△	混凝土强度（MPa）			在合格标准内			按《公路工程质量检验评定标准 第一册 土建工程》（JTG F80/1—2017）附录D检查
	2△	混凝土脱空率（%）			≤1.2			敲击法或超声法：检查全肋
	3△	对称点相对高差（mm）	允许		≤L/3000，且≤40			水准仪：检查各接头点
			极值		允许偏差的2倍，且反向			
检查结论	□全部检查项合格 □全部检查项不合格 □部分检查项合格，不合格检查项为_____						
处理意见				同意□/不同意□，进行下道工序			
审核人						审核日期	年　月　日

××至××高速公路××段工程项目
抽 检 记 录

附表 15-82

监理单位：　　　　　　　　　　　　　　　　　　　　编　号：JJ-001-□□□□-□□□-□□□□

施工单位							合同段	
抽检人							抽检时间	
工程部位								
抽检项目			吊杆的制作与安装实测项目					

检查结果	项次	检查项目		设计值	规定值或允许偏差	实测值或实测偏差值	合格率（%）	检查方法及频率
	1△	吊杆拉力（kN）	允许值		满足设计要求；设计未要求时，允许偏差不大于±10%			测力仪：测每根吊杆
			极值		满足设计要求；设计未要求时，允许偏差不大于±20%			

检查结论	□全部检查项合格 □全部检查项不合格 □部分检查项合格,不合格检查项为＿＿＿＿＿＿＿
处理意见	同意□/不同意□,进行下道工序
审核人	审核日期　　　　年　　月　　日

××至×××高速公路××段工程项目

抽 检 记 录

附表15-83

监理单位：　　　　　　　　　　　　　　　　　　　编　号：JJ-001-□□□□-□□□-□□□□

施工单位						合同段		
抽检人						抽检时间		
工程部位								
抽检项目	柔性系杆实测项目							
检查结果	项次	检查项目	设计值	规定值或允许偏差	实测值或实测偏差值		合格率（%）	检查方法及频率
	1△	张拉力值（kN）		满足设计要求				查油压表读数：每根检查
	2△	张拉伸长率（%）		满足设计要求，设计未要求时±6				尺量：每根检查
检查结论	□全部检查项合格 □全部检查项不合格 □部分检查项合格，不合格检查项为							
处理意见				同意□/不同意□，进行下道工序				
审核人						审核日期	年　月　日	

××至××高速公路××段工程项目
抽 检 记 录

附表15-84

监理单位： 编　号：JJ-001-□□□□-□□□-□□□□

施工单位		合同段	
抽检人		抽检时间	
工程部位			
抽检项目	钢板梁制作实测项目		

检查结果	项次	检查项目	设计值	规定值或允许偏差	实测值或实测偏差值	合格率（%）	检查方法及频率
	1△	焊缝探伤		满足设计要求			超声法：检查全部。射线法：按设计要求；设计未要求时按10%抽查，且不少于3条
	2△	高强螺栓力矩(N·m)		±10%			扭力扳手：检查5%，且不少于2个

检查结论	□全部检查项合格 □全部检查项不合格 □部分检查项合格,不合格检查项为_____
处理意见	同意□/不同意□,进行下道工序
审核人	审核日期　　年　　月　　日

××至××高速公路××段工程项目
抽 检 记 录

附表15-85

监理单位：　　　　　　　　　　　　　　　　　编　号：JJ-001-□□□□-□□□-□□□□

施工单位					合同段		
抽检人					抽检时间		
工程部位							
抽检项目		钢桁梁节段制作实测项目					
检查结果	项次	检查项目	设计值	规定值或允许偏差	实测值或实测偏差值	合格率（%）	检查方法及频率
	1△	焊缝探伤		满足设计要求			超声法：检查全部。射线法：按设计要求；设计未要求时按10%抽查，且不得少于3条
	2△	高强螺栓力矩(N·m)		±10%			扭力板手：检查5%，且不小于2个
检查结论	□全部检查项合格 □全部检查项不合格 □部分检查项合格，不合格检查项为＿＿＿＿＿＿						
处理意见				同意□/不同意□，进行下道工序			
审核人				审核日期		年　月　日	

××至××高速公路××段工程项目

抽 检 记 录

附表15-86

监理单位：　　　　　　　　　　　　　　　　编　号：JJ-001-□□□□-□□□-□□□□

施工单位						合同段	
抽检人						抽检时间	
工程部位							
抽检项目		梁桥钢箱梁制作实测项目					
检查结果	项次	检查项目		设计值	规定值或允许偏差	实测值或实测偏差值	合格率（%）	检查方法及频率
	1△	梁高（mm）	$h \leq 2m$		±2			钢尺:测两端腹板处
			$h > 2m$		±4			
	2△	腹板中心距（mm）			±3			钢尺:测两端两腹板中心距
	3△	焊缝探伤			满足设计要求			超声法:检查全部。射线法:按设计要求；设计未要求时按10%抽查,且不少于3条
	4△	高强螺栓力矩（N·m）			±10%			扭力扳手:检查5%,且不少于2个
检查结论	□全部检查项合格 □全部检查项不合格 □部分检查项合格,不合格检查项为＿＿＿＿＿＿＿						
处理意见	同意□/不同意□,进行下道工序						
审核人						审核日期	年　月　日

××至××高速公路××段工程项目

抽 检 记 录

附表 15-87

监理单位：　　　　　　　　　　　　　　　编　号：JJ-001-□□□□-□□□-□□□□

施工单位							合同段	
抽检人							抽检时间	
工程部位								
抽检项目			斜拉桥钢箱加劲梁段制作实测项目					
检查结果	项次	检查项目		设计值	规定值或允许偏差	实测值或实测偏差值	合格率（%）	检查方法及频率
	1△	腹板中心距（mm）	宽度(mm)		±4			钢尺：测两端
			中心高(mm)		±2			
			边高(mm)		±2			
			横断面对角线差(mm)		≤6			
	2△	梁段匹配性	纵桥向中心线偏差(mm)		≤1			钢尺：测每段
			顶、底、腹板对接间隙(mm)		+3，-1			钢尺：测各对接断面
			顶、底、腹板对接错边(mm)		≤2			钢尺：测各对接断面
	3△	焊缝探伤			≤4			超声法：检查全部；射线法：按设计要求；设计未要求时按10%抽查，且不少于3条
	4△	高强螺栓力矩（N·m）			±10%			扭力扳手：检查5%，且不少于2个
检查结论	□全部检查项合格 □全部检查项不合格 □部分检查项合格，不合格检查项为＿＿＿＿＿＿＿							
处理意见			同意□/不同意□，进行下道工序					
审核人						审核日期	年　月　日	

××至××高速公路××段工程项目
抽 检 记 录

附表15-88

监理单位：　　　　　　　　　　　　　　　　　　　　　编　号：JJ-001-□□□□-□□□-□□□□

施工单位					合同段		
抽检人					抽检时间		
工程部位							
抽检项目	组合梁斜拉桥的工字梁段制作实测项目						

检查结果	项次	检查项目		设计值	规定值或允许偏差	实测值或实测偏差值	合格率（％）	检查方法及频率
	1△	梁高（mm）	主梁		±2			钢尺：每梁段测两端
			横梁		±1.5			
	2△	梁段盖板、腹板对接错边（mm）			≤2			钢尺：测各对接断面
	3	焊缝尺寸（mm）			满足设计要求			量规：检查全部，每条焊缝检查3处
	4△	焊缝探伤						超声法：检查全部。射线法：按设计要求；设计未要求时按10％抽查，且不少于3条
	5△	高强螺栓力矩（N·m）			±10％			扭力扳手：检查5％，且不少于2个

检查结论	□全部检查项合格 □全部检查项不合格 □部分检查项合格，不合格检查项为_____
处理意见	同意□/不同意□，进行下道工序
审核人	审核日期　　　年　月　日

××至××高速公路××段工程项目

抽 检 记 录

附表 15-89

监理单位： 编 号：JJ-001-□□□□-□□□-□□□□

施工单位						合同段	
抽检人						抽检时间	
工程部位							
抽检项目	悬索桥钢箱加劲梁段制作实测项目						

检查结果	项次	检查项目		设计值	规定值或允许偏差	实测值或实测偏差值	合格率（％）	检查方法及频率
	1△	端口尺寸	宽度(mm)		±4			钢尺：测两端
			中心高(mm)		±2			
			边高(mm)		±2			
			横断面对角线差(mm)		≤6			
	2△	梁段匹配性	纵桥向中心线偏差(mm)		≤1			钢尺：每段测
			顶、底、腹板对接间隙(mm)		+3，-1			钢尺：测各对接断面
			顶、底、腹板对接错边(mm)		≤2			钢尺：测各对接断面
	3△	焊缝探伤						超声法：检查全部。射线法：按设计要求；设计未要求时按10％抽查，且不少于3条
	4△	高强螺栓力矩（N·m）			±10％			扭力扳手：检查5％，且不少于2个

检查结论	□全部检查项合格 □全部检查项不合格 □部分检查项合格，不合格检查项为_____
处理意见	同意□/不同意□，进行下道工序
审核人		审核日期	年 月 日

××至××高速公路××段工程项目
抽 检 记 录

附表 15-90

监理单位：　　　　　　　　　　　　　　　　　编　号：JJ-001-□□□□-□□□-□□□□

施工单位						合同段		
抽检人						抽检时间		
工程部位								
抽检项目				钢梁安装实测项目				
检查结果	项次	检查项目	设计值	规定值或允许偏差	实测值或实测偏差值	合格率（%）	检查方法及频率	
	1	焊缝尺寸（mm）		满足设计要求			量规：检查全部，每条焊缝检查 3 处	
	2△	焊缝探伤					超声法：检查全部。射线法：按设计要求；设计未要求时按 10% 抽查，且不少于 3 条	
	3△	高强螺栓力矩（N·m）		±10%			扭力扳手：检查 5%，且不少于 2 个	
检查结论	□全部检查项合格 □全部检查项不合格 □部分检查项合格，不合格检查项为 _____							
处理意见				同意□/不同意□，进行下道工序				
审核人						审核日期	年　月　日	

××至××高速公路××段工程项目
抽 检 记 录

附表 15-91

监理单位： 编　号：JJ-001-□□□□-□□□-□□□□

施工单位		合同段	
抽检人		抽检时间	
工程部位			
抽检项目	钢梁防护涂装实测项目		

检查结果	项次	检查项目	设计值	规定值或允许偏差	实测值或实测偏差值	合格率（%）	检查方法及频率
	1△	除锈等级		满足设计要求；设计未要求时，热喷锌或铝 Sa3.0 级，无机富锌底漆及其他 Sa2.5级（St3级）			样板对比：全部检查
	2△	粗糙度 R_z（μm）		满足设计要求；设计未要求时，热喷锌或铝 60～100，无机富锌底漆 50～80，其他 30～75			按设计要求检查；设计未要求时用对比样块全部检查
	3	总干膜厚度（μm）		满足设计要求；设计未要求时，干膜厚度小于设计值的测点数量≤所有测点数量的10%，任意测点的干膜厚度≥设计值的90%			按设计要求检查；设计未要求时用测厚仪检查：抽查20%且不少于5件，每 10m² 测 10 点，且不少于10点
	4	附着力（MPa）		满足设计要求			按设计要求检查，设计未要求时用拉开法检查：抽查5%且不少于5件，每件测1处

检查结论	□全部检查项合格 □全部检查项不合格 □部分检查项合格,不合格检查项为＿＿＿＿＿＿
处理意见	同意□/不同意□,进行下道工序
审核人		审核日期	年　月　日

××至××高速公路××段工程项目
抽 检 记 录

附表15-92

监理单位： 　　　　　　　　　　　　　　　编　号：JJ-001-□□□□-□□□-□□□□

施工单位						合同段	
抽检人						抽检时间	
工程部位							
抽检项目	斜拉桥混凝土索塔实测项目						

检查结果	项次	检查项目	设计值	规定值或允许偏差	实测值或实测偏差值	合格率（%）	检查方法及频率
	1△	混凝土强度（MPa）		在合格标准内			按《公路工程质量检验评定标准 第一册 土建工程》（JTG F80/1—2017）附录D检查
	2△	塔柱轴线偏位（mm）		≤15,且相对前一节段≤8			全站仪:测每节段顶面边线与两轴线交点
	3	外轮廓尺寸（mm）		±20			尺量:每段测1个断面
	4	壁厚（mm）		±10			尺量:每段顶面测5处
	5△	孔道位置		≤10,且两端同向			尺量:测每孔道

检查结论	□全部检查项合格 □全部检查项不合格 □部分检查项合格,不合格检查项为＿＿＿＿＿＿
处理意见	同意□/不同意□,进行下道工序
审核人	审核日期　　　　年　月　日

××至××高速公路××段工程项目
抽 检 记 录

附表 15-93

监理单位：　　　　　　　　　　　　　　　　编　号：JJ-001-□□□□-□□□-□□□□

施工单位		合同段	
抽检人		抽检时间	
工程部位			
抽检项目	斜拉桥混凝土索塔横梁实测项目		

检查结果	项次	检查项目	设计值	规定值或允许偏差	实测值或实测偏差值	合格率（%）	检查方法及频率
	1△	混凝土强度（MPa）		在合格标准内			按《公路工程质量检验评定标准 第一册 土建工程》（JTG F80/1—2017）附录 D 检查
	2	外轮廓尺寸（mm）		±15			尺量:测 2 个断面
	3	壁厚（mm）		±10			尺量:测 2 个断面,每段面 4 处

检查结论	□全部检查项合格 □全部检查项不合格 □部分检查项合格,不合格检查项为＿＿＿＿＿＿
处理意见	同意□/不同意□,进行下道工序
审核人		审核日期	年　月　日

××至××高速公路××段工程项目
抽 检 记 录

附表15-94

监理单位：　　　　　　　　　　　　　　　　　　　编　号：JJ-001-□□□□-□□□-□□□□

施工单位		合同段	
抽检人		抽检时间	
工程部位			
抽检项目	索塔钢锚梁制作实测项目		

检查结果	项次	检查项目	设计值	规定值或允许偏差	实测值或实测偏差值	合格率（％）	检查方法及频率
	1△	腹板中心距（mm）		±2			钢尺：测两端腹板中心距
	2	焊缝尺寸		满足设计要求			量规：检查全部，每条焊缝检查3处
	3△	焊缝探伤（mm）					超声法：检查全部。射线法：按设计要求；设计未要求时按10%抽查，且不少于3条
	4△	高强螺栓力矩（N·m）		±10%			扭力扳手：检查5%，且不少于2个

检查结论	□全部检查项合格 □全部检查项不合格 □部分检查项合格，不合格检查项为＿＿＿＿＿＿
处理意见	同意□/不同意□，进行下道工序
审核人		审核日期	年　月　日

××至××高速公路××段工程项目
抽 检 记 录

附表 15-95

监理单位： 编　号：JJ-001-□□□□-□□□-□□□□

施工单位		合同段	
抽检人		抽检时间	
工程部位			
抽检项目	索塔钢锚箱节段制作实测项目		

	项次	检查项目		设计值	规定值或允许偏差	实测值或实测偏差值	合格率（%）	检查方法及频率
检查结果	1	节段面尺寸（mm）	边长		±2			钢尺：每段测顶、底面
			对角线差		≤3			
	2	焊缝尺寸			满足设计要求			量规：检查全部,每条焊缝检查3处
	3△	焊缝探伤（mm）						超声法：检查全部。射线法：按设计要求；设计未要求时按10%抽查,且不少于3条
	4△	螺栓焊接弯曲裂纹			均无裂痕			目测,弯曲30°后观察焊缝和热影响区；各螺栓群测1%,且不少于1个

检查结论	□全部检查项合格 □全部检查项不合格 □部分检查项合格,不合格检查项为＿＿＿＿＿＿
处理意见	同意□/不同意□,进行下道工序
审核人		审核日期	年　月　日

××至××高速公路××段工程项目
抽 检 记 录

附表 15-96

监理单位：　　　　　　　　　　　　　　　　　　　　编　号：JJ-001-□□□□-□□□-□□□□

施工单位						合同段		
抽检人						抽检时间		
工程部位								
抽检项目	索塔钢锚梁安装实测项目							
检查结果	项次	检查项目	设计值	规定值或允许偏差	实测值或实测偏差值		合格率（%）	检查方法及频率
	1△	钢锚梁与支承面的接触率		满足设计要求				塞尺：检查各支承面
	2	焊缝尺寸		满足设计要求				量规：检查全部，每条焊缝检查3处
	3△	焊缝探伤（mm）		满足设计要求				超声法：检查全部；射线法：按设计要求
检查结论	□全部检查项合格 □全部检查项不合格 □部分检查项合格，不合格检查项为＿＿＿＿＿＿							
处理意见	同意□/不同意□，进行下道工序							
审核人						审核日期	年　月　日	

××至××高速公路××段工程项目
抽 检 记 录

附表 15-97

监理单位： 编　号：JJ-001-□□□□-□□□-□□□□

施工单位		合同段	
抽检人		抽检时间	
工程部位			
抽检项目	索塔钢锚箱节段安装实测项目		

检查结果	项次	检查项目	设计值	规定值或允许偏差	实测值或实测偏差值	合格率（%）	检查方法及频率
	1△	钢锚箱的断面接触率		满足设计要求			塞尺：检查全断面
	2△	高强螺栓力矩		±10%			扭力扳手：抽检5%，且不少于2个

检查结论	□全部检查项合格 □全部检查项不合格 □部分检查项合格,不合格检查项为_____
处理意见	同意□/不同意□,进行下道工序
审核人		审核日期	年　月　日

××至××高速公路××段工程项目
抽 检 记 录

附表15-98

监理单位：　　　　　　　　　　　　　　　　　　　编　号：JJ-001-□□□□-□□□-□□□□

施工单位						合同段	
抽检人						抽检时间	
工程部位							
抽检项目	主墩上混凝土梁段浇筑实测项目						

	项次	检查项目		设计值	规定值或允许偏差	实测值或实测偏差值	合格率（%）	检查方法及频率
检查结果	1△	混凝土强度（MPa）			在合格标准内			按《公路工程质量检验评定标准　第一册　土建工程》（JTG F80/1—2017）附录D检查
	2△	断面尺寸（mm）	高度		+5，-10			尺量：测2个断面
			顶宽		±30			
			底宽或肋间宽		±20			
			顶、底、腹板厚或肋宽		+10,0			

检查结论	□全部检查项合格 □全部检查项不合格 □部分检查项合格，不合格检查项为＿＿＿＿＿＿＿
处理意见	同意□/不同意□，进行下道工序
审核人	审核日期　　　　年　月　日

××至××高速公路××段工程项目
抽 检 记 录

附表15-99

监理单位：　　　　　　　　　　　　　　　编　号：JJ-001-□□□□-□□□-□□□□

施工单位							合同段	
抽检人							抽检时间	
工程部位								
抽检项目	混凝土斜拉桥的悬臂浇筑							

检查结果	项次	检查项目		设计值	规定值或允许偏差	实测值或实测偏差值	合格率（%）	检查方法及频率
	1△	混凝土强度（MPa）			在合格标准内			按《公路工程质量检验评定标准 第一册 土建工程》（JTG F80/1—2017）附录D检查
	2△	断面尺寸（mm）	高度		+5，-10			尺量:每段测1个断面
			顶宽		±30			
			底宽或肋间宽		±20			
			顶、底、腹板厚或肋宽		+10，0			
	3△	索力（kN）	允许		满足设计和施工控制要求			测力仪:测每索
			极值		满足设计和施工控制要求；未要求时，最大偏差≤10%设计值			
	4△	梁锚固点或梁顶高程	梁段		满足施工控制要求			水准仪或全站仪:测量每个锚固点或每梁段顶面2处
			合龙后 L≤100m		±20			
			合龙后 L>100m		±L/5000			

检查结论	□全部检查项合格 □全部检查项不合格 □部分检查项合格,不合格检查项为＿＿＿＿＿＿
处理意见	同意□/不同意□,进行下道工序
审核人	审核日期　　　年　　月　　日

××至××高速公路××段工程项目
抽 检 记 录

附表15-100

监理单位： 　　　　　　　　　　　　　　　编　号：JJ-001-□□□□-□□□-□□□□

施工单位						合同段	
抽检人						抽检时间	
工程部位							
抽检项目	混凝土斜拉桥的悬臂拼装						

检查结果	项次	检查项目		设计值	规定值或允许偏差	实测值或实测偏差值	合格率(%)	检查方法及频率
	1△	合龙段混凝土强度(MPa)			在合格标准内			按《公路工程质量检验评定标准 第一册 土建工程》(JTG F80/1—2017)附录D检查
	2△	索力(kN)	允许		满足设计和施工控制要求			测力仪:测每索
			极值		满足设计和施工控制要求,未要求时,最大偏差≤10%设计值			
	3△	梁锚固点或梁顶高程(mm)	梁段		满足施工控制要求			水准仪或全站仪:测每个锚固点或每梁段顶面2处
			合龙后 $L \leq 100$m		±20			
			合龙后 $L > 100$m		±L/5000			

检查结论	□全部检查项合格 □全部检查项不合格 □部分检查项合格,不合格检查项为_____
处理意见	同意□/不同意□,进行下道工序
审核人	审核日期　　　年　月　日

××至××高速公路××段工程项目
抽 检 记 录

附表 15-101

监理单位： 编 号：JJ-001-□□□□-□□□-□□□□

施工单位		合同段	
抽检人		抽检时间	
工程部位			
抽检项目	钢斜拉桥钢箱梁段的悬臂拼装		

	项次	检查项目		设计值	规定值或允许偏差	实测值或实测偏差值	合格率（%）	检查方法及频率
检查结果	1△	索力（kN）	允许		满足设计和施工控制要求			测力仪:测每索
			极值		满足设计和施工控制要求,未要求时最大偏差≤设计值的10%			
	2△	梁锚固点高程或梁顶高程（mm）	梁段		满足施工控制要求			水准仪或全站仪:测量每个锚固点或每梁段顶面2处
			合龙后 $L \leq 200m$		±20			
			合龙后 $L > 200m$		±L/10000			
	3	焊缝尺寸			满足设计要求			量规:检查全部,每条焊缝检查3处
	4△	焊缝探伤（mm）						超声法:检查全部。射线法:按设计要求;设计未要求时按10%抽查,且不少于3条
	5△	高强螺栓力矩（N·m）			±10%			扭力扳手:检查5%,且不少于2个

检查结论	□全部检查项合格 □全部检查项不合格 □部分检查项合格,不合格检查项为＿＿＿＿＿＿＿＿
处理意见	同意□/不同意□,进行下道工序
审核人		审核日期	年 月 日

××至××高速公路××段工程项目
抽 检 记 录

附表15-102

监理单位： 编　号：JJ-001-□□□□-□□□-□□□□

施工单位		合同段	
抽检人		抽检时间	
工程部位			
抽检项目	钢斜拉桥钢箱梁段的支架安装实测项目		

	项次	检查项目	设计值	规定值或允许偏差	实测值或实测偏差值	合格率（%）	检查方法及频率
检查结果	1△	梁顶高程（mm）		±10			水准仪:测梁段两端中点
	2	焊缝尺寸		满足设计要求			量规:检查全部,每条焊缝检查3处
	3△	焊缝探伤（mm）		满足设计要求			超声法:检查全部。射线法:按设计要求;设计未要求时按10%抽查,且不少于3条
	4△	高强螺栓力矩		±10%			扭力扳手:检查5%,且不少于2个

检查结论	□全部检查项合格 □全部检查项不合格 □部分检查项合格,不合格检查项为＿＿＿＿＿＿＿＿＿＿＿
处理意见	同意□/不同意□,进行下道工序
审核人		审核日期	年　月　日

××至××高速公路××段工程项目
抽 检 记 录

附表 15-103

监理单位： 编 号：JJ-001-□□□□-□□□-□□□□

施工单位							合同段	
抽检人							抽检时间	
工程部位								
抽检项目	组合梁斜拉桥钢梁段悬臂拼装							

	项次	检查项目		设计值	规定值或允许偏差	实测值或实测偏差值	合格率（%）	检查方法及频率
检查结果	1△	索力(kN)			满足设计和施工控制要求			测力仪：测每索
	2△	梁锚固点高程或梁顶高程（mm）	梁段		满足施工控制要求			水准仪：测量每个锚固点或每梁段顶面2处
			两主梁高差		≤10			
	3	焊缝尺寸			满足设计要求			量规：检查全部，每条焊缝检查3处
	4△	焊缝探伤(mm)			满足设计要求			超声法：检查全部。射线法：按设计要求；设计未要求时按10%抽查，且不少于3条
	5△	高强螺栓力矩			±10%			扭力扳手：检查5%，且不少于2个

检查结论	□全部检查项合格 □全部检查项不合格 □部分检查项合格，不合格检查项为_____
处理意见	同意□/不同意□，进行下道工序
审核人		审核日期	年 月 日

××至××高速公路××段工程项目
抽检记录

附表15-104

监理单位: 编　号:JJ-001-□□□□-□□□-□□□□

施工单位						合同段		
抽检人						抽检时间		
工程部位								
抽检项目	组合梁斜拉桥混凝土板实测项目							

检查结果	项次	检查项目		设计值	规定值或允许偏差	实测值或实测偏差值	合格率(%)	检查方法及频率
	1△	混凝土强度（MPa）			在合格标准内			按《公路工程质量检验评定标准 第一册 土建工程》(JTG F80/1—2017)附录D检查
	2△	混凝土板尺寸（mm）	厚		+10,0			尺量:每施工段测2个断面
			宽		±30			
	3△	索力（kN）	允许		满足设计和施工控制要求			测力仪:测每索
			极值		满足设计和施工控制要求,未要求时最大偏差≤设计值的10%			
	4△	高程（mm）	$L\leqslant 200$m		±20			水准仪:每30m测1处,每跨不少于3处
			$L>200$m		±L/10000			

检查结论	□全部检查项合格 □全部检查项不合格 □部分检查项合格,不合格检查项为_____
处理意见	同意□/不同意□,进行下道工序
审核人	审核日期 年 月 日

××至××高速公路××段工程项目
抽 检 记 录

附表 15-105

监理单位：　　　　　　　　　　　　　　　　　编　号：JJ-001-□□□□-□□□-□□□□

施工单位						合同段	
抽检人						抽检时间	
工程部位							
抽检项目			沉淀池				
检查结果	项次	检查项目	设计值	规定值或允许偏差	实测值或实测偏差值	合格率（%）	检查方法及频率
	1△	混凝土强度（MPa）		在合格标准内			按《公路工程质量检验评定标准 第一册 土建工程》（JTG F80/1—2017）附录D检查
	2	几何尺寸（mm）		±50			尺量：长、宽、高、壁厚各2个点
检查结论	□全部检查项合格 □全部检查项不合格 □部分检查项合格,不合格检查项为＿＿＿＿＿＿						
处理意见			同意□/不同意□,进行下道工序				
审核人					审核日期		年　月　日

××至××高速公路××段工程项目
抽检记录

附表15-106

监理单位：　　　　　　　　　　　　　　　编　号：JJ-001-□□□□-□□□-□□□□

施工单位		合同段	
抽检人		抽检时间	
工程部位			
抽检项目	盲沟		

检查结果	项次	检查项目	设计值	规定值或允许偏差	实测值或实测偏差值	合格率（%）	检查方法及频率
	1	断面尺寸（mm）		不小于设计值			尺量：每20m测1个点

检查结论	□全部检查项合格 □全部检查项不合格 □部分检查项合格,不合格检查项为＿＿＿＿＿＿
处理意见	同意□/不同意□,进行下道工序
审核人		审核日期	年　月　日

××至××高速公路××段工程项目

抽 检 记 录

附表15-107

监理单位： 编　号：JJ-001-□□□□-□□□-□□□□

施工单位							合同段	
抽检人							抽检时间	
工程部位								
抽检项目					浆砌水沟			

检查结果	项次	检查项目	设计值	规定值或允许偏差	实测值或实测偏差值	合格率（%）	检查方法及频率
	1△	砂浆强度（MPa）		在合格标准内			按《公路工程质量检验评定标准 第一册 土建工程》（JTG F80/1—2017）附录F检查
	2	断面尺寸（mm）		±30			尺量：每200m测2个断面，且不少于5个断面
	3	铺砌厚度（mm）		≥设计值			尺量：每200m测2个点
	4	基础垫层宽度、厚度（mm）		≥设计值			尺量：每200m测2个点

检查结论	□全部检查项合格 □全部检查项不合格 □部分检查项合格，不合格检查项为＿＿＿＿＿＿＿＿＿＿
处理意见	同意□/不同意□，进行下道工序
审核人	审核日期　　　　年　　月　　日

××至××高速公路××段工程项目
抽 检 记 录

附表15-108

监理单位： 　　　　　　　　　　　　　　　　　编　号：JJ-001-□□□□-□□□-□□□□

施工单位						合同段		
抽检人						抽检时间		
工程部位								
抽检项目	混凝土排水管安装							

检查结果	项次	检查项目	设计值	规定值或允许偏差	实测值或实测偏差值	合格率（%）	检查方法及频率
	1△	混凝土抗压强度或砂浆强度（MPa）		在合格标准内			按《公路工程质量检验评定标准 第一册 土建工程》（JTG F80/1—2017）附录D、附录F检查
	2	基础厚度（mm）		≥设计值			尺量：每两井间测3处

检查结论	□全部检查项合格 □全部检查项不合格 □部分检查项合格，不合格检查项为＿＿＿＿＿＿＿
处理意见	同意□/不同意□，进行下道工序
审核人	审核日期　　　年　月　日

××至××高速公路××段工程项目
抽 检 记 录

附表 15-109

监理单位：　　　　　　　　　　　　　　　　编　号：JJ-001-□□□□-□□□-□□□□

施工单位							合同段	
抽检人							抽检时间	
工程部位								
抽检项目				管节预制				

检查结果	项次	检查项目	设计值	规定值或允许偏差	实测值或实测偏差值	合格率（%）	检查方法及频率
	1△	混凝土强度（MPa）		在合格标准内			按《公路工程质量检验评定标准 第一册 土建工程》（JTG F80/1—2017）附录D检查
	2	内径（mm）		≥设计值			尺量：抽查10%管节，每管节测2个断面，且不少于5个断面
	3	壁厚（mm）		-3			尺量：抽查10%管节，每管节测2个断面，且不少于5个断面

检查结论	□全部检查项合格 □全部检查项不合格 □部分检查项合格,不合格检查项为＿＿＿＿＿＿＿
处理意见	同意□/不同意□,进行下道工序
审核人	审核日期　　　　年　　月　　日

××至××高速公路××段工程项目
抽 检 记 录

附表15-110

监理单位： 　　　　　　　　　　　　　　　　　　　编　号:JJ-001-□□□□-□□□-□□□□

施工单位		合同段	
抽检人		抽检时间	
工程部位			
抽检项目	检查(雨水)井砌筑		

检查结果	项次	检查项目	设计值	规定值或允许偏差	实测值或实测偏差值	合格率(%)	检查方法及频率
	1△	砂浆强度（MPa）		在合格标准内			按《公路工程质量检验评定标准 第一册 土建工程》(JTG F80/1—2017)附录F检查
	2	中心点位（mm）		50			全站仪:逐井检查
	3	圆井直径或方井长、宽（mm）		±20			尺量:逐井检查,每井测2个点
	4	壁厚（mm）		-10,0			尺量:逐井检查,每井测2个点

检查结论	□全部检查项合格 □全部检查项不合格 □部分检查项合格,不合格检查项为_____
处理意见	同意□/不同意□,进行下道工序
审核人		审核日期	年　月　日

××至××高速公路××段工程项目

抽 检 记 录

附表 15-111

监理单位： 编 号：JJ-001-□□□□-□□□-□□□□

施工单位					合同段		
抽检人					抽检时间		
工程部位							
抽检项目				土沟			
检查结果	项次	检查项目	设计值	规定值或允许偏差	实测值或实测偏差值	合格率（%）	检查方法及频率
	1	断面尺寸（mm）		≥设计值			尺量：每200m测2个点,且不少于5个点
检查结论	□全部检查项合格 □全部检查项不合格 □部分检查项合格,不合格检查项为_____						
处理意见				同意□/不同意□,进行下道工序			
审核人					审核日期		年 月 日

××至××高速公路××段工程项目
抽 检 记 录

附表 15-112

监理单位：　　　　　　　　　　　　　　　　　　　编　号：JJ-001-□□□□-□□□-□□□□

施工单位						合同段	
抽检人						抽检时间	
工程部位							
抽检项目	排水泵站沉井						

检查结果	项次	检查项目	设计值	规定值或允许偏差	实测值或实测偏差值	合格率（%）	检查方法及频率
	1△	混凝土强度（MPa）		在合格标准内			按《公路工程质量检验评定标准 第一册 土建工程》（JTG F80/1—2017）附录D检查
	2	几何尺寸（mm）		±50			尺量：长、宽、高各2个点
	3	壁厚（mm）		－5.0			尺量：每井测5个点

检查结论	□全部检查项合格 □全部检查项不合格 □部分检查项合格,不合格检查项为＿＿＿＿＿＿＿＿＿
处理意见	同意□/不同意□,进行下道工序
审核人	审核日期　　　年　月　日

××至××高速公路××段工程项目
抽 检 记 录

附表 15-113

监理单位：　　　　　　　　　　　　　　　　　编　号：JJ-001-□□□□-□□□-□□□□

施工单位							合同段		
抽检人							抽检时间		
工程部位									
抽检项目				浆砌砌体实测项目					
检查结果	项次	检查项目		设计值	规定值或允许偏差	实测值或实测偏差值		合格率（%）	检查方法及频率
	1△	砂浆强度（MPa）			在合格标准内				按《公路工程质量检验评定标准 第一册 土建工程》（JTG F80/1—2017）附录F检查
	2△	断面尺寸（mm）	料石		±20				尺量：长度不大于50m时测10个断面，每增加10m增加1个断面
			块石		±30				
			片石		±50				
检查结论	□全部检查项合格 □全部检查项不合格 □部分检查项合格，不合格检查项为＿＿＿＿＿＿								
处理意见				同意□/不同意□，进行下道工序					
审核人							审核日期	年　月　日	

××至××高速公路××段工程项目
抽 检 记 录

附表15-114

监理单位：　　　　　　　　　　　　　　　　编　号：JJ-001-□□□□-□□□-□□□□

施工单位						合同段		
抽检人						抽检时间		
工程部位								
抽检项目		砌体坡面防护实测项目						
检查结果	项次	检查项目	设计值	规定值或允许偏差	实测值或实测偏差值		合格率（%）	检查方法及频率
	1△	砂浆强度（MPa）		在合格标准内				按《公路工程质量检验评定标准 第一册 土建工程》（JTG F80/1—2017）附录F检查
	2△	厚度或断面尺寸（mm）		≥设计值				尺量：长度不大于50m时测10个断面，每增加10m增加1个断面
检查结论	□全部检查项合格 □全部检查项不合格 □部分检查项合格，不合格检查项为＿＿＿＿＿＿							
处理意见				同意□/不同意□，进行下道工序				
审核人						审核日期		年　月　日

××至××高速公路××段工程项目
抽 检 记 录

附表 15-115

监理单位：　　　　　　　　　　　　　　　　编　号：JJ-001-□□□□-□□□-□□□□

施工单位		合同段	
抽检人		抽检时间	
工程部位			
抽检项目	锚杆、锚定板和加筋土挡土墙墙背填土		

	项次	检查项目	设计值	规定值或允许偏差	实测值或实测偏差值	合格率（%）	检查方法及频率
检查结果	1△	距面板1m范围以内压实度（%）		≥90			按《公路工程质量检验评定标准 第一册 土建工程》（JTG F80/1—2017）附录B的方法检查，每50m每压实层测1处，且不得少于1处

检查结论	□全部检查项合格 □全部检查项不合格 □部分检查项合格，不合格检查项为＿＿＿＿＿＿
处理意见	同意□/不同意□，进行下道工序
审核人	审核日期　　　年　　月　　日

××至××高速公路××段工程项目

抽 检 记 录　　　　　　　　　　　　附表15-116

监理单位：　　　　　　　　　　　　　　编　号：JJ-001-□□□□-□□□-□□□□

施工单位					合同段		
抽检人					抽检时间		
工程部位							
抽检项目			悬臂式和扶壁式挡土墙				
检查结果	项次	检查项目	设计值	规定值或允许偏差	实测值或实测偏差值	合格率（％）	检查方法及频率
	1△	混凝土强度（MPa）		在合格标准内			按《公路工程质量检验评定标准 第一册 土建工程》（JTG F80/1—2017）附录D检查
	2△	断面尺寸（mm）		≥设计值			尺量：长度不大于50m时测10个断面及10个扶壁，每增加10m增加1个断面及1个扶壁
检查结论	□全部检查项合格 □全部检查项不合格 □部分检查项合格，不合格检查项为＿＿＿＿＿＿						
处理意见			同意□/不同意□，进行下道工序				
审核人					审核日期	年　月　日	

××至××高速公路××段工程项目
抽 检 记 录

附表 15-117

监理单位： 　　　　　　　　　　　　　　　　　编　号：JJ-001-□□□□-□□□-□□□□

施工单位							合同段		
抽检人							抽检时间		
工程部位									
抽检项目		片石混凝土挡土墙							
检查结果	项次	检查项目	设计值	规定值或允许偏差	实测值或实测偏差值	合格率（%）	检查方法及频率		
	1△	混凝土强度（MPa）		在合格标准内			按《公路工程质量检验评定标准 第一册 土建工程》（JTG F80/1—2017）附录D检查		
	2△	断面尺寸（mm）		≥设计值			尺量：长度不大于50m时测10个断面，每增加10m增加1个断面		
检查结论	□全部检查项合格 □全部检查项不合格 □部分检查项合格,不合格检查项为＿＿＿＿＿								
处理意见					同意□/不同意□,进行下道工序				
审核人							审核日期	年　月　日	

××至××高速公路××段工程项目
抽 检 记 录

附表 15-118

监理单位：　　　　　　　　　　　　　　　　　　　编　号：JJ-001-□□□□-□□□-□□□□

施工单位						合同段		
抽检人						抽检时间		
工程部位								
抽检项目				浆砌挡土墙				
检查结果	项次	检查项目	设计值	规定值或允许偏差	实测值或实测偏差值		合格率（%）	检查方法及频率
	1△	砂浆强度（MPa）		在合格标准内				按《公路工程质量检验评定标准 第一册 土建工程》（JTG F80/1—2017）附录F检查
	2△	断面尺寸（mm）		≥设计值				尺量：长度不大于50m时测10个断面，每增加10m增加1个断面
检查结论	□全部检查项合格 □全部检查项不合格 □部分检查项合格,不合格检查项为_____							
处理意见			同意□/不同意□,进行下道工序					
审核人						审核日期		年　月　日

××至××高速公路××段工程项目
抽 检 记 录

附表15-119

监理单位：　　　　　　　　　　　　　　　　　　编　号：JJ-001-□□□□-□□□-□□□□

施工单位							合同段	
抽检人							抽检时间	
工程部位								
抽检项目	干砌挡土墙							
检查结果	项次	检查项目	设计值	规定值或允许偏差	实测值或实测偏差值	合格率（%）	检查方法及频率	
	1△	断面尺寸（mm）		≥设计值			尺量：长度不大于50m时测10个断面，每增加10m增加1个断面	
检查结论	□全部检查项合格 □全部检查项不合格 □部分检查项合格，不合格检查项为＿＿＿＿＿＿							
处理意见	同意□/不同意□，进行下道工序							
审核人						审核日期	年　月　日	

××至××高速公路××段工程项目

抽 检 记 录　　　　　　　　　　　　　　　　　　附表 15-120

监理单位：　　　　　　　　　　　　　　　　　　编　号：JJ-001-□□□□-□□□-□□□□

施工单位		合同段	
抽检人		抽检时间	
工程部位			
抽检项目	拉杆		

检查结果	项次	检查项目	设计值	规定值或允许偏差	实测值或实测偏差值	合格率（%）	检查方法及频率
	1△	长度（mm）		≥设计值			尺量：每 20m 测 5 根

检查结论	□全部检查项合格 □全部检查项不合格 □部分检查项合格,不合格检查项为_____
处理意见	同意□/不同意□,进行下道工序
审核人		审核日期	年　月　日

××至××高速公路××段工程项目
抽 检 记 录

附表15-121

监理单位：　　　　　　　　　　　　　　　编　号：JJ-001-□□□□-□□□-□□□□

施工单位					合同段		
抽检人					抽检时间		
工程部位							
抽检项目				锚杆			

检查结果	项次	检查项目	设计值	规定值或允许偏差	实测值或实测偏差值	合格率（％）	检查方法及频率
	1△	注浆强度（MPa）		在合格标准内			砂浆按《公路工程质量检验评定标准 第一册 土建工程》（JTG F80/1—2017）附录F检查，其他按附录M检查
	2	锚孔孔深（mm）		≥设计值			尺量：抽查20％
	3	锚孔孔径（mm）		满足设计要求			尺量：抽查20％
	4△	锚杆抗拔力（kN）		满足设计要求；设计未要求时，抗拔力平均值≥设计值；锚杆抗拔力的80％≥设计值；最小抗拔力≥0.9倍设计值			抗拔力试验：检查数量按设计要求；设计未要求时，按锚杆数的5％，且不少于3根检查

检查结论	□全部检查项合格 □全部检查项不合格 □部分检查项合格，不合格检查项为_____
处理意见	同意□/不同意□，进行下道工序
审核人		审核日期	年　月　日

××至××高速公路××段工程项目
抽 检 记 录

附表 15-122

监理单位： 编　号：JJ-001-□□□□-□□□-□□□□

施工单位		合同段	
抽检人		抽检时间	
工程部位			
抽检项目	面板预制		

检查结果	项次	检查项目	设计值	规定值或允许偏差	实测值或实测偏差值	合格率（%）	检查方法及频率
	1△	混凝土强度（MPa）		在合格标准内			按《公路工程质量检验评定标准 第一册 土建工程》（JTG F80/1—2017）附录D检查
	2△	厚度（mm）		+5，-3			尺量：抽查10%，每板测2处

检查结论	□全部检查项合格 □全部检查项不合格 □部分检查项合格，不合格检查项为＿＿＿＿＿＿
处理意见	同意□/不同意□，进行下道工序
审核人		审核日期	年　月　日

××至××高速公路××段工程项目
抽 检 记 录

附表15-123

监理单位：　　　　　　　　　　　　　编　号：JJ-001-□□□□-□□□-□□□□

施工单位							合同段	
抽检人							抽检时间	
工程部位								
抽检项目				锚杆、锚索				
检查结果	项次	检查项目	设计值	规定值或允许偏差	实测值或实测偏差值	合格率(%)	检查方法及频率	
	1△	注浆强度（MPa）		在合格标准内			砂浆按《公路工程质量检验评定标准 第一册 土建工程》（JTG F80/1—2017）附录F检查，其他按附录M检查	
	2	锚孔深度（mm）		≥设计值			尺量：抽查20%	
	3	锚孔孔径（mm）		满足设计要求			尺量：抽查20%	
	4△	锚杆、锚索抗拔力（kN）		满足设计要求；设计未要求时，抗拔力平均值≥设计值；锚杆抗拔力的80%≥设计值；最小抗拔力≥0.9倍设计值			抗拔力试验：检查数量按设计要求；设计未要求时，按锚杆数的5%，且不少于3根检查	
	5△	张拉力（kN）		满足设计要求			查油压表：逐根（束）检查	
	6	张拉伸长力（%）		满足设计要求，设计未要求时允许偏差不大于±6			尺量：逐根（束）检查	
	7	断丝、滑丝数		每束1根，且每断面不超过钢丝总数的1%			目测：逐根（束）检查	
检查结论	□全部检查项合格 □全部检查项不合格 □部分检查项合格，不合格检查项为_____							
处理意见				同意□/不同意□，进行下道工序				
审核人							审核日期	年　月　日

××至××高速公路××段工程项目
抽 检 记 录

附表15-124

监理单位：　　　　　　　　　　　　　　　　　　　　　编　号：JJ-001-□□□□-□□□-□□□□

施工单位							合同段	
抽检人							抽检时间	
工程部位								
抽检项目				坡面结构				

	项次	检查项目	设计值	规定值或允许偏差	实测值或实测偏差值	合格率（%）	检查方法及频率
检查结果	1△	混凝土强度（MPa）		在合格标准内			喷射混凝土按《公路工程质量检验评定标准 第一册 土建工程》（JTG F80/1—2017）附录E检查，其他按附录D检查
	2	喷层厚度（mm）		平均厚度≥设计厚度；80%测点的厚度≥设计厚度；最小厚度≥0.6，且大于或等于设计规定最小值			凿孔法或工程雷达法：每50m²测1处，总数不少于5处
	3	锚墩尺寸（mm）		+10，-5			尺量：抽查20%，每件测顶底面边长及高度
	4	框格梁、地梁、边梁断面尺寸（mm）		≥设计值			尺量：抽查20%，每梁测2个断面

检查结论	□全部检查项合格 □全部检查项不合格 □部分检查项合格，不合格检查项为＿＿＿＿＿＿
处理意见	同意□/不同意□，进行下道工序
审核人		审核日期	年　月　日

××至××高速公路××段工程项目
抽 检 记 录

附表 15-125

监理单位： 编　号：JJ-001-□□□□-□□□-□□□□

施工单位		合同段	
抽检人		抽检时间	
工程部位			
抽检项目	土钉		

检查结果	项次	检查项目	设计值	规定值或允许偏差	实测值或实测偏差值	合格率（%）	检查方法及频率
	1△	注浆强度（MPa）		在合格标准内			砂浆按《公路工程质量检验评定标准　第一册　土建工程》（JTG F80/1—2017）附录F检查,其他按附录M检查
	2△	土钉抗拔力（kN）		抗拔力平均值≥设计值,80%抗拔力≥设计值,最小抗拔力≥0.9设计值			抗拔力试验：土钉总数1%,且不小于3根

检查结论	□全部检查项合格 □全部检查项不合格 □部分检查项合格,不合格检查项为＿＿＿＿＿＿
处理意见	同意□/不同意□,进行下道工序
审核人	审核日期　　　年　月　日

××至××高速公路××段工程项目

抽 检 记 录　　　　　　　　　　　　　　　附表15-126

监理单位：　　　　　　　　　　　　　　　编　号：JJ-001-□□□□-□□□-□□□□

施工单位					合同段		
抽检人					抽检时间		
工程部位							
抽检项目				导流工程			
检查结果	项次	检查项目	设计值	规定值或允许偏差	实测值或实测偏差值	合格率（%）	检查方法及频率
	1△	砂浆和混凝土强度（MPa）		在合格标准内			混凝土按《公路工程质量检验评定标准　第一册　土建工程》（JTG F80/1—2017）附录D检查，砂浆按附录F检查
	2△	堤(坝)体压实度（%）		满足设计要求			密度法：每压实层测3处
检查结论	□全部检查项合格 □全部检查项不合格 □部分检查项合格，不合格检查项为＿＿＿＿＿＿						
处理意见			同意□/不同意□，进行下道工序				
审核人					审核日期		年　　月　　日

××至××高速公路××段工程项目

抽 检 记 录

附表 15-127

监理单位：　　　　　　　　　　　　　　　　　　　编　号：JJ-001-□□□□-□□□-□□□□

施工单位						合同段	
抽检人						抽检时间	
工程部位							
抽检项目			干砌片石砌体				
检查结果	项次	检查项目		设计值	规定值或允许偏差	实测值或实测偏差值	合格率（%）	检查方法及频率
	1	断面尺寸（mm）	高度		±100			尺量：长度不大于30m时测5处，每增加10m增加1处
			厚度		±50			
检查结论	□全部检查项合格 □全部检查项不合格 □部分检查项合格，不合格检查项为_____						
处理意见	同意□/不同意□，进行下道工序						
审核人					审核日期	年　月　日	

××至××高速公路××段工程项目
抽 检 记 录

附表15-128

监理单位：　　　　　　　　　　　　　　　　　编　号：JJ-001-□□□□-□□□-□□□□

施工单位						合同段	
抽检人						抽检时间	
工程部位							
抽检项目				管棚			

	项次	检查项目	设计值	规定值或允许偏差	实测值或实测偏差值	合格率（%）	检查方法及频率
检查结果	1	长度（mm）		不小于设计值			尺量：逐根检查
	2	数量（根）		不少于设计值			目测：现场逐根清点
	3	孔位（mm）		±50			尺量：每环抽查10根
	4	孔深（mm）		大于钢管长度设计值			尺量：每环抽查10根

检查结论	□全部检查项合格 □全部检查项不合格 □部分检查项合格,不合格检查项为＿＿＿＿＿
处理意见	同意□/不同意□,进行下道工序
审核人		审核日期	年　月　日

××至××高速公路××段工程项目

抽 检 记 录

附表15-129

监理单位： 编 号：JJ-001-□□□□-□□□-□□□□

施工单位					合同段		
抽检人					抽检时间		
工程部位							
抽检项目	超前小导管						

检查结果	项次	检查项目	设计值	规定值或允许偏差	实测值或实测偏差值	合格率（%）	检查方法及频率
	1	长度(mm)		不小于设计值			尺量：逐根检查
	2	数量(根)		不少于设计值			目测：现场逐根清点
	3	孔位(mm)		±50			尺量：每5环抽查5根
	4	孔深(mm)		大鱼钢管长度设计值			尺量：每5环抽查5根

检查结论	□全部检查项合格 □全部检查项不合格 □部分检查项合格,不合格检查项为_____
处理意见	同意□/不同意□,进行下道工序
审核人	审核日期　　　年　月　日

××至××高速公路××段工程项目

抽 检 记 录

附表15-130

监理单位： 　　　　　　　　　　　　　　　　　　编　号：JJ-001-□□□□-□□□-□□□□

施工单位						合同段		
抽检人						抽检时间		
工程部位								
抽检项目				超前锚杆				
检查结果	项次	检查项目	设计值	规定值或允许偏差	实测值或实测偏差值		合格率（%）	检查方法及频率
	1	长度（mm）		不小于设计值				尺量：逐根检查
	2	数量（根）		不少于设计值				目测：逐根清点
	3	孔位（mm）		±50				尺量：每5环抽查5根
	4	孔深（mm）		±50				尺量：每5环抽查5根
	5	孔径（mm）		≥40				尺量：每5环抽查5根
检查结论	□全部检查项合格 □全部检查项不合格 □部分检查项合格，不合格检查项为＿＿＿＿＿＿＿							
处理意见	同意□／不同意□，进行下道工序							
审核人						审核日期	年　月　日	

××至××高速公路××段工程项目

抽 检 记 录

附表 15-131

监理单位：　　　　　　　　　　　　　　　　编　号：JJ-001-□□□□-□□□-□□□□

施工单位		合同段	
抽检人		抽检时间	
工程部位			
抽检项目	排水沟(管)		

检查结果	项次	检查项目	设计值	规定值或允许偏差	实测值或实测偏差值	合格率（%）	检查方法及频率
	1△	混凝土强度（MPa）		在合格标准内			按《公路工程质量检验评定标准 第一册 土建工程》（JTG F80/1—2017）附录D检查
	2	断面尺寸或管径（mm）		±10			尺量:每10m测1处
	3△	壁厚（mm）		不小于设计值			尺量:每10m测1处
	4△	纵坡		满足设计要求			水准仪:每10m测1处
	5	基础厚度（mm）		不小于设计值			尺量:每10m测1处

检查结论	□全部检查项合格 □全部检查项不合格 □部分检查项合格,不合格检查项为＿＿＿＿＿＿
处理意见	同意□/不同意□,进行下道工序
审核人		审核日期	年　月　日

××至××高速公路××段工程项目

抽 检 记 录   附表15-132

监理单位：　　　　　　　　　　　　　　　编　号：JJ-001-□□□□-□□□-□□□□

施工单位							合同段	
抽检人							抽检时间	
工程部位								
抽检项目				仰拱回填				
检查结果	项次	检查项目	设计值	规定值或允许偏差	实测值或实测偏差值	合格率（％）	检查方法及频率	
	1△	混凝土强度（MPa）		在合格标准内			按《公路工程质量检验评定标准 第一册 土建工程》(JTG F80/1—2017)附录D检查	
检查结论	□全部检查项合格 □全部检查项不合格 □部分检查项合格,不合格检查项为＿＿＿＿＿＿＿＿							
处理意见				同意□/不同意□,进行下道工序				
审核人							审核日期	年　月　日

××至××高速公路××段工程项目

抽 检 记 录

附表15-133

监理单位：　　　　　　　　　　　　　　　　　　　编　号：JJ-001-□□□□-□□□-□□□□

施工单位						合同段		
抽检人						抽检时间		
工程部位								
抽检项目				仰拱				
检查结果	项次	检查项目	设计值	规定值或允许偏差	实测值或实测偏差值		合格率（%）	检查方法及频率
	1△	混凝土强度（MPa）		在合格标准内				按《公路工程质量检验评定标准 第一册 土建工程》（JTG F80/1—2017）附录D检查
	2△	厚度（mm）		不小于设计值				尺量：每20m检查1个断面，每个断面测5个点
检查结论	□全部检查项合格 □全部检查项不合格 □部分检查项合格,不合格检查项为_____							
处理意见				同意□/不同意□,进行下道工序				
审核人						审核日期	年　月　日	

附录15 公路工程监理用表

××至××高速公路××段工程项目

抽 检 记 录

附表15-134

监理单位： 编　号：JJ-001-□□□□-□□□-□□□□

施工单位		合同段	
抽检人		抽检时间	
工程部位			
抽检项目	钢架		

检查结果	项次	检查项目	设计值	规定值或允许偏差	实测值或实测偏差值	合格率（%）	检查方法及频率
	1△	榀数（榀）		不少于设计值			目测或按《公路工程质量检验评定标准 第一册 土建工程》（JTG F80/1—2017）附录R检查:逐榀检查
	2△	间距（mm）		±50			尺量或按《公路工程质量检验评定标准 第一册 土建工程》（JTG F80/1—2017）附录R检查:逐榀检查
检查结论	□全部检查项合格 □全部检查项不合格 □部分检查项合格,不合格检查项为_____						
处理意见				同意□/不同意□,进行下道工序			
审核人				审核日期		年　月　日	

××至××高速公路××段工程项目
抽 检 记 录

附表 15-135

监理单位：　　　　　　　　　　　　　　　　　　　　编　号：JJ-001-□□□□-□□□-□□□□

施工单位					合同段		
抽检人					抽检时间		
工程部位							
抽检项目	钢筋网						
检查结果	项次	检查项目	设计值	规定值或允许偏差	实测值或实测偏差值	合格率（%）	检查方法及频率
	1△	网格尺寸（mm）		±10			尺量：每100m² 检查3个网眼
检查结论	□全部检查项合格 □全部检查项不合格 □部分检查项合格,不合格检查项为＿＿＿＿＿＿						
处理意见				同意□/不同意□,进行下道工序			
审核人					审核日期		年　月　日

××至××高速公路××段工程项目

抽 检 记 录

附表 15-136

监理单位：　　　　　　　　　　　　　　　　　　　编　号：JJ-001-□□□□-□□□-□□□□

施工单位		合同段	
抽检人		抽检时间	
工程部位			
抽检项目	锚杆		

	项次	检查项目	设计值	规定值或允许偏差	实测值或实测偏差值	合格率（%）	检查方法及频率
检查结果	1△	数量（根）		不少于设计值			目测：现场逐根清点
	2	抗拔力（kN）		28d 抗拔力平均值≥设计值，最小抗拔力≥0.9 倍设计值			拉拔仪：抽查 1%，且不少于 3 根
	3	孔位（mm）		±150			尺量：抽查 10%
	4	孔深（mm）		±50			尺量：抽查 10%
	5	孔径（mm）		≥锚杆杆体直径+15			尺量：抽查 10%
检查结论	□全部检查项合格 □全部检查项不合格 □部分检查项合格，不合格检查项为＿＿＿＿＿＿						
处理意见	同意□/不同意□，进行下道工序						
审核人		审核日期	年　月　日				

××至××高速公路××段工程项目

抽 检 记 录

附表 15-137

监理单位： 编 号：JJ-001-□□□□-□□□-□□□□

施工单位		合同段	
抽检人		抽检时间	
工程部位			
抽检项目	洞身开挖		

检查结果	项次	检查项目	设计值	规定值或允许偏差	实测值或实测偏差值	合格率（%）	检查方法及频率
	1△	拱部超挖（mm）	Ⅰ级围岩（硬岩）		平均100,最大200			用全站仪或按《公路工程质量检验评定标准 第一册 土建工程》（JTG F80/1—2017）附录Q检查：每20m检查1个断面，每个断面自拱顶起每2m测1个点
			Ⅱ、Ⅲ、Ⅳ级围岩（中硬岩、软岩）	平均150,最大250			
			Ⅴ、Ⅵ级围岩（破碎岩、土）	平均100,最大150			

检查结论	□全部检查项合格 □全部检查项不合格 □部分检查项合格,不合格检查项为_____
处理意见	同意□/不同意□,进行下道工序
审核人		审核日期	年 月 日

××至××高速公路××段工程项目
抽 检 记 录

附表15-138

监理单位：　　　　　　　　　　　　　　　　　　　　　编　号：JJ-001-□□□□-□□□-□□□□

施工单位					合同段			
抽检人					抽检时间			
工程部位								
抽检项目				明洞回填				
检查结果	项次	检查项目	设计值	规定值或允许偏差	实测值或实测偏差值	合格率（%）	检查方法及频率	
	1	回填厚度（mm）		不小于设计值			水准仪：拱回填层顶面测5处	
检查结论	□全部检查项合格 □全部检查项不合格 □部分检查项合格，不合格检查项为＿＿＿＿＿＿							
处理意见	同意□/不同意□，进行下道工序							
审核人					审核日期	年	月	日

××至××高速公路××段工程项目

抽 检 记 录

附表15-139

监理单位：　　　　　　　　　　　　　　　　编　号：JJ-001-□□□□-□□□-□□□□

施工单位		合同段	
抽检人		抽检时间	
工程部位			
抽检项目	喷射混凝土		

检查结果	项次	检查项目	设计值	规定值或允许偏差	实测值或实测偏差值	合格率（％）	检查方法及频率
	1△	喷射混凝土强度（MPa）		在合格标准内			按《公路工程质量检验评定标准 第一册 土建工程》（JTG F80/1—2017）附录F检查
	2	喷射厚度（mm）		平均厚度≥设计厚度；60％的检查点厚度≥设计厚度；最小厚度≥0.6倍设计厚度			凿孔法：每10m检查1个断面，每个断面从拱顶中线起每3m测1个点；按《公路工程质量检验评定标准 第一册 土建工程》（JTG F80/1—2017）附录R检查：沿隧道纵向分别在拱顶两侧拱腰、两侧边墙连续测试共5条测线，每10m检查1个断面，每个断面测5个点
	3△	喷层与围岩接触状况		无空洞,无杂物			

检查结论	□全部检查项合格 □全部检查项不合格 □部分检查项合格,不合格检查项为＿＿＿＿＿＿
处理意见	同意□/不同意□,进行下道工序
审核人	审核日期　　　　　年　　月　　日

××至××高速公路××段工程项目

抽 检 记 录

附表 15-140

监理单位：　　　　　　　　　　　　　　　编　号：JJ-001-□□□□-□□□-□□□□

施工单位							合同段	
抽检人							抽检时间	
工程部位								
抽检项目				明洞防水层				
检查结果	项次	检查项目		设计值	规定值或允许偏差	实测值或实测偏差值	合格率（%）	检查方法及频率
	1△	搭接长度（mm）			≥100			尺量：每环搭接测3个点
	2△	缝宽（mm）	焊接		焊缝宽≥10			尺量：每衬砌台车抽查1环，每环搭接测5个点
			粘接		粘缝宽≥50			
	3△	焊缝密实性			满足设计要求			按《公路工程质量检验评定标准 第一册 土建工程》（JTG F80/1—2017）附录S检查：每10m检查1处焊缝
检查结论	□全部检查项合格 □全部检查项不合格 □部分检查项合格，不合格检查项为＿＿＿＿＿＿							
处理意见	同意□/不同意□，进行下道工序							
审核人						审核日期	年　月　日	

××至××高速公路××段工程项目

抽 检 记 录

附表 15-141

监理单位：　　　　　　　　　　　　　　　　编　号：JJ-001-□□□□-□□□-□□□□

施工单位						合同段		
抽检人						抽检时间		
工程部位								
抽检项目				明洞浇筑				
检查结果	项次	检查项目	设计值	规定值或允许偏差	实测值或实测偏差值		合格率（%）	检查方法及频率
	1△	混凝土强度（MPa）		在合格标准内				按《公路工程质量检验评定标准 第一册 土建工程》（JTG F80/1—2017）附录D检查
	2△	混凝土厚度（mm）		不小于设计值				尺量或按照《公路工程质量检验评定标准 第一册 土建工程》（JTG F80/1—2017）附录R检查：每10m检查1个断面，每个断面测拱顶、两侧拱腰和两侧边墙共5个点
检查结论	□全部检查项合格 □全部检查项不合格 □部分检查项合格，不合格检查项为＿＿＿＿＿＿							
处理意见				同意□/不同意□，进行下道工序				
审核人						审核日期	年　月　日	

××至××高速公路××段工程项目
抽 检 记 录

附表15-142

监理单位：　　　　　　　　　　　　　　　　　　　编　号：JJ-001-□□□□-□□□-□□□□

施工单位		合同段	
抽检人		抽检时间	
工程部位			
抽检项目	隧道总体		

检查结果	项次	检查项目	设计值	规定值或允许偏差	实测值或实测偏差值	合格率（%）	检查方法及频率
	1△	内轮廓高度（mm）		不小于设计值			激光测距仪或按《公路工程质量检验评定标准 第一册 土建工程》（JTG F80/1—2017）附录Q检查：曲线每20m、直线每40m检查1个断面，每个断面拱顶和两侧拱腰共3个点

检查结论	□全部检查项合格 □全部检查项不合格 □部分检查项合格,不合格检查项为_____
处理意见	同意□/不同意□,进行下道工序
审核人		审核日期	年　月　日

××至××高速公路××段工程项目
抽 检 记 录

附表 15-143

监理单位：　　　　　　　　　　　　　　　　　　编　号：JJ-001-□□□□-□□□-□□□□

施工单位						合同段	
抽检人						抽检时间	
工程部位							
抽检项目				衬砌钢筋加工及安装			

	项次	检查项目	设计值	规定值或允许偏差	实测值或实测偏差值	合格率（%）	检查方法及频率
检查结果	1△	主筋间距（mm）		±10			尺量或按《公路工程质量检验评定标准 第一册 土建工程》（JTG F80/1—2017）附录R检查：每模板测3个点
检查结论	□全部检查项合格 □全部检查项不合格 □部分检查项合格，不合格检查项为＿＿＿＿＿＿						
处理意见	同意□/不同意□，进行下道工序						
审核人					审核日期	年　月　日	

××至××高速公路××段工程项目
抽检记录

附表15-144

监理单位： 编　号：JJ-001-□□□□-□□□-□□□□

施工单位		合同段	
抽检人		抽检时间	
工程部位			
抽检项目	混凝土衬砌		

	项次	检查项目	设计值	规定值或允许偏差	实测值或实测偏差值	合格率（%）	检查方法及频率
检查结果	1△	混凝土强度（MPa）		在合格标准内			按《公路工程质量检验评定标准 第一册 土建工程》（JTG F80/1—2017）附录D检查
	2	衬砌厚度（mm）		90%的检查点厚度≥设计厚度，且最小厚度≥0.5倍设计厚度			尺量：每20m检查1个断面，每个断面测5个点
	3△	衬砌背部密实状况		无空洞、无杂物			按《公路工程质量检验评定标准 第一册 土建工程》（JTG F80/1—2017）附录R检查：沿隧道纵向分别在拱顶、两侧拱腰、两侧边墙连续测试，共5条测线
检查结论	□全部检查项合格 □全部检查项不合格 □部分检查项合格，不合格检查项为＿＿＿＿＿＿						
处理意见	同意□/不同意□，进行下道工序						
审核人				审核日期		年　月　日	

××至××高速公路××段工程项目
抽 检 记 录

附表 15-145

监理单位： 编　号：JJ-001-□□□□-□□□-□□□□

施工单位		合同段	
抽检人		抽检时间	
工程部位			
抽检项目	防水层		

	项次	检查项目		设计值	规定值或允许偏差	实测值或实测偏差值	合格率（%）	检查方法及频率
检查结果	1△	搭接长度（mm）			≥100			尺量：每5环搭接抽查3处
	2△	缝宽（mm）	焊接		焊缝宽≥10			尺量：每5环搭接抽查3处
			粘接		粘缝宽≥50			

检查结论	□全部检查项合格 □全部检查项不合格 □部分检查项合格，不合格检查项为_____
处理意见	同意□/不同意□，进行下道工序
审核人	审核日期　　　年　月　日

××至××高速公路××段工程项目
抽 检 记 录

附表15-146

监理单位：　　　　　　　　　　　　　　　　　　编　号：JJ-001-□□□□-□□□-□□□□

施工单位		合同段	
抽检人		抽检时间	
工程部位			
抽检项目	止水带		

	项次	检查项目	设计值	规定值或允许偏差	实测值或实测偏差值	合格率（%）	检查方法及频率
检查结果	1△	固定点间距（mm）		±50			尺量：每衬砌台车每环止水带检查3个点

检查结论	□全部检查项合格 □全部检查项不合格 □部分检查项合格，不合格检查项为＿＿＿＿＿＿
处理意见	同意□/不同意□，进行下道工序
审核人		审核日期	年　月　日

××至××高速公路××段工程项目
抽 检 记 录

附表 15-147

监理单位： 编　号：JJ-001-□□□□-□□□-□□□□

施工单位						合同段	
抽检人						抽检时间	
工程部位							
抽检项目	水泥混凝土面层						

检查结果	项次	检查项目		设计值	规定值或允许偏差	实测值或实测偏差值	合格率（%）	检查方法及频率
	1△	弯拉强度（MPa）			在合格标准内			按《公路工程质量检验评定标准 第一册 土建工程》（JTG F80/1—2017）附录C检查
	2△	板厚度（mm）	代表值		−5			按《公路工程质量检验评定标准 第一册 土建工程》（JTG F80/1—2017）附录H检查：每200m测2个点
			合格值		−10			
			极值		−15			

检查结论	□全部检查项合格 □全部检查项不合格 □部分检查项合格，不合格检查项为_____
处理意见	同意□/不同意□，进行下道工序
审核人		审核日期	年　月　日

××至××高速公路××段工程项目
抽 检 记 录

附表15-148

监理单位：　　　　　　　　　　　　　　　编　号：JJ-001-□□□□-□□□-□□□□

施工单位							合同段	
抽检人							抽检时间	
工程部位								
抽检项目	沥青混凝土面层和沥青碎(砾)石面层							

	项次	检查项目		设计值	规定值或允许偏差	实测值或实测偏差值	合格率（%）	检查方法及频率
检查结果	1△	压实度（%）			≥试验室标准密度的9（×98%） ≥最大理论密度的92%（×94%） ≥试验室密度的98%（×99%）			按《公路工程质量检验评定标准 第一册 土建工程》（JTG F80/1—2017）附录B检查，每200m测1个点；核子（无核）密度仪每200m测1处，每处5个点
	2△	厚度(mm)	代表值		总厚度：-5%H 上面层：-10%h			按《公路工程质量检验评定标准 第一册 土建工程》（JTG F80/1—2017）附录H检查，每200m测1个点
			合格值		总厚度：-10%H 上面层：-20%h			
	3△	矿料集配			满足生产配合比要求			T 0725，每台班1次
	4△	沥青含量			满足生产配合比要求			T 0722、T 0721、T 0735，每台班1次
检查结论	□全部检查项合格 □全部检查项不合格 □部分检查项合格,不合格检查项为_____							
处理意见					同意□/不同意□,进行下道工序			
审核人					审核日期		年　月　日	

××至××高速公路××段工程项目

抽 检 记 录

附表15-149

监理单位：　　　　　　　　　　　　　　　　　编　号：JJ-001-□□□□-□□□-□□□□

施工单位							合同段	
抽检人							抽检时间	
工程部位								
抽检项目				沥青贯入式面层				
检查结果	项次	检查项目		设计值	规定值或允许偏差	实测值或实测偏差值	合格率（%）	检查方法及频率
	1△	厚度（mm）	代表值		$-8\%H$ 或 -5			按《公路工程质量检验评定标准 第一册 土建工程》（JTG F80/1—2017）附录H检查每200m测2个点
			合格值		$-15\%H$ 或 -10			
	2△	矿料级配			满足生产配合比要求			T 0725、每台班1次
	3△	沥青含量			满足生产配合比要求			T 0722、T 0721、T 0735，每台班1次
检查结论	□全部检查项合格 □全部检查项不合格 □部分检查项合格,不合格检查项为_____							
处理意见				同意□/不同意□,进行下道工序				
审核人						审核日期	年　月　日	

××至××高速公路××段工程项目

抽 检 记 录

附表15-150

监理单位： 编　号：JJ-001-□□□□-□□□-□□□□

施工单位		合同段	
抽检人		抽检时间	
工程部位			
抽检项目	沥青表面处置面层		

检查结果	项次	检查项目	设计值	规定值或允许偏差	实测值或实测偏差值	合格率（%）	检查方法及频率
	1△	厚度（mm） 代表值		−5			按《公路工程质量检验评定标准 第一册 土建工程》（JTG F80/1—2017）附录H检查，每200m每车道测1个点
		合格值		−10			

检查结论	□全部检查项合格 □全部检查项不合格 □部分检查项合格，不合格检查项为＿＿＿＿＿
处理意见	同意□/不同意□，进行下道工序
审核人		审核日期	年　月　日

××至××高速公路××段工程项目
抽 检 记 录

附表 15-151

监理单位：　　　　　　　　　　　　　　　　　编　号：JJ-001-□□□□-□□□-□□□□

施工单位		合同段	
抽检人		抽检时间	
工程部位			
抽检项目	稳定土基层和底基层		

检查结果	项次	检查项目	设计值	规定值或允许偏差		实测值或实测偏差值	合格率（%）	检查方法及频率
				基层	底基层			
	1△	压实度（%）	代表值	—	≥95			按《公路工程质量检验评定标准 第一册 土建工程》（JTG F80/1—2017）附录 B 检查，每 200m 测 2 个点
			极值	—	≥91			
	2△	厚度（mm）	代表值	—	-10			按《公路工程质量检验评定标准 第一册 土建工程》（JTG F80/1—2017）附录 H 检查，每 200m 测 2 个点
			合格值	—	-25			
	3△	强度（MPa）		满足设计要求	满足设计要求			按《公路工程质量检验评定标准 第一册 土建工程》（JTG F80/1—2017）附录 G 检查

检查结论	□全部检查项合格 □全部检查项不合格 □部分检查项合格，不合格检查项为＿＿＿＿＿＿
处理意见	同意□/不同意□，进行下道工序
审核人		审核日期	年　月　日

××至××高速公路××段工程项目
抽 检 记 录

附表 15-152

监理单位：　　　　　　　　　　　　　　　　编　号：JJ-001-□□□□-□□□-□□□□

施工单位						合同段		
抽检人						抽检时间		
工程部位								
抽检项目				稳定粒料基层和底基层				

	项次	检查项目	设计值	规定值或允许偏差		实测值或实测偏差值	合格率(%)	检查方法及频率
				基层	底基层			
检查结果	1△	压实度(%) 代表值		≥98	≥96			按《公路工程质量检验评定标准 第一册 土建工程》(JTG F80/1—2017)附录 B 检查,每200m测2个点
		压实度(%) 极值		≥94	≥92			
	2△	厚度(mm) 代表值		−8	−10			按《公路工程质量检验评定标准 第一册 土建工程》(JTG F80/1—2017)附录 H 检查,每200m测2个点
		厚度(mm) 合格值		−10	−25			
	3△	强度(MPa)		满足设计要求		满足设计要求		按《公路工程质量检验评定标准 第一册 土建工程》(JTG F80/1—2017)附录 G 检查

检查结论	□全部检查项合格 □全部检查项不合格 □部分检查项合格,不合格检查项为_____
处理意见	同意□/不同意□,进行下道工序
审核人		审核日期	年　月　日

××至××高速公路××段工程项目
抽 检 记 录

附表15-153

监理单位：　　　　　　　　　　　　　　　　　　编　号：JJ-001-□□□□-□□□-□□□□

施工单位							合同段		
抽检人							抽检时间		
工程部位									
抽检项目				级配碎（砾）石基层和底基层					
检查结果	项次	检查项目	设计值	规定值或允许偏差		实测值或实测偏差值	合格率（%）	检查方法及频率	
				基层	底基层				
	1△	压实度（%）	代表值	≥98	≥96			按《公路工程质量检验评定标准 第一册 土建工程》（JTG F80/1—2017）附录B检查，每200m测2个点	
			极值	≥94	≥92				
	2△	厚度（mm）	代表值	-8	-10			按《公路工程质量检验评定标准 第一册 土建工程》（JTG F80/1—2017）附录H检查，每200m测2个点	
			合格值	-10	-25				
检查结论	□全部检查项合格 □全部检查项不合格 □部分检查项合格,不合格检查项为＿＿＿＿＿＿								
处理意见				同意□/不同意□,进行下道工序					
审核人							审核日期	年　月　日	

××至××高速公路××段工程项目
抽 检 记 录

附表 15-154

监理单位：　　　　　　　　　　　　　　　　编　号：JJ-001-□□□□-□□□-□□□□

施工单位							合同段		
抽检人							抽检时间		
工程部位									
抽检项目				填隙碎石（矿渣）基层和底基层					

	项次	检查项目		设计值	规定值或允许偏差		实测值或实测偏差值	合格率（％）	检查方法及频率
					基层	底基层			
检查结果	1△	固体体积率（％）	代表值		—	≥96			密度法：每200m测2个点
			极值		—	≥80			
	2△	厚度（mm）	代表值		—	−10			按《公路工程质量检验评定标准 第一册 土建工程》（JTG F80/1—2017）附录 H 检查，每200m测2个点
			合格值		—	−25			

检查结论	□全部检查项合格 □全部检查项不合格 □部分检查项合格,不合格检查项为_____
处理意见	同意□/不同意□,进行下道工序
审核人	审核日期　　　年　　月　　日

××至××高速公路××段工程项目
抽 检 记 录

附表 15-155

监理单位：　　　　　　　　　　　　　　　　　　　编　号：JJ-001-□□□□-□□□-□□□□

施工单位		合同段	
抽检人		抽检时间	
工程部位			
抽检项目	交通标志		

	项次	检查项目	设计值	规定值或允许偏差	实测值或实测偏差值	合格率（%）	检查方法及频率
检查结果	1△	标志面反光膜逆反射系数 [cd/(lx·m^2)]		满足设计要求			逆反射系数测试仪：每块板每种颜色测3个点
	2	标志基础尺寸(mm)		+100，-50			尺量：每个基础长度宽度各测2个点

检查结论	□全部检查项合格 □全部检查项不合格 □部分检查项合格，不合格检查项为＿＿＿＿＿
处理意见	同意□/不同意□，进行下道工序
审核人		审核日期	年　月　日

××至××高速公路××段工程项目
抽 检 记 录

附表15-156

监理单位：　　　　　　　　　　　　　　　　　　　编　号：JJ-001-□□□□-□□□-□□□□

施工单位							合同段	
抽检人							抽检时间	
工程部位								
抽检项目				交通标线				
检查结果	项次	检查项目		设计值	规定值或允许偏差	实测值或实测偏差值	合格率（%）	检查方法及频率
	1△	标线厚度（干膜，mm）	溶剂型		不小于设计值			标线厚度测量仪或卡尺：每1 km测3处，每处测6个点
			热熔型		+0.50，-0.10			
			水性		不小于设计值			
			双组分		不小于设计值			
			预成型标线带		不小于设计值			
			突起型	突起高度	不小于设计值			
				基线厚度	不小于设计值			

续上表

	项次	检查项目				设计值	规定值或允许偏差	实测值或实测偏差值	合格率（%）	检查方法及频率
检查结果	2△	逆反射亮度系数 R_L（mcd·m^{-2}·lx^{-1}）	非雨夜反光标线	Ⅰ级	白色		≥150			标线逆反射测试仪：每1km测3处，每处测9个点
					黄色		≥100			
				Ⅱ级	白色		≥250			
					黄色		≥125			
				Ⅲ级	白色		≥350			
					黄色		≥150			
				Ⅳ级	白色		≥450			
					黄色		≥175			
			雨夜反光标线	干燥	白色		≥350			标线逆反射测试仪：每1km测3处，每处测9个点
					黄色		≥200			
				潮湿	白色		≥175			
					黄色		≥100			
				连续阵雨	白色		≥75			
					黄色		≥75			
			立面反光标记	干燥	白色		≥400			
					黄色		≥350			
				潮湿	白色		≥200			
					黄色		≥175			
				连续阵雨	白色		≥100			
					黄色		≥100			

检查结论	□全部检查项合格 □全部检查项不合格 □部分检查项合格，不合格检查项为_____
处理意见	同意□/不同意□，进行下道工序
审核人	审核日期　　年　月　日

××至××高速公路××段工程项目

抽 检 记 录

附表 15-157

监理单位：　　　　　　　　　　　　　　　编　号：JJ-001-□□□□-□□□-□□□□

施工单位					合同段		
抽检人					抽检时间		
工程部位							
抽检项目	波形梁钢护栏						

	项次	检查项目	设计值	规定值或允许偏差	实测值或实测偏差值	合格率（％）	检查方法及频率
检查结果	1△	波形梁板基底金属厚度（mm）		符合现行《波形梁钢护栏》（GB/T 31439）标准规定			板厚千分尺、涂层测厚仪：抽查板块数的5%，且不少于10块
	2△	立柱基底金属壁厚（mm）		符合现行《波形梁钢护栏》（GB/T 31439）标准规定			千分尺或超声波测厚仪、涂层测厚仪：抽查2%，且不少于10根
	3△	横梁中心高度（mm）		±20			尺量：每1km每侧测5处

检查结论	□全部检查项合格 □全部检查项不合格 □部分检查项合格,不合格检查项为_____
处理意见	同意□/不同意□,进行下道工序
审核人		审核日期	年　月　日

××至××高速公路××段工程项目
抽 检 记 录

附表 15-158

监理单位： 编 号：JJ-001-□□□□-□□□-□□□□

施工单位		合同段	
抽检人		抽检时间	
工程部位			
抽检项目	混凝土护栏		

检查结果	项次	检查项目	设计值	规定值或允许偏差	实测值或实测偏差值	合格率（％）	检查方法及频率
	1△	护栏混凝土强度（MPa）		满足设计要求			按《公路工程质量检验评定标准 第一册 土建工程》（JTG F80/1—2017）附录 D 检测

检查结论	□全部检查项合格 □全部检查项不合格 □部分检查项合格,不合格检查项为_____
处理意见	同意□/不同意□,进行下道工序
审核人		审核日期	年 月 日

××至××高速公路××段工程项目
抽 检 记 录

附表15-159

监理单位：　　　　　　　　　　　　　　　　　　　编　号：JJ-001-□□□□-□□□-□□□□

施工单位						合同段		
抽检人						抽检时间		
工程部位								
抽检项目				缆索护栏				
检查结果	项次	检查项目	设计值	规定值或允许偏差	实测值或实测偏差值	合格率（％）	检查方法及频率	
	1△	初张力		±5%			张力计：逐根检测	
	2	混凝土基础尺寸		满足设计要求			尺量：每个基础长度、宽度各测2个点	
检查结论	□全部检查项合格 □全部检查项不合格 □部分检查项合格，不合格检查项为＿＿＿＿＿＿							
处理意见				同意□/不同意□,进行下道工序				
审核人						审核日期	年　月　日	

××至××高速公路××段工程项目
抽 检 记 录

附表15-160

监理单位：　　　　　　　　　　　　　　　　　　　编　号：JJ-001-□□□□-□□□-□□□□

施工单位					合同段		
抽检人					抽检时间		
工程部位							
抽检项目				防眩设施			
检查结果	项次	检查项目	设计值	规定值或允许偏差	实测值或实测偏差值	合格率（%）	检查方法及频率
	1△	安装高度（mm）		±10			尺量：每1km测10处

检查结论	□全部检查项合格 □全部检查项不合格 □部分检查项合格，不合格检查项为＿＿＿＿＿＿
处理意见	同意□/不同意□,进行下道工序
审核人		审核日期	年　月　日

××至××高速公路××段工程项目
抽 检 记 录

附表15-161

监理单位：　　　　　　　　　　　　　　　　　　　编　号：JJ-001-□□□□-□□□-□□□□

施工单位					合同段			
抽检人					抽检时间			
工程部位								
抽检项目	中央分隔带开口护栏							
检查结果	项次	检查项目	设计值	规定值或允许偏差	实测值或实测偏差值	合格率（%）	检查方法及频率	
	1△	涂层厚度（μm）		满足设计要求			涂层测厚仪：每处测5个点	
检查结论	□全部检查项合格 □全部检查项不合格 □部分检查项合格,不合格检查项为＿＿＿＿＿＿							
处理意见	同意□/不同意□,进行下道工序							
审核人					审核日期	年	月	日

××至××高速公路××段工程项目
抽 检 记 录

附表15-162

监理单位：　　　　　　　　　　　　　　　　编　号：JJ-001-□□□□-□□□-□□□□

施工单位						合同段		
抽检人						抽检时间		
工程部位								
抽检项目	里程碑和百米桩							
检查结果	项次	检查项目		设计值	规定值或允许偏差	实测值或实测偏差值	合格率（%）	检查方法及频率
	1	外形尺寸（mm）	高度		±10			尺量：抽查10%
			宽度		±5			
			厚度		±5			
检查结论	□全部检查项合格 □全部检查项不合格 □部分检查项合格，不合格检查项为_____							
处理意见				同意□/不同意□，进行下道工序				
审核人						审核日期		年　月　日

××至××高速公路××段工程项目
抽 检 记 录

附表 15-163

监理单位：　　　　　　　　　　　　　　　　　　　　　编　号：JJ-001-□□□□-□□□-□□□□

施工单位							合同段	
抽检人							抽检时间	
工程部位								
抽检项目				避险车道				
检查结果	项次	检查项目	设计值	规定值或允许偏差	实测值或实测偏差值	合格率（％）	检查方法及频率	
	1△	制动床长度（m）		满足设计要求			尺量：每道测3处	
检查结论	□全部检查项合格 □全部检查项不合格 □部分检查项合格，不合格检查项为＿＿＿＿＿＿							
处理意见	同意□/不同意□，进行下道工序							
审核人							审核日期	年　月　日

××至××高速公路××段工程项目

抽 检 记 录

附表 15-164

监理单位：　　　　　　　　　　　　　　　　　编　号：JJ-001-□□□□-□□□-□□□□

施工单位						合同段		
抽检人						抽检时间		
工程部位								
抽检项目				树木栽植				
检查结果	项次	检查项目	设计值	规定值或允许偏差	实测值或实测偏差值		合格率（％）	检查方法及频率
	1△	苗木存活率（％）		≥95				目测或无人机航拍测量：带状绿地每 1km 检查 100m 内的花卉数量；点状绿地每个连续种植单元按花卉数量抽查 5％，且不少于 10 株，少于 10 株的花卉应全部检查
检查结论	□全部检查项合格 □全部检查项不合格 □部分检查项合格，不合格检查项为＿＿＿＿＿＿							
处理意见				同意□/不同意□，进行下道工序				
审核人						审核日期		年　月　日

××至××高速公路××段工程项目
抽 检 记 录

附表15-165

监理单位： 编　号：JJ-001-□□□□-□□□-□□□□

施工单位						合同段		
抽检人						抽检时间		
工程部位								
抽检项目			草坪、草本地被及花卉种植					

检查结果	项次	检查项目		设计值	规定值或允许偏差	实测值或实测偏差值	合格率（%）	检查方法及频率
	1△	草坪、草本地被覆盖率（%）	取(弃)土场绿地		≥90			目测或无人机航拍测量：带状绿地每1km检查100m；点状绿地按每个连续种植单元全部检查
			其他绿地		≥95			
	2△	花卉成活率（%）			≥95			目测或无人机航拍测量：带状绿地每1km检查100m内的花卉数量；点状绿地每个连续种植单元按花卉数量抽查5%，且不少于10株，少于10株的花卉应全部检查

检查结论	□全部检查项合格 □全部检查项不合格 □部分检查项合格，不合格检查项为＿＿＿＿＿＿
处理意见	同意□/不同意□，进行下道工序
审核人		审核日期	年　月　日

××至××高速公路××段工程项目

抽 检 记 录

附表15-166

监理单位：　　　　　　　　　　　　　　　　编　号：JJ-001-□□□□-□□□-□□□□

施工单位					合同段		
抽检人					抽检时间		
工程部位							
抽检项目	喷播绿化						
检查结果	项次	检查项目	设计值	规定值或允许偏差	实测值或实测偏差值	合格率（%）	检查方法及频率
	1△	植被盖度（%）		≥95			目测或无人机航拍测量：带状绿地每1km检查100m；点状绿地按每个连续种植单元全部检查
检查结论	□全部检查项合格 □全部检查项不合格 □部分检查项合格,不合格检查项为＿＿＿＿＿＿＿＿						
处理意见			同意□/不同意□,进行下道工序				
审核人					审核日期	年　月　日	

××至××高速公路××段工程项目
抽 检 记 录

附表15-167

监理单位： 　　　　　　　　　　　　　　　　　编　号：JJ-001-□□□□-□□□-□□□□

施工单位					合同段		
抽检人					抽检时间		
工程部位							
抽检项目			砌块体声屏障				

检查结果	项次	检查项目	设计值	规定值或允许偏差	实测值或实测偏差值	合格率(%)	检查方法及频率
	1△	砂浆强度（MPa）		在合格标准内			按附录F检查
	2△	顶面高程（mm）		±20			水准仪：抽查标准段数的30%，每段测1个点
	3△	墙体厚度（mm）		满足设计要求			直尺：抽查标准段数的30%，每段测1个点

检查结论	□全部检查项合格 □全部检查项不合格 □部分检查项合格，不合格检查项为_____
处理意见	同意□/不同意□，进行下道工序
审核人		审核日期	年　月　日

××至××高速公路××段工程项目

抽 检 记 录

附表15-168

监理单位：　　　　　　　　　　　　　　　　编　号：JJ-001-□□□□-□□□-□□□□

施工单位		合同段	
抽检人		抽检时间	
工程部位			
抽检项目	金属结构声屏障		

检查结果	项次	检查项目	设计值	规定值或允许偏差	实测值或实测偏差值	合格率（%）	检查方法及频率
	1△	混凝土强度（MPa）		在合格标准以内			按《公路工程质量检验评定标准 第一册 土建工程》（JTG F80/1—2017）附录D检查
	2△	顶面高程（mm）		±20			水准仪:抽查标准段数的30%,每段测1个点
	3△	屏体背板厚度（mm）		±0.1			游标卡尺:检查屏体总块数的5%

检查结论	□全部检查项合格 □全部检查项不合格 □部分检查项合格,不合格检查项为＿＿＿＿＿
处理意见	同意□/不同意□,进行下道工序
审核人	审核日期　　　年　　月　　日

××至××高速公路××段工程项目
抽 检 记 录

附表15-169

监理单位： 编 号：JJ-001-□□□□-□□□-□□□□

施工单位							合同段		
抽检人							抽检时间		
工程部位									
抽检项目				复合结构声屏障					
检查结果	项次	检查项目	设计值	规定值或允许偏差	实测值或实测偏差值	合格率（%）	检查方法及频率		
	1△	混凝土强度（MPa）		在合格标准			按《公路工程质量检验评定标准 第一册 土建工程》（JTG F80/1—2017）附录D检查		
	2△	顶面高程（mm）		±20			水准仪：抽查标准段数的30%，每段测1个点		
	3△	屏体厚度（mm）		±3			钢卷尺：抽查标准段数的30%，每段测1个点		
	4△	透明屏体厚度（mm）		±0.2			游标卡尺：抽查标准段数的30%，每段测1个点		
检查结论	□全部检查项合格 □全部检查项不合格 □部分检查项合格,不合格检查项为_____								
处理意见				同意□/不同意□,进行下道工序					
审核人							审核日期	年 月 日	

××至××高速公路××段××段工程项目
抽 检 记 录

车辆检测器

附表 15-170

监理单位：		合同段		编 号：JJ-001-□□□□-□□□□
施工单位：				
抽检人		抽检时间		
工程部位				
抽检项目	车辆检测器			

项次	检验项目	规定值/允许偏差	检验结果	检验频率和方法
1	基础尺寸	符合设计要求,允许偏差为(-50,+100)mm		长、宽用卷尺测量,埋深查隐蔽工程验收记录或实测
2△	绝缘电阻	强电端子对机壳≥50MΩ		500V 绝缘电阻测试仪测量
3△	保护接地电阻	≤4Ω		接地电阻测量仪测量
4△	防雷接地电阻(微波、视频、超声波、车辆检测器)	≤10Ω		接地电阻测量仪测量
5△	共用接地电阻	如外场设备的保护接地体和防雷接地体未分开设置,则共用接地电阻≤1Ω		接地电阻测量仪测量
6△	车流量相对误差	线圈、地磁:≤2%;微波、视频、超声波:≤5%		人工计数测量与采集结果比较
7△	传输性能	24小时观察时间内失步现象≤1次或 BER≤1×10⁻⁸;以太网传输丢包率≤0.1%		数据传输测试仪或网络测试仪测量
8△	自检功能	自动检测设备运行状态,故障时实时上传故障信息		功能验证
9△	复原功能	加电后,设备能自动恢复到正常通信状态,并被上位机或控制系统识别,断电或故障前存储数据保持不变		功能验证

检查结论：
□全部检查项合格
□全部检查项不合格
□部分检查项合格,不合格检查项为＿＿＿＿＿＿

处理意见：

同意□/不同意□　　　　同意□不同意□,进行下道工序

审核人		审核日期	年　月　日

××至××高速公路××段工程项目
抽 检 记 录

附表 15-171

监理单位：　　　　　　　　　　　　　　　　　　　　　　　　　　合同段：
施工单位：
抽检人：　　　　　　　　　　　　　　　　　　　　　　　　　　　抽检时间：
工程部位：
抽检项目：气象检测器　　　　　　　　　　　　　　　　　　　　　编号：JJ-001-□□□□-□□□□

项次	检验项目	规定值/允许偏差	检验结果	检验频率和方法
1	基础尺寸	符合设计要求,允许偏差为(-50,+100)mm		长、宽用卷尺测量,埋深查隐蔽工程验收记录或实测
2△	绝缘电阻	强电端子对机壳≥50MΩ		500V绝缘电阻测试仪测量
3△	保护接地电阻	≤4Ω		接地电阻测量仪测量
4△	防雷接地电阻	≤10Ω		接地电阻测量仪测量
5△	共用接地电阻	如外场设备的保护接地体和防雷接地体未分开设置,则共用接地电阻≤1Ω		接地电阻测量仪测量
6△	环境检测性能	6.1 温度检测器测量误差：±1.0°C 6.2 湿度检测器测量误差±5% R.H. 6.3 能见度检测器测量误差：±10%或符合设计要求 6.4 风速检测器测量误差：±5%或符合设计要求		测量与采集结果比较
7△	数据传输性能	24h观察时间内失步现象≤1次或BER≤1×10⁻⁸；以太网传输丢包率≤0.1%		数据传输测试仪或网络测试仪测量
8△	自检功能	自动检测设备运行状态,故障能复原正常通信状态,并被上位机或监控系统识别,断电或故障前存储数据保持不变		功能验证
9△	复原功能	加电后,设备能自动恢复到正常通信状态,并被上位机或监控系统识别,断电或故障前存储数据保持不变		功能验证

检查结论：
□全部检查项合格
□全部检查项不合格
□部分检查项合格,不合格检查项为_____

处理意见：

　　　　　　　　　　　　　　　　　　　　　　　　　　　　　　　　同意□／不同意□，进行下道工序

审核人　　　　　　　　　　　　　　审核日期　　　　　　　　　　　　　　　　　年　　月　　日

附表 15-172

××至××高速公路××段工程项目
抽 检 记 录

编号：JJ-001-□□□□-□□□□

监理单位：			
施工单位		合同段	
抽检人		抽检时间	
工程部位			
抽检项目	闭路电视监视系统		

项次	检验项目	规定值/允许偏差	检验结果	检验频率和方法
1	基础尺寸	符合设计要求，允许偏差为(-50,+100)mm		长、宽用卷尺测量，埋深查隐蔽工程验收记录或实测
2△	绝缘电阻	强电端子对机壳≥50MΩ		500V绝缘电阻测试仪测量
3△	保护接地电阻	≤4Ω		接地电阻测量仪测量
4△	防雷接地电阻	≤10Ω		接地电阻测量仪测量
5△	共用接地电阻	如外场设备的保护接地体和防雷接地体未分开设置，则共用接地电阻≤1Ω		接地电阻测量仪测量
6	传输通道指标 6.1 标清模拟复合视频信号 △6.1.1 视频电平	(700±30)mV		信号发生器发送75%彩条信号或2T正弦平方波和条脉冲信号，用视频测试仪测量
	△6.1.2 同步脉冲幅度	(300±20)mV		信号发生器发送75%彩条信号或2T正弦平方波和条脉冲信号，用视频测试仪测量
	△6.1.3 回波E	<7%		信号发生器发送2T正弦平方波和条脉冲信号，用视频测试仪测量
	△6.1.4 幅频特性(5.8MHz带宽内)	±2dB		信号发生器发送sinx/x信号，用视频测试仪测量
	△6.1.5 视频信噪比(加权)	≥56dB		信号发生器发送多波群信号，用视频测试仪测量

792

续上表

项次	检验项目		规定值/允许偏差	检验结果	检验频率和方法
6 传输通道指标	6.2 高清 Y、$C_E(P_E)$、$C_E(P_E)$ 视频信号	△6.2.1 Y 信号输出量化误差	-10%~10%		数字信号发生器发送高清晰度 2T 脉冲和条幅信号,用数字视频测试仪测量
		△6.2.2 $C_E(P_E)$ 信号输出量化误差	-10%~10%		数字信号发生器发送高清晰度 2T 脉冲和条幅信号,用数字视频测试仪测量
		△6.2.3 $C_E(P_\Omega)$ 信号输出量化误差	-10%~10%		数字信号发生器发送高清晰度 2T 脉冲和条幅信号,用数字视频测试仪测量
		△6.2.4 Y 信号幅频特性	30MHz 带宽内 ±3dB		数字信号发生器发送高清晰度多波群信号或 sinx/x 信号,用数字视频测试仪测量
		△6.2.5 亮度通道的线性响应(Y 信号的 K 系数)	≤3%		数字信号发生器发送高清晰度 2T 脉冲和条幅信号,用数字视频测试仪测量
		△6.2.6 Y、$C_E(P_E)$、$C_R(P_R)$ 信号的信噪比(加权)	≥56dB		数字信号发生器发送静默行信号,用数字视频测试仪测量
	6.3 高清 G、B、R 视频信号	△6.3.1 G 信号输出量化误差	-10%~10%		数字信号发生器发送高清晰度 2T 脉冲和条幅信号,用数字视频测试仪测量
		△6.3.2 B 信号输出量化误差	-10%~10%		数字信号发生器发送高清晰度 2T 脉冲和条幅信号,用数字视频测试仪测量
		△6.3.3 R 信号输出量化误差	-10%~10%		数字信号发生器发送高清晰度 2T 脉冲和条幅信号,用数字视频测试仪测量
		△6.3.4 G/B/R 信号幅频特性	30MHz 带宽内 ±3dB		数字信号发生器发送高清晰度多波群信号或 sinx/x 信号,用数字视频测试仪测量
		△6.3.5 亮度通道的线性响应(G、B、R 信号的 K 系数)	≤3%		数字信号发生器发送高清晰度 2T 脉冲和条幅信号,用数字视频测试仪测量
		△6.3.6 G、B、R 信号的信噪比	≥56dB		数字信号发生器发送静默行信号,用数字视频测试仪测量

续上表

项次	检验项目		规定值/允许偏差	检验结果	检验频率和方法
7△	标清模拟复合视频信号	7.1 雪花	≥4分		人工（不少于3人）主观评分
		7.2 网纹	≥4分		
		7.3 黑白滚道	≥4分		
		7.4 跳动	≥4分		
		7.5 失真	≥4分		
		7.6 拖尾	≥4分		
		7.7 跳帧	≥4分		
		7.8 抖动	≥4分		
		7.9 马赛克	≥4分		
8△	数据传输性能	8.1 IP网络吞吐率	满足设计文件中编码器最大码流要求，设计无要求时1518帧长≥99%		以太网性能测试仪测量
		8.2 IP网络传输时延	符合设计要求，设计无要求时≤10ms		以太网性能测试仪测量
		8.3 IP网络丢包率	不大于70%流量负荷时≤0.1%		以太网性能测试仪测量
9△	云台水平转动角度		水平：≥350°		实操检验
10△	云台垂直转动角度		上仰≥15°，下俯≥90°		实操检验
11△	监视内容		监控员能清楚识别车型、车牌等信息		实操检验
12△	外场摄像机安装稳定性		受大风影响或接受变焦、转动等操控时，画面动作平滑，无抖动		实操检验

续上表

项次	检验项目	规定值/允许偏差	检验结果	检验频率和方法
13△	切换功能	监控终端可切换系统内任何摄像机		功能验证
14△	复原功能	加电后,设备能自动恢复到正常通信状态,能与上位机或控制系统连接,并可靠工作		功能验证
外观质量		□不应存在《公路工程质量检验评定标准 第一册 土建工程》(JTG F80/1—2017)附录C所列限制缺陷		

检查结论:

□全部检查项合格
□全部检查项不合格
□部分检查项合格,不合格检查项为_____

处理意见:

同意□/不同意□,进行下道工序

审核人		审核日期	年 月 日

××至××高速公路××段工程项目
抽 检 记 录

附表15-173

监理单位：　　　　　　　　　　　　　　合同段　　　　　　　　　　　　编号：JJ-001-□□□□□-□□□□

施工单位			
抽检人		抽检时间	
工程部位			
抽检项目	可变标志		

项次	检验项目	规定值/允许偏差	检验结果	检验频率和方法
1	基础尺寸	符合设计要求，允许偏差为(-50,+100)mm		长、宽用卷尺测量，埋深查隐蔽工程验收记录或实测
2△	绝缘电阻	强电端子对机壳≥50MΩ		500V绝缘电阻测试仪测量
3△	保护接地电阻	≤4Ω		接地电阻测量仪测量
4△	防雷接地电阻	≤10Ω		接地电阻测量仪测量
5△	共用接地电阻	如外场设备的保护接地体和防雷接地体未分开设置，则共用接地电阻≤1Ω		接地电阻测量仪测量
6△	视认距离	车辆以最大限速行驶时应不小于行车视距		实操检验
7△	数据传输性能	24h观察时间内失步现象≤1次或BER≤1×10⁻⁸；以太网传输丢包率≤0.1%		数据传输测试仪或网络测试仪测量
8△	显示内容	及时、正确地显示监控中心计算机发送的内容		实操检验
9△	亮度调节功能	可变信息标志、可变限速标志能根据环境亮度自动调节显示屏的亮度		功能验证

续上表

项次	检验项目	规定值/允许偏差	检验结果	检验频率和方法
10△	自检功能	能够向监控中心计算机提供显示内容的确认信息及本机工作状态自检信息		功能验证
11△	复原功能	加电后,设备能自动恢复到正常通信状态,并被上位机或控制系统识别,断电或故障前存储数据保持不变		功能验证

检查结论:

☐全部检查项合格
☐全部检查项不合格
☐部分检查项合格,不合格检查项为_____

处理意见:

同意☐不同意☐,进行下道工序

审核人		审核日期	年　月　日

××至××高速公路××段工程项目
抽 检 记 录

附表 15-174

监理单位：
编 号：JJ-001-□□□□-□□□□

施工单位		合同段	
抽检人		抽检时间	
工程部位			
抽检项目	道路视频交通事件检测系统		

项次	检验项目	规定值/允许偏差	检验结果	检验频率和方法
1△	典型事件检测功能	具备停止、逆行、行人、抛洒物、机动车驶离等事件检测功能；具有交通参数检测功能的系统能进行车流量、车速等交通参数检测		功能验证

检查结论：
□ 全部检查项合格
□ 全部检查项不合格
□ 部分检查项合格，不合格检查项为_____

处理意见：

同意□/不同意□，进行下道工序

审核人		审核日期	年 月 日

××至××高速公路××段工程项目
抽 检 记 录

附表 15-175

监理单位：

施工单位		合同段	
抽检人		抽检时间	
工程部位			
抽检项目	交通情况调查设施		

编 号:JJ-001-□□□□-□□□□

项次	检验项目	规定值/允许偏差	检验结果	检验频率和方法
1	基础尺寸	符合设计要求,允许偏差为(-50,+100)mm		长、宽用卷尺测量,埋深查隐蔽工程验收记录或实测
2△	绝缘电阻	强电端子对机壳≥50MΩ		500V 绝缘电阻测试仪测量
3△	保护接地电阻	≤4Ω		接地电阻测量仪测量
4△	防雷接地电阻（微波、视频、超声波交通情况调查设施）	≤10Ω		接地电阻测量仪测量
5△	共用接地电阻	如外场设备的保护接地体和防雷接地体未分开设置,则共用接地电阻≤1Ω		接地电阻测量仪测量
6△	机动车分类或分型误差	符合设计要求,设计无要求时≤10%		测量与采集结果比较
7△	车流量相对误差	符合设计要求,设计无要求时≤5%		人工计数测量与采集结果比较
8△	车速相对误差	符合设计要求,设计无要求时≤8%		测速仪测量与采集结果比较

续上表

项次	检验项目	规定值/允许偏差	检验结果	检验频率和方法
9△	传输性能	24h观察时间内失步现象≤1次或BER≤1×10⁻⁸；以太网传输丢包率≤0.1%		数据传输测试仪或网络测试仪测量
10△	自检功能	自动检测设备运行状态，故障时实时上传故障信息		功能验证
11△	复原功能	加电后，设备能自动恢复到正常通信状态，并被上位机或控制系统识别，断电或故障前存储数据保持不变		功能验证

处理意见：

检查结论：

□全部检查项合格
□全部检查项不合格
□部分检查项合格，不合格检查项为_____

审核人		审核日期		同意□/不同意□，进行下道工序 年 月 日

××至××高速公路××段工程项目
抽 检 记 录

附表15-176

监理单位：　　　　　　　　　　　　　　　合同段：　　　　　　　　　　　　编　号：JJ-001-□□□□-□□□□

施工单位				
抽检人			抽检时间	
工程部位				
抽检项目	监控（分）中心设备及软件			

项次	检验项目	规定值/允许偏差	检验结果	检验频率和方法
1△	绝缘电阻	强电端子对机壳≥50MΩ		查验随工验收记录或用500V绝缘电阻测试仪抽测3台设备
2△	监控中心共用接地电阻	≤1Ω		接地电阻测量仪测量
3△	与下端设备数据交换	按设定的系统轮询周期，及时、准确地与车辆检测器、气象检测器、可变标志等交换数据		对于检测器，在外场按时间段逐一对比，然后与中心按时间段逐一对比，时间不少于30min；对于可变标志，在外场与中心比对信息的正确性和实时性
4△	图像监视功能	能够监视路段的运行状况		功能验证
5△	数据备份、存储功能	具有数据备份、存储功能，并带时间记录		功能验证

检查结论：
□全部检查项合格
□全部检查项不合格
□部分检查项合格，不合格检查项为_____

处理意见：

同意□/不同意□，进行下道工序

审核人		审核日期	年　　月　　日

××至××高速公路××段工程项目
抽 检 记 录

附表 15-177

监理单位:		合同段		编 号:JJ-001-□□□□-□□□□	
施工单位			抽检时间		
抽检人					
工程部位					
抽检项目	大屏幕显示系统				
项次	检验项目	规定值/允许偏差	检验结果	检验频率和方法	
1△	亮度	达到白色平衡时的亮度符合设计要求;设计无要求时,大屏幕投影屏幕≥150cd/m²,液晶显示屏,LED显示屏≥450cd/m²		亮度计测量	
2△	窗口缩放	可对所选择的窗口随意缩放控制		实操检验	
3△	多视窗显示	同时显示多个监视断面的窗口		实操检验	

检查结论:
□全部检查项合格
□全部检查项不合格
□部分检查项合格,不合格检查项为_____

处理意见:

同意□/不同意□,进行下道工序

审核人		审核日期	年 月 日

××至××高速公路××段工程项目
抽 检 记 录

监理单位:

附表 15-178
编 号:JJ-001-□□□□□-□□□□

施工单位			合同段		
抽检人			抽检时间		
工程部位					
抽检项目		监控系统计算机网络			
项次	检验项目	规定值/允许偏差	检验结果	检验频率和方法	
1△	接线图	符合现行《综合布线系统工程验收规范》(GB/T 50312)的规定		网络认证测试仪测量	
2	长度	符合现行《综合布线系统工程验收规范》(GB/T 50312)的规定		网络认证测试仪测量	
3△	回波损耗	符合现行《综合布线系统工程验收规范》(GB/T 50312)的规定		网络认证测试仪测量	
4△	近端串音	符合现行《综合布线系统工程验收规范》(GB/T 50312)的规定		网络认证测试仪测量	
5△	以太网系统性能要求	5.1 链路传输速率	符合设计要求,设计无要求时符合10Mb/s,100Mb/s,1000Mb/s		以太网性能测试仪测量
		5.2 吞吐率	符合设计要求,设计无要求时 1518 帧长≥99%		
		5.3 传输时延	符合设计要求,设计无要求时≤10ms		
		5.4 丢包率	不大于70%流量负荷时≤0.1%		

续上表

项次	检验项目		规定值/允许偏差	检验结果	检验频率和方法
6△	以太网链路层健康状况	6.1 链路利用率	≤70%		以太网性能测试仪测量
		6.2 错误率及各类错误	≤1%		
		6.3 广播帧及组播帧	≤50fps		
		6.4 冲突(碰撞)率	≤1%		

检查结论：

□全部检查项合格
□全部检查项不合格
□部分检查项合格，不合格检查项为＿＿＿＿＿＿

处理意见：

同意□/不同意□，进行下道工序

年　月　日

审核人		审核日期	

××至××高速公路××段工程项目
抽 检 记 录

附表 15-179

编 号:JJ-001-□□□□□-□□□□

监理单位:		合同段		
施工单位:				
抽检人		抽检时间		
工程部位				
抽检项目	通信管道工程			
项次	检验项目	规定值/允许偏差	检验结果	检验频率和方法
1	分歧形式及内部尺寸	符合设计要求		目测检查,尺寸用量具测量
2△	主管道孔试通试验	畅通		查随工验收记录或按《公路工程质量检验评定标准 第一册 土建工程》（JTG F80/1—2017）实测
3△	通信管道工程用塑料管孔试通试验	畅通		查随工验收记录或气吹法实测
4	通信管道工程用塑料管（箱）规格尺寸	符合设计要求		查随工验收记录用量具实测
检查结论: □全部检查项合格 □全部检查项不合格 □部分检查项合格,不合格检查项为_____			处理意见:	
			同意□ 不同意□,进行下道工序 年 月 日	
审核人			审核日期	年 月 日

××至××高速公路××段工程项目
抽 检 记 录

附表15-180

编　号：JJ-001-□□□□-□□□□

监理单位：				
施工单位			合同段	
抽检人			抽检时间	
工程部位				
抽检项目	通信光缆、电缆线路工程			

项次	检验项目	规定值/允许偏差	检验结果	检验频率和方法
1△	单模光纤接头损耗平均值	≤0.1dB		光时域反射计测量
2△	多模光纤接头损耗平均值	≤0.08dB		光时域反射计测量
3△	中继段单模光纤总衰耗	符合设计要求		光时域反射计或光源、光功率计测量
4△	中继段多模光纤总衰耗	符合设计要求		光时域反射计或光源、光功率计测量
5△	音频电缆绝缘电阻	≥1000MΩ·km		高阻光欧表在线对间测量
6△	接线图（网线）	符合现行《综合布线系统工程验收规范》（GB/T 50312）的规定		网络认证测试仪测量
7△	回波损耗（网线）	符合现行《综合布线系统工程验收规范》（GB/T 50312）的规定		网络认证测试仪测量
8△	近端串音（网线）	符合现行《综合布线系统工程验收规范》（GB/T 50312）的规定		网络认证测试仪测量

检查结论：
□全部检查项合格
□全部检查项不合格
□部分检查项合格，不合格查项为＿＿＿＿＿＿

处理意见：

同意□／不同意□，进行下道工序

审核人　　　　　　　　　　　　　　　　　　　审核日期　　　年　　月　　日

××至××高速公路××段工程项目
抽检记录

监理单位：　　　　　　　　　　　　　　　　　　　　　编　号：JJ-001-□□□□□-□□□□-□□□□

附表 15-181

施工单位		合同段	
抽检人		抽检时间	
工程部位			
抽检项目	同步数字体系（SDH）光纤传输系统工程		

项次	检验项目	规定值/允许偏差	检验结果	检验频率和方法
1△	系统设备安装连接的可靠性	系统设备安装连接应可靠，经振动试验后系统无告警、无误码		在振动状况（用橡皮榔头适当敲击）下连续观察 15min
2△	系统接收光功率	$Pl > P_R + Mc + Me$		光功率计测量
3△	平均发送光功率	符合设计要求或出厂检验指标参数		光功率计测量
4△	光接收灵敏度	符合设计要求或出厂检验指标参数		光功率计和误码仪测量
5△	误码指标（2M 电口）	$BER \leq 1 \times 10^{-11}$		误码仪测量，每块 2M 电路板抽测 3 条 2M 支路，1 个支路测试时间 24h，其他支路 15min，可将多条支路串接起来测试
		$ESR \leq 1.1 \times 10^{-5}$		
		$SESR \leq 5.5 \times 10^{-7}$		
		$BBER \leq 5.5 \times 10^{-8}$		
6△	自动保护倒换功能	工作环路故障或大误码时，自动倒换到备用线路		功能验证，测一个环路
7△	远端接入功能	能通过网管增加或删除远端模块		功能验证
8△	配置功能	能对网管元部件进行增加或删除，并以图形方式显示当前配置		功能验证
9△	故障定位功能	发生故障时能显示故障位置		功能验证

续上表

项次	检验项目	规定值/允许偏差	检验结果	检验频率和方法
10△	电源故障告警	产生告警		实操检验
11△	帧失步告警(LOF)	产生告警		实操检验
12△	AIS告警	产生告警		实操检验
13△	参考时钟丢失告警	产生告警		实操检验

检查结论：

☐ 全部检查项合格
☐ 全部检验查项不合格
☐ 部分检查项合格，不合格检查项为

处理意见：

同意☐/不同意☐，进行下道工序

审核人		审核日期	年 月 日

××至××高速公路××段工程项目
抽检记录

附表 15-182

监理单位：

施工单位		合同段	
抽检人		抽检时间	
工程部位			
抽检项目	IP网络系统		

编 号：JJ-001-□□□□□-□□□□

项次	检验项目	规定值/允许偏差	检验结果	检验频率和方法
1△	系统设备安装连接的可靠性	系统设备安装连接应可靠，经振动试验后系统无告警，无误码		在振动状况（用橡皮榔头适当敲击）下连续观察15min
2△	IP网络接口平均发送光功率	符合设计要求，无要求时符合：−11.5dBm≤光功率≤−3dBm（1000BASE-LX），−9.5dBm≤光功率≤−4dBm（1000BASE-SX）		光功率计测量
3△	IP网络接口接收光功率	Pl≥P_R + Mc + Me		光功率计测量
4△	IP网络接口接收灵敏度	符合设计要求，设计无要求时符合：≤−19dBm（1000BASE-LX）或≤−17dBm（1000BASE-SX）		光功率计、光衰减器、流量发生器测量
5△	IP网络吞吐率	符合设计要求，设计无要求时1518帧长≥99%		以太网性能测试仪测量
6△	IP网络传输时延	符合设计要求，设计无要求时≤100ms		以太网性能测试仪测量
7△	IP网络丢包率	不大于70%流量负荷时≤0.1%		以太网性能测试仪测量
8△	自动保护倒换功能	工作环路故障或大误码时，自动倒换到备用线路		功能验证

续上表

项次	检验项目	规定值/允许偏差	检验结果	检验频率和方法
9△	IP网络流量控制功能	网络流量超出端口流量时，具有流量控制功能		流量发生器功能验证
10△	IP网络故障诊断与定位功能	网管系统能够显示板卡、通信端口的故障位置和信息		功能验证
11△	IP网络VLAN功能	能够按端口划分VLAN		功能验证

检查结论：

□全部检查项合格
□全部检查项不合格
□部分检查项合格，不合格检查项为 _____

处理意见：

同意□/不同意□，进行下道工序

审核人		审核日期	年 月 日

810

××至××高速公路××段工程项目
抽 检 记 录

附表 15-183

监理单位:		合同段		编 号:JJ-001-□□□□-□□□□-□□□□
施工单位				
抽检人		抽检时间		
工程部位				
抽检项目	波分复用(WDM)光纤传输系统			

项次	检验项目	规定值/允许偏差	检验结果	检验频率和方法
1△	系统设备安装连接的可靠性	系统设备安装连接应可靠,经振动试验后系统无告警、无误码		在振动状况(用橡皮榔头适当敲击)下连续观察15min
2△	线路侧接收、发送参考点中心波长	符合现行《光波分复用系统(WDM)技术要求——16×10Gb/s,32×10Gb/s部分》(YD/T 1143)的规定		光谱仪测量
3△	线路侧接收、发送参考点中心频率偏移	±12.5GHz		光谱仪测量
4△	光信噪比(OSNR)	>25dB		光谱仪测量
5△	OCh 最小边模抑制比	>25dB		光谱仪测量
6△	分波器插入损耗	<10dB		光谱仪测量
7△	分波器相邻通道隔离度	>22dB		宽带光源和光谱仪测量
8△	合波器插入损耗	<8dB		光谱仪测量
9△	合波器相邻通道隔离度	>22dB		光谱仪测量

续上表

项次	检验项目	规定值/允许偏差	检验结果	检验频率和方法
10△	MPI-SM—MPI-RM 残余色散	符合现行《光波分复用系统(WDM)技术要求——16×10Gb/s、32×10Gb/s 部分》(YD/T 1143)的规定		宽谱光源和色散分析仪测量
11△	MPI-SM—MPI-RM 偏振模色散	符合现行《光波分复用系统(WDM)技术要求——16×10Gb/s、32×10Gb/s 部分》(YD/T 1143)的规定		宽谱光源和色散分析仪测量
12△	自动保护倒换功能	工作环路故障或大误码时,自动倒换到备用线路		功能验证,测一个环路
13△	电源故障告警	产生告警		实操检验

检查结论:

□全部检查项合格
□全部检查项不合格
□部分检查项合格,不合格检查项为_____

处理意见:

同意□/不同意□,进行下道工序

审核人		审核日期	年 月 日

××至××高速公路××段工程项目
抽 检 记 录

附表 15-184

编 号:JJ-001-□□□□-□□□□

监理单位:			
施工单位		合同段	
抽检人		抽检时间	
工程部位			
抽检项目	固定电话交换系统		

项次	检验项目	规定值/允许偏差	检验结果	检验频率和方法
1△	工作电压	-57 ~ -40V		万用表测量
2△	接通率	≥99.96%		模拟呼叫器测量
3△	软交换IP承载网的丢包率	≤0.1%		IP网络性能分析仪测量
4△	修改用户号码功能	通过网管修改用户号码后不影响原话机的通信功能		功能验证
5△	修改单个用户级别功能	通过网管修改用户级别后,修改后的用户对应新级别的业务权限		功能验证
6△	故障诊断、告警	产生告警		功能验证

检查结论:
□ 全部检查项合格
□ 全部检查项不合格
□ 部分检查项合格,不合格检查项为 _____

处理意见:

同意□/不同意□,进行下道工序

审核人		审核日期	年 月 日

附表 15-185

××至××高速公路××段工程项目
抽 检 记 录

编　号：JJ-001-□□□□-□□□□-□□□□

监理单位：

施工单位		合同段	
抽检人		抽检时间	
工程部位			
抽检项目	通信电源系统		

项次	检验项目	规定值/允许偏差	检验结果	检验频率和方法
1△	开关电源的主输出电压	-57.6～-43.2V 或 21.6～28.8V		万用表测量
2△	电源系统报警功能	系统处于不正常状态时，机房内可视、可听报警信息		功能验证

检查结论：
□全部检查项合格
□全部检查项不合格
□部分检查项合格，不合格检查项为＿＿＿＿＿＿

处理意见：

同意□/不同意□，进行下道工序

审核人		审核日期	年　　月　　日

×××至××高速公路××段工程项目
抽 检 记 录

附表 15-186

监理单位：

施工单位		合同段	
抽检人		抽检时间	
工程部位			
抽检项目	入口混合车道设备及软件		

编 号：JJ-001-□□□□□-□□□□

项次	检验项目	规定值/允许偏差	检验结果	检验频率和方法
1△	车道设备绝缘电阻	强电端子对机壳≥50MΩ		500V绝缘电阻测试仪测量
2△	车道设备共用接地电阻	≤1Ω		接地电阻测量仪测量
3△	车道信息指示屏控制与显示	切换控制正常,显示信息正确		实操检验
4△	收费车道棚车道控制标志控制和显示	可按设计要求控制,显示正确		实操检验
5△	收费车道通行信号灯控制和显示	可按设计要求控制,显示正确		实操检验
6△	车道专用费额信息显示屏显示	通过车辆时,能够及时正确显示设定信息		实操检验,观察费额显示屏显示信息
7△	闪光报警器	能按设定要求触发,正确响应		实操检验
8△	车道图像抓拍	车辆进入车道时能启动图像抓拍功能,抓拍信息符合设计要求,并能按规定格式存储转发		实操检验

续上表

项次	检验项目	规定值/允许偏差	检验结果	检验频率和方法
9△	车道摄像机	可对车道设定区域实时录像，图像清晰		实操检验
10△	RSU通信区域	宽度≤3.3m		场强仪测量
11△	车道初始状态	车道信息指示屏显示车道关闭状态，收费亭内显示器显示内容符合设计要求，并具有防止恶意登录功能		实操检验，登录时输入正确、错误各一次验证恶意登录功能
12△	车道打开状态	成功登录后能打开车道，系统进入工作状态		实操检验
13△	车道收费数据上传功能	车辆交易数据正确上传至上级收费系统		功能验证
14△	数据传输	车道与上级收费系统间能准确传输收费数据		实操检验
15△	断网复原功能	断开车道控制机与收费站的通信链路，车道工作状态正常，通信链路恢复后数据无丢失		功能验证
16△	正常ETC客车通行交易流程	客1、客2、客3、客4分别通行，交易处理和计费正确（兼具ETC门架功能），费额信息显示屏显示及时正确		实车测试或查验历史记录
17△	正常ETC货车通行交易流程	货1、货2、货3、货4、货5、货6分别通行，交易处理和计费正确（兼具ETC门架功能），费额信息显示屏显示及时正确		实车测试或查验历史记录
18△	正常ETC专项作业车通行交易流程	专项1、专项2、专项3、专项4、专项5、专项6分别通行，交易处理和计费正确（兼具ETC门架功能），费额信息显示屏显示及时正确		实车测试或查验历史记录
19△	MTC客车通行交易流程	客1、客2、客3、客4分别通行，交易处理和计费正确（兼具ETC门架功能），费额信息显示屏显示及时正确		实车测试或查验历史记录

续上表

项次	检验项目	规定值/允许偏差	检验结果	检验频率和方法
20△	MTC 货车通行交易流程	货1、货2、货3、货4、货5、货6分别通行,交易处理和计费正确(兼具ETC门架功能),费额信息显示屏信息显示及时正确		实车测试或查验历史记录
21△	MTC 专项作业车通行交易流程	专项1、专项2、专项3、专项4、专项5、专项6,分别通行,交易处理和计费正确(兼具ETC门架功能),费额信息显示屏信息显示及时正确		实车测试或查验历史记录

处理意见:

检查结论:

□全部检查项合格
□全部检查项不合格
□部分检查项合格,不合格检查项为 _____

审核人		审核日期		同意□ 不同意□,进行下道工序　　年　月　日

×× 至 ×× 高速公路 ×× 段工程项目
抽 检 记 录

附表 15-187

监理单位：		合同段		编 号：JJ-001-□□□□-□□□□
施工单位				
抽检人		抽检时间		
工程部位				
抽检项目	出口混合车道设备及软件			

项次	检验项目	规定值/允许偏差	检验结果	检验频率和方法
1△	车道设备绝缘电阻	强电端子对机壳>50MΩ		500V绝缘电阻测试仪测量
2△	车道设备共用接地电阻	≤1Ω		接地电阻测量仪测量
3△	车道信息指示屏控制与显示	切换控制正常，显示信息正确		实操检验
4△	收费天棚车道控制标志控制和显示	可按设计要求控制，显示正确		实操检验
5△	收费车道通行信号灯控制和显示	可按设计要求控制，显示正确		实操检验
6△	车道专用费额信息显示屏显示	通过车辆时，能够及时正确显示设定信息		实操检验，观察费额显示屏显示信息
7△	闪光报警器	能按设定要求触发，正响应		实操检验
8△	票据打印机	快速正确打印票据		实操检验

续上表

项次	检验项目	规定值/允许偏差	检验结果	检验频率和方法
9△	车道图像抓拍	车辆进入车道时能启动图像抓拍功能,抓拍信息符合设计要求,并能按规定格式存储转发		实操检验
10△	车道摄像机	可对车道设定区域实时录像,图像清晰		实操检验
11△	RSU通信区域	宽度≤3.3m		场强仪测量
12△	车道初始状态	车道信息指示屏显示车道关闭,车道栏杆处于水平关闭状态,收费亭内显示器显示内容符合设计要求,并具有防止恶意登录功能		实操检验,登录时输入正确、错误各一次,验证恶意登录功能
13△	车道打开状态	成功登录后能打开车道,系统进入工作状态		实操检验
14△	车道收费数据上传功能	车辆交易数据正确上传至上级收费系统		功能验证
15△	数据传输	车道与上级收费系统间能准确传输收费数据		实操检验
16△	断网复原功能	断开车道控制机与收费站的通信链路,车道工作状态正常,通信链路恢复后数据无丢失		功能验证
17△	正常ETC客车通行交易流程	客1、客2、客3、客4分别通行,交易处理和扣费正确,费额信息显示屏及时、正确显示全程通行费金额及相关信息		实车测试或查验历史记录
18△	正常ETC货车通行交易流程	货1、货2、货3、货4、货5、货6分别通行,费额扣费正确,费额信息显示屏及时、正确显示全程通行费金额及相关信息		实车测试或查验历史记录
19△	正常ETC专项作业车通行交易流程	专项1、专项2、专项3、专项4、专项5、专项6分别通行,交易处理和扣费正确,费额信息显示屏及时、正确显示全程通行费金额及相关信息		实车测试或查验历史记录

续上表

项次	检验项目	规定值/允许偏差	检验结果	检验频率和方法
20△	MTC客车通行交易流程	客1、客2、客3、客4分别通行,交易处理和计费正确,费额信息显示屏及时、正确显示全程通行费金额及相关信息		实车测试或查验历史记录
21△	MTC货车通行交易流程	货1、货2、货3、货4、货5、货6分别通行,交易处理和计费正确,费额信息显示屏及时、正确显示全程通行费金额及相关信息		实车测试或查验历史记录
22△	MTC专项作业车通行交易流程	专项1、专项2、专项3、专项4、专项5、专项6分别通行,交易处理和计费正确,费额信息显示屏及时、正确显示全程通行费金额及相关信息		实车测试或查验历史记录
23	跟车干扰交易流程	电子标签正常车辆跟随电子标签异常或无电子标签车辆进入出口混合车道,能正确完成交易与放行		实车测试

检查结论:

□全部检查项合格
□全部检查项不合格
□部分检查项合格,不合格检查项为_____

处理意见：

同意□/不同意□,进行下道工序

审核人　　　　　　　　　　　　审核日期　　　　年　　月　　日

××至××高速公路×段工程项目
抽 检 记 录

附表 15-188

施工单位：　　　　　　　　　　　　　　　合同段：
抽检人：　　　　　　　　　　　　　　　　　抽检时间：
工程部位：
抽检项目：ETC专用车道设备及软件

编　号：JJ-001-□□□□□-□□□□

项次	检验项目	规定值/允许偏差	检验结果	检验频率和方法
1△	车道设备绝缘电阻	强电端子对机壳≥50MΩ		500V绝缘电阻测试仪测量
2△	车道设备共用接地电阻	≤1Ω		接地电阻测量仪测量
3△	车道信息指示屏控制与显示	切换控制正常，显示信息正确		实操检验
4△	收费天棚车道控制标志控制和显示	可按设计要求控制，显示正确		实操检验
5△	收费车道通行信号灯控制和显示	可按设计要求控制，显示正确		实操检验
6△	车道专用费额信息显示屏信息显示	通过车辆时，能够正确显示全程通行费金额或其他设定的信息		实操检验，观察费额显示屏显示信息
7△	闪光报警器	能按设定要求触发，正确响应		实操检验
8△	电动栏杆机功能	能按规定操作流程动作，且具有防砸车和水平回转功能		实操检验
9△	车道图像抓拍	车辆进入车道时能启动图像抓拍功能，抓拍信息符合设计要求，并能按规定格式存储转发		实操检验
10△	车道摄像机	可对车道设定区域实时录像，图像清晰		实操检验
11△	RSU通信区域	宽度≤3.3m		场强仪测量

续上表

项次	检验项目	规定值/允许偏差	检验结果	检验频率和方法
12△	车道初始状态	车道信息指示屏显示车道关闭，车道栏杆处于水平关闭状态，收费亭内显示器显示内容符合设计要求，并具有防止恶意登录功能		实操检验，登录时输入正确、错误各一次验证恶意登录功能
13△	车道打开状态	成功登录后能打开车道，系统进入工作状态		实操检验
14△	车道收费数据上传功能	车辆交易数据正确上传至上级收费系统		实操检验
15△	数据传输	车道与上级收费系统间能准确传输收费数据		实操检验
16△	断网复原功能	断开车道控制机与收费站的通信链路，车道工作状态正常，通信链路恢复后数据无丢失		功能验证
17△	正常ETC客车通行交易流程	客1、客2、客3、客4分别通行，交易正确，费额信息显示屏信息显示及时、正确		实车测试或查验历史记录
18△	正常ETC货车通行交易流程	货1、货2、货3、货4、货5、货6分别通行，交易正确，费额信息显示屏信息显示及时、正确		实车测试或查验历史记录
19△	正常ETC专项作业车通行交易流程	专项1、专项2、专项3、专项4、专项5、专项6分别通行，交易正确，费额信息显示屏信息显示及时、正确		实车测试或查验历史记录

检查结论：

□ 全部检查项合格
□ 全部检查项不合格
□ 部分检查项合格，不合格检查项为＿＿＿＿＿＿

处理意见：

同意□/不同意□，进行下道工序

审核人		审核日期	年 月 日

××至××高速公路××段工程项目
抽 检 记 录

附表 15-189

监理单位：

施工单位		合同段	
抽检人		抽检时间	
工程部位			
抽检项目	ETC门架系统		

编 号：JJ-001-□□□□-□□□□

项次	检验项目	规定值/允许偏差	检验结果	检验频率和方法
1	基础尺寸	符合设计要求，允许偏差为（-50，+100）mm		长、宽用卷尺测量，埋深查隐蔽工程验收记录或实测
2△	保护接地电阻	≤4Ω		接地电阻测量仪测量
3△	防雷接地电阻	≤10Ω		接地电阻测量仪测量
4△	共用接地电阻	如外场设备的保护接地体和防雷接地体未分开设置，则共用接地电阻≤1Ω		接地电阻测量仪测量
5△	ETC分段计费	实行ETC分段计费，形成ETC通行记录		实操检验或查验历史通行记录
6△	CPC卡分段计费	实行CPC卡分段计费，形成CPC卡通行记录		实操检验或查验历史通行记录
7△	记录生成、存储、查询	按设计要求生成、存储ETC通行记录、CPC卡通行记录，车辆图像记录以及状态监测记录等，并在收费稽核系统中能够查询有关记录		功能验证
8△	主备天线系统切换	具备主、备天线系统联网运行工作能力，当主天线系统运行异常时，及时自动切换到备用天线系统，确保天线系统不间断工作		实操检验
9△	时钟同步	与北斗授时时钟同步		实操检验
10△	时钟同步	与北斗授时时钟同步		实操检验

续上表

项次	检验项目	规定值/允许偏差	检验结果	检验频率和方法
11△	RSU 工作频率	信道1:5.830GHz；信道2:5.840GHz		在ETC门架系统通信区域内自动采集RSU工作信号，测试RSU工作频率
12△	RSU 占用带宽	≤5MHz		在ETC门架系统通信区域内自动采集RSU工作信号，测试RSU工作信号占用带宽
13△	RSU 通信流程	符合最新规定的RSU与OBU、RSU与CPC卡的DSRC通信流程		在ETC门架系统通信区域内自动采集RSU工作信号，测试RSU工作信号通信流程

检查结论：

☐全部检查项合格
☐全部检查项不合格
☐部分检查项合格，不合格检查项为＿＿＿＿＿

处理意见：

同意□/不同意□，进行下道工序

审核人		审核日期	年 月 日

××至××高速公路××段工程项目
抽 检 记 录

附表 15-190

监理单位：　　　　　　　　　　　　　　　　　　　　　合同段　　　　　　　　　　　编　号：JJ-001-□□□□-□□□□

施工单位				
抽检人			抽检时间	
工程部位				
抽检项目	收费站设备及软件			

项次	检验项目	规定值/允许偏差	检验结果	检验频率和方法
1△	收费站共用接地电阻	≤1Ω		接地电阻测量仪测量
2△	对车道设备的实时监视功能	收费站监视计算机可实时监视，显示车道设备的状态及操作情况		功能验证
3△	图像稽查功能	能稽查所有出入口车道通行车辆图像		功能验证
4△	数据备份功能	依据所指定的备份策略，对收费数据和部分重要文件进行备份，并且在系统出现故障时，可根据需要对收费数据或文件进行恢复		功能验证
5△	图像切换功能	监视计算机能切换显示各车道及收费亭内摄像机图像		功能验证

检查结论：

□全部检查项合格
□全部检查项不合格
□部分检查项合格，不合格检查项为＿＿＿＿＿＿＿＿＿

处理意见：

　　　　　　　　　　　　　　　　　　　　　　　　　　　　　　　　同意□/不同意□，进行下道工序

审核人		审核日期	年　　月　　日

××至××高速公路××段工程项目
抽 检 记 录

附表 15-191

监理单位：　　　　　　　　　　　　　　　　合同段：　　　　　　　　　编　号：JJ-001-□□□□-□□□□

施工单位		抽检时间		
抽检人				
工程部位				
抽检项目	收费分中心设备及软件			
项次	检验项目	规定值/允许偏差	检验结果	检验频率和方法
1△	收费分中心共用接地电阻	≤1Ω		接地电阻测量仪测量
2△	与收费站的数据传输功能	定时或实时查询、采集各收费站的数据		功能验证
3△	图像稽查功能	能稽查所有出入口车道"有问题"车辆图像		功能验证
4△	数据备份功能	依据指定的备份策略，对收费数据和部分重要文件进行备份，并且在系统出现故障时，能根据需要对收费数据或文件进行恢复		功能验证

检查结论：
□全部检查项合格
□全部检查项不合格
□部分检查项合格，不合格检查项为＿＿＿＿＿＿＿＿

处理意见：

　　　　　　　　　　　　　　　　　　　　　　　　　　同意□/不同意□，进行下道工序

审核人		审核日期	年　月　日

826

××至××高速公路××段工程项目
抽 检 记 录

附表 15-192

监理单位：

施工单位		合同段		编 号：JJ-001-□□□□-□□□□
抽检人		抽检时间		
工程部位				
抽检项目	联网收费管理中心（收费中心）设备及软件			

项次	检验项目	规定值/允许偏差	检验结果	检验频率和方法
1△	联网收费管理中心共用接地电阻	≤1Ω		接地电阻测量仪测量
2△	费率表、车型分类参数的设置与变更	能设置、变更费率表、车型分类参数，并下传到收费站		实操检验
3△	时钟同步功能	能对收费系统的时钟进行统一校准		与下级系统时钟进行比对
7△	数据备份功能	依据所指定的备份策略，对收费数据出现故障时，能根据备份数据或文件进行恢复		功能验证
8△	参数下发	黑名单、费率等参数下发符合设计要求		实操检验
9△	报表生成及打印	符合设计要求		实操检验
10△	通行费清分记账	符合设计要求		实操检验
11△	通行费拆账划拨	符合设计要求		实操检验
12△	通行费结算	符合设计要求		实操检验
13△	黑名单管理	符合设计要求		实操检验

检查结论：
□全部检查项合格
□全部检查项不合格
□部分检查项合格，不合格检查项为_____

处理意见：

同意□/不同意□，进行下道工序

审核人		审核日期	年 月 日

××至××高速公路××段工程项目
抽检记录

附表15-193

监理单位：
施工单位：　　　　　　　　　　　　　　　　　合同段：　　　　　　　　　　编　号：JJ-001-□□□□-□□□□
抽检人：　　　　　　　　　　　　　　　　　　抽检时间：
工程部位：
抽检项目：IC卡发卡编码系统

检验项目	规定值/允许偏差	检验结果	检验频率和方法
项次			
1△ 防冲突功能	可同时识别两张卡，识别正确		功能验证

检查结论：
□全部检查项合格
□全部检查项不合格
□部分检查项合格，不合格检查项为＿＿＿＿＿＿＿＿＿＿

处理意见：

同意□/不同意□，进行下道工序

审核人		审核日期	年　月　日

××至××高速公路××段工程项目
抽 检 记 录

附表 15-194

编 号：JJ-001-□□□□-□□□□

监理单位：		合同段		
施工单位				
抽检人		抽检时间		
工程部位				
抽检项目	内部有线对讲及紧急报警系统			

项次	检验项目	规定值/允许偏差	检验结果	检验频率和方法
1△	主机全呼分机	主机能同时向所有分机广播		实操检验
2△	主机单呼某个分机	主机能呼叫系统内任一分机		实操检验
3△	分机呼叫主机	分机能呼叫主机		实操检验
4△	分机之间的串音	分机之间不能相互通话		实操检验
5△	手动/脚踏报警功能	按动报警开关可驱动报警器		功能验证

检查结论：

□全部检查项合格
□全部检查项不合格
□部分检查项合格,不合格检查项为_____

处理意见：

同意□/不同意□，进行下道工序

审核人		审核日期	年 月 日

××至××高速公路××段工程项目
抽检记录

附表15-195
编号：JJ-001-□□□□-□□□□

监理单位：				
施工单位		合同段		
抽检人		抽检时间		
工程部位				
抽检项目	超限检测系统			

抽检项次	检验项目	规定值/允许偏差	检验结果	检验频率和方法
1△	车道设备绝缘电阻	强电端子对机壳≥50MΩ		500V绝缘电阻测试仪测量
2△	设备共用接地电阻	≤1Ω		接地电阻测量仪测量
3△	电动栏杆功能	可按设定操作流程动作，且具有防砸车和水平回转功能		功能验证
4△	图像抓拍	车辆进入车道时能启动图像抓拍功能，抓拍信息符合设计要求，并能按规定格式存储转发		功能验证
5△	闪光报警器	能按设定要求触发，正确响应		实操检验
6△	计重控制处理器功能	能对计重车辆车型分类识别；能将实测单轴数据或整车数据及时传至超限检测系统		功能验证
7△	计重精度	符合设计要求		查验计量检定证书
8△	超限报警与处理功能	通过车辆被检测到超限时，系统可自动报警，并按设计要求启动超限处理程序		功能验证

检查结论：
□全部检查项合格
□全部检查项不合格
□部分检查项合格，不合格检查项为＿＿＿＿

处理意见：

同意□/不同意□，进行下道工序

审核人		审核日期	年　月　日	年　月　日

附录15 公路工程监理用表

××至××高速公路××段工程项目
抽检记录

附表 15-196

监理单位：　　　　　　　　　　　　　　　　合同段：　　　　　　　　　　　编号：JJ-001-□□□□-□□□□

施工单位：

抽检人：　　　　　　　　　　　　　　　　　抽检时间：

工程部位：

抽检项目：闭路电视监视系统

项次	检验项目		规定值/允许偏差	检验结果	检验频率和方法
1	基础尺寸		符合设计要求，允许偏差为(−50，+100)mm		长、宽用卷尺测量，埋深查隐蔽工程验收记录或实测
2△	绝缘电阻		强电端子对机壳≥50MΩ		500V绝缘电阻测量仪测量
3△	保护接地电阻		≤4Ω		接地电阻测量仪测量
4△	防雷接地电阻		≤10Ω		接地电阻测量仪测量
5△	共用接地电阻		如外场设备的保护接地体和防雷接地体未分开设置，则共用接地电阻≤1Ω		接地电阻测量仪测量
6	传输通道指标	6.1 标清模拟复合视频信号			
		△6.1.1 视频电平	(700+30)mV		信号发生器发送75%彩条信号或2T正弦平方波和条脉冲信号，用视频测试仪测量
		△6.1.2 同步脉冲幅度	(300+20)mV		信号发生器发送75%彩条信号或2T正弦平方波和条脉冲信号，用视频测试仪测量
		△6.1.3 回波E	<7%		信号发生器发送2T正弦平方波和条脉冲信号，用视频测试仪测量

续上表

项次	检验项目			规定值/允许偏差	检验结果	检验频率和方法
6	传输通道指标	6.1 标清模拟复合视频信号	△6.1.4 幅频特性(5.8MHz带宽内)	±2dB		信号发生器发送 sinx/x 信号,用视频测试仪测量
			△6.1.5 视频信噪比(加权)	≥56dB		信号发生器发送多波群信号,用视频测试仪测量
		6.2 高清 $Y,C_E(P_E),C_E(P_E)$ 视频信号	△6.2.1 Y 信号输出量化误差	-10% ~ 10%		数字信号发生器发送高清度2T脉冲和条幅信号,用数字视频测试仪测量
			△6.2.2 $C_R(P_R)$ 信号输出量化误差	-10% ~ 10%		数字信号发生器发送高清度2T脉冲和条幅信号,用数字视频测试仪测量
			△6.2.3 $C_B(P_B)$ 信号输出量化误差	-10% ~ 10%		数字信号发生器发送高清度2T脉冲和条幅信号,用数字视频测试仪测量
			△6.2.4 Y 信号幅频特性	30MHz带宽内 ±3dB		数字信号发生器发送高清多波群信号或 sinx/x 信号,用数字视频测试仪测量
			△6.2.5 亮度通道的线性响应(Y信号的K系数)	≤3%		数字信号发生器发送高清度2T脉冲和条幅信号,用数字视频测试仪测量
			△6.2.6 $Y,C_R(P_R),C_B(P_B)$ 信号的信噪比(加权)	≥56dB		数字信号发生器发送静默行信号,用数字视频测试仪测量
		6.3 高清 G,B,R 视频信号	△6.3.1 G 信号输出量化误差	-10% ~ 10%		数字信号发生器发送高清度2T脉冲和条幅信号,用数字视频测试仪测量
			△6.3.2 B 信号输出量化误差	-10% ~ 10%		数字信号发生器发送高清度2T脉冲和条幅信号,用数字视频测试仪测量

续上表

项次	检验项目			规定值/允许偏差	检验结果	检验频率和方法
6	传输通道指标	6.3 高清G、B、R视频信号	△6.3.3 R信号输出量化误差	-10%~10%		数字信号发生器发送高清晰度2T脉冲和条幅信号,用数字视频测试仪测量
			△6.3.4 G/B/R信号幅频特性	30MHz带宽内±3dB		数字信号发生器发送高清晰度多波群信号或sinx/x信号,用数字视频测试仪测量
			△6.3.5 亮度通道的线性响应(G、B、R信号的K系数)	≤3%		数字信号发生器发送高清晰度2T脉冲和条幅信号,用数字视频测试仪测量
			△6.3.6 G、B、R信号的信噪比	≥56dB		数字信号发生器发送静默信号,用数字视频测试仪测量
7△	数据传输性能		7.1 IP网络吞吐率	满足设计文件中编码器最大码流要求,设计无要求时1518帧长≥99%		以太网性能测试仪测量
			7.2 IP网络传输时延	符合设计要求,设计无要求时≤10ms		以太网性能测试仪测量
			7.3 IP网络丢包率	不大于70%流量负荷时:≤0.1%		以太网性能测试仪测量
8△			云台水平转动角度	水平≥350°		实操检验
9△			云台垂直转动角度	上仰≥15°,下俯≥90°		实操检验
10△			监视内容	监控员能清楚识别车型、车牌等信息		实操检验
11△			外场摄像机安装稳定性	受大风影响或接受变焦、转动等操控时,画面动作平滑,无抖动		实操检验

续上表

项次	检验项目	规定值/允许偏差	检验结果	检验频率和方法
12△	切换功能	监控终端可切换系统内任何摄像机		功能验证
13△	录像功能	可录像,且录像回放清晰		功能验证
14△	复原功能	加电后,设备能自动恢复到正常通信状态,能与上位机或控制系统连接,并可靠工作		功能验证

检查结论:

□ 全部检查项合格
□ 全部检查项不合格
□ 部分检查项合格,不合格检查项为 _____

处理意见:

同意□/不同意□,进行下道工序

审核人		审核日期	年 月 日

××至××高速公路××段工程项目
抽 检 记 录

附表 15-197
编 号：JJ-001-□□□□-□□□□

监理单位：

施工单位		合同段	
抽检人		抽检时间	
工程部位			
抽检项目	收费站区光缆、电缆线路		

项次	检验项目	规定值/允许偏差	检验结果	检验频率和方法
1△	电力电缆绝缘电阻	≥2MΩ		500V绝缘电阻测试仪测量

处理意见：

检查结论：

□全部检查项合格
□全部检查项不合格
□部分检查项合格，不合格检查项为_____

	同意□ 不同意□，进行下道工序
审核人	年 月 日
	审核日期

××至××高速公路×段工程项目
抽 检 记 录

附表15-198

监理单位：		合同段		编号：JJ-001-□□□□-□□□□
施工单位：				
抽检人		抽检时间		
工程部位				
抽检项目	收费系统计算机网络			

项次	检验项目	规定值/允许偏差	检验结果	检验频率和方法
1△	接线图	符合现行《综合布线系统工程验收规范》（GB/T 50312）的规定		网络认证测试仪测量
2△	回波损耗	符合现行《综合布线系统工程验收规范》（GB/T 50312）的规定		网络认证测试仪测量
3△	近端串音	符合现行《综合布线系统工程验收规范》（GB/T 50312）的规定		网络认证测试仪测量
4△	以太网系统性能要求	4.1 链路传输速率	符合设计要求，设计无要求时符合10Mb/s、100Mb/s、1000Mb/s的规定		以太网性能测试仪测量
		4.2 吞吐率	符合设计要求，设计无要求时1518帧长≥99%		
		4.3 传输时延	符合设计要求，设计无要求时≤10ms		
		4.4 丢包率	不大于70%流量负荷时≤0.1%		
5△	以太网链路层健康状况	5.1 链路利用率	≤70%		以太网性能测试仪测量
6△	网络安全性能	符合设计要求		访谈、文档核查、配置核查、案例验证测试、漏洞扫描测试、渗透性测试等

检查结论：
□全部检查项合格
□全部检查项不合格
□部分检查项合格，不合格检查项为_____

处理意见：

同意□ 不同意□，进行下道工序

审核人　　　　　　　　　　　审核日期　　　年　月　日

附表 15-199

××至××高速公路××段工程项目
抽 检 记 录

编 号:JJ-001-□□□□-□□□□-□□□□

监理单位:			
施工单位		合同段	
抽检人		抽检时间	
工程部位			
抽检项目	低压设备电力电缆		
项次	检验项目	规定值/允许偏差	检验频率和方法
1△	通风照明设施主干电缆和分支电缆型号规格	符合设计要求	实操检验
		检验结果	
处理意见:			
检查结论: □全部检查项合格 □全部检查项不合格 □部分检查项合格,不合格检查项为_____			
审核人		审核日期	同意□/不同意□,进行下道工序 年 月 日

××至××高速公路××段工程项目
抽 检 记 录

附表 15-200

编 号:JJ-001-□□□□-□□□□-□□□

监理单位：

施工单位		合同段	
抽检人		抽检时间	
工程部位			
抽检项目	风/光供电系统		

项次	检验项目	规定值/允许偏差	检验结果	检验频率和方法
1△	绝缘电阻	交流220V强电端子对地的绝缘电阻≥50MΩ		500V绝缘电阻测试仪测量
2△	保护接地电阻	≤4Ω		接地电阻测量仪测量
3△	防雷接地电阻	≤10Ω		接地电阻测量仪测量
4△	共用接地电阻	如风光供电系统的保护接地体和防雷接地体未分开设置,则共用接地电阻≤1Ω		接地电阻测量仪测量

检查结论：

□全部检查项合格
□全部检查项不合格
□部分检查项合格,不合格检查项为_____

处理意见：

同意□/不同意□,进行下道工序

审核人		审核日期	年 月 日

××至××高速公路××段工程项目
抽 检 记 录

附表 15-201

监理单位：　　　　　　　　　　　　　　编　号：JJ-001-□□□□-□□□□-□□□□

施工单位		合同段	
抽检人		抽检时间	
工程部位			
抽检项目	电动汽车充电系统		

项次	检验项目	规定值/允许偏差	检验结果	检验频率和方法
1△	绝缘电阻	≥10MΩ		500V 绝缘电阻测试仪测量
2△	保护接地电阻	≤4Ω		接地电阻测量仪测量
3△	防雷接地电阻	≤10Ω		接地电阻测量仪测量
4△	共用接地电阻	如电动汽车充电系统的保护接地体和防雷接地体未分开设置，则共用接地电阻≤1Ω		接地电阻测量仪测量

检查结论：
□全部检查项合格
□全部检查项不合格
□部分检查项合格，不合格检查项为_____

处理意见：

　　　　　　　　　　　　　　　　　　　　　　　　　　同意□/不同意□，进行下道工序

审核人		审核日期	年　　月　　日

××至××高速公路××段工程项目
抽 检 记 录

附表15-202

监理单位：
施工单位：　　　　　　　　　　　　　　合同段：　　　　　　　　　编　号：JJ-001-□□□□□□
抽检人：　　　　　　　　　　　　　　　抽检时间：　　　　　　　　附表号：15-202-□□□□
工程部位：
抽检项目：路段照明设施

项次	检验项目	规定值/允许偏差	检验结果	检验频率和方法
1	灯杆基础尺寸	符合设计要求，允许偏差为（-50，+100）mm		长、宽用卷尺测量，埋深查隐蔽工程验收记录或实测
2△	灯杆壁厚	符合设计要求		超声波测厚仪测量
3△	照明设备控制置的保护接地电阻	≤4Ω		接地电阻测量仪测量
4△	灯杆防雷接地电阻	≤10Ω		接地电阻测量仪测量
5△	路面平均亮度	符合设计要求，设计无要求时≥2cd/m²		亮度计测量
6△	路面亮度总均匀度	符合设计要求，设计无要求时≥0.4		亮度计测量
7△	路面亮度纵向均匀度	符合设计要求，设计无要求时≥0.7		亮度计测量

检查结论：
□全部检查合格
□全部检验项不合格
□部分检查项合格，不合格检查项为_____

处理意见：

同意□／不同意□，进行下道工序

审核人　　　　　　　　　　　审核日期　　　　　　　年　　月　　日

附录15 公路工程监理用表

××至××高速公路××段工程项目
抽 检 记 录

附表 15-203

监理单位：		合同段		编 号:JJ-001-□□□□□-□□□□
施工单位				
抽检人		抽检时间		
工程部位				
抽检项目	收费广场照明设施			

项次	检验项目	规定值/允许偏差	检验结果	检验频率和方法
1	灯杆基础尺寸	符合设计要求,允许偏差为(-50,+100)mm		长、宽用卷尺测量,埋深查隐蔽工程验收记录或实测
2△	灯杆壁厚	符合设计要求		超声波测厚仪测量
3△	照明设备控制装置的接地电阻	≤4Ω		接地电阻测量仪测量
4△	灯杆防雷接地电阻	≤10Ω		接地电阻测量仪测量
5△	收费广场路面平均照度	符合设计要求,设计无要求时≥20lx		照度计测量
6△	收费广场路面照度总均匀度	符合设计要求,设计无要求时≥0.4		照度计测量

检查结论：

□全部检查项合格
□全部检查项不合格
□部分检查项合格,不合格检查项为_____

处理意见：

同意□ 不同意□,进行下道工序

审核人		审核日期		年 月 日

841

附表15-204

××至××高速公路××段工程项目
抽 检 记 录

编 号：JJ-001-□□□□-□□□□

监理单位：				
施工单位			合同段	
抽检人			抽检时间	
工程部位				
抽检项目	服务区照明设施			
项次	检验项目	规定值/允许偏差	检验结果	检验频率和方法
1	灯杆基础尺寸	符合设计要求,允许偏差为(-50,+100)mm		长、宽用卷尺测量,埋深查隐蔽工程验收记录或实测
2△	灯杆壁厚	符合设计要求		超声波测厚仪测量
3△	照明设备控制装置的接地电阻	≤4Ω		接地电阻测量仪测量
4△	灯杆防雷接地电阻	≤10Ω		接地电阻测量仪测量

检查结论：
□全部检查项合格
□全部检查项不合格
□部分检查项合格,不合格检查项为_____

处理意见：

同意□/不同意□,进行下道工序

| 审核人 | | 审核日期 | 年 月 日 午 |

××至××高速公路××段工程项目
抽 检 记 录

附表15-205

监理单位：　　　　　　　　　　　　　　　合同段：　　　　　　　　　　　编　号：JJ-001-□□□□□□

施工单位		
抽检人		抽检时间
工程部位		
抽检项目	收费天棚照明设施	

项次	检验项目	规定值/允许偏差	检验结果	检验频率和方法
1△	照明设备控制装置的接地电阻	≤4Ω		接地电阻测试仪测量
2△	收费车道路面平均照度	符合设计要求，设计无要求时≥50lx		照度计测量
3△	收费车道路面照度总均匀度	符合设计要求，设计无要求时≥0.6		照度计测量
4△	收费车道路面平均亮度	符合设计要求，设计无要求时≥3.5cd/m²		亮度计测量

检查结论：

□全部检查项合格
□全部检查项不合格
□部分检查项合格，不合格检查项为　　　　　　　

处理意见：

同意□ 不同意□，进行下道工序

审核人		审核日期	年　月　日

×××至×××高速公路×××段工程项目
抽 检 记 录

附表15-206
编号：JJ-001-□□□□-□□□□

施工单位：		合同段		
监理单位				
抽检人		抽检时间		
工程部位				
抽检项目	紧急电话与有线广播系统			

项次	检验项目	规定值/允许偏差	检验结果	检验频率和方法
1△	隧道共用接地电阻	≤1Ω		接地电阻测量仪测量
2△	分机音量	≥90dB（A）		在控制台值班话机持续按"0"按键10s，用声级计在扬声器正前方400mm处测量
3△	分机话音质量	话音清晰，无明显断字缺陷		主观评价
4△	呼叫响应性能	响应灵敏		实操检验
5△	通话呼叫功能	按下通话按键，可呼叫控制台主机		功能验证
6△	地址码显示功能	控制台能显示呼叫位置信息		功能验证
7△	振铃响应	呼叫在控制台有振铃响应		功能验证
8△	手动自检功能	系统能手动设置实时检测线路连接、电池、设备的工作状态		功能验证
9△	音区切换功能	具有音区多路切换选择广播功能，可进行单音区、多音区广播		功能验证

检查结论：
□全部检查项合格
□全部检查项不合格
□部分检查项合格，不合格检查项为＿＿＿＿＿＿＿＿＿＿

处理意见：

同意□ 不同意□，进行下道工序

审核人		审核日期	年 月 日

××至××高速公路××段工程项目
抽 检 记 录

附表 15-207
编 号:JJ-001-□□□□-□□□□

监理单位：

施工单位		合同段	
抽检人		抽检时间	
工程部位			
抽检项目	环境检测设备		

项次	检验项目	规定值/允许偏差	检验结果	检验频率和方法
1△	隧道共用接地电阻	≤1Ω		接地电阻测量仪测量
2△	数据采集功能	具有采集CO、烟雾、照度、风速、风向等数据的功能		功能验证
3△	数据上传周期	符合设计要求		实操检验

检查结论：

□全部检查项合格
□全部检查项不合格
□部分检查项合格，不合格检查项为_____

处理意见：

同意□/不同意□，进行下道工序

审核人		审核日期	年 月 日

845

××至××高速公路××段工程项目
抽 检 记 录

附表15-208
编 号:JJ-001-□□□□-□□□□

施工单位		合同段	
抽检人		抽检时间	
工程部位			
抽检项目	手动火灾报警系统		

项次	检验项目	规定值/允许偏差	检验结果	检验频率和方法
1△	隧道共用接地电阻	≤1Ω		接地电阻测量仪测量
2△	报警按钮与警报器的联动功能	按下报警按钮后能触发警报器启动		功能验证

检查结论：

□全部检查项合格
□全部检查项不合格
□部分检查项合格,不合格检查项为＿＿＿＿＿＿

处理意见：

同意□/不同意□,进行下道工序

审核人		审核日期	年 月 日

××至××高速公路××段工程项目

抽 检 记 录

附表15-209

监理单位： 编号：JJ-001-□□□□□-□□□

施工单位		合同段	
抽检人		抽检时间	
工程部位			
抽检项目	自动火灾报警系统		

项次	检验项目	规定值/允许偏差	检验结果	检验频率和方法
1△	隧道共用接地电阻	≤1Ω		接地电阻测量仪测量
2△	火灾探测器自动报警响应时间	≤60s		实操检验（火盆法）
3△	火灾探测器灵敏度	可靠探测火灾，不漏报；并能将探测数据传送到火灾控制器和上端计算机		实操检验

检查结论：
□全部检查项合格
□全部检查项不合格
□部分检查项合格，不合格检查项为_____

处理意见：

同意□/不同意□，进行下道工序

审核人		审核日期	年 月 日

附表15-209

附表 15-210

×××至×××高速公路××段工程项目
抽 检 记 录

编号:JJ-001-□□□□-□□□□

监理单位:				
施工单位			合同段	
抽检人			抽检时间	
工程部位				
抽检项目	电光标志质量			

项次	检验项目	规定值/允许偏差	检验结果	检验频率和方法
1	控制机箱接地连接	机箱接地线可靠连接到隧道接地汇流排上		目测检查
2△	隧道共用接地电阻	≤1Ω		接地电阻测量仪测量
3	电光标志的亮度	疏散指示标志的白色部分为150～300cd/in²，其他电光标志为 5～300cd/m²		亮度计测量

检查结论：
□全部检查项合格
□全部检查项不合格
□部分检查项合格，不合格检查项为＿＿＿＿＿＿

处理意见：

同意□不同意□，进行下道工序

审核人		审核日期		年 月 日

××至××高速公路××段工程项目
抽 检 记 录

附表15-211
编号:JJ-001-□□□□-□□□□

监理单位:		合同段	
施工单位			
抽检人		抽检时间	
工程部位			
抽检项目	发光诱导设施		

项次	检验项目	规定值/允许偏差	检验结果	检验频率和方法
1△	绝缘电阻	强电端子对机壳≥50MΩ		500V 绝缘电阻测试仪测量
2△	隧道共用接地电阻	≤1Ω		接地电阻测量仪测量
3△	控制功能	可手动控制诱导设施的启动、停止		功能验证

检查结论:
□全部检查项合格
□全部检查项不合格
□部分检查项合格,不合格检查项为_____

处理意见:
同意□/不同意□,进行下道工序

审核人		审核日期	年 月 日

附表 15-212

×××至××高速公路××段工工程项目
抽 检 记 录

编号:JJ-001-□□□□-□□□□

施工单位：		合同段	
抽检人		抽检时间	
工程部位			
抽检项目	隧道视频交通事件检测系统		

项次	检验项目	规定值/允许偏差	检验频率和方法
1△	典型事件检测功能	具备停止、逆行、行人、抛洒物、烟雾等事件检测功能，系统自动进行检测并输出检测数据，有报警信息提示	功能验证
		检验结果	

检查结论：
□全部检查项合格
□全部检查项不合格
□部分检查项合格，不合格检查项为＿＿＿＿＿＿＿＿＿

处理意见：

同意□/不同意□，进行下道工序

审核人		审核日期	年 月 日

××至××高速公路××段工程项目

抽 检 记 录

附表15-213

监理单位：

编号：JJ-001-□□□□-□□□□

施工单位		合同段	
抽检人		抽检时间	
工程部位			
抽检项目	射流风机		

项次	检验项目	规定值/允许偏差	检验结果	检验频率和方法
1△	净空高度	符合设计要求		经纬仪测量
2△	控制柜防腐涂层厚度	符合设计要求，设计无要求时符合现行《公路交通工程钢构件腐蚀技术条件》（GB/T 18226）的规定		涂层测厚仪测量
3△	绝缘电阻	强电端子对机壳≥50MΩ		500V绝缘电阻测试仪测量
4△	隧道共用接地电阻	≤1Ω		接地电阻测量仪测量
5△	风机运转时隧道断面平均风速	符合设计要求		风速仪测量

检查结论：
□全部检查项合格
□全部检查项不合格
□部分检查项合格，不合格检查项为＿＿＿＿＿＿

处理意见：

同意□／不同意□，进行下道工序

审核人		审核日期	年　月　日

××至××高速公路××段工程项目
抽 检 记 录

附表15-214

编号：JJ-001-□□□□□-□□□□

监理单位：		合同段	
施工单位			
抽检人		抽检时间	
工程部位			
抽检项目	隧道管理站设备及软件		

项次	检验项目	规定值/允许偏差	检验结果	检验频率和方法
1△	绝缘电阻	强电端子对机壳≥50MΩ		500V绝缘电阻测试仪测量
2△	系统设备安装连接的可靠性	系统设备安装连接应可靠，经振动试验后系统无告警、错误动作		在振动状况（用橡皮榔头适当敲击）下连续观察15min
3△	共用接地电阻	≤1Ω		接地电阻测量仪测量
4△	报表统计管理及打印功能	隧道管理站计算机系统可迅速、正确地查询、统计、打印设定的各种报表		功能验证

检查结论：
□ 全部检查项合格
□ 全部检查项不合格
□ 部分检查项合格，不合格检查项为_____

处理意见：

同意□/不同意□，进行下道工序

审核人		审核日期	年　月　日

852

附录15 公路工程监理用表

××至××高速公路××段工程项目
抽检记录

附表15-215

监理单位：　　　　　　　　　　　　　　　合同段：　　　　　　　　　　　编号：JJ-001-□□□□-□□□□

施工单位					
抽检人			抽检时间		
工程部位					
抽检项目	本地控制器				
项次	检验项目	规定值/允许偏差	检验结果	检验频率和方法	
1△	机箱防腐涂层厚度	符合设计要求，设计无要求时符合现行《公路交通工程钢构件腐蚀技术条件》(GB/T 18226)的规定		涂层测厚仪测量	
2△	绝缘电阻	强电端子对机壳≥50MΩ		500V 绝缘电阻测试仪测量	
3△	隧道共用接地电阻	≤1Ω		接地电阻测量仪测量	
4△	与计算机通信功能	能与隧道管理站计算机正常通信		功能验证	
5△	对所辖区域内下端设备控制功能	按设计周期或由隧道管理站控制采集，处理各下端设备的数据		功能验证	
6△	本地控制功能	隧道管理站计算机或通信链路故障时，可控制所辖区域内下端设备正常工作		功能验证	

检查结论：
□全部检查项合格
□全部检查项不合格
□部分检查项合格，不合格检查项为　　　　　　

处理意见：

同意□/不同意□，进行下道工序

审核人　　　　　　　审核日期　　　　　　　　年　　月　　日

853

附表 15-216

××至××高速公路××段工程项目
抽 检 记 录

照明设施

编号:JJ-001-□□□□-□□□□

监理单位：		合同段	
施工单位：			
抽检人		抽检时间	
工程部位			

项次	检验项目	规定值/允许偏差	检验结果	检验频率和方法
1△	绝缘电阻	强电端子对机壳≥50MΩ		500V绝缘电阻测试仪测量
2△	隧道共用接地电阻	≤1Ω		接地电阻测量仪测量
3△	路面平均亮度（入口段、过渡段、中间段、出口段）	符合设计要求		亮度计测量
4△	紧急停车带路面平均亮度	符合设计要求		亮度计测量
5△	路面亮度总均匀度	符合设计要求，设计无要求时≥0.3		亮度计测量
6△	照明控制方式	具有自动、手动两种控制方式或符合设计要求		实操检验
7△	应急照明	主供电回路断电时，应急照明灯能自动开启		实操检验

检查结论：
□全部检查项合格
□全部检查项不合格
□部分检查项合格，不合格检查项为_____

处理意见：

同意□/不同意□，进行下道工序

审核人　　　　　　　　　　审核日期　　　　　　　　　　　年　月　日

×××至××高速公路××段工程项目
抽 检 记 录

附表15-217
编号：JJ-001-□□□□-□□□□

监理单位：			
施工单位		合同段	
抽检人		抽检时间	
工程部位			
抽检项目	轴流风机		

项次	检验项目	规定值/允许偏差	检验结果	检验频率和方法
1△	控制柜防腐涂层厚度	符合设计要求，设计无要求时符合现行《公路交通工程钢构件腐蚀技术条件》(GB/T 18226)的规定		涂层测厚仪测量
2△	绝缘电阻	强电端子对机壳≥50MΩ		500V绝缘电阻测试仪测量
3△	隧道共用接地电阻	≤1Ω		接地电阻测量仪测量
4△	风机运转时隧道断面平均风速	符合设计要求		风速仪测量

检查结论：
□全部检查项合格
□全部检查项不合格
□部分检查项合格，不合格检查项为_____

处理意见： 同意□ 不同意□，进行下道工序

审核人		审核日期	年 月 日

附录 16 公路工程试验用表

土试验检测报告

附表 16-1

第 页 共 页

BGLQ01001F

检测单位名称（专用章）：　　　　　　　　报告编号：

施工/委托单位	
工程名称	
工程部位/用途	
样品信息	

检测依据		判定依据	
主要仪器设备名称及编号			

序号	检测项目		技术指标	检测结果	结果判定
1	天然含水率(%)				
2	天然密度(g/cm³)				
3	重度				
4	界限含水率	液限(%)			
		塑限(%)			
		塑性指数 I_p			
		缩限(%)			
		收缩指数 I_S			
5	天然稠度				
6	击实	最大干密度(g/cm³)			
		最佳含水率(%)			
7	承载比	吸水量(%)			
		干密度(g/cm³)			
		贯入量为2.5mm时的承载比(%)			
		贯入量为5.0mm时的承载比(%)			
		膨胀量(%)			
8	砂的相对密度				
9	易溶盐总量(%)				
10	酸碱度(pH值)				
11	有机质含量(%)				

续上表

序号	检测项目		技术指标	检测结果	结果判定
12	烧失量(%)				
13	自由膨胀率(%)				
14	三轴压缩	内摩擦角(°)			
		凝聚力(kPa)			
15	固结	压缩系数(MPa^{-1})			
		压缩模量(MPa)			
		压缩指数			
		固结系数($10^{-3}cm^2/s$)			
16	粗粒土和巨粒最大干密度(g/cm^3)	干土法			
		湿土法			
17	回弹模量E(kPa)				
18	颗粒组成	土的曲率系数C_c			
		土的不均匀系数C_u			
	粒径(mm)	小于该孔径占总土质量百分率(%)	粒径(mm)	小于该孔径占总土质量百分率(%)	

检测结论：

附加声明：

检测：　　　　　审核：　　　　　批准：　　　　　日期：

集料(粗集料)试验检测报告

附表 16-2
第 页 共 页
BGLQ02002F

检测单位名称(专用章)：　　　　　　　　　　报告编号：

施工/委托单位	
工程名称	
工程部位/用途	
样品信息	
检测依据	判定依据
主要仪器设备名称及编号	

序号	检测项目	技术指标	检测结果	结果判定
1	压碎值(%)			
2	洛杉矶磨耗损失(%)			
3	表观相对密度			
4	吸水率(%)			
5	坚固性(%)			
6	针片状颗粒含量(%)			
7	软弱颗粒含量(%)			
8	磨光值			
9	破碎砾石含量(%)			
10	含泥量(%)(小于0.075mm的含量)			
11	泥块含量(%)			
12	有机物含量(比色法)			
13	硫化物及硫酸盐(按SO_3计,%)			
14	表观密度(kg/m^3)			
15	松散堆积密度(kg/m^3)			
16	空隙率(%)			
17	含水率			
18	碱活性			
19	颗粒分析			

筛孔尺寸(mm)										
标准累计筛余(%)										
实际累计筛余(%)										
标准通过百分率(%)										
实际通过百分率(%)										
符合粒级		最大粒级(mm)	

检测结论：
附加声明：

检测：　　　　审核：　　　　批准：　　　　日期：

集料(矿粉)试验检测报告

附表 16-3
第 页 共 页
BGLQ02004F

检测单位名称(专用章)：　　　　　　　　　报告编号：

施工/委托单位	
工程名称	
工程部位/用途	
样品信息	
检测依据	判定依据
主要仪器设备名称及编号	

序号	检测项目		技术指标	检测结果	结果判定
1	外观				
2	粒度范围(%)	<0.6mm			
		<0.15mm			
		<0.075mm			
3	表观密度(t/m^3)				
4	含水率(%)				
5	亲水系数				
6	塑性指数(%)				
7	加热安定性				

检测结论：

附加声明：

检测：　　　　审核：　　　　批准：　　　　日期：

集料(细集料)试验检测报告

附表 16-4
第 页 共 页
BGLQ02003F

检测单位名称(专用章):　　　　　　　　报告编号:

施工/委托单位	
工程名称	
工程部位/用途	
样品信息	

检测依据		判定依据	
主要仪器设备名称及编号			

序号	检测项目		技术指标	检测结果	结果判定
1	云母(%)				
2	轻物质(%)				
3	有机物				
4	硫化物及硫酸盐(按 SO_3 计,%)				
5	氯化物(%)				
6	贝壳(%)				
7	泥块含量(%)				
8	含泥量(%)(小于0.075mm的含量)				
9	亚甲蓝值(g/kg)				
10	人工砂的石粉含量(%)				
11	砂当量(%)				
12	棱角性	流动时间(s)			
		间隙率(%)			
13	坚固性(硫酸钠溶液法,%)				
14	压碎指标(%)				
15	塑性指数				
16	表观密度(kg/m³)				
17	吸水率(%)				
18	松散堆积密度(kg/m³)				
19	空隙率(%)				
20	含水率(%)				

续上表

序号	检测项目	技术指标	检测结果	结果判定
21	碱活性			
22	颗粒分析			

筛孔尺寸(mm)	标准规定累计筛余值(%)			试验结果				标准通过百分率(%)	试验结果	
	1区	2区	3区	累计筛余(%)	级配区属	细度模数	粗细程度		实际通过百分率(%)	规格区属

检测结论：

附加声明：

检测：　　　　　审核：　　　　　批准：　　　　　日期：

岩石(立方体)试验检测报告

附表 16-5
第 页 共 页
BGLQ03002F

检测单位名称(专用章)： 报告编号：

施工/委托单位	
工程名称	
工程部位/用途	
样品信息	
检测依据	判定依据
主要仪器设备名称及编号	

序号	检测项目		技术指标	检测结果	结果判定
1	含水率(%)				
2	密度(g/cm³)				
3	毛体积密度试验	饱和密度(g/cm³)			
		干密度(g/cm³)			
		天然密度(g/cm³)			
		孔隙率(%)			
4	吸水率试验	吸水率(%)			
		饱和吸水率(%)			
		饱水系数			
5	单轴抗压强度试验	天然状态 R(MPa)			
		烘干状态 R_d(MPa)			
		饱和状态 R_W(MPa)			
		冻融后状态 R_Q(MPa)			
		软化系数			
6	抗冻性试验	冻融后质量损失率(%)			
		冻融后吸水率(%)			
		冻融系数			
7	坚固性试验	质量损失率(%)			

检测结论：

附加声明：

检测： 审核： 批准： 日期：

岩石(圆柱体)试验检测报告

附表 16-6
第 页 共 页
BGLQ03001F

检测单位名称(专用章)： 　　　　　报告编号：

施工/委托单位	
工程名称	
工程部位/用途	
样品信息	
检测依据	判定依据
主要仪器设备名称及编号	

序号	检测项目		技术指标	检测结果	结果判定
1	含水率(%)				
2	密度(g/cm^3)				
3	毛体积密度试验	饱和密度(g/cm^3)			
		干密度(g/cm^3)			
		天然密度(g/cm^3)			
		孔隙率(%)			
4	吸水率试验	吸水率(%)			
		饱和吸水率(%)			
		饱水系数			
5	单轴抗压强度试验	天然状态 R(MPa)			
		烘干状态 R_d(MPa)			
		饱和状态 R_w(MPa)			
		冻融后状态 R_Q(MPa)			
		软化系数			
6	抗冻性试验	冻融后质量损失率(%)			
		冻融后吸水率(%)			
		冻融系数			
7	坚固性试验	质量损失率(%)			

检测结论：

附加声明：

检测：　　　　审核：　　　　批准：　　　　日期：

水泥(道路硅酸盐水泥)试验检测报告

附表16-7
第 页 共 页
BGLQ04007F

检测单位名称(专用章):　　　　　　　报告编号:

施工/委托单位	
工程名称	
工程部位/用途	
样品信息	
检测依据	判定依据
主要仪器设备名称及编号	

序号	检测项目		技术指标	检测结果	结果判定
1	密度(g/cm^3)				
2	比表面积(m^2/kg)				
3	标准稠度用水量(%)				
4	凝结时间(min)	初凝			
		终凝			
5	安定性				
6	胶砂流动度(mm)				
7	抗折强度(MPa)	3d			
		28d			
8	抗压强度(MPa)	3d			
		28d			
9	烧失量(%)				
10	三氧化硫含量(%)				
11	氧化镁含量(%)				
12	碱含量(%)				

检测结论:

附加声明:

检测:　　　　审核:　　　　批准:　　　　日期:

水泥(复合硅酸盐水泥)试验检测报告

附表 16-8
第 页 共 页
BGLQ04003F

检测单位名称(专用章)：　　　　　　　　　报告编号

施工/委托单位	
工程名称	
工程部位/用途	
样品信息	
检测依据	判定依据
主要仪器设备名称及编号	

序号	检测项目		技术指标	检测结果	结果判定
1	细度(%)				
2	密度(g/cm^3)				
3	标准稠度用水量(%)				
4	凝结时间(min)	初凝			
		终凝			
5	安全性				
6	胶砂流动度(mm)				
7	抗折强度(MPa)	3d			
		28d			
8	抗压强度(MPa)	3d			
		28d			
9	氯离子含量(%)				
10	三氧化硫含量(%)				
11	氧化镁含量(%)				
12	碱含量(%)				

检测结论：

附加声明：

检测：　　　　　审核：　　　　　批准：　　　　　日期：

水泥(硅酸盐水泥)试验检测报告

附表16-9
第 页 共 页
BGLQ04001F

检测单位名称(专用章)：　　　　　　　　　报告编号

施工/委托单位	
工程名称	
工程部位/用途	
样品信息	
检测依据	判定依据
主要仪器设备名称及编号	

序号	检测项目		技术指标	检测结果	结果判定
1	密度(g/cm^3)				
2	比表面积(m^2/kg)				
3	标准稠度用水量(%)				
4	凝结时间(min)	初凝			
		终凝			
5	安定性				
6	胶砂流动度(mm)				
7	抗折强度(MPa)	3d			
		28d			
8	抗压强度(MPa)	3d			
		28d			
9	烧失量(%)				
10	氯离子含量(%)				
11	三氧化硫含量(%)				
12	氧化镁含量(%)				
13	不溶物质量百分数(%)				
14	碱含量(%)				

检测结论：

附加声明：

检测：　　　审核：　　　批准：　　　日期：

水泥(火山灰质硅酸盐水泥)试验检测报告

附表 16-10

第 页 共 页

BGLQ04005F

检测单位名称(专用章):　　　　　　　　报告编号:

施工/委托单位	
工程名称	
工程部位/用途	
样品信息	
检测依据	判定依据
主要仪器设备名称及编号	

序号	检测项目		技术指标	检测结果	结果判定
1	细度(%)				
2	密度(g/cm^3)				
3	标准稠度用水量(%)				
4	凝结时间(min)	初凝			
		终凝			
5	安定性				
6	胶砂流动度(mm)				
7	抗折强度(MPa)	3d			
		28d			
8	抗压强度(MPa)	3d			
		28d			
9	氯离子含量(%)				
10	三氧化硫含量(%)				
11	氧化镁含量(%)				
12	碱含量(%)				

检测结论:

附加声明:

检测:　　　　审核:　　　　批准:　　　　日期:

水泥(矿渣硅酸盐水泥)试验检测报告

附表 16-11
第 页 共 页
BGLQ04004F

检测单位名称(专用章):　　　　　　报告编号:

施工/委托单位	
工程名称	
工程部位/用途	
样品信息	

检测依据		判定依据	

主要仪器设备名称及编号	

序号	检测项目		技术指标	检测结果	结果判定
1	细度(%)				
2	密度(g/cm³)				
3	标准稠度用水量(%)				
4	凝结时间(min)	初凝			
		终凝			
5	安定性				
6	胶砂流动度(mm)				
7	抗折强度(MPa)	3d			
		28d			
8	抗压强度(MPa)	3d			
		28d			
9	氯离子含量(%)				
10	三氧化硫含量(%)				
11	氧化镁含量(%)				
12	碱含量(%)				

检测结论:

附加声明:

检测:　　　　审核:　　　　批准:　　　　日期:

水泥(普通硅酸盐水泥)试验检测报告

附表16-12

第 页 共 页

BGLQ04002F

检测单位名称(专用章):　　　　　　报告编号:

施工/委托单位	
工程名称	
工程部位/用途	
样品信息	
检测依据	判定依据
主要仪器设备名称及编号	

序号	检测项目		技术指标	检测结果	结果判定
1	密度(g/cm^3)				
2	比表面积(m^2/kg)				
3	标准稠度用水量(%)				
4	凝结时间(min)	初凝			
		终凝			
5	安定性				
6	胶砂流动度(mm)				
7	抗折强度(MPa)	3d			
		28d			
8	抗压强度(MPa)	3d			
		28d			
9	烧失量(%)				
10	氯离子含量(%)				
11	三氧化硫含量(%)				
12	氧化镁含量(%)				
13	碱含量(%)				

检测结论:

附加声明:

检测:　　　　审核:　　　　批准:　　　　日期:

水泥混凝土、砂浆(砂浆)试验检测报告

附表 16-13
第 页 共 页
BGLQ05002F

检测单位名称(专用章): 　　　　　　　报告编号:

施工/委托单位	
工程名称	
工程部位/用途	
样品信息	

检测依据		判定依据	

主要仪器设备名称及编号	

搅拌方式		强度等级		
材料名称	规格	生产厂家/产地	每立方米用量(kg)	单位比
水泥				
细集料				
水				
外加剂				
掺合料				

序号	检测项目		龄期(d)	技术指标	检测结果	结果判定
1	稠度(mm)					
2	分层度(mm)					
3	密度(kg/m³)					
4	保水性(%)					
5	凝结时间(min)					
6	抗压强度(MPa)					
7	抗冻性	质量损失率(%)				
		强度损失率(%)				

检测结论:

附加声明:

检测:　　　　审核:　　　　批准:　　　　日期:

水泥混凝土、砂浆(水泥混凝土)试验检测报告

附表16-14

第 页 共 页

BGLQ05003F

检测单位名称(专用章):　　　　　　　报告编号:

施工/委托单位	
工程名称	
工程部位/用途	
样品信息	
检测依据	判定依据
主要仪器设备名称及编号	
设计强度等级	龄期(d)

序号	检测项目		技术指标	检测结果	结果判定
1	抗压强度(MPa)				
2	轴心抗压强度(MPa)				
3	抗压弹性模量(MPa)				
4	抗弯拉强度(MPa)				
5	抗渗性				
6	劈裂抗拉强度(MPa)				
7	耐磨性				
8	抗弯拉弹性模量(MPa)				
9	抗冻等级及动弹性模量	质量损失率(%)			
		相对动弹性模量(%)			
11	干缩性(%)				
12	电通量(C)				
13	氯离子扩散系数($10^{-2}m^2/s$)				

检测结论:

附加声明:

检测:　　　　审核:　　　　批准:　　　　日期:

水泥混凝土、砂浆(水泥混凝土)试验检测报告

附表 16-15
第　页　共　页
BGLQ05001F

检测单位名称(专用章)：　　　　　　　　　　报告编号：

施工/委托单位	
工程名称	
工程部位/用途	
样品信息	

检测依据		判定依据	

主要仪器设备名称及编号	

搅拌方式				强度等级	
材料名称	规格	生产厂家/产地	每立方米用量(kg)		单位比
水泥					
粗集料					
细集料					
水					
外加剂					
掺合料					

序号	检测项目		龄期(d)	技术指标	检测结果	结果判定
1	稠度试验	坍落度仪法	坍落度测定值(mm)			
			黏聚性			
			保水性			
			棍度			
			含砂情况			
		维勃仪法	维勃时间(s)			
2	扩展度(mm)					
3	扩展度经时损失(mm)					
4	表观密度试验(kg/m³)					
5	混凝土拌合物含气量(%)					
6	凝结时间	初凝(h:min)				
		终凝(h:min)				
7	泌水率(%)					

续上表

序号	检测项目		龄期(d)	技术指标	检测结果	结果判定
8	抗压强度(MPa)					
9	抗压弹性模量(MPa)					
10	抗弯拉强度(MPa)					
11	抗渗性					
12	劈裂抗拉强度(MPa)					
13	耐磨性					
14	抗弯拉弹性模量(MPa)					
15	抗冻等级及动弹性模量	质量损失率(%)				
		相对动弹性模量(%)				
16	干缩性(%)					
17	电通量(C)					
18	氯离子扩散系数($10^{-2} m^2/s$)					

检测结论：

附加声明：

检测：　　　　　　审核：　　　　　　批准：　　　　　　日期：

掺合料(拌制砂浆和混凝土用粉煤灰)试验检测报告　　　　附表16-16

第　页　共　页

BGLQ08010F

检测单位名称(专用章)：　　　　　　　　　　　报告编号：

施工/委托单位	
工程名称	
工程部位/用途	
样品信息	

检测依据		判定依据	

主要仪器设备名称及编号	

序号	检测项目		技术指标	检测结果	结果判定
1	密度(g/cm³)				
2	安定性(mm)	雷氏法			
3	活性指数(%)	28d			
4	细度(%)				
5	需水量比(%)				
6	烧失量(%)				
7	含水量(%)				
8	三氧化硫含量(%)	硫酸钡重量法			
9	游离氧化钙(%)	乙二醇法			
10		甘油酒精法			
11		EDTA滴定法			

检测结论：

附加声明：

检测：　　　　审核：　　　　批准：　　　　日期：

掺合料(粉煤灰)试验检测报告

附表 16-17
第 页 共 页
BGLQ08011F

检测单位名称(专用章):　　　　　　　　报告编号:

施工/委托单位	
工程名称	
工程部位/用途	
样品信息	
检测依据	判定依据
主要仪器设备名称及编号	

序号	检测项目		技术指标	检测结果	结果判定
1	氯离子含量(%)	硫氰酸铵滴定法			
2	安定性(mm)	煮沸法			
3	活性指数(%)	28d			
4	细度(%)				
5	比表面积(m^2/kg)				
6	需水量比(%)				
7	烧失量(%)				
8	含水率(%)				
9	三氧化硫含量(%)	硫酸钡重量法			
10	游离氧化钙(%)	乙二醇法			
11		甘油酒精法			
12		EDTA滴定法			

检测结论:

附加声明:

检测:　　　审核:　　　批准:　　　日期:

无机结合料稳定材料(石灰)试验检测报告

附表 16-18
第 页 共 页
BGLQ09001F

检测单位名称(专用章):　　　　报告编号:

施工/委托单位	
工程名称	
工程部位/用途	
样品信息	
检测依据	判定依据
主要仪器设备名称及编号	

序号	检测项目		技术要求	检测结果	结果判定
1	有效氧化钙加氧化镁含量(%)				
2	未消化残渣含量(%)				
3	含水率(%)				
4	钙镁石灰的分类界限,氧化镁含量(%)				
5	细度	0.60mm 方孔筛的筛余(%)			
		0.15mm 方孔筛的筛余(%)			

检测结论:

附加声明:

检测:　　　审核:　　　批准:　　　日期:

无机结合料稳定材料试验检测报告

附表 16-19

第 页 共 页

BGLQ09003F

检测单位名称(专用章): 　　　　　　　　　报告编号:

施工/委托单位	
工程名称	
工程部位/用途	
样品信息	

检测依据		判定依据	
主要仪器设备名称及编号			

序号	检测项目		技术要求	检测结果	结果判定
1	最大干密度(g/cm^3)				
	最佳含水量(%)				
2	水泥或石灰剂量(%)				
3	延迟时间(h)				
4	无侧限抗压强度	平均值(MPa)			
		最大值(MPa)			
		最小值(MPa)			
		标准差 S(MPa)			
		变异系数 C_v(%)			
		95%保证率值(MPa)			
5	间接抗拉强度	平均值(MPa)			
		最大值(MPa)			
		最小值(MPa)			
		标准差 S(MPa)			
		变异系数 C_v(%)			
		95%保证率值(MPa)			
6	弯拉强度	平均值(MPa)			
		最大值(MPa)			
		最小值(MPa)			
		标准差 S(MPa)			
		变异系数 C_v(%)			
		95%保证率值(MPa)			

续上表

序号	检测项目		技术要求	检测结果	结果判定
7	抗压回弹模量	平均值(MPa)			
		最大值(MPa)			
		最小值(MPa)			
		标准差 S(MPa)			
		变异系数 C_v(%)			

检测结论：

附加声明：

检测：　　　　　审核：　　　　　批准：　　　　　日期：

压浆材料(压浆料)试验检测报告

附表16-20
第 页 共 页
BGLQ13003F

检测单位名称(专用章):　　　　　　　　报告编号:

施工/委托单位	
工程名称	
工程部位/用途	
样品信息	
检测依据	判定依据
主要仪器设备名称及编号	

序号	检测项目		技术指标	检测结果	结果判定
1	凝结时间（h）	初凝			
2		终凝			
3	流动度（s）	初始流动度			
4		30min 流动度			
5		60min 流动度			
6	泌水率（%）	24h 自由泌水率			
7		3h 钢丝间泌水率			
8	压力泌水率（%）	0.22MPa			
9		0.36MPa			
10	自由膨胀率（%）	3h			
11		24h			
12	充盈度				
13	抗折强度（MPa）	3d			
14		7d			
15		28d			
16	抗压强度（MPa）	3d			
17		7d			
18		28d			
19	比表面积(m^2/kg)				
20	三氧化硫含量(%)				
21	氯离子含量(%)				

检测结论：

附加声明：

检测：　　　　审核：　　　　批准：　　　　日期：

压浆材料(压浆剂)试验检测报告

附表 16-21
第 页 共 页
BGLQ13004F

检测单位名称(专用章):　　　　　　　　　报告编号:

施工/委托单位	
工程名称	
工程部位/用途	
样品信息	
检测依据	判定依据
主要仪器设备名称及编号	

序号	检测项目		技术指标	检测结果	结果判定
1	凝结时间（h）	初凝			
2		终凝			
3	流动度（s）	初始流动度			
4		30min 流动度			
5		60min 流动度			
6	泌水率（%）	24h 自由泌水率			
7		3h 钢丝间泌水率			
8	压力泌水率（%）	0.22MPa			
9		0.36MPa			
10	自由膨胀率（%）	3h			
11		24h			
12	充盈度				
13	抗折强度（MPa）	3d			
14		7d			
15		28d			
16	抗压强度（MPa）	3d			
17		7d			
18		28d			
19	比表面积(m^2/kg)				
20	三氧化硫含量(%)				
21	氯离子含量(%)				

检测结论:

附加声明:

检测:　　　　审核:　　　　批准:　　　　日期:

钢材与连接接头(钢筋焊接接头)试验检测报告

附表 16-22
第 页 共 页
BGLQ15004F

检测单位名称(专用章):　　　　　　报告编号:

施工/委托单位	
工程名称	
工程部位/用途	
样品信息	
检测依据	判定依据
主要仪器设备名称及编号	

接头种类			
母材钢筋种类、牌号			
母材公称直径(mm)			
断口部位(mm)			
检测项目	技术指标	检测结果	结果判定
抗拉强度(MPa)			
弯曲试验			

检测结论:

附加声明:

检测:　　　　审核:　　　　批准:　　　　日期:

钢材与连接接头(钢筋机械连接接头)试验检测报告

附表 16-23
第 页 共 页
BGLQ15005F

检测单位名称(专用章):　　　　　　　　　报告编号:

施工/委托单位	
工程名称	
工程部位/用途	
样品信息	

检测依据		判定依据	

主要仪器设备名称及编号	

接头种类		接头等级	
母材钢筋种类、牌号			
母材公称直径(mm)			
断口部位(mm)			

检测项目	技术指标	检测结果	结果判定
抗拉强度 (MPa)			
单向残余变形 (mm)			

检测结论:

附加声明:

检测:　　　　审核:　　　　批准:　　　　日期:

钢材与连接接头(热轧带肋钢筋)试验检测报告

附表 16-24

第　页　共　页

BGLQ15002F

检测单位名称(专用章)：　　　　　　　　报告编号：

施工/委托单位	
工程名称	
工程部位/用途	
样品信息	
检测依据	判定依据
主要仪器设备名称及编号	

	公称直径(mm)			
序号	检测项目	技术要求	检测结果	结果判定
1	直径尺寸偏差（mm）			
2	重量偏差(%)			
3	屈服强度（MPa）			
4	抗拉强度（MPa）			
5	断后伸长率（%）			
6	最大力总伸长率（%）			
7	弯曲			
8	反向弯曲			

检测结论：

附加声明：

检测：　　　　审核：　　　　批准：　　　　日期：

钢材与连接接头（热轧光圆钢筋）试验检测报告

附表 16-25
第 页 共 页
BGLQ15001F

检测单位名称(专用章)：　　　　　　报告编号：

施工/委托单位	
工程名称	
工程部位/用途	
样品信息	
检测依据	判定依据
主要仪器设备名称及编号	

公称直径(mm)			
序号	检测项目	技术指标	检测结果	结果判定
1	尺寸偏差（mm）			
2	重量偏差(%)			
3	屈服强度（MPa）			
4	抗拉强度（MPa）			
5	断后伸长率（%）			
6	最大力总伸长率（%）			
7	弯曲			

检测结论：

附加声明：

检测：　　　审核：　　　批准：　　　日期：

预应力用钢材及锚具、夹具、连接器(夹片)试验检测报告

附表 16-26

第 页 共 页

BGLQ16003F

检测单位名称(专用章)： 　　　　　　报告编号：

施工/委托单位	
工程名称	
工程部位/用途	
样品信息	
检测依据	判定依据
主要仪器设备名称及编号	

试验项目			技术指标					
序号	试验结果	结果判定	序号	试验结果	结果判定	序号	试验结果	结果判定

检测结论：

附加声明：

检测：　　　　　　审核：　　　　　　批准：　　　　　　日期：

预应力用钢材及锚具、夹具、连接器(锚具)试验检测报告

附表 16-27
第 页 共 页
BGLQ16002F

检测单位名称(专用章):　　　　　　　　　报告编号:

施工/委托单位	
工程名称	
工程部位/用途	
样品信息	
检测依据	判定依据
主要仪器设备名称及编号	

序号	试验项目		技术指标	试验结果	结果判定
1	静载锚固	锚具效率系数			
		总应变（%）			
2	周期荷载性能				
3	疲劳荷载性能				
4	硬度				

试验方法				技术指标			
序号	试验结果	结果判定	序号	试验结果	结果判定	序号	试验结果	结果判定

检测结论:

附加声明:

检测:　　　　　审核:　　　　　批准:　　　　　日期:

沥青(道路石油沥青)试验检测报告

附表 16-28
第　页　共　页
BGLQ10003F

检测单位名称(专用章):　　　　　　　　报告编号:

施工/委托单位	
工程名称	
工程部位/用途	
样品信息	
检测依据	判定依据
主要仪器设备名称及编号	

序号	检测项目		技术指标	检测结果	结果判定
1					
2	针入度(25℃,5s,100g)(0.1mm)				
3	针入度指数				
4	10℃延度(cm)				
5	15℃延度(cm)				
6	软化点(℃)				
7	溶解度(%)				
8	TFOT(或RTFOT)后	质量变化(%)			
9		残留针入度比(25℃)(%)			
10		残留延度(10℃)(cm)			
11		残留延度(15℃)(cm)			
12	闪点(℃)				
13	燃点(℃)				
14	蜡含量(%)				
15	与粗集料的黏附性(级)				
16	60℃动力黏度(Pa·s)				
17	运动黏度(Pa·s)				
18	沥青化学组分	沥青质含量(%)			
19		饱和分含量(%)			
20		芳香分含量(%)			
21		胶质含量(%)			
22		各组分实际回收率(%)			

续上表

序号	检测项目		技术指标	检测结果	结果判定
23	弯曲蠕变劲度	蠕变劲度(MPa)			
24		m 值			
25	流变性质	复合模量(kPa)			
26		相位角(°)			
27	断裂性能	破坏应力(MPa)			
28		破坏应力标准差(MPa)			
29		破坏应变(mm/mm)			
30		破坏应变标准差(mm/mm)			
31	压力老化	老化温度(℃)			
32		老化时间(min)			
33	抗剥落剂性能	与粗集料的黏附等级(级)			
34		老化后残留稳定度比(%)			
35		冻融劈裂强度比(%)			

检测结论：

附加声明：

检测：　　　　　审核：　　　　　批准：　　　　　日期：

沥青(改性乳化沥青)试验检测报告

附表16-29
第 页 共 页
BGLQ10004F

检测单位名称(专用章)：　　　　　　　　报告编号：

施工/委托单位	
工程名称	
工程部位/用途	
样品信息	
检测依据	判定依据
主要仪器设备名称及编号	

序号	检测项目		技术指标	检测结果	结果判定
1	标准黏度 $C_{25,3}$(s)				
2	恩格拉黏度 E_{25}				
3	蒸发残留物	含量(%)			
4		针入度(100g,25℃,5s)(0.1mm)			
5		软化点(℃)			
6		延度(5℃)(cm)			
7		溶解度(%)			
8	筛上剩余量(1.18mm)(%)				
9	粒子电荷				
10	与矿料的黏附性,裹覆面积				
11	储存稳定性	1d			
12		5d			
13	破乳速度	破乳速度			
14		代号			
15	与矿料拌和试验				

检测结论：

附加声明：

检测：　　　　　审核：　　　　　批准：　　　　　日期：

沥青(聚合物改性沥青)试验检测报告　　　　　附表16-30

第　页　共　页

BGLQ10001F

检测单位名称(专用章)：　　　　　　　　报告编号：

施工/委托单位	
工程名称	
工程部位/用途	
样品信息	
检测依据	判定依据
主要仪器设备名称及编号	

序号	检测项目		技术指标	检测结果	结果判定
1	针入度25℃,100g,5s(0.1mm)				
2	针入度指数PI				
3	延度5℃,5cm/min(cm)				
4	软化点(℃)				
5	运动黏度135℃(Pa·s)	毛细管法			
6		布洛克菲尔德黏度计法			
7	闪点(℃)				
8	溶解度(%)				
9	弹性回复25℃(%)				
10	黏韧性(N·m)	质量比例法求曲线面积			
11		求积仪或记录表格子数求曲面面积			
12	韧性(N·m)	质量比例法求曲面面积			
13		求积仪或记录表格子数求曲面面积			
14	储存稳定性	软化点差(℃)			
15		离析程度			
16	密度(g/cm³)				
17	与粗集料黏附性(级)				
18	动力黏度(Pa·s)				
19	布氏旋转黏度	拌和施工温度(℃)			
20		碾压施工温度(℃)			
21	弯曲蠕变劲度	蠕变劲度(MPa)			
22		m 值			

续上表

序号	检测项目		技术指标	检测结果	结果判定
23	流变性质	复合模量(kPa)			
24		相位角(°)			
25	断裂性能	破坏应力(MPa)			
26		破坏应力标准差(MPa)			
27		破坏应变(mm/mm)			
28		破坏应变标准差(mm/mm)			
29	压力老化	老化温度(℃)			
30		老化时间(min)			
31	抗剥落剂性能	与粗集料黏附性(级)			
32		老化后残留稳定度比(%)			
33		老化后冻融劈裂强度比(%)			
34	TFOT或(RTFOT)后残留物	质量变化(%)			
35		针入度比25℃(%)			
36		延度5℃(cm)			

检测结论：

附加声明：

检测：　　　　　审核：　　　　　批准：　　　　　日期：

沥青(乳化沥青)试验检测报告

附表 16-31
BGLQ10002F

第 页 共 页

检测单位名称(专用章)：　　　　　　报告编号：

施工/委托单位	
工程名称	
工程部位/用途	
样品信息	
检测依据	判定依据
主要仪器设备名称及编号	

序号	检测项目		技术指标	检测结果	结果判定
1	标准黏度 $C_{25,3}$(s)				
2	恩格拉黏度 E_{25}				
3	蒸发残留物	残留分含量(%)			
4		溶解度(%)			
5		针入度(25℃)(0.1mm)			
6		延度(15℃)(cm)			
7	筛上残留物(%)				
8	微粒离子电荷				
9	与粗集料的黏附性				
10	储存稳定性(%)	1d			
11		5d			
12	与水泥拌和试验的筛上剩余(%)				
13	破乳速度	破乳速度			
14		代号			
15	与矿料拌和试验				

检测结论：

附加声明：

检测：　　　　审核：　　　　批准：　　　　日期：

沥青混合料试验检测报告

附表 16-32

第 页 共 页

BGLQ11001F

检测单位名称(专用章):　　　　　　　　报告编号:

施工/委托单位	
工程名称	
工程部位/用途	
样品信息	
检测依据	判定依据
主要仪器设备名称及编号	

序号	检测项目		技术指标	检测结果	结果判定
1	毛体积相对密度				
2	空隙率(%)				
3	矿料间隙率(%)				
4	饱和度(%)				
5	马歇尔试验	马歇尔稳定度(kN)			
6		流值(mm)			
7		马歇尔模数(kN/mm)			
8	浸水马歇尔试验	浸水残留稳定度(%)			
9	理论最大相对密度				
10	动稳定度(次/mm)				
11	沥青含量(%)				
12	渗水系数(mL/min)				
13	弯曲试验	抗弯拉强度(MPa)			
14		最大弯拉应变(με)			
15		弯曲劲度模量(MPa)			
16	劈裂抗拉强度	劈裂抗拉强度(MPa)			
17		破坏拉伸应变			
18		破坏劲度模量(MPa)			
19	冻融劈裂抗拉强度比(%)				
20	谢伦堡沥青析漏损失(%)				
21	肯塔堡飞散损失(%)				

续上表

序号	检测项目		技术指标	检测结果	结果判定
22	矿料级配	筛孔尺寸(mm)			
23		通过百分率(%)			
24		标准级配范围——上限(%)			
25		标准级配范围——下限(%)			
26	饱水率(%)				
27	压实沥青混合料密度(g/cm³)				
28	单轴压缩试验	设计用的抗压回弹模量(MPa)			
29		抗压回弹模量平均值(MPa)			
30		标准差(MPa)			

检测结论：

附加声明：

检测：　　　　审核：　　　　批准：　　　　日期：

××试验检测报告　　　　　　　　　　附表16-33

第　页　共　页

BGLXXX00XF

试验室名称(专用章)：　　　　　　　　　报告编号：

施工单位			工程名称	
工程部位/用途				
样品信息	样品名称： 样品数量： 取样日期：		样品编号： 样品状态：	
试验检测日期			试验条件	
检测依据			判定依据	
主要仪器设备 名称及编号				
生产厂家			生产批号	
代表数量			取样地点	
序号	检测参数	技术要求	检测结果	结果判定

检测结论：

附加声明：报告无试验室公章无效；报告签名不全无效；报告改动、换页无效

检测：　　　　审核：　　　　批准：　　　　　　　日期：　年　月　日

土粒比重试验检测记录表

附表 16-34
第 页 共 页
JGLQ01003

检测单位名称：　　　　　　　　　　　　　　　记录编号：

工程名称	
工程部位/用途	
样品信息	

检测日期		试验环境	
检测依据		判定依据	
主要仪器设备名称及编号			

比重瓶号	温度(℃)	液体密度	比重瓶质量（g）	瓶、干土总质量（g）	干土质量（g）	瓶、液总质量（g）	瓶、液、土总质量（g）	与干土同体积的液体质量（g）	比重	平均值

附加声明：

检测：　　　　　记录：　　　　　复核：　　　　　日期：

粗粒土和巨粒土最大干密度试验检测记录表(表面振动压实仪法)   附表16-35

第 页 共 页

JGLQ01009a

检测单位名称：　　　　　　　　　　　　　记录编号：

工程名称			
工程部位/用途			
样品信息			
检测日期		试验环境	
检测依据		判定依据	
主要仪器设备名称及编号			
试验方法			
平行测定次数			
试样+试筒质量(g)			
试筒质量(g)			
试样质量 M_d(g)			
振毕湿试样含水率 ω(%)			
试筒容积 V_c(cm³)			
试筒横断面积 A_c(cm²)			
百分表初读数 R_i(mm)			
百分表终读数 R_f(mm)			
加重底板厚度 T_p(mm)			
试样表面至试筒顶面距离(mm)			
试样体积 V(cm³)			
试样干密度 (g/cm³)	干土法 $\dfrac{M}{V}$		
	湿土法 $M/V(1+0.01\omega)$		
最大干密度(即平均值) ρ_{dmax}(g/cm³)	干土法		
	湿土法		
任意两个试验值的偏差范围(以平均值百分数表示,%)	干土法		
	湿土法		
标准差 S(g/cm³)	干土法		
	湿土法		

附加声明：

检测：　　　　　　记录：　　　　　　复核：　　　　　　日期：

粗粒土和巨粒土最大干密度试验检测记录表（振动台法）

附表 16-36

第 页 共 页

JCLQ01009b

检测单位名称：　　　　　　　　　　　　　　记录编号：

工程名称			
工程部位/用途			
样品信息			
检测日期		试验环境	
检测依据		判定依据	
主要仪器设备名称及编号			

试验方法			
平行测定次数		1	2
试样 + 试筒质量(kg)			
试筒质量(kg)			
试样质量(kg)	干土法 M_d		
	湿土法 M_m		
试筒容积 V_c (cm²)			
试筒横截面积 A_c (cm²)			
加重底板厚度 T_p (mm)			
振毕湿试样含水率 ω (%)			
百分表初读数 R_i (mm)			
百分数终读 R_f (mm)			
试样表面至试筒顶面距离 $\Delta H = ABS(R_i - R_f) + T_p$ (mm)			
试样体积 $V = [V_c - A_c(\Delta H/10)] \times 10^{-6}$ (mm³)			
试验干密度 (kg/m³)	干土法 M_d/V		
	湿土法 $M_m/V(1+0.01\omega)$		
最大干密度 ρ_{dmax} (kg/m³)	干土法		
	湿土法		
任意两个试验值的偏差范围（以平均值百分数表示,%）	干土法		
	湿土法		
标准差 S (kg/m²)	干土法		
	湿土法		

附加声明：

检测：　　　　　记录：　　　　　复核：　　　　　日期：

土的加州承载比(CBR)试验检测记录表

附表 16-37

第 页 共 页

JGLQ01008

检测单位名称：　　　　　　　　　　　　　　记录编号：

工程名称	
工程部位/用途	
样品信息	
检测日期		试验环境	
检测依据		判定依据	
主要仪器设备名称及编号	

	每层击数								
	筒号								
膨胀量	泡水前试件高度（mm）								
	泡水后试件高度（mm）								
	膨胀量(%)								
	膨胀量平均值(%)								
密度	筒质量(g)								
	筒+试件质量(g)								
	筒容积(cm^3)								
	湿密度(g/cm^3)								
	含水率(%)								
	干密度(g/cm^3)								
	干密度平均值(g/cm^3)								
吸水量	泡水后筒+试件质量(g)								
	吸水量(g)								
	吸水量平均值(g)								
贯入量为2.5mm时的承载比(%)									
变异系数(%)									
贯入量为2.5mm时的承载比均值(%)									
贯入量为5.0mm时的承载比(%)									
变异系数(%)									
贯入量为5.0mm时的承载比均值(%)									

续上表

每层击数												
筒号												
试验编号	量环读数 R(0.01mm)	单位压力 p(kPa)	贯入量百分表读数(0.01mm)			贯入量(mm)	量环读数 R(0.01mm)	单位压力 p(kPa)	贯入量百分表读数(0.01mm)			贯入量(mm)
			左表	右表	平均值				左表	右表	平均值	
附加声明：												

检测：　　　　记录：　　　　复核：　　　　日期：

附录16 公路工程试验用表

土含水率试验检测记录表(烘干法)

附表 16-38
第 页 共 页
JCLQ01001a

检测单位名称： 记录编号：

工程名称	
工程部位/用途	
样品信息	

检测日期		试验环境	
检测依据		判定依据	

主要仪器设备名称及编号	

样品序号	盒号	盒质量(g)	盒+湿土质量(g)	盒+干土质量(g)	水分质量(g)	干土质量(g)	含水率(%)	平均含水率(%)

附加声明：

检测： 记录： 复核： 日期：

土含水率试验检测记录表（酒精燃烧法） 附表16-39

第 页 共 页

JCLQ01001b

检测单位名称： 记录编号：

工程名称	
工程部位/用途	
样品信息	

检测日期		试验环境	
检测依据		判定依据	
主要仪器设备名称及编号			

样品序号	盒号	盒质量（g）	盒+湿土质量（g）	盒+干土质量（g）	水分质量（g）	干土质量（g）	含水率（%）	平均含水率（%）

附加声明：

检测： 记录： 复核： 日期：

土击试验检测记录表

附表 16-40
第 页 共 页
JGLQ01007

检测单位名称： 　　　　　　　　　　　记录编号：

工程名称	
工程部位/用途	
样品信息	
检测日期		试验环境	
检测依据		判定依据	
主要仪器设备名称及编号	

粒径>40mm 颗粒含量(%)		粒径>40mm 颗粒毛体积密度	
粒径>40mm 颗粒吸水率(%)		试验方法	

筒容积(cm^3)		击锤质量(kg)		每层击数		落距(mm)	

	试验次数	1	2	3	4	5
干密度	筒加湿土质量(g)					
	筒质量(g)					
	湿土质量(g)					
	湿密度(g/cm^3)					
	干密度(g/cm^3)					
含水率	盒号					
	盒+湿土质量(g)					
	盒+干土质量(g)					
	盒质量(g)					
	水质量(g)					
	干土质量(g)					
	含水率(%)					
	平均含水率(%)					

最大干密度(g/cm^3)		最佳含水率(%)	

附加声明：

检测：　　　　记录：　　　　复核：　　　　日期：

土界限含水率试验检测记录表(液限和塑限联合测定法)

附表 16-41
第 页 共 页
JCLQ01005a

检测单位名称：　　　　　　　　　　　　记录编号：

工程名称	
工程部位/用途	
样品信息	
检测日期	试验环境
检测依据	判定依据
主要仪器设备名称及编号	

土样类型				锥质量(g)		
试验项目		1		2		3
入土深度(mm)	h_1					
	h_2					
	$(h_1+h_2)/2$					
含水率	盒号					
	盒质量(g)					
	盒+湿土质量(g)					
	盒+干土质量(g)					
	水分质量(g)					
	干土质量(g)					
	含水率(%)					
	平均含水率(%)					
液限 W_L(%)						
塑限 W_P(%)						
塑性指数 I_P						

附加声明：

检测：　　　　　记录：　　　　　复核：　　　　　日期：

土颗粒组成试验检测记录表(密度计法)

附表16-42
第 页 共 页
JGLQ01004b

检测单位名称： 　　　　　　　　　　　　　　记录编号：

工程名称	
工程部位/用途	
样品信息	
检测日期	试验环境
检测依据	判定依据
主要仪器设备名称及编号	

烘干土质量(g)	土粒比重	土粒比重校正值	密度计类型

下沉时间 t(min)	悬液温度 t(℃)	温度 t ℃时水的密度	水的动力黏滞系数 η(10^{-6} kPa·s)	密度计读数 R_m	温度校正值 m_t	分散剂校正值 C_D	刻度及弯月面校正 n	$R = R_m + m_t + n - C_D$	$R_H = RC_G$	土粒沉降落距 L(cm)	粒径 d(mm)	小于某粒径的土质量百分数 X(%)

附加声明：

检测： 　　　　记录： 　　　　复核： 　　　　日期：

土颗粒组成试验检测记录表（筛分法）

附表 16-43
JGLQ01004a

第 页 共 页

检测单位名称：　　　　　　　　　　　　　记录编号：

工程名称	
工程部位/用途	
样品信息	

检测日期		试验环境	
检测依据		判定依据	
主要仪器设备名称及编号			

筛前总土质量(g)	<2mm 土质量(g)	<2mm 土占总土质量比(%)	<2mm 取样质量(g)

粗筛分析				细筛分析			
孔径 (mm)	累计筛余土质量 (g)	小于该孔径的土质量 (g)	小于该孔径的土质量百分比 (%)	孔径 (mm)	累计筛余土质量 (g)	小于该孔径的土质量 (g)	小于该孔径的土质量百分比 (%)	占总土质量百分比 (%)
				底		—	—

d_{10}(mm)	d_{30}(mm)	d_{60}(mm)	土的不均匀系数 C_u	土的曲率系数 C_c

土的分类和代号	

附加声明：

检测：　　　　　记录：　　　　　复核：　　　　　日期：

土密度试验检测记录表(灌砂法)

附表16-44
JGLQ01002d

第　页　共　页

检测单位名称：　　　　　　　　　　　　记录编号：

工程名称	
工程部位/用途	
样品信息	
检测日期		试验环境	
检测依据		判定依据	
主要仪器设备名称及编号	

取样桩号				
取样位置				
量砂的密度(g/cm^3)				
灌砂入试洞前筒内的质量(g)				
灌砂入试洞后,筒内剩余砂的质量(g)				
灌砂筒下部圆锥体内及基板和粗糙表面间砂的总质量(g)				
填满试洞所需砂的质量(g)				
试洞中取出的全部湿土样质量(g)				
土的湿密度(g/cm^3)				
土的含水率(%)				
土的干密度(g/cm^3)				

含水率的测定	盒号						
	盒+湿土质量(g)						
	盒+干土质量(g)						
	盒质量(g)						
	水质量(g)						
	干土质量(g)						
	含水率(%)						
	平均含水率(%)						

土的干密度平均值(g/cm^3)	
附加声明：	

检测：　　　　　　记录：　　　　　　复核：　　　　　　日期：

土密度试验检测记录表（灌水法）

附表 16-45
JGLQ01002c

第　页　共　页

检测单位名称：　　　　　　　　　　　　　记录编号：

工程名称	
工程部位/用途	
样品信息	
检测日期	
试验环境	
检测依据	
判定依据	
主要仪器设备名称及编号	

测点		1	2
座板部分注水前储水筒水位高度(cm)	h_1		
座板部分注水后储水筒水位高度(cm)	h_2		
储水筒断面积(cm²)	A_w		
座板部分的容积(cm³)	V_1		
试坑注水前储水筒水位高度(cm)	H_1		
试坑注水后储水筒水位高度(cm)	H_2		
试坑容积(cm³)	V_p		
取自试坑内的试样质量(g)	m_p		
试样湿密度(g/cm³)	$\rho = m_p/V_p$		
细粒土部分含水率(%)	ω_f		
石料部分含水率(%)	ω_c		
细粒料干质量与全部干质量之比	P_f		
整体含水率(%)	$\omega = \omega_f P_f + \omega_c (1 - P_f)$		
试样干密度(g/cm³)	$\rho_d = \rho/(1+\omega)$		
试样干密度平均值(g/cm³)			

附加声明：

检测：　　　　　记录：　　　　　复核：　　　　　日期：

土密度试验检测记录表(环刀法)

附表 16-46
第 页 共 页
JGLQ01002a

检测单位名称： 记录编号：

工程名称	
工程部位/用途	
样品信息	

检测日期		试验环境	
检测依据		判定依据	

主要仪器设备名称及编号	

测点桩号			
环刀号			
环刀容积(cm³)			
环刀质量(g)			
土+环刀质量(g)			
湿密度(g/cm³)			
含水率测定	盒号				
	盒质量(g)				
	盒+湿土质量(g)				
	盒+干土质量(g)				
	含水率(%)				
	平均含水率(%)			
干密度(g/cm³)			
平均干密度(g/cm³)			
实测灰剂量(%)			
取用最大干密度(g/cm³)			
压实度(%)			

极值要求(%)		最大干密度(g/cm³)		最佳含水率(%)	
设计灰剂量(%)		压实度标准(%)			

附加声明：

检测： 记录： 复核： 日期：

土密度试验检测记录表(蜡封法)

附表 16-47
第 页 共 页
JGLQ01002b

检测单位名称：　　　　　　　　　　　　　　　　记录编号：

工程名称	
工程部位/用途	
样品信息	
检测日期		试验环境	
检测依据		判定依据	
主要仪器设备名称及编号	

土样编号	试体质量(g)	蜡封试件质量(g)	蜡封试件水中质量(g)	温度(℃)	水的密度(g/cm³)	蜡封试件体积(cm³)	蜡体积(cm³)	试体体积(cm³)	湿密度(g/cm³)	平均湿密度(g/cm³)	石蜡密度(g/cm³)	平均含水率(%)	平均干密度(g/cm³)

附加声明：

检测：　　　　　记录：　　　　　复核：　　　　　日期：

土砂的相对密度试验检测记录表

附表16-48
第 页 共 页
JGLQ01018

检测单位名称： 记录编号：

工程名称	
工程部位/用途	
样品信息	

检测日期		试验环境	
检测依据		判定依据	
主要仪器设备名称及编号			

试验项目	最大孔隙比		最小孔隙比	
试样方法				
试样+容器质量(g)				
容器质量(g)				
试样质量(g)				
试样体积(cm^3)				
干密度(g/cm^3)				
平均干密度(g/cm^3)				
比重 G_s				
孔隙比 e				
天然干密度(g/cm^3)				
天然孔隙比 e_0				
相对密实度 D_r				

附加声明：

检测： 记录： 复核： 日期：

土烧失量试验检测记录表

附表 16-49
第 页 共 页
JGLQ01014

检测单位名称：　　　　　　　　　　　　　　记录编号：

工程名称	
工程部位/用途	
样品信息	
检测日期		试验环境	
检测依据		判定依据	
主要仪器设备名称及编号	

试验次数	灼烧温度（℃）	土样质量（g）	灼烧残渣+坩埚质量(g)	空坩埚质量（g）	烧失量（%）	平均烧失量（%）

附加声明：

检测：　　　　　记录：　　　　　复核：　　　　　日期：

土天然稠度试验检测记录表

附表16-50
第 页 共 页
JGLQ01006

检测单位名称： 记录编号：

工程名称	
工程部位/用途	
样品信息	
检测日期		试验环境	
检测依据		判定依据	
主要仪器设备名称及编号	

含水率							
试样编号	盒号	盒质量（g）	盒+湿土质量（g）	盒+干土质量（g）	水分质量（g）	干土质量（g）	含水率（%）	平均含水率（%）

液限 W_L(%)	
塑性指数 I_p	
含水率(%)	
天然稠度 ω_c	

附加声明：

检测： 记录： 复核： 日期：

土自由膨胀率试验检测记录表

附表 16-51
第 页 共 页
JGLQ01013

检测单位名称： 记录编号：

工程名称	
工程部位/用途	
样品信息	

检测日期		试验环境	
检测依据		判定依据	
主要仪器设备名称及编号			

土样编号	杯中干土质量（g）	量筒编号	不同时间(h)体积读数(mL)						自由膨胀率(%)	
									δ_{ef}	平均值

附加声明：

检测： 记录： 复核： 日期：

矿粉塑性指数试验检测记录表

附表16-52
第 页 共 页
JGLQ02030

检测单位名称： 记录编号：

工程名称	
工程部位/用途	
样品信息	

检测日期		试验环境	
检测依据		判定依据	

主要仪器设备名称及编号	

土的类型			试验次数			
试验项目						
入土深度(mm)	h_1					
	h_2					
	$(h_1+h_2)/2$					
含水率	盒号					
	盒+湿矿粉质量(g)					
	盒+干矿粉质量(g)					
	盒质量(g)					
	水分质量(g)					
	矿粉质量(g)					
	含水率(%)					
	平均含水率(%)					

液限 $W_L=$(%)		塑限 $W_P=$(%)		塑性指数 $I_P=$	

附加声明：

检测： 记录： 复核： 日期：

细集料颗粒级配试验检测记录表（干筛法）

附表 16-53
JGLQ02013a

第 页 共 页

检测单位名称：　　　　　　　　　　　　　　记录编号：

工程名称	
工程部位/用途	
样品信息	

检测日期		试验环境	
检测依据		判定依据	

主要仪器设备名称及编号	

干燥试样总质量(g)	第1组	第2组	平均	允许范围(%)

筛孔尺寸(mm)	筛上重(g)	分计筛余(%)	累计筛余(%)	通过百分率(%)	筛上重(g)	分计筛余(%)	累计筛余(%)	通过百分率(%)	累计筛余(%)	上限	下限

干筛后总量(g)	
损耗(g)	
损耗率(%)	

细度模数第一次		细度模数第二次		细度模数两次差值		细度模数定值	

附加声明：

检测：　　　　　记录：　　　　　复核：　　　　　日期：

细集料颗粒级配试验检测记录表(水洗法)

附表 16-54
第 页 共 页
JGLQ02013b

检测单位名称：　　　　　　　　　　　　　　　记录编号：

工程名称	
工程部位/用途	
样品信息	
检测日期		试验环境	
检测依据		判定依据	
主要仪器设备名称及编号	

	第1组	第2组	平均	允许偏差(%)
干燥试样总质量(g)				
水洗后筛上总质量(g)				
水洗后0.075mm筛下质量(g)				
0.075mm通过率(%)				

	筛孔尺寸(mm)	筛上质量(g)	分级筛余(%)	累计筛余(%)	通过百分率(%)	筛上质量(g)	分级筛余(%)	累计筛余(%)	通过百分率(%)	通过百分率(%)	上限	下限
水洗后干筛法筛分												
	干筛后总质量(g)											
	损耗(g)											
	损耗率(%)											
	扣除损耗后总质量(g)											

细度模数第一次		细度模数第二次		细度模数两次差值		细度模数测定值	

附加声明：

检测：　　　　　　　记录：　　　　　　　复核：　　　　　　　日期：

粗集料堆积密度及空隙率试验检测记录表

附表16-55
JGLQ02040

第 页 共 页

检测单位名称： 记录编号：

工程名称	
工程部位/用途	
样品信息	

检测日期		试验环境	
检测依据		判定依据	
主要仪器设备名称及编号			

粗集料表观密度(t/m³)		
粗集料毛体积密度(t/m³)		
试验次数	1	2
容量筒的容积(L)		
容量筒的质量(kg)		
自然堆积试样与容量筒的质量(kg)		
试样的自然堆积密度测值(t/m³)		
试样的自然堆积密度测定值(t/m³)		
振实试样与容量筒的质量(kg)		
试样的振实密度测值(t/m³)		
试样的振实密度测定值(t/m³)		
捣实试样与容量筒的质量(kg)		
试样的捣实密度测值(t/m³)		
试样的捣实密度测定值(t/m³)		
粗集料空隙率(%)		
捣实粗集料骨架间隙率(%)		

附加声明：

检测： 记录： 复核： 日期：

粗集料含泥量试验检测记录表

附表 16-56
第 页 共 页
JGLQ02005

检测单位名称：　　　　　　　　　　　　　　记录编号：

工程名称	
工程部位/用途	
样品信息	

检测日期		试验环境	
检测依据		判定依据	

主要仪器设备名称及编号	

试验次数	试验前烘干试样质量(g)	试验后烘干试样质量(g)	含泥量(%)	含泥量测定值(%)
1				
2				

附加声明：

检测：　　　　　记录：　　　　　复核：　　　　　日期：

粗集料含水率试验检测记录表（烘干法）

附表16-57
第 页 共 页
JGLQ02004a

检测单位名称：　　　　　　　　　　　　　　记录编号：

工程名称	
工程部位/用途	
样品信息	

检测日期		试验环境	
检测依据		判定依据	

主要仪器设备名称及编号	

试验次数	烘干前试样与浅盘总质量（g）	烘干后试样与浅盘总质量（g）	浅盘的质量（g）	集料的含水率（％）	平均值（％）
1					
2					

附加声明：

检测：　　　　　记录：　　　　　复核：　　　　　日期：

粗集料含水率试验检测记录表（酒精燃烧法）

附表 16-58
第 页 共 页
JGLQ02004b

检测单位名称：　　　　　　　　　　　　　　　　记录编号：

工程名称	
工程部位/用途	
样品信息	

检测日期		试验环境	
检测依据		判定依据	

主要仪器设备名称及编号	

试验次数	烧干前试样与容器总质量（g）	烧干后试样与容器总质量（g）	容器的质量（g）	集料含水率（%）	平均值（%）
1					
2					

附加声明：

检测：　　　　　　记录：　　　　　　复核：　　　　　　日期：

粗集料坚固性试验检测记录表

附表 16-59
第 页 共 页
JGLQ02008

检测单位名称：　　　　　　　　　　　　　　　记录编号：

工程名称	
工程部位/用途	
样品信息	

检测日期		试验环境	
检测依据		判定依据	

主要仪器设备名称及编号	

公称粒级（mm）	试样中各粒级的分计质量（g）	试验前烘干试样质量（g）	5次循环试验后筛余颗粒的烘干质量（g）	分计质量损失百分率（％）	总质量损失百分率（％）
2.36~4.75					
4.75~9.5					
9.5~19.0					
19.0~37.5					
37.5~63.0					
63.0~75.0					
试验前粒径大于19mm的颗粒数(颗)					
试验后粒径大于19mm的颗粒数(颗)					
试验后粒径大于19mm试样颗粒的裂缝、剥落、掉边、掉角情况及其所占的颗粒数量					

附加声明：

检测：　　　　记录：　　　　复核：　　　　日期：

粗集料颗粒级配试验检测记录表(干筛法)

附表 16-60
第 页 共 页
JGLQ02001a

检测单位名称：　　　　　　　　　　　　　　　记录编号：

工程名称	
工程部位/用途	
样品信息	
检测日期	试验环境
检测依据	判定依据
主要仪器设备名称及编号	

第一组筛前总质量(g)		第二组筛前总质量(g)	

筛孔尺寸 (mm)	各筛分级筛余质量(g)		分级筛余百分率(%)		累计筛余百分率(%)			通过百分率(%)	技术要求(%)	
	第一组	第二组	第一组	第二组	第一组	第二组	平均值	平均	上限	下限

筛后质量损失	第一组	筛分后总质量(g)		损耗		损耗率(%)	
	第二组	筛分后总质量(g)		损耗(g)		损耗率(%)	

附加声明：

检测：　　　　　　记录：　　　　　　复核：　　　　　　日期：

粗集料颗粒级配试验检测记录表(水筛法)

附表 16-61
第 页 共 页
JGLQO2001b

检测单位名称： 记录编号：

工程名称	
工程部位/用途	
样品信息	
检测日期		试验环境	
检测依据		判定依据	
主要仪器设备名称及编号	

干燥试样总质量(g)	第1组	第2组	平均	允许范围(%)
水洗后筛上总质量(g)				
水洗后0.075mm筛下质量(g)				
0.075mm通过率(%)				

	筛孔尺寸(mm)	筛上质量(g)	分级筛余(%)	累计筛余(%)	通过百分率(%)	筛上质量(g)	分级筛余(%)	累计筛余(%)	通过百分率(%)	通过百分率(%)	上限	下限
水洗后干筛法筛分												
	干筛后总质量(g)											
	损耗(g)											
	损耗率(%)											
	扣除损耗后总质量(g)											

附加声明：

检测： 记录： 复核： 日期：

粗集料洛杉矶磨耗损失试验检测记录表

附表 16-62
第 页 共 页
JGLQ02010

检测单位名称： 记录编号：

工程名称			
工程部位/用途			
样品信息			
检测日期		试验环境	
检测依据		判定依据	
主要仪器设备名称及编号			

试验次数	粒度类别	粒级（mm）	试验质量（g）	试样总质量（g）	试验后1.7mm筛上洗净烘干试样质量（g）	磨耗损失（%）	磨耗损失测定值（%）
1							
2							

附加声明：

检测： 记录： 复核： 日期：

粗集料密度及吸水率试验检测记录表（容量瓶法）

附表 16-63
JGLQ02002-3b
第　页　共　页

检测单位名称：　　　　　　　　　　　　记录编号：

工程名称	
工程部位/用途	
样品信息	

检测日期		试验环境	
检测依据		判定依据	
主要仪器设备名称及编号			

试验次数	1	2
水、瓶及玻璃片的总质量(g)		
集料试样、水、瓶及玻璃片的总质量(g)		
集料的表干质量(g)		
集料烘干试样质量(g)		
表观相对密度		
表观相对密度测定值		
表干相对密度		
表干相对密度测定值		
毛体积相对密度		
毛体积相对密度测定值		
试验水温 T(℃)		
试验温度 T 时水的密度(g/cm^3)		
表观密度(g/cm^3)		
表干密度(g/cm^3)		
毛体积密度(g/cm^3)		
吸水率(%)		
吸水率测定值(%)		

附加声明：

检测：　　　　记录：　　　　复核：　　　　日期：

粗集料密度及吸水率试验检测记录表（网篮法）

附表 16-64
第 页 共 页
JGLQ02002-3a

检测单位名称：　　　　　　　　　　　记录编号：

工程名称	
工程部位/用途	
样品信息	
检测日期	试验环境
检测依据	判定依据
主要仪器设备名称及编号	

试验次数	1	2
集料的水中质量(g)		
集料的表干质量(g)		
集料的烘干质量(g)		
表观相对密度		
表观相对密度测定值		
表干相对密度		
表干相对密度测定值		
毛体积相对密度		
毛体积相对密度测定值		
试验水温 T(℃)		
试验温度 T 时水的密度(g/cm³)		
表观密度(g/cm³)		
表干密度(g/cm³)		
毛体积密度(g/cm³)		
吸水率(%)		
吸水率测定值(%)		

附加声明：

检测：　　　　　记录：　　　　　复核：　　　　　日期：

粗集料磨光值试验检测记录表

附表 16-65
第 页 共 页
JCLQ02011

检测单位名称： 记录编号：

工程名称	
工程部位/用途	
样品信息	
检测日期		试验环境	
检测依据		判定依据	
主要仪器设备名称及编号	

试验轮次	试验次数	试验名称	被测试件	标准试件
		试件编号		
1	1	摆值		
	2			
	3			
	4			
	5			
	平均值 PSV_r			
2	1	摆值		
	2			
	3			
	4			
	5			
	平均值 PSV_r			
平均值			PSV_{ra}	PSV_{bra}
磨光值(PSV)				

附加声明：

检测： 记录： 复核： 日期：

附录16 公路工程试验用表

粗集料泥块含量试验检测记录表

附表 16-66
第 页 共 页
JGLQ02006

检测单位名称： 记录编号：

工程名称	
工程部位/用途	
样品信息	

检测日期		试验环境	
检测依据		判定依据	
主要仪器设备名称及编号			

试验次数	4.75mm 筛余质量(g)	试验后烘干试样质量(g)	泥块含泥量(%)	泥块含量测定值(%)
1				
2				

附加声明：

检测： 记录： 复核： 日期：

粗集料破碎砾石含量试验检测记录表

附表 16-67
第 页 共 页
JGLQ02035

检测单位名称：　　　　　　　　　　　　记录编号：

工程名称	
工程部位/用途	
样品信息	

检测日期		试验环境	
检测依据		判定依据	
主要仪器设备名称及编号			

试验次数	试样质量（g）	满足一个或两个破碎面要求的集料质量（g）	不满足一个或两个破碎面要求的集料质量（g）	难以判断是否满足具有一个或两个破碎面要求的集料的质量（g）	破碎砾石含量（%）	破碎砾石含量测定值（%）
1						
2						

附加声明：

检测：　　　　记录：　　　　复核：　　　　日期：

粗集料软弱颗粒含量试验检测记录表

附表 16-68
JGLQ02034

第 页 共 页

检测单位名称： 　　　　　　　　　　　　　　　　记录编号：

工程名称	
工程部位/用途	
样品信息	

检测日期		试验环境	
检测依据		判定依据	
主要仪器设备名称及编号			

公称粒级 （mm）	各粒级颗粒质量 （g）	各级未破裂颗粒的质量 （g）	各粒级的颗粒总质量 （g）	试验后各级完好颗粒总质量 （g）	软弱颗粒含量 （％）
4.75～9.5mm					
9.5～16mm					
≥16mm					

附加声明：

检测： 　　　　　记录： 　　　　　复核： 　　　　　日期：

粗集料压碎值试验检测记录表

附表 16-69
第 页 共 页
JGLQ02009

检测单位名称：　　　　　　　　　　　　　　记录编号：

工程名称	
工程部位/用途	
样品信息	

检测日期		试验环境	
检测依据		判定依据	

主要仪器设备名称及编号	

试验次数	试样总质量（g）	2.36mm筛下试验质量（g）	压碎值（%）	压碎值测定值（%）
1				
2				
3				

附加声明：

检测：　　　　　记录：　　　　　复核：　　　　　日期：

粗集料针片状颗粒含量试验检测记录表(游标卡尺法)

附表 16-70
第 页 共 页
JGLQ02007b

检测单位名称： 记录编号：

工程名称	
工程部位/用途	
样品信息	

检测日期		试验环境	
检测依据		判定依据	

主要仪器设备名称及编号	

试验次数	试样总质量(g)	针、片状颗粒总质量(g)	针、片状颗粒含量(%)	针、片状颗粒含量测定值(%)
1				
2				
追加试验				

附加声明：

检测： 记录： 复核： 日期：

集料级配验证试验检测记录表

附表 16-71
第 页 共 页
JGLQ02001（1）

检测单位名称：　　　　　　　　　　　　　　　　记录编号：

工程名称	
工程部位/用途	
样品信息	
检测日期		试验环境	
检测依据		判定依据	
主要仪器设备名称及编号	

筛孔尺寸（mm）	矿料组成					合成级配	级配范围（%）	
	通过百分率（%）	通过百分率（%）	通过百分率（%）	通过百分率（%）	通过百分率（%）	通过百分率（%）	上限	下限
合成比例（%）								

附加声明：

检测：　　　　　记录：　　　　　复核：　　　　　日期：

集料针片状颗粒含量试验检测记录表（规准仪法）

附表 16-72
JGLQ02007a

第 页 共 页

检测单位名称：　　　　　　　　　　　　　　　记录编号：

工程名称	
工程部位/用途	
样品信息	

检测日期		试验环境	
检测依据		判定依据	

主要仪器设备名称及编号	

试验次数	试样总质量（％）	针、片状颗粒总质量（g）	针、片状颗粒含量（％）	针、片状颗粒含量测定值（％）
1				
2				

附加声明：

检测：　　　　　　记录：　　　　　　复核：　　　　　　日期：

矿粉含水率试验检测记录表

附表 16-73
第 页 共 页
JGLQ02028

检测单位名称：　　　　　　　　　　　　　　　记录编号：

工程名称	
工程部位/用途	
样品信息	

检测日期		试验环境	
检测依据		判定依据	

主要仪器设备名称及编号	

试验次数	烘干前试样与容器总质量（g）	烘干后试样与容器总质量（g）	容器质量（g）	水质量（g）	含水率（%）	平均含水率（%）

附加声明：

检测：　　　　　　记录：　　　　　　复核：　　　　　　日期：

矿粉加热安定性试验检测记录表

附表 16-74
JGLQ02031

第　页　共　页

检测单位名称：　　　　　　　　　　　　　　　　记录编号：

工程名称	
工程部位/用途	
样品信息	

检测日期		试验环境	
检测依据		判定依据	

主要仪器设备名称及编号	

矿粉质量(g)	

附加声明：

检测：　　　　　记录：　　　　　复核：　　　　　日期：

矿粉颗粒级配试验检测记录表

附表 16-75
第 页 共 页
JGLQ02026

检测单位名称： 记录编号：

工程名称	
工程部位/用途	
样品信息	

检测日期		试验环境	
检测依据		判定依据	

主要仪器设备名称及编号	

	第 1 组	第 2 组	平均
干燥试样总质量(g)			
水洗后筛上总质量(g)			
水洗后 0.075mm 筛下质量(g)			
0.075mm 通过率(%)			

筛孔尺寸（mm）	筛上质量(g)	分计筛余(%)	累计筛余(%)	通过百分率(%)	筛上质量(g)	分计筛余(%)	累计筛余(%)	通过百分率(%)	通过百分率平均值(%)
水洗法筛分 0.6									
0.3									
0.15									
0.075									
0.075 以下									

附加声明：

检测： 记录： 复核： 日期：

矿粉密度试验检测记录表　　　　　附表16-76

JGLQ02027

检测单位名称：　　　　　　　　　　记录编号：

工程名称	
工程部位/用途	
样品信息	

检测日期		试验环境	
检测依据		判定依据	

主要仪器设备名称及编号	

试验次数	牛角匙、瓷皿、漏斗及试验前瓷皿中矿粉干燥质量(g)	牛角匙、瓷皿、漏斗及试验后瓷皿中矿粉干燥质量(g)	比重瓶加矿粉前的初读数（mL）	比重瓶加矿粉后的终读数（mL）	矿粉的密度（g/cm³）	矿粉密度平均值（g/cm³）	水的温度（℃）	水的密度（g/cm³）	矿粉对水的相对密度

附加声明：

检测：　　　　　　记录：　　　　　　复核：　　　　　　日期：

矿粉亲水系数试验检测记录表

附表 16-77
第　页　共　页
JGLQ02029

检测单位名称：　　　　　　　　　　　　　　记录编号：

工程名称	
工程部位/用途	
样品信息	

检测日期		试验环境	
检测依据		判定依据	

主要仪器设备名称及编号	

试验次数	水中沉淀物体积（mL）	煤油中沉淀物体积（mL）	矿粉亲水系数	矿粉亲水系数平均值

附加声明：

检测：　　　　　记录：　　　　　复核：　　　　　日期：

细集料堆积密度及紧装密度试验检测记录表

附表 16-78
JGLQ02041

第　页　共　页

检测单位名称：　　　　　　　　　　　　　　　记录编号：

工程名称	
工程部位/用途	
样品信息	
检测日期		试验环境	
检测依据		判定依据	
主要仪器设备名称及编号	

堆积密度及空隙率

试验次数	容量筒的质量（g）	容量筒和堆积砂的总质量（g）	容量筒的容积（mL）	砂的堆积密度测值（g/cm³）	砂的堆积密度测定值（g/cm³）	砂的表观密度（g/cm³）	空隙率（%）
1							
2							

紧装密度及空隙率

试验次数	容量筒的质量（g）	容量筒和紧装砂的总质量（g）	容量筒的容积（mL）	砂的紧装密度测值（g/cm³）	砂的紧装密度测定值（g/cm³）	砂的表观密度（g/cm³）	空隙率（%）
1							
2							

附加声明：

检测：　　　　　　记录：　　　　　　复核：　　　　　　日期：

细集料含泥量试验检测记录表

附表 16-79
JGLQ02017
第 页 共 页

检测单位名称：　　　　　　　　　　　　　　记录编号：

工程名称	
工程部位/用途	
样品信息	

检测日期		试验环境	
检测依据		判定依据	

主要仪器设备名称及编号	

试验次数	试验前的烘干试样质量(g)	试验后的烘干试样质量(g)	含泥量(％)	含泥量测定值(％)
1				
2				

附加声明：

检测：　　　　　记录：　　　　　复核：　　　　　日期：

细集料含水率试验检测记录表（烘干法）

附表16-80
第 页 共 页
JGLQ02016a

检测单位名称：　　　　　　　　　　　　　记录编号：

工程名称	
工程部位/用途	
样品信息	

检测日期		试验环境	
检测依据		判定依据	

主要仪器设备名称及编号	

试验次数	未烘干的试样与容器总质量（g）	烘干后的试样与容器总质量（g）	容器质量（g）	含水率（%）	含水率测定值（%）
1					
2					

附加声明：

检测：　　　　　　记录：　　　　　　复核：　　　　　　日期：

细集料含水率试验检测记录表（酒精燃烧法）

附表 16-81
第 页 共 页
JGLQ02016b

检测单位名称：　　　　　　　　　　　　　记录编号：

工程名称	
工程部位/用途	
样品信息	

检测日期		试验环境	
检测依据		判定依据	

主要仪器设备名称及编号	

试验次数	燃烧前试样与容器总质量（g）	燃烧后干试样与容器总质量（g）	容器质量（g）	含水率（%）	含水率测定值（%）
1					
2					

附加声明：

检测：　　　　　记录：　　　　　复核：　　　　　日期：

细集料坚固性试验检测记录表

附表 16-82
第 页 共 页
JGLQ02019

检测单位名称：　　　　　　　　　　　　　　记录编号：

工程名称	
工程部位/用途	
样品信息	

检测日期		试验环境	
检测依据		判定依据	

主要仪器设备名称及编号	

粒级（mm）	不同粒级的颗粒在原试样总量中的分计质量（g）	每一粒级试样试验前烘干质量（g）	经硫酸钠溶液试验后，每一粒级筛余颗粒的烘干质量（g）	试样中各粒级颗粒的分计损失百分率（%）	试样的坚固性损失总百分率（%）
0.3~0.6					
0.6~1.18					
1.18~2.36					
2.36~4.75					

附加声明：

检测：　　　　　记录：　　　　　复核：　　　　　日期：

细集料棱角性试验检测记录表(间隙率法)

附表 16-83
第 页 共 页
JGLQ02024b

检测单位名称：　　　　　　　　　　　　　记录编号：

工程名称	
工程部位/用途	
样品信息	

检测日期		试验环境	
检测依据		判定依据	

主要仪器设备名称及编号	

规格(mm)	次数	容器与细集料的总质量(g)	容器与水的总质量(g)	容器空质量(g)	细集料的毛体积相对密度	细集料的松装相对密度	细集料的间隙率(%)	平均值(%)
	1							
	2							
	3							

附加声明：

检测：　　　　　记录：　　　　　复核：　　　　　日期：

细集料棱角性试验检测记录表（流动时间法）

附表 16-84
第　页　共　页
JGLQ02024a

检测单位名称：　　　　　　　　　　　　　　　记录编号：

工程名称	
工程部位/用途	
样品信息	

检测日期		试验环境	
检测依据		判定依据	

主要仪器设备名称及编号	

规格(mm)	漏斗孔径(mm)	试验次数	表观相对密度	试样干质量(g)	流动时间(s)	平均值(s)
		1				
		2				
		3				
		4				
		5				

附加声明：

检测：　　　　　记录：　　　　　复核：　　　　　日期：

细集料密度及吸水率试验检测记录表（坍落筒法）

附表 16-85
第 页 共 页
JGLQ02014-15a

检测单位名称：　　　　　　　　　　　　　　记录编号：

工程名称	
工程部位/用途	
样品信息	
检测日期	试验环境
检测依据	判定依据
主要仪器设备名称及编号	

试验水温 T(℃)		
试验温度 T 时水温修正系数		
试验次数	1	2
试样烘干后质量(g)		
水、瓶总质量(g)		
饱和面干试样、水、瓶总质量(g)		
饱和面干试样质量(g)		
集料的表观相对密度		
集料的表观密度(g/cm^3)		
集料的表观密度测定值(g/cm^3)		
集料的表干相对密度		
集料的表干密度(g/cm^3)		
集料的表干密度测定值(g/cm^3)		
集料的毛体积相对密度		
集料的毛体积密度(g/cm^3)		
集料的毛体积密度测定值(g/cm^3)		
集料的吸水率(%)		
集料的吸水率测定值(%)		

附加声明：

检测：　　　　　记录：　　　　　复核：　　　　　日期：

细集料密度试验检测记录表（容量瓶法）

附表 16-86
JGLQ02014b

第　页　共　页

检测单位名称：　　　　　　　　　　　　　　　　　　　　记录编号：

工程名称	
工程部位/用途	
样品信息	

检测日期		试验环境	
检测依据		判定依据	

主要仪器设备名称及编号	

试验温度 T(℃)	试验温度 T 时水的密度 (g/cm³)	试验次数	试样的烘干质量 (g)	水及容量瓶总质量 (g)	试样、水及容量瓶总质量 (g)	表观相对密度	表观相对密度测定值	表观密度测定值 (g/cm³)
		1						
		2						

附加声明：

检测：　　　　　　记录：　　　　　　复核：　　　　　　日期：

细集料泥块含量试验检测记录表

附表 16-87
第 页 共 页
JGLQ02018

检测单位名称：　　　　　　　　　　　　　记录编号：

工程名称	
工程部位/用途	
样品信息	

检测日期		试验环境	
检测依据		判定依据	

主要仪器设备名称及编号	

试验次数	试验前存留于1.18mm筛上的烘干试样量（g）	试验后的烘干试样量（g）	泥块含量测值（%）	泥块含量测定值（%）
1				
2				

附加声明：

检测：　　　记录：　　　复核：　　　日期：

细集料砂当量试验检测记录表

附表16-88
JGLQ02021
第 页 共 页

检测单位名称：　　　　　　　　　　　　　记录编号：

工程名称	
工程部位/用途	
样品信息	

检测日期		试验环境	
检测依据		判定依据	

主要仪器设备名称及编号	

试验次数	试筒中用活塞测定的集料沉淀物的高度（mm）	试筒中絮拧物和沉淀物的总高度（mm）	砂当量 SE（%）	砂当量 SE 测定值（%）
1				
2				

附加声明：

检测：　　　　　记录：　　　　　复核：　　　　　日期：

细集料塑性指数试验检测记录表

附表 16-89
JGLQ02030（1）

第 页 共 页

检测单位名称： 记录编号：

工程名称	
工程部位/用途	
样品信息	

检测日期		试验环境	
检测依据		判定依据	

主要仪器设备名称及编号	

土的类型		试验次数		
试验项目		1	2	3
入土深度 (mm)	h_1			
	h_2			
	$(h_1+h_2)/2$			
含水率	盒号			
	盒+湿土质量(g)			
	盒+干土质量(g)			
	盒质量(g)			
	水分质量(g)			
	干土质量(g)			
	含水率(%)			
	平均含水率(%)			

液限 W_L（%）		塑限 W_P（%）		塑性指数 I_P	

附加声明：

检测： 记录： 复核： 日期：

细集料压碎指标试验检测记录表

附表 16-90
第 页 共 页
JGLQ02020

检测单位名称： 记录编号：

工程名称	
工程部位/用途	
样品信息	

检测日期		试验环境	
检测依据		判定依据	

主要仪器设备名称及编号	

粒级 （mm）	试验前烘干质量 （g）	试验后筛余质量 （g）	试验后通过质量 （g）	压碎值测试值 （%）	单粒级压碎值测定值(%)	压碎指标值 （%）
4.75~2.36						
2.36~1.18						
1.18~0.6						
0.3~0.6						

附加声明：

检测： 记录： 复核： 日期：

细集料亚甲蓝值试验检测记录表

附表 16-91
第 页 共 页
JGLQ02022

检测单位名称：　　　　　　　　　　　　记录编号：

工程名称	
工程部位/用途	
样品信息	
检测日期	|试验环境	
检测依据	|判定依据	
主要仪器设备名称及编号	

亚甲蓝吸附量的测定

烘干试样质量（g）	所加入的亚甲蓝溶液的总量（mL）	亚甲蓝 MB 值（g/kg）

亚甲蓝的快速评价试验

滤纸上沉淀物周围是否出现明显色晕	结果判定

试验次数	试验前烘干试样质量(g)	试验后烘干试样质量(g)	石粉含量(%)	石粉含量测定值(%)
1				
2				

附加声明：

检测：　　　　　记录：　　　　　复核：　　　　　日期：

岩石单轴抗压强度（圆柱体）试验检测记录表

附表 16-92
第 页 共 页
JGLQ03001(2)

检测单位名称：

记录编号：

工程名称										
工程部位/用途										
样品信息										
检测日期						试验环境				
检测依据						判定依据				
主要仪器设备名称及编号										

试件编号	含水状态	层理	圆柱体高(mm)		圆柱体顶面直径(mm)	圆柱体底面直径(mm)	顶面面积(mm²)	底面面积(mm²)	顶面和底面面积平均值(mm²)	极限荷载(N)	抗压强度测值(MPa)	换算强度(MPa)	抗压强度测定值(MPa)
			单个值	平均值									

续上表

试件编号	含水状态	层理	圆柱体高（mm）		圆柱体顶面直径（mm）	圆柱体底面直径（mm）	顶面面积（mm²）	底面面积（mm²）	顶面和底面面积平均值（mm²）	极限荷载（N）	抗压强度测值（MPa）	换算强度（MPa）	抗压强度测定值（MPa）
			单个值	平均值									

软化系数

附加声明：

检测： 记录： 复核： 日期：

岩石单轴抗压强度试验检测记录表

附表 16-93
第 页 共 页
JGLQ03001（1）

检测单位名称：　　　　　　　　　　　　　　　　　　　　　　　　　　　记录编号：

工程名称	
工程部位/用途	
样品信息	
检测日期	试验环境
检测依据	判定依据
主要仪器设备名称及编号	

试件编号	含水状态	层理	立方体高（mm）		立方体顶面边长（mm）	立方体底面边长（mm）	相互平行的两个面边长的平均值（mm）	试件承压面积（mm²）	极限荷载（N）	抗压强度测值（MPa）	抗压强度测定值（MPa）
			单个值	平均值							

续上表

试件编号	含水状态	层理	立方体高 (mm)		立方体顶面边长 (mm)		立方体底面边长 (mm)		相互平行的两个面边长的平均值 (mm)	试件承压面积 (mm²)	极限荷载 (N)	抗压强度测值 (MPa)	抗压强度测定值 (MPa)
			单个值	平均值									

软化系数

附加声明：

检测：　　　　　　　　　　　记录：　　　　　　　　　　　复核：　　　　　　　　　　　日期：

岩石含水率试验检测记录表

附表 16-94
JGLQ03002

第 页 共 页

检测单位名称：　　　　　　　　　　　　　　记录编号：

工程名称	
工程部位/用途	
样品信息	

检测日期		试验环境	
检测依据		判定依据	
主要仪器设备名称及编号			

称量盒号					
称量盒+烘干前试样质量 m_1(g)					
称量盒+烘干后试样质量 m_2(g)					
称量盒干燥质量 m_0(g)					
水分质量(g)					
干试样质量(g)					
含水率(%)					
平均含水率(%)					

附加声明：

检测：　　　　　记录：　　　　　复核：　　　　　日期：

岩石毛体积密度试验检测记录表（蜡封法）

附表 16-95
JGLQ03004c

第　页　共　页

检测单位名称：　　　　　　　　　　　　　　记录编号：

工程名称			
工程部位/用途			
样品信息			
检测日期		试验环境	
检测依据		判定依据	
主要仪器设备名称及编号			
试件编号			
试件烘干前的质量(g)			
试件烘干后的质量(g)			
蜡封试件在空气中的质量(g)			
蜡封试件在洁净水中的质量(g)			
水温度(℃)			
洁净水的密度(g/cm^3)			
石蜡密度(g/cm^3)			
天然密度测值(g/cm^3)			
天然密度测定值(g/cm^3)			
干密度测值(g/cm^3)			
干密度测定值(g/m^3)			
岩石密度(g/cm^3)			
总孔隙率(%)			

附加声明：

检测：　　　　记录：　　　　复核：　　　　日期：

附表16-96
第 页 共 页
JGLQ03004a

岩石毛体积密度试验检测记录表（体积法）

检测单位名称：　　　　　　　　　　　　　　　记录编号：

工程名称			
工程部位/用途			
样品信息			
检测日期		试验环境	
检测依据		判定依据	
主要仪器设备名称及编号			

试样编号		1	2	3
圆柱体直径(mm)	上			
	中			
	下			
	平均值			
圆柱体高(mm) 单个值	平均值			
立方体边长(mm)	上			
	中			
	下			
	平均值			
立方体高(mm) 单个值	平均值			
试件体积(mm³)				
烘干前质量(g)	单点值			
	平均值			
强制饱和后的质量(g)				
试件体积(mm³)				
烘干后质量(g)	单点值			
	平均值			
天然密度(g/cm³)	单点值			
	平均值			
饱和密度(g/cm³)	单点值			
	平均值			
干密度(g/cm³)	单点值			
	平均值			
岩石密度(g/cm³)				
总孔隙率(%)				

附加声明：

检测：　　　　　　　记录：　　　　　　　复核：　　　　　　　日期：

岩石毛体积密度试验检测记录表(水中称重法)

附表 16-97
第 页 共 页
JGLQ03004b

检测单位名称： 　　　　　　　　　　　　　记录编号：

工程名称	
工程部位/用途	
样品信息	
检测日期		试验环境	
检测依据		判定依据	
主要仪器设备名称及编号	

试件编号			
试件烘干前的质量(g)			
试件强制饱和后的质量(g)			
试件烘干后的质量(g)			
试件强制饱和后在洁净水中的质量(g)			
水温度(℃)			
洁净水的密度(g/cm^3)			
天然密度测值(g/cm^3)			
天然密度测定值(g/cm^3)			
饱和密度测值(g/cm^3)			
饱和密度测定值(g/cm^3)			
干密度测值(g/cm^3)			
干密度测定值(g/cm^3)			
岩石密度(g/cm^3)			
总孔隙率(%)			

附加声明：

检测： 　　　　记录： 　　　　复核： 　　　　日期：

岩石密度试验检测记录表(煮沸法)

附表 16-98

JGLQ03003b

第 页 共 页

检测单位名称：　　　　　　　　　　　　　　　记录编号：

工程名称	
工程部位/用途	
样品信息	
检测日期		试验环境	
检测依据		判定依据	
主要仪器设备名称及编号	

试验编号	密度瓶与试液的合质量(g)	密度瓶、试液与岩粉的总质量(g)	岩粉质量(g)	试液温度(℃)	水密度(g/cm^3)	煤油密度					洁净水的密度(g/cm^3)	岩石密度测值(g/cm^3)	岩石密度测定值(g/cm^3)
						密度瓶质量(g)	瓶与煤油的合质量(g)	密度瓶与经排除气体的洁净水的合质量(g)	经排除气体的洁净水密度(g/cm^3)	煤油密度(g/cm^3)			

附加声明：

检测：　　　　　　记录：　　　　　　复核：　　　　　　日期：

岩石吸水率试验检测记录表（煮沸法）

附表 16-99
第 页 共 页
JGLQ03005c

检测单位名称： 记录编号：

工程名称	
工程部位/用途	
样品信息	

检测日期		试验环境	
检测依据		判定依据	
主要仪器设备名称及编号			

试件编号						
烘至恒重时的试件质量(g)						
吸水至恒重时的试件质量(g)						
经强制饱和后的质量(g)						
岩石吸水率(%)						
岩石吸水率平均值(%)						
岩石饱和吸水率值(%)						
岩石饱和吸水率平均(%)						
饱水系数						

附加声明：

检测： 记录： 复核： 日期：

岩石吸水率试验检测记录表（自由吸水法）

附表 16-100
第 页 共 页
JGLQ03005a

检测单位名称： 　　　　　　　　　　　　　　记录编号：

工程名称	
工程部位/用途	
样品信息	

检测日期		试验环境	
检测依据		判定依据	

主要仪器设备名称及编号	

试件编号					
烘至恒重时的试件质量(g)					
吸水至恒重时的试件质量(g)					
经强制饱和后的质量(g)					
岩石吸水率(%)					
岩石吸水率平均值(%)					
岩石饱和吸水率值(%)					
岩石饱和吸水率平均(%)					
饱水系数					

附加声明：

检测： 　　　记录： 　　　复核： 　　　日期：

水泥标准稠度用水量、安定性、凝结时间试验检测记录表（标准法）　附表 16-101

第　页　共　页

JGLQ04003-5a

检测单位名称：　　　　　　　　　　　　　　　　　记录编号：

工程名称	
工程部位/用途	
样品信息	
检测日期	
检测依据	
主要仪器设备名称及编号	

检测日期		试验环境	
检测依据		判定依据	

标准稠度用水量

	规定	试样质量(g)	加水量(mL)	试杆距底板深度(mm)
标准法	整个操作应在搅拌后 1.5min 中内完成，以试杆沉入净浆并距底板 6mm±1mm 的水泥净浆为标准稠度净浆			
	标准稠度用水量(%)			

凝结时间

规范要求	初凝时间测定				终凝时间测定			
	测试时刻	试锥下沉距底板深度(mm)	测试时刻	试锥下沉距底板深度(mm)	测试时刻	环形附件是否在试件上留下痕迹	测试时刻	环形附件是否在试件上留下痕迹
当试针沉至距底板4mm±1mm时，为水泥达到初凝状态；当试针沉入试体0.5mm时，即环形附件开始不能在试件留下痕迹时为水泥终凝状态								

续上表

规范要求	初凝时间测定				终凝时间测定			
	测试时刻	试锥下沉距底板深度（mm）	测试时刻	试锥下沉距底板深度（mm）	测试时刻	环形附件是否在试件上留下痕迹	测试时刻	环形附件是否在试件上留下痕迹
加水时刻								
初凝时刻								
终凝时刻								
初凝时间(min)								
终凝时间(min)								

安全性						
标准法	雷氏夹两指针间的距离(mm)					
	1			2			增加量平均值
	煮沸前	煮沸后	增加量	煮沸前	煮沸后	增加量	
	试验结果						

附加声明：

检测：　　　　　　记录：　　　　　　复核：　　　　　　日期：

水泥胶砂流动度试验检测记录表

附表 16-102
第 页 共 页
JGLQ04009

检测单位名称： 记录编号：

工程名称	
工程部位/用途	
样品信息	

检测日期		试验环境	
检测依据		判定依据	

主要仪器设备名称及编号	

水泥用量(g)	
用水量(g)	
水泥胶砂底面最大扩散直径(mm)	
与水泥胶砂底面最大扩散直径相垂直方向的直径(mm)	
水泥胶砂流动度(mm)	

附加声明：

检测： 记录： 复核： 日期：

水泥胶砂强度试验检测记录表

附表 16-103
第 页 共 页
JGLQ04006

检测单位名称：　　　　　　　　　　　　　记录编号：

工程名称	
工程部位/用途	
样品信息	
检测日期	试验环境
检测依据	判定依据
主要仪器设备名称及编号	

养护条件						
抗折强度	成型日期	龄期(d)	试验日期	试件尺寸(mm)	破坏荷载(N)	抗折强度测值(MPa)	抗折强度测定值(MPa)

	成型日期	龄期(d)	试验日期	受压面积(mm^2)	破坏荷载(kN)	抗压强度测值(MPa)	抗压强度测定值(MPa)
抗压强度							

附加声明：

检测：　　　　　　记录：　　　　　　复核：　　　　　　日期：

水泥密度试验检测记录表

附表 16-104
第 页 共 页
JGLQ04001

检测单位名称：　　　　　　　　　　　　　　　记录编号：

工程名称	
工程部位/用途	
样品信息	
检测日期		试验环境	
检测依据		判定依据	
主要仪器设备名称及编号	

试样编号	装入密度瓶的水泥质量（g）	第一次读数		第二次读数		被水泥所排出的液体体积（mL）	密度（g/cm³）	平均值（g/cm³）
		水温读数（℃）	李氏瓶装入煤油后的体积（mL）	水温读数（℃）	李氏瓶装入水泥后的体积（mL）			

附加声明：

检测：　　　　　　记录：　　　　　　复核：　　　　　　日期：

水泥烧失量试验检测记录表

附表16-105
JGLQ04010

第 页 共 页

检测单位名称：　　　　　　　　　　　　　　　记录编号：

工程名称	
工程部位/用途	
样品信息	

检测日期		试验环境	
检测依据		判定依据	
主要仪器设备名称及编号			

灼热温度(℃)		
试验编号		
试样质量(g)		
坩埚质量(g)		
灼烧后试样+坩埚质量(g)		
灼烧后试样残余质量(g)		
烧失量测值(%)		
烧失量测定值(%)		

附加声明：

检测：　　　　　记录：　　　　　复核：　　　　　日期：

水泥细度试验检测记录表（勃氏法）

附表 16-106
第 页 共 页
JGLQ04002b

检测单位名称： 　　　　　　　　　　　记录编号：

工程名称	
工程部位/用途	
样品信息	
检测日期		试验环境	
检测依据		判定依据	
主要仪器设备名称及编号	

试料层体积标定							标定日期		
试验次数	试验温度（℃）	水银密度（g/cm³）	圆筒与玻璃板合质量（g）	筒与玻璃板及水银合质量（g）	充满筒内的水银质量（g）	圆筒与标准粉及玻璃板合质量（g）	标准粉+圆筒+玻璃板+水银合质量（g）	装标准粉后充满圆筒的水银质量（g）	试料层体积（cm³）
									单值 / 平均值

K 值标定				标定日期	
试验次数	试验温度（℃）	标准粉质量（g）	标准粉密度（g/cm³）	标准粉比表面积（m²/kg）	标准粉液面降落时间（s）	仪器 K 值
					单值 / 平均值	单值 / 平均值

比表面积测定						
试验次数	试验温度（℃）	试样质量（g）	被测试样试验时压力计中液面降落测得的时间（s）	被测试样的空隙率	试样比表面积测值（m²/kg）	试样比表面积测值（m²/kg）

附加声明：

检测：　　　　　　记录：　　　　　　复核：　　　　　　日期：

水泥细度试验检测记录表(负压筛析法)

附表16-107
第　页　共　页
JGLQ04002a

检测单位名称：　　　　　　　　　　　　　　记录编号：

工程名称	
工程部位/用途	
样品信息	
检测日期		试验环境	
检测依据		判定依据	
主要仪器设备名称及编号	

试验编号	试样质量（g）	筛余物质量（g）	水泥筛余百分率（g）	修正系数	修正后水泥筛余百分数（%）	平均值（%）

附加声明：

检测：　　　　　　　记录：　　　　　　　复核：　　　　　　　日期：

砂浆保水性试验检测记录表

附表 16-108
JGLQ05016

第 页 共 页

检测单位名称：　　　　　　　　　　　　　　　记录编号：

工程名称	
工程部位/用途	
样品信息	

检测日期		试验环境	
检测依据		判定依据	
主要仪器设备名称及编号			
砂浆种类		搅拌方式	

保水率							
试验次数	下不透水片与干燥试模质量（g）	15片滤纸吸水前的质量（g）	试膜、下不透水片与砂浆总质量（g）	15片滤纸吸水后的质量（g）	保水率（%）	平均值（%）	
1							
2							

含水率测定				
试验次数	湿砂浆样本总质量（g）	烘干砂浆质量（g）	砂浆含水率（%）	平均含水率（%）
1				
2				

附加声明：

检测：　　　　　记录：　　　　　复核：　　　　　日期：

砂浆稠度试验检测记录表

附表 16-109
第 页 共 页
JGLQ05012

检测单位名称： 记录编号：

工程名称			
工程部位/用途			
样品信息			
检测日期		试验环境	
检测依据		判定依据	
主要仪器设备名称及编号			
砂浆配合比		搅拌方式	

试样编号	稠度试验			
	刻度盘上初读数	10s 后刻度盘上终读数	稠度(mm)	平均值(mm)

附加声明：

检测： 记录： 复核： 日期：

砂浆分层度试验检测记录表

附表 16-110
第 页 共 页
JGLQ05025

检测单位名称：　　　　　　　　　　　　　　　记录编号：

工程名称	
工程部位/用途	
样品信息	

检测日期		试验环境	
检测依据		判定依据	

主要仪器设备名称及编号	

砂浆配合比		搅拌方式	

试样编号	稠度试验			分层度试验			
	刻度盘上初读数	10s后刻度盘上终读数	稠度（mm）	静置30min后稠度试验			分层度（mm）	分层度平均值（mm）
				刻度盘上初读数	10s后刻度盘上终读数	稠度（mm）		

附加声明：

检测：　　　　记录：　　　　复核：　　　　日期：

砂浆立方体抗压强度试验检测记录表

附表16-111
第　页　共　页
JGLQ05014

检测单位名称：　　　　　　　　　　　　　记录编号：

工程名称	
工程部位/用途	
样品信息	

检测日期		试验环境	
检测依据		判定依据	

主要仪器设备名称及编号	

砂浆种类		养护条件	
砂浆配合比			

试件编号	成型日期	试验日期	试件尺寸（mm）	承压面积（mm²）	龄期（d）	极限荷载（KN）	换算系数	抗压强度测定值（MPa）	抗压强度测定值（MPa）

附加声明：

检测：　　　　　记录：　　　　　复核：　　　　　日期：

砂浆密度试验检测记录表

附表 16-112
第　页　共　页
JGLQ05013

检测单位名称：　　　　　　　　　　　　　　记录编号：

工程名称	
工程部位/用途	
样品信息	

检测日期		试验环境	
检测依据		判定依据	

主要仪器设备名称及编号	

砂浆种类		搅拌方式	
砂浆配合比			

编号	稠度 (mm)	试样筒容积 (L)	试样筒质量 (kg)	试样筒和振实后试样总质量 (kg)	表观密度 (kg/m³)	平均表观密度 (kg/m³)

附加声明：

检测：　　　　　记录：　　　　　复核：　　　　　日期：

砂浆凝结时间试验检测记录表

附表 16-113
第 页 共 页
JGLQ05024

检测单位名称：　　　　　　　　　　　　　记录编号：

工程名称	
工程部位/用途	
样品信息	

检测日期		试验环境	
检测依据		判定依据	
主要仪器设备名称及编号			

砂浆的种类					搅拌方式				
加水时间　（h:min）					加水时间　（h:min）				
测试时间（h:min）	历时（min）	贯入压力（N）	测针截面积（mm^2）	单位面积贯入阻力（MPa）	测试时间（h:min）	历时（min）	贯入压力（N）	测针截面积（mm^2）	单位面积贯入阻力（MPa）
凝结时间(min)					凝结时间(min)				
凝结时间平均值(min)									

附加声明：

检测：　　　　　　记录：　　　　　　复核：　　　　　　日期：

水泥混凝土表观密度试验检测记录表

附表 16-114
第 页 共 页
JGLQ05002

检测单位名称： 记录编号：

工程名称	
工程部位/用途	
样品信息	

检测日期		试验环境	
检测依据		判定依据	

主要仪器设备名称及编号	

混凝土种类		搅拌方式	
混凝土配合比			

试验编号	公称最大粒径（mm）	坍落度（mm）	试样筒体积（L）	试样筒质量（kg）	试样筒和振实后试样总质量（kg）	表观密度（kg/m³）	平均值（kg/m³）

附加声明：

检测： 记录： 复核： 日期：

水泥混凝土稠度试验检测记录表(坍落度法)

附表 16-115
第 页 共 页
JGLQ05001a

检测单位名称： 　　　　　　　　　　　　　记录编号：

工程名称	
工程部位/用途	
样品信息	

检测日期		试验环境	
检测依据		判定依据	

主要仪器设备名称及编号	

混凝土种类		搅拌方式	
混凝土配合比			

试样编号	坍落度测值（mm）	坍落度测定值（mm）	扩展度（mm）	扩展度测定值（mm）	含砂情况	保水性	棍度	黏聚性

附加声明：

检测：　　　　　记录：　　　　　复核：　　　　　日期：

水泥混凝土含气量试验检测记录表

附表 16-116
第 页 共 页
JGLQ05003

检测单位名称：　　　　　　　　　　　　　　　　记录编号：

工程名称	
工程部位/用途	
样品信息	

检测日期		试验环境	
检测依据		判定依据	

主要仪器设备名称及编号	

混凝土种类		搅拌方式	

量钵体积标定	量钵和玻璃板总质量（g）	水的温度（℃）	水的密度（g/cm³）	量钵、玻璃板和水总质量（g）	量钵体积（L）

含气量标定（%）	含气量对应的气压值(MPa)				

仪器测定含气量	第一次压力值（MPa）	第二次压力值（MPa）	第三次压力值（MPa）	两次压力平均值（%）	所测混凝土样品的仪器测定含气量（%）

集料含气量	第一次压力值（MPa）	第二次压力值（MPa）	第三次压力值（MPa）	两次压力平均值（%）	集料含气量(%)

混凝土拌合物含气量（%）	

附加声明：

检测：　　　　　记录：　　　　　复核：　　　　　日期：

水泥混凝土抗渗性试验检测记录表

附表 16-117

第　页　共　页

JGLQ05008

检测单位名称：　　　　　　　　　　　　　　记录编号：

工程名称									
工程部位/用途									
样品信息									
检测日期				试验环境					
检测依据				判定依据					
主要仪器设备名称及编号									
混凝土种类				搅拌方式					
混凝土配合比									
设计强度等级			制件日期			试件尺寸(mm)			
设计抗渗等级			龄期(d)			外加剂名称			

加压起止时间		水压 H (MPa)	试件渗水情况记录					
开始(d h min)	结止(d h min)		1	2	3	4	5	6

混凝土抗渗等级	

附加声明：

检测：　　　　　记录：　　　　　复核：　　　　　日期：

水泥混凝土抗弯拉弹性模量试验检测记录表

附表 16-118
第 页 共 页
JGLQ05018

检测单位名称：　　　　　　　　　　　　　　　记录编号：

工程名称										
工程部位/用途										
样品信息										
检测日期						试验环境				
检测依据						判定依据				
主要仪器设备名称及编号										
混凝土种类						养护条件				
抗弯拉弹模设计值						成型日期				
极限荷载(kN)										
断裂面位置										
极限强度测值(MPa)										
极限强度测定值(MPa)										
初荷载 F_0 (kN)						终荷载 $F_{0.5}$ (kN)				
试件高度 h (mm)										
试件宽度 b (mm)										
千分表读数 (0.001mm)	循环次数	Δ_0	$\Delta_{0.5}$	$\Delta_{0.5}-\Delta_0$	Δ_0	$\Delta_{0.5}$	$\Delta_{0.5}-\Delta_0$	Δ_0	$\Delta_{0.5}$	$\Delta_{0.5}-\Delta_0$
	1									
	2									
	3									
	4									
	5									
	6									
	7									
	8									
	9									
	10									
循环后极限荷载(kN)										
循环后断裂面位置										
循环后强度测值(MPa)										
循环后强度测定值(MPa)										
弹性模量测值(MPa)										
弹性模量测定值(MPa)										
附加声明：										

检测：　　　　　记录：　　　　　复核：　　　　　日期：

水泥混凝土抗弯拉强度试验检测记录表

附表16-119

第 页 共 页

JGLQ05007

检测单位名称： 记录编号：

工程名称	
工程部位/用途	
样品信息	

检测日期		试验环境	
检测依据		判定依据	
主要仪器设备名称及编号			
混凝土种类		养护条件	
混凝土配合比			

试件编号	成型日期	试件尺寸（mm）	强度等级	试验日期	龄期（d）	断面与邻近之间的距离（mm）	极限荷载（kN）	抗弯拉强度测值（MPa）	抗弯拉强度测定值（MPa）	换算系数	换算成标准试件抗弯拉强度（MPa）

附加声明：

检测： 记录： 复核： 日期：

水泥混凝土抗压弹性模量(棱柱体)试验检测记录表

附表 16-120
JGLQ05006(1)

第　页　共　页

检测单位名称：　　　　　　　　　　　　　　　记录编号：

工程名称	
工程部位/用途	
样品信息	

检测日期		试验环境	
检测依据		判定依据	

主要仪器设备名称及编号	

混凝土种类			
成型日期		养护条件	

棱柱体抗压强度	试件尺寸(mm)				
	承压面积(mm^2)				
	极限荷载(kN)				
	轴心抗压强度测值(MPa)				
	换算系数				
	轴心抗压强度测定值(MPa)				
	轴心抗压强度平均值(MPa)				
棱柱体抗压强度弹性模量	试件尺寸(mm)				
	初荷载(N)				
	终荷载(N)				
	测量标距(mm)				
	试件承压面积(mm^2)				
	千分表初始读数左(0.001mm)				
	千分表初始读数右(0.001mm)				
	对中时千分表读数(0.001mm)	0.5MPa 读数左			
		0.5MPa 读数右			
		1/3fcp 读数左			
		1/3fcp 读数右			
	测试时千分表读数(0.001mm)	0.5MPa 读数左			
		0.5MPa 读数右			
		1/3fcp 读数左			
		1/3fcp 读数右			
	试件变形差平均值 Δn(mm)				
	抗压弹性模量测值(MPa)				

续上表

棱柱体抗压强度弹性模量	抗压弹性模量测定值(MPa)			
	极限荷载(kN)			
	轴心抗压强度测值(MPa)			
	换算系数			
	轴心抗压强度测定值(MPa)			
	与计算抗压强度差比值(%)			

附加声明:

检测:　　　　　　记录:　　　　　　复核:　　　　　　日期:

水泥混凝土抗压弹性模量(圆柱体)试验检测记录表

附表 16-121

第　页　共　页

JGLQ05006

检测单位名称：　　　　　　　　　　　　　记录编号：

工程名称	
工程部位/用途	
样品信息	

检测日期		试验环境	
检测依据		判定依据	

主要仪器设备名称及编号	
混凝土种类	
成型日期		养护条件	

圆柱体抗压强度	编号	试件直径(mm)		试件高度(mm)		极限荷载(kN)	承压面积(mm^2)	抗压强度测值(MPa)	换算系数	轴心抗压强度测定值(MPa)
		垂直方向直径	平均值	垂直两个方向直径端点的高度	平均值					
	1									
	2									
	3									

弹性模量检测后抗压强度	编号	试件直径(mm)		试件高度(mm)		极限荷载(kN)	承压面积(mm^2)	抗压强度测值(MPa)	换算系数	轴心抗压强度测定值(MPa)	与计算抗压强度差比值(%)
		垂直方向直径	平均值	垂直两个方向直径端点的高度	平均值						
	1										
	2										
	3										

圆柱体抗压弹模量	编号	初荷载(N)	终荷载(N)	测量标距(mm)	试件计算直径(mm)	千分表读数(0.001mm)								试件变形差平均值 Δn (mm)	抗压弹性模量测值(MPa)	抗压弹性模量测定值(MPa)
						对中时				测试时						
						变形量 $\varepsilon_{0左}$	变形量 $\varepsilon_{0右}$	变形量 $\varepsilon_{a左}$	变形量 $\varepsilon_{a右}$	变形量 $\varepsilon_{0左}$	变形量 $\varepsilon_{0右}$	变形量 $\varepsilon_{a左}$	变形量 $\varepsilon_{a右}$			
	1															
	2															
	3															

附加声明：

检测：　　　　　　　记录：　　　　　　　复核：　　　　　　　日期：

水泥混凝土抗压强度(棱柱体)试验检测记录表

附表 16-122
JGLQ05005（1）

第　页　共　页

检测单位名称：　　　　　　　　　　　　　　　　　　　　　记录编号：

工程名称	
工程部位/用途	
样品信息	

检测日期		试验环境	
检测依据		判定依据	

主要仪器设备名称及编号	

混凝土种类		养护条件	
混凝土配合比			

试件编号	成型日期	强度等级	试验日期	龄期(d)	试件尺寸(mm)	极限荷载(kN)	抗压强度测值(MPa)	抗压强度测定值(MPa)	换算系数	换算成标准试件抗压强度值(MPa)

附加声明：

检测：　　　　　　　记录：　　　　　　　复核：　　　　　　　日期：

水泥混凝土抗压强度(立方体)试验检测记录表

附表 16-123
第 页 共 页
JGLQ05005(2)

检测单位名称： 记录编号：

工程名称	
工程部位/用途	
样品信息	

检测日期		试验环境	
检测依据		判定依据	

主要仪器设备名称及编号	

混凝土种类		养护条件	
混凝土配合比			

试件编号	成型日期	强度等级	试验日期	龄期(d)	试件尺寸(mm)	极限荷载(kN)	抗压强度测值(MPa)	抗压强度测定值(MPa)	换算系数	换算成标准试件抗压强度值(MPa)

附加声明：

检测： 记录： 复核： 日期：

水泥混凝土抗压强度(圆柱体)试验检测记录表

附表 16-124
第 页 共 页
JGLQ05005

检测单位名称：　　　　　　　　　　　　　记录编号：

工程名称	
工程部位/用途	
样品信息	

检测日期		试验环境	
检测依据		判定依据	

主要仪器设备名称及编号	

混凝土种类		养护条件	

试件编号	龄期(d)	桩号	距中(m)	试件高度(mm)	高度平均值(mm)	直径(mm)	直径平均值(mm)	抗压面积(mm^2)	高径比	极限荷载(kN)	抗压强度测值(MPa)	抗压强度测定值(MPa)	换算系数	标准圆柱体抗压强度(MPa)

附加声明：

检测：　　　　　记录：　　　　　复核：　　　　　日期：

水泥混凝土扩展度及扩展度经时损失试验检测记录表

附表 16-125
第　页　共　页
JGLQ05021

检测单位名称：　　　　　　　　　　　　　　　记录编号：

工程名称	
工程部位/用途	
样品信息	

检测日期		试验环境	
检测依据		判定依据	

主要仪器设备名称及编号	

混凝土种类		搅拌方式	
混凝土配合比			

扩展度	试样编号	扩展面最大直径测值（mm）	与扩展面最大直径呈垂直方向的直径测定值（mm）	扩展度（mm）	是否有粗集料在中央堆积或边缘有浆体析出

扩展度经时损失	试样编号	拌合物静置时间（h）	拌合物初始扩展度值（mm）		

附加声明：

检测：　　　　　　记录：　　　　　　复核：　　　　　　日期：

水泥混凝土含水率试验检测记录表

附表 16-126
第 页 共 页
JGLQ05011

检测单位名称：　　　　　　　　　　　　　　　　记录编号：

工程名称	
工程部位/用途	
样品信息	
检测日期	
检测依据	
主要仪器设备名称及编号	

试验环境	
判定依据	

混凝土种类			搅拌方式			
每次吸水时间和吸水量	试件1		试件2		试件3	
	时间	吸水量(mL)	时间	吸水量(mL)	时间	吸水量(mL)
吸水累计总量(mL)						
试件外露表面面积(mm^2)						
泌水量(mL/mm^2)	单值					
	平均值					
试样筒质量(g)						
泌水前试样筒及试样总质量(g)						
拌合物总质量(g)						
拌合物所需总用水量(g)						
泌水率(%)	单值					
	平均值					

附加声明：

检测：　　　　　记录：　　　　　复核：　　　　　日期：

水泥混凝土凝结时间试验检测记录表

附表 16-127
第 页 共 页
JGLQ05004

检测单位名称：　　　　　　　　　　　　　　　记录编号：

工程名称	
工程部位/用途	
样品信息	
检测日期		试验环境	
检测依据		判定依据	
主要仪器设备名称及编号	
混凝土种类		搅拌方式	

1						2						3					
加水时间（h:min）						加水时间（h:min）						加水时间（h:min）					
测试时间(h:min)	历时(min)	贯入压力(N)	测针截面积(mm^2)	单位面积贯入阻力(MPa)		测试时间(h:min)	历时(min)	贯入压力(N)	测针截面积(mm^2)	单位面积贯入阻力(MPa)		测试时间(h:min)	历时(min)	贯入压力(N)	测针截面积(mm^2)	单位面积贯入阻力(MPa)	
初凝时间(min)		终凝时间(min)				初凝时间(min)		终凝时间(min)				初凝时间(min)		终凝时间(min)			
初凝时间平均值(h:min)									终凝时间平均值(h:min)								

附加声明：

检测：　　　　　记录：　　　　　复核：　　　　　日期：

掺合料比表面积试验检测记录表

附表 16-128
第　页　共　页
JGLQ08003

检测单位名称：　　　　　　　　　　　　记录编号：

工程名称	
工程部位/用途	
样品信息	

检测日期		试验环境	
检测依据		判定依据	

主要仪器设备名称及编号	

试验方法	勃式法					
试样密度（g/cm²）		试样空隙率		标准试样密度（g/cm³）		标准试样空隙率
试料层体积（cm³）		试样量（g）		校准时温度（℃）		试验时温度（℃）
试验次数	标准试样比表面积（m²/kg）	被测试样试验时压力计中液面降落的时间（s）	标准试样试验时压力计中液面降落的时间（s）	被测试样试验温度下的空气黏度（Pa·s）	标准试样试验温度下的空气黏度（Pa·s）	试样比表面积测定值（m²/kg）	试样比表面积测定平均值（m²/kg）
1							
2							

试验方法	氮吸附法					
试验次数	脱气条件	脱气样品质量（g）	样品管质量（g）	吸附气体	测试温度（℃）	比表面积（m²/kg）	比表面积平均值（m²/kg）
1							
2							
3							
4							

附加声明：

检测：　　　　　　记录：　　　　　　复核：　　　　　　日期：

掺合料含水率试验检测记录表

附表 16-129
第 页 共 页
JGLQ08007

检测单位名称：　　　　　　　　　　　　记录编号：

工程名称	
工程部位/用途	
样品信息	

检测日期		试验环境	
检测依据		判定依据	
主要仪器设备名称及编号			

试样编号	蒸发皿（称量瓶）质量（g）	蒸发皿（称量瓶）和烘干前试样质量（g）	烘干前试样质量（g）	蒸发皿（称量瓶）和烘干后试样质量（g）	烘干后试样质量（g）	含水率测定值（％）	含水率测定平均值（％）
1							
2							

附加声明：

检测：　　　　　　记录：　　　　　　复核：　　　　　　日期：

掺合料活性指数试验检测记录表

附表 16-130
JGLQ08014
第 页 共 页

检测单位名称：　　　　　　　　　　　　　　记录编号：

工程名称	
工程部位/用途	
样品信息	
检测日期	试验环境
检测依据	判定依据
主要仪器设备名称及编号	

胶砂种类	水泥(g)	矿物掺合料(g)	ISO标准砂(g)	水(mL)
对比胶砂				
受检胶砂				

胶砂种类	对比胶砂							
加水时间								
破型时间								
龄期(d)	1		3		7		28	
试样编号	荷载(kN)	强度(MPa)	荷载(kN)	强度(MPa)	荷载(kN)	强度(MPa)	荷载(kN)	强度(MPa)
1								
2								
3								
4								
5								
6								
抗压强度平均值(MPa)			抗压强度平均值(MPa)		抗压强度平均值(MPa)		抗压强度平均值(MPa)	

胶砂种类	受检胶砂							
加水时间								
破型时间								
龄期(d)	1		3		7		28	
试样编号	荷载(kN)	强度(MPa)	荷载(kN)	强度(MPa)	荷载(kN)	强度(MPa)	荷载(kN)	强度(MPa)
1								
2								
3								
4								
5								
6								
抗压强度平均值(MPa)			抗压强度平均值(MPa)		抗压强度平均值(MPa)		抗压强度平均值(MPa)	

活性指数(%)	1d		3d		7d		28d	

附加声明：

检测：　　　　　　记录：　　　　　　复核：　　　　　　日期：

掺合料流动度比试验检测记录表

附表 16-131
JGLQ08005
第 页 共 页

检测单位名称： 记录编号：

工程名称	
工程部位/用途	
样品信息	

检测日期		试验环境	
检测依据		判定依据	

主要仪器设备名称及编号	

胶砂种类	水泥(g)	矿物掺合料(g)	ISO 标准砂(g)	水(mL)
对比胶砂				
受检胶砂				

胶砂种类	流动度试验			流动度比(%)
	扩展直径(mm)	垂直直径(mm)	流动度测定值(mm)	
对比胶砂				
受检胶砂				

附加声明：

检测： 记录： 复核： 日期：

掺合料密度试验检测记录表

附表16-132
JGLQ08001

检测单位名称：　　　　　　　　　　　　　　记录编号：

工程名称	
工程部位/用途	
样品信息	

检测日期		试验环境	
检测依据		判定依据	

主要仪器设备名称及编号	

试验次数	1	2
装入密度瓶的试样质量(g)		
第一次读数时恒温水槽温度(℃)		
密度瓶第一次读数(mL)		
第二次读数时恒温水槽温度(℃)		
密度瓶第二次读数(mL)		
被试样所排出的液体体积(mL)		
试样密度实测值(g/cm³)		
试样密度实测平均值(g/cm³)		

附加声明：

检测：　　　　　　记录：　　　　　　复核：　　　　　　日期：

掺合料烧失量试验检测记录表

附表 16-133
第 页 共 页
JGLQ08006

检测单位名称：　　　　　　　　　　　记录编号：

工程名称	
工程部位/用途	
样品信息	
检测日期		试验环境	
检测依据		判定依据	
主要仪器设备名称及编号	

试验次数	坩埚质量（g）	灼烧前试样和坩埚质量（g）	灼烧前试样质量（g）	灼烧后试样和坩埚质量（g）	烧失量(%)	
					测定值	平均值
1						
2						

附加声明：

检测：　　　　　　记录：　　　　　　复核：　　　　　　日期：

掺合料细度试验检测记录表

附表 16-134
JGLQ08002
第 页 共 页

检测单位名称：　　　　　　　　　　　　记录编号：

工程名称	
工程部位/用途	
样品信息	

检测日期		试验环境	
检测依据		判定依据	

主要仪器设备名称及编号	

试验次数	试样质量（g）	筛余物质量（g）	筛余百分数（%）	筛网修正系数	修正后筛余百分数（%）	修正后筛余百分数平均值（%）
1						
2						
3						

附加声明：

检测：　　　　　　记录：　　　　　　复核：　　　　　　日期：

掺合料需水量比试验检测记录表

附表 16-135
JGLQ08004

第 页 共 页

检测单位名称：　　　　　　　　　　　　　　记录编号：

工程名称	
工程部位/用途	
样品信息	

检测日期		试验环境	
检测依据		判定依据	

主要仪器设备名称及编号	

材料	胶砂种类	
	对比胶砂	受检胶砂
水泥(g)		
矿物掺合料(g)		
ISO 标准砂(g)		
理论加水量(mL)		
实际加水量(mL)		
流动度试验　扩展直径(mm)		
流动度试验　垂直直径(mm)		
流动度试验　流动度测定值(mm)		
需水量比(%)		

附加声明：

检测：　　　　记录：　　　　复核：　　　　日期：

掺合料烧失量(矿渣粉)试验检测记录表

附表 16-136

第 页 共 页

JGLQ08006(1)

检测单位名称： 记录编号：

工程名称	
工程部位/用途	
样品信息	
检测日期		试验环境	
检测依据		判定依据	
主要仪器设备名称及编号	

灼热温度(℃)		
试样编号		
试样质量(g)		
坩埚质量(g)		
灼烧后试样+坩埚质量(g)		
灼烧后试样残余质量(g)		
矿渣灼烧后测得的三氧化硫含量(%)		
矿渣未灼烧测得的三氧化硫含量(%)		
烧失量测值(%)		
矿渣粉校正后的烧失量(%)		
烧失量测定值(%)		

附加声明：

检测： 记录： 复核： 日期：

无机结合料稳定材料含水率(石灰)试验检测记录表

附表 16-137
第　页　共　页
JGLQ09011

检测单位名称：　　　　　　　　　　　记录编号：

工程名称	
工程部位/用途	
样品信息	

检测日期		试验环境	
检测依据		判定依据	
主要仪器设备名称及编号			

试验次数	盒质量 m_1 (g)	盒+湿样质量 m_2 (g)	盒+干样质量 m_3 (g)	水分质量 (m_2-m_3) (g)	干试样质量 (m_3-m_1) (g)	含水率(%) 单值	含水率(%) 平均值
1							
2							

附加声明：

检测：　　　　记录：　　　　复核：　　　　日期：

附表 16-138
第　页　共　页
JGLQ09002

无机结合料稳定材料石灰氧化镁含量试验检测记录表

检测单位名称：　　　　　　　　　　　　　　　　　　　记录编号：

工程名称									
工程部位/用途									
样品信息									
检测日期					试验环境				
检测依据					判定依据				
主要仪器设备名称及编号									

吸取氧化钙标准溶液体积 V_1（mL）	试样质量 m（g）	滴定钙镁含量消耗 EDTA 二钠标准溶液体积 V_2（mL）			滴定钙消耗 EDTA 二钠标准溶液的体积 V_3（mL）			EDTA 二钠标准溶液对氧化钙的滴定度 T_{CaO}（mg/mL）		滴定钙消耗 EDTA 二钠标准溶液的体积 V_4（mL）		EDTA 二钠标准溶液对氧化镁的滴定度 T_{MgO}（mg/mL）	氧化镁含量 X（%）	
		初读数	终读数	消耗量	初读数	终读数	消耗量	单值	平均值	终读数	消耗量		单值	平均值

附加声明：

检测：　　　　　　　　　　　记录：　　　　　　　　　　　复核：　　　　　　　　　　　日期：

无机结合料稳定材料石灰有效氧化钙和氧化镁含量试验检测记录表　附表16-139

第　页　共　页

JGLQ09001

检测单位名称：　　　　　　　　　　　　　记录编号：

工程名称	
工程部位/用途	
样品信息	
检测日期	
试验环境	
检测依据	
判定依据	
主要仪器设备名称及编号	

（注：检测日期、试验环境、检测依据、判定依据在同一横排）

盐酸标准溶液的摩尔浓度滴定

碳酸钠质量（g）	滴定管中盐酸标准溶液体积		盐酸标准溶液消耗量 V(mL)	摩尔浓度 N（mol/L）	平均摩尔浓度 $N_{平均}$（mol/L）
	V_1(mL)	V_2(mL)			

石灰的钙镁含量滴定

试验次数	石灰质量(g)	滴定管中盐酸标准溶液体积		盐酸标准溶液消耗量 V_5(ml)	石灰钙镁含量 X（%）	
		V_3(ml)	V_4(ml)		单值	平均值
1						
2						

附加声明：

检测：　　　　　记录：　　　　　复核：　　　　　日期：

无机结合料稳定材料水泥或石灰剂量试验检测记录表

附表 16-140
第 页 共 页
JGLQ09006

检测单位名称：　　　　　　　　　　　　记录编号：

工程名称	
工程部位/用途	
样品信息	

检测日期		试验环境	
检测依据		判定依据	
主要仪器设备名称及编号			

水泥或石灰剂量与 EDTA 耗量标准曲线

试验次数		水泥或石灰剂量（%）	EDTA 耗量(mL)			
			初读数	终读数	单值	平均值
1	1					
	2					
2	1					
	2					
3	1					
	2					
4	1					
	2					
5	1					
	2					

标准曲线公式					
试验次数	初读数（mL）	终读数（mL）	EDTA 二钠标准溶液消耗量(mL)		结合料剂量（%）
			单值	平均值	
1					
2					

附加声明：

检测：　　　　　　记录：　　　　　　复核：　　　　　　日期：

无机结合料稳定材料无侧限抗压强度试验检测记录表

附表 16-141
第 页 共 页
JGLQ09008

检测单位名称：

工程名称				
工程部位/用途				
样品信息				
检测日期		试验环境		
检测依据		判定依据		
主要仪器设备名称及编号				

记录编号：

最大干密度（g/cm³）		最佳含水率（%）		结合料剂量（%）	
试件直径 φ（mm）		设计强度（MPa）		保证率（%）	
测力环校正系数（kN/0.01mm）		养生龄期（d）		Z_a	

试件编号	成型日期	养生前试件质量（g）	浸水前试件质量（g）	养生期间质量损失（g）	浸水后试件质量（g）	吸水量（g）	养生前试件的高度（mm）	浸水后试件的高度（mm）	破坏时测力环读数（0.01mm）	试件破坏时的最大压力（N）	无侧限抗压强度（MPa）	备注
1												
2												
3												
4												
5												
6												
7												
8												
9												
10												
11												
12												
13												

平均抗压强度（MPa）$RC_{0.95}$		最大值（MPa）		最小值（MPa）	
		标准差 S		偏差系数 C_v（%）	

附加声明：

检测： 记录： 复核： 日期：

无机结合料稳定材料细度(石灰)试验检测记录表

附表 16-142
第 页 共 页
JGLQ09012

检测单位名称：　　　　　　　　　　　　记录编号：

工程名称	
工程部位/用途	
样品信息	

检测日期		试验环境	
检测依据		判定依据	

主要仪器设备名称及编号	

试验次数	样品质量(g)	0.6mm筛余物质量(g)	0.15mm筛余物质量(g)	0.6mm方孔筛筛余百分含量(%)		0.6mm和0.15mm方孔筛总筛余含量(%)	
				单值	平均值	单值	平均值
1							
2							
3							

附加声明：

检测：　　　　　记录：　　　　　复核：　　　　　日期：

无机结合料稳定材料延迟时间试验检测记录表

附表 16-143
第 页 共 页
JGLQ09009

检测单位名称：　　　　　　　　　　　　　　　　　　　记录编号：

工程名称				
工程部位/用途				
样品信息				
检测日期		试验环境		
检测依据		判定依据		
主要仪器设备名称及编号				
最大干密度(g/cm³)		最佳含水率(%)		结合料剂量(%)	
试件直径φ(mm)		设计强度(MPa)		保证率(%)	
测力环校正系数(kN/0.01mm)		养生龄期(d)		试件压实度(%)	
成型日期					

表1

试件编号	养生前试件质量(g)	浸水后试件质量(g)	养生期间质量损失(g)	吸水量(g)	养生前试件的高度(mm)	浸水后试件的高度(mm)	破坏时测力环读数(0.01mm)	试件破坏时的最大压力(N)	无侧限抗压强度(MPa)	备注
1										
2										
3										
4										
5										
6										
7										

表2

试件编号	养生前试件质量(g)	浸水后试件质量(g)	养生期间质量损失(g)	吸水量(g)	养生前试件的高度(mm)	浸水后试件的高度(mm)	破坏时测力环读数(0.01mm)	试件破坏时的最大压力(N)	无侧限抗压强度(MPa)	备注
1										
2										
3										
4										
5										
6										
7										

续上表

试件编号	养生前试件质量(g)	浸水前试件质量(g)	浸水后试件质量(g)	养生期间质量损失(g)	吸水量(g)	养生前试件的高度(mm)	浸水后试件的高度(mm)	破坏时测力环读数(0.01mm)	试件破坏时的最大压力(N)	无侧限抗压强度(MPa)	备注
8											
9											
10											
11											
12											
13											

平均抗压强度(MPa)		标准差 S(MPa)		偏差系数 C_v(%)	
拌和后闷料时间(h)		对应时间的强度代表值(MPa)			

表3

试件编号	养生前试件质量(g)	浸水前试件质量(g)	浸水后试件质量(g)	养生期间质量损失(g)	吸水量(g)	养生前试件的高度(mm)	浸水后试件的高度(mm)	破坏时测力环读数(0.01mm)	试件破坏时的最大压力(N)	无侧限抗压强度(MPa)	备注
1											
2											
3											
4											
5											
6											
8											
9											
10											
11											
12											
13											

平均抗压强度(MPa)		标准差 S(MPa)		偏差系数 C_v(%)	
拌和后闷料时间(h)		对应时间的强度代表值(MPa)			

表4

试件编号	养生前试件质量(g)	浸水前试件质量(g)	浸水后试件质量(g)	养生期间质量损失(g)	吸水量(g)	养生前试件的高度(mm)	浸水后试件的高度(mm)	破坏时测力环读数(0.01mm)	试件破坏时的最大压力(N)	无侧限抗压强度(MPa)	备注
1											
2											
3											
4											
5											
6											

续上表

试件编号	养生前试件质量 (g)	浸水后试件质量 (g)	养生期间质量损失 (g)	吸水量 (g)	养生前试件的高度 (mm)	浸水后试件的高度 (mm)	破坏时测力环读数 (0.01mm)	试件破坏时的最大压力 (N)	无侧限抗压强度 (MPa)	备注
7										
8										
9										
10										
11										
12										
13										
平均抗压强度 (MPa)			标准差 S (MPa)			偏差系数 C_v (%)					
拌和后闷料时间 (h)			对应时间的强度代表值 (MPa)								

附加声明：

检测： 记录： 复核： 日期：

无机结合料稳定材料最大干密度、最佳含水量试验检测记录表（击实法）

附表16-144
第 页 共 页
JGLQ09005a

检测单位名称：　　　　　　　　　　　　　　　　　　　　　　记录编号：

工程名称	
工程部位/用途	
样品信息	
检测日期	
检测依据	
主要仪器设备名称及编号	

混合料名称		试验环境	
		判定依据	

试验次数	结合料剂量（%）	预加含水率（%）	干密度					集料含水率（%）	含水率				结合料含水率（%）	平均含水率（%）
			筒+湿土质量（g）	筒质量（g）	湿土质量（g）	湿密度（g/cm³）	干密度（g/cm³）		盘号	盘质量（g）	盘+湿土质量（g）	盘+干土质量（g）	水质量（g）	干土质量（g）	含水率（%）	
							试筒容积（cm³）									
1																
2																
3																
4																
5																
最佳含水率（%）			最大干密度（g/cm³）					修正后最佳含水率（%）					修正后最大干密度（g/cm³）		

附加声明：

检测：　　　　　　　　　　记录：　　　　　　　　　　复核：　　　　　　　　　　日期：

无机结合料稳定材料最大干密度、最佳含水率试验检测记录表（振动压实法）

附表 16-145
第 页 共 页
JGLQ09005b

检测单位名称： 　　　　　　　　　　　　　　　　记录编号：

工程名称	
工程部位/用途	
样品信息	

检测日期		试验环境	
检测依据		判定依据	
主要仪器设备名称及编号			

结合料计量（%）		集料含水率（%）		结合料含水率（%）	
振动频率		振动面压力		振动激振力	

	试验序号	1	2	3	4	5	6
干密度	加水量(g)						
	筒+湿试料的质量(g)						
	筒的质量(g)						
	湿试样质量(g)						
	试样体积(cm³)						
	湿密度(g/cm³)						
	干密度(g/cm³)						
含水率	盒号						
	盒+湿试样的质量(g)						
	盒+干试样的质量(g)						
	盒质量(g)						
	水的质量(g)						
	干试样质量(g)						
	含水率(%)						
	平均含水率(%)						

最佳含水率(%)		最大干密度(g/cm³)	

附加声明：

检测：　　　　　　记录：　　　　　　复核：　　　　　　日期：

压浆材料比表面积试验检测记录表

附表 16-146
JGLQ13011
第　页　共　页

检测单位名称：　　　　　　　　　　　　　记录编号：

工程名称	
工程部位/用途	
样品信息	
检测日期		试验环境	
检测依据		判定依据	
主要仪器设备名称及编号	

试料层体积标定								标定日期		
试验次数	试验温度（℃）	水银密度（kg/m³）	圆筒与玻璃板合质量（g）	筒与玻璃板及水银合质量（g）	充满筒内的水银质量（g）	圆筒与标准粉及玻璃板合质量（g）	标准粉+圆筒+玻璃板+水银合质量（g）	装标准粉后充满圆筒的水银质量（g）	试料层体积（cm³）	
									单值	平均值
1										
2										

K 值标定					标定日期			
试验次数	试验温度（℃）	标准粉质量（g）	标准粉密度（g/cm³）	标准粉比表面积（m²/kg）	标准粉液面降落时间（s）		仪器 K 值	
					单值	平均值	单值	平均值

比表面积测定				试样密度（kg/cm³）		
试验次数	试验温度（℃）	试样质量（g）	被测试样试验时压力计中液面降落测得的时间(s)	被测试样的空隙率	试样比表面积测值（m²/kg）	试样比表面积测定值（m²/kg）

附加声明：

检测：　　　　　　记录：　　　　　　复核：　　　　　　日期：

压浆材料抗折抗压强度试验检测记录表

附表 16-147
第 页 共 页
JGLQ13004-5

检测单位名称：　　　　　　　　　　　　　　记录编号：

工程名称	
工程部位/用途	
样品信息	

检测日期		试验环境	
检测依据		判定依据	

主要仪器设备名称及编号	

试件编号	成型日期	试验日期	试件龄期（d）	抗折试验			抗压试验		
				破坏荷载（N）	抗折强度（MPa）		破坏荷载（kN）	抗压强度（MPa）	
					单值	平均值		单值	平均值
1									
2									
3									
4									
5									
6									
7									
8									
9									

附加声明：

检测：　　　　　记录：　　　　　复核：　　　　　日期：

压浆材料流动度试验检测记录表

附表 16-148
第 页 共 页
JGLQ13003

检测单位名称： 记录编号：

工程名称	
工程部位/用途	
样品信息	

检测日期		试验环境	
检测依据		判定依据	
主要仪器设备名称及编号			

流动度试验

试验次数	初始流动度(s)	30min 流动度(s)	60min 流动度(s)	初始流动度平均值(s)	30min 流动度平均值(s)	60min 流动度平均值(s)

附加声明：

检测： 记录： 复核： 日期：

压浆材料泌水率和自由膨胀率试验检测记录表

附表16-149
第　页　共　页
JGLQ13006-7

检测单位名称：　　　　　　　　　　　　　　记录编号：

工程名称	
工程部位/用途	
样品信息	

检测日期		试验环境	
检测依据		判定依据	
主要仪器设备名称及编号			
压浆剂掺量		水胶比	

试验参数及项目	试验结果
初始浆体高度 a_1(mm)	
3h 泌水面高度 a_2(mm)	
24h 泌水面高度 a_3(mm)	
3h 膨胀面高度 a_4(mm)	
24h 膨胀面高度 a_5(mm)	
3h 自由泌水率(%)	
24h 自由泌水率(%)	
3h 自由膨胀率(%)	
24h 自由膨胀率(%)	
3h 自由膨胀率平均值(%)	
3h 自由泌水率平均值(%)	
24h 自由泌水率平均值(%)	
24h 自由膨胀率平均值(%)	

附加声明：

检测：　　　　　记录：　　　　　复核：　　　　　日期：

压浆材料凝结时间试验检测记录表

附表 16-150
JGLQ13002
第 页 共 页

检测单位名称： 记录编号：

工程名称	
工程部位/用途	
样品信息	

检测日期		试验环境	
检测依据		判定依据	
主要仪器设备名称及编号			

压浆剂掺量		水胶比	

规范要求	初凝时间测定				终凝时间测定			
	测试时刻	试锥下沉距底板深度（mm）	测试时刻	试锥下沉距底板深度（mm）	测试时刻	环形附件是否在试件上留下痕迹	测试时刻	环形附件是否在试件上留下痕迹
当试针沉至距底板4mm±1mm时，为水泥达到初凝状态；当试针沉入试体0.5mm时，即环形附件开始不能在试件留下痕迹时为水泥终凝状态								

加水时刻	
初凝时刻	
终凝时刻	
初凝时间(h:min)	
终凝时间(h:min)	

附加声明：

检测： 记录： 复核： 日期：

压浆材料压力泌水率试验检测记录表

附表 16-151
第 页 共 页
JGLQ13008

检测单位名称：　　　　　　　　　　　　　　　记录编号：

工程名称	
工程部位/用途	
样品信息	

检测日期		试验环境	
检测依据		判定依据	

主要仪器设备名称及编号	

序号	试验前水泥浆的体积 V_0（mL）	试验压力（MPa）	泌水体积 V_1（mL）	压力泌水率（%）	平均值

附加声明：

检测：　　　　　记录：　　　　　复核：　　　　　日期：

钢材与连接接头尺寸偏差试验检测记录表

附表 16-152
第　页　共　页
JGLQ15002

检测单位名称：　　　　　　　　　　　　　　　记录编号：

工程名称	
工程部位/用途	
样品信息	

检测日期		试验环境	
检测依据		判定依据	

主要仪器设备名称及编号	

公称直径(mm)									
试样编号									
试件尺寸	实测直径(mm)								
	直径公称尺寸(mm)								
	直径偏差(mm)								

附加声明：

检测：　　　　　　记录：　　　　　　复核：　　　　　　日期：

钢材与连接接头反向弯曲试验检测记录表

附表 16-153
第 页 共 页
JGLQ15008

检测单位名称：　　　　　　　　　　　记录编号：

工程名称	
工程部位/用途	
样品信息	
检测日期		试验环境	
检测依据		判定依据	
主要仪器设备名称及编号	

试样编号	
公称直径(mm)	
弯芯直径(mm)	
正向弯曲角度(°)	
反向弯曲角度(°)	
试验结果	

附加声明：

检测：　　　　　记录：　　　　　复核：　　　　　日期：

钢材与连接接头钢材拉伸试验检测记录表

附表16-154
第 页 共 页
JGLQ15003-6

检测单位名称：　　　　　　　　　　　　　　　记录编号：

工程名称				
工程部位/用途				
样品信息				
检测日期			试验环境	
检测依据			判定依据	
主要仪器设备名称及编号				
公称直径(mm)			公称截面积(mm²)	
试样编号				
屈服强度	屈服荷载(kN)			
	屈服强度(MPa)			
抗拉强度	极限荷载(kN)			
	抗拉强度(MPa)			
伸长率	原始标距(mm)			
	断后标距(mm)			
	断后伸长率(%)			
最大力总伸长率	最大塑性延伸(mm)			
	伸长率(%)			

附加声明：

检测：　　　　　记录：　　　　　复核：　　　　　日期：

钢材与连接接头弯曲性能(钢筋焊接接头)试验检测记录表

附表 16-155
第 页 共 页
JGLQ15007(1)

检测单位名称：　　　　　　　　　　　　　　　记录编号：

工程名称	
工程部位/用途	
样品信息	

检测日期		试验环境	
检测依据		判定依据	

主要仪器设备名称及编号	

弯曲试验	弯曲压头直径(mm)			
	弯曲角度(°)			
	弯曲结果			

附加声明：

检测：　　　　　记录：　　　　　复核：　　　　　日期：

钢材与连接接头弯曲性能试验检测记录表

附表16-156
第 页 共 页
JGLQ15007

检测单位名称：　　　　　　　　　　　　　　　记录编号：

工程名称	
工程部位/用途	
样品信息	

检测日期		试验环境	
检测依据		判定依据	

主要仪器设备名称及编号	

弯曲性能	试样编号			
	弯曲压头直径(mm)			
	弯曲角度(°)			
	结果			

附加声明：

检测：　　　　　记录：　　　　　复核：　　　　　日期：

钢材与连接接头质量偏差试验检测记录表

附表16-157
JGLQ15001
第 页 共 页

检测单位名称： 　　　　　　　　　　　　　记录编号：

工程名称	
工程部位/用途	
样品信息	

检测日期		试验环境	
检测依据		判定依据	
主要仪器设备名称及编号			

公称直径(mm)					
试样编号					
试样长度(mm)					
质量偏差	试样实际质量(g)				
	理论质量(kg)				
	质量偏差(%)				

附加声明：

检测：　　　　　记录：　　　　　复核：　　　　　日期：

钢筋焊接接头抗拉强度试验检测记录表

附表 16-158
JGLQ15003（1）

第　页　共　页

检测单位名称：　　　　　　　　　　　　　　　记录编号：

工程名称	
工程部位/用途	
样品信息	

检测日期		试验环境	
检测依据		判定依据	

主要仪器设备名称及编号	

接头种类		接头等级	

母材钢筋种类、牌号				
试样编号				
试样尺寸	公称直径(mm)			
	长度(mm)			
	接头长度(mm)			
	焊缝宽度(mm)			
	母材截面积(mm^2)			
断口部位(mm)				
极限荷载(kN)				
极限强度(MPa)				

附加声明：

检测：　　　　　　记录：　　　　　　复核：　　　　　　日期：

钢筋机械连接接头抗拉强度试验检测记录表

附表 16-159
第 页 共 页
JGLQ15003(2)

检测单位名称： 记录编号：

工程名称	
工程部位/用途	
样品信息	

检测日期		试验环境	
检测依据		判定依据	
主要仪器设备名称及编号			

接头种类		接头等级	
母材钢筋种类、牌号			
试样编号			

钢筋母材参数	公称直径(mm)				
	母材截面积(mm^2)				
	母材屈服强度标准值(MPa)				
	母材抗拉强度标准值(MPa)				
抗拉强度	试件编号				
	连接件抗拉荷载(kN)				
	连接件抗拉强度(MPa)				
	破坏形式				

附加声明：

检测： 记录： 复核： 日期：

金属硬度试验检测记录表（洛氏法）

附表 16-160
第　页　共　页
JGLQ16007a

检测单位名称：　　　　　　　　　　　　　　　　　　　　　　　　记录编号：

工程名称										
工程部位/用途										
样品信息										
检测日期					试验环境					
检测依据					判定依据					
主要仪器设备名称及编号										

硬度标准块校准							实测值			
试样编号	第一点	第二点	第三点	平均值	试样编号	第一点	第二点	第三点	平均值

附加声明：

检测：　　　　　　　　　　记录：　　　　　　　　　　复核：　　　　　　　　　　日期：

聚合物改性沥青弹性恢复率试验检测记录表

附表 16-161
第 页 共 页
JGLQ10024

检测单位名称： 记录编号：

工程名称				
工程部位/用途				
样品信息				
检测日期		试验环境		
检测依据		判定依据		
主要仪器设备名称及编号				
试验温度(℃)		拉伸速率(cm/min)		
试样编号	试样拉伸长度（cm）	试样残留长度（cm）	试样的弹性恢复率（%）	试样的弹性恢复率平均值（%）
附加声明：				

检测： 记录： 复核： 日期：

沥青薄膜加热试验检测记录表

附表 16-162
第 页 共 页
JGLQ10006

检测单位名称：　　　　　　　　　　　　　　　　记录编号：

工程名称			
工程部位/用途			
样品信息			
检测日期		试验环境	
检测依据		判定依据	
主要仪器设备名称及编号			

	试样编号		
加热后质量损失试验	盛样器质量(g)		
	加热前盛样器与试样合计质量(g)		
	加热后盛样器与试样合计质量(g)		
	加热损失质量(g)		
	加热质量损失(%)		
	加热质量损失平均值(%)		
针入度试验	加热前原试样针入度(0.1mm)		
	加热后残留物针入度(0.1mm)		
	残留针入度比(%)		
延度试验	试验温度(℃)		
	加热后残留物延度值(cm)		
	试验温度(℃)		
	加热后残留物延度值(cm)		
	试验温度(℃)		
	加热后残留物延度值(cm)		
软化点试验	加热前软化点(℃)		
	加热后软化点(℃)		
	试样加热前后软化点增值(℃)		
黏度试验	加热前60℃黏度(Pa·s)		
	加热后60℃黏度(Pa·s)		
	试样加热前后60℃黏度比		
	沥青的老化指数		

附加声明：

检测：　　　　　　　记录：　　　　　　　复核：　　　　　　　日期：

附表16-163
第 页 共 页
JGLQ10031

沥青抗剥落剂性能评价试验检测记录表

检测单位名称：
记录编号：

工程名称	
工程部位/用途	
样品信息	
检测日期	
检测依据	
主要仪器设备名称及编号	

试验环境	
判定依据	

	未老化						薄膜加热老化					长期老化			
掺抗剥落剂与粗集料黏附性（级）	掺抗剥落剂沥青30min稳定性（kN）	掺抗剥落剂沥青48h稳定性（kN）	残留稳定度比（%）	残留稳定度比平均值（%）	掺抗剥落剂沥青非条件冻融劈裂强度（MPa）	掺抗剥落剂沥青非条件冻融劈裂强度平均值（MPa）	掺抗剥落剂沥青条件冻融劈裂强度（MPa）	掺抗剥落剂沥青条件冻融劈裂强度平均值（MPa）	劈裂强度比（%）	掺抗剥落剂与粗集料黏附性（级）	掺抗剥落剂沥青30min稳定性（kN）	掺抗剥落剂沥青48h稳定性（kN）	残留稳定度比（%）	残留稳定度比平均值（%）	掺抗剥落剂沥青非条件冻融劈裂强度（MPa）	掺抗剥落剂沥青非条件冻融劈裂强度平均值（MPa）	掺抗剥落剂沥青条件冻融劈裂强度（MPa）	掺抗剥落剂沥青条件冻融劈裂强度平均值（MPa）	劈裂强度比（%）

附加声明：

检测： 记录： 复核： 日期：

沥青密度试验检测记录表

附表 16-164

第 页 共 页

JGLQ10001

检测单位名称： 记录编号：

工程名称	
工程部位/用途	
样品信息	
检测日期		试验环境	
检测依据		判定依据	
主要仪器设备名称及编号	

试验温度（℃）	试验温度水的密度（g/cm³）	试验次数	
		1	2
密度瓶质量(g)			
密度瓶装满水后质量(g)			
密度瓶的水值(g)			

		1	2
液体沥青试样	密度瓶与所盛满试样的合计质量(g)		
	试样在试验温度下的相对密度		
	试样在试验温度下的相对密度平均值		
	试样在试验温度下的密度(g/cm³)		
黏稠沥青试样	密度瓶与沥青试样的合计质量(g)		
	密度瓶与试样和水合计质量(g)		
	试样在试验温度下的相对密度		
	试样在试验温度下的相对密度平均值		
	试样在试验温度下的密度(g/cm³)		
固体沥青试样	密度瓶与沥青试样的合计质量(g)		
	密度瓶与试样和水合计质量(g)		
	试样在试验温度下的相对密度		
	试样在试验温度下的相对密度平均值		
	试样在试验温度下的密度(g/cm³)		

附加声明：

检测： 记录： 复核： 日期：

沥青乳化沥青筛上剩余量试验检测记录表

附表 16-165
第 页 共 页
JGLQ10016

检测单位名称：　　　　　　　　　　　　记录编号：

工程名称	
工程部位/用途	
样品信息	

检测日期		试验环境	
检测依据		判定依据	

主要仪器设备名称及编号	

试样编号	筛孔（mm）	试样质量（g）	滤筛+金属盘质量（g）	滤筛+金属盘+筛上剩余物的质量（g）	筛上残留物含量（%）	平均值（%）

附加声明：

检测：　　　　　记录：　　　　　复核：　　　　　日期：

沥青乳化沥青蒸发残留物含量试验检测记录表

附表 16-166
第 页 共 页
JGLQ10015

检测单位名称：　　　　　　　　　　　　　　记录编号：

工程名称	
工程部位/用途	
样品信息	
检测日期		试验环境	
检测依据		判定依据	
主要仪器设备名称及编号	

蒸发残留物含量测定

试样编号	容器、玻璃棒合计质量 $m_1(g)$	容器、玻璃棒及乳液的质量 $m_2(g)$	容器、玻璃棒及残留物质量 $m_3(g)$	乳化沥青中蒸发的残留物含量(%)	蒸发残留物含量测定值(%)

延度

试验温度(℃)	延伸速度(cm/min)	1	2	3	平均值

针入度

试验温度(℃)	针入度值(0.1mm)	针入度平均值(0.1mm)

软化点

测定值(℃)	平均值(℃)

溶解度

试验次数	1	2
古氏坩埚与玻璃纤维滤纸合计质量(g)		
锥形瓶与玻璃棒合计质量(g)		
锥形瓶、玻璃棒与沥青试样合计质量(g)		
古氏坩埚、玻璃纤维滤纸与不溶物合计质量(g)		
锥形瓶、玻璃棒与黏附不溶物合计质量(g)		
溶解度测值(%)		
溶解度测定值(%)		

附加声明：

检测：　　　　　记录：　　　　　复核：　　　　　日期：

附表16-167
第 页 共 页
JGLQ10004

沥青软化点试验检测记录表

检测单位名称： 记录编号：

工程名称	
工程部位/用途	
样品信息	
检测日期	试验环境
检测依据	判定依据
主要仪器设备名称及编号	

软化点试验	试样编号	室内温度（℃）	烧杯内液体名称	每分钟上升温度值	起始温度	烧杯中液体温度上升记录（℃）															软化点（℃）		
						1min	2min	3min	4min	5min	6min	7min	8min	9min	10min	11min	12min	13min	14min	15min	测定值	平均值
						末	末	末	末	末	末	末	末	末	末	末	末	末	末	末		

附加声明：

检测： 记录： 复核： 日期：

沥青闪点、燃点试验检测记录表

附表 16-168
第 页 共 页
JGLQ10007

检测单位名称： 　　　　　　　　　　　　　记录编号：

工程名称	
工程部位/用途	
样品信息	
检测日期	试验环境
检测依据	判定依据
主要仪器设备名称及编号	

检查项目				燃点
试验次数				
试验初始温度(℃)				
试验时大气压强(kPa)				
检测结果(℃)	测定值			
	测定值平均值			
	气压修正值			
	修正后测定平均值			

附加声明：

检测： 　　　　记录： 　　　　复核： 　　　　日期：

沥青延度试验检测记录表

附表 16-169
JGLQ10003

检测单位名称：　　　　　　　　　　　　　　　记录编号：

工程名称	
工程部位/用途	
样品信息	

检测日期		试验环境	
检测依据		判定依据	

主要仪器设备名称及编号	

	试样编号	试验温度（℃）	延伸速度（cm/min）	延度值(cm)			平均值
延度试验							

附加声明：

检测：　　　　　记录：　　　　　复核：　　　　　日期：

沥青与粗集料的黏附性试验检测记录表

附表 16-170
第 页 共 页
JGLQ10009

检测单位名称： 　　　　　　　　　　　　　记录编号：

工程名称	
工程部位/用途	
样品信息	

检测日期		试验环境	
检测依据		判定依据	
主要仪器设备名称及编号			
试验方法		集料粒径(mm)	
沥青质量(g)		集料质量(g)	

颗数	沥青剥落面积及程度描述		黏附性等级	黏附性评定
	试验人员 A	试验人员 B		

附加声明：

检测： 　　　　记录： 　　　　复核： 　　　　日期：

沥青针入度、针入度指数试验检测记录表

附表 16-171
JGLQ10002

第 页 共 页

检测单位名称： 记录编号：

工程名称	
工程部位/用途	
样品信息	

检测日期		试验环境	
检测依据		判定依据	
主要仪器设备名称及编号			

针入度试验	试验温度(℃)								
	试验次数								
	针入度值(0.1mm)								
	平均针入度值(0.1mm)								
	25℃针入度(0.1mm)		直线回归相关系数			针入度指数 PI			
	当量软化点 T_{800}		当量脆点 $T_{1,2}$			塑性温度范围			
	针入度值的对数								

附加声明：

检测： 记录： 复核： 日期：

附表 16-172
第 页 共 页
JGLQ11005

沥青混合料动稳定度试验检测记录表

检测单位名称：　　　　　　　　　　　　　　　　　　　　　　　　　　记录编号：

工程名称						
工程部位/用途						
样品信息						
检测日期				试验环境		
检测依据				判定依据		
主要仪器设备名称及编号						
沥青混合料类型				试验温度（℃）		
试件制作方法				试验轮胎压（MPa）		
试件编号	试样尺寸（mm）			试验机类型修正系数 C_1	时间 t_1、t_2（min）	变形量 d_1、d_2（mm）	试件动稳定度测值（次/mm）	动稳定度（次/mm）
	长	宽	高	试件系数 C_2				
1								
2								
3								
4								

附加声明：

检测：　　　　　　　　　　记录：　　　　　　　　　　复核：　　　　　　　　　　日期：

沥青混合料冻融劈裂试验检测记录表

附表 16-173
第 页 共 页
JGLQ11011

检测单位名称：　　　　　　　　　　　　　　　　　　记录编号：

工程名称				
工程部位/用途				
样品信息				
检测日期			试验环境	
检测依据			判定依据	
主要仪器设备名称及编号				
沥青混合料类型				

编号	重物的空中质量(g)	重物的水中质量(g)	蜡封后重物的空中质量(g)	蜡封后重物的水中质量(g)	常温条件下石蜡对水的相对密度	石蜡对水的相对密度测定值

	密度检测方法		拌和温度(℃)	加载速率(mm/min)	击实次数(次)	击实温度(℃)

矿料名称						
比例(%)						
毛体积相对密度						
表观相对密度						

合成毛体积相对密度	有效相对密度	混合料理论最大相对密度（计算法）	混合料理论最大相对密度（实测法）	沥青相对密度	水的密度(kg/m³)
合成表观相对密度					

续上表

试件编号	试验温度(℃)	油石比(%)	试件高度(mm)					直径(mm)			试件空气中质量(g)	试件水中质量(g)	试件表干质量(g)	封蜡后试件空气中质量(g)	蜡封后试件水中质量(g)	试件毛体积相对密度	理论最大相对密度	空隙率(%)	矿料间隙率(%)	饱和度(%)	试验最大荷载(kN)	劈裂抗拉强度(MPa)	劈裂抗拉强度平均值(MPa)	冻融劈裂抗拉强度比(%)
			1	2	3	4	平均	1	2	平均														
未进行冻融循环试件																								
经冻融循环试件																								

附加声明：

检测：　　　　　　　　　记录：　　　　　　　　　复核：　　　　　　　　　日期：

沥青混合料矿料级配试验检测记录表（燃烧法）

附表 16-174
第 页 共 页
JGLQ11007b

检测单位名称：　　　　　　　　　　　　　　　　　　　　　　　记录编号：

工程名称									
工程部位/用途									
样品信息									
检测日期					试验环境				
检测依据					判定依据				
主要仪器设备名称及编号									

筛孔尺寸（mm）									
燃烧前混合料质量（g）									
燃烧前筛上质量（g）									
燃烧后筛上质量（g）									
燃烧前各筛孔通过百分率（%）									
燃烧后混合料质量（g）									
燃烧后各筛孔通过百分率（%）									
级配修正系数（%）									

级配修正系数

续上表

试样筛分试验

沥青混合料合计质量(g)		第一组				第二组				平均通过百分率(%)	规定级配范围(%)	
筛孔尺寸(mm)	筛上质量(g)	分计筛余(%)	修正后分计筛余(%)	累计筛余(%)	通过百分率(%)	筛上质量(g)	分计筛余(%)	修正后分计筛余(%)	累计筛余(%)	通过百分率(%)		上限	下限
筛分后质量(g)												
损耗(g)												
损耗率(%)												
级配类型												

附加声明：

检测：　　　　　　　　　记录：　　　　　　　　　复核：　　　　　　　　　日期：

沥青混合料理论最大相对密度试验检测记录表（计算法）

附表16-175
第 页 共 页
JGLQ11004b

检测单位名称： 　　　　　　　　　　　　　　　　记录编号：

工程名称					
工程部位/用途					
样品信息					
检测日期			试验环境		
检测依据			判定依据		
主要仪器设备名称及编号					
沥青混合料类型			沥青种类		
矿料名称					沥青用量(%)
比例(%)					
毛体积相对密度					
表观相对密度					
合成毛体积相对密度				合成表观相对密度	
合成矿料的吸水率(%)				沥青吸收系数	
合成矿料有效相对密度				油石比(%)	
25℃沥青相对密度				纤维用量(%)	
25℃纤维相对密度					
理论最大相对密度					
附加声明：					

检测：　　　　　　　　　记录：　　　　　　　　　复核：　　　　　　　　　日期：

沥青混合料理论最大相对密度试验检测记录表（真空法）

附表 16-176
JGLQ11004a

第 页 共 页

检测单位名称： 记录编号：

工程名称			
工程部位/用途			
样品信息			
检测日期		试验环境	
检测依据		判定依据	
主要仪器设备名称及编号			

油石比 P_a（%）	干燥沥青混合料空气中质量 m_a（g）	装满25℃水的负压容器质量 m_b（g）	25℃时试样、水与负压容器的总质量 m_c（g）	沥青混合料理论最大相对密度 Y_t	平均值

附加声明：

检测： 记录： 复核： 日期：

附表16-177
第 页 共 页
JGLQ11006b

沥青混合料沥青含量试验检测记录表（燃烧炉法）

检测单位名称： 记录编号：

工程名称			
工程部位/用途			
样品信息			
检测日期		试验环境	
检测依据		判定依据	
主要仪器设备名称及编号			

沥青用量标定

试验编号	标定温度（℃）	集料混合料质量（g）	试样篮和托盘质量（g）	沥青质量（g）	试样篮和托盘质量（g）	初始试样质量（g）	沥青用量修正系数（%）
1							
2							
3							
4							

沥青用量试验

试验编号	试验温度（℃）	试样篮和托盘质量（g）	试样、试样篮和托盘质量（g）	初始试样质量（g）	试样燃烧损失质量（g）	质量损失系数（%）	沥青用量修正系数（%）	沥青用量测定值（%）	沥青用量测定平均值（%）
1									
2									

附加声明：

检测： 记录： 复核： 日期：

沥青混合料马歇尔稳定度、流值（浸水）试验检测记录表

附表 16-178
第　页　共　页
JGLQ11003（1）

检测单位名称：　　　　　　　　　　　　　　　　　　　　　　　　　　　　　　　记录编号：

工程名称							
工程部位/用途							
样品信息							
检测日期				试验环境			
检测依据				判定依据			
主要仪器设备名称及编号							
沥青混合料类型				试验层位			

沥青种类							
编号	密度检测方法	重物的空中质量（g）	重物的水中质量（g）	拌和温度（℃）	蜡封后重物的空中质量（g）	蜡封后重物的水中质量（g）	击实次数（次）	常温条件下石蜡对水的相对密度	击实温度（℃）	石蜡对水的相对密度测定值

矿料名称			
比例（%）			
毛体积相对密度			
表观相对密度			
合成毛体积相对密度		有效相对密度		混合料理论最大相对密度（计算法）		沥青相对密度	
合成表观相对密度						水的密度（kg/cm³）		混合料理论最大相对密度（真空法）	

续上表

试件编号	油石比(%)	试件高度(mm)					直径(mm)			试件空气中质量(g)	试件水中质量(g)	试件表干质量(g)	封蜡后试件空气中质量(g)	蜡封后试件水中质量(g)	试件毛体积相对密度	理论最大相对密度	空隙率(%)	矿料间隙率(%)	饱和度(%)	稳定度(kN)	浸水后稳定度(kN)	流值(0.1mm)	残留稳定度(%)
		1	2	3	4	平均	1	2	平均														

附加声明：

检测：　　　　　　　　记录：　　　　　　　　复核：　　　　　　　　日期：

沥青混合料密度、空隙率、矿料间隙率、饱和度试验检测记录表（水中重法）

附表16-179
第 页 共 页
JGLQ11002b

检测单位名称：　　　　　　　　　　　　　　　　　　　　　　　　　记录编号：

工程名称								
工程部位/用途								
样品信息								
检测日期					试验环境			
检测依据					判定依据			
主要仪器设备名称及编号								
沥青混合料类型			沥青种类			拌和温度（℃）		
矿料名称								

试件编号	油石比（%）	试件高度（mm）					直径（mm）			试件空气中质量（g）	试件水中质量（g）	表观密度（g/cm³）	击实次数（次）				
		1	2	3	4	平均	1	2	平均				表观相对密度	沥青体积百分率	空隙率（%）	矿料间隙率（%）	饱和度（%）
1																	
2																	
3																	
4																	
5																	
6																	
平均值																	

附加声明：

检测：　　　　　　　　　　　记录：　　　　　　　　　　　复核：　　　　　　　　　　　日期：

附表16-180
JGLQ11002d

沥青混合料密度、空隙率、矿料间隙率、饱和度试验检测记录表（体积法）

第 页 共 页

检测单位名称：　　　　　　　　　　　　　　　　　　　　　　记录编号：

工程名称															
工程部位/用途															
样品信息															
检测日期									试验环境						
检测依据									判定依据						
主要仪器设备名称及编号															
沥青混合料类型					沥青种类				拌和温度（℃）			击实次数（次）			
矿料名称					毛体积相对密度				表观相对密度			击实温度（℃）			
试件编号	油石比（%）	高度（mm）				直径/长度（mm）				宽度（mm）			试件毛体积（cm³）	试件空气中质量（g）	毛体积密度（g/cm³）	毛体积相对密度	空隙率（%）	矿料间隙率（%）	饱和度（%）
		1	2	3	4	平均	1	2	平均	1	2	3	平均						
1																				
2																				
3																				
4																				
5																				
6																				
平均值																				

附加声明：

检测：　　　　　　　　　　记录：　　　　　　　　　　复核：　　　　　　　　　　日期：

沥青混合料劈裂抗拉强度试验检测记录表

附表16-181
第　页　共　页
JGLQ11010

检测单位名称：　　　　　　　　　　　　　　　　　　　记录编号：

工程名称										
工程部位/用途										
样品信息										
检测日期						试验环境				
检测依据						判定依据				
主要仪器设备名称及编号										

成型方法					试验温度（℃）					
试件编号	试件高度（mm）					试件直径（mm）				
	1	2	3	4	平均值	1	2	平均值		
1										
2										
3										
4										
5										
6										

试件编号	最大荷载（kN）	加载速度（m/min）		劈裂抗拉强度（MPa）	泊松比	破坏拉伸应变	破坏劲度模量（MPa）
		相应于最大荷载时的垂直方向总变形（mm）	相应于最大荷载时的水平方向总变形（mm）				
1							
2							
3							
4							
5							
6							
平均值							

附加声明：

检测：　　　　　　　　记录：　　　　　　　　复核：　　　　　　　　日期：

沥青混合料渗水系数试验检测记录表

附表 16-182
第 页 共 页
JGLQ11008

检测单位名称： 　　　　　　　　　　　记录编号：

工程名称	
工程部位/用途	
样品信息	
检测日期	试验环境
检测依据	判定依据
主要仪器设备名称及编号	

试样编号	初始计时的水量（mL）	渗水读数(mL)			渗水至500mL需要的时间（s）	渗水系数测定值（mL/min）	渗水系数测定平均值（mL/min）
		60s	120s	180s			
1							
2							
3							

附加声明：

检测： 　　　　记录： 　　　　复核： 　　　　日期：

附表 16-183
第 页 共 页
JGLQ11002a

沥青混合料试件的密度试验检测记录表（表干法）

检测单位名称：
记录编号：

工程名称	
工程部位/用途	
样品信息	
检测日期	试验环境
检测依据	判定依据
主要仪器设备名称及编号	
沥青混合料类型	沥青种类	拌和温度（℃）	击实次数（次）

试样编号	油石比（%）	试件高度（mm）					直径（mm）			试件空气中质量（g）	试件水中质量（g）	试件表干质量（g）	吸水率（%）	毛体积密度（g/cm³）	毛体积相对密度	沥青体积百分率（%）	空隙率（%）	矿料间隙率（%）	饱和度（%）
		1	2	3	4	平均	1	2	平均										
1																			
2																			
3																			
4																			
5																			
6																			
矿料名称																			
平均值																			

附加声明：

检测： 记录： 复核： 日期：

沥青路面芯样马歇尔试验检测记录表

附表 16-184
第　页　共　页
JGLQ11003

检测单位名称：

工程名称	
工程部位/用途	
样品信息	
检测日期	试验环境
检测依据	判定依据
主要仪器设备名称及编号	

记录编号：

沥青混合料类型：　　　　　　　试验层位：

沥青种类	编号	密度检测方法	重物的空中质量(g)	重物的水中质量(g)	拌和温度(℃)	蜡封后重物的空中质量(g)	蜡封后重物的水中质量(g)	击实次数(次)	击实温度(℃)	常温条件下石蜡对水的相对密度	石蜡对水的相对密度测定值	毛体积相对密度

矿料名称			
比例(%)			
毛体积相对密度			
表观相对密度			
合成毛体积相对密度	合成表观相对密度	合成矿料有效相对密度	混合料理论最大相对密度（计算法）	混合料理论最大相对密度（真空法）	沥青相对密度	水的密度(kg/cm³)
---	---	---	---	---	---	---

续上表

试件编号	油石比(%)	试件高度(mm)					直径(mm)			试件空气中质量(g)	试件水中质量(g)	试件表干质量(g)	封蜡后试件空气中质量(g)	封蜡后试件水中质量(g)	试件毛体积相对密度	理论最大相对密度	空隙率(%)	矿料间隙率(%)	饱和度(%)	稳定度(kN)	流值(mm)	马歇尔模数(kN/mm)
		1	2	3	4	平均	1	2	平均													
平均值																						

附加声明:

检测: 　　　　　记录: 　　　　　复核: 　　　　　日期:

路基路面纵断高程、横坡试验检测记录表

附表16-185
第 页 共 页
JCLP01001a JCLP01001d

试验室名称：						工程名称			记录编号：				
施工单位													
工程部位/用途													
样品信息													
试验检测日期						试验条件							
检测依据						判定依据							
主要仪器设备名称及编号													

桩号	纵断面高程			左幅					右幅				
	设计（m）	实测（m）	偏差（m）	实测高程（m）	距中线宽度（m）	实测横坡（%）	设计横坡（%）	偏差（%）	实测高程（m）	距中线宽度（m）	实测横坡（%）	设计横坡（%）	偏差（%）

附加声明：

检测： 记录： 复核： 日期： 年 月 日

路基路面宽度、中线偏位试验检测记录表

附表 16-186
第 页 共 页
JGLP01001b
JGLP01001c

试验室名称：　　　　　　　　　　　　　记录编号：

施工单位		工程名称	
工程部位/用途			
样品信息			
试验检测日期		试验条件	
检测依据		判定依据	
主要仪器设备名称及编号			

桩号	左幅			右幅			中线偏位(m)
	设计宽度(m)	实测宽度(m)	偏差(m)	设计宽度(m)	实测宽度(m)	偏差(m)	

附加声明：

检测：　　　　　记录：　　　　　复核：　　　　　日期：　年　月　日

路基路面边坡试验检测记录表

附表 16-187
第 页 共 页
JGLP01001e

试验室名称：　　　　　　　　　　　　　　记录编号：

施工单位		工程名称	
工程部位/用途			
样品信息			
试验检测日期		试验条件	
检测依据		判定依据	
主要仪器设备名称及编号			

桩号	幅别	一级		二级		三级	
		设计值	实测值	设计值	实测值	设计值	实测值

附加声明：

检测：　　　　　记录：　　　　　复核：　　　　　日期：　　年 月 日

水泥混凝土路面相邻板高差试验检测记录表

附表 16-188
第 页 共 页
JGLP01001f

试验室名称：　　　　　　　　　　　　　　　记录编号：

施工单位		工程名称	
工程部位/用途			
样品信息			
试验检测日期		试验条件	
检测依据		判定依据	
主要仪器设备名称及编号			

幅别	桩号	方向	设计值（mm）	实测值(mm)			允许偏差
				1	2	3	

附加声明：

检测：　　　　　　记录：　　　　　　复核：　　　　　　日期：　年　月　日

水泥混凝土路面纵、横缝顺直度试验检测记录表

附表 16-189
第 页 共 页
JGLP01001g

试验室名称：　　　　　　　　　　　　　记录编号：

施工单位			工程名称		
工程部位/用途					
样品信息					
试验检测日期			试验条件		
检测依据			判定依据		
主要仪器设备名称及编号					
序号	幅别	桩号	检测部位	实测偏差(mm)	允许偏差(mm)

附加声明：

检测：　　　　　　　记录：　　　　　　　复核：　　　　　　　日期： 年 月 日

路基路面厚度试验检测记录表

附表 16-190
第 页 共 页
JGLP01002a

试验室名称：　　　　　　　　　　　　　　　　记录编号：

施工单位		工程名称	
工程部位/用途			
样品信息			
试验检测日期		试验条件	
检测依据		判定依据	
主要仪器设备名称及编号			

桩号	设计厚度(cm)	实测厚度(cm)	偏差(cm)

检测点数		平均值(cm)		标准差(cm)	
保证率(%)		$t_a/\sqrt{n}$		代表值(cm)	
设计值(cm)		合格点数		合格率(%)	

附加声明：

检测：　　　　　记录：　　　　　复核：　　　　　日期：　年　月　日

路基路面压实度试验检测记录表(一)

附表 16-191
第 页 共 页
JGLP01003a

试验室名称：　　　　　　　　　　　　　　记录编号：

施工单位			工程名称		
工程部位/用途					
样品信息	样品名称： 样品数量： 取件日期：		样品编号： 样品状态：		
试验检测日期			试验条件		
检测依据			判定依据		
主要仪器设备名称及编号					

压实度标准值(%)			量砂密度(g/cm^3)	
桩号或部位				
检测深度/层厚(cm)				
试样总质量(g)				
灌前(筒+砂)质量(g)				
灌后(筒+砂)质量(g)				
圆锥体内用砂标定	灌前(筒+砂)质量(g)			
	灌后(筒+砂)质量(g)			
	圆锥体内用砂质量			
坑体砂质量(g)				
坑体体积(cm^3)				
湿密度(g/cm^3)				
盒号				
盒质量(g)				
盒+湿料质量(g)				
盒+干料质量(g)				
水质量(g)				
干料质量(g)				
含水率(%)				
平均含水率(%)				
干密度(g/cm^3)				
压实度(%)				

附加声明：

检测：　　　　　记录：　　　　　复核：　　　　　日期：　年　月　日

路基路面压实度试验检测记录表(二)

附表 16-192
第 页 共 页
JGLP01003b

试验室名称：				记录编号：			
施工单位				工程名称			
工程部位/用途							
样品信息							
试验检测日期				试验条件			
检测依据				判定依据			
主要仪器设备名称及编号							
取样桩号							
取样位置							
取样深度(mm)							
环刀编号							
环刀质量(g)							
土+环刀质量(g)							
环刀容积(cm^3)							
湿土质量(g)							
湿密度(g/cm^3)							
盒号							
盒质量(g)							
盒+湿土质量(g)							
盒+干土质量(g)							
水质量(g)							
干土质量(g)							
含水率(%)							
平均含水率(%)							
干密度(g/cm^3)							
平均干密度(g/cm^3)							

附加声明：

检测： 记录： 复核： 日期： 年 月 日

路基路面压实度试验检测记录表(三)

附表 16-193
JGLP01003c

第 页 共 页

试验室名称：　　　　　　　　　　　　　记录编号：

施工单位			工程名称			
工程部位/用途						
样品信息						
试验检测日期			试验条件			
检测依据			判定依据			
主要仪器设备名称及编号						
沥青种类			沥青标号			
取样桩号						
取样位置						
芯样编号						
芯样高度(本层厚度)(mm)						
芯样空气中质量(g)						
芯样水中质量(g)						
芯样表干质量(g)						
吸水率(%)						
毛体积密度(g/cm³)						
击实标准密度(g/cm³)						
油石比(%)						
压实度(%)						
理论最大密度(g/cm³)	计算			实测		
空隙率(%)						

附加声明：

检测：　　　　　记录：　　　　　复核：　　　　　日期：　年　月　日

灌砂筒及标准砂标定试验检测记录表

附表 16-194

第 页 共 页

JGLP01003f

试验室名称：　　　　　　　　　　　　　　记录编号：

施工单位		工程名称	
工程部位/用途			
样品信息			
试验检测日期		试验条件	
检测依据		判定依据	
主要仪器设备名称及编号			

	试验次数			
灌砂筒标定	灌砂筒质量(g)			
	灌砂前 筒+砂总质量(g)			
	灌砂后 筒+砂总质量(g)			
	锥体砂质量(g)			
	锥体砂平均值(g)			
标准砂标定	标定罐质量(g)			
	标定罐+玻璃板质量(g)			
	标定罐+水+玻璃板质量(g)			
	标定罐体积(cm³)			
	标定罐体积平均值(cm³)			
	灌砂前 筒+砂总质量(g)			
	灌砂后 筒+砂总质量(g)			
	标定罐+砂质量(g)			
	标定罐内砂的质量(g)			
	标定罐内砂的密度(g/cm³)			
	标准砂的平均密度(g/cm³)			

附加声明：

检测：　　　　　记录：　　　　　复核：　　　　　日期： 年 月 日

路基路面平整度试验检测记录表（一）

附表 16-195
第　页　共　页
JGLP01004a

试验室名称：　　　　　　　　　　　　　　记录编号：

施工单位								工程名称		
工程部位/用途										
样品信息										
试验检测日期								试验条件		
检测依据								判定依据		
主要仪器设备名称及编号										

检测桩号	检测值(mm)					平均值（mm）	最大值（mm）	合格率（%）	备注
	1	2	3	4	5				

附加声明：

检测：　　　　　记录：　　　　　复核：　　　　　日期：　年　月　日

路基路面平整度试验检测记录表(二)

附表 16-196
JGLP01004c

第 页 共 页

试验室名称：　　　　　　　　　　　　　　　记录编号：

施工单位			工程名称		
工程部位/用途					
样品信息					
试验检测日期			试验条件		
检测依据					
主要仪器设备名称及编号					

	σ 的允许偏差(mm)						
序号	每100m的起止桩号	车道	σ(mm)	序号	每100m的起止桩号	车道	σ(mm)

平均值(mm)		总段落数 n	
合格段落数 m		合格率(%)	

附加声明：

检测：　　　　　　记录：　　　　　　复核：　　　　　　日期：　　年　月　日

路基路面弯沉试验检测记录表

附表 16-197
第 页 共 页
JGLP01005a

试验室名称：　　　　　　　　　　　　　　　记录编号：

施工单位			工程名称		
工程部位/用途					
样品信息					
试验检测日期			试验条件		
检测依据			判定依据		
主要仪器设备名称及编号					
后轴标准轴载 P(kN)			一侧双轮荷载(kN)		
轮胎充气压力(MPa)			单轮传压面当量圆直径(cm)		

桩号及部位	百(千)分表读数(0.01mm)				弯沉值(0.01mm)		备注
	左轮		右轮				
	初读数	终读数	初读数	终读数	左轮	右轮	
n		l		S		$lr = l + ZaS =$	

附加声明：

检测：　　　　　　记录：　　　　　　复核：　　　　　　日期：　年　月　日

路基路面摩擦因数试验检测记录表

附表16-198

第 页 共 页

JGLP01006a

试验室名称：　　　　　　　　　　　　　　记录编号：

施工单位		工程名称	
工程部位/用途			
样品信息			
试验检测日期		试验条件	
检测依据		判定依据	
主要仪器设备名称及编号			
路面结构类型		天气	
		气温(℃)	

测点桩号	测点距中桩位置 左(+) 右(-) (m)	摆值(BPN)						路表潮湿状态下的温度(℃)	温度修正值	标准温度20℃时摆值(BPN)	摆值平均值(BPN)
		1	2	3	4	5	平均值				
平均值				标准差					变异系数		

附加声明：

检测：　　　　　记录：　　　　　复核：　　　　　日期：　　年　月　日

路基路面构造深度试验检测记录表

附表 16-199
第 页 共 页
JGLP01007a

试验室名称：　　　　　　　　　　　　　　　　　记录编号：

施工单位		工程名称	
工程部位/用途			
样品信息			
试验检测日期		试验条件	
检测依据		判定依据	
主要仪器设备名称及编号			

测点桩号	测点位置距中桩 左(+) 右(-)	砂体积 (mm³)	摊平砂直径(mm)			构造深度 (TD) (mm)	构造深度平均值 (mm)
			上下方向	左右方向	平均值		

TD 平均值 =　　　　mm　　　标准差 =　　　　　　　　mm　　　变异系数 =

附加声明：

检测：　　　　　　记录：　　　　　　复核：　　　　　　日期：　年 月 日

路基路面渗水系数试验检测记录表

附表 16-200
第 页 共 页
JGLP01008

试验室名称：　　　　　　　　　　记录编号：

施工单位		工程名称	
工程部位/用途			
样品信息			
试验检测日期		试验条件	
检测依据		判定依据	
主要仪器设备名称及编号			

试样编号	第一次读数		第二次读数		第三次读数		渗水系数（mL/min）	平均渗水系数（mL/min）
	时间（s）	水量（mL）	时间（s）	水量（mL）	时间（s）	水量（mL）		

附加声明：

检测：　　　　　记录：　　　　　复核：　　　　　日期：　年　月　日

路基路面水泥混凝土路面强度试验检测记录表

附表 16-201
第 页 共 页
JGLP01011

试验室名称：　　　　　　　　　　　　　　　记录编号：

施工单位		工程名称	
工程部位/用途			
样品信息			
试验检测日期		试验条件	
检测依据		判定依据	
主要仪器设备名称及编号			

试样编号	桩号及位置	龄期(d)	高度(mm)	实测直径1(mm)	实测直径2(mm)	直径平均值(mm)	破坏荷载(kN)	抗压强度(MPa)	修正系数	修正后抗压强度(MPa)	抗压强度(MPa)

附加声明：

检测：　　　　　　　记录：　　　　　　　复核：　　　　　　　日期：　　年　月　日

路基路面基层芯样完整性试验检测记录表

附表 16-202
JGLP01012

第 页 共 页

试验室名称： 　　　　　　　　　　记录编号：

施工单位		工程名称	
工程部位/用途			
样品信息			
试验检测日期		试验条件	
检测依据		判定依据	
主要仪器设备名称及编号			

序号	幅别	桩号	检测部位	结构层厚度（mm）	芯样厚度（mm）	备注

附加声明：

检测：　　　　　记录：　　　　　复核：　　　　　日期：　年　月　日

路基路面透层油渗透深度试验检测记录表

附表 16-203
JGLP01013

第　页　共　页

试验室名称：　　　　　　　　　　　　　记录编号：

施工单位		工程名称	
工程部位/用途			
样品信息			
试验检测日期		试验条件	
检测依据		判定依据	
主要仪器设备名称及编号			

幅别	桩号	位置	设计值（mm）	实测值(mm)								平均值（mm）
				d_1	d_2	d_3	d_4	d_5	d_6	d_7	d_8	

附加声明：

检测：　　　　　　　记录：　　　　　　　复核：　　　　　　　日期：　　年　月　日

混凝土结构强度试验检测记录表（钻芯法）

附表 16-204
第 页 共 页
JGLP02001a

试验室名称：　　　　　　　　　　　　记录编号：

施工单位		工程名称	
工程部位/用途			
样品信息			
试验检测日期		试验条件	
检测依据		判定依据	
主要仪器设备名称及编号			

试样编号	桩号及位置	龄期(d)	高度(mm)	实测直径1(mm)	实测直径2(mm)	直径平均值(mm)	破坏荷载(kN)	抗压强度(MPa)	修正系数	修正后抗压强度(MPa)	抗压强度(MPa)

附加声明：

检测：　　　　　记录：　　　　　复核：　　　　　日期：　年　月　日

混凝土结构强度试验检测记录表(回弹法)

附表 16-205
第 页 共 页
JGLP02001b
JGLP02002

试验室名称：																			
施工单位									工程名称										
工程部位/用途																			
样品信息																			
试验检测日期									试验条件										
检测依据									判定依据										
主要仪器设备名称及编号									记录编号：										

龄期(d)																			
测区位置	回弹仪率定值	实测各测点回弹值														测试位置	施工方式		
		1	2	3	4	5	6	7	8	9	10	11	12	13	14	15	16	有效均值	角度修正值	位置修正值	碳化深度(mm)	强度换算值(MPa)

平均值(MPa)		标准差(MPa)		最小值(MPa)		推定抗压强度(MPa)	

附加声明：

检测： 记录： 复核： 日期： 年 月 日

混凝土结构钢筋位置试验检测记录表

附表16-206

第 页 共 页

JGLP02003

试验室名称： 记录编号：

施工单位		工程名称	
工程部位/用途			
样品信息			
试验检测日期		试验条件	
检测依据		判定依据	
主要仪器设备名称及编号			

钢筋直径(mm)	
钢筋间距设计值(mm)	

钢筋位置(间距)											
测点号											
间距实测值(mm)											
偏差值(mm)											
测点号											
间距实测值(mm)											
偏差值(mm)											
测点号											
间距实测值(mm)											
偏差值(mm)											

附加声明：

检测： 记录： 复核： 日期： 年 月 日

混凝土结构钢筋保护层厚度试验检测记录表

附表 16-207
第 页 共 页
JGLP02004

试验室名称：　　　　　　　　　　　　记录编号：

施工单位		工程名称	
工程部位/用途			
样品信息			
试验检测日期		试验条件	
检测依据		判定依据	
主要仪器设备名称及编号			
钢筋直径(mm)			
保护层厚度设计值(mm)			

钢筋保护层厚度											
测点号											
第1次实测值(mm)											
第2次实测值(mm)											
平均值(mm)											
偏差值(mm)											
测点号											
第1次实测值(mm)											
第2次实测值(mm)											
平均值(mm)											
偏差值(mm)											
测点号											
第1次实测值(mm)											
第2次实测值(mm)											
平均值(mm)											
偏差值(mm)											

附加声明：

检测：　　　　　记录：　　　　　复核：　　　　　日期：　年 月 日

地基承载力试验检测记录表

附表16-208
第 页 共 页
JGLP04001b

试验室名称：					记录编号：				
施工单位					工程名称				
工程部位/用途									
样品信息									
试验检测日期					试验条件				
检测依据					判定依据				
主要仪器设备名称及编号									

设计承载力(kPa)									
桩号及位置	检测深度（cm）	锤击次数（次）	承载力（kPa）	备注	桩号及位置	检测深度（cm）	锤击次数（次）	承载力（kPa）	备注

布点示意图

附加声明：

检测：　　　　　　　记录：　　　　　　　复核：　　　　　　　日期：　年　月　日